Buch-Updates

Registrieren Sie dieses Buch auf unserer Verlagswebsite. Sie erhalten dann Buch-Updates und weitere, exklusive Informationen zum Thema.

Galileo BUCHUPDATE

Und so geht's
> Einfach **www.galileocomputing.de** aufrufen
<<< Auf das Logo **Buch-Updates** klicken
> Unten genannten **Zugangscode** eingeben

Ihr persönlicher Zugang
zu den Buch-Updates

135434030493

Helmut Vonhoegen

Excel 2007 – Formeln und Funktionen

Galileo Press

Liebe Leserin, lieber Leser,

Ohne Excel kommt heute im Büro-Alltag wohl niemand mehr aus. Das universell einsetzbare Kalkulations-Werkzeug gehört einfach dazu, weil es mit seinem breiten Anwendungsspektrum zahlreiche Möglichkeiten eröffnet, das Arbeitsleben zu vereinfachen. Wer kennt aber schon alle Funktionen, um alle diese Möglichkeiten tatsächlich ausnutzen und Excel effizient nutzen zu können? Und ist das überhaupt notwendig? Im alltäglichen Bedarf ist es eher wichtig, schnell zu der Lösung zu kommen, die man in einem ganz konkreten Anwendungsfall benötigt.

Damit Ihnen das gelingt und um Sie schnell zum Ziel zu bringen, hat unser Autor Helmut Vonhoegen dieses Buch zu allen Funktionen von Excel geschrieben, das keine Fragen offen lässt. Die Beispiele sind so gewählt, dass Sie sie direkt weiterverwenden können.

Grundlage der Beschreibung aller Funktionen ist die aktuelle Version Excel 2007. Das Buch kann aber auch helfen, wenn ältere Versionen eingesetzt werden. Da die überwiegende Mehrzahl der Funktionen seit der Version Excel 97 weitgehend unverändert geblieben sind.

Das Buch übernimmt die von Excel vorgegebene Gruppierung der Funktionen in Kategorien. Für jede Kategorie ist ein eigenes Kapitel eingerichtet. Um den Zugriff zu vereinfachen, wird innerhalb der Kapitel die alphabetische Reihenfolge der Funktionen beibehalten.

Das Buch wurde sorgfältig geprüft und die Beispiele wurden getestet. Doch kein noch so gutes EDV-Buch ist ohne Fehler. Lassen Sie uns wissen, wenn etwas nicht so funktioniert, wie Sie es erwarten. Über Anregungen und Lob freuen wir uns natürlich auch!

Viel Spaß beim Lesen und Nachschlagen wünscht

Ihr Jan Watermann
Lektorat Galileo Computing

jan.watermann@galileo-press.de
www.galileocomputing.de
Galileo Press · Rheinwerkallee 4 · 53227 Bonn

Auf einen Blick

1	Einstieg in Berechnungen mit Excel	23
2	Berechnungstools	99
3	Finanzmathematische Funktionen	113
4	Datums- und Zeitfunktionen	181
5	Mathematische und trigonometrische Funktionen	217
6	Konstruktionsfunktionen	277
7	Statistische Funktionen	307
8	Matrix- und Bereichsfunktionen	405
9	Datenbankfunktionen	435
10	Cube-Funktionen	451
11	Textfunktionen	481
12	Logische Funktionen	507
13	Informationsfunktionen	521
14	Zusätzliche Tools für die Datenanalyse	539
15	Entwicklung eigener Funktionen	569
A	Alphabetische Liste der Funktionen	593
B	Funktionenliste Deutsch–Englisch/Englisch–Deutsch	615
C	Funktionen im Überblick	637

Der Name Galileo Press geht auf den italienischen Mathematiker und Philosophen Galileo Galilei (1564–1642) zurück. Er gilt als Gründungsfigur der neuzeitlichen Wissenschaft und wurde berühmt als Verfechter des modernen, heliozentrischen Weltbilds. Legendär ist sein Ausspruch *Eppur se muove* (Und sie bewegt sich doch). Das Emblem von Galileo Press ist der Jupiter, umkreist von den vier Galileischen Monden. Galilei entdeckte die nach ihm benannten Monde 1610.

Gerne stehen wir Ihnen mit Rat und Tat zur Seite:
jan.watermann@galileo-press.de bei Fragen und Anmerkungen zum Inhalt des Buches
service@galileo-press.de für versandkostenfreie Bestellungen und Reklamationen
stefan.krumbiegel@galileo-press.de für Rezensions- und Schulungsexemplare

Lektorat Jan Watermann
Fachgutachten Stephan Nelles, Berlin
Korrektorat Petra Biedermann, Reken
Cover Barbara Thoben, Köln
Titelbild Barbara Thoben, Köln
Typografie und Layout Vera Brauner
Herstellung Vera Brauner
Satz SatzPro, Krefeld
Druck und Bindung Koninklijke Wöhrmann, Niederlande

Dieses Buch wurde gesetzt aus der Linotype Syntax Serif (8,75/12,5 pt) in FrameMaker.

Bibliografische Information der Deutschen Bibliothek
Die Deutsche Bibliothek verzeichnet diese Publikation in der Deutschen Nationalbibliografie; detaillierte bibliografische Daten sind im Internet über http://dnb.ddb.de abrufbar.

ISBN 978-3-8362-1070-6

© Galileo Press, Bonn 2008
1. Auflage 2008

Das vorliegende Werk ist in all seinen Teilen urheberrechtlich geschützt. Alle Rechte vorbehalten, insbesondere das Recht der Übersetzung, des Vortrags, der Reproduktion, der Vervielfältigung auf fotomechanischem oder anderen Wegen und der Speicherung in elektronischen Medien. Ungeachtet der Sorgfalt, die auf die Erstellung von Text, Abbildungen und Programmen verwendet wurde, können weder Verlag noch Autor, Herausgeber oder Übersetzer für mögliche Fehler und deren Folgen eine juristische Verantwortung oder irgendeine Haftung übernehmen. Die in diesem Werk wiedergegebenen Gebrauchsnamen, Handelsnamen, Warenbezeichnungen usw. können auch ohne besondere Kennzeichnung Marken sein und als solche den gesetzlichen Bestimmungen unterliegen.

Inhalt

Vorwort 21

1 Einstieg in Berechnungen mit Excel 23

1.1 Hinweise zur Dateneingabe 23
1.2 Die Rolle der Zahlenformate 32
1.3 Formellose Berechnungen 41
1.4 Einsatz von Formeln 42
1.5 Arbeit mit Operatoren 45
1.6 Hinweise zu den Grundrechenarten 46
1.7 Texte verketten 48
1.8 Hinweise zu logischen Formeln 49
1.9 Formeln mit Bezugsoperatoren 49
1.10 Tabellenfunktionen 50
1.11 Eingabe von Formeln und Funktionen 54
1.12 Einsatz von relativen und absoluten Bezügen 67
1.13 Einsatz von strukturierten Bezügen in Tabellen 72
1.14 Arbeit mit benannten Bereichen 73
1.15 Matrixberechnungen 80
1.16 Verfahren der Fehlervermeidung 85
1.17 Berechnungseinstellung und -optimierung 94
1.18 Arbeit mit bedingten Formaten 97

2 Berechnungstools 99

2.1 Zielwertsuche 99
2.2 Lösungen mit dem Solver suchen 101
2.3 Was wäre, wenn – Datentabellen 108

3 Finanzmathematische Funktionen ... 113

3.1	Einsatzbereiche der finanzmathematischen Funktionen	114
3.2	Zur Berechnung von Zins und Zinseszins	116
3.3	Argumente in der Rentenrechnung	117
3.4	Die Berechnung von Abschreibungen	119
3.5	Funktionen für Wertpapierberechnungen	122
3.6	Referenz der finanzmathematischen Funktionen	125
	AMORDEGRK()	125
	AMORLINEARK()	127
	AUFGELZINS()	128
	AUFGELZINSF()	129
	AUSZAHLUNG()	130
	BW()	131
	DIA()	132
	DISAGIO()	133
	DURATION()	134
	EFFEKTIV()	136
	GDA()	137
	GDA2()	138
	IKV()	139
	ISPMT()	140
	KAPZ()	141
	KUMKAPITAL()	142
	KUMZINSZ()	143
	KURS()	144
	KURSDISAGIO()	145
	KURSFÄLLIG()	146
	LIA()	147
	MDURATION()	148
	NBW()	149
	NOMINAL()	150
	NOTIERUNGBRU()	151
	NOTIERUNGDEZ()	152

QIKV()	152
RENDITE()	153
RENDITEDIS()	154
RENDITEFÄLL()	155
RMZ()	156
TBILLÄQUIV()	157
TBILLKURS()	158
TBILLRENDITE()	159
UNREGER.KURS()	159
UNREGER.REND()	161
UNREGLE.KURS()	162
UNREGLE.REND()	163
VDB()	164
XINTZINSFUSS()	165
XKAPITALWERT()	166
ZINS()	167
ZINSSATZ()	169
ZINSTERMNZ()	170
ZINSTERMTAGE()	171
ZINSTERMTAGNZ()	172
ZINSTERMTAGVA()	173
ZINSTERMVZ()	174
ZINSTERMZAHL()	174
ZINSZ()	175
ZW()	176
ZW2()	177
ZZR()	178

4 Datums- und Zeitfunktionen 181

4.1 Einsatzbereich der Datums- und Zeitfunktionen 181
4.2 Periodische Datumsreihen berechnen 183
4.3 Periodische Zeitreihen berechnen 184
4.4 Uhrzeit und Dauer 185

4.5	Tabellen für die Erfassung der Arbeitszeit	187
4.6	Referenz der Datums- und Zeitfunktionen	195
	ARBEITSTAG()	195
	BRTEILJAHRE()	196
	DATEDIF()	197
	DATUM()	198
	DATWERT()	200
	EDATUM()	201
	HEUTE()	201
	JAHR()	202
	JETZT()	203
	KALENDERWOCHE()	204
	MINUTE()	206
	MONAT()	206
	MONATSENDE()	208
	NETTOARBEITSTAGE()	209
	SEKUNDE()	210
	STUNDE()	210
	TAG()	211
	TAGE360()	212
	WOCHENTAG()	213
	ZEIT()	215
	ZEITWERT()	216

5 Mathematische und trigonometrische Funktionen 217

5.1	Einsatzbereiche	218
5.2	Zu den trigonometrischen Funktionen	219
5.3	Zu den hyperbolischen Funktionen	221
5.4	Referenz der mathematische Funktionen	223
	ABRUNDEN()	223
	ABS()	223
	ARCCOS()	224
	ARCCOSHYP()	226

ARCSIN()	226
ARCSINHYP()	228
ARCTAN()	228
ARCTAN2()	229
ARCTANHYP()	230
AUFRUNDEN()	231
BOGENMASS()	231
COS()	232
COSHYP()	233
EXP()	234
FAKULTÄT()	235
GANZZAHL()	236
GERADE()	237
GGT()	238
GRAD()	239
KGV()	239
KOMBINATIONEN()	240
KÜRZEN()	241
LN()	242
LOG()	243
LOG10()	244
MDET()	245
MINV()	246
MMULT()	247
OBERGRENZE()	247
PI()	248
POLYNOMIAL()	249
POTENZ()	250
POTENZREIHE()	251
PRODUKT()	252
QUADRATESUMME()	253
QUOTIENT()	253
REST()	254
RÖMISCH()	255

Inhalt

RUNDEN()	255
SIN()	256
SINHYP()	257
SUMME()	258
SUMMENPRODUKT()	259
SUMMEWENN()	260
SUMMEWENNS()	261
SUMMEX2MY2()	262
SUMMEX2PY2()	263
SUMMEXMY2()	263
TAN()	264
TANHYP()	266
TEILERGEBNIS()	267
UNGERADE()	268
UNTERGRENZE()	269
VORZEICHEN()	270
VRUNDEN()	271
WURZEL()	272
WURZELPI()	273
ZUFALLSBEREICH()	273
ZUFALLSZAHL()	274
ZWEIFAKULTÄT()	275

6 Konstruktionsfunktionen ... 277

6.1	Einsatzbereiche für Konstruktionsfunktionen	277
6.2	Besselfunktionen	278
6.3	Umwandlungen zwischen Zahlensystemen	280
6.4	Umwandeln von Maßeinheiten	281
6.5	Rechenoperationen mit komplexen Zahlen	282
6.6	Referenz der technischen Funktionen	286
	BESSELI()	286
	BESSELJ()	286
	BESSELK()	286

BESSELY()	287
BININDEZ()	287
BININHEX()	288
BININOKT()	288
DELTA()	289
DEZINBIN()	290
DEZINHEX()	290
DEZINOKT()	291
GAUSSFEHLER()	291
GAUSSFKOMPL()	292
GGANZZAHL()	293
HEXINBIN()	293
HEXINDEZ()	294
HEXINOKT()	295
IMABS()	295
IMAGINÄRTEIL()	295
IMAPOTENZ()	296
IMARGUMENT()	296
IMCOS()	297
IMDIV()	297
IMEXP()	298
IMKONJUGIERTE()	298
IMLN()	298
IMLOG10()	299
IMLOG2()	299
IMPRODUKT()	299
IMREALTEIL()	300
IMSIN()	300
IMSUB()	300
IMSUMME()	301
IMWURZEL()	301
KOMPLEXE()	301
OKTINBIN()	302
OKTINDEZ()	303

	OKTINHEX()	303
	UMWANDELN()	304

7 Statistische Funktionen ... 307

7.1	Einsatzbereiche für statistische Funktionen	308
7.2	Stichproben und Grundgesamtheiten	309
7.3	Zufallsvariable und Wahrscheinlichkeit	310
7.4	Korrelationen	314
7.5	Statistische Tests	314
7.6	Verteilungsfunktionen	315
7.7	Referenz der statistischen Funktionen	317
	ACHSENABSCHNITT()	317
	ANZAHL()	318
	ANZAHL2()	319
	ANZAHLLEEREZELLEN()	322
	BESTIMMTHEITSMASS()	323
	BETAINV()	324
	BETAVERT()	325
	BINOMVERT()	326
	CHIINV()	328
	CHITEST()	328
	CHIVERT()	330
	EXPONVERT()	331
	FINV()	333
	FISHER()	333
	FISHERINV()	335
	FTEST()	335
	FVERT()	336
	GAMMAINV()	337
	GAMMALN()	338
	GAMMAVERT()	338
	GEOMITTEL()	339
	GESTUTZTMITTEL()	341

Inhalt

GTEST() 342
HARMITTEL() 343
HÄUFIGKEIT() 344
HYPGEOMVERT() 345
KGRÖSSTE() 346
KKLEINSTE() 348
KONFIDENZ() 349
KORREL() 350
KOVAR() 352
KRITBINOM() 353
KURT() 354
LOGINV() 355
LOGNORMVERT() 355
MAX() 356
MAXA() 356
MEDIAN() 357
MIN() 357
MINA() 358
MITTELABW() 358
MITTELWERT() 359
MITTELWERTA() 361
MITTELWERTWENN() 362
MITTELWERTWENNS() 363
MODALWERT() 364
NEGBINOMVERT() 364
NORMINV() 365
NORMVERT() 366
PEARSON() 368
POISSON() 370
QUANTIL() 371
QUANTILSRANG() 372
QUARTILE() 373
RANG() 374
RGP() 375

13

RKP()	378
SCHÄTZER()	379
SCHIEFE()	380
STABW()	381
STABWA()	382
STABWN()	383
STABWNA()	384
STANDARDISIERUNG()	384
STANDNORMINV()	385
STANDNORMVERT()	386
STEIGUNG()	387
STFEHLERYX()	388
SUMQUADABW()	389
TINV()	391
TREND()	393
TTEST()	394
TVERT()	395
VARIANZ()	395
VARIANZA()	397
VARIANZEN()	397
VARIANZENA()	398
VARIATION()	398
VARIATIONEN()	399
WAHRSCHBEREICH()	400
WEIBULL()	401
ZÄHLENWENN()	402
ZÄHLENWENNS()	403

8 Matrix- und Bereichsfunktionen 405

8.1	Einsatzbereiche für Matrix- und Bereichsfunktionen	405
8.2	Arbeiten mit Verweisfunktionen	405
8.3	Einsatz der INDEX()-Funktion	407
8.4	Einsatz der Funktion WAHL()	409

8.5 Referenz der Matrix- und Bereichsfunktionen 410
     ADRESSE() 410
     BEREICH.VERSCHIEBEN() 412
     BEREICHE() 415
     HYPERLINK() 416
     INDEX() 418
     INDIREKT() 421
     MTRANS() 422
     PIVOTDATENZUORDNEN() 423
     RTD() 424
     SPALTE() 424
     SPALTEN() 426
     SVERWEIS() 427
     VERGLEICH() 428
     VERWEIS() 429
     WAHL() 430
     WVERWEIS() 430
     ZEILE() 431
     ZEILEN() 432

9 Datenbankfunktionen 435

9.1 Einsatzbereiche für Datenbankfunktionen 435
9.2 Referenz der Datenbankfunktionen 442
     DBANZAHL() 442
     DBANZAHL2() 443
     DBAUSZUG() 443
     DBMAX() 444
     DBMIN() 445
     DBMITTELWERT() 445
     DBPRODUKT() 445
     DBSTDABW() 447
     DBSTDABWN() 447
     DBSUMME() 448

DBVARIANZ()		448
DBVARIANZEN()		449

10 Cube-Funktionen ... 451

10.1	Einsatzbereiche für Cube-Funktionen	451
10.2	Voraussetzungen für den Einsatz von Cube-Funktionen	452
10.3	Referenz der Cube-Funktionen	474
	CUBEELEMENT()	474
	CUBEELEMENTEIGENSCHAFT()	475
	CUBEKPIELEMENT()	475
	CUBEMENGE()	478
	CUBEMENGENANZAHL()	479
	CUBERANGEELEMENT()	479
	CUBEWERT()	479

11 Textfunktionen ... 481

11.1	Einsatzbereiche der Textfunktionen	481
11.2	Referenz der Textfunktionen	483
	BAHTTEXT()	483
	CODE()	484
	DM()	485
	ERSETZEN()	486
	FEST()	487
	FINDEN()	488
	GLÄTTEN()	489
	GROSS()	490
	GROSS2()	491
	IDENTISCH()	491
	KLEIN()	492
	LÄNGE()	493
	LINKS()	494
	RECHTS()	495

SÄUBERN()	497
SUCHEN()	497
T()	498
TEIL()	499
TEXT()	501
VERKETTEN()	502
WECHSELN()	502
WERT()	503
WIEDERHOLEN()	504
ZEICHEN()	505

12 Logische Funktionen ... 507

12.1	Einsatzbereiche der logischen Funktionen	507
12.2	Prüfen mit der WENN()-Funktion	509
12.3	Bewertungen erzeugen	511
12.4	Bedingte Berechnungen	512
12.5	Bedingte Textanzeige	512
12.6	Prüfungen mit komplexen Bedingungen	513
12.7	Mehrfachverzweigungen	514
12.8	Bedingte Formate	515
12.9	Referenz der logischen Funktionen	516
	FALSCH()	516
	NICHT()	516
	ODER()	516
	UND()	517
	WAHR()	517
	WENN()	517
	WENNFEHLER()	518

13 Informationsfunktionen ... 521

13.1	Einsatzbereiche für Informationsfunktionen	521
13.2	Funktionen zur Prüfung des Datentyps	522
13.3	Referenz der Informationsfunktionen	523

FEHLER.TYP() 523
INFO() 524
ISTBEZUG() 526
ISTFEHL() 526
ISTFEHLER() 526
ISTGERADE() 527
ISTKTEXT() 527
ISTLEER() 528
ISTLOG() 528
ISTNV() 529
ISTTEXT() 529
ISTUNGERADE() 530
ISTZAHL() 531
N() 532
NV() 532
TYP() 534
ZELLE() 535

14 Zusätzliche Tools für die Datenanalyse 539

14.1 Aktivieren der Analyse-Funktionen 539
14.2 Anova-Varianzanalyse mit einem Faktor 541
14.3 Anova: Zweifaktorielle Varianzanalyse mit Messwiederholung 545
14.4 Anova: Zweifaktorielle Varianzanalyse ohne Messwiederholung 547
14.5 Korrelation 548
14.6 Kovarianz 549
14.7 Populationskenngrößen 550
14.8 Exponentielles Glätten 550
14.9 Zwei-Stichproben F-Test 551
14.10 Fourieranalyse 552
14.11 Histogramme für die Darstellung von Häufigkeiten 553
14.12 Gleitender Durchschnitt 555

14.13 Zufallszahlengenerierung 557
14.14 Rang und Quantil 559
14.15 Regression 559
14.16 Stichprobenziehung 562
14.17 T-Test-Varianten 563
14.18 Gaußtest 566

15 Entwicklung eigener Funktionen 569

15.1 Funktionen mit VBA erstellen 569
15.2 Hinweise zu VBA 573
15.3 Eine komfortablere Funktion für die Zinseszinsberechnung 583
15.4 Effektivzins und Nominalzins bei Ratenkrediten 585
15.5 Funktion für eine normgerechte Berechnung der Kalenderwoche 589
15.6 Funktion zur Berechnung des Osterdatums 589

Anhang 591

A Alphabetische Liste der Funktionen 593
B Funktionenliste Deutsch–Englisch/Englisch–Deutsch 615
  B.1 Deutsch–Englisch 615
  B.2 Englisch–Deutsch 626
C Funktionen im Überblick 637

Index 643

Vorwort

Anders als bei vielen Excel-Büchern, die sich hauptsächlich auf kommerzielle Anwendungen beziehen, wird in den folgenden Kapiteln auf die Tatsache Wert gelegt, dass es sich bei Excel um ein universelles Werkzeug handelt, dessen Anwendungsspektrum entsprechend weit gefächert ist. Um dem gerecht zu werden, enthält der Text eine komplette Beschreibung aller Excel-Funktionen.

Das Buch bezieht sich auf den mit der Version Excel 2007 erreichten Stand. Da aber die überwiegende Mehrzahl sowohl der Funktionen als auch der speziellen Berechnungstools wie Solver, Zielwertsuche und Analyse-Funktionen seit der Version Excel 97 weitgehend unverändert geblieben sind, kann das Buch auch helfen, wenn ältere Versionen eingesetzt werden.

Excel 2007 weist, was die Benutzeroberfläche betrifft, bekanntlich ein beachtliches Facelifting auf, deshalb wird an einigen Stellen zusätzlich die Bedienung in der älteren Version kurz dargestellt.

Was speziell die Funktionen betrifft, gibt es in Excel 2007 die ganz neue Gruppe der Cube-Funktionen, die in Kapitel 10, *Cube-Funktionen*, beschrieben wird. Ansonsten finden sich innerhalb der bisher zur Verfügung stehenden Funktionsgruppen nur einige wenige neue Funktionen (SUMMEWENNS(), MITTELWERTWENN(), MITTELWERTWENNS(), ZÄHLENWENNS(), WENNFEHLER()) und einige Erweiterungen bestehender Funktionen, was die Zahl der möglichen Argumente angeht.

Das Buch übernimmt die von Excel vorgegebene Gruppierung der Funktionen in Kategorien. Für jede Kategorie ist ein eigenes Kapitel eingerichtet. Um den Zugriff zu vereinfachen, wird innerhalb der Kapitel die alphabetische Reihenfolge der Funktionen beibehalten.

Das erste Kapitel gibt einen Einstieg in die Art und Weise, wie in Excel Formeln und Funktionen eingesetzt werden. Im zweiten Kapitel werden spezielle Berechnungswerkzeuge vorgestellt, die die Arbeit mit Formeln ergänzen: Zielwertsuche, Solver, Datentabellen.

Die Kapitel 3 bis 13 behandeln jeweils eine Kategorie der Tabellenfunktionen, wobei am Anfang immer einige allgemeine Hinweise zu den Funktionen dieser Gruppe gegeben werden. Alle abgebildeten Beispiele sind auf der CD beigelegt, wobei jeweils alle Funktionen einer Kategorie auch in einer Arbeitsmappe zusammengefasst sind. Dabei wird in den meisten Fällen für jede Funktion ein eigenes Blatt mit dem Funktionsnamen verwendet, nur ausnahmsweise werden auf einem Blatt zwei oder drei zusammenhängende Funktionen behandelt.

Im Anschluss daran werden in Kapitel 14, *Zusätzliche Tools für die Datenanalyse*, die speziellen Analyse-Tools an Beispielen vorgestellt, die hauptsächlich für statistische Auswertungen angeboten werden. Den Abschluss bildet ein Kapitel, in dem gezeigt wird, wie eigene Funktionen mit Hilfe von VBA-Makros programmiert und eingebunden werden. Der Anhang enthält eine alphabetische Kurzreferenz aller Funktionen.

Helmut Vonhoegen
www.helmut-vonhoegen.de

1 Einstieg in Berechnungen mit Excel

Der Einsatz von Excel lohnt sich häufig schon, wenn es nur darum geht, Informationen in ordentlicher Form zusammenzustellen. Die tabellarische Anordnung ist für die übersichtliche Darstellung von Daten gut geeignet. So richtig zum Zuge kommen die Fähigkeiten von Excel aber erst, wenn Sie Excel für sich rechnen lassen. Das geschieht in erster Linie durch die Eingabe von Formeln.

In den folgenden Abschnitten werden zunächst ein paar grundlegende Dinge beschrieben, die die Arbeit mit Formeln und Funktionen in Excel betreffen.

1.1 Hinweise zur Dateneingabe

In der Regel besteht der Inhalt einer Excel-Tabelle aus drei Bestandteilen:

- Beschriftungen
- Werte
- Formeln

Meist wird zunächst mit Beschriftungen die Struktur der Tabelle festgelegt, dann werden die Werte – hauptsächlich das Zahlenmaterial für die vorgesehenen Berechnungen – eingegeben. Schließlich werden die Formeln konstruiert.

Zellen oder Zellbereiche auswählen

Bei der Eingabe von Zellinhalten gilt in Excel immer: erst auswählen, dann eingeben. Die Auswahl kann mit der Maus oder der Tastatur erfolgen. Es ist oft praktisch, die erste Zelle, in die etwas eingetragen werden soll, per Mausklick zu wählen und die Nachbarzellen dann mit den Richtungstasten anzusteuern. Solange eine Zelle im Fenster sichtbar ist, genügt ein Mausklick für die Auswahl. Bei der Auswahl von Zellen, die von der aktuellen Position des Zellzeigers weit entfernt sind, helfen die Bildlaufleisten, mit denen der Bildschirmausschnitt verschoben wird.

1 | Einstieg in Berechnungen mit Excel

Um Zellbereiche auszuwählen, ziehen Sie mit gedrückter linker Maustaste über den gewünschten Bereich. Die Richtung spielt keine Rolle. Die Zelle, bei der Sie den Mauszeiger zum Ziehen aufsetzen, also die Markierung beginnen, ist jeweils die aktive Zelle des Bereichs. Wenn ein großer Bereich mit der Maus markiert werden soll, ist eine andere Technik effizienter: Sie klicken zunächst die erste Eckzelle des Bereichs an und halten dann beim Anklicken der gegenüberliegenden Eckzelle gleichzeitig die ⇧-Taste gedrückt.

Für die Zellauswahl mit der Tastatur sind die Richtungstasten ↑, ↓, → und ← zuständig. Bei größeren Bewegungen sind Tastenkombinationen günstiger. Um einen Zellbereich auszuwählen, können Sie die ⇧-Taste gedrückt halten und den Markierungsrahmen mit den Richtungstasten ausdehnen. Hier zunächst die Tastenfunktionen für Bewegen und Auswählen:

Taste	Funktion
→ oder Tab	Spalte nach rechts
← oder ⇧+Tab	Spalte nach links
↑	Zeile nach unten
↓	Zeile nach oben
Pos1	Sprung zum Zeilenanfang
Strg+Pos1	Sprung zum Tabellenanfang
Strg+Ende	Sprung an das Ende des benutzten Tabellenbereichs
Bild↓	Ein Fenster nach unten
Bild↑	Ein Fenster nach oben
Strg+Bild↑	Sprung zum nächsten Blatt
Strg+Bild↓	Sprung zum vorherigen Blatt
Strg+Rück	Macht die aktive Zelle wieder sichtbar, wenn der Ausschnitt vorher mit einer Bildlaufleiste oder mit Rollen verschoben worden ist.
Strg+↑	Sprung in der Spalte nach oben zum Anfang eines Datenblocks bzw. zum Ende des nächsten Datenblocks
Strg+↓	Sprung in der Spalte nach unten zum Ende eines Datenblocks bzw. zum Anfang des nächsten Datenblocks
Strg+←	Sprung in der Zeile nach links zum Anfang eines Datenblocks bzw. zum Ende des nächsten Datenblocks
Strg+→	Sprung in der Zeile nach rechts zum Ende eines Datenblocks bzw. zum Anfang des nächsten Datenblocks

Markieren von Bereichen

Für die Markierung von Bereichen stehen die folgenden Tastenkombinationen zur Verfügung:

Tastenkombination	Funktion
⇧ +Richtungstaste	Ausweiten der Auswahl um eine Zeile oder Spalte
⇧ + Pos1	Ausweiten der Auswahl bis zum Zeilenanfang
⇧ + Leertaste	Auswählen der ganzen Zeile
Strg + Leertaste	Auswählen der ganzen Spalte
Strg + ⇧ + Pos1	Ausweiten der Auswahl bis zum Tabellenanfang
Strg + ⇧ + Ende	Ausweiten der Auswahl bis an das Tabellenende
Strg + ⇧ + Leertaste	Auswählen der ganzen Tabelle
⇧ + Bild↓	Ausweiten der Auswahl um ein Fenster nach unten
⇧ + Bild↑	Ausweiten der Auswahl um ein Fenster nach oben
Strg + ⇧ +Richtungstaste	Ausweiten der Auswahl zum Ende/Anfang des Blocks in die Richtung der jeweiligen Taste bzw. zum Anfang/Ende des nächsten Datenblocks
Strg + *	Markiert den ganzen Datenblock, in dem sich die aktive Zelle befindet.
⇧ + ←	Reduzieren der Auswahl auf die aktive Zelle

Dateneingabe: Text oder Zahl?

Wenn Sie in eine Zelle etwas eintragen, prüft Excel, was es damit anfangen kann. Das Programm entscheidet, ob die Eingabe als numerischer Wert, als Zeichenfolge oder als Formel verstanden werden kann. Alle Eingaben, die Excel nicht als numerischen Wert oder als Formel interpretieren kann, behandelt das Programm als Zeichenfolge. Soll dagegen eine Zahl als Zeichenfolge behandelt werden, muss Excel ausdrücklich dazu angewiesen werden. Das kann auf zweierlei Weise geschehen:

- Sie formatieren den Zellbereich mit dem Format **Text**.
- Sie setzen vor die Ziffern ein einfaches Anführungszeichen. Dieses Zeichen wird in der Zelle nicht angezeigt.

Eingabe von Zahlen

Während Texte in einem Kalkulationsprogramm insbesondere für Beschriftungen eingesetzt werden, liefern Zahlen das Futter für die Rechenarbeit. Für die Zahleneingabe sollten ein paar Regeln beachtet werden:

- Werte gleichen Typs sollten gleich formatiert werden.
- Wo es auf Dezimalstellen nicht ankommt, sollten sie weggelassen werden, damit die Tabelle übersichtlicher wird.
- Fehlen Werte zunächst, sollte festgelegt werden, ob die Zelle leer bleibt, ob eine Null eingetragen wird oder die Funktion =NV(), die dann mit dem Fehlerwert #NV anzeigt, dass der Wert noch nicht vorhanden ist.

Sie können Ziffern und bestimmte Sonderzeichen verwenden: Plus- oder Minuszeichen, Dezimalzeichen, Tausenderabtrennung, Schrägstriche, Klammern, Prozentzeichen, E bzw. e für die wissenschaftliche Schreibweise und Währungszeichen wie € oder $. Werden ausschließlich Ziffern eingegeben, wird die Eingabe als Vorgabe rechtsbündig ausgerichtet. Kommen Sonderzeichen vor, prüft Excel, ob die Eingabe einem der gültigen Zahlenformate entspricht. Ist das der Fall, wird die Eingabe als Zahl ausgegeben. Ansonsten behandelt Excel die Eingabe als Text und gibt sie linksbündig aus.

Eine Sonderrolle spielen die Wahrheitswerte WAHR und FALSCH, die allerdings selten direkt in eine Zelle eingegeben, sondern meist als Ergebnis einer Formel geliefert werden. Sie werden als Vorgabe zentriert und in Großbuchstaben angezeigt.

Eingabe- und Ausgabeformat

Als Vorgabe arbeitet Excel bei Zahlen zunächst mit dem so genannten Standardformat. Dabei handelt es sich um ein Minimalformat, das automatisch vergeben wird, bevor speziellere Zahlenformate zugewiesen werden. Das Standardformat verwendet keine Tausendertrennzeichen und keine fest vorgegebene Anzahl an Nachkommastellen. Auf dieses Standardformat werden Zahlen auch wieder zurückgesetzt, wenn Sie in einem Zellbereich das Format löschen.

Sie haben aber schon bei der Dateneingabe die Möglichkeit, über dieses Minimalformat hinauszugehen. Entspricht die Eingabe einem gültigen Zahlenformat, ändert Excel für die Zelle die Formatierung vom Standardformat auf das entsprechende Zahlenformat der von Ihnen eingegebenen Zahl. Das gilt so lange, bis der Zelle ein anderes Format zugewiesen wird.

Wenn Sie also z. B. in Zelle B2 die Zahl 1.000.000 eingeben, wird diese Zahl auch genau so angezeigt, weil die Tausenderabtrennung zu einem gültigen Zahlenformat gehört. Die Zelle erhält durch die Dateneingabe ein fixes Zahlenformat. Das Format Zahl enthält u. a. die Tausenderabtrennung. Sie merken dies, wenn Sie den Wert in Zelle B2 mit 2000000 überschreiben, ohne Punkte für die Tausenderabtrennung zu benutzen. In der Zelle erscheint: 2.000.000.

Auch Prozentwerte können direkt eingegeben werden. Wenn Sie in eine Zelle B10 19% als Mehrwertsteuersatz eingeben, wird dies auch so angezeigt. Eine Formel wie =1000*B10 rechnet dann die Höhe der entsprechenden Mehrwertsteuer aus.

Auf diese Weise können Sie mit dem ersten Eintrag in eine Zelle das Zahlenformat festlegen. Wenn Sie allerdings in einer Spalte beispielsweise eine Reihe von 400 Zahlen eingeben sollen, wäre es überflüssige Arbeit, die Zeichen für Tausenderabtrennung und Währungszeichen immer mit einzugeben. Da ist es praktischer, vor oder nach der Eingabe ein Format festzulegen, das diese Zeichen automatisch erzeugt, und nur die nackten Zahlen einzutippen.

Excel bietet noch eine weitere Alternative. Wenn Sie in der ersten Zelle einer Spalte das Format durch die Eingabe vorgeben, können Sie mit der Maus das Ausfüllkästchen bis ans Ende der Spalte ziehen. Klicken Sie dann auf die Schaltfläche **Auto-Ausfülloptionen** und nehmen Sie aus dem Menü, das das kleine Dreieck öffnet, die Option **Nur Formate ausfüllen**. Die zunächst angezeigten Zahlenkopien verschwinden wieder, aber die Zellen übernehmen das Format der ersten Zelle.

Zahlengröße und Spaltenbreite

Ist eine eingegebene Zahl größer als die Spaltenbreite, lässt Excel, solange das Standardformat nicht durch ein anderes Format ersetzt ist, zunächst Dezimalstellen weg. Hilft auch dies nicht, wird die wissenschaftliche Schreibweise mit Exponent benutzt, z. B. 3,45E+12.

Bei allen anderen Zahlenformaten erweitert Excel automatisch die Spalte, wenn zu wenig Platz ist. Dieses freundliche Verhalten gilt aber nur, solange die Spaltenbreite nicht bereits manuell verändert worden ist. Ist die Spaltenbreite vorher verändert worden, gibt Excel anstelle der Zahl, die nicht in die Spalte passt, eine Reihe von #-Zeichen aus. Immerhin zeigt Excel den Wert an, wenn der Mauszeiger eine solche Zelle berührt. Dann sollte entweder die Spaltenbreite angepasst oder ein günstigeres Format gewählt werden.

Ist es nicht möglich, für die eingegebenen Zeichen ein gültiges Zahlenformat zu finden, wird die Eingabe als Zeichenfolge eingestuft und dementsprechend zunächst linksbündig in der Zelle ausgegeben. Wenn Sie beispielsweise 10.0 statt 10,0 in eine Zelle eingeben, wird dies einfach als Text gewertet. Bei Datumseingaben wird auch noch die logische Richtigkeit überprüft. Wenn Sie z. B. bei der Eingabe eines Datums irrtümlich 13.13.03 eingeben, wird dies ebenfalls als Text gewertet.

Eingabe von führenden Nullen

Alle von Excel direkt angebotenen Zahlenformate schneiden führende Nullen in der Anzeige weg. Werden führende Nullen aber benötigt, etwa bei Belegnummern oder Artikelnummern, hilft ein benutzerdefiniertes Zahlenformat, beispielsweise 000000 für eine sechsstellige Nummer. Mehr dazu in Abschnitt 1.2, *Die Rolle der Zahlenformate*.

Eingabe von Brüchen

Etwas eigentümlich ist die Art und Weise, wie Excel auf die Eingabe von Brüchen reagiert. Wenn Sie z. B. 1/3 eintippen, zeigt die Zelle 01.Mrz an. 4/100 wird dagegen einfach als Text interpretiert, weil dieser Eintrag nicht in ein gültiges Datum umgesetzt werden kann, aber auch keine Formel ist, da das Gleichheitszeichen am Anfang fehlt.

Dagegen wird 2 3/4 anstandslos angenommen und als Wert von 2,75 verstanden, wie die Anzeige in der Bearbeitungsleiste zeigt.

Um zu erreichen, dass auch Brüche ohne vorhergehende Ganzzahl eingetippt werden können, muss eine Null vorangestellt werden. 0 1/3 ergibt das gewünschte Ergebnis 1/3. Die andere Möglichkeit ist, den Bereich vorher mit dem einstelligen Bruchformat zu formatieren.

Hinweise zur Dateneingabe | **1.1**

Eingabe von Datum und Uhrzeit

Excel betrachtet Datum und Uhrzeit als numerische Werte. Das hat den großen Vorteil, dass z. B. die Frage, welches Datum 20 Tage nach dem Tagesdatum liegt, durch eine einfache Addition geklärt werden kann. Datums- und Zeitwerte können entweder über Datums- und Zeitfunktionen, also über Formeln, in eine Zelle eingetragen werden oder direkt als Konstanten. Für die Datumseingabe als Konstante sind verschiedene Eingabeformate erlaubt, je nach den gewählten Ländereinstellungen:

```
12-10-06         12/10/06      12.12.94      12.12.2006
12.Dezember 2006 12/10         12-10
12-Jan-03        Jan-04        4-Februar
```

Alle diese Eingabeformate sind gültig. Das Standardausgabeformat hängt von den aktuellen Ländereinstellungen ab. Geändert werden können die Ländereinstellungen über die Systemsteuerung von Windows. Unvollständige Datumsangaben ergänzt Excel automatisch. Fehlt das Jahr, wird das aktuelle Jahr genommen. Fehlt der Tag, wird der Monatserste genommen. Das vollständige Datum wird jeweils in der Bearbeitungsleiste angezeigt und ist Grundlage eventueller Berechnungen.

Zeitangaben können in einem der folgenden Formate eingegeben werden:

```
10:30
10:30 PM
10:30 am
10:30:30
```

Wird PM/AM weggelassen, wird AM angenommen. Kleinbuchstaben werden in Großbuchstaben umgewandelt. In der Bearbeitungsleiste erscheint die Zeit immer in der 24-Stunden-Schreibweise. Das aktuelle Datum und die Uhrzeit kann mit [Strg]+[.] bzw. [Strg]+[:] übernommen werden. Excel speichert Eingaben, die es als Datums- oder Zeitwerte erkennt, intern in Form einer seriellen Zahl, mit der die Anzahl der Tage seit dem 1.1.1900 – oder alternativ dem 1.1.1904 – gezählt werden.

Die Zeit wird über die Dezimalstellen der seriellen Zahl festgehalten. 12 Uhr entspricht dabei 50. Die serielle Zahl wird sichtbar, wenn Sie das Format löschen. Wie bei numerischen Werten üblich, richtet Excel Datums- und Zeitangaben als Vorgabe rechtsbündig aus. Wird ein »falsches« Datum eingegeben (etwa 31.04.2007), behandelt Excel die Eingabe als Text und richtet sie entsprechend linksbündig aus.

1 | Einstieg in Berechnungen mit Excel

Bearbeiten von Zellinhalten

Excel stellt es Ihnen frei, den Zellinhalt direkt in der Zelle zu bearbeiten oder in der Bearbeitungsleiste. Um den Zellinhalt direkt in der Zelle zu bearbeiten, klicken Sie doppelt auf die entsprechende Zelle oder benutzen `F2`. Das Programm wechselt in den Bearbeitungsmodus. Bei Formeln wird statt des Ergebnisses die Formel angezeigt. Ein blinkender Strich zeigt die Einfügestelle an. Mit Mausklick oder Richtungstasten kann die Einfügestelle versetzt werden. Quittiert wird die Korrektur in der Zelle mit Klick auf eine andere Zelle oder mit `↵`.

Um den Zellinhalt in der Bearbeitungsleiste zu bearbeiten, wählen Sie die Zelle zunächst aus, damit ihr Inhalt in der Bearbeitungsleiste angezeigt wird. Wenn Sie eine bestimmte Stelle ändern wollen, klicken Sie gleich auf diese Stelle in der Bearbeitungsleiste.

Mit der Maus können Sie Zeichen, die Sie durch andere ersetzen wollen, durch Ziehen markieren. Ganze Worte oder Argumente in einer Formel können per Doppelklick markiert werden. Wenn Sie die `⇧`-Taste festhalten, können Sie eine Markierung auch bis zu der Stelle erweitern, an die Sie den Mauszeiger setzen. Das nächste eingegebene Zeichen ersetzt dann jeweils die markierten Zeichen. Weitere Zeichen werden an der Stelle eingefügt. Das Programm arbeitet also normalerweise im Einfügemodus.

Sie können aber auch die Einfügestelle auf das erste Zeichen setzen, das überschrieben werden soll, und dann mit `Einfg` den Überschreibmodus einschalten. Die Einfügestelle wird durch einen dickeren Strich angezeigt. Sind die Zeichen überschrieben, schalten Sie mit `Einfg` wieder in den Einfügemodus zurück. Die Tabelle zeigt die **Tastenfunktionen zur Zellbearbeitung**:

Taste	Funktion
`Pos1`	Sprung zum Anfang des Eintrags
`Ende`	Sprung zum Ende des Eintrags
`Strg`+`→`	Ein Wort oder Argument nach rechts
`Strg`+`←`	Ein Wort oder Argument nach links
`⇧`+`→`	Markierung um ein Zeichen nach rechts erweitern
`⇧`+`←`	Markierung um ein Zeichen nach links erweitern
`Strg`+`⇧`+`→`	Markierung um ein Wort oder Argument nach rechts erweitern
`Strg`+`⇧`+`←`	Markierung um ein Wort oder Argument nach links erweitern
`Strg`+`⇧`+`Pos1`	Markierung bis zum Anfang des Eintrags erweitern

Hinweise zur Dateneingabe | 1.1

Strg + ⇧ + Ende	Markierung bis zum Ende des Eintrags erweitern
Strg + ⇧ + A	Einfügen der Argumente bei einer Funktion. Kann benutzt werden, wenn die erste Klammer hinter dem Funktionsnamen eingegeben ist.
Entf	Löscht markierte Zeichen oder das Zeichen rechts von der Einfügemarke.
Rück	Löscht markierte Zeichen oder das Zeichen links von der Einfügemarke.
Strg + Entf	Löscht ab Einfügemarke oder Markierung bis zum Ende des Eintrags.
Strg + C	Kopiert die markierten Zeichen in die Zwischenablage.
Strg + X	Schneidet die markierten Zeichen aus und versetzt sie in die Zwischenablage.
Strg + V	Fügt die Daten aus der Zwischenablage an der Einfügestelle oder anstelle der markierten Zeichen ein.

Löschmethoden

Unter dem Begriff »Löschen« kann in Bezug auf die Eigenschaften einer Zelle oder eines Zellbereichs dreierlei verstanden werden:

- Löschen des Zellinhalts
- Löschen des Zellformats
- Löschen von Kommentaren

In Excel 2007 wird für diese Maßnahmen unter **Start** • **Bearbeiten** die Schaltfläche **Löschen** angeboten, deren Menü die verschiedenen Optionen enthält.

Abbildung 1.1 Optionen der Schaltfläche »Löschen«

In den älteren Versionen stehen diese Optionen über **Bearbeiten** • **Löschen** zur Verfügung. Von diesen Löschoptionen muss das Entfernen ganzer Zellen unterschieden werden, das ebenfalls als »Löschen« bezeichnet wird. Im Kontextmenü einer Zellauswahl kann dafür **Zellen löschen** verwendet werden.

Wird der Inhalt einer Zelle gelöscht, ist die Zelle leer. Diese Banalität muss deshalb betont werden, weil eine Zelle manchmal zwar leer aussieht, aber nicht leer ist. Das kann vorkommen, wenn eine Zelle Leerzeichen enthält. Wenn Sie die Zelle doppelt anklicken, steht die Einfügestelle nicht ganz links, sondern rechts vom letzten Leerzeichen. Solche übersehenen Leerzeichen können z. B. beim Abfragen von Tabellen Verwirrung stiften.

Das Löschen des Zellformats wiederum bedeutet nicht, dass die Zelle anschließend überhaupt keine Formateigenschaften mehr hat. Die Zelle wird lediglich auf das Standardformat zurückgesetzt. Die Taste [Entf] löscht nur den Zellinhalt. Die Formatierung der Zelle bleibt davon unberührt. Wenn Sie Zellinhalte in einer Zelle oder eines Zellbereichs mit der Maus löschen wollen, müssen Sie diese nur markieren und dann das Ausfüllkästchen so weit nach innen ziehen, bis der gesamte Bereich durch das Raster schraffiert ist. Wenn Sie loslassen, ist der markierte Bereich gelöscht.

1.2 Die Rolle der Zahlenformate

In Abschnitt 1.4 sind Zahlenformate schon kurz angesprochen worden. Zahlenformate bestimmen die Art und Weise, wie der in die Zelle eingetragene Wert dargestellt wird. Bei numerischen Werten betrifft das insbesondere die Frage, ob und mit wie vielen Dezimalstellen eine Zahl ausgegeben wird. Geregelt werden kann über das Format auch, wie negative Zahlen dargestellt werden. Neben dem Minuszeichen und den Klammern können solche Werte etwa auch durch eine rote Textfarbe hervorgehoben werden.

Formatsymbole und Tastenkombinationen

Für die gebräuchlichsten Zahlenformate stellt Excel 2007 in der Gruppe **Start • Zahl** eine Formatpalette und eine Reihe von Schaltflächen zur Verfügung. Das Listenfeld der Palette zeigt jeweils das Format der aktuellen Zelle an. Die Palette enthält zahlreiche Formate aus den verschiedenen Kategorien, die einfach per Klick einem vorher ausgewählten Zellbereich zugeordnet werden.

Die Rolle der Zahlenformate | **1.2**

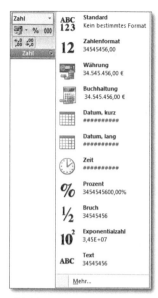

Abbildung 1.2 Symbole und Palette für gängige Zahlenformate

Die angesprochenen Schaltflächen werden ebenfalls in der Minisymbolleiste des Kontextmenüs zu einem Zellbereich angeboten. Auch einige Tastenkombinationen sind für Zahlenformate einsetzbar, wie die folgende Tabelle zeigt:

Symbol	Tastenkombination	Format
	Strg + $	Währungsformat
%	Strg + %	Prozentformat
000	Strg + !	1.000,00
	Strg + &	Standardformat
	Strg + §	Datumsformat TT.MMM JJ
	Dezimalstelle hinzufügen	
	eine Dezimalstelle weniger	

Das Währungssymbol bietet über die Pfeilschaltfläche ein Menü an, das den schnellen Wechsel zwischen verschiedenen Währungsformaten unterstützt.

Wenn Sie das Prozentformat einer Zelle zuweisen, wird nicht einfach nur das Prozentzeichen an den vorhandenen Wert angehängt, gleichzeitig wird mit 100 multipliziert. Da der Wert aber meist durch eine Division ermittelt wird – etwa nach dem Schema »Teilbetrag dividiert durch Gesamtbetrag« – ist das beschriebene Verhalten ganz praktisch.

Zuweisen eines Zahlenformats per Dialog

Mehr Kontrolle über die Formatierung haben Sie über das auch in den älteren Excel-Versionen verwendete Dialogfeld **Zellen formatieren**, das mit [Strg]+[1] geöffnet werden kann. Dabei spielt es keine Rolle, ob die Zellen vor oder nach der Eingabe von Daten formatiert werden.

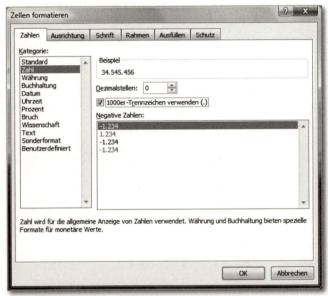

Abbildung 1.3 Dialogfeld »Zellen formatieren« mit dem Register »Zahlen«

Angenommen, Sie wollen in einer Tabelle mit statistischen Auswertungen Zahlen mit der Tausenderabtrennung, aber ohne Nachkommastellen anzeigen lassen.

Die Rolle der Zahlenformate | **1.2**

1 Wählen Sie zunächst den Zellbereich aus.

2 Öffnen Sie das Dialogfeld **Zellen formatieren**.

3 Auf dem Register **Zahlen** gibt Excel zunächst das aktuelle Format der aktiven Zelle vor, es sei denn, Sie haben einen Bereich ausgewählt, in dem unterschiedliche Formate verwendet werden.

4 Wählen Sie unter **Kategorie** den Eintrag **Zahl**. Bei den Formaten der Kategorie **Zahl** können die verschiedenen Elemente des Formats einzeln ausgewählt werden.

5 Setzen Sie in diesem Fall die Anzahl der Dezimalstellen auf null.

6 Aktivieren Sie **1000er-Trennzeichen verwenden**.

7 Was die Darstellung der negativen Zahlen angeht, wählen Sie aus der kleinen Liste die gewünschte Einstellung.

8 Wenn das unter Beispiel angezeigte Format Ihren Wünschen entspricht, bestätigen Sie mit **OK**.

Währungsformate

Bereits seit Excel 97 ist es kein Problem mehr, in einem Tabellenblatt mit unterschiedlichen Währungen zu operieren. Unter der Kategorie **Währung** und **Buchhaltung** werden Zahlenformate mit Währungszeichen angeboten. Diese Formate verwenden gleichzeitig das Tausendertrennzeichen. In der Liste für das Währungssymbol werden zahlreiche Währungszeichen zur Auswahl gestellt. Es ist also kein Umstand, in einer Spalte Euro-Beträge anzuzeigen, in der nächsten Dollars und in der dritten britische Pfund.

Speziell für die buchhalterische Dateneingabe – z. B. für Bilanzen und Journale – werden Zahlenformate unter **Buchhaltung** angeboten. Bei diesen Formaten werden Nullwerte mit einem Bindestrich dargestellt. Die Zahlen werden so ausgerichtet, dass bei gleicher Anzahl von Dezimalstellen das Komma immer an derselben Stelle steht, egal, ob Währungssymbole angezeigt werden oder nicht. Das Minuszeichen bei negativen Werten wird linksbündig dargestellt.

1 | Einstieg in Berechnungen mit Excel

	A	B	C	D
1				
2	**Internationale Preisliste**			
3				
4		Euro	Dollar	Pfund
5	Artikel 1	50,00 €	$52,63	£22,73
6	Artikel 2	75,00 €	$78,95	£34,09
7	Artikel 3	100,00 €	$105,26	£45,45
8	Artikel 4	125,00 €	$131,58	£56,82
9	Artikel 5	150,00 €	$157,89	£68,18
10	Artikel 6	175,00 €	$184,21	£79,55

Abbildung 1.4 Tabelle mit unterschiedlichen Währungsformaten

Für Prozentzahlen kann in der Kategorie **Prozent** die Anzahl der Dezimalstellen eingestellt werden.

Unter **Bruch** gibt es zahlreiche Formatangebote. Wenn Sie das Format **Einstellig** einem Zellbereich schon vor der Dateneingabe zuordnen, können Sie beispielsweise 1/4 eingeben, ohne dass Excel daraus ein Datum macht. Es ist dann nicht notwendig, 0 1/4 einzugeben.

Unter **Wissenschaft** steht das Exponentialformat zur Verfügung, wobei die Anzahl der Dezimalstellen in der Mantisse frei gewählt werden kann. Bei diesem Format wird die Zahl jeweils als Produkt einer Zahl mit einer Zehnerpotenz dargestellt. Diese Darstellungsform ist insbesondere für sehr große oder sehr kleine Zahlen geeignet, wie sie im technisch-wissenschaftlichen Bereich häufig vorkommen.

Datums- und Zeitformate

Neben den Zahlenformaten bietet Excel zahlreiche Formate für die Anzeige von Datums- und Zeitangaben an. Auch auf internationale Formate aus vielen Ländern können Sie zugreifen, wenn Sie über das Listenfeld **Gebietsschema** eine entsprechende Einstellung wählen. Sehr praktisch ist oft das lange Datumsformat, bei dem gleich der Name des Tages vor dem Datum ausgegeben wird.

Welches Ausgabeformat von Excel als Vorgabe benutzt wird, ist von den mit **Systemsteuerung** gewählten Ländereinstellungen abhängig. Wenn Sie z. B. dort auf der Registerkarte **Datum** das kurze Datumsformat **T.M.JJJJ** auswählen, wird eine zweistellige Jahreszahl automatisch vierstellig ausgegeben.

Textformate und Sonderformate

Ein spezielles Format ist das oben schon angesprochene Format **Text**. Wenn Sie einen leeren Zellbereich mit diesem Format belegen, werden alle Zahlen, die Sie anschließend eingeben, von Excel als Zeichenfolgen behandelt und auch entsprechend linksbündig ausgerichtet. Diese Verfahrensweise ist praktisch, wenn Sie z. B. Codenummern, Kundennummern, Telefonnummern etc. eingeben wollen.

Excel 2007 verhält sich in diesem Fall übrigens anders als die älteren Versionen. Bisher konnten Zahlen mit einem Textformat zwar als Operanden etwa einer Addition verwendet werden, als Argumente von Rechenfunktionen wurden sie aber nicht akzeptiert. Letzteres ist jetzt aber möglich. Wenn ein Textbereich A2:A10 Zahlen enthält, liefert `=SUMME(A2:A10)` das korrekte Ergebnis.

Ganz hilfreich ist eine Reihe von Sonderformaten, wie sie für Postleitzahlen, ISBN- oder Versicherungsnummern benötigt werden. Auch hier sind Formate für bestimmte Länder verfügbar, die Sie über **Gebietsschema** auswählen können.

Selbst definierte Formate

Wenn die integrierten Zahlenformate nicht ausreichen, können Sie das Dialogfeld **Zellen formatieren** nutzen, um eigene Formate zu definieren. Eine Formatbeschreibung kann aus bis zu vier Bestandteilen bestehen, die jeweils durch Semikola getrennt werden: `positives Format; negatives Format; Nullformat; Textformat`

Enthält ein Zahlenformat nur drei Bestandteile, bedeutet dies, dass es kein spezielles Textformat gibt. Enthält die Zelle Text, wird er ganz normal als Text ausgegeben. Enthält ein Zahlenformat nur zwei Bestandteile, gilt das erste für positives Format und Nullformat, das zweite für negatives Format. Ist nur ein Bestandteil gegeben, gilt dies für positives Format, negatives Format und Nullformat.

Solche benutzerdefinierten Formate können anhand eines vorhandenen Formats oder von Hand gestaltet werden. Angenommen, Sie wollen sechsstellige Belegnummern verwenden, die führende Nullen anzeigen. Sie können folgendermaßen verfahren:

1 Markieren Sie den Zellbereich.

2 Wählen Sie im Dialogfeld **Zellen formatieren** unter **Kategorie** den Eintrag **Benutzerdefiniert**.

3 In dem Listenfeld werden Ihnen Formatmuster angeboten, die Sie als Ausgangsmaterial für das eigene Format verwenden können. Klicken Sie den Eintrag mit der Null an.

4 Ergänzen Sie in dem Eingabefeld **Typ** die restlichen fünf Nullen und bestätigen Sie mit **OK**.

Wenn Sie das einmal definierte Format erneut auf eine Zelle anwenden wollen, wiederholen Sie die Schritte 1 bis 2. Wählen Sie dann aus der Liste das neue Format. Excel zeigt es immer am Ende der Liste an. Benutzerdefinierte Formate können jederzeit wieder gelöscht werden. Markieren Sie das Format und klicken Sie die Schaltfläche **Löschen** an.

Formatcodes

Für die Darstellung der Zahlenformate verwendet Excel bestimmte Codezeichen, die in der folgenden Liste zusammengestellt sind. Dabei wird mit den verschiedenen Platzhaltern für Ziffern gesteuert, wie viele Dezimalstellen angezeigt werden. Excel erlaubt maximal 15 Dezimalstellen. Auch die Behandlung führender oder nachfolgender Nullen wird mit Hilfe dieser Codezeichen geregelt. Vorzeichen können vor oder hinter die Zahl gesetzt werden. Excel zeigt normalerweise nur negative Vorzeichen an. Das Pluszeichen muss also ausdrücklich in das Formatmuster eingefügt werden, wenn es angezeigt werden soll.

Formatcode	Bedeutung
Standard	Anzeige im Standardformat
kein Eintrag	Daten werden nicht angezeigt. Beispiel: ;;;
#	Platzhalter für eine Ziffer. Führende Nullen vor und nachfolgende Nullen hinter dem Komma werden nicht angezeigt. Excel rundet auf die angegebenen Dezimalstellen. Sind vor dem Komma mehr Ziffern vorhanden als #-Zeichen, werden sie angezeigt.
0 (Null)	Platzhalter für eine Ziffer einschließlich führender Nullen vor und nachfolgender Nullen hinter dem Komma. Hat die Zahl weniger Ziffern als das Format, werden Nullen dafür angezeigt.
?	Platzhalter für eine Ziffer; führende Nullen vor und nachfolgende Nullen hinter dem Komma werden als Leerzeichen ausgegeben. Hat die Zahl weniger Ziffern als das Format, werden Leerzeichen dafür eingesetzt.

Die Rolle der Zahlenformate | **1.2**

Formatcode	Bedeutung
Komma	Dezimalzeichen
%	Prozentzeichen; Excel multipliziert den Wert mit 100 und fügt das Prozentzeichen hinzu.
Punkt	Tausendertrennzeichen; kann auch benutzt werden, um eine Zahl auf Tausender, Millionen etc. zu normieren. (#.. zeigt z. B. nur die Millionen an.)
E- E+ e- e+	Wissenschaftliches Zahlenformat; die Anzahl der Nullen bzw. #-Zeichen zur Rechten legt die Anzahl der Stellen im Exponenten fest. E- oder e- zeigt nur das Minuszeichen an, E+ oder e+ beide Vorzeichen des Exponenten.
€ $ – + / ( ) : Leerzeichen	Anzeige des betreffenden Zeichens. Sollen andere Zeichen angezeigt werden, setzen Sie sie in doppelte Anführungszeichen oder setzen \ davor. Der Bindestrich kann z. B. als Trennzeichen verwendet werden. Beispiel: ##-###-##
*	Füllt die Zelle nach links mit dem unmittelbar folgenden Zeichen auf. ** kann z. B. als Sperrzeichen bei der Scheckausfüllung verwendet werden.
Unterstrich	Fügt eine Leerstelle von der Breite des nächsten Zeichens ein. _) kann z. B. benutzt werden, um positive Zahlen genau unter negative Zahlen zu setzen, die in Klammern angezeigt werden.
"Text"	Der Text innerhalb der Anführungszeichen wird angezeigt. Das erlaubt Ihnen z. B., die Maßeinheit direkt hinter eine Zahl zu setzen. Beispiel: #0.00 "qm".
@	Platzhalter für eine beliebig lange Zeichenfolge
M oder MM	Monatszahl ohne oder mit führenden Nullen (3 oder 03)
MMM	Abgekürzter Monatsname (Jan, Feb etc.)
MMMM	Ausgeschriebener Monatsname
MMMMM	Monatsname mit einem Buchstaben
T oder TT	Tag als Zahl ohne oder mit führenden Nullen (9 oder 09)
TTT	Abgekürzter Tagesname (Sa, So)
TTTT	Ausgeschriebener Tagesname
JJ oder JJJJ	Zweistellige oder vierstellige Jahreszahl (93 oder 1993)
h oder hh	Stundenzahl ohne oder mit führenden Nullen (3 oder 03); wird im 12-Stunden-Format angezeigt, wenn das Format auch AM oder PM enthält.

Formatcode	Bedeutung
m oder mm	Minutenzahl ohne oder mit führenden Nullen (3 oder 03); muss auf h oder hh folgen, wird sonst als Monatszahl interpretiert.
s oder ss	Sekundenzahl ohne oder mit führenden Nullen (3 oder 03)
[ ]	Erlaubt Zeitformate mit mehr als 24 Stunden bzw. mehr als 60 Minuten oder Sekunden. Dabei muss jeweils der äußerste linke Teil des Zeitformats in eckige Klammern gesetzt werden, z. B. [H]:mm:ss.
AM/am/A/a PM/pm/P/p	Bewirkt, dass die Uhrzeit im 12-Stunden-Format angezeigt wird: AM, am, A oder a für die Zeit bis Mittag (ante meridiem = vormittags), PM, pm, P, oder p für die Zeit bis Mitternacht (post meridiem = nachmittags). Ohne Angabe wird die Zeit im 24-Stunden-Format angezeigt.
[Farbe]	Die folgenden Zeichen werden in der angegebenen Farbe angezeigt. Möglich sind die Einträge SCHWARZ, BLAU, ZYAN, GRÜN, MAGENTA, ROT, WEISS, GELB oder FARBE n, wobei n für eine Zahl zwischen 0 und 56 steht und die Nummer der Farbe aus der Farbpalette angibt, die Excel verwendet.
[Bedingung Wert]	Kann für bedingte Formate genutzt werden. Als Bedingung kann einer der folgenden Operatoren eingegeben werden: <, >, =, >=, <=, <>. Wert steht für eine beliebige Zahl. Beispiel: >1000.

Darstellung von Nullwerten

Bei Tabellen, die erst innerhalb größerer Zeiträume mit Daten gefüllt werden, stellt sich häufig das Problem der Nullwerte. Sie haben verschiedene Möglichkeiten:

Sie können für die gesamte Arbeitsmappe die Anzeige der Nullwerte unterdrücken. Dazu finden Sie über **Excel-Optionen** auf der Seite **Erweitert** die Arbeitsblattoption **In Zellen mit Nullwert eine Null anzeigen**. Wird das Häkchen gelöscht, werden Nullwerte nicht angezeigt. Die zweite Möglichkeit ist, ein Format zu definieren, bei dem die Nullwerte unterdrückt oder etwa durch einen Bindestrich ersetzt werden. Beispiel: 0,00;-0,00;; oder 0,00;-0,00;"-". Das Format kann etwa auf bestimmte Formeln beschränkt werden. Die dritte Möglichkeit ist, in die Zellen, für die noch die Werte fehlen, die Funktion =NV() einzutragen. In der Zelle erscheint #NV; auch die Formeln, die sich auf diese Zellen beziehen, liefern den Wert #NV.

Schließlich können Sie die Anzeige von Nullwerten natürlich auch über Formeln abfangen.

=WENN(SUMME(A3:E3) <> 0;SUMME(A3:E3);"")

zeigt beispielsweise in Zelle F3 die Quersumme nur dann an, wenn sie ungleich null ist.

Interpretation unvollständiger Jahreszahlen

Damit auch nach dem Jahr 2000 »unvollständige« Jahreszahlen vernünftig verarbeitet werden, bietet Ihnen Excel 2007 folgendes Standardverfahren an: Eine Eingabe wie 12.10.07 wird als 12.10.2007 verstanden. Dieses Verhalten gilt für alle Jahreszahlen von 00 bis 29. Geben Sie eine Zahl zwischen 30 und 99 an, vermutet Excel, dass das 20. Jahrhundert gemeint ist, und setzt die 19 als Jahrhundertzahl davor. 12.10.33 wird also zu 12.10.1933 ergänzt.

Excel zeigt die komplette Jahreszahl in der Bearbeitungsleiste automatisch an, wenn die Zelle ausgewählt wird. Wenn Sie eine Zelle nachträglich umformatieren, sodass die Jahreszahl auch tatsächlich vierstellig angezeigt wird, können Sie das Ergebnis ebenfalls prüfen. Intern speichert Excel also immer die komplette Jahreszahl. Benötigen Sie aus irgendeinem Grunde ein Datum aus dem Jahr 1904, etwa das Geburtsdatum Ihrer Großmutter, können Sie das Datum vierstellig eingeben, auch wenn die Zelle nur für eine zweistellige Jahreszahl formatiert ist.

1.3 Formellose Berechnungen

Bevor auf die Konstruktion von Formeln im Detail eingegangen wird, soll an dieser Stelle zunächst noch auf eine Funktion von Excel hingewiesen werden, die Ihnen Rechenergebnisse ohne Formeln anbietet. Wenn Sie sofort wissen wollen, welchen Gesamtbetrag eine Gruppe von Werten ergibt, müssen Sie nicht eine vollständige Formel eingeben. Sobald Sie mehr als eine Zelle markieren, gibt Ihnen Excel unaufgefordert den Mittelwert, die Anzahl und die Summe dieser Werte in der Statusleiste aus. Das funktioniert nicht nur bei geschlossenen Zellblöcken, sondern auch, wenn Sie nicht zusammenhängende Zellen markieren. Das erspart in vielen Fällen den Zugriff auf den Taschenrechner.

1 | Einstieg in Berechnungen mit Excel

Neben den drei vorgegebenen Auswertungen können über das Menü **Statusleiste anpassen** auch andere Funktionen aktiviert und berechnet werden. Dazu müssen Sie den Ergebnisbereich in der Statusleiste nur mit der rechten Maustaste anklicken und die gewünschte Funktion auswählen.

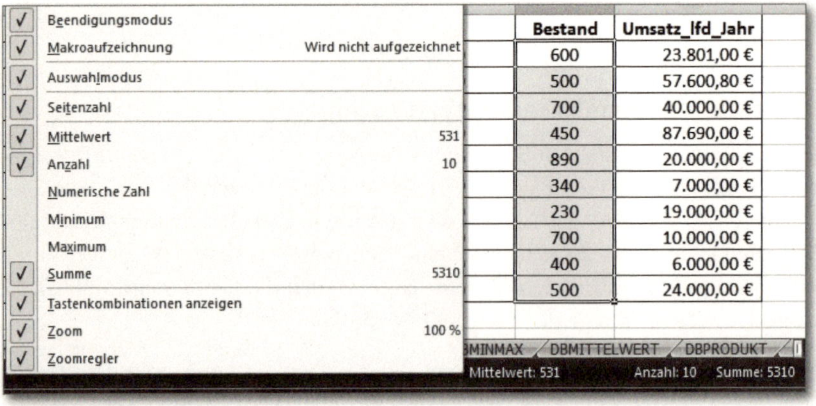

Abbildung 1.5 Mittelwert, Anzahl und Summe markierter Zellen und Wahl der Berechnungsart

1.4 Einsatz von Formeln

Eine Formel ist in Excel so etwas wie ein Dauerauftrag an das Programm. Mit einer Formel bestimmen Sie, dass Excel immer wieder bestimmte Dinge erledigt. Das kann beispielsweise eine Rechenvorschrift sein wie: »Bilde die Summe einer Zahlenkolonne« oder »Multipliziere den Betrag mit dem Faktor 1,19«. Oder aber eine Anweisung wie »Setze eine Bezeichnung aus den aktuellen Werten von zwei Zellen zusammen«.

Formel-Syntax

In Bezug auf die Syntax einer Formel ist zunächst nur festgelegt, dass sie immer mit einem Gleichheitszeichen beginnen muss. Das heißt umgekehrt auch, dass Excel jeden Zelleintrag, der mit einem Gleichheitszeichen beginnt, als Formel interpretiert. Ist das nicht möglich, wird ein Fehlerwert ausgegeben. Allerdings erlaubt Excel, die Eingabe auch mit einem Plus- oder Minus-Zeichen zu beginnen; diese

Einsatz von Formeln | 1.4

werden aber sofort in = oder =- ungewandelt, wenn es sich erkennbar um eine Formel handelt, also nicht nur ein einzelner Wert dem Vorzeichen folgt.

Ansonsten kann eine Formel aus verschiedenen Bestandteilen zusammengesetzt sein, die an dem folgenden Beispiel vorgestellt werden:

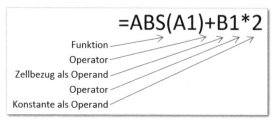

Abbildung 1.6 Beispiel für die Bestandteile einer Formel

Anders als bei der Arbeit mit einem Taschenrechner bestehen die Operanden in den Formeln in der Regel nicht aus fixen Werten, sondern aus Bezügen auf Zellen im Arbeitblatt, sei dies nun über eine Zelladresse oder über einen entsprechenden Namen. Ist die Formel einmal gebildet, steht sie anschließend gleichsam auf Abruf zur Verfügung. Ändern sich die Zahlen in der Kolonne oder der Betrag oder eine der Zeichenketten, liefern die Formeln sofort wieder das aktuelle Ergebnis.

Material für Formeln können nicht nur Zahlen und Zeichenfolgen, sondern auch selbst wiederum andere Formeln sein. Das heißt beispielsweise, mit dem Ergebnis einer Formel in der Zelle B12 wird in der Zelle F18 weitergerechnet. Die Zelle F18 ihrerseits gibt ihr Ergebnis an eine Formel in der Zelle H15 weiter. Auf diese Weise entstehen regelrechte Formelketten.

Formeltypen

Excel 2007 kennt verschiedene Typen von Formeln:

Arithmetische Formeln enthalten Konstanten, Zellbezüge und arithmetische Operatoren (+ − * / % ^). Diese Formeln errechnen das Ergebnis und zeigen es in der Zelle an, die die Formel enthält. Beispiele sind:

=B7+C7-D7   =8000 * 1,19   =C5/5   =B7%

Das letzte Beispiel zeigt, dass der %-Operator auch direkt mit einem Zellbezug verknüpft werden kann. Der Wert in B7 wird dann durch 100 dividiert.

Zeichenfolgen-Formeln erlauben die Verknüpfung von zwei oder mehreren Zeichenfolgen mit dem &-Operator. Beispiele für solche Textverkettungen:

="Audio"&2006   ="Farbe "&H4   ="Margo "&"Lewin"

Logische Formeln enthalten Vergleiche zwischen Konstanten oder Zellbezügen mit Hilfe von Vergleichsoperatoren. Formeln wie =Z8 > H5 ergeben den Wert WAHR, wenn die darin formulierte Beziehung der beiden Zellwerte tatsächlich wahr ist; wenn nicht, liefert eine solche Formel den Wert FALSCH. Der angezeigte Wert WAHR hat gleichzeitig den numerischen Wert 1, der Wert FALSCH den numerischen Wert 0 (=WAHR+1 ergibt also 2).

Formeln, die Funktionen enthalten, z. B. die Summenfunktion:

=Summe(F1:F30)

Es soll nicht unerwähnt bleiben, dass Excel algebraische Gleichungen mit Buchstaben für Unbekannte nicht direkt unterstützt. Es ist aber leicht möglich, einzelne Zellen mit den Namen dieser Unbekannten zu belegen und dann entsprechende Formeln aufzubauen, die diese Namen verwenden. Beispiele dazu im Abschnitt über den Solver in Abschnitt 2.2, *Lösungen mit dem Solver suchen*.

Normalerweise liefert eine Formel nur einen Wert für die Zelle, in die sie eingetragen ist. Eine spezielle Variante sind Matrixformeln, die Werte für mehrere Zellen berechnen bzw. Wertegruppen gleichzeitig auswerten können. Mehr dazu in Abschnitt 1.15, *Matrixberechnungen*.

Datentypen

Die verschiedenen Formeltypen treten häufig gemischt auf. Dabei muss aber beachtet werden, dass die Ergebnisse der verschiedenen Teile einer Formel Daten liefern, die vom Typ her mit der weiteren Verwendung verträglich sind. Zu dem Ergebnis einer Funktion, die beispielsweise eine Zeichenfolge liefert, kann nicht anschließend eine Zahl addiert werden. Das macht auch wenig Sinn. Eine Formel wie =("Haus"&1)+1 ergibt nicht Haus2, sondern liefert den Fehlerwert #WERT! als Ergebnis.

Dagegen lässt der &-Operator auch Zahlen als Operanden zu, wandelt sie aber automatisch in Zeichenfolgen um. =1111&2222 ergibt die Zeichenfolge 11112222.

1.5 Arbeit mit Operatoren

Die einfachsten Formeln, die in einer Zelle abgelegt werden können, sind solche, in denen Zahlen mit den Operatoren der Grundrechenarten verknüpft werden. Die Schreibweise entspricht abgesehen von dem vorangestellten Gleichheitszeichen dem aus der Schulmathematik gewohnten Bild:

=13+25-5   =25*4/3   =3^2

Anstelle von Zahlen, also von Konstanten, können Variablen in die Formeln eingefügt werden. Wenn Sie mit Excel arbeiten, dienen die Zell- oder Bereichsadressen und die Bereichsnamen dazu, Variablen in eine Formel einzubeziehen.

Die Operatoren in einer Formel werden entsprechend ihrer Priorität behandelt. Die folgende Tabelle zeigt die Rangfolge der Priorität. Die höchste Priorität ist 1.

Operator	Beispiel	Bedeutung	Priorität
Bezugsoperatoren			
:	B3:B7	Bereich	1
Leer	B3:E8 C4:F12	Schnittmenge	2
;	B3:B12;C3:C12	Vereinigung	3
Arithmetische Operatoren			
-	(5*2)	Vorzeichen	4
%	10%	Prozent	5
^	5^2	Potenzierung	6
*	5*6	Multiplikation	7
/	6/3	Division	7
+	7+4	Addition	8
-	4-2	Subtraktion	8
Verkettungsoperator			
&	B2&B3	Textverkettung	9
Vergleichsoperatoren			
=	B5=B7	gleich	10
>	B5>B7	größer	10
<	B5<B7	kleiner	10

Operator	Beispiel	Bedeutung	Priorität
<>	B5<>B7	ungleich	10
<=	B5<=B7	kleiner/gleich	10
>=	B5>=B7	größer/gleich	10

Die Priorität bestimmt die Reihenfolge, in der Excel die Operatoren auswertet. Nehmen Sie das folgende Beispiel: Ein numerischer Ausdruck lautet: `=5+6*3-7`. Würde das Programm schlicht von links nach rechts vorgehen, ergäbe sich 5+6=11, 11*3=33 und schließlich 33-7=26. Tatsächlich aber führt Excel 2007 korrekterweise zunächst die Multiplikation durch, die Priorität vor der Addition und Subtraktion hat: 6*3=18 und 5+18-7=16.

Die Operation mit der höheren Priorität wird also zuerst ausgeführt. Bei Operatoren derselben Priorität wird von links nach rechts gearbeitet. Soll die Rangfolge der Prioritäten unterlaufen werden, kann wie üblich mit Klammern gearbeitet werden. Bei `=(5*6)*(3-7)` wird zunächst das Innere der beiden Klammern berechnet. Das ergibt: `=30*-4`, also `=-120`.

1.6 Hinweise zu den Grundrechenarten

Im Folgenden werden zunächst noch einige Hinweise zu den Grundrechenarten gegeben, die in der Praxis vermutlich am häufigsten in den Formeln verwendet werden.

Addition und Subtraktion

Die folgende Liste zeigt einige Beispiele für korrekt eingegebene Formeln, um die Schreibweise zu demonstrieren. Wie Sie sehen, können auch Datumswerte als Operanden verwendet werden:

```
=12+27    =-15+33    =C17+F18-J21    =B14    =$B16-$C$16
=-(B13+B14+C17)    =SUMME(B12:F12)+1000
=SUMME(B12:B17)+SUMME(C12:C19)
=DATUM(12;12;01)+90    =SUMME00+SUMME01
```

Hinweise zu den Grundrechenarten | **1.6**

Das letzte Beispiel verwendet Bereichsnamen. Es ist allerdings nur dann zulässig, wenn mit den beiden Namen jeweils nur eine Zelle benannt wird. Ist ein Bereich aus mehreren Zellen benannt, liefert die Formel die Fehlermeldung #WERT!.

Multiplikation und Division

Bei der Multiplikation und Division muss beachtet werden, wie sich das Ergebnis in Bezug auf die Dezimalstellen verhält. Bei der Multiplikation addieren sich die Nachkommastellen:

=33,33*33,33 ergibt 1110,8889.

Wird die Darstellung des Ergebnisses durch die Zellformatierung auf zwei Dezimalstellen reduziert, erscheint zwar in der Zelle ein gerundeter Wert, im Beispiel also 1110,89, intern bleibt aber das genauere Ergebnis gespeichert. Wird auf diese Zelle in einer anderen Formel Bezug genommen, rechnet diese Formel mit den vier bzw. sechs Dezimalstellen weiter. Werden solche Werte dann erneut multipliziert, kann es zu deutlichen Differenzen kommen, je nachdem, ob mit den intern gespeicherten Werten weitergerechnet wird oder mit gerundeten Werten. Die nächste Abbildung zeigt ein kleines Beispiel.

	A	B	C	D	E
1					
2	**Rundungsdifferenzen:**				
3					
4	**Formel:**	**Ergebnis:**	**gerundet:**		
5					
6	=12,13*12,6	152,838	152,84	=B11*17	**10598,71**
7	=13,87*32,77	454,5199	454,52	=C11*17	**10598,82**
8	=3,66*2,66	9,7356	9,74		
9	=2,12*3	6,36	6,36		
10	=SUMME(B6:B9)	623,4535	623,46		
11			▲		

Abbildung 1.7 Beispiel für Rundungsdifferenzen

In der Spalte C sind die Ergebnisse der benachbarten Spalte B mit der Funktion RUNDEN() bearbeitet worden. In E6 ist das nicht gerundete Gesamtergebnis mit 17 multipliziert, in E7 das gerundete Gesamtergebnis. Die Differenz ist deutlich.

Division durch null abfangen

Bei der Division kann die Anzahl der Dezimalstellen, die der Quotient erhält, ganz unterschiedlich sein. Hier kommt zu dem bei der Multiplikation angesprochenen Rundungsproblem ein weiteres hinzu, das unbedingt beachtet werden muss: Die Division durch null ist nicht erlaubt.

Solange der Divisor direkt eingegeben wird, lässt sich dieser Fehler relativ leicht vermeiden. Was aber, wenn der Divisor eine Zelladresse oder eine Funktion ist, deren Ergebnis unvorhersehbar ist, wenn also der Divisor eine Variable, eine Unbekannte ist? Der Fall, dass ein Divisor mit dem Wert 0 verwendet wird, sollte unterbunden werden. Das ist möglich mit der im Kapitel 12, *Logische Funktionen*, ausführlich beschriebenen WENN()-Funktion. Das kann etwa so aussehen:

=WENN(B3<>0;RUNDEN(A3/B3;2);"")

Wenn der Wert der Zelle B3 ungleich 0 ist, wird die Division A3/B3 durchgeführt; ist B3 aber tatsächlich gleich 0, findet die Division erst gar nicht statt, die Zelle bleibt leer. Stattdessen könnte auch ein entsprechender Hinweis ausgegeben werden.

1.7 Texte verketten

Gelegentlich ist es sinnvoll, eine Zeichenfolge in einer Zelle durch eine Formel zu erzeugen, die verschiedene Zeichen oder Zeichenfolgen verknüpft. Angenommen, Sie wollen Artikelnummern um zwei Zeichen erweitern, die die Warengruppe beinhalten. Wenn Sie in die Zelle C9 =C5&C8 eintragen, wird der Inhalt von Zelle C5 mit dem Inhalt von Zelle C8 verkettet. Wenn C5 das Warengruppenkennzeichen PX enthält und C8 die Artikelnummer 3370086, ist das Ergebnis in Zelle C9 PX3370086. Es macht übrigens nichts aus, wenn die Artikelnummer in C8 als Zahl und nicht als Zeichenfolge eingetragen worden ist. Der Operator wandelt die Zahl automatisch in eine Zeichenfolge um.

Anschließend können Sie diese Formel noch in ihr Ergebnis verwandeln. Kopieren Sie die Zellen in die Zwischenablage und fügen Sie sie an derselben Stelle wieder ein, indem Sie über das Kontextmenü **Inhalte einfügen** aufrufen und die Option **Werte** verwenden. Um zwischen den Textelementen ein Leerzeichen einzufügen, schreiben Sie: =C5&" "&C8.

1.8 Hinweise zu logischen Formeln

Logische Formeln werden benutzt, um zu prüfen, ob bestimmte Tatsachen oder Bedingungen gegeben sind. Wenn Sie prüfen wollen, ob ein bestimmter Grenzwert in Zelle B4 überschritten ist, können Sie diese Bedingung als logische Formel formulieren: =B4>80. Excel prüft, ob dies der Fall ist. Wenn ja, zeigt die Zelle den Wert WAHR. Die Zelle hat zugleich den numerischen Wert 1. Ist die Bedingung nicht erfüllt, erscheint in der Zelle FALSCH. Das entspricht dem numerischen Wert 0.

Das ist ganz praktisch für Prüfsummen. Wenn Sie z. B. in drei Zellen untereinander Bedingungen in Form von logischen Formeln ablegen, können Sie leicht feststellen, ob alle Bedingungen erfüllt sind. Sie addieren einfach die Wahrheitswerte. Ist das Ergebnis =3, sind alle Bedingungen erfüllt.

	D7		f_x	=WENN(C7>1;"Hochgradig gefährdet";WENN(C7=1;"gefährdet";""))			
	A	B	C	D	E	F	G
1							
2	Beispiel für logische Werte						
3							
4	Gewicht	120	WAHR	=B4>80			
5	tgl. Zigarettenkonsum	40	WAHR	=B5>5			
6	tgl. Bierkonsum in l	3	WAHR	=B6>0,5			
7			3	Hochgradig gefährdet			

Abbildung 1.8 Logische Werte lassen sich auch addieren

1.9 Formeln mit Bezugsoperatoren

Excel kann Bereichsbezüge in Formeln auch verknüpfen bzw. Schnittmengen von Bereichen bilden. Die Bereichsverknüpfung erfolgt mit dem Semikolon. In der Formel =SUMME(B4:B12;F4:F12) wird die Gesamtsumme der beiden getrennten Zellbereiche geliefert.

Um die Schnittmenge zweier Bereiche für eine Formel zu erhalten, kann mit dem Schnittmengenoperator, dem Leerzeichen, gearbeitet werden. Die Abbildung zeigt ein Beispiel für die Verwendung einer Schnittmenge. Die Schnittmenge ist durch eine andere Farbe hervorgehoben.

1 | Einstieg in Berechnungen mit Excel

	A	B	C	D	E	F	G
	E12			fx	=SUMME(C5:D10 B7:E8)		
1							
2	**Summierung einer Schnittmenge**						
3							
4		Saal 1	Saal 2	Saal 3	Saal 4		
5	1. Tag	200	300	300	230		
6	2. Tag	300	230	230	230		
7	3. Tag	230	300	300	300		
8	4. Tag	249	320	320	320		
9	5. Tag	300	320	320	320		
10	6. Tag	230	320	320	320		
11							
12	Gesamtzahl für Saal 2 und 3 am 3. und 4. Tag:				1240		

Abbildung 1.9 Beispiel für die Summierung einer Schnittmenge

Schnittmengenbezüge sind interessant, wenn auf Teilmengen in einer Tabelle zugegriffen werden soll. Die Arbeit mit Schnittmengen ist besonders effektiv, wenn die Bereiche selbst vorher benannt wurden. Darauf wird im folgenden Kapitel noch näher eingegangen.

Statt der in der Abbildung verwendeten Formel könnte auch eine Formel benutzt werden, die nur die Zeilennummern und die Spaltenbeschriftungen verwendet. Der Bereich wäre dann die Schnittmenge zweier kompletter Spalten und Zeilen. =Summe(C:D 7:8) liefert dasselbe Ergebnis wie die abgebildete Formel.

1.10 Tabellenfunktionen

Tabellenfunktionen sind spezielle Ausdrücke, die entweder direkt als Formel oder als Teil einer Formel im Tabellenblatt verwendet werden können. Auch wenn eine Formel nur aus einer Funktion besteht, muss sie wie üblich mit einem Gleichheitszeichen beginnen. Im zweiten Fall werden die Funktionen mit Hilfe von Operatoren mit den anderen Teilen einer Formel verknüpft.

Die folgenden Formeln =A3-SUMME(A10:A20) oder =B4/RUNDEN(C6;2) sind gültige Ausdrücke, während in dem nächsten Beispiel ein Operator fehlt: =MITTELWERT(kosten)G6.

Funktionen ersetzen z. T. komplexe Berechnungen, wobei Sie sich um die Art und Weise der Berechnung aber nicht zu kümmern brauchen. Sie füttern die Funktionen nur mit den notwendigen Argumenten, den Rest erledigt das Programm. Funktionen können geschachtelt werden, d. h., das Argument einer Funktion kann selbst wieder eine Funktion sein. In Excel 2007 ist eine Verschachtelungstiefe von bis zu 64 Ebenen erlaubt, in den älteren Versionen sind maximal 7 Ebenen möglich.

Tabellenfunktionen können auch von Makros verwendet werden, allerdings müssen dabei die englischen Funktionsnamen benutzt werden. Mehr zu diesem Thema finden Sie im Kapitel 15, *Entwicklung eigener Funktionen*.

Außerdem ist es möglich, Funktionen mit eigenen Namen zu belegen und sie wie Namen in Formeln einzufügen. Dazu wird im Dialog für die Definition eines Namens unter **Bezieht sich auf**: statt eines Zell- oder Bereichsbezugs die komplette Funktion eingetragen.

In den Kapiteln 3 bis 13 werden alle Tabellenfunktionen im Detail beschrieben und Beispiele dafür vorgestellt. In diesem Abschnitt soll es darum gehen, einige allgemeine Merkmale von Funktionen darzustellen und Hinweise zur Arbeit mit Funktionen zu geben.

Standardfunktionen und Erweiterungen

Excel 2007 wartet mit einer überwältigenden Fülle von Funktionen auf, die aus einem oder mehreren Ausgangswerten neue Werte ermitteln, und das teilweise auf eine recht komplexe Weise.

Eine Funktion ist eine Art von »Black box«, bei der auf der einen Seite etwas eingegeben wird und auf der anderen Seite etwas herauskommt. Ohne dass der Anwender das oft sehr komplizierte Formelwerk für den Betrieb der Funktion kennen muss, wird ihm nach Eingabe der notwendigen Werte das Ergebnis der Operationen ausgegeben.

Jede Funktion liefert ein Ergebnis. Je nach Funktion kann dieses Ergebnis numerisch sein, also ein bestimmtes Rechenergebnis, eine Zeichenfolge, ein Text oder ein Wahrheitswert (WAHR oder FALSCH). Zuweilen ist das Ergebnis nicht nur ein Wert, sondern eine Matrix (Array) von Werten. Der Typ des Ergebnisses einer Funktion muss berücksichtigt werden, wenn in einer weiteren Formel auf diese

1 | Einstieg in Berechnungen mit Excel

Funktion Bezug genommen wird. Ansonsten kommt es eventuell zu einem Fehler, wenn die Datentypen nicht zusammenpassen.

Der große Teil dieser Funktionen steht in Excel als Standard zur Verfügung, eine größere Gruppe von Spezialfunktionen wird dagegen nur angeboten, wenn ein dafür angebotenes Add-In aktiviert ist. In Excel 2007 geschieht diese Aktivierung über **Excel-Optionen** und das Register **Add-Ins**. Wählen Sie unter **Verwalten:** aus dem Listenfeld die Option **Excel-Add-Ins** und benutzen Sie die Schaltfläche **Gehe zu**.

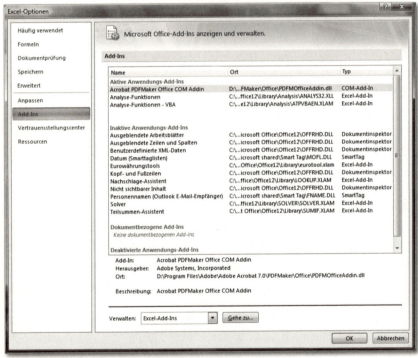

Abbildung 1.10 Das Register »Add-Ins« im Dialog Excel-Optionen

Haken Sie im Dialog **Verfügbare Add-Ins** die **Analyse-Funktionen** und bei Bedarf auch **Analyse-Funktionen – VBA** ab und bestätigen Sie mit **OK**. Die Option **Analyse-Funktionen – VBA** erlaubt es, die entsprechenden Funktionen auch in VBA-Anwendungen einzubinden.

In den älteren Excel-Versionen wird das Add-In über den Befehl **Extras/Add-Ins** aktiviert, der den Dialog **Add-Ins** öffnet.

Aufbau und Einsatz von Funktionen

Eine Funktion benutzt in der Regel Werte, die als Argumente bereitgestellt werden, um aus ihnen andere Werte zu ermitteln. Dabei kann es sich um einfache oder komplexe Berechnungen handeln, aber auch um logische Analysen, die Zerlegung von Zeichenketten und dergleichen.

Den generellen Aufbau einer Funktion zeigt die folgende Abbildung am Beispiel der ZINS()-Funktion:

Abbildung 1.11   Die Komponenten einer Funktion

Das Gleichheitszeichen ist nötig, wenn die Funktion am Anfang einer Formel steht oder eine Formel nur aus einer Funktion besteht. Wird die Funktion innerhalb einer Formel an einer anderen Stelle verwendet, entfällt das Gleichheitszeichen.

Als Argumente einer Funktion kommen in Frage:

Konstanten	Diese Werte werden direkt innerhalb der Klammer für die Argumente eingetragen.
Bezüge auf Zellen oder Bereiche	Die Werte, mit denen die Funktion arbeiten soll, sind bereits in Zellen oder Bereichen der Tabelle enthalten oder sollen dort eingetragen werden. Der Bezug darauf wird über Zell- oder Bereichsadressen hergestellt.
Bereichsnamen	Die Werte, mit denen die Funktion arbeiten soll, sind bereits in Zellen oder Bereichen der Tabelle enthalten oder sollen dort eingetragen werden. Der Bezug darauf wird über die Namen hergestellt, die für die entsprechenden Zellen oder Bereiche definiert wurden.

Funktionen	Als Argumente in einer Funktion können selbst wieder Funktionen verwendet werden, die ihrerseits diejenigen Werte liefern, mit denen die Funktion arbeiten soll. In diesem Fall werden Funktionen also verschachtelt.

Der Datentyp der Argumente muss dem entsprechen, was die Funktion an der entsprechenden Stelle erwartet. Die Argumente werden durch Semikola getrennt. Konstanten, die Texte enthalten, müssen in doppelte Anführungszeichen gesetzt werden.

Die Reihenfolge der Argumente muss eingehalten werden, es sei denn, es handelt sich um Argumente desselben Typs. Bei der Funktion =SUMME() können beispielsweise in Excel 2007 bis zu 255 Argumente angegeben werden, die Konstanten, Zellbezüge oder Bereichsbezüge darstellen. Ihre Reihenfolge ist in diesem Fall beliebig.

Bei einer Anzahl von Funktionen werden die Argumente noch unterteilt in solche, die erforderlich sind, und solche, die optional sind, also nicht zwangsläufig angegeben werden müssen. Das heißt aber nicht, dass die Funktion ohne die optionalen Argumente in jedem Fall arbeiten würde, sondern dass sie, wenn diese Argumente nicht angegeben werden, vordefinierte Werte für diese Argumente verwendet. Folgen auf ein nicht verwendetes optionales Argument weitere Argumente, so ist für jedes ausgelassene Argument ein Semikolon zu setzen. Im Dialog für die Eingabe der Funktionsargumente und in den QuickInfos werden die erforderlichen Argumente in fetter Schrift angezeigt. (In den Funktionsreferenzen in den Kapiteln 3 bis 13 werden die erforderlichen und die optionalen Argumente ebenfalls durch unterschiedliche Formatierung gekennzeichnet.)

Einige wenige Funktionen (z. B. PI(), HEUTE(), JETZT()) benötigen keine Argumente. Trotzdem müssen die Klammern immer mitgeschrieben werden, damit Excel die Funktion als solche erkennen kann.

1.11 Eingabe von Formeln und Funktionen

Um fehlerfreie Formeln zu produzieren, sind einige Regeln zu beachten:

- Das erste Zeichen einer Formel ist immer das Gleichheitszeichen. Es ist zwar erlaubt, stattdessen mit einem Plus- oder Minuszeichen zu beginnen, aber

Eingabe von Formeln und Funktionen | 1.11

Excel setzt automatisch ein Gleichheitszeichen an die erste Stelle, das Pluszeichen wird sogar ganz ignoriert.

▸ Konstante Zeichenfolgen müssen in doppelte Anführungszeichen gesetzt werden.

▸ Formeln können zwar durch Leerzeichen lesbarer gemacht werden, das Leerzeichen darf aber nicht zwischen dem Funktionsnamen und der ersten Klammer auftauchen.

Excel 2007 erleichtert die Eingabe umfangreicher Formeln dadurch, dass die Bearbeitungsleiste automatisch um die dafür benötigten Zeilen erweitert wird. Mit Hilfe der Schaltfläche mit der doppelten Pfeilspitze können die zusätzlichen Zeilen aus- und eingeblendet werden. Alternativ kann die Tastenkombination Strg+⇧+U als Schalter verwendet werden.

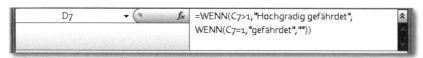

Abbildung 1.12 Erweiterte Bearbeitungsleiste mit umfangreicher Formel

Um sehr lange Formeln übersichtlicher zu gestalten, können Sie außerdem Zeilenschaltungen und Tabulatoren benutzen. Alt+↵ erzeugt eine Zeilenschaltung, Alt+Strg+⇆ einen Tabulator.

Konstanten in Formeln

Wenn Zahlen als Konstanten in einer Formel vorkommen, müssen Sie beachten, dass – im Unterschied zur direkten Eingabe von Zahlen in eine Zelle – die Klammern für negative Zahlen, die Punkte für die Tausenderabtrennung und Währungszeichen nicht erlaubt sind.

Ein Datum oder eine Zeitangabe kann in einer Formel über eine entsprechende Funktion erzeugt oder als Konstante eingegeben werden. Im zweiten Fall müssen Sie die Werte aber in doppelte Anführungszeichen setzen.

```
="6/10/98"+100
```

liefert etwa ein Datum, 100 Tage nach dem 6.10.98.

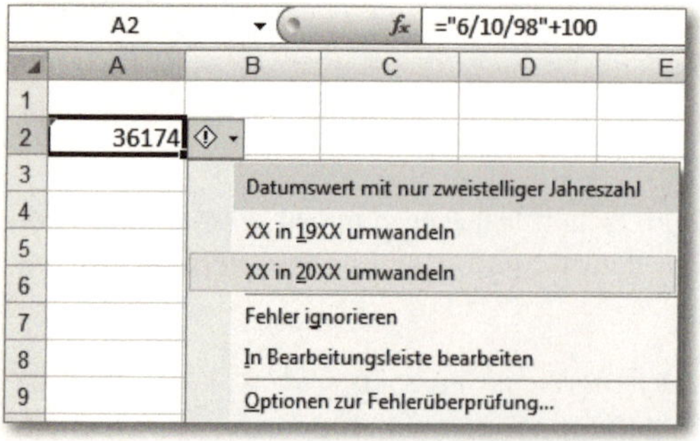

1 | Einstieg in Berechnungen mit Excel

Abbildung 1.13 Menü zu einer zweistelligen Jahreszahl

Da die obige Eingabe eine nur zweistellige Jahreszahl enthält, bietet Excel 2007 in diesem Fall sofort eine Schaltfläche mit einem Menü an, das Ihnen erlaubt, die Jahreszahl in eine vierstellige Zahl umzuwandeln und dabei eindeutig einem Jahrhundert zuzuordnen.

Textkonstanten müssen in einer Formel zwar immer in doppelten Anführungszeichen eingegeben werden. Wenn Sie allerdings den Dialog **Funktion einfügen** benutzen, werden die Anführungszeichen automatisch gesetzt, falls Sie eine Zeichenfolge in ein Argumentfeld eintragen.

Eingabe von Bezügen

Bezüge in einer Formel können entweder manuell eingegeben werden oder durch Markierung der Zelle oder des Bereichs, sei es mit der Maus oder mit der Tastatur. Im zweiten Fall schaltet Excel automatisch in den **Zeigen**-Modus. In diesem Modus können Sie so lange auswählen, bis Sie den nächsten Operator eintragen.

Nehmen Sie als Beispiel folgende Formel für die Berechnung einer Relation: =B6/B7. Wenn Sie bei der Eingabe den **Zeigen**-Modus ausnutzen wollen, geben Sie zunächst das Gleichheitszeichen ein. Dann können Sie mit der Maus die Zelle B6 anklicken. Die Zelladresse erscheint in der Zelle und in der Bearbeitungsleiste. Wenn Sie irrtümlich die falsche Zelle ausgewählt haben, wählen Sie noch einmal. Tippen Sie dann das Divisionszeichen. Klicken Sie anschließend die Zelle B7 an. Bestätigen Sie die Formel mit dem Häkchen in der Bearbeitungsleiste. Ist die Formel misslungen, verwerfen Sie die Eingabe durch einen Klick auf das Stornierfeld mit dem schrägen Andreaskreuz.

	A	B	C	D
2				
3	**Personalentwicklung**			
4				
5		Werk 1	Werk 2	Werk 3
6	Angestellte	1200	1300	1100
7	Arbeiter	2000	1900	2000
8	Gesamt	3200	3200	3100
9				
10	Relation Angestellte/Arbeiter	=B6		

Abbildung 1.14 Zeigen auf einen Bereich bei der Formeleingabe

Die Technik mit der Tastatur ist ähnlich. Geben Sie = ein. Sobald Sie irgendeine Richtungstaste drücken, wechselt das Programm in den **Zeigen**-Modus. Markieren Sie mit den Richtungstasten die Zelle B6. Geben Sie das Divisionszeichen ein usw. Quittieren Sie die fertige Formel mit ⏎. Ist die Formel nicht in Ordnung, brechen Sie die Eingabe mit Esc ab.

Beachten Sie dabei, dass Sie, solange Sie sich im **Zeigen**-Modus befinden, die Formeleingabe weder mit den Richtungstasten noch per Mausklick auf eine andere Zelle beenden können, wie es bei der Eingabe von Werten der Fall ist.

Operatoren per Maus eingeben

Wenn es lästig ist, bei der Eingabe von Formeln zwischen Tastatur und Maus zu wechseln, lässt sich die Arbeitsumgebung auch so einrichten, dass die Operatoren als Symbole angeboten und per Mausklick ausgewählt werden können. In den älteren Excel-Versionen war es praktisch, über **Ansicht • Symbolleisten • Anpassen** dazu eine eigene Symbolleiste anzulegen und über das Register **Befehle** dann die benötigten Symbole aus der Kategorie **Einfügen** in diese Leiste zu ziehen.

In Excel 2007 lassen sich die Operatorsymbole in die Schnellzugriffsleiste ziehen, die dann am besten unterhalb der Multifunktionsleiste angeordnet wird. Verwenden Sie dazu im Dialog **Excel-Optionen** unter **Anpassen** und **Befehle auswählen** die Option **Alle Befehle** und übernehmen Sie aus der Liste die benötigten Symbole mit **Hinzufügen**.

1 | Einstieg in Berechnungen mit Excel

Abbildung 1.15 Operatoren lassen sich auch per Mausklick eingeben, wenn sie in die Schnellzugriffsleiste eingefügt werden.

Mit den Operatoren in der Symbolleiste lassen sich dann Formeln fast komplett über die Maus editieren. In der deutschen Version fehlt nur ein Symbol für das Semikolon, das für die Trennung von Funktionsargumenten benötigt wird.

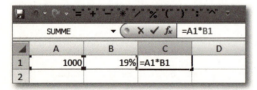

Abbildung 1.16 Die Schnellzugriffsleiste mit den Operatorsymbolen

Bereichsangaben

Wenn Sie einen Bereichsbezug als Argument in einer Formel benötigen, haben Sie zwei Möglichkeiten:

Anstatt mit der Maus nur eine Zelle anzuklicken, markieren Sie durch Ziehen der Maus den Bereich, den Sie benutzen wollen. Wenn Sie mit der Tastatur arbeiten, müssen Sie zunächst eine Richtungstaste anschlagen, um in den **Zeigen**-Modus zu gelangen. Markieren Sie die Zelle, in der der Bereich beginnen soll. Halten Sie dann die ⇧-Taste gedrückt, während Sie den Bereich mit den Richtungstasten markieren. Beenden Sie die Bereichsmarkierung mit der ⏎-Taste. Soll die Formel dagegen noch fortgesetzt werden, beenden Sie die Bereichsmarkierung mit einer schließenden Klammer oder einem Operator.

Wenn ein Bereich benannt ist, tippen Sie zunächst beispielsweise =SUMME(ein. Nun können Sie den gewünschten Bereichsnamen mit F3 einfügen. Die F3-Taste öffnet das Dialogfeld **Namen einfügen,** in dem Sie den Namen doppelt anklicken.

Sollen sich Formeln auf andere Blätter innerhalb derselben Arbeitsmappe beziehen, muss jeweils vor die Bereichsadressen oder -namen der Blattname gesetzt werden, getrennt durch ein Ausrufezeichen. Wenn Sie im **Zeigen**-Modus zunächst das Blatt und dann den jeweiligen Bereich auswählen, wird der Blattname automatisch in die Formel übernommen.

3D-Bezüge

Eine spezielle Möglichkeit der Arbeitsmappen sind 3D-Formeln. Ein Beispiel wäre die Summierung der Werte, die in vier Tabellenblättern – Werk1 bis Werk4 – jeweils in der Zelle B7 stehen. Die Schreibweise lautet: =SUMME(Werk1:Werk4!B7).

Wenn Sie einen 3D-Bezug durch Zeigen mit der Maus eingeben wollen, müssen Sie zunächst die Blätter auswählen und dann die Zelle oder den Bereich. Klicken Sie auf das Register des ersten Blatts, das zu dem Bereich gehören soll, dann mit gedrückter ⇧-Taste auf das letzte Blatt des Bereichs. Danach markieren Sie die Zelle oder den Bereich.

Externe Bezüge

Bezieht sich eine Formel auf Werte in einer anderen Arbeitsmappe, ist es in der Regel am besten, diese Tabelle ebenfalls zu öffnen. Um in einer Formel dann auf Zellen dieser zweiten Tabelle Bezug zu nehmen, müssen Sie zwischen den Fenstern wechseln. Dann können Sie während der Eingabe in der Bearbeitungsleiste das andere Fenster aktivieren und die Zellbezüge markieren. Wenn Sie in einer Tabelle eine Formel entwickeln, die sich auf Daten aus einer anderen Arbeitsmappe bezieht, gilt folgende Schreibweise: =[MAPPE1]Tabelle1!$E$2. Der Mappenname muss also in eckigen Klammern eingeschlossen sein. Der Name des Tabellenblatts wird mit einem Ausrufezeichen von der Zelladresse oder einem Bereichsnamen abgetrennt.

Hilfe bei der Eingabe von Funktionen

Das Programm Excel verlangt bei der Benutzung von Funktionen die exakte Beachtung der vorgeschriebenen Schreibweise. Nicht von Belang ist, ob Groß- oder Kleinbuchstaben verwendet werden. Damit Sie nicht ständig nachsehen müssen, welche Argumente eine bestimmte Funktion braucht, hilft Ihnen Excel entweder mit direkt eingeblendeten QuickInfos oder mit dem Dialog **Funktion einfügen**.

Manuelle Eingabe

Wenn Sie sich gut mit den Funktionen auskennen, können Sie die Funktionen direkt in die Zelle eintragen. Excel 2007 unterstützt Sie dabei mit der Funktion **AutoVervollständigen-Formel**, sofern diese über **Excel-Optionen • Formeln** nicht unter **Arbeiten mit Formeln** abgeschaltet ist. Bei Bedarf kann die Funktion aber auch im Bearbeitungsmodus mit [Alt]+[↓] ein- und ausgeschaltet werden.

Abbildung 1.17 Auflistung möglicher Funktionen bei der Eingabe

Die manuelle Eingabe beginnt immer mit dem Gleichheitszeichen. Sobald Sie in eine Zelle ein Gleichheitszeichen und einen ersten Buchstaben eingeben, listet Excel die mit diesem Zeichen beginnenden Funktionen zur Auswahl auf. Zu jeder markierten Funktion wird eine Kurzinformation angezeigt. Doppelklick oder die Tab-Taste übernimmt eine ausgewählte Funktion und setzt die öffnende Klammer. [Esc] schließt die Liste ohne Übernahme eines Eintrags.

Die Liste verfügt unter Umständen über eine Bildlaufleiste, sodass auch verdeckte Optionen erreicht werden können. In der Bearbeitungszeile kann mit der Taste nach links jeweils ein schon eingegebener Buchstabe gelöscht werden, damit wieder die größere Auswahl angezeigt wird. Die erste Übereinstimmung mit der bisherigen Eingabe wird jeweils hervorgehoben. Symbole vor dem Eintrag geben

Eingabe von Formeln und Funktionen | **1.11**

Hinweise auf den Typ des jeweiligen Eintrags, sodass etwa Excel-Funktionsnamen und benutzerdefinierte Funktionsnamen gut zu unterscheiden sind. Sobald der komplette Name einer Funktion und die erste Klammer für die Argumente direkt in der Zelle oder in der Bearbeitungsleiste eingegeben sind, werden QuickInfos eingeblendet, die zeigen, welche Argumente die Funktion verlangt, jedenfalls solange die Option **QuickInfo zu Funktionen** nicht über **Excel-Optionen • Erweitert • Anzeige** abgeschaltet ist.

	A	B
1	=KGV(	
2	KGV(**Zahl1**; [Zahl2]; ...)	

Abbildung 1.18 QuickInfos zur KGV-Funktion

Die einzelnen Elemente im QuickInfo arbeiten dabei wie Hyperlinks. Wenn Sie einen Platzhalter für ein Argument nachträglich anklicken, wird das Argument in der Formel ausgewählt und kann wenn nötig korrigiert werden. Klicken Sie dagegen auf den Funktionsnamen, wird ohne alle Umstände sofort die Hilfe zu dieser Funktion eingeblendet.

Auch bei der Eingabe der Argumente kann die **AutoVervollständigen**-Funktion helfen. Das gilt beispielsweise, wenn eine Funktion für ein Argument bestimmte Konstanten zur Auswahl anbietet, wie beispielsweise die Funktionen ZELLE(). Sobald die öffnende Klammer erscheint, wird eine Liste der möglichen Werte für das Argument **Typ** angeboten. Doppelklick übernimmt den angebotenen Wert. Entsprechendes gilt für die Funktion TEILERGEBNIS(), wie die folgende Abbildung zeigt:

9	
10	=TEILERGEBNIS(
11	TEILERGEBNIS(**Funktion**; Bezug1; ...)
12	1 - MITTELWERT
13	2 - ANZAHL
14	3 - ANZAHL2
15	4 - MAX
16	5 - MIN
17	6 - PRODUKT
18	7 - STABW
19	8 - STABWN
20	9 - SUMME
21	10 - VARIANZ
22	11 - VARIANZEN
	101 - MITTELWERT

Abbildung 1.19 Liste der Werte für das Argument Funktion bei Teilergebnis()

1 | Einstieg in Berechnungen mit Excel

Sind im Tabellenblatt Namen definiert, werden sie ebenfalls über Auswahllisten angeboten. Sind Tabellen definiert, werden auch die Bezeichner für Tabellenspalten und spezielle Elemente wie [#Alle], [#Daten], [#Kopfzeilen] etc. angeboten, sobald hinter dem Tabellennamen – er kann über das Register **Entwurf** geändert werden – eine eckige Klammer geöffnet wird. (Steht der Zellzeiger innerhalb der Tabelle, kann der Tabellenname weggelassen werden.)

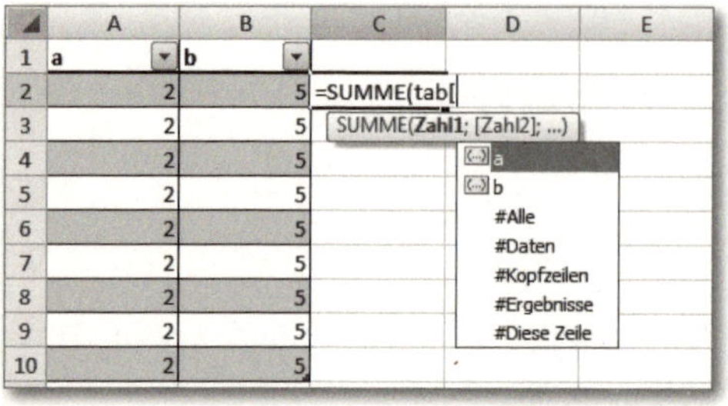

Abbildung 1.20   Übernahme von Bezeichnern von Tabellenelementen

Besonders praktisch ist die **AutoVervollständigen**-Funktion insbesondere auch bei den in Excel 2007 neu eingeführten CUBE-Funktionen. Mehr dazu im Kapitel 10, *Cube-Funktionen*. Für den schnellen Zugriff auf bestimmte Funktionen stellt Excel 2007 außerdem in der Gruppe **Formeln • Funktionsbibliothek** für die wichtigsten Funktionskategorien eigene Symbole zur Verfügung, die entsprechende Funktionslisten zur Auswahl stellen, wie die folgende Abbildung zeigt:

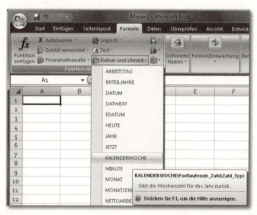

Abbildung 1.21   Das Angebot der Funktionsbibliothek

Eingabe von Formeln und Funktionen | **1.11**

Der Dialog »Funktion einfügen«

Anstatt Funktionen direkt in eine Zelle einzutragen, können Sie auch mit dem Dialog **Funktion einfügen** arbeiten. Markieren Sie erst die Zelle und klicken Sie in der Bearbeitungsleiste auf das **fx**-Symbol. Das Gleichheitszeichen wird dann von Excel automatisch an den Anfang der Formel gesetzt. Oder wählen Sie in Excel 2007 den Befehl **Formeln • Funktion einfügen** oder ⇧+F3, in den älteren Versionen **Einfügen • Funktion**.

Das Dialogfeld erlaubt unter **Funktion suchen** die Eingabe von Fragen. Geben Sie etwa ein Barwert berechnen und klicken Sie auf **OK**. Excel stellt unter der Kategorie **Empfohlen** die für Barwertberechnungen verwendbaren Funktionen zur Auswahl.

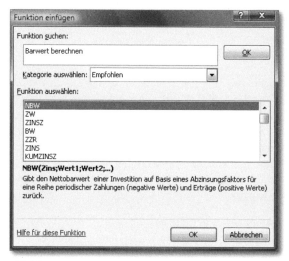

Abbildung 1.22 Suche nach Funktionen für einen speziellen Zweck

Wissen Sie, welche Funktion Sie benötigen, etwa die ZINS()-Funktion, wählen Sie erst die Kategorie **Finanzmathematik** aus, zu der diese Funktion gehört. Im nächsten Schritt wählen Sie dann die Funktion selbst. Um in der Liste der Funktionen zu blättern, können Sie mit den Bildlaufleisten arbeiten. Meist hilft es, den Anfangsbuchstaben der Funktion einzutippen, um das Auffinden zu beschleunigen, wenn die Liste länger ist. Wenn Sie unsicher sind, an welcher Stelle die Funktion eingeordnet ist, wählen Sie **Alle**.

1 | Einstieg in Berechnungen mit Excel

Wird eine Funktion mit einem Klick oder der Richtungstaste markiert, erscheinen eine kurze Erklärung und die Syntax der Funktion. **OK** führt in den Dialog **Funktionsargumente**.

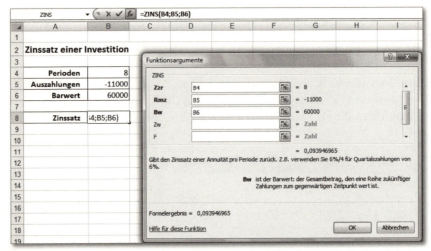

Abbildung 1.23 Dialog für die Argumente, die die Funktion benötigt

Für jedes Argument ist ein Eingabefeld vorgesehen. Wenn die Einfügestelle in einem Feld steht, erhalten Sie Hinweise, welche Art von Daten benötigt wird. Obligatorische Argumente sind fett formatiert. Eventuell müssen Argumente mit der Bildlaufleiste sichtbar gemacht werden.

Um Bezüge auf Bereiche einzugeben, können Sie auf die kleine Schaltfläche klicken, die das Dialogfeld vorübergehend einschrumpft. Markieren Sie den Bereich und klicken Sie dann wieder auf das kleine Symbol am Ende des Eingabefeldes. Noch bequemer ist es, wenn Sie das Dialogfeld etwas zur Seite schieben können und dann einfach jeweils die Zelle im Arbeitsblatt anklicken, die den benötigten Wert enthält. Während der Eingabe wird das erwartete Formelergebnis angezeigt, soweit das möglich ist, sodass Sie fehlerhafte Eingaben oft schon im Dialog erkennen können.

Die zuletzt verwendeten Funktionen werden übrigens immer auch über das Namenfeld angeboten, um den Zugriff zu beschleunigen:

Eingabe von Formeln und Funktionen | **1.11**

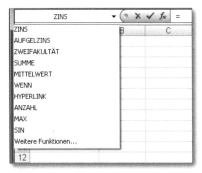

Abbildung 1.24 Funktionsangebot über das Namenfeld

Funktionen bearbeiten

Wenn Sie das Funktionssymbol und dann eine Funktion in einer Formel anklicken, können die Argumente im entsprechenden Dialog geändert werden. Enthält die Formel mehrere Funktionen, markieren Sie sie einfach nacheinander per Mausklick. Benötigen Sie eine Funktion an einer bestimmten Stelle innerhalb einer Formel, benutzen Sie die **Funktion einfügen**-Schaltfläche erneut.

Wenn Sie eine Formel haben, in der eine Funktion mit anderen Operatoren gemischt ist, erscheint ein verkürztes Dialogfeld **Funktionsargumente**, das nur das Gesamtergebnis der Formel ausgibt, wenn keine Funktion markiert ist.

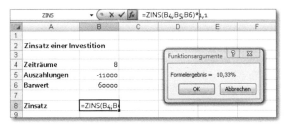

Abbildung 1.25 Das verkürzte Dialogfeld zeigt nur das Ergebnis.

Verschachtelte Funktionen

Der Dialog **Funktion einfügen** unterstützt Sie auch bei der Eingabe verschachtelter Funktionen, bei denen normalerweise die Fehleranfälligkeit am höchsten ist. Angenommen, Sie wollen Ihre Kunden in drei Gruppen einteilen, je nach der Höhe

65

1 | Einstieg in Berechnungen mit Excel

des Umsatzes. In der Spalte neben den Umsätzen soll jeweils ein Kennzeichen für die Gruppe abgelegt werden. Das kann mit einer WENN()-Funktion geschehen.

1 Klicken Sie auf das Symbol **Funktion einfügen** und wählen Sie aus der Kategorie **Logik** die Funktion WENN(). Klicken Sie auf OK. Im ersten Argumentfeld wählen Sie zunächst die Zelle B5 mit dem ersten Umsatzwert aus und geben dann >1000 ein.

2 Klicken Sie dann das Feld **Dann_Wert** an oder drücken Sie . Wenn die erste Bedingung erfüllt ist, soll eine zweite Bedingung geprüft werden. Also muss bei dem zweiten Argument wieder eine WENN()-Funktion eingefügt werden.

3 Klicken Sie auf die WENN-Schaltfläche in der Bearbeitungsleiste, die nach der ersten Verwendung der WENN()-Funktion automatisch angeboten wird. Es erscheint wieder das Dialogfeld für die Eingabe der drei Argumente.

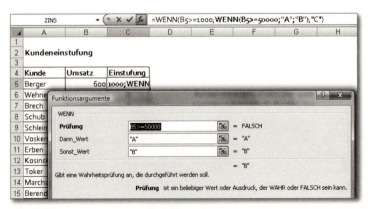

Abbildung 1.26 Dialog »Funktionsargumente«

4 Tragen Sie die zweite Bedingung ein: B5>50000.

5 Geben Sie nun im Feld **Dann_Wert** den Buchstaben A ein. Anführungszeichen sind nicht notwendig, im Gegensatz zur manuellen Eingabe einer Funktion direkt in der Bearbeitungsleiste.

6 Im Feld **Sonst_Wert** tragen Sie den Buchstaben B ein.

7 Klicken Sie auf das erste WENN in der Bearbeitungsleiste, erscheint wieder das Dialogfeld der übergeordneten Funktion. Geben Sie hier als **Sonst_Wert** den Buchstaben C ein, und bestätigen Sie mit **OK** oder ⏎.

Damit ist die Formel fertig und muss nur noch auf die anderen Zellen kopiert werden.

Auch wenn Sie in einer fertigen Funktion nachträglich ein Argument durch eine Funktion ersetzen wollen, können Sie mit dem Funktionssymbol arbeiten, wenn dieses Argument ausgewählt ist.

Formeln dokumentieren

Wenn Sie zur Prüfung eines Kalkulationsmodells im Tabellenblatt alle Formeln auf einmal sehen wollen, können Sie über **Excel-Optionen** auf dem Register **Erweitert** das Kästchen bei **Anstelle der berechneten Werte Formeln in Zellen anzeigen** abhaken. Strg + # ist die Tastenkombination, um schnell zwischen Wert- und Formelanzeige umzuschalten. Die Anzeige der Formeln kann insbesondere auch benutzt werden, um Tabellen zu dokumentieren.

1.12 Einsatz von relativen und absoluten Bezügen

Um die Art und Weise, wie Excel mit Formeln arbeitet, noch etwas näher kennen zu lernen, soll ein einfaches Beispiel etwas genauer behandelt werden: In der folgenden Tabelle sind die Umsätze und die Kosten einer Firma für verschiedene Artikelgruppen zusammengestellt.

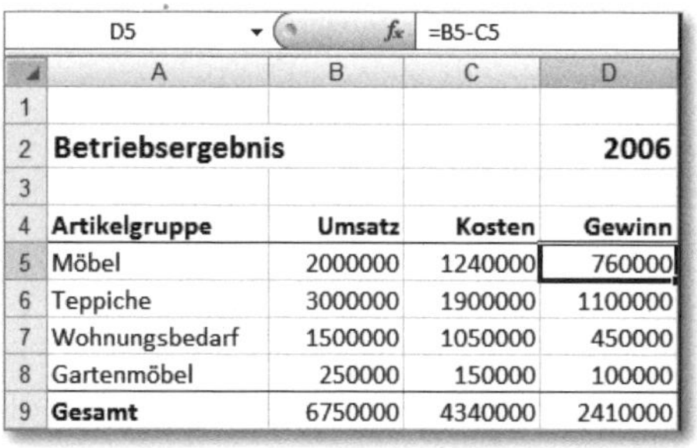

	A	B	C	D
1				
2	**Betriebsergebnis**			2006
3				
4	**Artikelgruppe**	**Umsatz**	**Kosten**	**Gewinn**
5	Möbel	2000000	1240000	760000
6	Teppiche	3000000	1900000	1100000
7	Wohnungsbedarf	1500000	1050000	450000
8	Gartenmöbel	250000	150000	100000
9	**Gesamt**	6750000	4340000	2410000

D5 = B5-C5

Abbildung 1.27 Umsätze und Kosten für verschiedene Artikelgruppen

In dieser Tabelle sind zwei Berechnungen erforderlich, die Bildung von Gesamtsummen für die Spalten und die Berechnung des Rohgewinns. Anstatt nun in den Formeln die Zahlen direkt einzugeben, arbeiten Sie mit den Adressen der Zellen, d. h., auf den Inhalt der Zellen wird über ihre Adressen Bezug genommen.

Arbeit mit relativen Bezügen

Für die Bildung der Gesamtsummen bietet Excel die schon angesprochene Funktion SUMME(). Diese Funktion ist in der Lage, alle numerischen Werte in einem angegebenen Bereich von Zellen zu addieren. Excel muss dafür nur wissen, wie groß der Bereich ist. Der Bereich muss der Funktion als Bereichsadresse übergeben werden. Eine Bereichsadresse ist eine Angabe in der Art Von_Zelle:Bis_Zelle. Der Bereich wird also definiert über die Adresse der Zelle, mit der der Bereich beginnt, und die Adresse der Zelle, mit der der Bereich endet, getrennt durch einen Doppelpunkt. Wenn Sie in der Beispieltabelle die Zelle B9 auswählen, könnten Sie eintragen =SUMME(B5:B8).

Allerdings ist es in diesem Fall noch praktischer, das Summensymbol aus der **Gruppe Start • Bearbeiten** doppelt anzuklicken. In den älteren Versionen befindet sich das Symbol in der Standardsymbolleiste. Statt die Summe für jede Spalte einzeln zu bilden, können Sie die Sache auch in einem Zug erledigen: Ziehen Sie mit gedrückter linker Maustaste über die Zellen B9 bis D9. Klicken Sie auf das Summensymbol.

Um den Rohgewinn zu ermitteln, werden einfach vom Umsatz die Kosten abgezogen. Die Formel für die erste Zeile ist: =B5-C5. Zelle D5 liefert das verlangte Ergebnis. Wenn die Zelle D5 noch markiert ist, müssen Sie nur das Ausfüllkästchen doppelt anklicken, um die Formeln für die anderen Artikelgruppen zu erzeugen. Statt des Doppelklicks kann das Ausfüllkästchen auch mit der Maus nach unten gezogen werden. Der Doppelklick ist insbesondere bei langen Spalten praktischer.

Wenn Sie den Mauszeiger auf eine der neuen Formeln setzen, sehen Sie, dass Excel bei den verwendeten Zelladressen jedes Mal die Zeilennummer geändert hat. Beim Kopieren werden die Adressen der Umsatz- und Kosten-Zellen also nicht als fixe Adressen behandelt, sondern sinngemäß angepasst. Diese Anpassung ist meist erwünscht, aber nicht immer. Wenn Sie z. B. den Prozentsatz einzelner Artikelgruppen am Gesamtgewinn berechnen wollen, würde diese Anpassung zu Fehlern führen. Excel unterscheidet deshalb grundsätzlich zwei verschiedene Bezugsarten:

relative und absolute Bezüge. Abgeleitet davon sind die Mischbezüge, bei denen ein Teil des Bezugs relativ, ein anderer absolut ist.

Bei einem relativen Bezug notiert Excel intern die Position der Zelle, auf die Bezug genommen wird, in der Form, dass die relative Entfernung von der Zelle gemessen wird, die den Bezug enthält. Excel interpretiert die Formel =B5-C5 intern also wie die folgende Anweisung: Ziehe von dem Wert in der Zelle, die zwei Zellen weiter links liegt, den Wert ab, der eine Zelle weiter links liegt. Wenn Sie diese Formel nach unten kopieren, kann diese Beschreibung der Rechenaufgabe unverändert bleiben, nur bezieht sie sich nun auf die Zellen B6 und C6 etc. Wenn Sie einen relativen Bezug verwenden, weisen Sie also Excel an, diesen Bezug automatisch zu verändern, wenn die Formel an eine andere Stelle versetzt oder kopiert wird.

Absolute Bezüge

Bei einem absoluten Bezug auf eine Zelle ist immer genau diese Zelle gemeint und keine andere. Das heißt auch, dass der Bezug beim Kopieren und Versetzen nicht verändert werden darf. Relative und absolute Bezüge können in einer Adresse auch gemischt werden. Der absolute Teil des Bezugs bleibt beim Kopieren unverändert, der relative Teil des Bezugs wird angepasst. Die Tabelle zeigt die möglichen Bezugsarten:

B2	ist ein relativer Bezug auf die Zelle B2.
$B$2	ist ein absoluter Bezug auf die Zelle B2.
$B2	ist ein gemischter Bezug, bei dem der Bezug auf die Spalte absolut gesetzt ist, während der Bezug auf die Zeile relativ bleibt.
B$2	ist ein gemischter Bezug, bei dem der Bezug auf die Zeile absolut gesetzt ist, während der Bezug auf die Spalte relativ bleibt.

Der relative Bezug ist für Excel der Normalfall. Jeder einfache Zellbezug ist ein relativer Bezug. Dagegen werden bei Bezügen auf benannte Bereiche, von denen in Abschnitt 1.14, *Arbeit mit benannten Bereichen*, noch die Rede sein wird, absolute Bezüge verwendet. Wird der benannte Bereich durch Löschen von Zeilen oder Spalten oder durch Einfügen von Zeilen oder Spalten verkleinert oder vergrößert, werden die Bereichsadressen aber automatisch angepasst. Wird ein benannter Bereich verschoben, werden die Bezüge ebenfalls automatisch angepasst.

1 | Einstieg in Berechnungen mit Excel

Wann ist es notwendig, mit absoluten oder gemischten Bezügen zu arbeiten? Der Fall der Prozentrechnung wurde schon angesprochen. Wenn Sie in unserem Beispiel in Zelle E5 die Formel =B5/B9 eingeben, um den Anteil des Gruppenumsatzes am Gesamtumsatz zu berechnen, erhalten Sie ein richtiges Ergebnis. Klicken Sie in der Gruppe **Start/Zahl** auf das Symbol **Prozentformat**, um die Prozentdarstellung zu erreichen.

Ein Problem tritt erst auf, wenn Sie per Doppelklick auf das Ausfüllkästchen versuchen, die Formel nach unten zu kopieren. Excel gibt statt der Ergebnisse Fehlerwerte aus. Wenn Sie den Zellzeiger auf die Zelle E6 setzen, erscheint eine Schaltfläche, die zunächst einen Hinweis auf den Fehler gibt.

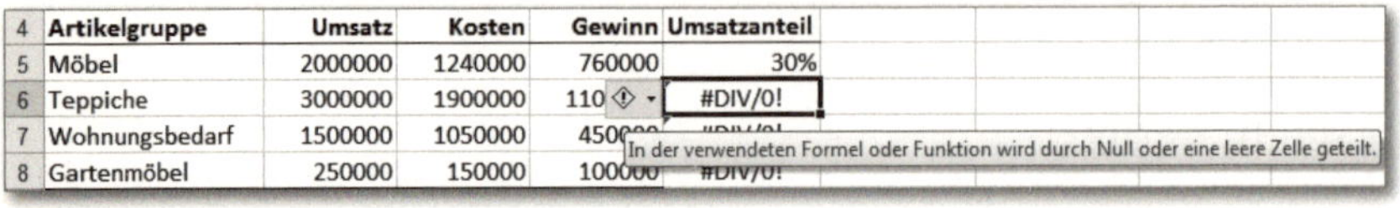

Abbildung 1.28 Die kopierten Formeln melden einen Fehler.

Wenn Sie die Schaltfläche anklicken, werden Ihnen verschiedene Optionen angeboten, auf den Fehler zu reagieren oder genauere Informationen dazu einzuholen. Wenn Sie die Option **In Bearbeitungsleiste bearbeiten** wählen, wird der Fehler sofort erkennbar.

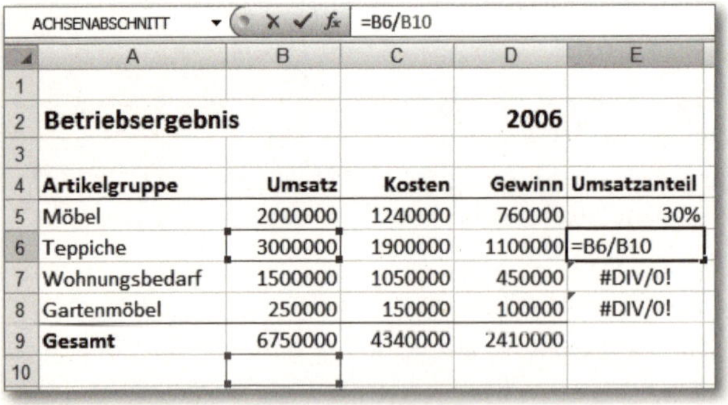

Abbildung 1.29 Offensichtlich ist ein Bezug der Formel falsch.

Die Formel bezieht sich zwar zunächst korrekt auf die zweite Artikelgruppe, dann aber nicht auf das Gesamtergebnis in B9, sondern auf die nächste Zelle B10, die leer ist. Leere Zellen wertet Excel in einer Formel aber als Zellen mit dem Wert

Null. Dies führt zu dem Fehlerwert #DIV/0!, da ja eine Division durch null nach Adam Riese nicht erlaubt ist. Um den Fehler zu beheben, muss deshalb in allen Formeln der Bezug auf das Gesamtergebnis absolut gesetzt werden. Dann lässt sich die Formel auch kopieren. Klicken Sie doppelt auf die Zelle E5 und dann doppelt auf die Adresse B9. Mit F4 können Sie den Bezug in einen absoluten Bezug verwandeln. =B5/$B$9 lässt sich nun ohne Probleme bis zur Zelle E8 kopieren.

Natürlich können Sie die Dollarzeichen auch manuell eintippen, aber es ist bequemer, dafür die Taste F4 zu verwenden. Dabei ist es egal, ob die Einfügestelle direkt vor oder direkt hinter dem Bezug steht oder ob der Bezug insgesamt mit Doppelklick markiert ist. Wenn Sie F4 mehrfach drücken, werden die möglichen Bezugsarten kreisförmig gewechselt.

Gemischte Bezüge

In diesem Beispiel ist der Bezug auf die Zelle, die das Gesamtergebnis enthält, zunächst absolut gesetzt worden. Es hätte auch ausgereicht, nur die Zeilennummer absolut zu setzen, da die Spaltenbezeichnung beim Kopieren gleich geblieben ist. Die Adresse =B$9 ist ein teilabsoluter Bezug. Angenommen, Sie wollen nicht nur die Prozentanteile in Bezug auf den Umsatz, sondern auch in Bezug auf die Kosten und den Gewinn ermitteln. Geben Sie dazu in Zelle E5 die Formel =B5/B$9 ein. Diese Formel lässt sich ohne weitere Änderungen auf den Bereich E5:G8 kopieren.

E5		fx	=B5/B$9			
A	B	C	D	E	F	G
1						
2 **Betriebsergebnis**			2006			
3						
4 **Artikelgruppe**	Umsatz	Kosten	Gewinn	Umsatzanteil	Kostenanteil	Gewinnanteil
5 Möbel	2000000	1240000	760000	30%	29%	32%
6 Teppiche	3000000	1900000	1100000	44%	44%	46%
7 Wohnungsbedarf	1500000	1050000	450000	22%	24%	19%
8 Gartenmöbel	250000	150000	100000	4%	3%	4%

Abbildung 1.30 Anteil der Artikelgruppen an den Gesamtergebnissen

Das Ergebnis zeigt die Anteile der Artikelgruppen an den verschiedenen Gesamtergebnissen. Dadurch, dass in der Formel die Spaltenbuchstaben relativ benutzt werden, lässt sich die Formel in E6 gleich auf alle drei Spalten kopieren. An diesem Beispiel können Sie auch sehen, dass Sie ohne weiteres eine Zelle auf einen ganzen Bereich kopieren können, wobei die Originalzelle auf sich selbst kopiert wird.

1.13 Einsatz von strukturierten Bezügen in Tabellen

Excel 2007 stellt für Formeln in **Tabellenbereichen**, die die Nachfolger der aus älteren Versionen bekannten Datenlisten darstellen, noch eine vereinfachte Bezugsform zur Verfügung, die als strukturierte Verweise bezeichnet wird. Soll beispielsweise in einer Lagerbestandstabelle für eine berechnete Spalte Wert der Preis der einzelnen Artikel mit dem Bestand, die beide in benachbarten Spalten stehen, multipliziert werden, wird bei der Markierung der Zellen während der Formeleingabe automatisch der jeweilige Spaltenname in eckigen Klammern angezeigt, ohne dass die Bereiche explizit benannt werden müssen. Die Formel heißt dann =[Bestand]*[Preis], und sie wird in alle Tabellenzeilen unverändert übernommen, wertet aber jeweils die richtigen Werte in der jeweiligen Tabellenzeile aus.

Arbeit mit strukturierten Verweisen

Die Verwendung von strukturierten Verweisen anstelle der in normalen Zellbereichen verwendeten Verweise erleichtert die Arbeit mit Tabellendaten. Solche Verweise können insbesondere Bezüge auf die verschiedenen Bereiche in einer Tabelle herstellen. Das gilt sowohl für Formeln in der Tabelle als auch für Formeln außerhalb der Tabelle. Im zweiten Fall muss allerdings immer der Tabellenname vorgesetzt werden, der bei Formeln innerhalb der Tabelle weggelassen werden kann.

Der in Excel 2007 verwendete Tabellenname verweist auf die gesamten Tabellendaten, aber ohne Überschriftenzeile und Ergebniszeile. Von den in der Tabelle vorhandenen Spaltennamen werden Spaltenbezeichner abgeleitet und in eckige Klammern gesetzt, sie verweisen auf die reinen Spaltendaten ohne Spaltenname und eventuelle Ergebniszeile. Werden Bezüge verschachtelt, sind doppelte Klammern erforderlich.

Außerdem sind folgende spezielle Bezeichner vorgegeben:

Bezeichner	Bedeutung
#Alle	Bezug auf die gesamte Tabelle, einschließlich Spaltennamen, Daten und Ergebniszeilen
#Daten	Bezug auf die Daten ohne Ergebniszeile
#Kopfzeile	Bezug auf die Kopfzeile mit den Spaltennamen

Bezeichner	Bedeutung
#Gesamtsummen	Bezug auf die Ergebniszeile; ergibt 0, wenn diese nicht vorhanden ist.
#Diese Zeile	Bezug auf die Daten in einer Zeile

Ist eine Tabelle beispielsweise mit dem Namen Lager gekennzeichnet, liefert die folgende Formel die Anzahl aller Zellen der aktuellen Tabelle: =ANZAHL2(Lager[#Alle]). Die Bezugsoperatoren Doppelpunkt, Komma und Leerzeichen können auch hier verwendet werden. Damit strukturierte Verweise in dieser Form eingesetzt werden können, muss unter **Excel-Optionen** auf der Seite **Formeln** unter **Arbeiten mit Formeln** allerdings die Einstellung **Tabellennamen in Formeln verwenden** aktiviert bleiben.

	A	B	C	D	E	F	G	H	I
1									
2		Lagerverwaltung				Stand: 29.09.2007			
3									
4		Artnr	Bezeichnung	Warengruppe	Bestand	Preis	Absat	Umsatz_lfd_Jah	
5		7777	Jalousie Ccxs	Jalousie	100	198,00 €	120	23.760,00 €	7 =ANZAHL2(Lager[#Diese Zeile])
6		7778	Jalousie Ccxx	Jalousie	200	174,00 €	330	57.420,00 €	
7		7774	Jalousie Vvxx	Jalousie	600	220,00 €	400	88.000,00 €	
8									
9				=ANZAHL2(Lager[#Daten])		21			
10				=ANZAHL2(Lager[#Alle])		28			

Abbildung 1.31 Beispiel für strukturierte Bezüge

Sollte die Tabelle nachträglich in einen normalen Zellbereich konvertiert werden, werden die strukturierten Bezüge automatisch wieder in die übliche Bezugsform zurückübersetzt. Beachtet werden muss noch, dass alle Spaltennamen als Textzeichenfolgen behandelt werden, auch wenn sie etwa ein Datum oder eine Jahreszahl enthalten. Enthält der Spaltenname Sonderzeichen, muss mit doppelten Klammern gearbeitet werden. Dies gilt für Leerzeichen, Komma, Strichpunkt, Punkt etc.

1.14 Arbeit mit benannten Bereichen

Der Bezug auf Zellen und Zellbereiche kann nicht nur über Adressen hergestellt werden. Zellen und Bereiche lassen sich auch benennen, sodass der Bezug über den Namen erfolgen kann.

Vorteile von Bereichsnamen

Die Verwendung solcher Namen ist zwar nicht unbedingt notwendig, aber sie macht die Arbeit mit Excel wesentlich komfortabler, zumal sich Namen auch besser merken lassen als abstrakte Adressen. Bereichsnamen machen insbesondere Formeln lesbarer. Solange Sie einfache Summenformeln verwenden, die direkt unter der addierten Kolonne stehen, ist leicht zu überblicken, was in einer Formel errechnet wird. Das ändert sich aber schon dann, wenn an einer ganz anderen Stelle des Arbeitsblatts mit dem Ergebnis dieser Formel weitergerechnet werden soll. Dann steht dort vielleicht =G20*1,05. Wofür aber steht der Wert in der Zelle G20? Haben Sie die Zelle G20 aber mit dem Namen Gewinn2007 benannt, lautet die Formel: =Gewinn2007*1,05. Das sagt mehr.

Wird ein Bereichsname in verschiedenen Formeln verwendet, muss nicht jede Formel einzeln angefasst werden, wenn sich die Adressen des Bereichs ändern. In vielen Fällen wird die Bereichsänderung sogar automatisch vorgenommen, etwa wenn in einem definierten Bereich eine Zeile eingefügt oder gelöscht wird.

Eine ebenso praktische Sache ist, dass Sie benannte Zellen und Bereiche direkt über den Namen auswählen können. Am schnellsten gelingt dies über die Namenliste in der Bearbeitungsleiste. Auch mit F5 erhalten Sie sofort die Liste der definierten Namen. Diese Technik erspart gerade bei großen Arbeitsblättern oft mühseliges Herumsuchen.

Regel für Namen

Bereichsnamen können bis zu 255 Zeichen enthalten. Groß- und Kleinschreibung ist bedeutungslos. Dennoch ist es nützlich, sie zu verwenden. Wird ein Name mit Kleinbuchstaben in einer Formel eingegeben, wandelt Excel den Namen entsprechend um, wenn der Name korrekt ist. Geschieht das nicht, hat sich vielleicht ein Tippfehler eingeschlichen.

Das erste Zeichen muss ein Buchstabe, ein Unterstrich oder ein umgekehrter Schrägstrich sein. Sonderzeichen wie ! { [ ] + * - / @ < > & # dürfen nicht benutzt werden. Leerzeichen, Doppelpunkt und Semikolon sind nicht erlaubt, weil diese Zeichen als Bezugsoperatoren benutzt werden. Verwenden Sie zur Trennung den Unterstrich _ oder den Punkt.

Arbeit mit benannten Bereichen | **1.14**

Bereichsnamen dürfen nicht wie mögliche Zelladressen lauten. B10 oder AA3 ist also nicht zulässig. Die Buchstaben C, c, R, r sind in Excel 2007 als Kurzform für Column – Spalte – und Row – Zeile – reserviert. Ein Name wie c2r3 ist demnach ebenfalls nicht zulässig, da er für die Bezeichnung der Zelle in der zweiten Spalte und dritten Zeile steht.

Methoden der Namensgebung

In allen Versionen kann die aktuelle Markierung direkt im Namenfeld in der Bearbeitungsleiste benannt werden. Der Name muss nur mit der Eingabetaste quittiert werden.

In Excel 2007 können mit **Formeln** • **Definierte Namen** • **Namen definieren** Namen für Zellen und Zellbereiche, aber auch für konstante Werte oder auch häufig benötigte Formeln vergeben werden. In den älteren Versionen wird **Einfügen** • **Namen** • **Definieren** verwendet.

Normalerweise kann eine Liste von Namen pro Arbeitsmappe verwendet werden. Jeder Name muss dabei eindeutig sein. Im Namenfeld werden alle Namen angezeigt, die in der Mappe vorkommen. Es ist aber auch möglich, Namen zu vergeben, die nur für das einzelne Blatt gelten, für das sie definiert sind. Das ist dann vorteilhaft, wenn in mehreren Blättern derselbe Name für einen gleichartigen Wert verwendet werden soll, etwa Mittelwert. Dazu muss im Dialog **Neuer Name** unter **Bereich** die Vorgabe **Arbeitsmappe** durch den Namen des jeweiligen Blattes ersetzt werden, der über das Listenfeld ausgewählt werden kann.

Abbildung 1.32   Definition eines blattspezifischen Namens

Um solche Namen in Formeln anderer Blätter der Arbeitsmappe zu verwenden, muss der Blattname getrennt durch ein Ausrufezeichen vor den eigentlichen Namen gesetzt werden – etwa `Betriebsergebnis!Mittelwert`. Im Namenfeld erscheint der blattspezifische Name nur, wenn das entsprechende Blatt aktiviert ist. Auf diesem Blatt kann der Blattname weggelassen werden. Ist der Name `Mittelwert` auch für die ganze Mappe vergeben, wird er in diesem Blatt ignoriert.

Mit dem Befehl **Formeln • Definierte Namen • Aus Auswahl erstellen** können Zellen oder Zellbereiche mit Namen verknüpft werden, die im Arbeitsblatt bereits als Beschriftung eingetragen sind. Voraussetzung ist, dass die Zelle mit dem Namen an die Zelle oder den Zellbereich angrenzt, der benannt werden soll. Dem entspricht in den älteren Versionen **Einfügen • Namen • Erstellen**.

Excel übernimmt einfach die vorhandenen Beschriftungen als Namen. Dabei werden die Namen an die oben beschriebenen Regeln angepasst. Ist das erste Zeichen eine Zahl, wird ein Unterstrich davorgesetzt. Auch Leerzeichen und Semikola werden durch Unterstriche ersetzt. Datumswerte werden in Zeichenfolgen verwandelt, wobei das gegebene Format verwendet wird.

Die Zellen, die benannt werden sollen, können über oder unter den Zellen mit der Beschriftung liegen oder rechts oder links neben diesen Zellen. Zellbereiche sind hier immer Zellgruppen in einer Zeile oder in einer Spalte.

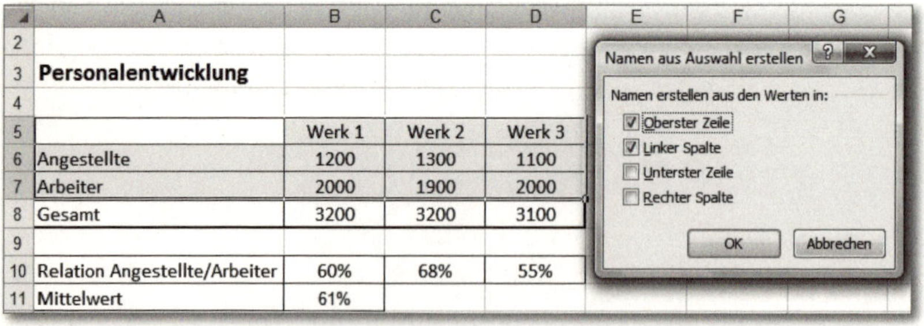

Abbildung 1.33 Übernahme bestehender Beschriftungen als Bereichsnamen

Um in dem abgebildeten Beispiel zu einer korrekten Übernahme der Namen zu kommen, muss zunächst der Bereich A5 bis D7 markiert werden. Die Zeile mit den Gesamtsummen wird erst einmal ausgelassen, damit im nächsten Schritt die Namen für die Spaltenwerte in den Summenformeln verwendet werden können. Der Dialog **Aus Auswahl erstellen** bietet vier Kontrollkästchen, von denen die beiden ersten abgehakt sind, aufgrund der Situation in dem vorher ausgewählten Bereich. Die oberste Zeile und die linke Spalte sollen die Namen liefern. Wenn Sie quittieren, erzeugt Excel benannte Bereiche, zwei Zeilenbereiche und drei Spaltenbereiche.

Sie können die neuen Bereiche nun sehr schnell über die Namenliste oder mit F5 über den Dialog **Gehe zu** auswählen.

Ganz neu in Excel 2007 ist der **Namens-Manager**, der über die gleichnamige Schaltfläche in der Gruppe **Formeln • Definierte Namen** aufgerufen wird. Der Dialog gibt eine übersichtliche Liste der vorhandenen Namen und ist mit dem oben verwendeten Dialogfeld verknüpft, das über die Schaltflächen **Neu** oder **Bearbeiten** erreicht wird. Zum Löschen überflüssig gewordener Namen wird die Schaltfläche **Löschen** verwendet.

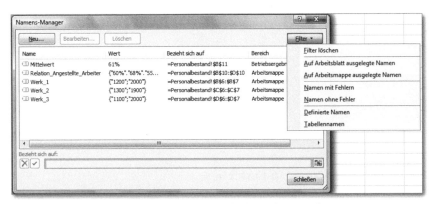

Abbildung 1.34 Der neue Namens-Manager erleichtert die Verwaltung umfangreicher Namensvergaben.

Interessant ist hier insbesondere die Filterfunktion, die verschiedene Auswahlmöglichkeiten anbietet, etwa die Einschränkung auf blattbezogene Namen.

Benannte Formeln und Konstanten definieren

Das Verfahren, eine Formel mit einem Namen zu verknüpfen, ähnelt der Vergabe von Zell- und Bereichsnamen. Excel speichert die Definition zwar zusammen mit der Arbeitsmappe, aber nicht in einer Zelle. Die Formel wird direkt im Dialogfeld eingetragen, in dem der Name definiert wird, und zwar anstelle eines Bereichsbezugs.

Sie können auch bestimmte Werte oder Textkonstanten mit einem Namen belegen. Um beispielsweise den Mehrwertsteuersatz abzulegen, geben Sie im Bezugsfeld einfach =19 % ein. Wenn der Wert mit MWST benannt ist, geben Sie in einer Formel zur Berechnung der Mehrwertsteuer für einen Betrag in B10 nur =B10*MWST ein.

Wenn Sie eine Textkonstante unter **Bezieht sich auf** eintragen, muss sie in Anführungszeichen eingeschlossen werden. Wenn Sie etwa unter dem Namen Firma den kompletten Firmennamen ablegen, liefert Ihnen der Eintrag =Firma in einer Zelle den entsprechenden Namen.

Sowohl benannte Formeln als auch benannte Konstanten werden bei der Formeleingabe mit in der Funktionsliste angeboten, wie die folgende Abbildung zeigt.

Abbildung 1.35   Eine benannte Konstante in der Funktionenliste

Anwenden von Namen in Formeln

Wenn Sie Bereiche benennen, werden in schon vorhandenen Formeln die Bezüge auf diese Bereiche nicht automatisch ersetzt. Dies muss vielmehr ausdrücklich mit dem Befehl **Namen übernehmen** geschehen, der in Excel 2007 als zweite Option zu der Schaltfläche **Formeln • Definierte Namen • Namen definieren** angeboten wird. In den älteren Versionen gilt hier der Befehl **Einfügen • Namen • Übernehmen**. Bei der manuellen Eingabe von Formeln und im Funktionsassistenten können Namen außerdem mit F3 angezeigt und abgerufen werden.

Welche Namen in den Formeln verwendet werden sollen, können Sie durch Anklicken mit der Maus auswählen. Die Auswahl hat auch Auswirkungen auf Formeln, die Sie später eingeben. Excel ersetzt eine passende Bereichsmarkierung dann automatisch durch den Bereichsnamen.

Arbeit mit benannten Bereichen | 1.14

Abbildung 1.36 Dialogfeld »Namen übernehmen«

Beachtet werden muss, dass Bereichsnamen absolute Adressen sind. Beim Kopieren solcher Formeln werden die Bezüge also nicht angepasst. Wie sich Excel bei der Anwendung der Namen im Detail verhalten soll, kann über **Optionen** gesteuert werden. Die Einstellung **Relative/Absolute Bezugsart ignorieren** bewirkt, dass ein Bezug unabhängig von der in der Formel verwendeten Bezugsart ersetzt wird. Ist die Option abgewählt, werden nur absolute Zellbezüge durch die Bereichsnamen ersetzt.

Wird beim Anwenden der Namen das Kontrollkästchen **Zeilen- und Spaltennamen verwenden** abgehakt, kann festgelegt werden, ob in Formeln, die Schnittmengen von Bereichen auswerten, bei Bezügen innerhalb einer Spalte oder innerhalb einer Zeile die entsprechenden Namen entfallen können, um die Formulierung der Formel zu vereinfachen. Außerdem kann festgelegt werden, ob bei Bezügen, bei denen Spalte und Zeile angegeben werden müssen, erst die Zeile oder erst die Spalte angegeben wird.

Soll ein Name bei der Eingabe einer Formel oder im Dialog **Funktionsargumente** eingefügt werden, können Sie den Namen entweder direkt an der Einfügestelle einfügen oder ein vorher markiertes Argument durch einen Namen ersetzen. Verwenden Sie F3 oder den Befehl **Formeln • In Formeln verwenden** und den gewünschten Namen.

1 | Einstieg in Berechnungen mit Excel

Abbildung 1.37 Übernahme eines Namens als Argument für eine Funktion

1.15 Matrixberechnungen

Durch eine Formel wie =B2*B3 wird eine Operation ausgelöst, bei der ein einzelner Zellwert mit einem Wert aus einer anderen Zelle multipliziert wird und das Ergebnis in der Zelle erscheint, in der die Formel steht. Excel erlaubt aber auch, als Argument einer Formel gleich mehrere Werte zu benutzen. Auch als Ergebnis einer Formel können gleich mehrere Werte produziert werden. Dies ist z. B. bei bestimmten Funktionen der Fall. In beiden Fällen sind die Ausgangs- bzw. Ergebniswerte in einer bestimmten Form angeordnet, die Matrix genannt wird.

Matrixbereiche in Excel

Eine Matrix ist immer ein rechteckiger Zellbereich, in dem jede Zelle einen Wert enthält. Sie entspricht also, sofern es sich bei den Werten um numerische Werte handelt, dem, was auch in der Algebra eine Matrix genannt wird. Ein einfaches Beispiel ist das folgende Zahlenschema aus zwei Zeilen und drei Spalten.

| 23 | 26 | 65 |
| 16 | 10 | 45 |

Die Besonderheit, die zu beachten ist, besteht darin, dass Excel eine Matrix als eine Einheit behandelt, bei der die einzelnen Elemente in verschiedener Hinsicht auch

Matrixberechnungen | **1.15**

nicht gesondert bearbeitet oder benutzt werden können. Soll eine Matrix als Argument in einer Formel verwendet werden, bestehen zwei Möglichkeiten:

Die erste Möglichkeit ist, in der Formel den Bezug auf einen rechteckigen Zellbereich einzugeben, der die Werte der Matrix enthalten soll. Ein Beispiel ist die Funktion INDEX(), die als erstes Argument eine Matrix erwartet, etwa: =INDEX(B4:D6;2;2).

Die zweite Möglichkeit ist eine Matrixkonstante. Die Schreibweise innerhalb einer Formel sieht folgendermaßen aus: Die gesamte Matrix wird in geschweifte Klammern gesetzt. Die Werte einer Zeile werden jeweils durch einen Punkt getrennt, die Zeilen dagegen durch ein Semikolon. Das oben angeführte Zahlenschema sieht in der Bearbeitungsleiste so aus: {23.26.65;16.10.45}.

Matrixkonstanten können nicht nur Zahlen, sondern auch Texte, Wahrheitswerte oder Fehlerwerte enthalten. Dabei muss das Format der Eingabe beachtet werden. Texte müssen immer in Anführungszeichen gesetzt werden.

Arbeit mit Matrixformeln

Neben Matrixbereichen und Matrixkonstanten, die als Argumente oder Ergebnisse von Formeln erscheinen, können auch spezielle Matrix- oder Arrayformeln verwendet werden. Diese Formeln enthalten dann ihrerseits Matrixbereiche oder auch Matrixkonstanten als Argumente.

Die Vorgehensweise, um eine Formel als Matrixformel einzugeben, soll an dem folgenden Beispiel demonstriert werden. Der erste Schritt ist die Markierung der Matrix, die die Ergebnisse der Matrixformel aufnehmen soll. In der Abbildung ist das der Zellbereich D5:D7. Dieser Schritt ist ganz entscheidend, denn wenn Sie nur eine Zelle markieren, liefert die Matrixformel auch nur ein einziges Ergebnis. Die Größe dieser Ergebnismatrix sollte in der Regel exakt so groß sein, dass die Matrixformel alle Ergebnisse erzeugen kann, die durch die Wertegruppe(n), auf die sich die Formel bezieht, möglich sind. Ist die Ergebnismatrix kleiner, werden mögliche Ergebnisse »unterschlagen«, ist sie dagegen größer, erscheint in den überzähligen Zellen der Wert NV als Hinweis darauf, dass für diesen Fall keine Werte vorliegen, mit denen die Formel arbeiten kann.

Der zweite Schritt ist die Eingabe der Formel in eine der Zellen der Ergebnismatrix. Dabei spielt es keine Rolle, in welche dieser Zellen die Formel eingetragen wird. Die Formel kann wie jede Einzelwertformel Konstanten, Operatoren, Zellbezüge und Funktionen enthalten. Die Besonderheit besteht darin, dass in der Formel Bezug auf Wertegruppen genommen wird, die in der Matrixformel dann zeilen- oder spaltenweise ausgewertet werden.

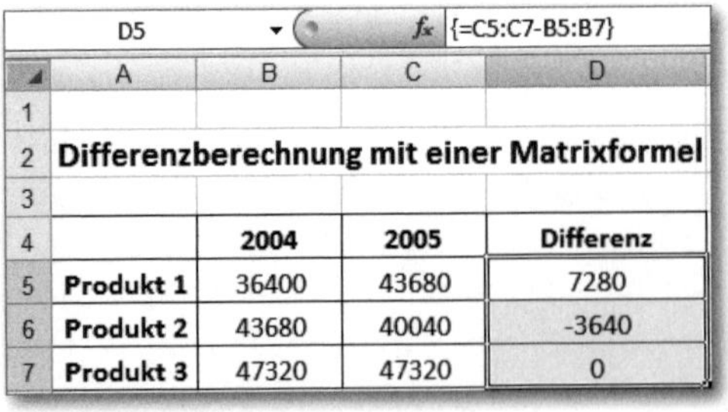

	A	B	C	D
1				
2	**Differenzberechnung mit einer Matrixformel**			
3				
4		2004	2005	Differenz
5	Produkt 1	36400	43680	7280
6	Produkt 2	43680	40040	-3640
7	Produkt 3	47320	47320	0

D5: {=C5:C7-B5:B7}

Abbildung 1.38 Differenzberechnung mit einer Matrixformel

Im Beispiel werden die Werte aus der Spalte für 2005 von der Spalte der Werte für 2004 abgezogen. Die Formel lautet also: {=C5:C7-B5:B7}.

Die geschweiften Klammern, die die gesamte Formel einschließen und sie damit als Matrixformel kennzeichnen, dürfen allerdings nicht manuell eingegeben werden. Sie werden automatisch erzeugt, wenn die Formel korrekt quittiert wird. Dies geschieht mit der Tastenkombination [Strg]+[⇧]+[↵].

Wenn Sie sich die Ergebnisspalte anschauen, können Sie feststellen, dass Excel in jede Zelle dieselbe Formel gesetzt hat. Trotzdem entsprechen die Ergebnisse den jeweiligen Zeilenwerten Das gewählte Beispiel setzt also zwei gleich große Zellbereiche zueinander in Beziehung und erzeugt eine entsprechend große Ergebnismatrix.

Vereinfachung von Berechnungen

Das folgende Beispiel ist etwas komplexer. Es zeigt, dass Matrixformeln insbesondere dazu benutzt werden können, ein Tabellenmodell zu vereinfachen. Das ist möglich, indem in der Formel Rechenschritte zusammengefasst werden, die normalerweise über Zwischenergebnisse berechnet werden müssten. Soll z. B. das Gesamtgewicht einer Ladung berechnet werden, ist der übliche Weg, das jeweilige Gewicht der verschiedenen Artikel mit der Stückzahl zu multiplizieren und dann die Ergebnisse zu addieren, wie in der Spalte E zu sehen ist.

	C8		f_x	{=SUMME(B5:B7*C5:C7)}	
	A	B	C	D	E
1					
2	Berechnung des Gesamtgewichts				
3					
4		Menge	Gewicht		Gesamt
5	Artikel 1	100	200		20000
6	Artikel 2	120	150		18000
7	Artikel 3	200	130		26000
8		Gesamtgewicht	64000		64000

Abbildung 1.39 Gewichtsberechnung

Wird dagegen mit einer Matrixformel gearbeitet, ist es nicht erforderlich, die Ergebnisse der Multiplikation in der Tabelle darzustellen. Die Formel {=SUMME(B5:B7*C5:C7)} speichert die Zwischenergebnisse intern und gibt nur das Gesamtergebnis in der Zelle C8 aus.

Matrizenrechnung und lineare Gleichungssysteme

Einer der Hauptanwendungsgebiete von Matrizen ist die Lösung von linearen Gleichungssystemen mit mehreren Unbekannten. Dabei werden solche Gleichungssysteme zunächst in eine Koeffizientenmatrix übersetzt, auf die dann die Rechenverfahren angewandt werden, die in der Matrizenrechnung möglich sind. Dafür bietet Excel eine Reihe von speziellen Matrix-Funktionen, die im Kapitel 5, *Mathematische und trigonometrische Funktionen*, beschrieben werden.

Die folgende Abbildung zeigt im Bereich A1 bis M7 ein kleines Beispiel für ein solches Gleichungssystem mit vier Unbekannten. Im Zellbereich A10 bis D13 wird die entsprechende Koeffizientenmatrix angezeigt (siehe Abbildung 1.40).

Zunächst wird in Zelle D14 eine Funktion verwendet, die die Determinante der Matrix ermittelt:

=MDET(A10:D13)

liefert einen Wert ungleich 0, woraus geschlossen werden kann, dass das Gleichungssystem lösbar ist. Zur Lösung des Gleichungssystems gibt es verschiedene Verfahren. Eine Möglichkeit ist, die Inverse der Koeffizientenmatrix zu bilden und sie dann mit der Spaltenmatrix, die die Ergebnisse der vier Gleichungen enthält, zu multiplizieren.

1 | Einstieg in Berechnungen mit Excel

	A	B	C	D	E	F	G	H	I	J	K	L	M
	G10			f_x	=A10*G16+B10*G17+C10*G18+D10*G19								
1													
2	Lineares Gleichungssystem und Koeffizientenmatrix												
3													
4	4 x_1		+	3 x_2		-	-7 x_3		+	1 x_4		=	2
5	1 x_1		+	1 x_2		+	2 x_3		-	3 x_4		=	1
6	-2 x_1		+	2 x_2		-	3 x_3		-	2 x_4		=	0
7	3 x_1		-	4 x_2		+	6 x_3		+	4 x_4		=	6
8													
9		Koeffizientenmatrix											
10	4	3	-7	1		2	2						
11	1	1	2	-3		1	1						
12	-2	2	-3	-2		0	0						
13	3	-4	6	4		6	6						
14		Determinate:		-18									
15		Inverse Matrix											
16	6E-16	7E-16	-2	-1		x1 =	-6						
17	0,7222	0,9444	10,833	5,9444		x2 =	38,056						
18	0,2222	0,4444	4,3333	2,4444		x3 =	15,556						
19	0,3889	0,2778	5,8333	3,2778		x4 =	20,722						

Abbildung 1.40   Lösung eines linearen Gleichungssystesm durch Matrizenrechnung

Für den ersten Schritt wird wieder eine Funktion von Excel verwendet. Die Formel muss als Matrixformel erzeugt werden. Dazu wird zunächst der Bereich A16 bis D19 markiert und die Formel

{=MINV(A10:D13)}

mit Strg+⇧+↵ abgeschlossen.

Anschließend wird wieder eine Matrixformel für den Bereich G16 bis G19 erzeugt, die mit der MMULT()-Funktion arbeitet:

{=MMULT(A16:D19;F10:F13)}

Diese Formel liefert eine Matrix mit den Werten für die vier Unbekannten. Nur zur Kontrolle sind in den Zellen G10 bis G13 die errechneten Werte zeilenweise in die Gleichungen eingesetzt, um das Ergebnis zu bestätigen.

Matrixformeln bearbeiten

Wollen Sie die Matrixformel ändern, können Sie eine beliebige Formelzelle in der Matrix auswählen. Sobald Sie die Bearbeitungsleiste aktivieren, verschwinden dort die geschweiften Klammern. Wenn die Änderungen an der Formel abgeschlossen sind, muss die Formel erneut mit `Strg`+`⇧`+`↵` quittiert werden. Daraufhin werden alle zur Matrix gehörenden Formeln geändert.

Alle inhaltlichen Veränderungen betreffen also immer die gesamte Matrix. Deshalb können einzelne Zellen auch nicht gelöscht oder verschoben werden. Nur die komplette Matrix kann gelöscht oder verschoben werden. Auch das Einfügen von Zellen in eine Matrix, die mit Matrixformeln belegt ist, führt zu einer Fehlermeldung. Dagegen ist es durchaus möglich, den Inhalt einzelner Zellen an eine andere Stelle der Tabelle zu kopieren. Die Bezüge werden dabei automatisch angepasst. Um einen Matrixbereich vollständig zu markieren, genügt es, eine Zelle des Bereichs zu wählen und dann `Strg`+`/` zu drücken.

1.16 Verfahren der Fehlervermeidung

Formeln sollen nicht ein beliebiges Ergebnis produzieren, sondern das richtige. Deshalb bietet Excel verschiedene Verfahren für die Fehlervermeidung an, die hier kurz vorgestellt werden sollen.

Prüfung der Dateneingabe durch Gültigkeitsregeln

Die Dateneingabe in eine Zelle erfolgt zunächst ohne jede Kontrolle über den Datentyp, den Wert oder die Länge der Eingabe. Excel bietet aber die Möglichkeit, Regeln für Daten festzulegen, die in bestimmten Zellbereichen erlaubt sind. Um beispielsweise bei einer Preisliste auszuschließen, dass irrtümlich ein negativer Preis oder ein Preis, der über dem des teuersten Artikels liegt, eingegeben wird, können für die betreffende Spalte Regeln festgelegt werden.

1 Markieren Sie die Spalte.

2 Wählen Sie in Excel 2007 über **Daten • Datentools** die Schaltfläche **Datenüberprüfung**. In den älteren Versionen ist das der Befehl **Daten • Gültigkeit**. Auf dem Register **Einstellungen** wählen Sie unter **Zulassen** den Listeneintrag **Dezimal** und unter **Daten** den Eintrag **zwischen**.

3 Unter **Minimum** kann 0 und unter **Maximum** beispielsweise 300 eingetragen werden.

1 | Einstieg in Berechnungen mit Excel

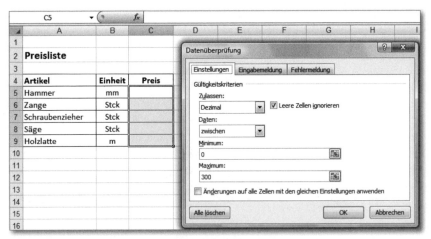

Abbildung 1.41   Eingaberegeln für eine Preisspalte

4 Es ist sinnvoll, **Leere Zellen ignorieren** abzuhaken, damit der Fall, dass der Preis nicht eingegeben ist, nicht zur Fehlermeldung führt.

5 Auf dem Register **Eingabemeldung** kann zusätzlich ein Hinweis eingetragen werden, der angezeigt wird, wenn eine Zelle ausgewählt ist. Lassen Sie dazu **Eingabemeldung anzeigen, wenn Zelle ausgewählt wird** abgehakt.

6 Schließlich sollte auf dem Registerblatt **Fehlermeldung** ein Hinweis bei Fehleingaben eingetragen werden.

7 Unter **Typ** kann das Merkzeichen ausgewählt werden, mit dem die Fehlermeldung beginnt. Wenn Sie **Stopp** wählen, wird verhindert, dass die falsche Eingabe überhaupt in die Zelle eingetragen wird. Sie müssen die Eingabe wiederholen oder abbrechen. Bei den Optionen **Warnung** oder **Information** kann eine unzulässige Eingabe wahlweise zugelassen oder abgelehnt werden.

Wird eine solche Zelle ausgewählt, erscheint die festgelegte Eingabeaufforderung in Form eines Kommentars. Wird nun beispielsweise ein zu hoher Preis eingegeben, erscheint die vorher definierte Fehlermeldung.

Verfahren der Fehlervermeidung | **1.16**

Zur Datenüberprüfung lassen sich auch Listen verwenden, aus denen die möglichen Eingaben ohne Eintippen übernommen werden können. Wenn Sie in der Preisliste als Gebindeeinheit nur »m«, »cm« und »Stck« zulassen, können Sie auf dem Register **Einstellungen** unter **Zulassen** den Eintrag **Liste** benutzen. Die Liste selbst kann unter **Quelle** eingetragen werden: `m; cm; Stck` – das genügt in diesem Fall. Statt des Eintrags der möglichen Werte kann auch ein Verweis auf einen Zellbereich verwendet werden, in dem sich eine entsprechende Liste befindet. Am besten verwenden Sie den Namen eines benannten Bereichs, damit der Bezug bei einer Vergrößerung der Liste nicht neu eingetragen werden muss. Wird eine Zelle ausgewählt, erscheint eine kleine Schaltfläche, mit der die Liste der möglichen Einträge geöffnet werden kann. Es reicht dann ein Klick auf den gewünschten Eintrag, um ihn zu übernehmen. Voraussetzung ist allerdings, dass auf der Registerkarte **Einstellungen** die Option **Zellendropdown** abgehakt bleibt.

Gültigkeitsregeln können aber auch Formeln verwenden, um die Daten zu prüfen. Wählen Sie dazu unter **Zulassen** die Option **Benutzerdefiniert** und tragen Sie die Formel komplett in das Feld **Formel** ein.

Fehler in Formeln vermeiden

Es gibt unterschiedliche Fehlertypen, die bei der Arbeit mit Formeln vorkommen. Leicht zu übersehen sind logische Fehler, zumal Excel solchen Fehlern nichts entgegenzusetzen hat. Wenn Sie irrtümlich eine Bedingung wie `=UND(PLZ<50000; PLZ>60000)` eintragen, wird Excel daran nichts auszusetzen haben, obwohl die Bedingung niemals erfüllt werden kann.

Günstiger ist die Situation, wenn Sie die vorgeschriebene Schreibweise von Formeln nicht beachten. Excel bietet in vielen Fällen die automatische Korrektur von Fehlern bei der Formeleingabe an. Wenn Sie z. B. einen Ausdruck mit einer öffnenden Klammer eingeben und dann die abschließende Klammer vergessen, schlägt Excel von selbst eine Korrektur mit einer schließenden Klammer vor.

Für ein gutes Dutzend von immer wieder vorkommenden Fehlern bietet Excel solche Korrekturvorschläge an. Das gilt z. B., wenn Sie bei Zelladressen die Zeilennummer vor den Spaltenbuchstaben setzen und beispielsweise statt B6 6B eingeben. Auch Leerzeichen an der falschen Stelle werden erkannt, z. B. zwischen Funktionsnamen und erster Klammer, ebenso fehlende Anführungszeichen oder Doppelpunkte an der falschen Stelle.

Zwar kann Excel in einfachen Fällen für fehlende Klammern brauchbare Korrekturvorschläge machen, nicht aber da, wo es mehrere Möglichkeiten gibt, die Klammer zu setzen. Um Ihnen bei der Suche nach der Stelle, an der eine Klammer fehlt oder zu viel ist, zu helfen, zeigt Excel zusammengehörende Klammerpaare vorübergehend in Fettschrift an, wenn Sie mit den Richtungstasten darüberstreichen. Wird etwa eine öffnende Klammer nicht fett angezeigt, heißt das, es fehlt die entsprechende schließende Klammer.

Syntaxprüfung

Wenn Sie eine Formel eingeben, prüft Excel automatisch, ob die Formel von der Syntax her korrekt ist, bevor das Ergebnis in der Zelle akzeptiert wird. Ist z. B. bei der Funktion GDA() ein Argument vergessen worden, erscheint die Fehlermeldung, dass Argumente fehlen. Quittieren Sie die Meldung, verbleibt das Programm in der Bearbeitungsleiste und markiert die Stelle, wo der Fehler liegt.

Durch die schon angesprochenen QuickInfos, die bei der Bearbeitung von Funktionen normalerweise eingeblendet werden, ist die Kontrolle über die Argumente der Funktion einfach. Wenn Sie den Mauszeiger auf ein Argument in einer Funktion setzen oder die Einfügestelle mit den Pfeiltasten bewegen, wird immer der Platzhalter im QuickInfo angezeigt, dem das berührte Argument entspricht.

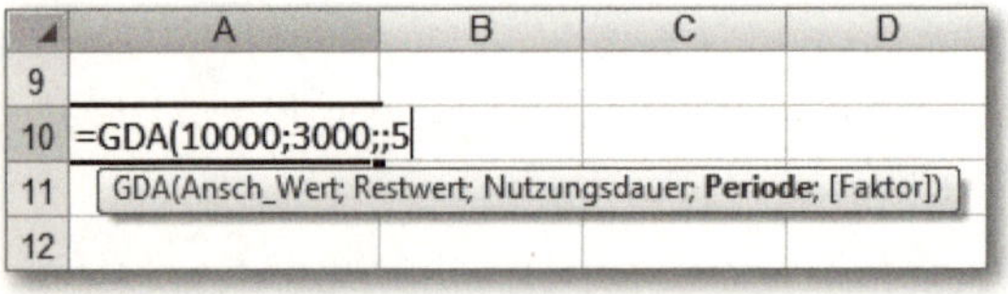

Abbildung 1.42 Kontrolle der Argumente mit Hilfe der QuickInfos

Geben Sie irrtümlich ein Argument zu viel ein, erhalten Sie eine entsprechende Meldung, und Sie werden nicht wieder aus der Bearbeitungsleiste losgelassen.

Wenn Sie einen Fehler nicht gleich erkennen, können Sie Excel überlisten und an den Anfang des Eintrags ein einfaches Anführungszeichen setzen. Dadurch wird die Formel zu einem Texteintrag. Nun haben Sie wenigstens die Chance, sich eine Denkpause zu gönnen.

Fehler durch Werte

Excel kann neben den Syntaxfehlern auch Fehler finden, die mit den Werten bzw. Argumenten zu tun haben, mit denen die Formel arbeiten soll. Sind diese für die Formel nicht brauchbar, wird in der Zelle ein Fehlerwert ausgegeben. Sie erhalten einen Hinweis, wenn Sie den Mauszeiger auf die eingeblendete Schaltfläche rücken. In der abgebildeten Formel wird z. B. ein nicht definierter Name verwendet.

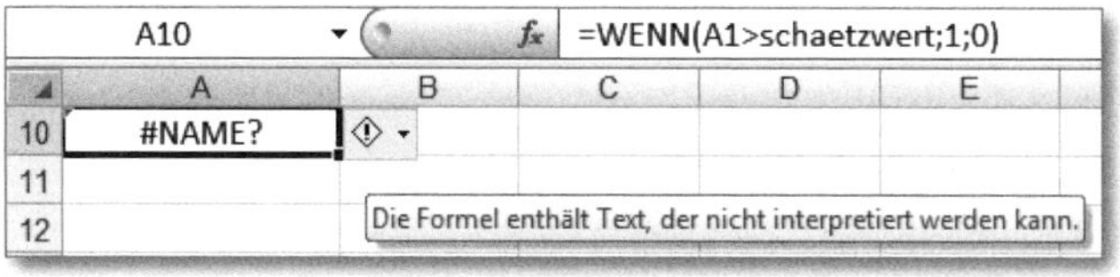

	A	B	C	D	E
10	#NAME?				
11					
12		Die Formel enthält Text, der nicht interpretiert werden kann.			

A10 =WENN(A1>schaetzwert;1;0)

Abbildung 1.43   Hinweis zum Fehlerwert #Name?

In der folgenden Liste sind die Fehlerwerte zusammengestellt:

#BEZUG!	Die Formel bezieht sich auf eine gelöschte oder verschobene Zelle. Beim Verschieben von relativen Adressen kommt dies beispielsweise vor, wenn eine Zelle nach links verschoben wird, sodass der relative Bezug auf eine Spalte links von A benötigt würde. Erscheint auch bei externen Bezügen, wenn die externe Datei nicht auffindbar ist.
#DIV/0!	In der Formel wird versucht, durch Null zu teilen. Tritt auch auf, wenn die Zelle mit dem Divisor leer ist.
#NV	Der erwartete Wert ist nicht vorhanden. Tritt beispielsweise auf, wenn ein mit Hilfe von SVERWEIS() in einer Spalte gesuchter Wert nicht vorhanden ist.
#NAME?	Der in der Formel verwendete Name ist bisher nicht definiert worden. Tritt auch auf, wenn ein Funktionsname falsch geschrieben wird.
#NULL!	Wird angezeigt, wenn versucht wurde, mit dem Schnittmengenoperator (Leerzeichen) die Schnittmenge zweier Bereiche zu bestimmen, die sich nicht schneiden.
#WERT!	Ein Argument oder Operand hat den falschen Datentyp.
#ZAHL!	Tritt auf, wenn beispielsweise ein Schätzwert in einer Funktion, die einen solchen Wert erwartet, unbrauchbar ist oder wenn die Funktion als Argument einen negativen Wert erwartet, aber einen positiven Wert erhält.

1 | Einstieg in Berechnungen mit Excel

Fehlerüberprüfung im Hintergrund

Seit Excel 2002 ist eine automatische Fehlerüberprüfung eingebaut, die im Hintergrund abläuft und in Excel 2007 über das Register **Formeln** im **Excel-Optionen**-Dialog gesteuert wird. In den älteren Versionen benutzen Sie **Extras • Optionen • Fehlerüberprüfung**. Unter **Regeln für die Fehlerüberprüfung** wird festgelegt, wann die Fehlerüberprüfung den Fehlerindikator einblenden soll.

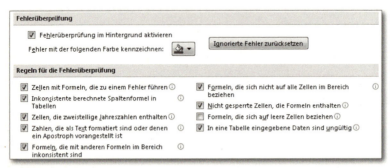

Abbildung 1.44 Einstellungen für die Fehlerüberprüfung

Solange die Fehlerüberprüfung im Hintergrund aktiviert ist, erscheinen im Fehlerfall farbige Fehlerindikatoren. Über den Pfeil der Schaltfläche werden mögliche Reaktionen angeboten.

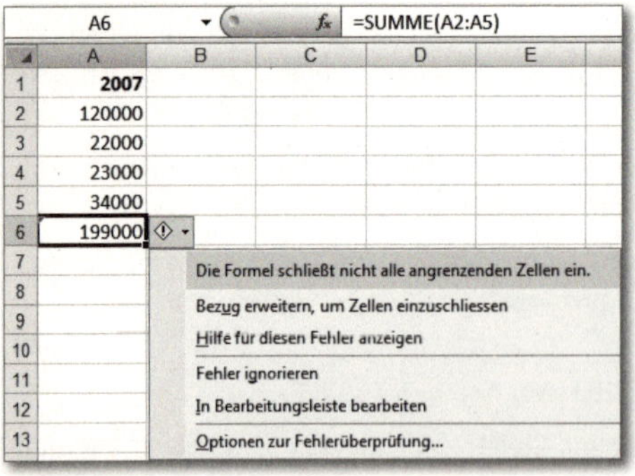

Abbildung 1.45 Optionen beim Auftauchen eines Regelverstoßes

Die erste Zeile enthält eine Problembeschreibung. Wenn möglich, wird eine Option angeboten, mit der der Fehler direkt korrigiert werden kann, etwa eine Bereichserweiterung. In diesem Fall handelt es sich allerdings um falschen Alarm. Die Warnung moniert, dass die Jahreszahl nicht mit in den Summenbereich aufgenommen wird, weil Excel die Bedeutung der Zahl als Jahreszahl nicht automatisch erkennen kann. Mit **Fehler ignorieren** kann der Hinweis deshalb abgeschaltet werden.

Formelüberwachung

Für die Kontrolle von Formeln stellt Excel 2007 neben der gerade beschriebenen Hintergrundüberprüfung noch eine ganze Reihe von Werkzeugen zur Verfügung, die auf dem Register **Formeln** in der Gruppe **Formelüberwachung** zusammengestellt sind. Die entsprechenden Symbole finden Sie in den älteren Versionen in der Symbolleiste **Formelüberwachung**.

Abbildung 1.46 Werkzeuge für die Kontrolle von Formeln

Die Fehlerüberprüfung kann hier für jedes Arbeitsblatt auch manuell über die Schaltfläche **Fehlerüberprüfung** aufgerufen werden, unabhängig davon, ob die Fehlerüberprüfung im Hintergrund aktiviert ist oder nicht. Mit **Weiter** und **Zurück** lassen sich die Zellen mit Fehlerwerten oder Warnindikatoren einzeln ansteuern, der Dialog zeigt dann jeweils eine kurze Beschreibung des Fehlers und bietet Schaltflächen für das weitere Vorgehen an.

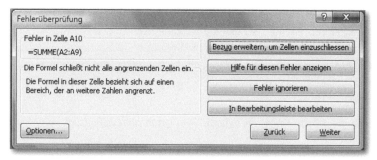

Abbildung 1.47 Schrittweise Fehlerüberprüfung im Blatt

1 | Einstieg in Berechnungen mit Excel

Spuren verfolgen

Wollen Sie prüfen, von welchen Zellen eine gerade ausgewählte Formel abhängig ist, klicken Sie in der Gruppe **Formelüberwachung** das Symbol **Spur zum Vorgänger** an. Excel macht die Verbindungen zwischen Zellen mit Pfeilen sichtbar. Das Pfeilende wird jeweils durch einen Punkt gekennzeichnet. Hat der Vorgänger selbst noch einen Vorgänger, klicken Sie erneut auf das Symbol oder wiederholen den Befehl. Sie können dieses Verfahren für mehrere Zellen wiederholen. Wenn Sie die Zelle am Pfeilende markieren wollen, klicken Sie doppelt auf den Spurpfeil. Ein erneuter Doppelklick markiert wieder die Zelle an der Pfeilspitze. Das ist praktisch, wenn Pfeilspitze und Pfeilende weit auseinanderliegen.

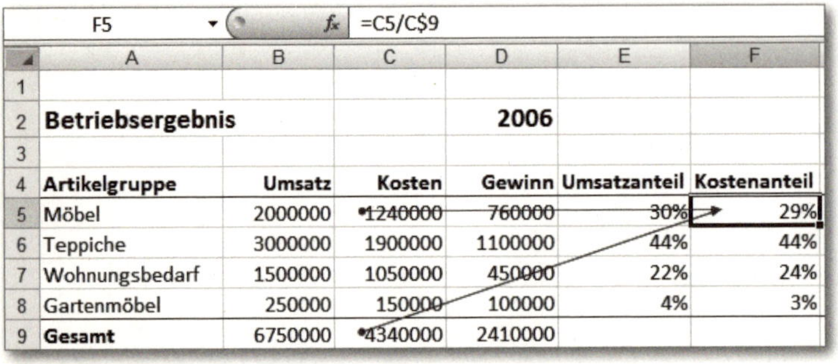

Abbildung 1.48 Anzeige der Zellen, von denen die Formel in F6 abhängig ist

Wollen Sie umgekehrt wissen, welche Zellen die markierte Zelle beeinflussen, klicken Sie auf das Symbol **Spur zum Nachfolger**.

Werteprüfung im Überwachungsfenster

In Excel 2007 wird mit **Formeln • Formelüberwachung • Überwachungsfenster** eben dieses eingeblendet. Zunächst lassen sich dann über die dortige Schaltfläche **Überwachung hinzufügen** beliebige Zellen oder Zellbereiche auswählen, deren jeweils aktuelle Werte im Überwachungsfenster kontrolliert werden sollen (siehe Abbildung 1.49).

Jede Änderung von Werten wird anschließend sofort in diesem Fenster angezeigt.

Verfahren der Fehlervermeidung | **1.16**

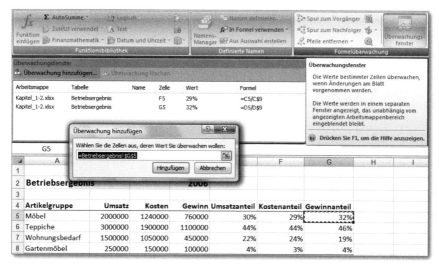

Abbildung 1.49   Werteprüfung im Überwachungsfenster

Zirkuläre Formeln

Unterstützt werden Sie von Excel auch, wenn eine Formel zirkulär ist. Hier ein einfaches Beispiel. In der Zelle B10 ist folgende Funktion eingetragen: =SUMME(B6:B10). Die Zelle B10, die die Summe anzeigen soll, gehört selbst zu der Kolonne, die summiert wird. Wenn Sie versuchen, die Summenformel zu bestätigen, erhalten Sie folgende Fehlermeldung:

Abbildung 1.50   Fehlermeldung bei Zirkelbezug

In der Statusleiste wird die Zelle angezeigt, die den Zirkelbezug verursacht. Die Zelle, die die zirkuläre Formel enthält, wird auf den Wert Null gesetzt.

Formeln schrittweise prüfen

Eine weitere Möglichkeit, Fehler aufzuspüren, besteht darin, sich für einzelne Teile der Formel jeweils das Ergebnis anzeigen zu lassen. Markieren Sie mit der Maus oder Tastatur den betreffenden Teil der Formel und benutzen Sie dann [F9]. Excel zeigt das Ergebnis für diesen Teil der Formel an. Benutzen Sie [Esc], um die Formel wieder in den alten Zustand zu versetzen.

Abbildung 1.51   Schrittweise Auswertung einer verschachtelten Funktion

Excel 2007 bietet alternativ dazu den Befehl **Formelauswertung**, den Sie über **Formeln • Formelüberwachung** erreichen (Früher: **Extras • Formelüberwachung • Formelauswertung**). Im Dialog wird die vorher markierte Formel angezeigt. Mit der Schaltfläche **Auswerten** lässt sich der jeweils unterstrichene Teil einer Formel berechnen. **Einzelschritt** zeigt den Wert der markierten Stelle, **Prozedurschritt** setzt diesen Wert in die Formel ein. Die Formel in der Zelle selbst bleibt bei dieser Prüfung aber im Unterschied zu dem Verfahren mit [F9] unverändert.

1.17 Berechnungseinstellung und -optimierung

Normalerweise berechnet Excel unaufgefordert alle die Formeln neu durch, die von der Neueingabe oder Änderung von Werten oder Formeln oder von neuen Namensfestlegungen betroffen sind. Formeln, die nicht von einer Änderung berührt sind, werden auch nicht neu berechnet.

Berechnungseinstellung und -optimierung | **1.17**

Berechnungsoptionen

Alle Optionen, die die Berechnungsmethode von Excel 2007 beeinflussen, sind auf dem Register **Formeln** zusammengestellt, die der Befehl **Excel-Optionen** anbietet. (Früher **Extras • Optionen • Berechnung**.)

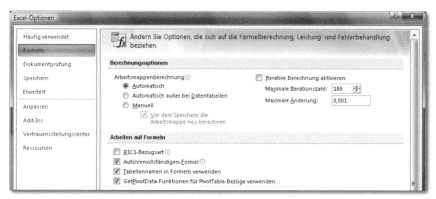

Abbildung 1.52 Wahl der Berechnungsoptionen

Hauptsächlich besteht die Wahl zwischen **Automatisch** und **Manuell**. Diese Einstellung gilt immer so lange, bis sie geändert wird. Die automatische Neuberechnung ist in Excel 2007 zwar auf die Zellen beschränkt, die von einer Datenänderung berührt werden, dennoch kann es bei großen Arbeitsmappen sinnvoll sein, die automatische Neuberechnung auszuschalten, damit nicht bei jeder eingegebenen Zahl nachgerechnet wird.

Bei der Option **Manuell** sollte **Vor dem Speichern die Arbeitsmappe neu berechnen** aktiviert bleiben, dies garantiert, dass die Datei immer vollständig durchgerechnet ist, wenn sie abgespeichert wird. Wenn Sie allerdings an einer großen Arbeitsmappe arbeiten und häufiger zwischendurch abspeichern, kann es doch angenehmer sein, das Kontrollkästchen leer zu lassen.

Ist die manuelle Neuberechnung eingeschaltet, wird die Neuberechnung der gerade offenen Arbeitsmappen mit F9 oder Klick auf das Symbol **Neu berechnen** in der Gruppe **Formeln • Berechnung** gestartet. Soll nur das aktive Arbeitsblatt neu berechnet werden, kann auch die Schaltfläche **Blatt berechnen** angeklickt oder die Tastenkombination ⇧+F9 gedrückt werden. Sobald in der Arbeitsmappe ein Wert eingegeben wird, der eine Formel betrifft, erscheint in der Statusleiste die Aufforderung: **Berechnen**. Klick auf diese Schaltfläche startet ebenfalls die Neuberechnung.

Kontrolle iterativer Berechnungen

Iterative Berechnungen sind wiederholte Berechnungen, die mit Zirkelbezügen arbeiten. Von Zirkelbezügen wird bei Excel gesprochen, wenn z. B. in einer Formel in der Zelle C7 ein Operand oder ein Argument C7 auftaucht. Die Formel bezieht sich also in diesem Fall auf sich selbst, die Berechnung läuft im Kreis. Solche Zirkelbezüge können irrtümlich – durch die Markierung der falschen Zelle – entstehen. Sie können aber auch bewusst eingesetzt werden, um z. B. Näherungswerte zu errechnen. Dabei wird angenommen, dass durch Wiederholung der Berechnung allmählich eine Annäherung an einen Wert erfolgt, der sich auch bei erneuter Neuberechnung nicht mehr oder nicht mehr wesentlich verändert.

Wird unter **Berechnungsoptionen** das Kontrollkästchen **Iterative Berechnung aktivieren** abgehakt, ist eine solche wiederholte Berechnung zugelassen. Dabei kann die maximale Anzahl der Wiederholungen bestimmt werden. Excel gibt unter **Maximale Iterationszahl** den Wert 100 vor. Die Berechnung wird also spätestens nach der 100sten Wiederholung gestoppt und das erreichte Ergebnis angezeigt.

Der zweite Wert, mit dem die iterative Berechnung gesteuert werden kann, ist **Maximale Änderung**. Vorgabe ist 0,001. Damit ist gemeint, dass die Berechnung dann nicht mehr wiederholt wird, wenn die verschiedenen Berechnungen zu Ergebnissen führen, deren Differenz kleiner ist als der Änderungshöchstwert. Welcher Wert hier der richtige ist, hängt natürlich von der Dimension ab, die das erwartete Ergebnis hat. Erwarten Sie z. B. Werte mit sechs Nachkommastellen, ist 0,001 ein zu grobes Maß.

Berechnungsoptionen für die Arbeitsmappe

Während sich die bisher behandelten Optionen auf das Verhalten in der gesamten Arbeitssitzung beziehen, können Sie im Dialog **Excel-Optionen** unter **Erweitert** auch Berechnungsoptionen für jede einzelne Arbeitsmappe festlegen. In den älteren Versionen finden Sie diese Einstellungen auf dem Register **Extras • Optionen • Berechnung** unter **Arbeitsmappenoptionen**.

Interessant für die praktische Arbeit ist insbesondere die Option **Genauigkeit wie angezeigt festlegen**, die normalerweise nicht ausgewählt ist. Wird die Option gewählt, ersetzt Excel in der betreffenden Arbeitsmappe die intern gespeicherten Werte durch die aufgrund der gewählten Formatierung angezeigten Werte. Die Wahl der Option **1904-Datumswerte verwenden** bedeutet, dass die Datumsseriennummer nicht ab dem 1.1.1900, sondern ab dem 1.1.1904 berechnet wird. Dieses Datumssystem wird auf dem Apple Macintosh verwendet.

In der Gruppe **Formeln** finden Sie auf dem Register **Erweitert** eine ganz neue Option, die die Beschleunigung der Berechnungen in großen Arbeitsmappen betrifft. Excel 2007 ist in der Lage, die Berechnungsarbeit auf parallele Threads – Ausführungsstränge – aufzuteilen. Wenn Sie mehrkernige Prozessoren verwenden, sollte diese Option deshalb aktiviert sein.

1.18 Arbeit mit bedingten Formaten

Einer der Bereiche, in denen Excel 2007 gegenüber den bisherigen Versionen wesentlich zugelegt hat, ist der Einsatz bedingter Formate. Die Schaltfläche **Bedingte Formatierung** in der Gruppe **Start • Formatvorlagen** bietet gleich mehrere Paletten an, um bestimmte Zellen aufgrund ihrer Werte in besonderer Weise hervorzuheben. Über die bisherigen Möglichkeiten hinaus, die bis Excel 2003 über **Format • Bedingte Formatierung** zur Verfügung standen, wird der Einsatz von Datenleisten, Farbskalen und Symbolsätzen angeboten. Die folgende Abbildung zeigt ein einfaches Beispiel für diese drei Varianten:

A	B	C	D	E
1				
2		Spalte als Datenleiste	Spalte als Farbskala	Spalte mit Symbolen
3		⇩	⇩	⇩
4	Warengruppe	2006	2007	2008
5	CD-ROM-Laufwerke	120000	132000	108000
6	Soundkarten	90000	99000	144000
7	Scanner	145000	159500	160800
8	Videorecorder	156000	171600	174000
9	Camcorder	230000	253000	187200
10	Videokarten	134000	147400	276000

Abbildung 1.53 Neue Varianten für bedingte Formatierung

1 | Einstieg in Berechnungen mit Excel

Die erste Variante, die als Datenleiste bezeichnet wird, verwendet eine Visualisierung der Wertgrößen, die dem Einsatz von Balkendiagrammen ähnlich ist. Jede Änderung von Werten in einer Spalte führt sofort zu einer entsprechenden Anpassung der Farbbalken. Änderungen der Spaltenbreite werden ebenfalls automatisch berücksichtigt.

Wenn es um die Kennzeichnung bestimmter Werte geht, können Farbskalen genutzt werden, etwa um Werten, die über dem Mittelwert liegen, eine bestimmte Farbe zuzuordnen. Dazu kann eine entsprechende Formel benutzt werden, wie die folgende Abbildung zeigt:

Abbildung 1.54 Bedingtes Format auf der Basis einer Formel

Die Formel vergleicht die erste Zelle in der Spalte mit dem Mittelwert der Spalte. Die erste Adresse muss relativ, die zweite absolut eingegeben werden, damit Excel in allen Zellen der Spalte die Formel korrekt auswerten kann. Eine weitere Möglichkeit für bedingte Formate ist der Einsatz von Symbolen, etwa kleine Ampeln, die auf kritische und akzeptable Werte hinweisen.

2 Berechnungstools

Formeln sind nicht die einzige Form, um Excel zu Berechnungen zu veranlassen. Im Folgenden soll eine kurze Übersicht über die wichtigsten Berechnungstools gegeben werden.

2.1 Zielwertsuche

Bei dem, was Excel als Zielwertsuche anbietet, handelt es sich mathematisch gesehen um die Lösung einer Gleichung mit einer Unbekannten. Wenn es beispielsweise darum geht, den Zins, den ein bestimmter Betrag nach einer bestimmten Zeit ergibt, auszurechnen, wobei der Betrag, der Zinssatz und die Laufzeit gegeben sind, kann diese Aufgabe mit der Formel `Zins = Betrag * Zinssatz * Jahre` gelöst werden. Zins ist hier die Unbekannte. Mit der gleichen Formel kann gearbeitet werden, wenn sich die Fragestellung verändert. Ist z. B. bekannt, wie hoch der Zins sein soll und welcher Betrag für wie viele Jahre zur Verfügung steht, und ist gefragt, wie hoch dann der Zinssatz sein soll, dann muss die Gleichung nur nach dem Zinssatz umgestellt werden: `Zinssatz = Zins / (Betrag * Jahre)`.

Würden Sie in Excel mit diesen Formeln arbeiten, müssten Sie allerdings auf die eingebauten Tabellenfunktionen verzichten, da diese ja nicht einfach umgestellt werden können. Zum anderen müssten Sie die Gleichung von Hand umstellen (dazu muss aber das mathematische Verfahren bekannt sein), da Excel keine Methode bietet, um Gleichungen umzustellen. Diese ganze Mühe lässt sich mit der Zielwertsuche vermeiden. Deren Einsatz lohnt sich insbesondere, wenn es nicht bloß um derart einfache Gleichungen geht.

2 | Berechnungstools

Bestimmung einer maximalen Kredithöhe

Bei der Zielwertsuche rechnet Excel mit den eingebauten Funktionen, stellt aber nicht mehr die Aufgabe, aus den vorgegebenen Werten das Ergebnis zu berechnen, sondern gibt das Ergebnis vor und ausprobiert aus, wie groß einer der anderen Werte für das gewünschte Ergebnis werden muss.

Dazu ein typisches Beispiel aus der Finanzmathematik: Angenommen, Sie wollen einen größeren Kredit aufnehmen und ihn im Lauf von 20 Jahren abbezahlen. Für die jährliche Abzahlung stehen 10.000 EUR zur Verfügung, die Bankzinsen für einen Kredit liegen bei 8,7 %.

Die Aufgabe kann mit der Tabellenfunktion für den Barwert gelöst werden: =BW(8,7%;20;10000). Die Funktion liefert den Wert -93270,98 EUR, Sie können sich also einen Kredit in dieser Höhe leisten. Nun stellen Sie aber fest, dass Sie mit diesem Kredit nicht auskommen. Sie benötigen beispielsweise 100.000 EUR. Da die Bank über den Zinssatz mit sich nicht verhandeln lässt, gibt es nur zwei Möglichkeiten: Entweder muss die Laufzeit vergrößert werden oder der jährlich bezahlte Betrag.

Um Ihnen die Möglichkeiten der Zielwertsuche zu zeigen, finden Sie in der nächsten Abbildung eine Tabelle, in der die Berechnung zunächst einfach zweimal kopiert worden ist, um die beiden anderen Fragen zu beantworten.

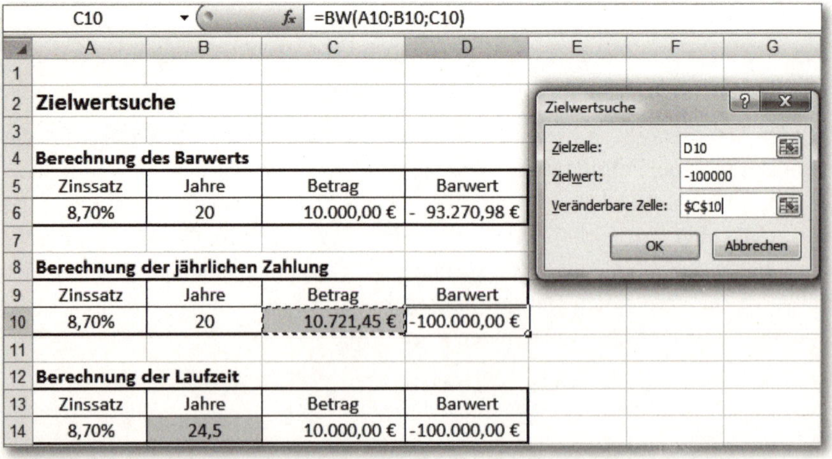

Abbildung 2.1 Zielwertsuche für ein Kreditproblem

Die Überschriften für die Berechnung sind entsprechend angepasst. Um die jährlich erforderliche Zahlung für den 100.000-Euro-Kredit zu ermitteln, wird der Zellzeiger auf die Ergebniszelle (im Beispiel D10) gesetzt. Dann kann in Excel 2007 mit **Daten • Datentools • Was-wäre-wenn-Analyse • Zielwertsuche** der Rechenprozess gestartet werden. Die älteren Versionen bieten hierfür den Befehl **Extras • Zielwertsuche** an.

Die Zielzelle ist schon richtig angegeben, als Zielwert wird -100000 eingetragen. Vergessen Sie nicht das Minuszeichen, da es sich ja um eine Ausgabe handelt. Die veränderbare Zelle ist die mit der jährlichen Zahlung (im Beispiel C10). **OK** führt in ein Dialogfeld, in dem Excel meldet, dass es das Problem gelöst hat. Ein weiteres **OK** trägt den Zielwert und den gesuchten Jahresbetrag in die Tabelle ein.

Auf die gleiche Weise lässt sich ermitteln, wie der Kredit durch eine Verlängerung der Laufzeit zu finanzieren wäre. Als Zielwert wird wieder -100000 eingetragen, die veränderbare Zelle ist diesmal die Zelle mit der Zahl der Jahre (im Beispiel B14).

Der Versuch, auf die gleiche Weise zu ermitteln, ob durch längere Abzahlung auch ein Kredit von 130.000 EUR zu finanzieren wäre, führt allerdings zu dem Hinweis, dass eine möglicherweise unbrauchbare Lösung gefunden wurde. Das liegt einfach daran, dass der Kredit so nicht finanzierbar wäre, da ja bei 130.000 EUR die jährlichen Zinsen schon über 10.000 EUR liegen, also für eine Tilgung gar nichts übrig bleiben würde.

2.2 Lösungen mit dem Solver suchen

Ganz ähnlich wie die Zielwertsuche funktioniert der Solver, nur mit wesentlich umfangreicheren Optionen. Wieder lässt sich ein Zielwert festlegen, nur dass diesmal der Zielwert nicht nur ein bestimmter fester Wert sein kann, sondern auch ein Maximal- oder Minimalwert. Statt einer einzelnen veränderbaren Zelle können jetzt mehrere Zellen festgelegt werden. Der Solver ist ein Add-In zu Excel, steht also nur dann zur Verfügung, wenn er mitinstalliert und dann auch in die Liste der Add-Ins aufgenommen wurde, wie in 1.10 für die Analyse-Funktionen beschrieben.

Zur Arbeitsweise des Solvers

Mathematisch gesehen werden mit dem Solver Probleme bearbeitet, die sich als Gleichungen bzw. als Gleichungssysteme mit mehreren Unbekannten formulieren lassen, wobei auch so genannte Ungleichungen erlaubt sind. Um derartige Aufgaben von Hand zu lösen, würde zunächst eine Gleichung nach einer Unbekannten aufgelöst, das Ergebnis in die nächste Gleichung eingesetzt werden usw., bis am Ende eine Gleichung mit nur noch einer Unbekannten erreicht ist, die dann nach dieser aufgelöst werden kann.

Das eigentliche Problem bei der Arbeit mit dem Solver besteht darin, einen Zusammenhang so zu formulieren und aufzubereiten, dass er dem Solver zur Lösung angeboten werden kann. Der einfachste Punkt ist die Bestimmung des Zielwertes. Hier handelt es sich darum, festzulegen, welches Ergebnis eine festgelegte Berechnung haben soll. Da der Zielwert in der Tabelle ohnehin immer das Ergebnis einer Berechnung ist, in der die Zelle mit dem Zielwert – also eine Formel – ist, kann deshalb allenfalls die Formulierung der Berechnung Schwierigkeiten bereiten.

Etwas komplizierter verhält es sich mit den Nebenbedingungen. Um zu vermeiden, dass der Solver zu trivialen Ergebnissen führt, müssen die Nebenbedingungen möglichst vollständig definiert werden. Sonst kann es leicht passieren, dass der Solver nach längeren Berechnungen ein Ergebnis liefert, das entweder von vornherein klar war oder aber völlig unrealistisch ist oder auch zu einer Fehlermeldung führt.

Beispiel Materialkostenoptimierung

Als praktisches Beispiel für die Arbeit mit dem Solver soll hier eine Aufgabe verwendet werden, die Sie von Hand mit den Mitteln der Differentialrechnung bearbeiten müssten. Es handelt sich um ein Verpackungsproblem: Es sollen Konservendosen hergestellt werden, die ein vorgegebenes Volumen (z. B. 1.000 ml) haben, wobei der Materialaufwand (und damit auch die Materialkosten) so gering wie möglich sein soll. Das Volumen einer Konservendose wird berechnet, indem die Grundfläche (das ist ein Kreis) mit der Höhe der Dose multipliziert wird. Die Grundfläche selbst wird als Kreisfläche berechnet. Also gilt: `Vol = r^2 * PI * h`.

Der Materialverbrauch für eine derartige Dose setzt sich aus der Bodenfläche, dem Mantel und dem Deckel zusammen. Der Boden und der Deckel werden jeweils als Kreis (`r^2 * PI`) gerechnet, der Mantel hat dann als Fläche den Umfang der Dose

Lösungen mit dem Solver suchen | 2.2

(2 * r * PI) multipliziert mit der Höhe. Also gilt insgesamt: Fläche = 2 * r^2 * PI + 2 * r * PI * h.

Um das Problem zu bearbeiten, wird eine Tabelle aufgebaut, in der die Berechnung des Materials und des Dosenvolumens zunächst mit ganz willkürlichen Zahlen vorgenommen wird.

	A	B	C	D	E	F
1						
2	**Materialverbrauch pro Dose**					
3						
4	Radius	Höhe	Material			
5	6,00	8,00	527,788	=2*A5^2*PI()+2*A5*PI()*B6		
6	**Dosenvolumen:**		904,779	=A5^2*PI()*B6		
7						

Abbildung 2.2 Vorläufige Berechnung von Dosenvolumen und Materialverbrauch

In die Zellen für den Materialverbrauch und für das Volumen werden die entsprechenden Formeln eingetragen, die in der Abbildung noch einmal als Text angezeigt werden. Mit den willkürlich eingetragenen Werten für den Radius und die Höhe der Dose liefern die Formeln zunächst ebenso willkürliche Werte für den Materialverbrauch und das Volumen. Werden die Dosenmaße in cm angegeben, ergibt sich der Materialverbrauch in Quadratzentimeter und das Volumen in Milliliter.

Nach diesen Vorbereitungen können Sie den Solver mit **Daten • Analyse • Solver** aufrufen, bzw. mit **Extras • Solver** in den älteren Versionen. Wurde der Solver schon einmal in dem aktuellen Tabellenblatt benutzt, dann hat er noch die alten Einträge gespeichert. Dies ist sehr nützlich, wenn Sie an einem angefangenen Problem weiterarbeiten wollen, etwa den Zielwert ändern oder weitere Nebenbedingungen formulieren. Soll dagegen ein neues Problem behandelt werden, empfiehlt es sich, nach Aufruf des Solvers zunächst **Zurücksetzen** anzuklicken, um die alten Einträge insgesamt zu entfernen. Wenn beim Aufruf des Solvers die **Zielzelle** schon markiert ist, kann sie einfach übernommen werden. Unter **Zielwert** muss in diesem Beispiel die Option **Min** (für Minimum) gewählt werden, da es ja darum geht, die Lösung mit dem geringsten Materialverbrauch zu finden. Die veränderbaren Zellen sind in diesem Fall die beiden Zellen, in denen der Radius und die Höhe stehen. (Da sie ohnehin die einzigen Zellen sind, von denen der Zielwert abhängt, können sie auch leicht über die Schaltfläche **Schätzen** ermittelt werden.)

2 | Berechnungstools

Abbildung 2.3 Eintrag des Zielwertes und der veränderbaren Zellen

Im Beispiel sind die veränderbaren Zellen in einem zusammenhängenden Bereich angeordnet. Das muss nicht zwangsläufig der Fall sein. Liegen die veränderbaren Zellen nicht in einem zusammenhängenden Bereich, dann müssen die einzelnen Zellen oder Bereiche durch Semikola getrennt werden. Am einfachsten lassen sie sich durch Markieren in der Tabelle übernehmen, wobei zusätzliche Zellen oder Bereiche mit gedrückter ⌜Strg⌝-Taste markiert werden.

In diesem Beispiel gibt es nur eine einzige, aber entscheidende Nebenbedingung: Das Volumen der Dose soll 1.000 ml betragen. Ohne diese Bedingung würde der Solver sich in negative Werte für den Materialbedarf verirren. Nach Anklicken von **Hinzufügen** wird das Dialogfeld für die Nebenbedingungen geöffnet. Als Zellbezug wird die Zelle mit dem Dosenvolumen eingetragen (am besten wieder durch Markieren in der Tabelle). Als Wert muss dann unter **Nebenbedingung** 1000 angegeben werden. In dem kleinen Listenfeld wird = ausgewählt, da das Volumen ja genau diesen Wert erreichen soll.

Abbildung 2.4 Eintragen von Nebenbedingungen

Sobald der Eintrag der Nebenbedingungen abgeschlossen ist, wird im Dialogfeld des Solvers **Lösen** angewählt. Nach einiger Rechenarbeit liefert der Solver dann das gewünschte Ergebnis, wobei unter Umständen in der Statuszeile eine Anzahl von Zwischenergebnissen angezeigt wird. Als Ergebnis werden ein Radius von ca. 5,42 und eine Höhe von ca. 10,84 ausgegeben, was der Berechnung mit den Mitteln der Differentialrechnung sehr genau entspricht (danach muss die Höhe doppelt so groß sein wie der Radius).

Abbildung 2.5 Das Ergebnis der Optimierung

Sie können sich entscheiden, ob Sie das Ergebnis in das Arbeitsblatt übernehmen wollen oder nicht.

Weitere Optionen und Einstellungen

Die bis jetzt beschriebene Vorgehensweise ist bei allen Problemen sinnvoll, die keine besonders komplexen Berechnungen erfordern. Es kann aber durchaus sein, dass so noch nicht das gewünschte Ergebnis erreicht wird, sei es, dass die Rechenzeit nicht ausreicht, sei es, dass das Ergebnis nicht hinreichend genau ist. In solchen Fällen müssen die Vorgaben für den Solver geändert werden. Hierzu wird im Dialogfeld des Solvers die Schaltfläche **Optionen** angeklickt. Damit wird ein weiteres Dialogfeld eingeblendet, in dem sich die Arbeit des Solvers in weitem Umfang beeinflussen lässt (siehe Abbildung 2.6).

Um zu verstehen, welchen Einfluss die hier vorgenommenen Einstellungen auf die Arbeit des Solvers haben, müssen Sie wenigstens einen groben Eindruck von seiner Vorgehensweise haben. Mit dem Solver wird einfach »ausprobiert«, welche Werte in den veränderbaren Zellen stehen müssen, damit das gewünschte Ergebnis in der Zielzelle herauskommt. Hierzu verändert der Solver die Werte in den veränderbaren Zellen der Reihe nach schrittweise und vergleicht dann, ob der Wert der Zielzelle dadurch dem erwünschten Ergebnis näher kommt.

2 | Berechnungstools

Abbildung 2.6 Solver-Optionen

Zusätzlich wird kontrolliert, ob die Nebenbedingungen erfüllt sind. Dieser Vorgang wiederholt sich so oft, bis entweder ein Ergebnis erreicht, die voreingestellte Zeit abgelaufen oder die Zahl der Iterationen (Wiederholungen) ausgeschöpft ist.

Die folgenden Einstellungen haben dabei auf die Arbeit des Solvers einen teilweise wesentlichen Einfluss:

- **Höchstzeit:** Die Zeit, die dem Solver insgesamt zur Verfügung steht, kann auf maximal 32767 Sekunden festgelegt werden.
- **Iterationen:** Die Zahl der Wiederholungen kann ebenfalls bis auf 32767 erhöht werden.
- **Genauigkeit:** Legt fest, bei welcher Genauigkeit der Solver eine Bedingung als erfüllt betrachtet. Je größer die vorgegebene Genauigkeit ist (je kleiner also der angegebene Wert), umso länger wird der Solver benötigen.
- **Toleranz:** Werden Nebenbedingungen formuliert, die ganzzahlige Werte bei den veränderbaren Zellen fordern, kann die Rechenzeit erheblich zunehmen. Durch Erhöhung der Toleranz lässt sich die verbrauchte Zeit wieder vermindern, wobei allerdings auch höhere Abweichungen in Kauf zu nehmen sind.
- **Konvergenz:** Für nichtlineare Aufgaben kann hier eine Bruchzahl zwischen 0 und 1 angegeben werden. Unterschreitet die relative Änderung in der Zielzelle bei den letzten fünf Iterationen diesen Wert, stoppt der Solver.
- **Lineares Modell voraussetzen:** Wenn die zu berechnenden Zusammenhänge linear sind (Werte in den veränderbaren Zellen werden weder miteinander multipliziert noch dividiert, es werden keine Potenzen, Wurzeln oder Funkti-

onen wie Sinus, Logarithmus etc. verwendet), dann bringt diese Option einen Gewinn an Geschwindigkeit. Verwenden Sie sie nur, wenn Sie sich wirklich sicher sind, dass ausschließlich lineare Zusammenhänge vorliegen.

- **Automatische Skalierung anwenden:** Wenn in einer Berechnung sehr große und sehr kleine Zahlen vorkommen, kann es günstig sein, mit dieser Option zu arbeiten. Der Solver bringt dann die Zahlen intern in eine vergleichbare Größenordnung und rechnet am Ende die Ergebnisse zurück. So lässt sich unter Umständen die Genauigkeit erhöhen.

- **Nicht-Negativ voraussetzen:** Diese Einstellung sorgt dafür, dass der Solver keine negativen Werte als Ergebnis akzeptiert.

- **Iterationsergebnisse anzeigen:** Sie können sich bei der Arbeit des Solvers nach jedem »Ausprobieren« das Ergebnis anzeigen lassen. Das kann bei komplexen und langwierigen Berechnungen sinnvoll sein, da sich dann verfolgen lässt, wie der Solver arbeitet.

- **Schätzung:** Mit **Linear** oder **Quadratisch** können Sie hier vorgeben, wie der Solver die jeweils nächsten Werte zum »Ausprobieren« wählt. Mit **Linear** werden die jeweils vorhergehenden Werte geradlinig weitergeschrieben, mit **Quadratisch** wird eine Parabel als Modell gewählt. Bei den meisten nichtlinearen Problemen verkürzt die Option **Quadratisch** die Rechenzeit.

- **Differenz:** Diese Option bestimmt, ob bei der Einschätzung von partiellen Ableitungen mit Vorwärtsdifferenzen oder mit zentralen Differenzen gearbeitet wird. Zentrale Differenzen können ausprobiert werden, wenn Werte in der Nähe eines Grenzwerts stark schwanken und der Solver die Meldung ausgibt, er könne das Ergebnis nicht weiter verbessern.

- **Suchen:** Hiermit wird die vom Solver angewandte Näherungsmethode eingestellt. Zur Verfügung stehen ein abgewandeltes Newton- und das Gradientenverfahren. Erstes benötigt mehr Speicherplatz, Zweites erfordert eine größere Anzahl von Iterationen. Auf die Genauigkeit der Ergebnisse wirkt sich die Option nicht aus.

Auswertung der Ergebnisse und Berichte

Nach Abschluss der Arbeit mit dem Solver erfolgt – wie schon erwähnt – eine Meldung, dass der Solver eine Lösung gefunden hat, oder eine Meldung, dass dies nicht gelungen ist. Zusätzlich können Sie die Arbeit des Solvers noch in drei Berichten dokumentieren. Der Antwortbericht fasst die Ergebnisse in einer übersichtlichen Tabelle zusammen. Hierbei werden sowohl die Ausgangswerte als auch die vom Solver gefundenen Werte angegeben. Die beiden anderen Berichte, der Sensitivitäts- und der Grenzwertbericht, geben Auskunft über die Arbeitsweise, die vom Solver angewandt wurde. Interessant sind diese Berichte in erster Linie, wenn die Ergebnisse nicht völlig befriedigend sind. Sie können dann Ausgangspunkt für andere Formulierungen des Problems sein.

2.3 Was wäre, wenn – Datentabellen

Excel stellt Ihnen unter dem Namen **Datentabelle** noch eine spezielle Variante von Was-wäre-wenn-Analysen zur Verfügung, die mit der Auswertung von Formeln zu tun hat. Zwei Versionen davon unterscheiden sich im Kern durch die Anzahl der Variablen, die zugelassen sind. In der ersten Version kann nur ein Wert variiert werden, in der zweiten zwei.

Die unterschiedliche Anzahl der Variablen hat Folgen für die Anordnung der Daten, die in die Berechnung eingehen. Zudem ist die Anzahl der Formeln, die ausgewertet werden können, von der Zahl der Variablen abhängig. Nur die Version mit einer Variablen kann gleichzeitig mehrere Formeln auswerten.

Datentabelle mit einer Variablen

Zunächst ein einfaches Beispiel. In der Abbildung finden Sie eine kleine Anwendung mit einer Barwertfunktion. Die Fragestellung könnte lauten: Wie viel muss am 1.1.2006 auf der Bank eingezahlt werden, um nach Ablauf von drei Jahren den Betrag zu erhalten, der drei jährlichen Einzahlungen von 40.000 EUR entspricht? Der Zinssatz beträgt 6 % (siehe Abbildung 2.7).

Die Formel mit der Funktion BW() in Zelle C7 enthält keinen konstanten Zinssatz, sondern die Adresse der Zelle B6. Dort sind zunächst 6,00 % eingetragen. Um nun die Wirkung anderer Zinssätze beobachten zu können, wird in einer freien Spalte eine Reihe von Zinsvarianten eingetragen. Dies ist in der abgebildeten Tabelle in der Spalte B geschehen. Die Beschriftung andere Zinssätze weist darauf hin, wozu die Werte gedacht sind. Die alternativen Werte müssen untereinander und in einer Spalte eingetragen werden. Die Reihenfolge ist nicht vorgeschrieben, aber eine auf- oder absteigende Reihenfolge macht das Ergebnis übersichtlicher.

2.3 Was wäre, wenn – Datentabellen

	A	B	C
	C7		=BW(B6;B5;B4)
1			
2	Berechnung des Barwerts		
3			
4	Einzahlungen	40000	
5	Perioden	3	
6	Zinssatz	6,00%	
7	Barwert		- 106.920,48 €
8	andere Zinssätze:	4,50%	
9		5,00%	
10		5,50%	
11		6,00%	

Abbildung 2.7 Vorbereitung der Barwertberechnung als Mehrfachoperation

Der nächste Schritt der Vorbereitung betrifft die Formel, die mit den alternativen Werten gefüttert werden soll. In diesem Beispiel ist es die Barwertfunktion. Diese Formel muss in der Zeile eingetragen werden, die direkt über der ersten Zeile liegt, die alternative Werte enthält. Sie muss aber um mindestens eine Spalte nach rechts versetzt werden, weil das Programm die neu errechneten Werte direkt unter dieser Formel ablegen wird. In der Abbildung ist deshalb die Zelle C7 der richtige Ort für die Formel.

Im nächsten Schritt muss der Bereich markiert werden, der für die Datentabelle benutzt werden soll (in früheren Versionen wurde hier der Begriff »Mehrfachoperation« verwendet). In der Abbildung ist dieser Bereich zur besseren Verdeutlichung mit einem Hintergrundmuster gekennzeichnet. Der Bereich wird bestimmt durch die Spalte mit den alternativen Werten und durch die Zeile, die die Formel oder die Formeln enthält, die der Befehl mehrfach durchrechnen soll. Im Unterschied zu einer normalen Formel wird das Ergebnis bei dieser Operation eben nicht in der Zelle angezeigt, die die Formeln enthält, sondern in einer fortlaufenden Reihe von Zellen.

Nun kann in Excel 2007 aus der Gruppe **Datentools** auf dem Register **Daten** über das Menü der Schaltfläche **Was-wäre-wenn-Analyse** der Befehl **Datentabelle** aufgerufen werden. Das entspricht dem früheren Befehl **Daten • Tabelle**. In dem kleinen Dialogfeld wird in diesem Beispiel die Eingabe der Zelladresse für den Zinssatz, also B6, erwartet. Das ist die Eingabezelle, in die die verschiedenen Zinssätze nacheinander »eingeschoben« werden, um die Barwertformel jedes Mal neu zu berechnen. Da die alternativen Werte für den Zinssatz in einer Spalte angeordnet sind, muss die Adresse $B$6 in dem Feld **Werte aus Spalte** eingetragen werden.

2 | Berechnungstools

Wären die alternativen Zinssätze nur in einer Zeile angeordnet, etwa D6 bis L6, müssten Sie die Zelladresse in dem Feld **Werte aus Zeile** eintragen.

Abbildung 2.8 Auswahl der Eingabezelle

Wenn Sie die Eingaben im Dialogfeld bestätigen, rechnet Excel 2007 für alle alternativen Zinssätze die Barwertformel durch und stellt die Ergebnisse in der Spalte unter der Formel zur Verfügung.

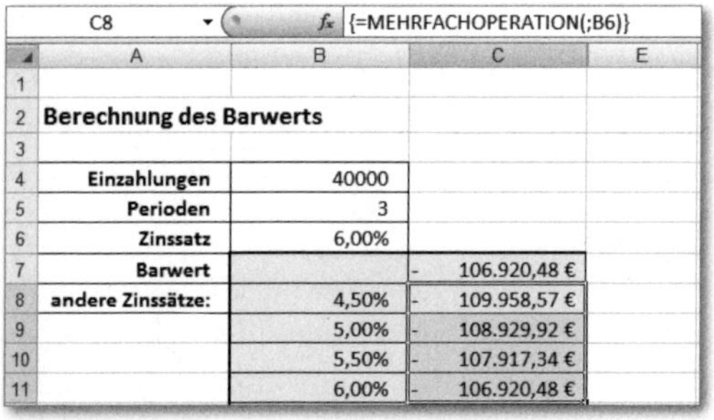

Abbildung 2.9 Die berechneten Alternativen

Die Tabelle kann folgendermaßen gelesen werden: Der alternative Zinssatz von 5 % würde einen Barwert von 108.930 EUR ergeben, der alternative Zinssatz von 8 % einen Barwert von 103.084 EUR usw. Die Originalformel in Zelle C7 und der ursprünglich angenommene Zinssatz von 6 % in Zelle B6 bleiben von dieser Operation unberührt.

Wenn Sie sich die Zelle C8 ansehen, werden Sie in der Bearbeitungsleiste eine Matrixformel mit der Funktion MEHRFACHOPERATION() finden. Die Zellen, die die Ergebnisse der Mehrfachoperation anzeigen, bilden eine Ergebnismatrix. Einzelne Zellen dieses Bereichs können also nicht geändert oder gelöscht werden.

Dagegen können die eingegebenen alternativen Zinssätze beliebig verändert werden. Wenn Sie auch die anderen Argumente der Barwertfunktion durch Zellbezüge festgelegt haben, können Sie nun auch andere Werte für die Anzahl der Perioden oder die regelmäßigen Zahlungen ausprobieren. Die gesamte Tabelle der Mehrfachoperation wird jedes Mal neu durchgerechnet.

Auswertung mehrerer Formeln

Im letzten Beispiel ist nur eine einzige Formel mit alternativen Werten durchgespielt worden. Solange Sie mit einer einzigen Variablen arbeiten, können Sie aber, wie schon erwähnt, auch das Verhalten mehrerer Formeln gleichzeitig beobachten. Zum Beispiel könnten Sie zusätzlich den Barwert berechnen lassen für den Fall, dass die Einzahlungen schon am Anfang der Periode fällig sind. Die Formel muss dazu nur um das Argument für die Fälligkeit erweitert werden. In diesem Fall muss als Bereich für die Mehrfachoperation B7 bis D16 markiert werden.

	A	B	C	D
1				
2	Berechnung des Barwerts			
3				
4	Einzahlungen	40000		
5	Perioden	3		
6	Zinssatz	6,00%		
7	Barwert		- 106.920,48 €	- 113.335,71 €
8	andere Zinssätze:	4,50%	- 109.958,57 €	- 114.906,71 €
9		5,00%	- 108.929,92 €	- 114.376,42 €
10		5,50%	- 107.917,34 €	- 113.852,79 €
11		6,00%	- 106.920,48 €	- 113.335,71 €
12		6,50%	- 105.939,02 €	- 112.825,06 €
13		7,00%	- 104.972,64 €	- 112.320,73 €
14		7,50%	- 104.021,03 €	- 111.822,61 €
15		8,00%	- 103.083,88 €	- 111.330,59 €
16		8,50%	- 102.160,89 €	- 110.844,57 €

Abbildung 2.10 Vorschüssige und nachschüssige Barwertberechnung

Mehrfachoperation mit zwei Variablen

Die zweite Version der Mehrfachoperation lässt zwei Variablen zu, also zwei »Eingabezellen«, kann aber nur jeweils eine Formel auswerten. Der Aufbau des Tabellenbereichs ist ein wenig anders als bei der ersten Version. Die Formel wird in die bisher leere, linke obere Eckzelle des für die Mehrfachoperation markierten Tabellenbereichs eingetragen.

Die alternativen Werte für die erste Variable werden wie gehabt in der linken Spalte des Tabellenbereichs eingepflegt. Die Werte für die zweite Variable dagegen werden in der ersten Zeile eingegeben, beginnend mit der Zelle rechts neben der Formelzelle. Dort, wo in der ersten Version die Formeln standen, müssen bei dieser Version also die Werte für die zweite Variable stehen.

Beispiel Ratenberechnung

Ein Blick auf die Abbildung zeigt den Aufbau dieses speziellen Tabellenbereichs. Als Beispiel soll wieder eine Finanzfunktion dienen. Eine Ratenberechnung arbeitet mit drei Argumenten, einem Kapitalbetrag, z. B. einem Darlehen, einem Zinssatz und der Anzahl der Perioden. Variiert werden sollen das Darlehen und der Zinssatz.

Die Werte für die erste Variable, das Darlehen, sind in der Spalte B eingetragen, die Werte für die zweite Variable, also Zinssatz, in der Zeile 7. Die Ratenformel steht in der linken oberen Eckzelle des Tabellenbereichs, also in B7.

Wieder können Sie zunächst den Tabellenbereich markieren, von B7 bis G11. Rufen Sie den Befehl **Datentabelle** auf. Diesmal müssen beide Eingabefelder ausgefüllt werden. Bei **Werte aus Zeile** geben Sie die Adresse der Zelle an, die den Zinssatz enthält, also B4, bei **Werte aus Spalte** die Adresse B5, die den Wert für das Darlehen enthält.

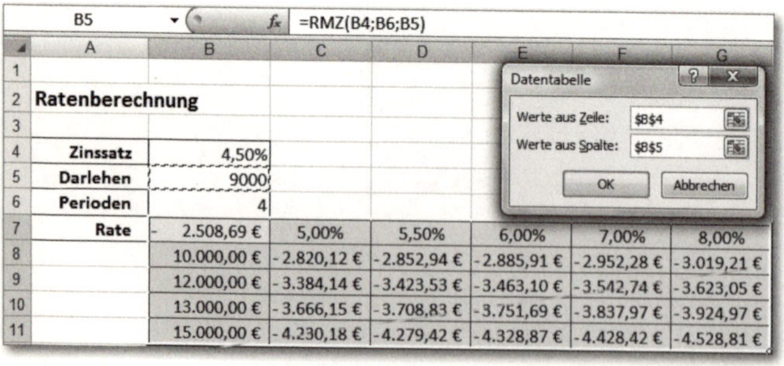

	A	B	C	D	E	F	G
1							
2	Ratenberechnung						
3							
4	Zinssatz	4,50%					
5	Darlehen	9000					
6	Perioden	4					
7	Rate	- 2.508,69 €	5,00%	5,50%	6,00%	7,00%	8,00%
8		10.000,00 €	-2.820,12 €	-2.852,94 €	-2.885,91 €	-2.952,28 €	-3.019,21 €
9		12.000,00 €	-3.384,14 €	-3.423,53 €	-3.463,10 €	-3.542,74 €	-3.623,05 €
10		13.000,00 €	-3.666,15 €	-3.708,83 €	-3.751,69 €	-3.837,97 €	-3.924,97 €
11		15.000,00 €	-4.230,18 €	-4.279,42 €	-4.328,87 €	-4.428,42 €	-4.528,81 €

Abbildung 2.11 Ratenberechnung mit zwei Variablen

Der Befehl liefert eine Tabelle von Werten, die Sie lesen können wie ein xy-Diagramm. Um die Rate für das Darlehen von 13.000 EUR zu finden, die bei einem Zinssatz von 7% zu zahlen ist, können Sie zunächst die Zeile aufsuchen, die mit `13000` beginnt, und dann so viele Zellen nach rechts gehen, bis Sie in der Spalte angekommen sind, über der `7%` steht. Diese Zelle enthält die entsprechende Rate.

3 Finanzmathematische Funktionen

Funktion	Seite	Funktion	Seite
AMORDEGRK()	125	RENDITE()	153
AMORLINEARK()	127	RENDITEDIS()	154
AUFGELZINS()	128	RENDITEFÄLL()	155
AUFGELZINSF()	129	RMZ()	156
AUSZAHLUNG()	130	TBILLÄQUIV()	157
BW()	131	TBILLKURS()	158
DIA()	132	TBILLRENDITE()	159
DISAGIO()	133	UNREGER.KURS()	159
DURATION()	134	UNREGER.REND()	161
EFFEKTIV()	136	UNREGLE.KURS()	162
GDA()	137	UNREGLE.REND()	163
GDA2()	138	VDB()	164
IKV()	139	XINTZINSFUSS()	165
ISPMT()	140	XKAPITALWERT()	166
KAPZ()	141	ZINS()	167
KUMKAPITAL()	142	ZINSSATZ()	169
KUMZINSZ()	143	ZINSTERMNZ()	170
KURS()	144	ZINSTERMTAGE()	171
KURSDISAGIO()	145	ZINSTERMTAGNZ()	172
KURSFÄLLIG()	146	ZINSTERMTAGVA()	173
LIA()	147	ZINSTERMVZ()	174
MDURATION()	148	ZINSTERMZAHL()	174
NBW()	149	ZINSZ()	175
NOMINAL()	150	ZW()	176
NOTIERUNGBRU()	151	ZW2()	177
NOTIERUNGDEZ()	152	ZZR()	178
QIKV()	152		

3 | Finanzmathematische Funktionen

3.1 Einsatzbereiche der finanzmathematischen Funktionen

Wie die Finanzmathematik insgesamt decken auch die von Excel angebotenen finanzmathematischen Funktionen eine Reihe von Themen ab, die hier zunächst kurz im Überblick vorgestellt werden.

Einfache Zinsrechnung

Der erste Themenbereich betrifft die einfache Zinsrechnung. Das Adjektiv »einfach« spielt darauf an, dass die Zinsen nach erfolgter Zahlung nicht zum verzinsten Kapital geschlagen werden. Der Zins wird als Gebühr für geliehenes Kapital verstanden. Die Höhe des Zinses wird in Form des Zinsfußes oder des Zinssatzes angegeben. Der Zinsfuß ist der Bruchteil des Anfangskapitals, der pro 100 EUR zu zahlen ist; der Zinssatz ist der Prozentsatz, den dieser Bruchteil ausmacht.

Der Zins bezieht sich dabei immer auf eine bestimmte Laufzeit, die in Form von Jahren – p. a. – oder kleineren Perioden – Quartale, Monate – angegeben wird. Dabei wird noch unterschieden, ob die Zinsen jeweils am Ende einer Zinsperiode oder am Anfang gezahlt werden. Das erste wird als nachschüssige, das zweite als vorschüssige Verzinsung bezeichnet. Dabei geht es häufig um Zinsberechnungen, die sich auf kurze, also unterjährige Zeiträume beziehen.

Zinseszinsrechnung

Ein weiterer Bereich betrifft den Fall, dass die Zinsen nach Ablauf der Zinsperioden jeweils zum Ausgangskapital geschlagen werden, also die Zinseszinsrechnung. Die hier vorkommenden Berechnungen sind wesentlich komplexer, zumal es zahlreiche Variationsmöglichkeiten in Bezug auf die Zinszahlungstermine gibt.

Rentenrechnung

Ein umfangreicher Bereich ist die Rentenrechnung. Hier geht es um regelmäßig wiederkehrende Zahlungen in gleicher Höhe. Auch hier wird unterschieden zwischen vorschüssigen und nachschüssigen Rentenzahlungen, je nachdem ob die Rente am Anfang oder am Ende der jeweiligen Periode gezahlt wird. Die von Excel hier zur Verfügung gestellten Funktionen gehen dabei immer davon aus, dass die Rentenzahlungstermine mit den Zinsterminen zusammenfallen.

Tilgungsrechnung

Über die Zinsberechnung hinaus geht die Tilgungsrechnung. Dabei geht es um die Rückzahlung von Schulden, sei dies ein Kredit, ein Darlehen, eine Hypothek oder eine Anleihe. Bei diesen Berechnungen wird die Ermittlung der anfallenden Zinsen kombiniert mit der Feststellung des Tilgungsbetrages, wobei es verschiedene Verfahren gibt, diesen Ablauf zu gestalten. Während bei der Annuitätentilgung die Summe aus Zinszahlung und Tilgung immer gleich bleibt, wird bei einer Tilgung mit gleichen Tilgungsraten die Annuität mit jeder Periode geringer.

Investitionsrechnung

Das Thema Investitionsrechnung wird meist untergliedert in statische und dynamische Investitionsanalysen. Dabei geht es in der Regel um die Frage, ob es sich lohnt, für eine Investition das dafür notwendige Kapital über einen entsprechenden Zeitraum zu binden. Dabei werden in der dynamischen Analyse auch die Zinseszinseffekte berücksichtigt.

Abschreibungsrechnung

Bei der Abschreibungsrechnung geht es darum, Wertminderungen von Anlagegütern buchmäßig zu erfassen. Dafür stehen verschiedene Verfahren zur Verfügung, von der einfachen linearen Abschreibung bis zu verschiedenen Formen der degressiven Abschreibung. Dabei muss beachtet werden, dass nicht alle möglichen Berechnungsverfahren auch steuerrechtlich zugelassen sind. Das Steuerrecht erlaubt nur die lineare und mit bestimmten Einschränkungen die geometrisch-degressive Methode. Es ist außerdem ein Wechsel von der zweiten zur ersten Methode erlaubt, aber nicht ein Wechsel von linear zu degressiv.

Kursrechnung

Die Kursrechnung beschäftigt sich mit Berechnungen zu Wertpapieren. Meist geht es um festverzinsliche Papiere, in einigen Fällen aber auch um unverzinsliche. Excel stellt hier zahlreiche Funktionen zur Verfügung, wobei einige speziell für amerikanische Schatzanweisungen ausgelegt sind.

3 | Finanzmathematische Funktionen

3.2 Zur Berechnung von Zins und Zinseszins

Die Berechnung einfacher Zinsen bei einer jährlichen Zinsperiode erfolgt üblicherweise nach der Formel

```
Zinsen = Betrag * Zinssatz * Anzahl der Jahre
```

oder in der Schreibweise mit Buchstaben:

```
z = k * i * j
```

Die Zinsen sind dabei in jeder Periode gleich. Die Gleichung lässt sich leicht umstellen, wenn die Zinsen bekannt sind und ein anderer Wert ermittelt werden soll.

```
k = z / (i * j)
i = z / (k * j)
j = z / (k * i)
```

Soll die Verzinsung für kürzere Zeiträume berechnet werden, gilt für die Monatsberechnung die Formel:

```
z = (k * i * m) / 12
```

wobei m die Anzahl der Monate angibt.

Für Berechnungen mit Tagesperioden wird folgende Formel verwendet:

```
z = (k * i * t) / 360
```

wobei t die Anzahl der Tage angibt. Statt mit 360 kann auch mit 365 gerechnet werden, je nachdem welche Methode für die Tageszählung verwendet wird.

Diese Formeln können in Excel leicht nachgebildet werden. Einige der finanzmathematischen Funktionen, die im Folgenden behandelt werden, verwenden die entsprechenden Formeln intern, wenn es um Vorgänge geht, bei denen einfache Zinsen ohne Zinseszinseffekt berechnet werden. Dazu gehören Funktionen wie AUFGELZINS(), AUFGELZINSF(), AUSZAHLUNG(), ISPMT(), ZINSSATZ().

Werden die Zinsen nach Ablauf der Zinsperiode dem Kapital zugeschlagen, kommt es zu dem schon genannten Zinseszinseffekt. Auch Renten und Tilgungsraten werden mit Zinseszinsen berechnet. Die allgemeine Formel für die Berechnung von Zinseszinsen ist:

```
kⁿ = k⁰ * qⁿ
```

Argumente in der Rentenrechnung | 3.3

Das Kapital nach n Jahren ist gleich dem Startkapital multipliziert mit der n-ten Potenz von q, wobei q der Aufzinsungsfaktor ist. Dieser wird mit

q = (1 + i)

aus dem Zinssatz i berechnet. Wie unterschiedlich sich ein Kapital bei Zinseszinsen im Vergleich zur einfachen Verzinsung entwickelt, deutet die folgende Abbildung für einen Zeitraum von 20 Jahren an:

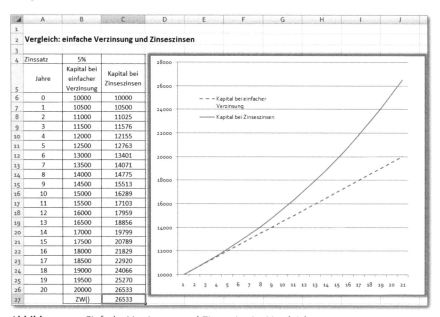

Abbildung 3.1 Einfache Verzinsung und Zinseszins im Vergleich

3.3 Argumente in der Rentenrechnung

Bei Renten geht es in diesem Zusammenhang nicht um sozialrechtliche Versorgungsrenten, sondern um privatwirtschaftlich vereinbarte regelmäßige Zahlungen. Die einfachste und für das Verständnis dieser Funktionen durchschaubarste Form hierfür ist folgendes Modell:

3 | Finanzmathematische Funktionen

Sie zahlen auf der Bank eine bestimmte Summe an Geld ein, die dort nach einem vereinbarten Zinssatz verzinst wird. Die Bank zahlt Ihnen aus diesem Guthaben so lange regelmäßig einen bestimmten Betrag (»Rente«), bis das Guthaben verbraucht ist.

Eine Anzahl von Argumenten taucht bei diesen Funktionen immer wieder auf, sodass es vernünftig scheint, diese zunächst im Zusammenhang zu besprechen.

Funktionsargument	Erklärung
Bw [Barwert]:	Der gegenwärtige rechnerische Wert einer Reihe regelmäßiger, gleich bleibender Zahlungen, z. B. einer Rente.
Rmz [Ratenzahlung]:	Regelmäßig zu leistende oder zu erhaltende Zahlungen.
Zins [Zinssatz]:	Zinssatz für einen Zahlungszeitraum. Er wird dezimal (z. B. 0,08) oder als % (z. B. 8 %) angegeben.
Zr [Zeitraum]:	Die einzelne Zahlungsperiode im Gesamtzeitraum.
Zw [Zukunftswert]:	Der zukünftige Wert einer Investition. Wird Zw als optionales Argument verwandt, dann setzt Excel den Wert 0 als Vorgabe.
Zzr [Zahlungszeiträume]:	Anzahl der Zahlungsperioden. Es ist darauf zu achten, dass die Zzr mit den anderen Argumenten in den Einheiten übereinstimmen, d. h., dass einheitlich Jahre, Monate oder Tage in einer Funktion benutzt werden. Werden z. B. Monate verwendet, dann muss auch der Monatszins (Jahreszins/12) eingesetzt werden. Beachten Sie hierbei bitte, dass in Deutschland das Zinsjahr in 12 Zinsmonate mit jeweils 30 Tagen eingeteilt wird. In anderen Ländern gelten teilweise andere Regelungen.
F [Fälligkeit]:	Das Argument F für Fälligkeit legt fest, ob die Berechnung für vorschüssige oder nachschüssige Rentenzahlungen etc. erfolgen soll. Wird F nicht oder mit 0 angegeben, dann wird die Funktion als nachschüssig berechnet. Die Zahlungen erfolgen also am Ende der Periode. Wird F mit 1 angegeben, so erfolgt die Berechnung für eine vorschüssige Rente.

3.4 Die Berechnung von Abschreibungen

Abschreibungen, also Investitionen, z. B. in Maschinen, Fahrzeuge, Gebäude etc., sind betriebswirtschaftlich in zweierlei Hinsicht zu berücksichtigen. Zum einen ist es betriebsintern so, dass mit einer Anschaffung das Anlagevermögen zunächst um den Wert dieser Anschaffung vermehrt wird, dass aber der Wert dieser Anschaffung durch Abnutzung kontinuierlich sinkt, bis am Ende nur noch ein Restwert oder Schrottwert übrig bleibt.

Zum anderen kann eine derartige Investition steuerlich geltend gemacht werden, sie kann »von der Steuer abgesetzt« werden. Die einfachste Form ist hierbei, dass die Anschaffung in dem Jahr, in dem sie getätigt wird, in vollem Umfang steuerlich geltend gemacht wird – hierzu bedarf es natürlich keiner weiteren Berechnungen. Bei langlebigen Investitionen ist es dagegen üblich, die Abschreibung auf mehrere Jahre zu verteilen.

Hierfür gibt es verschiedene Verfahren. Das einfachste ist die lineare Abschreibung: Der abzuschreibende Betrag wird einfach gleichmäßig auf den gesamten Abschreibungszeitraum verteilt. Die anderen Verfahren, für die Excel Funktionen zur Verfügung stellt, sind so genannte degressive Abschreibungen: Der Abschreibungsbetrag sinkt von Jahr zu Jahr, sodass am Anfang ein großer Betrag abgeschrieben wird, in den folgenden Jahren wird der Betrag kontinuierlich kleiner. Auf die Frage, welche Methode am sinnvollsten und welche in einem Land steuerrechtlich zulässig ist, kann Excel 2007 natürlich keine Antwort geben.

Beispiel für die Berechnung der Abschreibung

In diesem Abschnitt wird ein Tabellenblatt aufgebaut, mit dessen Hilfe Sie die Abschreibungsrate für jedes Jahr der Nutzungsdauer für ein beliebiges Wirtschaftsgut berechnen können. Um Ihnen die Entscheidung zu erleichtern, welche Abschreibungsmethode gewählt werden sollte, werden die verschiedenen Abläufe in Spalten nebeneinandergestellt. Außerdem soll das Tabellenblatt über eine Formel prüfen, ob der für die degressive Abschreibung gewählte Faktor – hier in Zelle C7 – zu einem Ergebnis führt, das steuerlich zulässig ist.

In den Zellen C4 bis C7 werden zunächst die Daten abgelegt, die für die verschiedenen Funktionen als Argumente benötigt werden.

3 | Finanzmathematische Funktionen

In der Spalte B wird dann die lineare Abschreibung für jedes Jahr der Nutzungsdauer berechnet. Die Formel ist für alle Jahre gleich und arbeitet mit den absoluten Adressen der Zellen C4 bis C6.

=LIA($CS4;$C$5;$C$6)

Bei der geometrisch-degressiven Abschreibung ist die Formel etwas komplexer, damit sie nach unten kopiert werden kann.

=GDA($C$4;$C$5;$C$6;$C$6-($A$19-A10);$C$7)

Beachten Sie, dass der Bezug auf die jeweilige Jahreszahl relativ ist, während die anderen Bezüge alle absolut sind. Ähnlich wird auch bei der Formel für die digitale Abschreibung verfahren.

=DIA($C$4;$C$5;$C$6;$C$6-($A$19-A10))

Die Formel für die vierte Methode ist etwas komplizierter:

=VDB($C$4;$C$5;$C$6;$A10-$A$10;
$A11-$A$10;$C$7;FALSCH)

Wenn Sie die Spalten C und E vergleichen, sehen Sie, dass in den beiden letzten Jahren die geometrisch degressive Methode geringere Beträge ergibt als die lineare. In diesen Jahren ist also ein Wechsel zur linearen Methode bei den vorliegenden Zahlen sinnvoll.

In Zelle E6 ist noch eine Formel entwickelt, die prüft, ob die geometrisch-degressive Abschreibung nach den Rechtsvorschriften überhaupt erlaubt ist.

Die Formel heißt:

=WENN(UND((1/C6*3)>C10/(C4-C5);
30>=C10/(C4-C5));"Ja";"Nein")

Das Diagramm zeigt die unterschiedlichen Verläufe (siehe Abbildung 3.3).

Um das Modell an kürzere oder längere Nutzungsdauern anzupassen, brauchen Sie vor der Zeile mit den Summen nur entsprechend viele Zeilen einzufügen oder zu löschen und die Formeln, wenn nötig, einige Zeilen weiter nach unten zu kopieren. Statt Jahr 1, 2, 3 ... können Sie auch die Jahreszahlen verwenden. Die Formeln in Spalte E brauchen den Wert, der in Zelle A20 steht, also ein Jahr, das über das letzte Jahr hinausreicht.

Die Berechnung von Abschreibungen | 3.4

	A	B	C	D	E
1					
2	Vergleich der Abschreibungsmethoden				
3					
4	Anschaffungswert		22000		Ist degressive Abschreibung erlaubt?
5	Restwert		2000		
6	Nutzungsdauer Jahre		10		Ja
7	Faktor		2		
9	Jahr	Linear	Geometrisch degressiv	Arithmetisch degressiv/digital	Degressiv mit Wechsel zu linear
10	1	2000,00	4400,00	3636,36	4400,00
11	2	2000,00	3520,00	3272,73	3520,00
12	3	2000,00	2816,00	2909,09	2816,00
13	4	2000,00	2252,80	2545,45	2252,80
14	5	2000,00	1802,24	2181,82	1802,24
15	6	2000,00	1441,79	1818,18	1441,79
16	7	2000,00	1153,43	1454,55	1153,43
17	8	2000,00	922,75	1090,91	922,75
18	9	2000,00	738,20	727,27	845,49
19	10	2000,00	590,56	363,64	845,49
20	11	20000,00	19637,77	20000,00	20000,00

Abbildung 3.2 Mit diesem Modell können Sie die günstigste Abschreibungsmethode herausfinden.

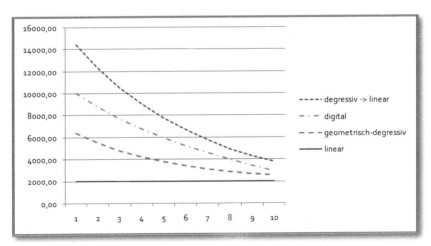

Abbildung 3.3 Graphische Darstellung des Abschreibungsverlaufs

3 | Finanzmathematische Funktionen

3.5 Funktionen für Wertpapierberechnungen

Eine große Gruppe von Funktionen kreist um festverzinsliche und unverzinsliche Wertpapiere. Auch hierzu einige Bemerkungen.

Festverzinsliche Wertpapiere sind Wertpapiere, die für einen bestimmten Zeitraum Gültigkeit haben und in dieser Zeit regelmäßig verzinst werden. Das können Sparbriefe, Schuldverschreibungen, private oder öffentliche Anleihen und Obligationen sein. Festverzinsliche Anleihen werden auch Kuponanleihen genannt, wegen der Zinsscheine (Kupons), die früher das Recht auf die Zinszahlung verbrieften.

Unverzinsliche Wertpapiere sind solche, die zu einem bestimmten Kurs ausgegeben und später zu einem höheren Kurs wieder zurückgenommen werden. De facto könnte natürlich auch hier von einer Verzinsung geredet werden, da der Wert des Papiers ja um einen bestimmten Betrag steigt, der sich durchaus auf einen jährlichen prozentualen Steigerungsbetrag umrechnen ließe. Solche Papiere werden auch als Nullkuponanleihen oder Zerobonds bezeichnet.

Ausgehend von dem Modell, dass ein derartiges Wertpapier (festverzinslich oder unverzinslich) bei einem Geldinstitut erworben und später wieder veräußert wird, sind folgende Termine von zentraler Bedeutung:

- **Emission:** der Ausgabetermin des Wertpapiers. Das ist der Termin, zu dem das Papier auf den Markt gebracht wird und ab dem sein Wertzuwachs bzw. seine Verzinsung läuft.
- **Abrechnung:** der Termin, zu dem ein Käufer ein Wertpapier erwirbt. Er kann mit dem Emissionstermin zusammenfallen, er kann aber auch – und das ist für die Berechnungen natürlich der interessantere Fall – ein späterer Termin sein.
- **Fälligkeit:** der Termin, zu dem die Bank das Wertpapier zurücknimmt und dem Eigentümer einen vorher vereinbarten Betrag dafür bezahlt.

Für Ausgabe und Rücknahme derartiger Wertpapiere gibt es drei Möglichkeiten:

1. Die Papiere werden zum Nennwert verkauft. Anschließend werden für die Laufzeit regelmäßig Zinsen ausgeschüttet (üblich ist einmal oder zweimal jährlich). Die Zinszahlungstermine werden in der Regel vom Emissionstermin her berechnet. Am Ende der Laufzeit wird das Papier zum Nennwert zurückgenommen. Bisweilen wird bei der Ausgabe noch ein Disagio vorgenommen, das heißt, vom Nennwert wird ein bestimmter Prozentsatz (eventuell noch orientiert an der Laufzeit) abgezogen.

2. Das Papier wird abgezinst verkauft, d. h. zum Nennwert vermindert um den Betrag, der durch Zinsen während der Laufzeit hinzukommt, und ohne zwischenzeitliche Zinsausschüttungen am Ende der Laufzeit zum Nennwert zurückgenommen.
3. Das Papier wird zum Nennwert verkauft und ohne zwischenzeitliche Zinsausschüttungen am Ende der Laufzeit aufgezinst, d. h., zum Nennwert vermehrt um die aufgelaufenen Zinsen zurückgenommen.

Die zweite und die dritte Methode gelten sinngemäß so auch für unverzinsliche Papiere.

Da derartige Wertpapiere zum Teil auch während der Laufzeit gehandelt werden, stellt sich die Frage nach ihrem Augenblickswert, das ist der Kurs, zu dem sie gehandelt werden können. Dieser Kurs sollte natürlich marktgerecht sein, d. h., ein potentieller Käufer muss die Möglichkeit haben zu überprüfen, ob sich die Investition in das betreffende Papier im Vergleich zu anderen möglichen Investitionen lohnt. Hierzu wird als Vergleichsgröße die Rendite eingeführt, der effektive, jährliche Gewinn in Prozent vom Kapitaleinsatz. Die Wahl dieser Größe ist auf eine Art willkürlich: Der Kurs wird auf der Grundlage der Rendite berechnet, die mit anderen Anlageformen erzielt werden könnte.

Findet ein Besitzwechsel zwischen zwei Zinsperioden statt, fallen bei festverzinslichen Anleihen **Stückzinsen** an. Der Verkäufer erhält vom Käufer die Zinsen erstattet, die in dem Zeitraum zwischen dem letzten Zinstermin und dem Kauftermin anfallen, der Käufer erhält dafür beim nächsten Zinstermin die Zinsen für die komplette Zinsperiode.

In einer Anzahl von Funktionen taucht das Argument Basis auf. Gemeint ist damit bei Zinsberechnungen die Zeitbasis, auf der gerechnet wird. Die angebotenen Optionen sind:

0	US-amerikanisches System: Die Monate werden mit 30 Tagen, das Jahr wird mit 360 Tagen gerechnet.
1	Die tatsächlichen Tage der Monate und die tatsächlichen Tage der Jahre werden gerechnet.
2	Es wird mit den tatsächlichen Tagen des Monats gerechnet, für das Jahr werden aber 360 Tage angesetzt.

3 | Finanzmathematische Funktionen

3	Es wird mit den tatsächlichen Tagen des Monats gerechnet, für das Jahr werden aber 365 Tage angesetzt.
4	Europäisches System: Die Monate werden mit 30 Tagen, das Jahr wird mit 360 Tagen gerechnet.

Verkauf eines festverzinslichen Wertpapiers

Wenn Sie festverzinsliche Wertpapiere besitzen und einen Teil davon zu einem bestimmten Termin verkaufen wollen, können Sie sich mit Hilfe der finanzmathematischen Funktionen selbst ausrechnen, was Sie ausgezahlt bekommen. Sie brauchen dazu natürlich die Angabe über den Kurs für den Abrechnungstermin, also den Tag, an dem verkauft werden soll. Der Abrechnung beim Kauf der Papiere können Sie die übrigen Daten entnehmen, die nötig sind: das Datum der Emission des Papiers, das Datum der Fälligkeit, den Nominalzinssatz, den Nennwert und die Anzahl der Zinstermine pro Jahr. Aus der Anzahl der Zinstermine ergibt sich der erste Zinstermin.

Excel braucht zusätzlich noch die Angabe über die Basis, auf der die Zinstage berechnet werden. Das ist hier immer der Wert 4, also 360 Tage pro Jahr, 30 Tage pro Monat. In der Zelle B13 wfird der aktuelle Kurswert einfach aus Nennwert * Kurs errechnet. Zusätzlich wird noch die Anzahl der Zinstage berechnet. Dafür kann die Formel

```
= ZINSTERMTAGVA(Abrechnungstermin;
Faelligkeit; 1; 4)
```

verwendet werden. Das Ergebnis dient hier aber nur zur Information, für die Berechnung der inzwischen aufgelaufenen Zinsen wird dieser Wert nicht benötigt.

Neben dem Kurs spielt beim Verkauf der Betrag der aufgelaufenen Zinsen eine Rolle. Der kann mit der Funktion AUFGELZINS() berechnet werden. Die Formel lautet:

```
=AUFGELZINS(Emission; Erster_Zinstermin;
Abrechnungstermin;
Nominalzins; Nennwert;
Zinstermine_pro_Jahr;
Basis_für_Berechnung_der_Zinstage)
```

Nun kommen aber noch ein paar Kosten hinzu:

Als Provision berechnet die Bank beispielsweise 0,5 % des Nennwertes. Als Maklergebühr sind 0,075 % des Nennwertes zu zahlen. Dann muss noch eine fixe Spesengebühr entrichtet werden. Der tatsächlich ausgezahlte Betrag ergibt sich somit aus dem Kurswert plus aufgelaufene Zinsen, abzüglich der drei genannten Kosten-Posten.

Beachten Sie, dass bei ausländischen Papieren meist leicht abweichende Maklergebühren berechnet werden.

	A	B	C	D	E
1					
2	**Verkauf eines festverzinslichen Wertpapiers**				
3					
4	Wertpapier:	Phantas			
5					
6	Emission	20.11.1995		Aufgelaufene Zinsen	257,83 €
7	Erster Zinstermin	20.11.1996		Provision	30,00 €
8	Faelligkeit	20.11.2005		Spesen	5,00 €
9	Abrechnungstermin	01.07.1996		Maklergebuehr	4,50 €
10	Nominalzins	7,0%			
11	Nennwert	6.000,00 €		Betrag (Haben)	6.200,33 €
12	Kurs	99,7			
13	Kurswert	5.982,00 €			
14	Zinstermine pro Jahr	1			
15	Basis für Berechnung der Zinstage	4			
16	Anzahl Zinstage	221			

Abbildung 3.4 Verkauf eines festverzinslichen Wertpapiers

3.6 Referenz der finanzmathematischen Funktionen

AMORDEGRK()
AMORDEGRC()

Syntax:	AMORDEGRK(Kosten; Datum; Erste_Periode; Restwert; Periode; Rate; Basis)
Beispiel:	=AMORDEGRK(10000;"6.6.2006"; "31.12.2006";0;0;0,25;4) ergibt 2125

Die Funktion AMORDEGRC() liefert den Abschreibungsbetrag nach dem französischen Buchhaltungssystem für eine bestimmte Periode. Das Argument Kosten nennt den Anschaffungswert, Datum ist das Kaufdatum, Erste_Periode meint das Datum zum Ende der ersten Periode, Restwert ist der Wert des Wirtschaftsgutes nach Ablauf der Nutzungsdauer. Periode gibt den Zeitraum an, für den der Abschreibungsbetrag errechnet werden soll. Die erste Periode wird als 0 angegeben. Rate ist die Abschreibungsrate für die zunächst linear angegebene Abschreibung als Prozentsatz. Sie ist abhängig von der geplanten Nutzungsdauer. Basis gibt die Zeitbasis an, die bei der Berechnung verwendet wird.

	A	B	C	D	E
1					
2	**Abschreibungsbetrag** (französisches Buchführungssystem)				
3					
4	Anschaffungswert	10000	10000	10000	10000
5	Kaufdatum	06.06.2006	06.06.2006	06.06.2006	06.06.2006
6	Erste Periode	31.12.2006	31.12.2006	31.12.2006	31.12.2006
7	Restwert	0	0	0	0
8	Periode	0	1	2	3
9	Abschreibungssatz	25%	25%	25%	25%
10	Basis	4	4	4	4
11	AMORDEGRK()	2125	2953	2461	2461

Abbildung 3.5 Degressive Abschreibung nach dem französischen System

Die Funktion arbeitet anders als die folgende Funktion AMORLINEARK() zusätzlich noch mit einem Abschreibungskoeffizienten, der für den degressiven Verlauf der Abschreibung sorgt. Dieser Koeffizient ist von der Nutzungsdauer abhängig.

Nutzungsdauer	Koeffizient
Zwischen 3 und 4 Jahre	1,5
Zwischen 5 und 6 Jahre	2
Über 6 Jahre	2,5

Ist die erste Periode nicht vollständig, wird eine zusätzliche Periode eingeführt und ein anteiliger Abschreibungsbetrag errechnet. Für die erste Periode wird der Abschreibungssatz verwendet. Für die weiteren Perioden wird der Abschreibungsbetrag nach der Formel

Buchwert * (Abschreibungssatz * Koeffizient)

ermittelt. Ist der Restwert auf 0 angesetzt, kann dieser nach der vorgesehenen Nutzungsdauer nicht erreicht werden. Deshalb wird der Abschreibungsbetrag auf die beiden letzten Perioden so verteilt, dass die Gesamtsumme der Abschreibungsbeträge die Kosten nicht überschreitet.

AMORLINEARK()
AMORLINC()

Syntax:	AMORLINEARK(Kosten; Datum; Erste_Periode; Restwert; Periode; Rate; Basis)
Beispiel:	=AMORLINEARK(10000;"1.7.2006"; "31.12.2006";0;0;0,33;4) ergibt 1657

Die Funktion liefert den Abschreibungsbetrag nach dem französischen Buchhaltungssystem. Das Argument Kosten nennt den Anschaffungswert, Datum ist das Kaufdatum, Erste_Periode meint das Datum zum Ende der ersten Periode, Restwert ist der Wert des Wirtschaftsgutes nach Ablauf der Nutzungsdauer. Periode gibt den Zeitraum an, für den der Abschreibungsbetrag errechnet werden soll. Die erste Periode wird als 0 angegeben. Rate ist die Abschreibungsrate für die zunächst linear angegebene Abschreibung als Prozentsatz. Sie ist abhängig von der geplanten Nutzungsdauer. Basis gibt die Zeitbasis an, die bei der Berechnung verwendet wird.

	A	B	C	D	E
1					
2	**Abschreibungsbetrag** (französisches Buchführungssystem)				
3					
4	Anschaffungswert	10000	10000	10000	10000
5	Kaufdatum	01.07.2006	01.07.2006	01.07.2006	01.07.2006
6	Erste Periode	31.12.2006	31.12.2006	31.12.2006	31.12.2006
7	Restwert	0	0	0	0
8	Periode	0	1	2	3
9	Abschreibungssatz	33%	33%	33%	33%
10	Basis	4	4	4	4
11	AMORLINEARK()	1657	3333	3333	1677

Abbildung 3.6 Lineare Abschreibung nach dem französischen System

3 | Finanzmathematische Funktionen

Ist die erste Periode nicht vollständig, wird eine zusätzliche Periode eingeführt und ein anteiliger Abschreibungsbetrag errechnet. In der letzten Periode wird dann der aus der ersten Periode übrig gebliebene Rest abgeschrieben.

AUFGELZINS()
ACCRINT()

Syntax:	AUFGELZINS(Emission; Erster_Zinstermin; Abrechnung; Satz; Nennwert; Häufigkeit; Basis; Berechnungsmethode)
Beispiel:	=AUFGELZINS(DATUM(2004;1;1); DATUM(2005;1;1);DATUM(2004;8;3); 0,8;1000;1;1;WAHR) ergibt 46,99

Die Funktion AUFGELZINS() liefert für Wertpapiere die Summe der aufgelaufenen Zinsen (Stückzinsen) für einen bestimmten Zeitraum bei periodischen Zinszahlungen. Sie dient dazu, den Tageswert von festverzinslichen Papieren zu kalkulieren.

Emission ist das Datum der Ausgabe des Wertpapiers (ab diesem Termin wird das Papier verzinst). Erster_Zinstermin ist der Termin, an dem zum ersten Mal Zinsen fällig sind. Mit Abrechnung wird der Tag angegeben, an dem das Wertpapier den Besitzer wechselt. Das ist zugleich der Stichtag, für den die aufgelaufenen Zinsen berechnet werden sollen.

Es folgen mit Satz der Zinssatz des Wertpapiers und der Nennwert. (Während in den früheren Excel-Versionen der Nennwert, wenn er nicht angegeben ist, mit 1.000 Einheiten vorgegeben wird, ist dies in Excel 2007 nicht der Fall.)

Mit Häufigkeit wird angegeben, wie oft die Zinsen im Jahr fällig werden (1, 2 oder 4). Basis gibt an, nach welchem Zeitsystem die Zinstage berechnet werden. Berechnungsmethode ist ein Wahrheitswert, über den bestimmt wird, wie gerechnet werden soll, wenn das Abrechnungsdatum nach dem ersten Zinstermin liegt. WAHR oder 1 bedeutet, dass die insgesamt zwischen Emission und Abrechnung aufgelaufenen Zinsen ausgegeben werden. FALSCH oder 0 bewirkt, dass nur die Zinsen von Erster_Zinstermin bis Abrechnung ausgegeben werden.

Referenz der finanzmathematischen Funktionen | 3.6

	A	B	C	D
1				
2	**Aufgelaufene Zinsen bei Wertpapieren**			
3				
4	Emmission	01.01.2004	01.01.2004	01.01.2004
5	Erster_Zinstermin	01.01.2005	01.01.2005	01.01.2005
6	Abrechnung	03.08.2004	03.08.2004	03.08.2004
7	Zinssatz	8%	8%	8%
8	Nennwert	1.000,00 €	1.000,00 €	1.000,00 €
9	Häufigkeit	1	2	4
10	Basis	1	1	1
11	Berechnungsmethode	1	1	0
12	AUFGELZINS()	46,99 €	47,17 €	- 12,83 €

Abbildung 3.7 Berechnung der aufgelaufenen Zinsen bei festverzinslichen Wertpapieren

AUFGELZINSF()
ACCRINTM()

Syntax: AUFGELZINSF(Emission; Abrechnung; Nominalzins; Nennwert; Basis)

Beispiel: =AUFGELZINSF(DATUM(2004;1;1);
DATUM(2004;07;22);0,055;100;4)
ergibt 3,03

Die Funktion AUFGELZINSF() ist eine vereinfachte Variante zu AUFGELZINS(). Sie liefert für Wertpapiere die Summe der aufgelaufenen Zinsen (Stückzinsen) für einen bestimmten Zeitraum bei einmaliger Zahlung im Jahr. Sie dient dazu, den Tageswert von festverzinslichen Papieren zu kalkulieren.

Emission ist das Datum der Ausgabe des Wertpapiers (ab diesem Termin wird das Papier verzinst). Mit Abrechnung wird der Stichtag angegeben, für den die aufgelaufenen Zinsen berechnet werden.

Nominalzins ist der Zinssatz des Wertpapiers und Nennwert der Nominalwert des Wertpapiers. (Während in den früheren Excel-Versionen der Nennwert, wenn er nicht angegeben ist, mit 1.000 Einheiten vorgegeben wird, ist dies in Excel 2007 nicht der Fall.) Basis gibt an, nach welchem Zeitsystem die Zinstage berechnet werden.

3 | Finanzmathematische Funktionen

	A	B	C	D	E	F
1						
2	**Aufgelaufene Zinsen bei jährlicher Zinszahlung**					
3						
4	Emission	04.01.2004	04.01.2004	04.01.2004	04.01.2004	04.01.2004
5	Abrechnung	22.07.2004	22.07.2004	22.07.2004	22.07.2004	22.07.2004
6	Nominalzins	5,5%	5,5%	5,5%	5,5%	5,5%
7	Nennwert	100,00 €	100,00 €	100,00 €	100,00 €	100,00 €
8	Basis	0	1	2	3	4
9	AUFGELZINSF()	3,03 €	3,01 €	3,06 €	3,01 €	3,03 €

Abbildung 3.8   Vereinfachte Berechnung der aufgelaufenen Zinsen

AUSZAHLUNG()
INTRATE()

Syntax: AUSZAHLUNG(Abrechnung; Fälligkeit; Anlage; Disagio; Basis)

Beispiel: =AUSZAHLUNG(DATWERT("01.01.2004"); DATWERT("01.01.2006");10000;5,25%;4)
ergibt 11173,18

Die Funktion AUSZAHLUNG() liefert den Rückzahlungsbetrag, den Sie für eine Anlage in festverzinslichen Wertpapieren zu einem bestimmten Zeitpunkt erhalten.

Mit Abrechnung wird der Zeitpunkt des Besitzwechsels angegeben, mit Fälligkeit der Zeitpunkt, zu dem das Wertpapier abläuft und zu dem der Auszahlungsbetrag berechnet werden soll. Anlage ist die Summe, die beim Kauf investiert wird. (Die Funktion setzt voraus, dass der Gesamtbetrag in die Wertpapiere investiert wird.) Disagio ist der prozentuale Abschlag, den Sie bei der Ausgabe erhalten (bei 5% Disagio z. B. wird ein Wertpapier mit einem Nominalwert von 100 EUR für 95 EUR verkauft). Dabei handelt es sich um eine vorschüssige Abzinsung. Basis gibt an, nach welchem Zeitsystem die Zinstage berechnet werden.

3.6 Referenz der finanzmathematischen Funktionen

	A	B	C	D	E
1					
2	**Auszahlungsbetrag eines Wertpapiers**				
3					
4	Abrechnung	01.01.2004	01.01.2004	01.01.2004	01.01.2004
5	Fälligkeit	01.01.2006	01.01.2006	01.01.2006	01.01.2006
6	Anlage	10.000,00 €	10.000,00 €	10.000,00 €	10.000,00 €
7	Disagio	5,25%	5,25%	5,25%	5,25%
8	Basis	1	2	3	4
9	AUSZAHLUNG()	11.173,78 €	11.193,25 €	11.174,98 €	11.173,18 €

Abbildung 3.9 Berechnung des Auszahlungsbetrags

BW()
PV()

Syntax:	BW(Zins; Zzr; Rmz; Zw; F)
Beispiel:	=BW(0,04;20;10000;;0) ergibt -135.903,26

Die Funktion BW() berechnet den Barwert einer Investition. Gemeint ist damit der Gesamtbetrag, mit dem der Wert einer Reihe von regelmäßigen zukünftigen Zahlungen angegeben werden kann. Ein einfaches Beispiel: Wer 20 Jahre lang jedes Jahr 10.000 EUR von der Bank erhalten will, müsste heute 141.339,39 EUR zu 4 % Zinsen dort einzahlen.

Mit Zins wird der Zinssatz und mit Zzr werden die Zahlungszeiträume – Perioden – und damit die Anzahl der Zahlungen angegeben. Dabei ist darauf zu achten, dass jeweils die passenden Zeiteinheiten verwendet werden. Als Vorgabe wird Zins als Jahreszins interpretiert. Soll mit einer halbjährigen, vierteljährlichen oder monatlichen Verzinsung gearbeitet werden, muss die Anzahl der Jahreszeiträume mit 2, 4 oder 12 multipliziert, der Jahreszinssatz entsprechend durch 2, 4 oder 12 dividiert werden.

Rmz ist der Betrag, der periodisch zu zahlen ist. Dieser Betrag ist, wenn er angegeben wird, während der ganzen Laufzeit konstant. Zusätzlich kann mit Zw noch ein Zukunftswert angegeben werden, der nach der letzten Zahlung erreicht werden soll (im obigen Beispiel wäre das der Betrag, der nach 20 Jahren auf der Bank übrig sein soll). Wird Zw nicht angegeben, so wird er als 0 angenommen.

3 | Finanzmathematische Funktionen

Die Funktion benötigt, wenn Zw nicht angegeben wird, unbedingt einen Wert für Rmz. Umgekehrt kann aber auch ohne einen Wert für Rmz gerechnet werden, wenn Zw angegeben ist. In dem abgebildeten Beispiel findet eine solche Rechnung in den Spalten D und E statt. Eine mögliche Fragestellung für diese Fälle ist: Welcher Betrag muss heute mit Zins und Zinseszins angelegt werden, um in 20 Jahren den angegebenen Zukunftswert zu erreichen?

Mit F wird noch angegeben, ob die Zahlungen jeweils am Ende einer Periode erfolgen (F = 0 oder keine Angabe) oder am Anfang (F = 1).

Grundlage der Funktion BW() ist die Formel

Barwert = Rate*(q^Zzr-1)/((q^Zzr)*(q-1))

wobei mit q der Zinsfaktor gemeint ist (q = 1+(Zins/100)).

	A	B	C	D	E
1					
2	Den Barwert regelmäßiger Zahlungen berechnen				
3					
4	Zins	4%	4%	4%	4%
5	Zzr	20	20	20	20
6	Rmz	10.000,00 €	10.000,00 €		
7	Zw			300.000,00 €	300.000,00 €
8	F	1	0	1	0
9	BW()	-141.339,39 €	-135.903,26 €	-136.916,08 €	-136.916,08 €

Abbildung 3.10 Barwertberechnung mit regelmäßigen Zahlungen oder mit der Angabe des Zukunftwerts

Das Ergebnis der BW()-Funktion ist in den angezeigten Beispielen negativ, da ja ein Betrag errechnet wird, der gezahlt werden müsste.

DIA()
SYD()

Syntax: DIA(Ansch_Wert; Restwert; Nutzungsdauer; Zr)

Beispiel: =DIA(20000;3500;10;4)

ergibt 2100

Die Funktion DIA() berechnet die Abschreibungsrate für einen bestimmten Abschreibungszeitraum nach der arithmetisch-degressiven Methode, die auch als digitale Methode bezeichnet wird. Für diese Methode gilt: Wenn n die Anzahl der Jahre ist, dann ist der Abschreibungsbetrag im ersten Jahr n mal so hoch wie der Betrag im letzten Jahr, im zweiten Jahr n-1 mal so hoch etc., mit anderen Worten, die Abschreibung wird jedes Jahr genau um den Betrag vermindert, der im letzten Jahr abgeschrieben wird.

Diese Methode verbindet den Vorteil der degressiven Methode, dass nämlich in den ersten Jahren höhere Beträge abgeschrieben werden können, mit dem Merkmal der linearen Methode, dass auch in den letzten Jahren noch nennenswerte Abschreibungsbeträge anfallen, da die Degression linear vorgenommen wird. Diese Methode ist allerdings nach deutschem Steuerrecht nicht zulässig.

Das Argument Ansch_Wert nennt die Anschaffungskosten, die für die Investition aufgewandt wurden. Restwert ist der Wert, den die Investition nach der Abschreibung noch hat. Nutzungsdauer entspricht der Anzahl der Perioden bis zum Ende der Abschreibung. Zr gibt das Jahr an, also den Zeitraum, für den die Abschreibung errechnet werden soll.

	A	B	C	D
1				
2	**Digitale Abschreibung**			
3				
4	Anschaffungskosten	22.000,00 €	22.000,00 €	22.000,00 €
5	Restwert	2.000,00 €	2.000,00 €	2.000,00 €
6	Nutzungsdauer in Jahren	3	3	3
7	Jahr	1	2	3
8	DIA()	10.000,00 €	6.666,67 €	3.333,33 €
9			Gesamt	20.000,00 €

Abbildung 3.11 Berechnung der digitalen Abschreibung bei einer Nutzungsdauer von drei Jahren

DISAGIO()
DISC()

Syntax: DISAGIO(Abrechnung; Fälligkeit; Kurs; Rückzahlung; Basis)

Beispiel: =DISAGIO(DATWERT("12.10.2007"); DATWERT("01.09.2008");95;100;1)
ergibt 5,63%

3 | Finanzmathematische Funktionen

Die Funktion berechnet das Disagio, also den Abzinsungssatz beim Handel mit einem Wertpapier. Dabei handelt es sich um einen Preisabschlag auf den Nennwert eines Papiers, der auch als Abgeld bezeichnet wird, im Gegensatz zum Agio, dem Aufgeld auf den Nennwert.

Dieses Verfahren wird beispielsweise bei den von der Bundesrepublik Deutschland angebotenen Finanzierungsschätzen verwendet. Der Erwerber zahlt beim Kauf einen geringeren Betrag, als er später bei der Einlösung zum festgelegten Fälligkeitstag zurückerhält. Die Zinsen für die Zeit zwischen Kauf und Rückzahlung werden also – tagesgenau berechnet – vorschüssig vom Nennwert abgezogen.

Die Funktion benötigt die folgenden Argumente: Abrechnung ist der Termin des Kaufs, Fälligkeit ist der Termin, zu dem das Wertpapier abläuft. Kurs ist der Wert zum Kauftermin pro 100 EUR Nennwert, und Rückzahlung ist der Wert am Fälligkeitstag pro 100 EUR Nennwert. Basis gibt an, nach welchem Zeitsystem die Zinstage berechnet werden.

⊿	A	B	C	D	E
1					
2	**Abschlag eines Wertpapiers**				
3					
4	Abrechnung	12.10.2007	12.10.2007	12.10.2007	12.10.2007
5	Fälligkeit	01.09.2008	02.09.2008	03.09.2008	04.09.2008
6	Kurs	95,00 €	95,00 €	95,00 €	95,00 €
7	Rückzahlung	100,00 €	100,00 €	100,00 €	100,00 €
8	Basis	1	2	3	4
9	DISAGIO()	5,63%	5,52%	5,58%	5,59%

Abbildung 3.12 Berechnungsvarianten für den Abschlag bei einem Wertpapier

DURATION()
DURATION()

Syntax:	DURATION(Abrechnung; Fälligkeit; Nominalzins; Rendite; Häufigkeit; Basis)
Beispiel:	=DURATION(DATWERT("01.01.2000"); DATWERT("01.01.2010");0,07;0,07;1;0) ergibt 7,52

Die Funktion DURATION() liefert die hypothetische durchschnittliche Kapitalbindungsdauer eines festverzinslichen Wertpapiers in Jahren. Diese Kennzahl wird nach ihrem Erfinder auch Macaulay-Dauer genannt. Sie wird verwendet, um das Kursänderungsrisiko abzuschätzen, das als Folge von Schwankungen des Marktzinses zu erwarten ist.

Dabei wird ein gewichteter Mittelwert der einfachen Barwerte aller in dem betreffenden Zeitraum anfallenden Zahlungsvorgänge ermittelt. Die zweite Tabelle in der folgenden Abbildung zeigt das Verfahren. In Spalte C werden zunächst die Barwerte der bis zum Fälligkeitstermin anfallenden Zahlungen gerechnet. Diese werden dann in Spalte D gewichtet, indem sie einfach mit der Periodenzahl multipliziert werden.

Mit Hilfe dieser Kennzahl wird es möglich, verschiedene Anlagemöglichkeiten miteinander zu vergleichen. Je niedriger die durchschnittliche Bindungsdauer ist, umso profitabler ist ein Wertpapier einzuschätzen.

Abrechnung ist das Kaufdatum, Fälligkeit ist das Datum, zu dem das Wertpapier fällig ist. Mit Nominalzins wird der Zinssatz angegeben, mit Rendite der am Abrechnungstag geltende Marktzinssatz. Häufigkeit ist die Zahl der Zinszahlungen im Jahr (1, 2, oder 4). Basis gibt an, nach welchem Zeitsystem die Zinstage berechnet werden (siehe Abbildung 3.13).

In dem abgebildeten Beispiel wird die Duration einer festverzinslichen Anleihe mit einer Laufzeit von 10 Jahren errechnet, wobei davon ausgegangen wird, dass der Emissions- und der Abrechnungstermin zusammenfallen. Das Ergebnis von 7,5 Jahren kann dann so interpretiert werden: Verkauft der Anleger die Anleihe nach 7,5 Jahren, kann er die angegebene Rendite von 7 % realisieren, unabhängig von den Schwankungen des Marktzinses.

Dabei wird allerdings vorausgesetzt, dass der Anleger die erhaltenen periodischen Zinszahlungen immer sofort reinvestiert.

Eine Variante von DURATION() ist die Funktion MDURATION(), die die modifizierte Macaulay-Dauer liefert.

3 | Finanzmathematische Funktionen

	A	B	C	D	E	F
1						
2	Hypothetische Kapitalbindungsdauer					
3						
4	Abrechnung	01.01.2000				
5	Fälligkeit	01.01.2010				
6	Nominalzins	7%				
7	Rendite	7%				
8	Häufigkeit	1				
9	Basis	0				
10	DURATION()	7,52				
11	MDURATION	7,02				
12						
13	Periode	Zahlungen	Barwerte	gewichtete Zahlungszeitpunkte	7,52	=(D24*1)/101
14	1	7	6,54	6,54	7,02	=B10/(1+B6)
15	2	7	6,11	12,23		
16	3	7	5,71	17,14		
17	4	7	5,34	21,36		
18	5	7	4,99	24,95		
19	6	7	4,66	27,99		
20	7	7	4,36	30,51		
21	8	7	4,07	32,59		
22	9	7	3,81	34,27		
23	10	107	54,39	543,93		
24			100,00	751,52		

Abbildung 3.13 Berechnung von DURATION() und MDURATION()

EFFEKTIV()
EFFECT()

Syntax: EFFEKTIV(Nominalzins; Perioden)

Beispiel: =EFFEKTIV(6%;4)
ergibt 6,14 %

Die Funktion berechnet aus einem nachschüssigen Nominalzinssatz den effektiven Jahreszins für eine Anlage oder ein Darlehen. Nominalzins ist der jährliche Nominalzins, Perioden ist die Zahl der jährlichen Zinszahlungen. Da bei mehreren jährlichen anteiligen Zinszahlen ein Teil der Jahreszinsen praktisch vorweg gezahlt wird, erhöht sich der Effektivzins mit der Zahl der jährlichen Zinszahlungen.

Berechnung der Effektivverzinsung

Nominalzins	Perioden pro Jahr	EFFEKTIV()
4,00%	2	4,04%
4,50%	2	4,55%
5,00%	2	5,06%
5,50%	4	5,61%
6,00%	4	6,14%
6,50%	4	6,66%
7,00%	12	7,23%
7,50%	12	7,76%
8,00%	12	8,30%

Abbildung 3.14 Effektivzins im Vergleich zum Nominalzins

GDA()
DDB()

Syntax:	GDA(Ansch_Wert; Restwert; Nutzungsdauer; Periode; Faktor)
Beispiel:	=GDA(20000;2000;6;3;2) ergibt 4218,75

Die Funktion GDA() berechnet die Abschreibungsrate für einen bestimmten Abschreibungszeitraum nach der geometrisch-degressiven Methode, die auch als Mehrfachraten-Abschreibung bezeichnet wird. Bei diesem Verfahren wird der Abschreibungsbetrag durch Multiplikation des nach jeder Abschreibung übrig bleibenden Buchwerts mit einem gleich bleibenden Prozentsatz ermittelt.

Das Argument Ansch_Wert ist der Betrag, der für die Investition aufgewandt wurde. Restwert ist der Wert, den die Investition am Ende der Abschreibungsperioden noch hat. Nutzungsdauer entspricht der Anzahl von Zeiträumen bis zum Ende der Abschreibung. Periode ist der Zeitraum, für den die Abschreibung ermittelt werden soll. Mit Faktor wird die Stärke der Degressivität angegeben. Fehlt dieser Wert, wird 2 angesetzt. Mit diesem Wert wird der hypothetische lineare Abschreibungssatz multipliziert. Beträgt die Laufzeit beispielsweise 8 Jahre, wäre der lineare Satz 12,50 %, multipliziert mit einem Faktor 2 ergeben sich 25 %.

3 | Finanzmathematische Funktionen

	A	B	C	D	E	F	G	H	I
1									
2	**Geometrisch-Degressive Abschreibung**								
3									
4	Anschaffungskosten	20.000 €	20.000 €	20.000 €	20.000 €	20.000 €	20.000 €	20.000 €	20.000 €
5	Restwert	2.000 €	2.000 €	2.000 €	2.000 €	2.000 €	2.000 €	2.000 €	2.000 €
6	Nutzungsdauer in Jahren	8	8	8	8	8	8	8	8
7	Jahr	1	2	3	4	5	6	7	8
8	Faktor	2	2	2	2	2	2	2	2
9	GDA()	5.000 €	3.750 €	2.813 €	2.109 €	1.582 €	1.187 €	890 €	667 €

Abbildung 3.15 Verlauf der geometrisch-degressiven Abschreibung

Nach deutschem Steuerrecht ist die geometrisch-degressive Abschreibung bisher zwar erlaubt, allerdings darf der Abschreibungssatz höchstens das Dreifache des linearen Abschreibungssatzes betragen und 30 % nicht übersteigen. Diese Bedingung ist in dem abgebildeten Beispiel erfüllt.

GDA2()
DB()

Syntax:	GDA2(Ansch_Wert; Restwert; Nutzungsdauer; Periode; Monate)
Beispiel:	=GDA2(22000;2000;10;3;6) ergibt 3295

Die Funktion berechnet die Abschreibungsrate für einen bestimmten Abschreibungszeitraum nach der geometrisch-degressiven Methode. Sie gleicht der Funktion GDA(), erlaubt es aber zusätzlich, für die erste Periode gebrochene Jahresanteile zu berücksichtigen.

Das Argument Ansch_Wert ist der Betrag, der für die Investition aufgewandt wurde. Restwert ist der Wert, den die Investition nach der Abschreibung noch hat. Nutzungsdauer entspricht der Anzahl von Zeiträumen bis zum Ende der Abschreibung. Periode ist der Zeitraum, für den der Abschreibungsbetrag ermittelt werden soll. Mit dem optionalen Argument Monate kann für das erste Jahr die Anzahl der Monate angegeben werden. Wird es weggelassen, wird der Wert 12 angenommen.

Referenz der finanzmathematischen Funktionen | 3.6

	A	B	C	D	E	F	G	H	I	J	K
1											
2	**Geometrisch-Degressive Abschreibung**										
3											
4	Anschaffungskosten	22.000 €	22.000 €	22.000 €	22.000 €	22.000 €	22.000 €	22.000 €	22.000 €	22.000 €	22.000 €
5	Restwert	2.000 €	2.000 €	2.000 €	2.000 €	2.000 €	2.000 €	2.000 €	2.000 €	2.000 €	2.000 €
6	Nutzungsdauer in Jahren	10	10	10	10	10	10	10	10	10	10
7	Jahr	1	2	3	4	5	6	7	8	9	10
8	Monate	6	6	6	6	6	6	6	6	6	6
9	GDA2()	2.343 €	4.187 €	3.295 €	2.593 €	2.041 €	1.606 €	1.264 €	995 €	783 €	616 €

Abbildung 3.16 Berechnung der geometrisch-degressiven Abschreibung für einen bestimmten Zeitraum

IKV()
IRR()

Syntax:	IKV(**Werte**; Schätzwert)
Beispiel:	=IKV($B$4:B9) ergibt 17,71 %, wenn B4:B9 die abgebildeten Werte enthält.

Die Funktion IKV() berechnet den internen Ertragszins einer Investition. Das ist der Zinssatz, bei dem der Barwert aller Aus- und Einzahlungen den Wert Null ergibt. Mit dieser Kennzahl kann die Rentabilität einer Investition geprüft werden. Dabei wird der interne Zinssatz mit dem kalkulatorischen Zinssatz verglichen, also mit den Zinsen, die bei einer Anlage auf dem Kapitalmarkt erzielt werden können. Eine Investition kann als vorteilhaft eingeschätzt werden, wenn der errechnete interne Ertragszins den Kalkulationszinssatz übersteigt.

Das Argument Werte ist eine Matrix oder ein Bereich, der mindestens einen positiven und einen negativen Wert enthält. Der erste Wert stellt die getätigte Investition als Ausgabe dar, erscheint also negativ, die weiteren Zellen stellen die periodischen Rückflüsse dar, also die Überschüsse aus Aus- und Einzahlungen.

Diese Werte müssen fortlaufend in einer Spalte oder auch Zeile angeordnet sein, wobei jede Zelle den Wert für eine Periode angibt. Es wird also unterstellt, dass die Zahlungen in der entsprechenden Reihenfolge erfolgen. Die Beträge können unterschiedlich groß sein, es wird aber davon ausgegangen, dass die Verzinsung in regelmäßigen Abständen erfolgt. Dies können Jahre oder auch Monate sein. Die Funktion liefert die brauchbarsten Ergebnisse, wenn außer dem Ausgabewert alle anderen Werte positiv sind.

3 | Finanzmathematische Funktionen

Das optionale Argument Schätzwert kann mit einem Wert belegt werden, der in einer Schätzung dem erwarteten Ergebnis schon möglichst nahe kommt. Wird er nicht eingetragen, so wird sein Wert von Excel mit 10 % angenommen.

	A	B	C
1			
2	**Interner Zinsfuß einer Investition**		
3			
4	Anschaffungskosten	-100.000,00 €	
5	Erlöse Jahr 1	25.000,00 €	IKV()
6	Erlöse Jahr 2	30.000,00 €	-31,32%
7	Erlöse Jahr 3	32.000,00 €	-6,41%
8	Erlöse Jahr 4	38.000,00 €	8,92%
9	Erlöse Jahr 5	40.000,00 €	17,71%

Abbildung 3.17 Berechnen des internen Zinssatzes

Bei der Berechnung setzt die Funktion ein Iterationsverfahren ein, das ausgehend von dem angegebenen oder vorgegebenen Schätzwert so oft durchlaufen wird, bis das Ergebnis auf 0,00001 Prozent genau ist. Falls allerdings nach 20 Berechnungsrunden immer noch kein brauchbares Ergebnis gefunden ist, liefert die Funktion den Fehlerwert #ZAHL!.

ISPMT()
ISPMT()

Syntax: ISPMT(ZINS; PRO; Zzr; Bw)

Beispiel: =ISPMT(0,07;4;12;-10000)
ergibt 466,67

Die Funktion berechnet die Zinsen, die auf einen bestimmten Teil eines Jahres entfallen, wobei eine einfache nachschüssige Verzinsung vorausgesetzt wird. Mit ZINS wird der nachschüssige Jahreszinssatz angegeben. PRO gibt den Zeitraum an, ab dessen Ende die Zinsen bis zum Jahresende berechnet werden sollen; der Wert muss zwischen 1 und dem Wert für Zzr liegen. Zzr ist die Anzahl der Zahlungsperioden, Bw ist der Gegenwartswert, also der eingezahlte oder geliehene Betrag.

Das abgebildete Beispiel entspricht in der Spalte B dem Fall, dass eine Summe von 10.000 EUR am Ende des 4. Monats auf ein Sparbuch eingezahlt wird, das 5 % Zinsen abwirft. Die Funktion errechnet die Zinsen für die restlichen 8 Monate des Jahres. In der Spalte C werden dieselben Zeiträume in Tagen angegeben.

	A	B	C
1			
2	**Berechnung der unterjährigen Zinsen**		
3			
4	Zins	5%	4%
5	Zr	4	120
6	Zzr	12	360
7	BW	- 10.000,00 €	- 10.000,00 €
8	ISPMT()	333,33 €	266,67 €

Abbildung 3.18 Summe der Zinsen für einen bestimmten Zeitraum innerhalb eines Jahres

KAPZ()
PPMT()

Syntax: KAPZ(Zins; Zr; Zzr; Bw; Zw; F)

Beispiel: =KAPZ(0,1;1;10;20000)
ergibt -1254,91

Die Funktion berechnet den Tilgungsanteil für die Abzahlung eines Annuitätendarlehens. Ein solches Darlehen wird in periodischen, gleich bleibenden Raten abbezahlt, deren Höhe mit RMZ() berechnet wird. Die Raten bestehen jeweils aus einem Zinsanteil (berechnet mit ZINSZ()) und einem Tilgungsanteil, um den sich die Gesamtschuld jeweils verringert (siehe Abbildung 3.19).

	A	B	C	D	E	F	G	H	I	J	K
1											
2	**Tilgung von Darlehen**										
3											
4	Zins	10,00%	10,00%	10,00%	10,00%	10,00%	10,00%	10,00%	10,00%	10,00%	10,00%
5	Zr	1	2	3	4	5	6	7	8	9	10
6	Zzr	10	10	10	10	10	10	10	10	10	10
7	Bw	20.000 €	20.000 €	20.000 €	20.000 €	20.000 €	20.000 €	20.000 €	20.000 €	20.000 €	20.000 €
8	KAPZ()	-1.254,91 €	-1.380,40 €	-1.518,44 €	-1.670,28 €	-1.837,31 €	-2.021,04 €	-2.223,15 €	-2.445,46 €	-2.690,01 €	-2.959,01 €
9	ZINSZ()	-2.000,00 €	-1.874,51 €	-1.736,47 €	-1.584,63 €	-1.417,60 €	-1.233,87 €	-1.031,76 €	-809,45 €	-564,90 €	-295,90 €
10	RMZ()	-3.254,91 €	-3.254,91 €	-3.254,91 €	-3.254,91 €	-3.254,91 €	-3.254,91 €	-3.254,91 €	-3.254,91 €	-3.254,91 €	-3.254,91 €
11											
12		Jährlichen Zahlungen (RMZ) = Tilgung (KAPZ) + Zinsen (ZINSZ)									

Abbildung 3.19 Verlauf der Tilgung eines Darlehens

3 | Finanzmathematische Funktionen

Argumente sind Zins für den konstanten Nominalzinssatz, Zr für den Zeitraum, für den die Zahlung berechnet werden soll, Zzr für die Anzahl der Abzahlungszeiträume und Bw, also der Barwert, der bei einem Darlehen der Darlehenssumme entspricht. Dazu können Sie noch Zw angeben für einen Zukunftswert, also einen Betrag, der am Ende der letzten Zahlung noch an der vollständigen Rückzahlung fehlt. Ist dieser Wert nicht angegeben, wird er als 0 angenommen.

Der Wert F ist optional und gibt die Fälligkeit der Zahlungen an: 0 oder nicht angegeben = nachschüssig, 1 = vorschüssig.

KUMKAPITAL()
CUMPRINC()

Syntax:	KUMKAPITAL(Zins; Zzr; Bw; Zeitraum_Anfang; Zeitraum_Ende; F)
Beispiel:	=KUMKAPITAL(6%;10;30000;1;5;0) ergibt -12830,24

Die Funktion KUMKAPITAL() berechnet den Betrag, der für die Tilgung eines Annuitätendarlehens in einem bestimmten Zeitraum aufgebracht wird (nicht zu verwechseln mit den Zahlungsbeträgen). Die Funktion kann beispielsweise verwendet werden, um die verbleibende Restschuld zu berechnen.

Mit Zins wird der Zinssatz pro Zinszeitraum angegeben; mit Zzr die Anzahl der Zahlungsperioden, mit Bw die Darlehenssumme. Zeitraum_Anfang und Zeitraum_Ende sind die Nummern der beiden Zahlungsperioden, zwischen denen die Gesamttilgung berechnet werden soll. Mit F muss angegeben werden, ob die Zahlungen vorschüssig (1) oder nachschüssig erfolgen sollen. Das Argument ist in diesem Falle also ausnahmsweise nicht optional.

Während mit KUMKAPITAL() der Tilgungsanteil berechnet wird, liefert die folgende Funktion KUMZINSZ() den Zinsanteil für den betreffenden Zeitraum. Beides zusammen ist der Betrag, der für den betreffenden Zeitraum insgesamt aufgebracht werden muss.

Analog verhalten sich KAPZ() und ZINSZ(), zusammen ergeben sie RMZ().

Referenz der finanzmathematischen Funktionen | **3.6**

	A	B	C	D	E	F	G
1							
2	**Berechnung der aufgelaufenen Tilgung eines Darlehens**						
3							
4	Zins	6%	6%	6%	6%	6%	6%
5	Zzr	10	10	10	10	10	10
6	Bw	30.000,00 €	30.000,00 €	30.000,00 €	30.000,00 €	30.000,00 €	30.000,00 €
7	Zeitraum_Anfang	1	1	1	1	1	1
8	Zeitraum_Ende	5	6	7	8	9	10
9	F	0	0	0	0	0	0
10	KUMKAPITAL()	-12.830,24 €	-15.876,10 €	-19.104,70 €	-22.527,02 €	-26.154,68 €	-30.000,00 €

Abbildung 3.20 Berechnung des Tilgungsanteils zwischen zwei Zeitpunkten

KUMZINSZ()
CUMIPMT()

Syntax: KUMZINSZ(Zins; Zzr; Bw; Zeitraum_Anfang; Zeitraum_Ende; F)

Beispiel: =KUMZINSZ(6%;10;30000;1;5;0)
ergibt -7549,95

Die Funktion berechnet den Betrag, der für die Zinsen eines Annuitätendarlehens in einem bestimmten Zeitraum aufgebracht wird (nicht zu verwechseln mit den Zahlungsbeträgen). Die Argumente der Funktion sind identisch mit denen von KUMKAPITAL() (siehe dort). Dort wird auch das Verhältnis der beiden Funktionen zueinander dargelegt.

	A	B	C	D	E	F	G
1							
2	**Berechnung der aufgelaufenen Zinsen eines Darlehens**						
3							
4	Zins	6%	6%	6%	6%	6%	6%
5	Zzr	10	10	10	10	10	10
6	Bw	30.000,00 €	30.000,00 €	30.000,00 €	30.000,00 €	30.000,00 €	30.000,00 €
7	Zeitraum_Anfang	1	1	1	1	1	1
8	Zeitraum_Ende	5	6	7	8	9	10
9	F	0	0	0	0	0	0
10	KUMZINSZ()	- 7.549,95 €	- 8.580,14 €	- 9.427,57 €	-10.081,29 €	-10.529,67 €	-10.760,39 €

Abbildung 3.21 Aufgelaufene Zinsen zwischen zwei Zeitpunkten

3 | Finanzmathematische Funktionen

KURS()
PRICE()

Syntax:	KURS(Abrechnung; Fälligkeit; Zins; Rendite; Rückzahlung; Häufigkeit; Basis)
Beispiel:	=KURS(DATWERT("03.01.2004"); DATWERT("10.02.2006";0,06;0,05;100;1;0) ergibt 101,94

Die Funktion liefert den Kurswert eines festverzinslichen Wertpapiers mit dem Nennwert 100 EUR abhängig von der anvisierten Rendite.

Abrechnung ist das Datum des Besitzwechsels; Fälligkeit ist das Fälligkeitsdatum des Wertpapiers. Mit Zins wird der Nominalzins angegeben, mit Rendite die jährliche Rendite, die das Papier bringen soll. Rückzahlung ist der Betrag, zu dem das Wertpapier zum Fälligkeitstermin ausbezahlt wird (bei Anleihen im allgemeinen 100). Alle drei Argumente müssen positive Werte enthalten. Häufigkeit gibt an, wie oft die Zinsen im Jahr ausgeschüttet werden. Zulässige Werte sind 1, 2 und 4 für jährlich, halbjährlich und vierteljährlich. Basis gibt an, nach welchem Zeitsystem die Zinstage berechnet werden.

	A	B
1		
2	**Kurswert bei festverzinslichen Papieren**	
3		
4	Abrechnung	03.01.2004
5	Fälligkeit	10.02.2006
6	Zins	6%
7	Rendite	5%
8	Rückzahlung	100
9	Häufigkeit	1
10	Basis	0
11	KURS()	101,94 €

Abbildung 3.22 Kurswert von festverzinslichen Papieren

Mit fast denselben Argumenten lässt sich, wenn der Kurs bekannt ist, mithilfe der Funktion RENDITE() die hier vorgegebene Rendite errechnen. Siehe RENDITE().

KURSDISAGIO()
PRICEDISC()

Syntax:	KURSDISAGIO(Abrechnung; Fälligkeit; Disagio; Rückzahlung; Basis)
Beispiel:	=KURSDISAGIO(DATWERT("03.01.2004"); DATWERT("10.02.2006");5%;100;2) ergibt 89,32

Die Funktion KURSDISAGIO() berechnet den Ausgabekurs eines unverzinslichen Wertpapiers.

Abrechnung ist das Datum des Besitzwechsels; Fälligkeit ist das Fälligkeitsdatum des Wertpapiers. Disagio legt fest, mit welchem Abschlag (aufs Jahr gerechnet) das Papier verkauft werden soll. Rückzahlung ist der Betrag, zu dem das Wertpapier zum Fälligkeitstermin ausbezahlt wird (bei Anleihen im allgemeinen 100). Basis gibt an, nach welchem Zeitsystem die Zinstage berechnet werden. Vorgabe ist 0.

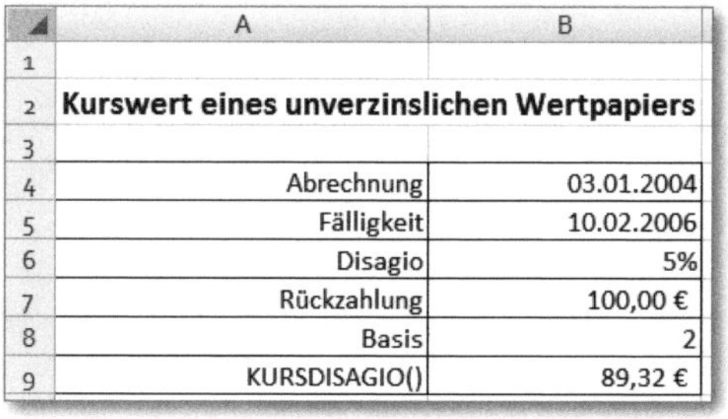

	A	B
1		
2	**Kurswert eines unverzinslichen Wertpapiers**	
3		
4	Abrechnung	03.01.2004
5	Fälligkeit	10.02.2006
6	Disagio	5%
7	Rückzahlung	100,00 €
8	Basis	2
9	KURSDISAGIO()	89,32 €

Abbildung 3.23 Berechnen des Auszahlungsbetrags

Die Funktion lässt sich beispielsweise anwenden, um den Kaufpreis von Finanzierungsschätzen der Bundesrepublik Deutschland zu berechnen. Dabei muss mit Basis = 3 gerechnet werden, also taggenau/365.

KURSFÄLLIG()
PRICEMAT()

Syntax:	KURSFÄLLIG(`Abrechnung`; `Fälligkeit`; `Emission`; `Zins`; `Rendite`; `Basis`)
Beispiel:	=KURSFÄLLIG(DATWERT("3.1.2004"); DATWERT("1.10.2004"); DATWERT("1.1.2004");6%;3%;3) ergibt 102,19

Die Funktion liefert den Kurs eines festverzinslichen Wertpapiers bezogen auf einen Nennwert von 100 EUR, bei dem die Zinsen erst zum Fälligkeitsdatum, also mit der Rückzahlung, ausgezahlt werden. Dabei handelt es sich um eine einfache nachschüssige Verzinsung ohne Zinseszinseffekt.

`Abrechnung` ist das Kaufdatum, zu dem der Kurswert errechnet werden soll, `Fälligkeit` das Datum, zu dem das Wertpapier zurückgenommen wird. `Emission` ist das Ausgabedatum des Papiers, ab dem die Zinsen laufen; `Zins` der jährliche Nominalzinssatz.

Mit `Rendite` wird angegeben, wie viel das Wertpapier jährlich einbringen soll (in Prozent vom Kaufpreis). `Basis` gibt an, nach welchem Zeitsystem die Zinstage berechnet werden.

	A	B
1		
2	**Kurs bei nachschüssiger Verzinsung**	
3		
4	Abrechnung	03.01.2004
5	Fälligkeit	01.10.2004
6	Emission	01.01.2004
7	Zins	6%
8	Rendite	3%
9	Basis	3
10	KURSFÄLLIG()	102,19

Abbildung 3.24 Berechnung des Kurses bei nachschüssiger Verzinsung

LIA()
SLN()

Syntax: LIA(Ansch_Wert; Restwert; Nutzungsdauer)

Beispiel: =LIA(22000;2000;5)
ergibt 4000

Die Funktion LIA() berechnet die Abschreibungsrate für einen bestimmten Abschreibungszeitraum nach der linearen Methode. Dies ist eine der beiden steuerrechtlich möglichen Methoden der »Absetzung für Abnutzung« – kurz AFA. Bei dieser Methode wird über den gesamten Abschreibungszeitraum mit periodisch gleich bleibenden Beträgen abgeschrieben.

Das Argument Ansch_Wert nennt die Anschaffungskosten, die für die Investition aufgewandt wurden. Restwert ist der Wert, den die Investition nach der Abschreibung noch hat. Nutzungsdauer entspricht der Anzahl von Zeiträumen bis zum Ende der Abschreibung. Der jährliche Abschreibungsbetrag wird ermittelt, indem die Differenz zwischen Anschaffungskosten und Restwert durch den Wert für Nutzungsdauer geteilt wird. Dieser Betrag wird jeweils vom Buchwert der Vorperiode abgezogen.

Die Abbildung zeigt den gleichmäßigen Verlauf der Abschreibung über die gesamte Nutzungsdauer.

	A	B	C	D	E	F
1						
2	**Lineare Abschreibung**					
3						
4	Anschaffungskosten	22.000 €	22.000 €	22.000 €	22.000 €	22.000 €
5	Restwert	2.000 €	2.000 €	2.000 €	2.000 €	2.000 €
6	Nutzungsdauer in Jahren	5	5	5	5	5
7	Jahr	1	2	3	4	5
8	LIA()	4.000 €	4.000 €	4.000 €	4.000 €	4.000 €
9					Gesamt:	20.000 €

Abbildung 3.25 Verlauf der linearen Abschreibung

Das abgebildete Beispiel geht allerdings davon aus, dass die Nutzungsdauer nur ganze Jahre umfasst. In der Praxis muss aber berücksichtigt werden, dass Anschaffungen ab dem Monat abgeschrieben werden müssen, in dem sie getätigt worden sind, wobei es keine Rolle spielt, um welchen Tag des Monats es sich handelt. Seit 2004 gilt die früher übliche Halbjahresregel nicht mehr. Um einen entsprechenden Abschreibungsplan zu erstellen, kann für das erste Jahr mit einer Formel gearbeitet werden, die den jährlichen Abschreibungsbetrag mit dem Faktor `Anzahl Monate/12` multipliziert. Die folgenden Jahre werden wie oben mit Hilfe von `LIA()` berechnet. Für den am Ende übrig bleibenden Rest wird dann eine zusätzliche Periode angehängt.

	A	B	C	D	E
					=LIA(B11;B12;B13)*B14/12
11	Anschaffungskosten	20.000 €		2006	2.000 €
12	Restwert			2007	4.000 €
13	Nutzungsdauer in Jahren	5		2008	4.000 €
14	Monat des Kaufs	6		2009	4.000 €
15	Jahr des Kaufs	2006		2010	4.000 €
16				2011	2.000 €

Abbildung 3.26 Abschreibungsplan bei Kauf innerhalb des Jahres

MDURATION()
MDURATION()

Syntax:	MDURATION(`Abrechnung; Fälligkeit; Nominalzins; Rendite; Häufigkeit; Basis`)
Beispiel:	=MDURATION(DATWERT("01.01.2004"); DATWERT("01.07.2006");0,045;0,023;1;0) ergibt 2,32

Die Funktion liefert die als modifizierte Duration bezeichnete Kennzahl für festverzinsliche Wertpapiere. Sie gibt an, wie sehr sich der Anleihekurs prozentual ändert, wenn das Marktzinsniveau um 1 Prozent angehoben wird. Dadurch kann geprüft werden, wie stark sich der Gesamtertrag einer Anleihe unter Umständen ändern kann, wenn sich der Zinssatz am Markt ändert. Wird das Ergebnis der Funktion beispielsweise mit einer erwarteten Marktzinsänderung von 0,5 % multipliziert, ergibt sich ein Prozentsatz für eine relative Kursänderung gegenüber dem bisherigen Kurs. Anders als bei Aktien sind bei Anleihen, je näher der Abrechnungstermin dem Fälligkeitstermin kommt, umso geringere Kursschwankungen zu erwarten.

Referenz der finanzmathematischen Funktionen | **3.6**

Ein geringerer Wert für MDURATION() bedeutet also, dass auch geringere Kursgewinne bzw. -verluste bei fallenden bzw. steigenden Marktzinsen zu erwarten sind.

Abrechnung ist das Kaufdatum, Fälligkeit ist das Datum, zu dem das Wertpapier fällig ist. Mit Nominalzins wird der Zinssatz angegeben, mit Rendite der am Abrechnungstag geltende Marktzinssatz. Häufigkeit ist die Zahl der Zinszahlungen im Jahr (1, 2, oder 4). Basis gibt an, nach welchem Zeitsystem die Zinstage berechnet werden.

	A	B	C
1			
2	**Modifizierte Duration**		
3			
4	Abrechnung	01.01.2004	01.01.2006
5	Fälligkeit	01.07.2006	01.07.2006
6	Nominalzins	4,50%	5,25%
7	Rendite	2,30%	2,50%
8	Häufigkeit	1	1
9	Basis	0	0
10	MDURATION()	2,32	0,49

Abbildung 3.27 Berechnung der modifizierten Duration

# NBW()
NPV()

Syntax: NBW(Zins; **Wert1**; Wert2; ...)

Beispiel: =NBW(0,1;-20000;6000;8000;12000)
ergibt 984

Die Funktion NBW() berechnet den Nettobarwert von zukünftigen Periodenüberschüssen (Cashflow), die aufgrund einer Investition erwartet werden. Diese Berechnung gehört zu den Methoden der dynamischen Investitionsrechnung, mit deren Hilfe geprüft werden kann, ob sich eine Investition lohnt oder nicht. Nur Investitionen mit einem positiven NBW() können als lohnend eingestuft werden, bei einem negativen Ergebnis wäre es besser, das Geld zum angegebenen Zinssatz auf die Bank zu tragen.

Mit dem Argument Zins muss zunächst ein konstanter Kalkulationszinssatz für den gesamten betrachteten Zeitraum angegeben werden. Der hier sinnvolle Wert ist eine brauchbare Vergleichsrendite, die sich aus der Überlegung ergibt, wie viel bei der gegebenen Marktsituation durch eine andere Anlage des investierten Kapitale erreicht werden könnte.

Wert1, Wert2, ... sind dann die erwarteten Zahlungsvorgänge (Einzahlung positiv, Auszahlung negativ), die jeweils am Ende einer Periode erfolgen. Die Werte werden in der Reihenfolge verarbeitet, in der sie in einer Spalte oder Zeile angeordnet sind. Es muss also darauf geachtet werden, dass die zeitliche Abfolge dabei eingehalten wird. Anders als bei der BW()-Funktion erlaubt NBW() unterschiedliche Zahlungsbeträge, die aber immer am Ende der Periode anfallen.

	A	B
1		
2	**Berechnen des Kapitalwerts einer Investition**	
3		
4	Jährlicher Abzinsungsfaktor	10%
5	Anfangskosten	-20000
6	Überschuss Jahr 1	6000
7	Überschuss Jahr 2	8000
8	Überschuss Jahr 3	12000
9	NBW()	984

Abbildung 3.28 Nettobarwert zu einem Cashflow

NOMINAL()
NOMINAL()

Syntax:	NOMINAL(Effektiver_Zins; Perioden)
Beispiel:	=NOMINAL(6,3%;4) ergibt 6,16%

Die Funktion berechnet den Nominalzins (Jahreszins auf den Nennwert). Die Funktion ist die Umkehrung der Funktion EFFEKTIV().

Mit Effektiver_Zins wird der tatsächlich erzielte Jahreszins angegeben, der sich aus der Berücksichtigung von unterjährigen Zinseszinseffekten ergibt; Perioden gibt die Zahl der im Jahr vorkommenden Zinszahlungen an. Bei einer jährlichen Zahlung sind Nominalzins und Effektivzins identisch.

Referenz der finanzmathematischen Funktionen | 3.6

	A	B	C
1			
2	Nominalzins aus Effektivzins berechnen		
3			
4	Effektiver_Zins	Perioden im Jahr	NOMINAL()
5	8%	1	8,00%
6	8%	2	7,85%
7	8%	4	7,77%
8	8%	12	7,72%

Abbildung 3.29 Rückrechnen auf den Nominalzins

NOTIERUNGBRU()
DOLLARFR()

Syntax: NOTIERUNGBRU(Zahl; Teiler)

Beispiel: =NOTIERUNGBRU(4,125;8)
ergibt 4,1

Die Funktion liefert eine als Bruch interpretierbare Darstellung einer Dezimalzahl. Da in den USA Aktiennotierungen mit Hilfe natürlicher Brüche vorgenommen werden, können mit der Funktion erstellte Tabellen beim Lesen der Notierungen helfen.

	A	B	C	D
1				
2	Darstellung von Dezimalzahlen als Bruchzahlen			
3				
4		Teiler		
5	Zahl	8	4	2
6	4,125	4,1	4,05	4,025
7	4,250	4,2	4,1	4,05
8	4,375	4,3	4,15	4,075
9	4,500	4,4	4,2	4,1
10	4,625	4,5	4,25	4,125
11	4,750	4,6	4,3	4,15
12	4,875	4,7	4,35	4,175

Abbildung 3.30 Umwandlung von Dezimalzahlen in Bruchzahlen

Zahl ist die umzuwandelnde Zahl; Teiler der Nenner des Bruchs. Ist Teiler wie im Beispiel 8, dann ist die Nachkommastelle des Ergebnisses zu lesen als 1/8; 4,125 entspricht also 4 1/8.

3 | Finanzmathematische Funktionen

NOTIERUNGDEZ()
DOLLARDE()

Syntax:	NOTIERUNGDEZ(Zahl; Teiler)
Beispiel:	=NOTIERUNGDEZ(1,1;5) ergibt 1,2

Die Funktion konvertiert einen als Bruch interpretierten Ausdruck Zahl in eine Dezimalzahl. Die Funktion ist also die Umkehrung zu NOTIERUNGBRU().

	A	B	C	D	E
1					
2	Darstellung von Bruchzahlnotierungen als Dezimalzahl				
3					
4	Teiler	2,1	2,2	2,01	2,02
5	2	2,500	3,000	2,0500	2,1000
6	4	2,250	2,500	2,0250	2,0500
7	8	2,125	2,250	2,0125	2,0250

Abbildung 3.31 Umwandlung von Bruchzahlnotierungen in Dezimalzahlen

QIKV()
MIRR()

Syntax:	QIKV(Werte; Investition; Reinvestition)
Beispiel:	=QIKV({-80000;-2000;12000;25000;26000; 30000};8%;10%) ergibt 5%

Mit der Funktion QIKV() kann der qualifizierte interne Zinssatz einer Reihe von Periodenüberschüssen ermittelt werden, bei dem die negativen Überschüsse mit einem anderen Zinssatz bewertet werden können als die positiven.

Drei Argumente müssen für die Funktion eingetragen werden: Das Argument Werte ist eine Matrix oder ein Bereich, der mindestens einen positiven und einen negativen Wert enthält. Der erste Wert stellt die getätigte Investition als Ausgabe dar, erscheint also negativ, die weiteren Werte stellen die periodischen Rückflüsse dar, also die Überschüsse aus Aus- und Einzahlungen. Die Werte müssen, falls sie nicht als Matrix direkt eingegeben werden, fortlaufend in einer Spalte oder auch

Referenz der finanzmathematischen Funktionen | 3.6

Zeile angeordnet sein, wobei jede Zelle den Wert für eine Periode angibt. Es wird also unterstellt, dass die Zahlungsvorgänge in der entsprechenden Reihenfolge jeweils am Ende der Periode erfolgen. Die Beträge können unterschiedlich groß sein, es wird aber davon ausgegangen, dass die Verzinsung in regelmäßigen Abständen erfolgt. Dies können Jahre oder auch Monate sein.

Mit `Investition` wird der Zinssatz angegeben, mit dem negative Beträge (Auszahlungen) abgezinst werden; `Reinvestition` ist der Zinssatz, mit dem positive Beträge (Einzahlungen) aufgezinst werden, also der Zinssatz, der realisiert werden kann, wenn erzielte Gewinne aus der Investition wieder angelegt werden. Die Funktion ermittelt jeweils den Barwert der Auszahlungen und den Zukunftswert der Einzahlungen. Das Ergebnis der Funktion gibt also an, bei welchem Zinssatz das ausgegebene Geld am Ende wieder hereingekommen ist.

	A	B	C	D	E
1					
2	**Qualifizierte interne Verzinsung einer Investition**				
3					
4		Werte	Zinssatz der Investition	Zinssatz der Reinvestition	QIKV()
5	Anschaffungskosten	-80000	8%	10%	
6	Ertrag Jahr 1	-2000			
7	Ertrag Jahr 2	12000			
8	Ertrag Jahr 3	25000	qualifizierter Zinssatz nach drei Jahren		-22%
9	Ertrag Jahr 4	26000		nach vier Jahren	-5%
10	Ertrag Jahr 5	30000		nach fünf Jahren	5%

Abbildung 3.32 Berechnung der qualifizierten internen Kapitalverzinsung

RENDITE()
YIELD()

Syntax: RENDITE(Abrechnung; Fälligkeit; Zins; Kurs; Rückzahlung; Häufigkeit; Basis)

Beispiel: =RENDITE(DATWERT("03.01.2004");
DATWERT("12.02.2008");6%;97;100;4;0)
ergibt 6,84 %

Die Funktion berechnet die jährliche Rendite eines festverzinslichen Wertpapiers, also einer Anleihe oder Obligation.

3 | Finanzmathematische Funktionen

Abrechnung ist der Kauftermin, Fälligkeit der Rückzahlungstermin. Zins ist der vereinbarte jährliche Nominalzins. Das Papier wird zum Preis von Kurs erworben und zum Fälligkeitstermin zum Preis von Rückzahlung eingelöst. Häufigkeit ist die Anzahl der jährlichen Zinsausschüttungen. Basis gibt an, nach welchem Zeitsystem die Zinstage berechnet werden.

	A	B	C	D
1				
2	**Rendite bei festverzinslichen Papieren**			
3				
4	Abrechnung	03.01.2004	03.01.2004	03.01.2004
5	Fälligkeit	10.02.2008	11.02.2008	12.02.2008
6	Zins	6%	6%	6%
7	Kurs	97,00	97,00	97,00
8	Rückzahlung	100,00	100,00	100,00
9	Häufigkeit	1	2	4
10	Basis	0	0	0
11	RENDITE()	6,86%	6,85%	6,84%

Abbildung 3.33 Berechnen der Rendite einer Anleihe

RENDITEDIS()
YIELDDISC()

Syntax: RENDITEDIS(Abrechnung; Fälligkeit; Kurs; Rückzahlung; Basis)

Beispiel: =RENDITEDIS(DATWERT("03.01.2007"; "03.01.2008";96,5;100;0)
ergibt 3,63 %

Die Funktion berechnet die jährliche Rendite eines unverzinslichen Wertpapiers, das mit einem Disagio, also einem Abschlag, ausgegeben wird. Ein Beispiel sind die Finanzierungsschätze des Bundes.

Abrechnung ist der Kauftermin, Fälligkeit der Rückzahlungstermin. Das Papier wird zum Preis von Kurs erworben und zum Fälligkeitstermin zum Preis von Rückzahlung eingelöst. Basis gibt an, nach welchem Zeitsystem die Zinstage berechnet werden.

Referenz der finanzmathematischen Funktionen | **3.6**

	A	B	C	D
1				
2	Jährliche Rendite eines unverzinslichen Wertpapiers			
3				
4	Abrechnung	03.01.2007	03.01.2007	03.01.2007
5	Fälligkeit	03.01.2008	03.01.2008	03.01.2008
6	Kurs	96,50	96,50	96,50
7	Rückzahlung	100,00	100,00	100,00
8	Basis	0	1	2
9	RENDITEDIS()	3,63%	3,63%	3,58%

Abbildung 3.34 Berechnung der Rendite eines Wertpapiers

RENDITEFÄLL()
YIELDMAT()

Syntax:	RENDITEFÄLL(Abrechnung; Fälligkeit; Emission; Zins; Kurs; Basis)
Beispiel:	=RENDITEFÄLL(DATWERT("01.04.2004); DATWERT("01.10.2004"); DATWERT("01.10.2003");0,05;99;4) ergibt 6,42 %

Die Funktion berechnet im unterjährigen Bereich, also ohne Zinseszinseffekte, die jährliche Rendite eines festverzinslichen Wertpapiers, dessen Zinsen nachschüssig zum Fälligkeitstermin ausgezahlt werden.

	A	B	C	D
1				
2	Rendite eines Wertpapiers, dessen Zinsen bei Fälligkeit gezahlt werden			
3				
4	Abrechnung	03.01.2004	03.01.2004	03.01.2004
5	Fälligkeit	10.02.2008	11.02.2008	12.02.2008
6	Emission	01.01.2003	01.01.2003	01.01.2003
7	Zins	5%	5%	5%
8	Kurs	98,00	98,00	98,00
9	Basis	0	1	2
10	RENDITEFÄLL()	5,33%	5,33%	5,32%

Abbildung 3.35 Berechnung der Rendite bei Fälligkeit

3 | Finanzmathematische Funktionen

Abrechnung ist der Kauftermin; das ist gleichzeitig der Zeitpunkt, für den die Rendite berechnet wird. Fälligkeit ist der Rücknahme- und damit Auszahlungstermin, Emission ist der Ausgabetermin des Papiers, ab dem die Verzinsung läuft. Zins ist der vereinbarte jährliche Nominalzinssatz. Das Papier wird zum Preis von Kurs am Abrechnungstermin erworben und wird zum Fälligkeitstermin zum Nennwert zusammen mit den aufgelaufenen Zinsen eingelöst. Basis gibt an, nach welchem Zeitsystem die Zinstage berechnet werden.

RMZ()
PMT()

Syntax:	RMZ(Zins; Zzr; Bw; Zw; F)
Beispiel:	=RMZ(0,09/12;8;8000) ergibt -1034,04

Die Funktion liefert die kontinuierliche Rente, wenn sie innerhalb einer Rentenrechnung verwendet wird. Bei einem Annuitätendarlehen berechnet die Funktion die Annuität, die sich jeweils aus einem Zinsanteil (berechnet mit ZINSZ()) und einem Tilgungsanteil (berechnet mit KAPZ()), um den sich die Gesamtschuld jeweils verringert, zusammensetzt.

Argumente sind Zins für den konstanten Nominalzinssatz, Zzr für die Anzahl der Abzahlungszeiträume und Bw, also der Barwert, der bei einem Darlehen der Darlehenssumme entspricht. Bei der Rentenrechnung gibt dieser Wert den Kontostand am Beginn der Rentenzahlungen an.

Dazu können Sie noch Zw angeben für einen Zukunftswert, also einen Betrag, der am Ende der letzten Zahlung noch an der vollständigen Rückzahlung eines Darlehens fehlt. Bei der Rentenrechnung ist es der Kontostand, der am Ende aller Rentenzahlungen erreicht werden soll.

Ist dieser Wert nicht angegeben, wird er als 0 angenommen. Wird dagegen Bw nicht angegeben, muss Zw angegeben werden.

Der Wert F ist optional und gibt die Fälligkeit der Zahlungen an: 0 oder nicht angegeben = nachschüssig, 1 = vorschüssig).

Referenz der finanzmathematischen Funktionen | **3.6**

	A	B	C	D	E	F	G	H	I	J	K
1											
2	**Annuität für ein Darlehen**										
3											
4	Zins	10,00%	10,00%	10,00%	10,00%	10,00%	10,00%	10,00%	10,00%	10,00%	10,00%
5	Zr	1	2	3	4	5	6	7	8	9	10
6	Zzr	10	10	10	10	10	10	10	10	10	10
7	Bw	20.000 €	20.000 €	20.000 €	20.000 €	20.000 €	20.000 €	20.000 €	20.000 €	20.000 €	20.000 €
8	RMZ()	-3.254,91 €	-3.254,91 €	-3.254,91 €	-3.254,91 €	-3.254,91 €	-3.254,91 €	-3.254,91 €	-3.254,91 €	-3.254,91 €	-3.254,91 €

Abbildung 3.36   Berechnen der Annuität bei einem Darlehen

TBILLÄQUIV()
TBILLEQ()

Syntax: TBILLÄQUIV(Abrechnung; Fälligkeit; Disagio)

Beispiel: =TBILLÄQUIV(DATWERT("31.03.2008");
DATWERT("01.06.2008");0,08)
ergibt 8,22 %

Die Funktion berechnet die vergleichsweise jährliche nachschüssige Verzinsung eines Schatzwechsels (Treasury Bill) auf der Basis von 365 Tagen für einen gegebenen vorschüssigen Jahreszinssatz auf der Basis von 360 Tagen um.

Ein Schatzwechsel ist eine kurzfristige Schuldverschreibung, die zum Termin Abrechnung mit einem Disagio (in Prozent auf ein Jahr umgerechnet) erworben wird und zum Termin Fälligkeit zum vollen Wert eingelöst wird. Abrechnung und Fälligkeit müssen im Zeitraum eines Jahres liegen. Da das Disagio praktisch ein vorschüssiger Zins ist, rechnet die Funktion also um, wie das Disagio sich in einem nachschüssigen Zins widerspiegeln würde.

	A	B	C	D
1				
2	Umrechnung eines vorschüssigen Jahreszinses in den äquivalenten nachschüssigen Zinssatz			
3				
4	Abrechnung	31.03.2008	31.03.2008	31.03.2008
5	Fälligkeit	01.06.2008	01.06.2008	01.06.2008
6	Diskont	8,00%	9,00%	10,00%
7	TBILLÄQUIV()	8,22%	9,27%	10,32%

Abbildung 3.37   Berechnen der vergleichsweisen Verzinsung eines Schatzwechsels

TBILLKURS()
TBILLPRICE()

Syntax:	TBILLKURS(Abrechnung; Fälligkeit; Disagio)
Beispiel:	=TBILLKURS(DATWERT("31.03.2008"); DATWERT("01.06.2008");0,08) ergibt 98,62

Die Funktion liefert den Ausgabekurs für einen Schatzwechsel, der einen Nominalwert (und damit Rückgabewert) von 100 EUR hat.

Ein Schatzwechsel ist eine kurzfristige Schuldverschreibung, die zum Termin Abrechnung mit einem Disagio (in Prozent auf ein Jahr umgerechnet) erworben und zum Termin Fälligkeit zum vollen Wert eingelöst wird. Abrechnung und Fälligkeit müssen im Zeitraum eines Jahres liegen.

Die Kursberechnung erfolgt durch eine einfache Prozentrechnung, bei der der per Disagio angegebene vorschüssige Jahreszinssatz auf die tatsächliche Laufzeit heruntergebrochen wird. Dabei wird das Jahr mit 360 Tagen und der Monat mit den tatsächlichen Tagen berechnet:

TBILLKURS=(1-(Fälligkeit-Abrechnung)/360)*Disagio)

	A	B	C	D
1				
2	Kurs eines Schatzwechsel pro 100 € Nennwert			
3				
4	Abrechnung	31.03.2008	31.03.2008	31.03.2008
5	Fälligkeit	01.06.2008	01.06.2008	01.06.2008
6	Disagio	8,00%	9,00%	10,00%
7	TBILLKURS()	98,62	98,45	98,28

Abbildung 3.38 Berechnen des Kurses eines abgezinsten Wertpapiers

Referenz der finanzmathematischen Funktionen | **3.6**

TBILLRENDITE()
TBILLYIELD()

Syntax:	TBILLRENDITE(Abrechnung; Fälligkeit; Kurs)
Beispiel:	=TBILLRENDITE(DATWERT("31.03.2008"); DATWERT("01.06.2008");98,5) ergibt 8,84%

Die Funktion liefert die Rendite eines Schatzwechsels, der zu dem mit dem Argument Kurs angegebenen Ausgabekurs erworben wurde. Ein Schatzwechsel ist eine kurzfristige Schuldverschreibung, die zum Termin Abrechnung mit einem Abschlag erworben und zum Termin Fälligkeit zum vollen Wert eingelöst wird. Abrechnung und Fälligkeit müssen im Zeitraum eines Jahres liegen.

	A	B	C	D
1				
2	**Rendite eines Schatzwechsel**			
3				
4	Abrechnung	31.03.2008	31.03.2008	31.03.2008
5	Fälligkeit	01.06.2008	01.06.2008	01.06.2008
6	Kurs	98,50	99,00	99,50
7	TBILLRENDITE()	8,84%	5,87%	2,92%

Abbildung 3.39 Berechnen der Rendite eines Schatzwechsels

UNREGER.KURS()
ODDFPRICE()

Syntax:	UNREGER.KURS(Abrechnung; Fälligkeit; Emission; Erster_Zinstermin; Zins; Rendite; Rückzahlung; Häufigkeit; Basis)
Beispiel:	=UNREGER.KURS(DATWERT("11.11.2008"); DATWERT("01.03.2013"); DATWERT("15.10.2008"); DATWERT("01.03.2009"); 0,0785;0,0625;100;2;1) ergibt 105,96

3 | Finanzmathematische Funktionen

Die Funktion UNREGER.KURS() liefert den Kurswert eines festverzinslichen Wertpapiers (Nennwert 100 EUR), bei dem die erste Zinsperiode kürzer oder auch länger als die folgenden regelmäßigen Perioden ausfällt. Die Funktion liefert eine alternative Berechnungsmethode für die Berücksichtigung der ersten (gebrochenen) Zinsperiode.

Abrechnung ist der Verkaufstermin, für den der Kurs errechnet werden soll, Fälligkeit der Rückzahlungstermin. Emission ist der Ausgabetermin, ab dem die Zinsberechnung läuft. Der Termin, ab dem die Zinszahlungen einsetzen, wird mit Erster_Zinstermin angegeben, der Nominalzins mit Zins.

Rendite ist die anvisierte Rendite des Papiers, also der am Markt aktuell gegebene Zinssatz für Anleihen mit dieser Laufzeit; Rückzahlung ist der auf 100 Einheiten bezogene Betrag, der zum Fälligkeitstermin ausbezahlt wird. Häufigkeit gibt an, wie oft im Jahr die Zinsen ausgeschüttet werden (1, 2 oder 4). Basis gibt an, nach welchem Zeitsystem die Zinstage berechnet werden.

	A	B	C	D
	B14	=UNREGER.KURS(B4;B5;B6;B7;B8;B9;B11;B12;B13)		
1				
2	**Kurs/Rendite bei unregelmäßiger 1. Periode**			
3				
4	Abrechnung	11.11.2008		
5	Fälligkeit	01.03.2013		
6	Emmission	15.10.2008		
7	Erster Zins	01.03.2009		
8	Zins	7,85%		
9	*Rendite	6,25%		
10	*Kurs	101		
11	Rückzahlung	100		
12	Häufigkeit	2		
13	Basis	1		
14	UNREGER.KURS	105,96		
15	KURS	105,94		
16	UNREGER.REND	7,57%		
17	RENDITE	7,57%		

Abbildung 3.40 Kurs und Rendite bei Papieren, bei denen die erste Zinsperiode kürzer ist als die folgenden

Das in der Abbildung mit * bezeichnete Argument Kurs wird bei der folgenden Funktion UNREGER.REND() benötigt; das Argument Rendite bei der vorliegenden Funktion UNREGER.KURS().

UNREGER.REND()
ODDFYIELD()

Syntax:	UNREGER.REND(Abrechnung; Fälligkeit; Emission; Erster_Zinstermin; Zins; Kurs; Rückzahlung; Häufigkeit; Basis)
Beispiel:	=UNREGER.REND(DATWERT("11.11.2008"); DATWERT("01.03.2013"); DATWERT("15.10.2008"); DATWERT("01.03.2009"); 0,0785;101;100;2;1) ergibt 7,57%

Die Funktion UNREGER.REND() liefert die Rendite eines festverzinslichen Wertpapiers (Nennwert 100 EUR), bei dem die erste Zinsperiode kürzer oder auch länger als die folgenden regelmäßigen Perioden ausfällt. Die Funktion liefert eine alternative Berechnungsmethode für die Berücksichtigung der ersten (gebrochenen) Zinsperiode.

Abrechnung ist der Verkaufstermin, für den der Kurs errechnet werden soll, Fälligkeit der Rückzahlungstermin. Emission ist der Ausgabetermin, ab dem die Zinsberechnung läuft. Der Termin, ab dem die Zinszahlungen einsetzen, wird mit Erster_Zinstermin angegeben, der Nominalzins mit Zins.

Kurs ist der Kurs zum Termin Abrechnung. Rückzahlung ist der auf 100 Einheiten bezogene Betrag, der zum Fälligkeitstermin ausbezahlt wird. Häufigkeit gibt an, wie oft im Jahr die Zinsen ausgeschüttet werden (1, 2 oder 4). Basis gibt an, nach welchem Zeitsystem die Zinstage berechnet werden.

UNREGLE.KURS()
ODDLPRICE()

Syntax:	UNREGLE.KURS(Abrechnung; Fälligkeit; Letzter_Zinstermin; Zins; Rendite; Rückzahlung; Häufigkeit; Basis)
Beispiel:	=UNREGLE.KURS(DATWERT("12.04.2007"); DATWERT("01.06.2007"); DATWERT("01.12.2006"); 0,038;0,05;100;2;0) ergibt 99,82

Die Funktion UNREGLE.KURS liefert den Kurswert eines festverzinslichen Wertpapiers (Nennwert 100 EUR) in einer letzten Zinsperiode, deren Länge sich von den vorhergehenden gleichmäßigen Perioden unterscheidet. Dabei wird mit einfacher Verzinsung gerechnet. Die Funktion kann nur für diese Periode verwendet werden.

Abrechnung ist der Verkaufstermin, für den der Kurs errechnet werden soll, Fälligkeit der Rückzahlungstermin. Der Termin, an dem die letzte regelmäßige Zinszahlung vor dem Kauftermin stattfindet, wird mit Letzter_Zinstermin angegeben, der Nominalzins mit Zins.

Rendite ist die anvisierte Rendite des Papiers, also der am Markt aktuell gegebene Zinssatz für Anleihen mit dieser Laufzeit; Rückzahlung ist der auf 100 Einheiten bezogene Betrag, der zum Fälligkeitstermin ausbezahlt wird. Häufigkeit gibt an, wie oft im Jahr die Zinsen ausgeschüttet werden (1, 2 oder 4). Basis gibt an, nach welchem Zeitsystem die Zinstage berechnet werden.

Bei den angegebenen Terminen muss eine bestimmte zeitliche Reihenfolge eingehalten werden. Letzter_Zinstermin muss vor Abrechnung und diese vor Fälligkeit liegen. Andernfalls gibt die Funktion eine Fehlermeldung aus.

Von den Argumenten wird *Kurs nur für die folgende Funktion UNREGLE.REND() benötigt, bei der dann naturgemäß *Rendite wegfällt.

Referenz der finanzmathematischen Funktionen | 3.6

	A	B	C	D
1				
2	Kurs/Rendite bei unregelmäßiger letzter Zinsperiode			
3				
4	Abrechnung	12.04.2007		
5	Fälligkeit	01.06.2007		
6	Letzter Zins	01.12.2006		
7	Zins	3,8%		
8	*Rendite	5%		
9	*Kurs	99,87		
10	Rückzahlung	100		
11	Häufigkeit	2		
12	Basis	0		
13	UNREGLE.KURS	99,82		
14	UNREGLE.REND	4,65%		

B13 — =UNREGLE.KURS(B4;B5;B6;B7;B8;B10;B11;B12)

Abbildung 3.41 Kurs und Rendite für Wertpapiere mit einer unregelmäßigen Zinsperiode am Ende der Laufzeit

UNREGLE.REND()
ODDLYIELD()

Syntax:	UNREGLE.REND(Abrechnung; Fälligkeit; Letzter_Zinstermin; Zins; Kurs; Rückzahlung; Häufigkeit; Basis)
Beispiel:	=UNREGLE.REND(DATWERT("12.04.2007"); DATWERT("01.06.2007"); DATWERT("01.12.2006"); 0,038;99,87;100;2;0) ergibt 4,65%

UNREGLE.REND() liefert die Rendite eines festverzinslichen Wertpapiers (Nennwert 100 EUR) in einer letzten Zinsperiode, deren Länge sich von den vorhergehenden gleichmäßigen Perioden unterscheidet. Dabei wird mit einfacher Verzinsung gerechnet. Die Funktion kann nur für diese Periode verwendet werden.

Abrechnung ist der Verkaufstermin, für den der Kurs errechnet werden soll, Fälligkeit der Rückzahlungstermin. Der Termin, an dem die letzte regelmäßige Zinszahlung vor dem Kauftermin stattfindet, wird mit Letzter_Zinstermin angegeben, der Nominalzins mit Zins.

3 | Finanzmathematische Funktionen

Kurs ist der Kurs zum Termin Abrechnung. Rückzahlung ist der auf 100 Einheiten bezogene Betrag, der zum Fälligkeitstermin ausbezahlt wird. Häufigkeit gibt an, wie oft im Jahr die Zinsen ausgeschüttet werden (1, 2 oder 4). Basis gibt an, nach welchem Zeitsystem die Zinstage berechnet werden.

Bei den angegebenen Terminen muss eine bestimmte zeitliche Reihenfolge eingehalten werden. Letzter_Zinstermin muss vor Abrechnung und diese vor Fälligkeit liegen. Andernfalls gibt die Funktion eine Fehlermeldung aus.

VDB()
VDB()

Syntax:	VDB(Ansch_Wert; Restwert; Nutzungsdauer; Anfang; Ende; Faktor; Nicht_wechseln)
Beispiel:	=VDB(22000;2000;5;0;1) ergibt 4000

Die Funktion VDB() berechnet die Abschreibungsrate für einen bestimmten Abschreibungszeitraum nach der variabel-degressiven Methode.

Diese Funktion ist eine Variation der geometrisch-degressiven Abschreibung. Sie ermöglicht es, sobald die lineare Abschreibung höhere Abschreibungsbeträge liefert, in diese überzuwechseln.

Das Argument Ansch_Wert ist der Betrag, der für die Investition aufgewandt wurde. Restwert ist der Wert, den die Investition nach der Abschreibung noch hat. Nutzungsdauer entspricht der Anzahl von Zeiträumen bis zum Ende der Abschreibung. Mit Faktor wird die Stärke der Degressivität angegeben (ohne Angabe wird 2 angesetzt). Dabei handelt es sich um die Rate, um die jeweils der Restbuchwert abnimmt. Der angegebene Wert wird in die Berechnung eingesetzt als Faktor * 100%/Nutzungsdauer.

Anfang ist der Anfang der Periode, für die die Abschreibung berechnet werden soll, Ende der Endzeitpunkt. Soll z. B. die Abschreibung für das erste Jahr berechnet werden, dann wären 0 und 1 einzusetzen. Die Abschreibung kann so auch über mehrere Perioden berechnet werden.

Nicht_wechseln wird durch einen Wahrheitswert geschaltet. Wenn die nach der linearen Methode erzielten Abschreibungen höher liegen als bei der degressiven, wechselt die Funktion auf die lineare Abschreibung, falls `Nicht_wechseln` mit FALSCH belegt wird oder nicht angegeben ist. Ist das Argument mit WAHR belegt, so wird das Abschreibungsverfahren nicht geändert.

	A	B	C	D	E	F
1						
2	**Variabel-degressive Abschreibung**					
3						
4	Anschaffungskosten	22.000 €	22.000 €	22.000 €	22.000 €	22.000 €
5	Restwert	2.000 €	2.000 €	2.000 €	2.000 €	2.000 €
6	Nutzungsdauer in Jahren	5	5	5	5	5
7	Anfang	0	1	2	3	4
8	Ende	1	2	3	4	5
9	Faktor	2	2	2	2	2
10	Nicht_wechseln					
11	VDB()	8.800 €	5.280 €	3.168 €	1.901 €	851 €
12					Gesamt:	20.000,00 €

Abbildung 3.42 Verlauf der variabel-degressiven Abschreibung

Steuerrechtlich gelten für die variabel-degressive Abschreibung die Einschränkungen, die schon für die Funktion `GDA()` beschrieben wurden.

XINTZINSFUSS()
XIRR()

Syntax: `XINTZINSFUSS(Werte; Zeitpkte; Schätzwert)`

Beispiel: `=XINTZINSFUSS(B4:B8;A4:A8;B10)`
siehe Abbildung

Die Funktion `XINTZINSFUSS()` berechnet – etwas im Widerspruch zum Funktionsnamen – den internen Zinssatz für eine Reihe von Zahlungsvorgängen im unterjährigen Bereich, die in unterschiedlicher Höhe zu nicht regelmäßigen Zeitpunkten erfolgen können. Dabei wird ein Näherungsverfahren verwendet, das spätestens nach 100 Iterationsschritten abgebrochen wird, wenn es nicht zu einem brauchbaren Ergebnis führt. Mit dieser Funktion lassen sich auch Investitionen und Zahlungsströme, die sonst sehr undurchschaubar bleiben, überprüfen.

`Werte` sind die Zahlungsvorgänge, die in unregelmäßigen Abständen erfolgen können, wobei mindestens ein positiver und ein negativer Wert enthalten sein müs-

3 | Finanzmathematische Funktionen

sen. Die Daten werden in einer Spalte oder Zeile lückenlos abgelegt oder als Matrix übergeben. Die erste Zahlung ist optional und entspricht einer Auszahlung für eine Investition. Alle folgenden Zahlungen werden ausgehend von einem Jahr mit 365 Tagen abgezinst. Zeitpkte sind die zu den Zahlungen gehörenden Termine. Der erste Termin ist der Beginn des Zahlungsplans, alle anderen müssen später liegen, brauchen aber nicht unbedingt in zeitlicher Reihenfolge angeordnet zu sein. Mit Schätzwert kann eine Vorgabe für den erwarteten internen Zinsfuß gemacht werden, ohne Angabe geht Excel von 10 % aus.

	A	B	C	D
1				
2	**Interner Zinsfuß und Kapitalwert**			
3				
4	01.01.2004	-100000		
5	01.02.2004	30000		
6	01.06.2004	20000		
7	15.09.2004	30000		
8	18.12.2004	25000		
9	Summe der Zahlungen	5000		
10	Schätzwert	10,00%		
11	XINTZINSFUSS()	9,64%		
12	XKAPITALWERT()	0,00		
13				

B12 =XKAPITALWERT(B11;B4:B8;A4:A8)

Abbildung 3.43 Interner Zinsfuß und Kapitalwert bei unregelmäßigen Zahlungen

Der von XINTZINSFUSS() errechnete Zinssatz ist genau der Zinssatz, für den die verwandte Funktion XKAPITALWERT() den Wert 0 liefert, wie die Abbildung belegt.

XKAPITALWERT()
XNPV()

Syntax: XKAPITALWERT(Zins; Werte; Zeitpkte)

Beispiel: =XKAPITALWERT(B11;B4:B8;A4:A8)
siehe Abbildung zu XINTZINSFUSS()

Die Funktion berechnet den Nettokapitalwert für eine Reihe von Zahlungsvorgängen im unterjährigen Bereich, die in unterschiedlicher Höhe zu nicht regelmäßigen

Zeitpunkten erfolgen können. Mit dieser Funktion lassen sich auch Investitionen und Zahlungsströme, die sonst sehr undurchschaubar bleiben, überprüfen.

Zins gibt den Jahreszinssatz an, der in die Berechnung eingehen soll. Werte sind die Zahlungsvorgänge, die in unregelmäßigen Abständen erfolgen können, wobei mindestens ein positiver und ein negativer Wert enthalten sein muss. Die Daten werden in einer Spalte oder Zeile lückenlos abgelegt oder als Matrix übergeben. Die erste Zahlung ist optional und entspricht einer Auszahlung für eine Investition. Alle folgenden Zahlungen werden ausgehend von einem Jahr mit 365 Tagen abgezinst. Zeitpkte sind die zu den Zahlungen gehörenden Termine. Der erste Termin ist der Beginn des Zahlungsplans, alle anderen müssen später liegen, brauchen aber nicht unbedingt in zeitlicher Reihenfolge angeordnet zu sein. Mit Schätzwert kann eine Vorgabe für den erwarteten internen Zinsfuß gemacht werden, ohne Angabe geht Excel von 10% aus.

ZINS()
RATE()

Syntax:	ZINS(**Zzr**; **Rmz**; **Bw**; Zw; F; Schätzwert)
Beispiel:	=ZINS(15;;-10000;22000) ergibt 5,4%

Die Funktion berechnet den vorliegenden Zinssatz bei regelmäßigen Zahlungen. Sie kann sowohl im Bereich der Zinseszinsrechnung als auch bei der Renten- und Tilgungsrechnung verwendet werden. Dabei wird ein Iterationsverfahren angewendet, das nach maximal 20 Schritten mit der Fehlermeldung #ZAHL! abgebrochen wird.

Mit Zzr wird die Zahl der Zahlungsperioden angegeben, an deren Anfang oder Ende jeweils Zahlungen erfolgen. Soll die Funktion den Zinssatz für eine monatliche Verzinsung berechnen, muss der Jahreswert von Zzr mit 12 multipliziert angegeben werden, also etwa 3 * 12 für 36 Monate.

Rmz ist der über die Zahlungszeiträume konstante regelmäßige Zahlungs- oder Rentenbetrag, der deshalb negativ sein muss. Bw ist der Barwert, also der aktuelle Wert, z. B. die anfängliche Einzahlung, der Kontostand oder die Kreditsumme, die getilgt werden soll.

3 | Finanzmathematische Funktionen

Wird Zw (der Zukunftswert) nicht angegeben, so wird er von der Funktion als 0 angenommen. Wird F (Zahlungen am Anfang oder am Ende der Zahlungszeiträume) nicht gesetzt, so wird es ebenfalls als 0 (Ende der Periode) angenommen.

Wenn für Rmz kein Wert angegeben wird, muss für Zw ein Wert angegeben werden.

Mit Schätzwert können Sie angeben, wie hoch Sie den Zins einschätzen (das kann das Rechenverfahren verkürzen). Geben Sie keinen Wert ein, so wird er von der Funktion mit 10 % veranschlagt.

In der Spalte B der Abbildung wird der Zins für den Fall berechnet, dass eine Summe von 10.000 EUR für 15 Jahre angelegt wird. Berechnet wird der Zinssatz, der benötigt wird, damit das Geld auf 22.000 EUR anwächst.

In der Spalte C wird dagegen am Anfang ein Betrag von 80.000 EUR einbezahlt, in der Absicht, davon 15 Jahre lang monatlich 600 EUR Zusatzrente abzuzweigen, und zwar jeweils vorschüssig am Monatsanfang. Die Funktion rechnet aus, welche monatliche Verzinsung notwendig ist, damit dies gelingt.

In Spalte D findet eine fast gleiche Berechnung statt. Sie kann aber auch im Sinne der Tilgungsrechnung interpretiert werden.

	A	B	C	D
1				
2	**Zinssatz pro Periode**			
3				
4	Zzr	15	15	30
5	Rmz		-600,00 €	-1.000,00 €
6	Bw	-10.000,00 €	80.000,00 €	175.000,00 €
7	Zw	22.000,00 €		
8	F	0	1	0
9	Schätzwert			
10	ZINS()	5,40%	0,35%	0,46%
11		Jahreszins	4,26%	5,56%

C10 =ZINS(C4*12;C5;C6;C7;C8;C9)

Abbildung 3.44 Berechnung des Zinssatzes bei regelmäßigen Zahlungen

ZINSSATZ()
RECEIVED()

Syntax:	ZINSSATZ(Abrechnung; Fälligkeit; Anlage; Rückzahlung; Basis)
Beispiel:	=ZINSSATZ(DATWERT("12.10.2007"); DATWERT("01.09.2008");10000;10450;1) ergibt 5,07%

Die Funktion ZINSSATZ() berechnet den entsprechenden nachschüssigen (jährlichen) Zinssatz für eine Investition, bei der zwischen Abrechnung und Rückzahlung keine Zinsen ausgeschüttet werden.

Bei der Investition handelt es sich nach der Terminologie der Argumente um den Kauf von Wertpapieren, die Funktion kann aber auf jede Situation angewendet werden, in der ein Betrag eingezahlt und ein anderer Betrag nach einer Frist zurückgezahlt wird.

Abrechnung ist der Kauftermin, Fälligkeit der Rücknahmetermin. Anlage ist der Betrag, der angelegt wurde, Rückzahlung der Betrag, der zum Fälligkeitstermin zurückgezahlt wird. Basis gibt an, nach welchem Zeitsystem die Zinstage berechnet werden.

	A	B	C	D	E
1					
2	**Zinssatz eines voll investierten Wertpapiers**				
3					
4	Abrechnung	12.10.2007	12.10.2007	12.10.2007	12.10.2007
5	Fälligkeit	01.09.2008	01.09.2008	01.09.2008	01.09.2008
6	Anlage	10.000,00 €	10.000,00 €	10.000,00 €	10.000,00 €
7	Rückzahlung	10.450,00 €	10.450,00 €	10.450,00 €	10.450,00 €
8	Basis	1	2	3	4
9	ZINSSATZ()	5,07%	4,98%	5,05%	5,08%

Abbildung 3.45 Zinssatz eines Wertpapiers

ZINSTERMNZ()
COUPNCD()

Syntax:	ZINSTERMNZ(Abrechnung; Fälligkeit; Häufigkeit; Basis)
Beispiel:	=ZINSTERMNZ(DATWERT("12.10.2007"); DATWERT("01.09.2008");4;3) ergibt 01.12.2007

Die Funktion ZINSTERMNZ() berechnet bei einem festverzinslichen Wertpapier das Datum der ersten Zinsausschüttung nach dem Kauftermin.

Dabei ist Abrechnung der Kauftermin, Fälligkeit der Termin, an dem die Rückzahlung erfolgt. Häufigkeit ist die Zahl der jährlichen Zinsausschüttungen (1, 2 oder 4). Basis gibt an, nach welchem Zeitsystem die Zinstage berechnet werden.

	A	B	C	D
1				
2	**Berechnen des nächsten Zinstermins**			
3				
4	Abrechnung	12.10.2007	12.10.2007	12.10.2007
5	Fälligkeit	01.09.2008	01.09.2008	01.09.2008
6	Häufigkeit	1	2	4
7	Basis	1	2	3
8	ZINSTERMNZ()	01.09.2008	01.03.2008	01.12.2007

Abbildung 3.46 Zinstermine bei unterschiedlichen Häufigkeiten

Die Funktion ZINSTERMNZ() ist eine von sechs Funktionen mit dem Präfix ZINSTERM, die alle mit Berechnungen zu festverzinslichen Wertpapieren zu tun haben. Die folgende Abbildung zeigt ein Tabellenblatt, in dem die Daten eines solchen Wertpapiers zusammengestellt sind:

Referenz der finanzmathematischen Funktionen | 3.6

	A	B	C
1			
2	**Daten eines festverzinslichen Wertpapiers**		
3			
4	Abrechnung	15.05.2007	
5	Kaufkurs	98,48	
6	Rückzahlung	100,00	
7	Fälligkeit	06.05.2013	
8	Nominalzins	4,63%	
9	Zeitbasis	4	
10	Häufigkeit der Zinszahlungen	1	
11	Letzter Zinszahlungstermin	06.05.2007	=ZINSTERMVZ(B4;B7;B10;B9)
12	Nächster Zinszahlungstermin	06.05.2008	=ZINSTERMNZ(B4;B7;B10;B9)
13	Jahresrest in Tagen	351	=ZINSTERMTAGNZ(B4;B7;B10;B9)
14	Tage für Stückzinsen	9	=ZINSTERMTAGVA(B4;B7;B10;B9)
15	Tage im Jahr	360	=ZINSTERMTAGE(B4;B7;B10;B9)
16	Stückzinsen	0,12	=B8*B14/B15*B6
17	Anzahl der Zinstermine	6,00	=ZINSTERMZAHL(B4;B7;B10;B9)
18	Kaufpreis	98,60	=B5+B16
19	Rendite p.a.	4,92%	
20	**Ergebnis der Funktion RENDITE():**	4,92%	=RENDITE(B4;B7;B8;B5;B6;1;B9)

Abbildung 3.47 Daten zu einem festverzinslichen Wertpapier, die mithilfe der ZINSTERM***-Funktionen berechnet werden können.

ZINSTERMTAGE()
COUPDAYS()

Syntax:	ZINSTERMTAGE(Abrechnung; Fälligkeit; Häufigkeit; Basis)
Beispiel:	=ZINSTERMTAGE(DATWERT("25.01.2007"); DATWERT("15.11.2008");4;1) ergibt 92

Die Funktion ZINSTERMTAGE() berechnet bei einem festverzinslichen Wertpapier die Anzahl der Tage in derjenigen Zinsperiode, in die der Abrechnungszeitpunkt fällt.

Dabei ist Abrechnung der Kauftermin, Fälligkeit der Termin, an dem die Rückzahlung erfolgt. Häufigkeit ist die Zahl der jährlichen Zinsausschüttungen (1, 2 oder 4). Basis gibt an, nach welchem Zeitsystem die Zinstage berechnet werden.

171

3 | Finanzmathematische Funktionen

Die Funktion macht allerdings nur Sinn, wenn die Basis so gewählt ist, dass das Zinsjahr nicht mit 360 Tagen gerechnet wird (sonst kommt bei einer Häufigkeit von 4 immer 90 heraus), und wenn die Häufigkeit nicht mit 1 angesetzt ist (sonst kommt immer 360 bzw. 365 heraus).

	A	B	C	D
1				
2	**Dauer der Zinsperiode, in der der Abrechnungstermin liegt.**			
3				
4	Abrechnung	25.01.2007	25.01.2007	25.01.2007
5	Fälligkeit	15.11.2008	15.11.2008	15.11.2008
6	Häufigkeit	1	2	4
7	Basis	1	1	1
8	ZINSTERMTAGE()	365	181	92

Abbildung 3.48 Tage der Zinsperiode mit dem Abrechnungstermin

ZINSTERMTAGNZ()
COUPDAYSNC()

Syntax:	ZINSTERMTAGNZ(Abrechnung; Fälligkeit; Häufigkeit; Basis)
Beispiel:	=ZINSTERMTAGNZ(DATWERT("25.01.2007"); DATWERT("15.11.2008");4;1) ergibt 21

Die Funktion ZINSTERMTAGNZ() berechnet bei einem festverzinslichen Wertpapier die Tage vom Kauftermin bis zum ersten Zinstermin. Das Ergebnis der Funktion kann dann verwendet werden, um die Zinsen für diesen Zeitraum zu berechnen, die dem neuen Besitzer zustehen.

Dabei ist Abrechnung der Kauftermin, Fälligkeit der Termin, an dem die Rückzahlung erfolgt. Häufigkeit ist die Zahl der jährlichen Zinsausschüttungen (1, 2 oder 4). Basis gibt an, nach welchem Zeitsystem die Zinstage berechnet werden.

Referenz der finanzmathematischen Funktionen | 3.6

	A	B	C	D
1				
2	Tage vom Abrechnungstermin bis zum nächsten Zinstermin			
3				
4	Abrechnung	25.01.2007	25.01.2007	25.01.2007
5	Fälligkeit	15.11.2008	15.11.2008	15.11.2008
6	Häufigkeit	1	2	4
7	Basis	1	1	1
8	ZINSTERMTAGNZ()	294	110	21

Abbildung 3.49 Anzahl Tage bis zum 1. Zinstermin nach dem Kauf des Wertpapiers

ZINSTERMTAGVA()
COUPDAYBS()

Syntax: ZINSTERMTAGVA(Abrechnung; Fälligkeit; Häufigkeit; Basis)

Beispiel: =ZINSTERMTAGVA(DATWERT("25.03.2008"); DATWERT("15.06.2008");4;4)
ergibt 10

Die Funktion ZINSTERMTAGVA() berechnet bei einem festverzinslichen Wertpapier die Anzahl der Tage vom letzten Zinstermin vor der Abrechnung bis zur Abrechnung. Das Ergebnis der Funktion kann verwendet werden, um die Stückzinsen auszurechnen, die beim Kauf zusätzlich zum Kurs zu zahlen sind.

Dabei ist Abrechnung der Kauftermin, Fälligkeit der Termin, an dem die Rückzahlung erfolgt. Häufigkeit ist die Zahl der jährlichen Zinsausschüttungen (1, 2 oder 4). Basis gibt an, nach welchem Zeitsystem die Zinstage berechnet werden.

	A	B	C	D
1				
2	Tage vom letzten Zinstermin bis zum Abrechnungstermin			
3				
4	Abrechnung	25.03.2008	25.03.2008	25.03.2008
5	Fälligkeit	15.06.2008	15.06.2008	15.06.2008
6	Häufigkeit	1	2	4
7	Basis	0	2	4
8	ZINSTERMTAGVA()	280	101	10

Abbildung 3.50 Dauer der letzten Zinsperiode vor dem Kauf

3 | Finanzmathematische Funktionen

ZINSTERMVZ()
COUPPCD()

Syntax:	ZINSTERMVZ(Abrechnung; Fälligkeit; Häufigkeit; Basis)
Beispiel:	=ZINSTERMVZ(DATWERT("25.01.2005"); DATWERT("15.11.2008");1;0) ergibt 15.11.2006

Die Funktion ZINSTERMVZ() berechnet bei einem festverzinslichen Wertpapier das Datum des letzten Zinstermins vor der Abrechnung.

Dabei ist Abrechnung der Kauftermin, Fälligkeit der Termin, an dem die Rückzahlung erfolgt. Häufigkeit ist die Zahl der jährlichen Zinsausschüttungen (1, 2 oder 4). Basis gibt an, nach welchem Zeitsystem die Zinstage berechnet werden.

	A	B	C	D
1				
2	**Datum der letzten Zinszahlung vor dem Kauf**			
3				
4	Abrechnung	25.12.2005	25.01.2007	25.01.2008
5	Fälligkeit	15.11.2008	15.11.2008	15.11.2008
6	Häufigkeit	2	1	4
7	Basis	1	0	2
8	ZINSTERMVZ()	15.11.2005	15.11.2006	15.11.2007

Abbildung 3.51 Rückrechnen auf den letzten Zinstermin vor dem Kauf

ZINSTERMZAHL()
COUPNUM()

Syntax:	ZINSTERMZAHL(Abrechnung; Fälligkeit; Häufigkeit; Basis)
Beispiel:	=ZINSTERMZAHL(DATWERT("25.12.2005"); DATWERT("15.11.2008");2;1) ergibt 6

Die Funktion ZINSTERMZAHL() berechnet bei einem festverzinslichen Wertpapier die Zahl der Zinstermine zwischen dem Kaufdatum und dem Fälligkeitsdatum.

Dabei ist Abrechnung der Kauftermin, Fälligkeit der Termin, an dem die Rückzahlung erfolgt. Häufigkeit ist die Zahl der jährlichen Zinsausschüttungen (1, 2 oder 4). Basis gibt an, nach welchem Zeitsystem die Zinstage berechnet werden.

ZINSZ()
IPMT()

Syntax:	ZINSZ(Zins; Zr; Zzr; Bw; Zw; F)
Beispiel:	=ZINSZ(0,08;5;6;20000)
	ergibt -617,20

Die Funktion ZINSZ() ermittelt den mit jeder Periode abnehmenden Zinsanteil für die Abzahlung eines Annuitätendarlehens bei gleich bleibenden Zahlungen und bei gleich bleibendem Zinssatz (vgl. KAPZ() und RMZ()). Für die erste Periode wird der Zinsanteil einfach durch Multiplikation der Darlehenssumme mit dem Zinssatz errechnet, in den folgenden Perioden bezieht sich die Zinsberechnung dann jeweils auf die Restschuld, die nach Abzug der Tilgung übrig bleibt.

Argumente sind Zins für den konstanten Nominalzinssatz, Zr für die Angabe der Periode, für die der Zinsanteil berechnet werden soll, Zzr für die Anzahl der Abzahlungszeiträume und Bw, also der Barwert, der bei einem Darlehen der Darlehenssumme entspricht.

Dazu können Sie noch Zw angeben für einen Zukunftswert, also einen Betrag, der am Ende der letzten Zahlung noch an der vollständigen Rückzahlung eines Darlehens fehlt. Ist dieser Wert nicht angegeben, wird er als 0 angenommen.

▲	A	B	C	D	E	F	G
1							
2	**Zinsanteil bei der Abzahlung von Darlehen**						
3							
4	Zins	8,00%	8,00%	8,00%	8,00%	8,00%	8,00%
5	Zr	1	2	3	4	5	6
6	Zzr	6	6	6	6	6	6
7	Bw	20.000 €	20.000 €	20.000 €	20.000 €	20.000 €	20.000 €
8	ZINSZ()	-1.600,00 €	-1.381,90 €	-1.146,34 €	-891,95 €	-617,20 €	-320,47 €

Abbildung 3.52 Berechnen der Zinsen bei einem Darlehen

3 | Finanzmathematische Funktionen

ZW()
FV()

Syntax:	ZW(Zins; Zzr; Rmz; Bw; F)
Beispiel:	=ZW(0,06;10;-1000;;1) ergibt 13971,64

Die Funktion liefert als Ergebnis den zukünftigen Wert auf der Grundlage gleicher Zahlungen zu gleichem Zinssatz über die angegebene Laufzeit.

Mit Zins wird der Zinssatz und mit Zzr werden die Zahlungszeiträume – Perioden – und damit die Anzahl der Zahlungen angegeben. Dabei ist darauf zu achten, dass jeweils die passenden Zeiteinheiten verwendet werden. Als Vorgabe wird Zins als Jahreszins interpretiert. Soll mit einer halbjährigen, vierteljährlichen oder monatlichen Verzinsung gearbeitet werden, muss die Anzahl der Jahreszeiträume mit 2, 4 oder 12 multipliziert, der Jahreszinssatz entsprechend mit 2, 4 oder 12 dividiert werden.

Rmz ist der Betrag, der periodisch gezahlt wird. Dieser Betrag ist, wenn er angegeben wird, während der ganzen Laufzeit konstant. Handelt es sich um eine Rente, ist dies der ausgezahlte Betrag, handelt es sich um ein Darlehen, ist dies der Betrag der Annuität, die jährlich gezahlt wird.

Zusätzlich kann mit Bw noch ein Barwert angegeben werden, der zu Beginn in Form eines Guthabens oder als Darlehenssumme vorhanden ist. Wird Bw nicht angegeben, so wird er als 0 angenommen.

Die Funktion benötigt, wenn Bw nicht angegeben wird, unbedingt einen Wert für Rmz. Umgekehrt kann aber auch ohne einen Wert für Rmz gerechnet werden, wenn Bw angegeben ist. In dem abgebildeten Beispiel findet eine solche Rechnung in den Spalten D und E statt. Eine mögliche Fragestellung für diese Fälle ist: Welcher Betrag ergibt sich nach 10 Jahren, wenn ein kleiner Lottogewinn zu dem angegebenen Zinssatz angelegt wird?

Mit F wird noch angegeben, ob die Zahlungen jeweils am Ende einer Periode erfolgen (F = 0 oder weggelassen) oder am Anfang (F = 1).

3.6 Referenz der finanzmathematischen Funktionen

	A	B	C	D	E
1					
2	Zukunftswert				
3					
4	Zins	6%	6%	6%	6%
5	Zzr	10	10	10	10
6	Rmz	-1.000,00 €	-1.000,00 €		
7	Bw			-20.000,00 €	-20.000,00 €
8	F	1	0	1	0
9	ZW()	13.971,64 €	13.180,79 €	35.816,95 €	35.816,95 €

Abbildung 3.53 Berechnen des zukünftigen Werts auf der Basis regelmäßiger Zahlungen oder bei einer Einmalzahlung

ZW2()
FVSCHEDULE()

Syntax: ZW2(Kapital; Zinsen)

Beispiel: =ZW2(10000;{0,03;0,05;0,03;0,08})
ergibt 12031

Die Funktion berechnet den Endwert eines Kapitals, das über mehrere Jahre mit jährlich wechselnden Zinsen verzinst wird. Die Zinsen werden jedes Mal zum Kapital geschlagen, sodass Zinseszinsen anfallen.

Kapital ist das zum Anfang eingesetzte Kapital, Zinsen sind die jeweiligen Zinssätze, die in der Reihenfolge, in der sie tatsächlich anfallen, in einer Spalte oder Zeile eingetragen werden müssen. Stattdessen kann auch eine entsprechende Matrix angegeben werden. Implizit werden die Jahre aus der Zahl der eingegebenen Zinssätze errechnet.

	A	B	C	D
1				
2	Aufgezinstes Kapital bei wechselnden Zinsen			
3				
4	Jahreszinssätze		Anfangskapital	10000
5		3%	Endbetrag	12031
6		5%		
7		3%		
8		8%		

Abbildung 3.54 Verzinsung mit wechselnden Zinssätzen

ZZR()
NPER()

Syntax:	ZZR(Zins; Rmz; Bw; Zw; F)
Beispiel:	=ZZR(5%;-1000;10000) ergibt 14,2

Die Funktion berechnet die Zahl der Zahlungsperioden, also die Laufzeit. Sie kann bei der Zinseszinsrechnung, bei der Rentenrechnung und bei der Tilgungsrechnung bei einem Darlehen eingesetzt werden, wenn die anderen Argumente bekannt sind.

Mit Zins wird der Zinssatz angegeben. Handelt es sich um Monatsperioden, muss der Wert für den Jahreszins durch 12 dividiert werden, wie in den Spalten C und D in der folgenden Abbildung.

Rmz ist der Betrag, der periodisch gezahlt wird. Dieser Betrag ist, wenn er angegeben wird, während der ganzen Laufzeit konstant. Handelt es sich um eine Rente, ist dies der ausgezahlte Betrag, handelt es sich um ein Darlehen, ist dies der Betrag der Annuität, die jährlich gezahlt wird.

Zusätzlich kann mit Bw noch ein Barwert angegeben werden, der zu Beginn in Form eines Guthabens oder als Darlehenssumme vorhanden ist. Wird Bw nicht angegeben, so wird er als 0 angenommen. Außerdem kann mit Zw ein Zukunftswert angegeben werden, der einen bestimmten Kontostand am Ende von Rentenzahlungen oder eine Restschuld bei einem Darlehen angibt.

Die Funktion benötigt immer wenigstens zwei der drei Argumente Rmz, Bw und Zw. Mit F wird noch angegeben, ob die Zahlungen jeweils am Ende einer Periode erfolgen (F = 0 oder weggelassen) oder am Anfang (F = 1).

Die Abbildung zeigt in Spalte B, dass eine einmalige Zahlung von 10.000 EUR nach 19 Jahren bei einer Verzinsung von 6% einen Endwert von 30.000 EUR erreicht. Spalte B beschreibt den Fall, dass von einem Guthaben von 100.000 EUR monatlich eine Rente von 1.000 EUR vorschüssig abgezweigt wird, und liefert die Anzahl der Monate, bis das Guthaben aufgezehrt ist. Spalte C berechnet den Fall für die nachschüssige Auszahlung.

Referenz der finanzmathematischen Funktionen | 3.6

	D9		f_x	=ZZR(D4/12;D5;D6;D7;D8)	
	A	B		C	D
1					
2	**Berechnen der Zahlungsperioden**				
3					
4	Zins	6%		6%	6%
5	Rmz		-	1.000,00 €	- 1.000,00 €
6	Bw	- 10.000,00 €		100.000,00 €	100.000,00 €
7	Zw	30.000,00 €			
8	F	1		1	
9	ZZR()	19		138	139

Abbildung 3.55 Berechnen der jährlichen oder monatlichen Zahlungsperioden

4 Datums- und Zeitfunktionen

Funktion	Seite	Funktion	Seite
ARBEITSTAG()	195	MONAT()	206
BRTEILJAHRE()	196	MONATSENDE()	208
DATEDIF()	197	NETTOARBEITSTAGE()	209
DATUM()	198	SEKUNDE()	210
DATWERT()	200	STUNDE()	210
EDATUM()	201	TAG()	211
HEUTE()	201	TAGE360()	212
JAHR()	202	WOCHENTAG()	213
JETZT()	203	ZEIT()	215
KALENDERWOCHE()	204	ZEITWERT()	216
MINUTE()	206		

4.1 Einsatzbereich der Datums- und Zeitfunktionen

Berechnungen, in denen Datums- und Zeitwerte verwendet werden, spielen in vielen Anwendungsgebieten von Excel eine wichtige Rolle. Bei kommerziellen Lösungen geht es häufig darum, Fälligkeiten von Zahlungen festzustellen oder die Zeiträume zu berechnen, für die Zinsen anfallen. Bei der Analyse der gewerblichen Abläufe werden Umsätze, Kosten oder Gewinne bestimmten Zeitintervallen zugeordnet. Im Personalwesen werden Leistungen nach der Zeit abgerechnet, Urlaubsberechtigungen kontrolliert etc. In der Produktionsplanung kommt es auf die korrekte Verteilung der anfallenden Produktionsabläufe auf entsprechende Zeiteinheiten an.

Serielle Datums- und Zeitwerte

Excel rechnet in den Datums- und Zeitfunktionen mit »seriellen Zahlen«, die auch als **fortlaufende Zahl** bezeichnet werden. Alle Datumsangaben beziehen sich normalerweise auf den 1.1.1900, dieser Tag entspricht der seriellen Zahl 1, der darauffolgende Tag wird durch die serielle Zahl 2 repräsentiert usw., bis zur Zahl 2958465, die für den 31.12.9999 steht.

Excel für den Macintosh verwendet ein Datumsformat, das zu einem anderen Zeitpunkt, nämlich dem 1.1.1904, beginnt. In Excel 2007 können Sie eine Einstellung auf dieses Datumsformat über **Excel-Optionen • Erweitert • Beim Berechnen dieser Arbeitsmappe** vornehmen, indem Sie das Kontrollkästchen **1904-Datumswerte verwenden** ankreuzen. In den älteren Versionen finden Sie eine entsprechende Option über **Extras • Optionen • Berechnung**. In Abschnitt 4.5, *Tabellen für die Erfassung der Arbeitszeit*, wird diese Einstellung beispielsweise verwendet, um negative Zeitkonten anzeigen zu können.

Uhrzeiten werden in Excel auch über die seriellen Zahlen dargestellt. Sie bilden ihren Dezimalteil; und zwar ist 0,00001 die erste Sekunde des Tages, und 0,5 entspricht 12 Uhr mittags.

Durch die Umwandlung in serielle Zahlen kann mit Datums- und Zeitangaben sehr einfach gerechnet werden. Da diese sich nun als normale numerische Werte darstellen, können mit ihnen die üblichen Rechenoperationen vorgenommen werden, vornehmlich Subtraktionen und Additionen können so ausgeführt werden.

Allerdings ist für den Benutzer nicht unbedingt sichtbar, dass die Datums- und Zeitfunktionen mit seriellen Zahlen rechnen, denn für die Ausgabe erscheint das Ergebnis zumeist schon in einem entsprechenden Datums- oder Zeitformat. Um die Ausgabe als serielle Zahl zu sehen, braucht aber nur das Standardformat aktiviert zu werden, beispielsweise durch Löschen des zugewiesenen Datums- und Zeitformats.

Die Rolle der Datums- und Zeitformate

Bei der Eingabe von Datums- und Zeitwerten in eine Zelle werden alle Zeichenfolgen, die ein gültiges Datums- oder Zeitformat darstellen, korrekt interpretiert. Galt für die Zelle vorher das Standardformat, gilt nach der Eingabe das entsprechende Datums- oder Zeitformat.

Die Möglichkeit, Datums- und Zeitwerte als Zeichenfolgen einzugeben, besteht auch, wenn sie als Argumente für Funktionen eingegeben werden. Dennoch empfiehlt die Hilfe zu Excel, solche Argumente möglichst in Form von Funktionen anzugeben, die korrekte Datums- und Zeitwerte liefern. Dieser Empfehlung wird in den folgenden Beispielen gefolgt.

Beim Formatieren der Ergebnisse von Datums- und Zeitfunktionen sollte darauf geachtet werden, dass nicht aus Versehen ein falsches Format zugewiesen wird und damit fehlerhafte Ergebnisse erzeugt werden.

Bei Eingabe der Funktion =JAHR(HEUTE()) liefert Excel das korrekte Ergebnis 2007. Wird die betreffende Zelle jedoch mit einem Datumsformat belegt, ergibt sich der 29.06.1905, der zweitausendundsiebte Tag seit dem 1.1.1900. Das liegt daran, dass die Funktion JAHR() eine Zahl für das Jahr liefert und keinen Datumswert.

4.2 Periodische Datumsreihen berechnen

Im folgenden Beispiel wird gezeigt, wie mit der Funktion DATUM() Datumsberechnungen angestellt werden können. Es sollen periodische Datumsreihen beliebiger Art berechnet werden. Sie brauchen dazu nur ein Ausgangsdatum einzugeben und dann das gewünschte Intervall in Tagen, Wochen oder Monaten. In der ersten Zeile der Tabelle mit den Datumsreihen wird einfach nur das Ausgangsdatum durch einen absoluten Bezug übernommen.

Die einzelnen Termine der Datumsreihe sind in Spalte A fortlaufend nummeriert. Auf diese Nummer nehmen die Formeln der Reihe Bezug. Die Nummerierung kann durch Ziehen des Ausfüllkästchens bei gedrückter Strg-Taste erzeugt werden.

Ab der zweiten Zeile werden Formeln verwendet, um den Zeitsprung jeweils zu berechnen. Diese Formeln müssen nur einmal eingegeben werden und können dann beliebig weit nach unten kopiert werden.

Die Formel für ein Tagesintervall lautet:

=DATUM(JAHR($A$6);MONAT($A$6);TAG($A$6)+(A10-1)*$B$6))

Vergessen Sie nicht, die absoluten Bezüge zu verwenden, wenn Sie das Beispiel nachvollziehen wollen.

Die Formeln für das Monatsintervall sind entsprechend. Es wird immer ein bestimmtes Vielfaches des angegebenen Intervalls zu dem entsprechenden Bestandteil des Datums addiert.

Etwas mehr Aufwand macht das Wochenintervall:

=DATUM(JAHR($A$6);MONAT($A$6);TAG($A$6)+(A10-1)*$B$6*7))

Ist die Tabelle einmal aufgebaut, können Sie in den Zellen B6 bis B8 beliebige Werte für das Intervall eingeben und erhalten sofort die gewünschte Reihe.

	A	B	C	D
1				
2	**Periodische Datumsreihen**			
3				
4			Intervall	
5	Ausgangsdatum	in Tagen	in Wochen	in Monaten
6	20.05.2007	14	2	3
7				
8	Termin			
9	1	20.05.2007	20.05.2007	20.05.2007
10	2	03.06.2007	03.06.2007	20.08.2007
11	3	17.06.2007	17.06.2007	20.11.2007
12	4	01.07.2007	01.07.2007	20.02.2008
13	5	15.07.2007	15.07.2007	20.05.2008
14	6	29.07.2007	29.07.2007	20.08.2008
15	7	12.08.2007	12.08.2007	20.11.2008
16	8	26.08.2007	26.08.2007	20.02.2009

Abbildung 4.1 Datumsreihen berechnen

4.3 Periodische Zeitreihen berechnen

In dem nächsten Beispiel werden, ähnlich wie oben in dem Beispiel zu Datumsreihen, periodische Zeitreihen beliebiger Art berechnet. Sie geben eine Ausgangszeit ein und dann das gewünschte Intervall in Stunden, Minuten oder Sekunden. In der ersten Zeile der Tabelle mit den Zeitreihen wird einfach nur die Ausgangszeit durch einen absoluten Bezug übernommen. Die einzelnen Termine der Zeitreihe sind in Spalte A fortlaufend nummeriert. Auf diese Nummern nehmen die Formeln der Reihe dann Bezug. Die Nummerierung kann durch Ziehen des Ausfüllkästchens bei gedrückter [Strg]-Taste erzeugt werden.

In der zweiten Zeile werden dann Formeln verwendet, um den Zeitsprung jeweils zu berechnen. Diese Formeln müssen nur einmal eingegeben werden und können dann beliebig weit nach unten kopiert werden.

Die Formel für ein Stundenintervall lautet:

=ZEIT(STUNDE($A$6)+(A10-1)*$B$6;MINUTE($A$6);SEKUNDE($A$6))

	A	B	C	D
1				
2	**Periodische Zeitreihen**			
3				
4			Intervall	
5	Ausgangszeit	in Stunden	in Minuten	in Sekunden
6	11:26:50	6	30	30
7				
8	Termin			
9	1	11:26:50	11:26:50	11:26:50
10	2	17:26:50	11:56:50	11:27:20
11	3	23:26:50	12:26:50	11:27:50
12	4	5:26:50	12:56:50	11:28:20
13	5	11:26:50	13:26:50	11:28:50
14	6	17:26:50	13:56:50	11:29:20
15	7	23:26:50	14:26:50	11:29:50
16	8	5:26:50	14:56:50	11:30:20

Abbildung 4.2 Zeitreihen berechnen

Vergessen Sie nicht, die absoluten Bezüge zu verwenden, wenn Sie das Beispiel nachvollziehen wollen.

Die Formeln für das Minuten- bzw. Sekundenintervall sind entsprechend. Es wird immer ein bestimmtes Vielfaches des angegebenen Intervalls auf den entsprechenden Bestandteil der Zeit – hier die Minuten oder die Sekunden – addiert.

Ist die Tabelle einmal aufgebaut, können Sie in den Zellen B6 bis B8 beliebige Werte für das Intervall eingeben und erhalten sofort die gewünschte Reihe.

4.4 Uhrzeit und Dauer

Das folgende Beispiel behandelt die Frage, wie Zeiten addiert und subtrahiert werden. Die Zeitfunktionen von Excel liefern ja normalerweise die Uhrzeit für einen

4 | Datums- und Zeitfunktionen

bestimmten Zeitpunkt und nicht die Angabe über eine Dauer. Es ist aber kein Problem, Zeitdifferenzen zu ermitteln. Etwas trickreich ist dagegen die Addition von Zeiten.

Eine kleine Tabelle wurde aufgebaut, um Arbeitszeiten für eine Woche einzutragen. Es werden immer der Beginn und das Ende der Arbeitszeit in den Spalten B und C eingegeben. Dabei werden drei verschiedene Arbeitszeiten unterschieden: Normalarbeitszeit, Samstagsarbeitszeit und Sonntagsarbeitszeit.

Um die Differenz zu ermitteln, kann wieder mit der Zeitfunktion gearbeitet werden. Die Formel für den ersten Tag lautet:

`=ZEIT(STUNDE(C5-B5)-1;MINUTE(C5-B5);)`

Mit -1 bei Stunden wird die einstündige Pause mit berücksichtigt.

Wenn in der Tabelle die Summen für die drei Zeitarten gebildet werden, zeigt Excel bei normalem Datumsformat nicht die erwartete Zeitsumme von 34 Stunden und 50 Minuten an, sondern eine Uhrzeit: 10:50. Da die Differenz zwischen dem angezeigten und dem erwarteten Wert 24 ist, wird erkennbar, dass Excel durchaus nicht falsch gerechnet hat, sondern lediglich das Ergebnis als die Uhrzeit interpretiert, die nach 34 Stunden und 50 Minuten erreicht wird.

	A	B	C	D	E	F
1						
2	Arbeitszeitberechnung				Woche:	21
3						
4		Beginn	Ende	Normale Arbeitszeit	Samstags-arbeit	Sonntags-arbeit
5	Montag, 21. Mai 2007	8:40	16:30	6:50		
6	Dienstag, 22. Mai 2007	8:30	16:30	7:00		
7	Mittwoch, 23. Mai 2007	12:30	21:30	8:00		
8	Donnerstag, 24. Mai 2007	14:30	21:30	6:00		
9	Freitag, 25. Mai 2007	8:30	16:30	7:00		
10	Samstag, 26. Mai 2007	8:30	12:30		4:00	
11	Sonntag, 27. Mai 2007	8:30	10:30			2:00
12				10:50	4:00	2:00
13	* eine Stunde Pause					

Abbildung 4.3 Die Zeitrechnung liefert eine »falsche« Summe

Um in der Zellanzeige zu erreichen, dass auch eine Stundenzahl über 24 angezeigt wird, kann ein spezielles Format genutzt werden. Markieren Sie den Bereich D5 bis F12, benutzen Sie im Dialog **Zellen formatieren** • **Zahlen** die Kategorie **Benutzerdefiniert**. Geben Sie folgendes Format ein:

[hh]:mm

Nun werden die Zeitsummen korrekt angezeigt.

	A	B	C	D	E	F
1						
2	Arbeitszeitberechnung				Woche:	21
3						
4		Beginn	Ende	Normale Arbeitszeit	Samstags-arbeit	Sonntags-arbeit
5	Montag, 21. Mai 2007	8:40	16:30	6:50		
6	Dienstag, 22. Mai 2007	8:30	16:30	7:00		
7	Mittwoch, 23. Mai 2007	12:30	21:30	8:00		
8	Donnerstag, 24. Mai 2007	14:30	21:30	6:00		
9	Freitag, 25. Mai 2007	8:30	16:30	7:00		
10	Samstag, 26. Mai 2007	8:30	12:30		4:00	
11	Sonntag, 27. Mai 2007	8:30	10:30			2:00
12				34:50	4:00	2:00
13	* eine Stunde Pause					

Abbildung 4.4 Das Tabellenblatt mit korrekter Zeitsummenanzeige

4.5 Tabellen für die Erfassung der Arbeitszeit

Das folgende Beispiel, in dem ganz unterschiedliche Funktionen für die Berechnung von Arbeitszeiten genutzt werden, zeigt eine komplexere Lösung zum Thema Arbeitszeitberechnung. Dabei geht es um eine Aufgabe, die in der Regel ein genaues Ermitteln von Über- und zu wenig geleisteten Stunden erfordert. Hier hilft ein geeignetes Tabellenblatt.

Erfassen der Stammdaten

Beginnen Sie mit der Erstellung eines Stammdatenblatts. Dort werden folgende Informationen erfasst:

- Name, Personalnummer und Abteilung des abzurechnenden Mitarbeiters
- Stundenübertrag aus dem Vorjahr
- die tägliche Arbeitszeit
- die jährlichen Feiertage

4 | Datums- und Zeitfunktionen

	A	B
1	Stammdaten der Arbeitszeitberechnung	
2		
3	Personal-Nr.:	111
4	Name:	Wilfried Meyer
5	Abteilung:	Buchhaltung
6	Positiver Stundensaldo aus dem Vorjahr:	5:00
7	Negativer Stundensaldo aus dem Vorjahr:	
8	Tägliche Arbeitszeit	8:00
9		
10	Datum	Feiertag
11	01.01.2007	Neujahr
12	06.01.2007	Hlg. Drei Könige
13	19.02.2007	Rosenmontag
14	06.04.2007	Karfreitag
15	09.04.2007	Ostermontag
16	01.05.2008	Tag der Arbeit
17	17.05.2007	Christi Himmelfahrt
18	28.05.2007	Pfingstmontag
19	07.06.2007	Fronleichnam
20	15.08.2007	Mariä Himmelfahrt
21	03.10.2007	Tag der Einheit
22	01.11.2007	Allerheiligen
23	21.11.2007	Buß- und Bettag
24	25.12.2007	1. Weihnachtsfeiertag
25	26.12.2007	2. Weihnachtsfeiertag

Abbildung 4.5 Stammdatenblatt für die Arbeitszeitberechnung

1 Legen Sie ein Arbeitsblatt an, wie in der Abbildung zu sehen.

2 Falls ein positiver Überstundensaldo aus dem vergangenen Jahr vorhanden ist, können Sie diesen in die Zelle B6 eintragen. Sind noch Minusstunden aus dem Vorjahr zu berücksichtigen, erfassen Sie diese in Zelle B7.

3 In B8 geben Sie die tägliche Arbeitszeit (Wochenarbeitszeit/5) ein.

4 Damit die Feiertage später bei der Ermittlung der geleisteten Arbeitsstunden automatisch berücksichtigt werden, können auch sie in das Arbeitsblatt *Stammdaten* eintragen werden. Geben Sie die Feiertage und die zugehörige Bezeichnung in den Bereich A10 bis B25 ein. Da in den einzelnen Bundesländern unterschiedliche Feiertagsregelungen gelten, können Ihre Eingaben unter Umständen von denen der Abbildung abweichen.

Markieren Sie den Bereich A11 bis A25 und weisen Sie diesem in Excel 2007 über **Formeln • Definierte Namen • Namen definieren** die Bezeichnung Kalender zu.

Vergeben Sie für die Zelle B8 den Namen tägliche_Arbeitszeit. In den älteren Versionen verwenden Sie hier **Einfügen • Namen • Definieren**.

Monatskalender erstellen

Auf den einzelnen Monatsblättern werden die eigentlichen Berechnungen durchgeführt. Hierfür wird für jeden Monat ein Kalender angelegt, in dem für jeden Tag die Arbeitszeit festgelegt wird. Beginnen Sie mit dem Januar.

1 Erfassen Sie zunächst für den Monat Januar die Überschriften wie in der folgenden Abbildung:

	A	B	C	D	E	F	G	H	I
1	Arbeitszeitermittlung			Pers.-Nr.					
2				Name					
3				Abteilung					
4	Datum	Arbeitstag	Sollstunden	Arbeitsbeginn	Arbeitsende	Pause	Iststunden	Mehr-/Minderstunden	Monatssaldo
5									

Abbildung 4.6 Die Überschriften des Kalenders

2 Sie benötigen für jeden Tag des Monats Januar eine eigene Zeile. Der erste Eintrag soll das Datum enthalten. Tippen Sie das Datum 01.01.07 in die Zelle A5 ein.

3 Markieren Sie den Bereich A5 bis A35.

4 Benutzen Sie in Excel 2007 **Start • Bearbeiten • Füllbereich • Reihe**. In den älteren Versionen ist das der Befehl **Bearbeiten • Ausfüllen • Reihe**.

Abbildung 4.7 Reihe füllen

4 | Datums- und Zeitfunktionen

5 Im abgebildeten Dialogfeld sehen Sie, dass Excel von sich aus die korrekten Optionen wie beispielsweise den **Typ Datum** ausgewählt hat. Wenn Sie die Auswahl bestätigen, trägt Excel alle Datumsangaben für den Januar ein.

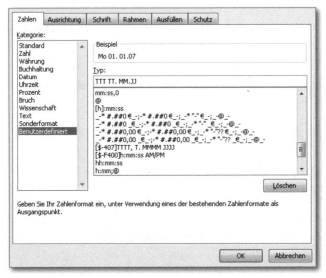

Abbildung 4.8 Typ »Datum« auswählen

6 Um ein Format mit der Abkürzung für den Wochentag zu erhalten, richten Sie ein benutzerdefiniertes Zahlenformat im Dialog **Zellen formatieren** ein. Rufen Sie unter **Kategorie** den Eintrag **Benutzerdefiniert** auf, und tippen Sie das Format *TTT TT.MM.JJ* ein.

Arbeitstage und Arbeitszeiten berechnen

In Spalte B untersuchen Sie nun zuerst, ob es sich bei dem Datum in Spalte A um einen Arbeitstag oder einen freien Tag handelt. Das kann auf einfache Weise mit Hilfe der Funktion NETTOARBEITSTAGE() ermittelt werden. Die Funktion NETTO-ARBEITSTAGE() gehört zu den Analyse-Funktionen. Für die Berechnung der Nettoarbeitstage werden die Feiertage des Abrechnungsjahres benötigt, die Sie bereits im Arbeitsblatt *Grundlagen* erfasst haben.

Die Funktion NETTOARBEITSTAGE() liefert die Anzahl ganzer Arbeitstage zwischen einem Anfangs- und Enddatum. Wochenenden werden automatisch abgezogen, ebenso die Tage, die als Feiertage beziehungsweise Ferien angegeben werden.

Sollte die Funktion NETTOARBEITSTAGE() nicht zur Verfügung stehen, müssen Sie in Excel 2007 die Option **Analyse-Funktionen** im Dialog **Excel-Optionen** • **Add-Ins** aktivieren, in den älteren Versionen ist das der Befehl **Extras** • **Add-Ins**.

Nettoarbeitstage ermitteln

1 Setzen Sie den Cursor in die Zelle B5, und benutzen Sie das Symbol **Funktion einfügen**.

2 Wählen Sie als Kategorie die Option **Datum & Zeit** aus, und suchen Sie in der Liste die Funktion NETTOARBEITSTAGE().

3 Per Doppelklick auf den Eintrag gelangen Sie zur Auswahl der Funktionsargumente.

4 Geben Sie sowohl unter **Ausgangsdatum** als auch unter **Enddatum** die Zelle A5 an. In das Textfeld **Freie_Tage** übernehmen Sie den vorhin vergebenen Bereichsnamen Kalender. Damit geben Sie Excel alle zuvor erfassten Feiertage an. Bestätigen Sie die Eingaben.

Wenn es sich um einen Arbeitstag handelt, gibt Excel die Ziffer 1 aus, ansonsten erscheint in der Zelle eine Null. Die Null steht also für Samstage sowie Sonn- und Feiertage.

Ermitteln der Sollarbeitsstunden

Durch Auswertung der Ergebnisse in Spalte B können Sie jetzt leicht die Sollstunden der täglichen Arbeitszeit ermitteln. Wenn ein Arbeitstag vorliegt, soll die tägliche Arbeitszeit erscheinen, ist dies nicht der Fall, beträgt die Anzahl der Sollstunden 0.

1 Wählen Sie die Zelle C5, und rufen Sie erneut **Funktion einfügen** auf.

2 Markieren Sie unter **Logik** die Funktion **Wenn**.

3 Geben Sie unter **Prüfung** die Bedingung B5=0 ein.

Abbildung 4.9 Die Funktion WENN

4 Unter **Dann_Wert** geben Sie 0 ein. Das ist der Wert, der angezeigt werden soll, wenn die Bedingung erfüllt ist.

5 Unter **Sonst_Wert** geben Sie den Bereichsnamen Tägliche_Arbeitszeit an und bestätigen das Dialogfeld.

6 Markieren Sie die Zelle C5, und öffnen Sie das Dialogfeld **Zellen formatieren**.

7 Aktivieren Sie die Registerkarte **Benutzerdefiniert**, und weisen Sie der Zelle das Format **hh:mm** zu.

Stundenermittlung

In den folgenden Spalten werden die Angaben zu Arbeitsbeginn, Arbeitsende und Pause eingetragen und die Arbeitszeit sowie die Mehr- und Minderstunden ausgerechnet. Dazu müssen Sie die Anwesenheitszeit – Iststunden – und anschließend die täglichen Mehr- bzw. Minderstunden berechnen. Danach wird der fortlaufende Gesamtsaldo aller Stundensalden ausgerechnet.

Als Nächstes müssen die Formeln, die zur Ermittlung der Iststunden und der Stundensalden führen, eingegeben werden. Die Istzeit in der Zelle G5 ergibt sich durch die Formel =WENN(ISTLEER(E5);0;E5-D5-F5).

Mehr- und Minderstunden in Zelle H5 erhalten Sie durch die Formel =WENN(NICHT(ISTLEER(E5));G5-C5;0). Mit der Funktion ISTLEER() prüfen Sie jeweils, ob in E5 ein Eintrag vorhanden ist. Eine Berechnung erfolgt demnach nur dann, wenn das Arbeitsende in E5 erfasst worden ist. Nur dann wird der Saldo zwischen Anfangs-, Endzeit und Pausen errechnet.

Der aktuelle Überstundensaldo ergibt sich aus dem Saldo des ersten Tages sowie den Mehr- oder Minderstunden aus dem vergangenen Jahr. Dabei greifen Sie auf Zelladressen des Stammdaten-Blatts zu. Excel setzt dann vor die Zelladresse den Blattnamen und trennt beide durch ein Ausrufezeichen.

Formeln für den Gesamtsaldo

Der Stundensaldo in Zelle I5 errechnet sich im Januar für den ersten Arbeitstag durch =H5+Stammdaten!B6-Stammdaten!B7. Der Überstundensaldo in I6 ergibt sich durch =+H6+I5, also dem Stand des Vortages plus dem aktuellen Tag.

Um das Blatt fertig zu stellen, weisen Sie den Zellen G5, H5, I5 und I6 das benutzerdefinierte Zahlenformat **[h]:mm;[Rot]-[h]:mm** zu, um negative Zahlen in roter Farbe mit einem Minuszeichen darzustellen. Kopieren Sie die Formeln der Spalten B bis H bis in die Zeile 35. Auch die Zelle I6 kopieren Sie bis in Zeile 35.

Kommt es nun in den Spalten H oder I zu einem negativen Wert, kann Excel diesen zunächst nicht anzeigen, sondern füllt die Zelle mit dem Gartenzaun-Zeichen. Die Lösung für diesen Fall ist, das vorgegebene Datumssystem für diese Arbeitsmappe zu wechseln. In Excel 2007 geht dies über **Excel-Optionen • Erweitert • Beim Berechnen dieser Arbeitsmappe • 1904-Datumswerte verwenden**. Das entspricht dem gleichen Befehl über **Extras • Optionen • Berechnung** in den älteren Versionen. Diese Einstellung muss für jede Arbeitsmappe separat vorgenommen werden.

Name, Personal-Nr. und Abteilung anzeigen

Damit Name, Personal-Nr., und Abteilung aus den Stammdaten auf den einzelnen Monatsblättern erscheinen, geben Sie noch folgende Formeln ein:

```
D1: =Stammdaten!B3
D2: =Stammdaten!B4
D3: =Stammdaten!B5
```

Die Spalte B mit der Angabe der Nettoarbeitstage diente nur Hilfszwecken und kann auch ausgeblendet werden. Klicken Sie in den Spaltenkopf der Spalte B, um diese auszublenden. Wählen Sie aus dem Kontextmenü des Spaltenkopfes den Befehl **Ausblenden**.

4 | Datums- und Zeitfunktionen

Anlegen der anderen Monatsblätter

Jetzt können Sie die weiteren Monate anlegen. Damit Sie den Wust an Formeln und Formatierungen nicht mehrfach erfassen müssen, kopieren Sie das Arbeitsblatt Januar.

1 Klicken Sie mit der rechten Maustaste auf das Register des Januar-Blatts.

2 Im Kontextmenü wählen Sie den Eintrag **Verschieben/Kopieren**.

Abbildung 4.10 Verschieben oder kopieren

3 Im Dialogfeld aktivieren Sie das Kontrollkästchen **Kopie erstellen** und wählen unter **Einfügen vor** die Option **(ans Ende stellen)**. Sie erhalten ein Blatt mit dem Namen *Januar(2)*. Benennen Sie es nach einem Doppelklick in *Februar* um.

4 Ersetzen Sie die Januar-Datumswerte durch Februar-Werte. Denken Sie daran, dass der Februar in der Regel nur 28 Tage hat.

5 Der erste Überstundensaldo im Februar ergibt sich durch =Januar!I35+H5. Für die übrigen Monate sind die Formeln entsprechend anzupassen.

Arbeiten im fertigen Arbeitsblatt

In den fertigen Tabellenarbeitsblättern können Sie oder Ihre Mitarbeiter jetzt Ihre täglichen Arbeitszeiten zuzüglich Pausen eintragen. Sollten Sie einmal so im Stress sein, dass Sie bis Mitternacht arbeiten, tragen Sie 24:00 und nicht 0:00 ein, da Sie ansonsten Fehlerwerte erhalten. Falls Sie einmal an Wochenenden oder Feiertagen arbeiten müssen, werden Ihnen diese Sonderschichten automatisch als positive Salden gutgeschrieben.

	A	B	C	D	E	F	G	H	I
1	Arbeitszeitermittlung			Pers.-Nr.	111				
2				Name	Wilfried Meyer				
3				Abteilung	Buchhaltung				
4	Datum	Arbeitstag	Sollstunden	Arbeitsbeginn	Arbeitsende	Pause	Iststunden	Mehr-/Minderstunden	Monatssaldo
5	So 02. 01.11	0	00:00				0:00	0:00	5:00
6	Mo 03. 01.11	1	08:00	08:00	18:00	0:30	9:30	1:30	6:30
7	Di 04. 01.11	1	08:00	10:00	20:00	0:30	9:30	1:30	8:00
8	Mi 05. 01.11	1	08:00	09:00	15:00	1:00	5:00	-3:00	5:00
9	Do 06. 01.11	1	08:00	09:00	18:15	1:00	8:15	0:15	5:15

Abbildung 4.11 Auszug aus einer ausgefüllten Monatstabelle

4.6 Referenz der Datums- und Zeitfunktionen

ARBEITSTAG()
WORKDAY()

Syntax:	ARBEITSTAG(Ausgangsdatum; Tage; Freie_Tage)
Beispiel:	=ARBEITSTAG(DATWERT("01.01.2007");30) ergibt 12.02.2007

Die Funktion liefert von einem angegebenen Ausgangsdatum aus gerechnet ein neues Datum, das um die gegebene Zahl an Arbeitstagen vor oder nach dem Ausgangsdatum liegt. Dabei können zusätzlich noch die angegebenen freien Tage berücksichtigt werden.

Ausgangsdatum kann im Datumsformat oder als serielle Zahl in der Bezugszelle stehen. Wird es direkt als Argument eingetragen, muss es als serielle Zahl oder mit Hilfe der Funktionen DATUM() oder DATWERT() eingegeben werden. Zu diesem Datum rechnet die Funktion die mit Tage angegebene Anzahl von Arbeitstagen sowie die als Freie_Tage aufgeführten Tage hinzu, berücksichtigt die in den Zeitraum fallenden Samstage und Sonntage und gibt das neue Datum aus. Freie_Tage kann ein Bezug auf einen Zellbereich sein, in dem die Daten der freien Tage abgelegt sind, oder eine Matrix mit seriellen Datumswerten.

Wird ein negativer Wert für Tage angegeben, rechnet die Funktion rückwärts; negative Freie_Tage führen zu einer Fehlermeldung.

4 | Datums- und Zeitfunktionen

	A	B	C	D
1				
2	**Datum eines Arbeitstages berechnen**			
3				
4	Ausgangsdatum	Tage	Freie_Tage	ARBEITSTAG()
5	01.01.2007	30	01.01.2007	12.02.2007
6			06.01.2007	
7				
8	01.02.2007	30	19.02.2007	16.03.2007
9	01.03.2007	-15	19.02.2007	07.02.2007

Abbildung 4.12 Kommende oder zurückliegende Arbeitstage berechnen

BRTEILJAHRE()
YEARFRAC()

Syntax: BRTEILJAHRE(Ausgangsdatum; Enddatum; Basis)

Beispiel: =BRTEILJAHRE(DATWERT("01.02.1993"); DATWERT("12.11.1993");4)
ergibt 0,78

Die Funktion liefert die Zeitspanne zwischen einem Ausgangsdatum und einem Enddatum als Bruchteil von Jahren in Form einer Dezimalzahl. Das Ergebnis kann beispielsweise für Zinsberechnungen im unterjährigen Bereich verwendet werden.

Mit Basis wird angegeben, wie das Jahr berechnet werden soll: 0 oder nicht angegeben (Monat mit 30 Tagen, Jahr mit 360 Tagen, USA); 1 (tagesgenau für Monat und Jahr); 2 (tagesgenauer Monat, Jahr mit 360 Tagen); 3 (tagesgenauer Monat, Jahr mit 365 Tagen); 4 (Europa, Monat mit 30 Tagen, Jahr mit 360 Tagen). Vgl. den Vorspann zu den Finanzfunktionen.

Die Unterschiede, die sich aus der Wahl von Basis ergeben, zeigt die folgende Abbildung.

Referenz der Datums- und Zeitfunktionen | **4.6**

	A	B	C	D	E	F	G
1							
2	**Berechnen von Jahresbruchteilen**						
3							
4	Basis		0	1	2	3	4
5	Ausgangsdatum	01.02.1993					
6	Enddatum	12.11.1993					
7							
8		BRTEILJAHRE()	0,78	0,78	0,79	0,78	0,78

C8 =BRTEILJAHRE($B$5;$B$6;C4)

Abbildung 4.13   Umrechnung in Jahresbruchteile

DATEDIF()
DATEDIF()

Syntax: DATEDIF(Ausgangsdatum; Enddatum; Einheit)

Beispiel: =DATEDIF(DATWERT("07.06.1943");
                DATWERT("18.5.2007");"Y")
                ergibt 63

Die Funktion DATEDIF() berechnet den Zeitraum zwischen dem Argument Ausgangsdatum und dem Argument Enddatum in der gewählten Einheit. Diese wird mit Hilfe der in der Abbildung sichtbaren Abkürzungen in Spalte C angegeben.

Die Funktion wird von Microsoft seit mehreren Versionen »versteckt«, also weder im Funktionsassistenten noch in der Hilfe angeboten, obwohl sie durchaus nützlich ist.

	A	B	C	D
1				
2	**Berechnen von Zeiträumen**			
3				
4	Ausgangsdatum	Enddatum	Einheit	DATEDIF()
5	07.06.1943	06.04.2007	Y	63
6	07.06.1943	06.04.2007	M	765
7	07.06.1943	06.04.2007	D	23314
8	07.06.1943	06.04.2007	MD	29
9	07.06.1943	06.04.2007	YM	9
10	07.06.1943	06.04.2007	YD	241

D5 =DATEDIF(A5;B5;C5)

Abbildung 4.14   Eine seit langem versteckte Funktion in Excel berechnet Zeiträume

4 | Datums- und Zeitfunktionen

DATUM()
DATE()

Syntax:	DATUM(Jahr; Monat; Tag)
Beispiel:	=DATUM(2004;1;1) ergibt 01.01.2004

Die Funktion DATUM() berechnet eine serielle Zahl für das eingegebene Datum, das im Zeitraum vom 1.1.1900 bis zum 31.12.9999 liegen darf, wenn das vorgegebene 1900-Datumssystem verwendet wird. Die wiedergegebenen Werte liegen dann zwischen 1 und 2958465. Der Einsatz dieser Funktion ist besonders dann sinnvoll, wenn die einzelnen Argumente über Zellbezüge gegeben sind, sodass mit variablen Werten gearbeitet werden kann. Alle Argumente sind Zahlen oder Bezüge auf Zellen, die Zahlenwerte ergeben.

Die Werte für Monat und Tag dürfen auch größer als 12 bzw. 31 sein, die »überschüssigen« Monate oder Tage werden intern verrechnet.

Wie das Ergebnis der Funktion in der Zelle angezeigt wird, hängt vom Zahlenformat der Zelle ab. Ohne weitere Formatierung wird das Datumsformat verwendet.

	A	B	C	D
1				
2	**Ausgabe eines Datums**			
3				
4	Jahr	Monat	Tag	DATUM()
5	0	1	2	02.01.1900
6	43	6	7	07.06.1943
7	23	8	12	12.08.1923
8	2006	11	13	13.11.2006
9	2007	4	16	16.04.2007
10	2007	14	6	06.02.2008

Abbildung 4.15 Die Funktion DATUM() kommt auch mit dem Monat 14 zurecht.

Besonderheiten der Funktion DATUM()

Anders als bei der direkten Eingabe eines Datums in eine Zelle verhält sich Excel 2007, wenn das Datum durch eine Datumsfunktion erzeugt wird. Wird bei =DATUM(Jahr; Monat; Tag) das Jahr nur mit zwei Stellen eingegeben, ergänzt Excel nicht nach der in Abschnitt 1.2, *Die Rolle der Zahlenformate*, beschriebenen Zeitfensterregel, sondern addiert immer 1900 dazu. Das gilt für alle Eingaben für das Jahr, die von 0 bis 1899 reichen. Das Datum 10.10.2000 kann also durch =DATUM(100;10;10) angegeben werden.

Ein Datum für 2000 und darüber kann aber auch mit einer vierstelligen Jahreszahl eingegeben werden. Alle vierstelligen Eingaben von 1900 bis 9999 werden so verarbeitet. Wird das 1904-Datumssystem verwendet, gilt Entsprechendes für Zahlen von 4 bis 9999.

Für den Anwender ist dieses abweichende Verhalten sicher gewöhnungsbedürftig, die Funktion gibt Ihnen aber eine größere Flexibilität für Datumsberechnungen über größere Zeiträume hinweg.

Beachten Sie, dass es noch eine ganze Reihe von Funktionen in Excel gibt, die ein Datum als Argument verlangen. Ist dieses Argument als Datum in einer Zelle abgelegt, gilt auch hier die Fensterregel. Wird das Argument mit der Datumsfunktion erzeugt, gilt das zuletzt beschriebene Verhalten.

Datumsberechnungen in Makros

Ein besonderes Problem stellen selbst gestrickte Datumsberechnungen in Makros dar. Werden dabei Datumsfunktionen von Excel benutzt, lassen sich die betreffenden Stellen durch Suchoperationen nach den Funktionsnamen noch leicht aufspüren. Schwieriger ist es, wenn Berechnungen unabhängig von diesen Funktionen vorgenommen wurden. Wenn z. B. die beiden letzten Stellen der Jahreszahl einfach als Zahl in einer Zelle abgelegt werden, kann das Aufaddieren auf diese Zahl zu unerwünschten Ergebnissen führen, falls die Jahrtausendwende dabei überschritten wird. Besondere Vorsicht ist geboten, wenn die Jahreszahl nur als Zeichenfolge vorliegt.

Während Excel bei Variablen vom Typ Date Jahreszahlen auch dann vierstellig speichert, wenn nur die beiden letzten Stellen eingegeben werden, sind Jahreszahlen, die als Textvariable eingegeben oder durch Zeichenfolgenfunktionen aus einer Zeichenfolge herausgezogen werden, unsichere Kandidaten für eine eindeutige Interpretation, falls nur zwei Stellen vorhanden sind. Oft wird z. B. in einer Bestellnummer das Datum als Teil einer Zeichenfolge verwendet. Setzen Makros hier mit Berechnungen auf, etwa um zu prüfen, wann ein Kunde zum letzten Mal bestellt hat, tun Sie gut daran, das Ergebnis zu kontrollieren.

4 | Datums- und Zeitfunktionen

Schwierigkeiten bereiten auch selbst programmierte Schaltjahrberechnungen in Makros, die beispielsweise nicht die Ausnahmeregelung für das Jahr 2000 – ein Schaltjahr – berücksichtigen. Es kann also durchaus notwendig sein, alle Berechnungen in vorhandenen Makros, die mit Jahreszahlen zu tun haben, durchzuchecken.

DATWERT()
DATEVALUE()

Syntax:	DATWERT(Datumstext)
Beispiel:	=DATWERT("12. Dezember 07") ergibt 12.12.2007

Ein Datum lässt sich als Zeichenfolge eingeben, wenn diese in Anführungszeichen gesetzt wird. Die Funktion DATWERT() wandelt diese Zeichenfolge in eine serielle Zahl um. Die Zeichenfolge muss allerdings in einer Schreibweise eingegeben werden, die einem der gültigen Excel-Datumsformate entspricht.

Die zeitlichen Begrenzungen sind dieselben wie in der Funktion DATUM(). Diese Funktion eignet sich speziell für Importe, z. B. aus Textverarbeitungsprogrammen oder aus Programmen, die ein anderes Datumsformat verwenden.

	A	B
1		
2	**Ausgabe eines als Text eingegeben Datums**	
3		
4	Datumstext	DATWERT()
5	12. Dezember 07	12.12.2007
6	12. Dez	12.12.2007
7	12. Dez 43	12.12.1943
8	11/10/2007	11.10.2007
9	11-10-2007	11.10.2007
10	10.2007	01.10.2007
11	2007-10-11	11.10.2007
12	2007/07/06	06.07.2007

Abbildung 4.16 Umwandlung von Texteingaben in Datumswerte

Referenz der Datums- und Zeitfunktionen | 4.6

EDATUM()
EDATE()

Syntax:	EDATUM(Ausgangsdatum; Monate)
Beispiel:	=EDATUM(DATWERT("18.05.2007";10) ergibt 18.03.2008

Die Funktion EDATUM() liefert ein um eine bestimmte Anzahl von Monaten gegenüber dem angegebenen Ausgangsdatum verschobenes Datum. Der Wert für Monate kann positiv oder negativ sein. Die Funktion kann beispielsweise verwendet werden, um Fälligkeitstermine für Zinszahlungen einfacher zu berechnen, die jeweils auf denselben Tag fallen wie der Emissionstermin. Die Alternative wäre, ein Datum erst in seine Bestandteile zu zerlegen, den Monatswert zu ändern und das Datum dann neu zusammenzusetzen.

	A	B	C
1			
2	**Zieldatum berechnen**		
3			
4	Ausgangsdatum	Monate	EDATUM()
5	06.04.2007	10	Mittwoch, 6. Februar 2008
6	06.04.2007	-10	Dienstag, 6. Juni 2006
7	06.04.2007	0	Freitag, 6. April 2007

Abbildung 4.17 Errechnen eines um eine Anzahl von Monaten entfernten Datums

HEUTE()
TODAY()

Syntax:	HEUTE()
Beispiel:	=HEUTE() ergibt z. B. 13.03.2007

Beim Aufruf der Funktion HEUTE() wird das Systemdatum aus der Computeruhr als Ergebnis geliefert. (Die Uhr sollte also möglichst korrekt eingestellt sein.)

Die Funktion aktualisiert den ausgegebenen Wert jeweils bei der Neuberechnung eines Tabellenblattes. Das kann ein durchaus unerwünschter Effekt sein. Vermei-

4 | Datums- und Zeitfunktionen

den lässt sich die Neuberechnung, wenn nach Eingabe der Funktion [F9] (Umwandeln in den Wert) gedrückt wird oder indem mit **Kopieren** und anschließend **Einfügen • Werte** die Funktion durch ihr Ergebnis ersetzt wird.

Wird die Funktion innerhalb einer Formel verwendet, bewirkt die Addition einer Zahl, dass ein Datum ausgegeben wird, das eine entsprechende Zahl von Tagen später liegt. Wird vom Ergebnis der Funktion der Wert einer anderen Datumsfunktion abgezogen, die ein früheres Datum liefert, kann die Differenz in Tagen berechnet werden, wie das abgebildete Beispiel zeigt:

	A	B	C	D	E	F	G	H
1								
2	**Ausgabe des aktuellen Datums**							
3								
4	HEUTE()	06.04.2007						
5	14 Tage vorher	23.03.2007						
6	10 Tage später	16.04.2007						
7								
8	**Das neue Jahrtausend ist am 6. April 2007 genau 2652 Tage alt.**							
9	="Das neue Jahrtausend ist am " & TEXT(HEUTE();"T. MMMM JJJJ") & " genau " & HEUTE() - DATUM(2000;1;1) & " Tage alt."							

Abbildung 4.18 Zeitrechnungen mit der Funktion HEUTE()

JAHR()
YEAR()

Syntax:	JAHR(Zahl)
Beispiel:	=JAHR(34249)
	ergibt 1993

Die Funktion extrahiert aus einem mit Zahl angegebenen Datum die Jahreszahl. Zahl kann als serieller Datumswert oder mit Hilfe einer Datumsfunktion (z.B. =JAHR(HEUTE())) angegeben werden. Ebenso kann als Argument auch Text verwendet werden, wenn er einem Excel-Datumsformat entspricht und in Anführungszeichen gesetzt ist. Die Datumswerte müssen sich in dem Zeitfenster bewegen, das Excel für die Datumsberechnung verwendet; verweist ein Wert über diese Begrenzung hinaus, liefert die Funktion den Fehlerwert #WERT!.

Referenz der Datums- und Zeitfunktionen | 4.6

	A	B
1		
2	Die Jahreszahl eines Datums ausgeben	
3		
4	Zahl	JAHR()
5		1900
6	06.04.2007	2007
7	12. Okt. 43	1943
8	10. Mrz. 12	2012
9	01.01.1877	#WERT!
10	01.01.2999	2999
11	01.01.15000	#WERT!

Abbildung 4.19   Das Zeitfenster der Funktion JAHR() ist eingegrenzt

JETZT()
NOW()

Syntax: JETZT()

Beispiel: =JAHR(HEUTE())JETZT()
ergibt z. B. 01.05.2007 12:37

Die Funktion JETZT() liefert Datum und Uhrzeit aus der Systemuhr Ihres Computers. Die Funktion aktualisiert den ausgegebenen Wert jeweils bei Neuberechnung. Das kann ein durchaus unerwünschter Effekt sein. Vermeiden lässt sich die Neuberechnung, wenn nach Eingabe der Funktion [F9] (Umwandeln in den Wert) gedrückt wird oder indem mit **Kopieren** und anschließend **Einfügen • Werte** die Funktion durch ihr Ergebnis ersetzt wird.

Wie bei der Funktion HEUTE() führt die Addition einer ganzen Zahl zum Ergebnis der Funktion zu einem Datum, das um eine entsprechende Anzahl von Tagen verschoben ist. Wird eine gebrochene Zahl addiert, werden die entsprechenden Zeitanteile des Datums verändert.

=JETZT()+0,5

liefert beispielsweise einen Termin, der 12 Stunden später liegt.

Verwenden können Sie JETZT() für zeitliche Dokumentationen oder als Stoppuhr für Zeitabläufe. Obwohl die Funktion kein Argument verlangt, müssen die leeren Klammern mit angegeben werden.

4 | Datums- und Zeitfunktionen

	A	B
1		
2	**Das aktuelle Datum mit der Uhrzeit**	
3		
4	JETZT()	6.4.07 15:08
5	14 Tage vorher	23.3.07 15:08
6	10 Tage später	16.4.07 15:08

Abbildung 4.20 Berechnungen mit dem aktuellen Datum

KALENDERWOCHE()
WEEKNUM()

Syntax: KALENDERWOCHE(Datum; Rückgabe)

Beispiel: =JAHR(HEUTE())KALENDERWOCHE(HEUTE();1)
ergibt 14 am 06.04.2007

Die Funktion liefert für das angegebene Datum die entsprechende Kalenderwochenzahl. Ein Wert 1 für Rückgabe gibt an, dass die Woche am Sonntag beginnt, dies ist auch die Vorgabe; Rückgabewert 2 bedeutet, dass die Woche am Montag beginnt.

	A	B	C
1			
2	**Angabe der Kalenderwoche**		
3			
4	Datum	Rückgabe	KALENDERWOCHE()
5	06.04.2007	1	14
6		2	14
7	26.04.2007	1	17
8		2	17
9	05.06.2007	1	23
10		2	23
11	05.07.2007	1	27
12		2	27
13	02.11.2007	1	44
14		2	44

Abbildung 4.21 Die Funktion KALENDERWOCHE() rechnet nach den amerikanischen Regeln

Das Ergebnis der Funktion entspricht allerdings nicht in allen Jahren den dafür in Deutschland geltenden Normen – DIN 1355/ISO-Norm 8601. Diese Normen verlangen nicht nur, dass die Woche mit einem Montag beginnt, was mit dem Rückgabewert 2 zu erreichen ist, sondern zusätzlich, dass in der ersten Woche eines Jahres mindestens 4 Tage enthalten sein müssen, ansonsten wird dieser Wochenrest als 53. Woche des Vorjahres gerechnet. Daraus folgt, dass ein 29. Dezember schon zur ersten Woche des Folgejahres, ein 3. Januar noch zur letzten Woche des Vorjahres gehören können. In anderen Ländern gelten teilweise andere Kalenderwochenberechnungen, die etwa den Sonntag als ersten Wochentag betrachten.

Eine Möglichkeit, zu einer ISO-konformen Kalenderwochenangabe zu kommen, ist eine Formel wie die folgende:

=KÜRZEN((A5-DATUM(JAHR(A5-REST(A5-2;7)+3);1;REST(A5-2;7)-9))/7

wobei hier angenommen wird, dass das zu untersuchende Datum in Zelle A5 abgelegt ist.

Bequemer ist es allerdings, für diese Fälle eine benutzerdefinierte Funktion einzurichten. Dies wird in Kapitel 15, *Entwicklung eigener Funktionen*, beschrieben.

	A	B	C	D	E
1					
2	**Korrigierte Kalenderwochenberechnung**				
3					
4		KALENDERWOCHE()	WOCHE()		
5	01.01.2000	1	52	52	=KÜRZEN((A5-DATUM(JAHR(A5-REST(A5-2;7)+3);1;REST(A5-2;7)-9))/7)
6	01.01.2001	1	1	1	
7	01.01.2002	1	1	1	
8	01.01.2003	1	1	1	
9	01.01.2004	1	1	1	
10	01.01.2005	1	53	53	
11	01.01.2006	1	52	52	
12	01.01.2007	1	1	1	
13	01.01.2008	1	1	1	

Abbildung 4.22 Kalenderwochenberechnung mit einer eigenen Funktion oder einer komplexen Formel

# MINUTE()
MINUTE()

Syntax:	MINUTE(Zahl)
Beispiel:	=MINUTE(0,001) ergibt 1

Die Funktion extrahiert die Anzahl der Minuten aus dem Argument Zahl. Der Minutenanteil einer Zeitseriennummer wird als eine Zahl von 0 bis 59 ausgegeben. Im Beispiel wird von der Funktion nur der Zeitanteil rechts vom Komma für die Minutenausgabe verwendet. Die Funktion liefert auch die Minutenanteile von Werten, die durch eine der Datums- oder Zeitfunktionen geliefert werden, wie das Beispiel in der Abbildung zeigt. =MINUTE(JETZT()) zeigt jeweils die aktuelle Minute.

Der Wert für Zahl kann auch als Text eingegeben werden, dann muss er aber in Anführungszeichen und in einem Excel-Datumsformat erscheinen, beispielsweise =MINUTE("12:12").

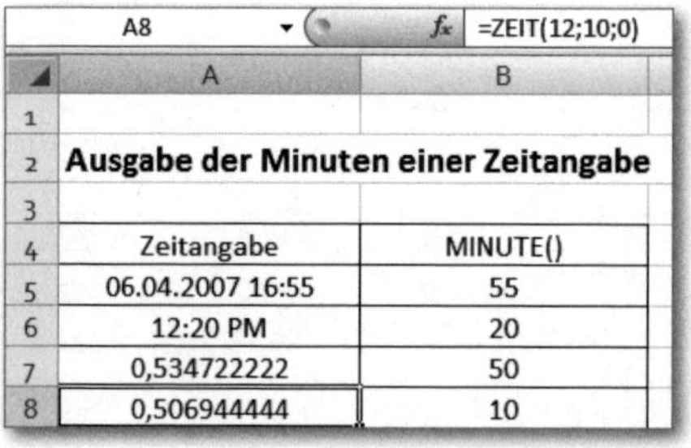

A8		fx =ZEIT(12;10;0)
	A	B
1		
2	**Ausgabe der Minuten einer Zeitangabe**	
3		
4	Zeitangabe	MINUTE()
5	06.04.2007 16:55	55
6	12:20 PM	20
7	0,534722222	50
8	0,506944444	10

Abbildung 4.23 Extrahieren des Minutenanteils

# MONAT()
MONTH()

Syntax:	MONAT(Zahl)
Beispiel:	=Monat(34406) ergibt 3

Die Funktion extrahiert aus einem mit dem Argument `Zahl` angegebenen Datum die entsprechende Monatszahl, also einen Wert von 1 bis 12. `Zahl` kann als serieller Datumswert oder mit Hilfe einer Datumsfunktion angegeben werden. `=MONAT(HEUTE())` liefert immer die Zahl des aktuellen Monats. Ebenso kann als Argument auch Text verwendet werden, wenn er einem Excel-Datumsformat entspricht und in Anführungszeichen gesetzt ist. Die Datumswerte müssen sich in dem Zeitfenster bewegen, das Excel für die Datumsberechnung verwendet; verweist ein Wert über diese Begrenzung hinaus, wie in dem abgebildeten Beispiel, liefert die Funktion den Fehlerwert `#WERT!`.

	A	B
1		
2	**Monat eines Datums ausgeben**	
3		
4	Zahl	MONAT()
5		1
6	06.04.2007	4
7	12. Okt. 43	10
8	10. Mrz. 12	3
9	01.01.1877	#WERT!
10	01.01.2999	1
11	01.01.15000	#WERT!

Abbildung 4.24 Extrahieren des Monats aus einem Datum

Nach dem Monat sortieren und summieren

An dieser Stelle sei auf eine Möglichkeit hingewiesen, die alle Funktionen anbieten, die einen Datums- oder auch Zeitwert in seine einzelnen Bestandteile zerlegen. In allen Fällen wird es möglich, Tabellen nach den mit Hilfe der jeweiligen Funktion isolierten Bestandteilen zu sortieren. Das folgende Beispiel deutet dies an. Eine Liste von Ausgaben ist jeweils mit einem Datum gekennzeichnet. Aus diesem Datum wird der Monat in einer eigenen Spalte herausgezogen. Diese Spalte wird dann als Sortierschlüssel für die ganze Tabelle benutzt.

Anschließend kann die Funktion **Daten • Gliederung • Teilergebnisse** verwendet werden, um Zwischensummen für die einzelnen Monate zu erzeugen. In den älteren Versionen ist dies der Befehl **Daten • Teilergebnisse**. Dabei wird die Monatsspalte als Gruppierungsmerkmal ausgewählt.

4 | Datums- und Zeitfunktionen

Abbildung 4.25 Sortierte Monatsausgaben

MONATSENDE()
EOMONTH()

Syntax: `MONATSENDE(Ausgangsdatum; Monate)`

Beispiel: `=MONATSENDE(A18;1)`
ergibt `28.02.04`, wenn in A18 `01.01.2004` steht

Die Funktion liefert den letzten Tag des Monats, in den das um die mit dem Argument `Monate` angegebene Zahl von Monaten gegenüber `Ausgangsdatum` verschobene Datum fällt. Auf diese Weise lassen sich beispielsweise Fälligkeitstermine leicht ermitteln, die auf ein Monatsende fallen. Soll ein Termin dagegen am Monatsanfang liegen, reicht es, zu dem Ergebnis der Funktion 1 zu addieren, um den Anfang des nächsten Monats zu erreichen.

Referenz der Datums- und Zeitfunktionen | **4.6**

	A	B	C
1			
2	**Datum des Monatsendes berechnen**		
3			
4	Ausgangsdatum	Monate	MONATSENDE()
5	06.04.2007	10	29.02.2008
6	06.04.2007	-10	30.06.2006
7	06.04.2007	0	30.04.2007

Abbildung 4.26   Ein zukünftiges oder vergangenes Monatsende finden

NETTOARBEITSTAGE()
NETWORKDAYS()

Syntax: NETTOARBEITSTAGE(Ausgangsdatum; Enddatum; Freie_Tage)

Beispiel: =NETTOARBEITSTAGE(DATWERT("01.05.2007"); DATWERT("31.05.2007");{39203;39219; 39230})
ergibt 20

Die Funktion NETTOARBEITSTAGE() liefert die Zahl der Arbeitstage zwischen den angegebenen Datumswerten Ausgangsdatum und Enddatum. Als Arbeitstage werden alle Werktage (nicht Samstag und Sonntag) gezählt; mit Freie_Tage lassen sich zusätzlich Feiertage und Urlaubstage angeben, die abgezogen werden.

Ausgangsdatum und Enddatum können im Datumsformat oder als serielle Zahl in der Bezugszelle stehen. Werden sie direkt als Argumente eingetragen, müssen sie als serielle Zahlen oder mit Hilfe der Funktionen DATUM() oder DATWERT() eingegeben werden. Freie_Tage kann ein Bezug auf einen Zellbereich sein, in dem die Daten der freien Tage abgelegt sind, oder eine Matrix mit seriellen Datumswerten.

	D5	▾	f_x	=NETTOARBEITSTAGE(A5;B5;C5:C7)
	A	B	C	D
1				
2	**Anzahl der Arbeitstage in einem Zeitraum berechnen**			
3				
4	Ausgangsdatum	Enddatum	Freie_Tage	NETTOARBEITSTAGE()
5	01.05.2007	31.05.2007	01.05.2007	20
6			17.05.2007	
7			28.05.2007	

Abbildung 4.27   Arbeitstage nach Abzug der freien Tage

4 | Datums- und Zeitfunktionen

SEKUNDE()
SECOND()

Syntax: SEKUNDE(Zahl)

Beispiel: =SEKUNDE(34240,60785)
ergibt 18

Die Funktion extrahiert die Anzahl der Sekunden aus dem Argument Zahl. Der Sekundenanteil einer Zeitseriennummer wird als eine Zahl von 0 bis 59 ausgegeben. Im Beispiel wird von der Funktion nur der Zeitanteil rechts vom Komma für die Sekundenausgabe verwendet. Die Funktion liefert auch die Sekundenanteile von Werten, die durch eine der Datums- oder Zeitfunktionen geliefert werden, wie das Beispiel in der Abbildung zeigt. =SEKUNDE(JETZT()) zeigt jeweils die aktuelle Sekunde.

Der Wert für Zahl kann auch als Text eingegeben werden, dann muss er aber in Anführungszeichen und in einem Excel-Datumsformat erscheinen, beispielsweise =SEKUNDE("12:12:20").

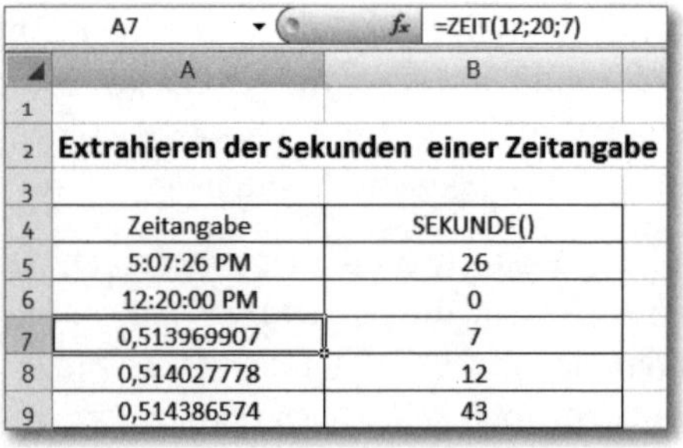

	A	B
1		
2	**Extrahieren der Sekunden einer Zeitangabe**	
3		
4	Zeitangabe	SEKUNDE()
5	5:07:26 PM	26
6	12:20:00 PM	0
7	0,513969907	7
8	0,514027778	12
9	0,514386574	43

Abbildung 4.28 Ausgabe der Sekunden einer Uhrzeit

STUNDE()
HOUR()

Syntax: STUNDE(Zahl)

Beispiel: =STUNDE(0,61692)
ergibt 14

Die Funktion extrahiert die Anzahl der Stunden aus dem Argument Zahl. Der Stundenanteil einer Zeitseriennummer wird als eine Zahl von 0 bis 23 ausgegeben. Im Beispiel wird von der Funktion nur der Zeitanteil rechts vom Komma für die Stundenausgabe verwendet. Die Funktion liefert auch die Stundenanteile von Werten, die durch eine der Datums- oder Zeitfunktionen geliefert werden, wie das Beispiel in der Abbildung zeigt. =STUNDE(JETZT()) zeigt jeweils die aktuelle Stunde.

Der Wert für Zahl kann auch als Text eingegeben werden, dann muss er aber in Anführungszeichen und in einem Excel-Datumsformat erscheinen, beispielsweise =STUNDE("12:12").

	A	B
1		
2	**Extrahieren der Stunden einer Zeitangabe**	
3		
4	Zeitangabe	STUNDE()
5	5:11:37 PM	17
6	12:20:00 PM	12
7	0,597222222	14
8	0,055555556	1
9	0,513888889	12

Abbildung 4.29 Ausgabe der Stunden der Uhrzeit

TAG()
DAY()

Syntax: TAG(Zahl)

Beispiel: =TAG(34240)
ergibt 28

Die Funktion extrahiert aus einem mit dem Argument Zahl angegebenen Datum die entsprechende Tageszahl, also einen Wert von 1 bis 31. Zahl kann als serieller Datumswert oder mit Hilfe einer Datumsfunktion angegeben werden. =TAG(HEUTE()) liefert immer die Nummer des aktuellen Tages. Ebenso kann als Argument auch Text verwendet werden, wenn er einem Excel-Datumsformat entspricht und in Anführungszeichen gesetzt ist. Die Datumswerte müssen sich in dem Zeitfenster bewegen, das Excel für die Datumsberechnung verwendet; verweist ein Wert über diese Begrenzung hinaus, wie in dem abgebildeten Beispiel, liefert die Funktion den Fehlerwert #WERT!.

	A	B
1		
2	**Tag eines Datums ausgeben**	
3		
4	Zahl	TAG()
5		0
6	06.04.2007	6
7	12. Okt. 43	12
8	10. Mrz. 12	10
9	01.01.1877	#WERT!
10	01.01.2999	1
11	01.01.15000	#WERT!

Abbildung 4.30 Extrahieren des Tags aus einem Datum

TAGE360()
DAYS360()

Syntax:	TAGE360(`Ausgangsdatum; Enddatum;` Methode)
Beispiel:	=TAGE360(DATWERT("01.01.2007"); DATWERT("31.01.2007";FALSCH)
	ergibt 30

Die Funktion wird im Zusammenhang mit der tagesgenauen Zinsberechnung eingesetzt. Sie gibt die Anzahl der Tage an, die zwischen den mit Ausgangsdatum und Enddatum angegebenen Terminen liegen. Grundlage für die Berechnung ist dabei das Zinsjahr, die Einteilung des Jahres in 12 Monate zu 30 Tagen, die der noch heute gebräuchlichen kaufmännischen Zinsrechnung zugrunde liegt und zur Vereinfachung der Zinsrechnung eingeführt wurde. Liegt Enddatum kalendarisch vor dem Ausgangsdatum, so wird das Ergebnis in negativer Form ausgegeben.

Das optionale Argument Methode schaltet einen Wahrheitswert. Mit WAHR oder nicht angegeben wird die amerikanische Methode (NASD) für die Berechnung verwendet. Ist Ausgangsdatum der 31. Tag des Monats, wird dieser zum 30. Tag des Monats. Ist Enddatum der 31. Tag des Monats und gleichzeitig Ausgangsdatum ein Tag vor dem 30. eines Monats, wird Enddatum zum 1. des Folgemonats.

Referenz der Datums- und Zeitfunktionen | **4.6**

Das Argument FALSCH schaltet die europäische Methode ein. Dabei wird jedes Argument `Ausgangsdatum` oder `Enddatum`, das auf den 31. eines Monats fällt, zum 30. desselben Monats.

	A	B	C	D
1				
2	**Tagesanzahl auf der Basis von 360 Tagen pro Jahr berechnen**			
3				
4	Ausgangsdatum	Enddatum	Methode	TAGE360()
5	01.01.2007	31.01.2007		30
6	01.01.2007	31.01.2007	FALSCH	30
7	01.01.2007	31.01.2007	WAHR	29

D6 =TAGE360(A6;B6;C6)

Abbildung 4.31 Tagesberechnung auf der Basis der amerikanischen oder der europäischen Methode

Die folgende Abbildung zeigt eine Anwendung der Funktion bei der tagesgenauen Zinsberechnung. In der Zelle B16 wird mit Hilfe der `TAGE360()`-Funktion die Anzahl der Zinstage ermittelt. In Zelle B17 kann dann mit der Formel für die einfache Zinsberechnung gearbeitet werden, die in Abschnitt 3.1, *Einsatzbereiche der finanzmathematischen Funktionen*, beschrieben ist.

B17 =B12*B15*B16/360

	A	B	C
9			
10	**Tageszinsen berechnen**		
11			
12	Kapital	20000	
13	Anfangsdatum	22.11.2005	
14	Enddatum	31.05.2006	
15	Zinssatz	5%	
16	Zinstage	188	
17	Zinsen	548,33	

Abbildung 4.32 Die tagesgenaue Berechnung von Zinsen

WOCHENTAG()
WEEKDAY()

Syntax: `WOCHENTAG(Zahl; Typ)`

Beispiel: `=WOCHENTAG(DATWERT("01.01.2007");2)`
ergibt 1

4 | Datums- und Zeitfunktionen

Die Funktion liefert den Wochentag für das mit dem Argument Zahl angegebene Datum. Zahl kann als serieller Datumswert oder mit Hilfe einer Datumsfunktion angegeben werden. =WOCHENTAG(HEUTE();2) liefert immer die Nummer des aktuellen Tages. Ebenso kann als Argument auch Text verwendet werden, wenn er einem Excel-Datumsformat entspricht und in Anführungszeichen gesetzt ist.

Das Ergebnis dieser Funktion ist eine Zahl von 1 bis 7 oder von 0 bis 6. Jede Zahl stellt dabei die Nummer eines Wochentags dar. Ist für das optionale Argument Typ 1 angegeben oder fehlt das Argument, beginnt die Zählung am Sonntag mit 1. Mit Typ = 2 beginnt die Zählung am Montag, mit Typ = 3 beginnt die Zählung am Montag mit dem Wert 0 und endet am Sonntag mit 6.

	A	B	C
1			
2	**Ermitteln der Wochentagsnummer**		
3			
4	Zahl	Typ	WOCHENTAG()
5	Sonntag, 25. März 2007	1	1
6	Montag, 26. März 2007	1	2
7	Dienstag, 27. März 2007	1	3
8	Mittwoch, 28. März 2007	1	4
9	Donnerstag, 29. März 2007	1	5
10	Freitag, 30. März 2007	1	6
11	Samstag, 31. März 2007	1	7
12	Sonntag, 25. März 2007	2	7
13	Montag, 26. März 2007	2	1
14	Dienstag, 27. März 2007	2	2
15	Mittwoch, 28. März 2007	2	3
16	Donnerstag, 29. März 2007	2	4
17	Freitag, 30. März 2007	2	5
18	Samstag, 31. März 2007	2	6
19	Sonntag, 25. März 2007	3	6
20	Montag, 26. März 2007	3	0
21	Dienstag, 27. März 2007	3	1
22	Mittwoch, 28. März 2007	3	2
23	Donnerstag, 29. März 2007	3	3
24	Freitag, 30. März 2007	3	4
25	Samstag, 31. März 2007	3	5

Abbildung 4.33 Unterschiedliche Nummerierung der Wochentage

ZEIT()
TIME()

Syntax:	ZEIT(Stunde; Minute; Sekunde)
Beispiel:	=ZEIT(1;1;1) ergibt 01:01:01

Die Funktion liefert die Zeit, die durch die Werte für Stunde, Minute und Sekunde festgelegt wird. Die Werte können als Konstanten oder über Zellbezüge angegeben werden, über die variable Zeitangaben erzeugt werden können.

Für Stunde kann eine Zahl zwischen 0 und 32767 angegeben werden, jede Zahl über 23 wird aber durch 24 geteilt und der Rest als Wert für die Stunde genommen.

Für Minute kann eine Zahl zwischen 0 und 32767 angegeben werden, jede Zahl über 59 wird aber durch 24 * 60 geteilt und der Rest als Wert für Stunden und Minuten genommen.

Für Sekunde kann eine Zahl zwischen 0 und 32767 angegeben werden, jede Zahl über 59 wird aber durch 24 * 60 * 60 geteilt und der Rest als Wert für die Stunden, Minuten und Sekunden genommen.

Wird das Ergebnis der Funktion mit dem Standardformat belegt, wird die Dezimalzahl sichtbar, die die Funktion liefert. Es ist eine Zahl zwischen 0 und 0,99999999. Das entspricht den Zeitangaben 00:00:00 und 23:59:59. 0,5 entspricht 12:00:00.

	A	B	C	D
1				
2	**Ausgabe einer Zeitangabe**			
3				
4	Stunde	Minute	Sekunde	ZEIT()
5	0	1	2	00:01:02
6	13	6	7	13:06:07
7	23	8	12	23:08:12
8	23	70	13	00:10:13
9	23	40	70	23:41:10
10	25	40	70	01:41:10

Abbildung 4.34 Die Funktion ZEIT() kommt mit »unmöglichen« Werten zurecht.

4 | Datums- und Zeitfunktionen

ZEITWERT()
TIMEVALUE()

Syntax: ZEITWERT(Zeit)

Beispiel: =ZEITWERT("12:00:00")
ergibt 0,5

Eine Zeitangabe lässt sich als Zeichenfolge eingeben, wenn diese einem der gültigen Excel-Zeitformate entspricht. Die Funktion ZEITWERT() wandelt eine solche Zeichenfolge in eine serielle Zahl um, die sich dann wiederum über ein Zeitformat als Uhrzeit anzeigen lässt.

Diese Funktion kann hilfreich sein, wenn Daten aus anderen Anwendungen importiert werden und es darum geht, sicherzustellen, dass gültige Zeitwerte entstehen.

	A	B	C
1			
2	Umwandlung einer als Text eingegeben Zeitangabe		
3			
4	Zeitangabe	ZEITWERT()	unformatiert
5	12:20	12:20:00	0,513888889
6	6:20:40	06:20:40	0,264351852
7	25:20	01:20:00	0,055555556
8	23:70	00:10:00	0,006944444

Abbildung 4.35 Interpretation von Zeitangaben

5 Mathematische und trigonometrische Funktionen

Funktion	Seite	Funktion	Seite
ABRUNDEN()	223	POLYNOMIAL()	249
ABS()	223	POTENZ()	250
ARCCOS()	224	POTENZREIHE()	251
ARCCOSHYP()	226	PRODUKT()	252
ARCSIN()	226	QUADRATESUMME()	253
ARCSINHYP()	228	QUOTIENT()	253
ARCTAN()	228	REST()	254
ARCTAN2()	229	RÖMISCH()	255
ARCTANHYP()	230	RUNDEN()	255
AUFRUNDEN()	231	SIN()	256
BOGENMASS()	231	SINHYP()	257
COS()	232	SUMME()	258
COSHYP()	233	SUMMENPRODUKT()	259
EXP()	234	SUMMEWENN()	260
FAKULTÄT()	235	SUMMEWENNS()	261
GANZZAHL()	236	SUMMEX2MY2()	262
GERADE()	237	SUMMEX2PY2()	263
GGT()	238	SUMMEXMY2()	263
GRAD()	239	TAN()	264
KGV()	239	TANHYP()	266
KOMBINATIONEN()	240	TEILERGEBNIS()	267
KÜRZEN()	241	UNGERADE()	268
LN()	242	UNTERGRENZE()	269
LOG()	243	VORZEICHEN()	270

5 | Mathematische und trigonometrische Funktionen

Funktion	Seite	Funktion	Seite
LOG10()	244	VRUNDEN()	271
MDET()	245	WURZEL()	272
MINV()	246	WURZELPI()	273
MMULT()	247	ZUFALLSBEREICH()	273
OBERGRENZE()	247	ZUFALLSZAHL()	274
PI()	248	ZWEIFAKULTÄT()	275

5.1 Einsatzbereiche

Es wäre vermessen, an dieser Stelle die Einsatzbereiche der im Folgenden behandelten mathematischen und trigonometrischen Funktionen auflisten zu wollen. Mathematische Verfahren sind heute in allen Gebieten einsetzbar, in denen ausreichend formalisierbare Strukturen vorkommen. Stattdessen soll nur kurz angedeutet werden, wie die in diesem Kapitel beschriebenen Funktionen gruppiert werden können.

Die größte Gruppe betrifft allgemeine mathematische Aufgaben. Dazu gehören Funktionen für das Potenzieren, Radizieren und Logarithmieren wie `POTENZ()`, `WURZEL()` oder `LOG()`.

Zahlreiche Funktionen haben mit dem Runden von Werten zu tun. Dabei geht es häufig darum, Werte mit vielen Nachkommastellen in eine für die weiteren Berechnungen leichter zu handhabende Form zu bringen, aber auch um Verfahren, Werte an bestimmte Intervallgrenzen anzupassen. Dazu gehören Funktionen wie `RUNDEN()`, `OBERGRENZE()` oder `UNTERGRENZE()`.

Ein spezielles Gebiet, für das Excel eine größere Gruppe von Funktionen zur Verfügung stellt, ist das Rechnen mit Matrizen. Dazu gehören etwa Funktionen, mit denen die Quadrate von Matrizen addiert oder die Differenzen der Matrizen potenziert werden können wie `SUMMEX2PY2()` oder `SUMMEXMY2()`. Matrixfunktionen helfen beispielsweise bei der Lösung von Gleichungen mit mehreren Unbekannten.

Neben den allgemeinen mathematischen Funktionen gibt es noch zahlreiche Funktionen für zwei Spezialgebiete der Mathematik. Das eine ist die Trigonometrie, das Teilgebiet der Geometrie, das mit Berechnungen zu Dreiecken zu tun hat, das andere ist der Bereich der hyperbolischen Funktionen.

5.2 Zu den trigonometrischen Funktionen

Zu den zahlreichen trigonometrischen Funktionen, die Excel bereitstellt, vorweg einige Erläuterungen. Die Winkelfunktionen, die nicht nur in der Geometrie, sondern auch in all jenen wissenschaftlichen Bereichen benötigt werden, die sich mit Schwingungen im weitesten Sinne (Schall, Licht, Elektrizität, Mechanik) befassen, verdanken sich ursprünglich Berechnungen am rechtwinkligen Dreieck.

Die folgende Abbildung ruft die am rechtwinkligen Dreieck verwendeten Bezeichnungen in Erinnerung. Die Seiten, die den rechten Winkel bilden, werden Katheten genannt, wobei die Seite, die dem Winkel α gegenüberliegt, als Gegenkathete, die am Winkel anliegende Seite dagegen als Ankathete bezeichnet wird. Die Seite gegenüber dem rechten Winkel, die zwangsläufig zugleich die längste Seite ist, wird Hypotenuse genannt.

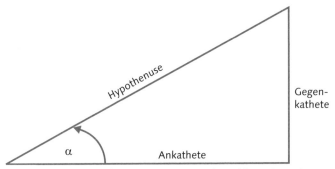

Abbildung 5.1 Bezeichnungen in einem rechtwinkligen Dreieck

Die Summe der Winkel im Dreieck ist immer 180 Grad. Die Verhältnisse der verschiedenen Seiten und der durch die Seiten gebildeten Winkel lassen sich mit Hilfe der trigonometrischen Funktionen berechnen. Beispielsweise wird das Verhältnis der Länge der Gegenkathete zur Länge der Hypotenuse beim rechtwinkligen Dreieck als Sinus des Winkels bezeichnet, der der Gegenkathete gegenüberliegt.

Gearbeitet wird in Excel mit Winkelgrößen, die nicht in Grad, sondern im Bogenmaß angegeben sind. Als Bogenmaß eines Winkels wird die Länge des Kreisbogens bezeichnet, den der Winkel aus dem Einheitskreis (Kreis mit dem Radius 1) ausschneidet. Da der Umfang eines Kreises 2*r*PI ist, beträgt der Umfang des Einheitskreises 2*PI, das Bogenmaß des Winkels 360 Grad ist also 2*PI.

5 | Mathematische und trigonometrische Funktionen

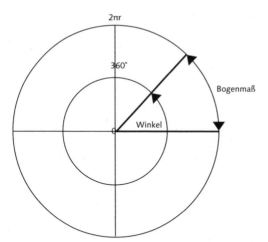

Abbildung 5.2 Die Beziehung von Grad zu Bogenmaß

Die Umrechnung von Grad in Bogenmaß ist demnach:

Grad = Bogenmaß*180/PI

Bogenmaß = Grad*PI/180

Die Winkelfunktionen geben die Verhältnisse bestimmter Seiten eines rechtwinkligen Dreiecks in Abhängigkeit von einem Winkel an:

SIN(x) = Gegenkathete/Hypotenuse

COS(x) = Ankathete/Hypotenuse

TAN(x) = Gegenkathete/Ankathete

COT(x) = Ankathete/Gegenkathete

Der Kotangens ist als Funktion in Excel nicht enthalten, da er der Kehrwert des Tangens ist:

COT(x) = 1/TAN(x)

Mit den jeweiligen Arkus-Funktionen wird ausgehend von einer Winkelfunktion der zugehörige Winkel im Bogenmaß (= Arcus) ermittelt. Es gilt also für alle Winkelfunktionen eine Beziehung nach dem Muster:

Wenn y = SIN(x), dann gilt ARCSIN(y) = x

5.3 Zu den hyperbolischen Funktionen

Die hyperbolischen Funktionen sind, trotz ihrer an Winkelfunktionen erinnernden Namen, keine eigentlichen Winkelfunktionen. Das wird schon daran deutlich, dass sie im Gegensatz zu den Winkelfunktionen nicht periodisch verlaufen. Die Namensgebung rechtfertigt sich aber aufgrund einer großen formalen Übereinstimmung bei den Beziehungen zwischen den einzelnen Funktionen sowie aus mathematischen Zusammenhängen zwischen Winkelfunktionen und hyperbolischen Funktionen.

Dass die Funktionen als hyperbolisch bezeichnet werden, rührt daher, dass sie geometrisch anhand einer gleichseitigen Hyperbel mit der Gleichung $x^2 - y^2 = 1$ gedeutet werden, also einer Kurve, die aus zwei zueinander symmetrischen Ästen besteht, die sich ins Unendliche erstrecken.

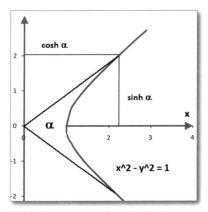

Abbildung 5.3 Deutung der Funktionen an der gleichseitigen Hyperbel

Die Funktionen stellen eine Verbindung zwischen der Fläche her, die von einer vom Nullpunkt ausgehenden Geraden, ihrem Spiegelbild an der x-Achse und der genannten Hyperbel begrenzt wird, sowie der Länge verschiedener Strecken, die sich dabei ergeben. So ist `sinh(a)` die positive y-Koordinate des Schnittpunkts der Geraden mit der Hyperbel, `cosh(a)` die dazugehörige x-Koordinate, `tanh(a)` ist die y-Koordinate bei x=1.

Anwendung finden derartige Funktionen z. B. in einigen statistischen Näherungsverfahren, bei statischen Berechnungen und in der Analysis.

5 | Mathematische und trigonometrische Funktionen

Die Kennzeichnung der inversen Funktionen (Area-Funktionen) mit dem Präfix ARC (analog zu den Arkusfunktionen der Winkelfunktionen) ist allerdings trotz der formalen Ähnlichkeit zu den Arkusfunktionen eher unglücklich: Die Area-Funktionen liefern keinen Winkel im Bogenmaß (lat.: *Arcus)*, sondern in der geometrischen Deutung eine Fläche.

Der Cotangens hyperbolicus ist in Excel nicht eigens als Funktion enthalten, da er der Kehrwert des Tangens hyperbolicus ist:

```
coth(x) = 1/tanh(x)
```

Für die Area-Funktionen gilt (analog zu den Winkelfunktionen) für alle hyperbolischen Funktionen eine Beziehung nach dem Muster:

Wenn   y = SINHYP(x), dann gilt   ARCSINHYP(y) = x

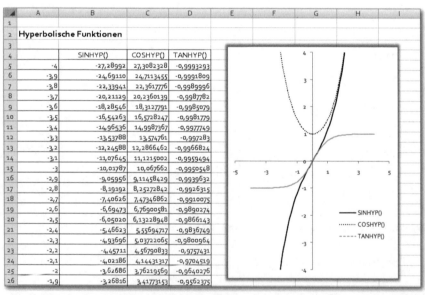

Abbildung 5.4   Hyperbolische Funktionen

5.4 Referenz der mathematische Funktionen

ABRUNDEN()
ROUNDDOWN()

Syntax:	ABRUNDEN(Zahl; Anzahl_Stellen)
Beispiel:	=ABRUNDEN(-657,65;-1) ergibt -650

Die Funktion rundet eine mit dem Argument Zahl angegebene reelle Zahl in Richtung 0 auf dem Zahlenstrahl. Positive Zahlen werden also abgerundet, negative Zahlen aufgerundet.

Mit dem Argument Anzahl_Stellen wird die Anzahl der Stellen angegeben, die beim Runden berücksichtigt wird. Ist Anzahl_Stellen gleich 1 oder größer, dann wird auf die entsprechende Anzahl Dezimalstellen abgeschnitten, ist es null, dann werden die Dezimalstellen abgeschnitten, sodass die Ganzzahl übrig bleibt. Ist das Argument negativ, wird um die angegebenen Stellen nach links gerundet, und zwar so, dass sich die gerundete Zahl in Richtung null bewegt.

	A	B	C
1			
2	Abrunden von Zahlen		
3			
4	Zahl	Stellen	ABRUNDEN()
5	100,85714	0	100
6	100,85714	1	100,8
7	100,85714	2	100,85
8	100,85714	3	100,857

Abbildung 5.5 Abrunden mit frei wählbarer Stellenanzahl

ABS()
ABS()

Syntax:	ABS(Zahl)
Beispiel:	=ABS(-8) \1 8

5 | Mathematische und trigonometrische Funktionen

Die Funktion ABS() eliminiert die Vorzeichen von Zahlenwerten. Ganz gleich, ob ABS() auf Zahlen mit negativem oder positivem Vorzeichen angewendet wird, als Ergebnis wird der nicht negative Betrag dieser Zahlen geliefert. In der mathematischen Schreibweise werden die absoluten Werte mit zwei senkrechten Strichen gekennzeichnet: |x|. Der Begriff »absolut« bezieht sich darauf, dass eine Zahl x und ihre negative Entsprechung −x denselben Abstand vom Nullpunkt haben.

	A	B
1		
2	**Absolutwert einer Zahl**	
3		
4	Wert	ABS()
5	14	14
6	-14	14
7	123,56	123,56
8	-123,56	123,56
9	12.12.2007	39428
10	12:30	0,520833333
11	Text	#WERT!
12	WAHR	1
13	FALSCH	0

Abbildung 5.6 Absolutwert verschiedener Werte

ARCCOS()
ACOS()

Syntax: ARCCOS(Zahl)

Beispiel: =ARCCOS(0,9)
               ergibt 0,451026

Die Funktion ARCCOS() berechnet zu dem mit dem Argument Zahl gegebenen Kosinus-Wert, der das Verhältnis von Ankathete zu Hypotenuse angibt, den anliegenden Winkel im Bogenmaß, also den Arkuskosinus. Da jeder Winkel im Vollkreis zweimal vorkommt, wird der Wertebereich eingeschränkt. Für Kosinuswerte zwischen −1 und 1 liegen die Winkelwerte im Bogenmaß zwischen 0 und PI, in Grad angegeben zwischen 0 und 180 Grad.

Soll der Winkel in Grad angegeben werden, müsste die Formel im Beispiel lauten:

=ARCCOS(0,9)*180/PI()

Referenz der mathematische Funktionen | **5.4**

Das Ergebnis ist dann 25,84 Grad. Dazu kann aber auch die Funktion GRAD() verwendet werden:

=GRAD(ARCOS(0,9)

Die Funktion ist, wie die Abbildung zeigt, monoton fallend.

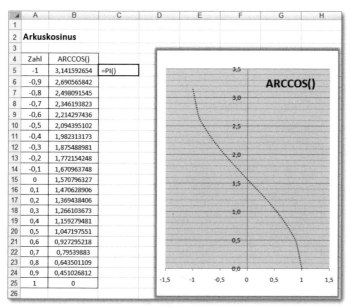

Abbildung 5.7 Die Arkuskosinus-Funktion und ihre graphische Darstellung

Die Funktion kann verwendet werden, um den Neigungswinkel zu berechnen, wenn das Verhältnis von Ankathete und Hypotenuse in einem spitzen Winkel bekannt ist. Wenn beispielsweise eine Feuerleiter von 10 m Länge so an eine Hauswand gelehnt ist, dass der Fuß der Leiter 3 m Abstand von der Hauswand hält, hat der Kosinus den Wert = 3/10. Daraus lässt sich der Arkuskosinus berechnen:

=ARCCOS(3/10)

ergibt 1,266, umgewandelt in Grad:

=GRAD(ARCCOS(3/10)

Daraus ergibt sich ein Neigungswinkel von 72,54°.

225

5 | Mathematische und trigonometrische Funktionen

ARCCOSHYP()
ACOSH()

Syntax:	ARCCOSHYP(Zahl)
Beispiel:	=ARCCOSHYP(1) ergibt 0

Die Funktion ARCCOSHYP() ist die Umkehrfunktion zu der Funktion COSHYP(). Für das Argument Zahl kann jede beliebige reelle Zahl verwendet werden, die größer oder gleich 1 ist. Der Wertebereich reicht von 0 bis +unendlich.

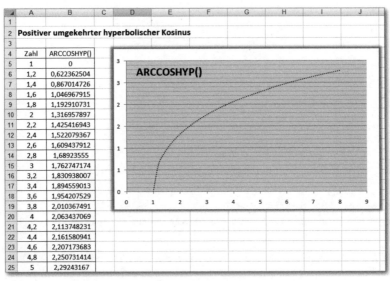

Abbildung 5.8 Die ARCCOSHYP()-Funktion und ihre graphische Darstellung

ARCSIN()
ASIN()

Syntax:	ARCSIN(Zahl)
Beispiel:	=ARCSIN(0,5) ergibt 0,523598

Referenz der mathematische Funktionen | 5.4

Die Funktion ARCSIN() berechnet zu dem mit dem Argument Zahl angegebenen Sinuswert, der das Verhältnis von Gegenkathete zu Hypotenuse darstellt, den anliegenden Winkel im Bogenmaß, also den Arkussinus.

Da jeder Winkel im Vollkreis zweimal vorkommt, wird der Wertebereich eingeschränkt. Für Sinuswerte zwischen −1 und 1 liegen die Winkelwerte im Bogenmaß zwischen − PI/2 und PI/2, d. h. zwischen −90 und 90 Grad.

Die Umwandlung in Grad kann wieder mit der Funktion GRAD() vorgenommen werden:

=GRAD(ARCSIN(0,5)

ergibt 30°.

Die Funktion ist, wie die Abbildung zeigt, monoton steigend.

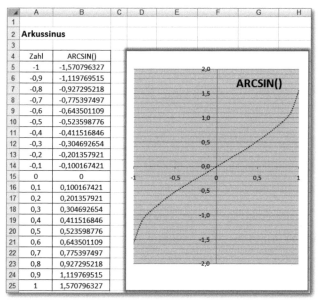

Abbildung 5.9 Die ARCSIN()-Funktion und ihre graphische Darstellung

5 | Mathematische und trigonometrische Funktionen

ARCSINHYP()
ASINH()

Syntax:	ARCSINHYP(Zahl)
Beispiel:	=ARCSINHYP(2) ergibt 1,443635

Die Funktion ARCSINHYP() ist die Umkehrfunktion zu der Funktion SINHYP(). Für das Argument Zahl kann jede beliebige reelle Zahl verwendet werden. Der Wertebereich liegt zwischen −unendlich bis +unendlich.

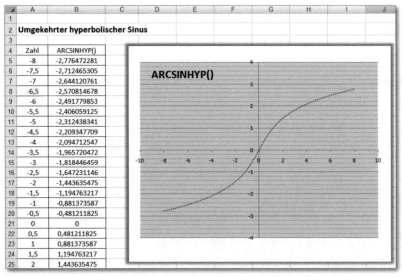

Abbildung 5.10   Der umgekehrte hyperbolische Sinus und der Graph dazu

ARCTAN()
ATAN()

Syntax:	ARCTAN(Zahl)
Beispiel:	=ARCTAN(0,3) ergibt 0,291456

Referenz der mathematische Funktionen | **5.4**

Mit der Funktion ARCTAN() kann aus dem über das Argument Zahl angegebenen Tangens eines Winkels – also aus dem Verhältnis von Gegenkathete zu Ankathete – der Winkel selbst berechnet werden. Das Ergebnis im Bogenmaß liegt zwischen –PI/2 und PI/2.

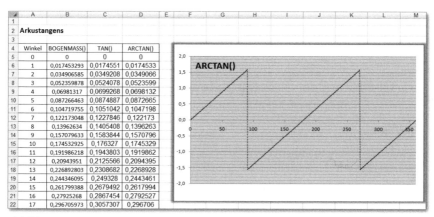

Abbildung 5.11 Der Arkustangens und seine graphische Darstellung

ARCTAN2()
ATAN2()

Syntax:	ARCTAN2(x_Koordinate; y_Koordinate)
Beispiel:	=ARCTAN2(4;-3) ergibt -0,643501

Diese spezielle Form des Arkustangens gestattet es, bei einer Geraden, die durch den Nullpunkt eines Koordinatenkreuzes geht, direkt durch Angabe von x-Koordinate und y-Koordinate eines Punktes den Steigungswinkel der Geraden im Bogenmaß zu ermitteln. Das Ergebnis liegt zwischen PI und –PI.

5 | Mathematische und trigonometrische Funktionen

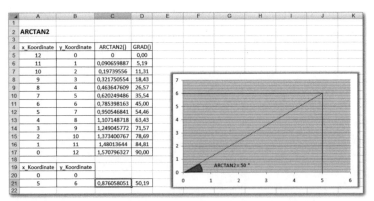

Abbildung 5.12 ARCTAN2() und die entsprechenden GRAD()-Werte

ARCTANHYP()
ATANH()

Syntax: ARCTANHYP(Zahl)

Beispiel: =ARCTANHYP(0,5)
                ergibt 0,54930

Die Funktion ARCTANHYP() ist die Umkehrfunktion zu der Funktion TANHYP(). Für das Argument Zahl können nur Werte zwischen –1 und 1 verwendet werden. Der Wertebereich liegt zwischen -unendlich bis +unendlich.

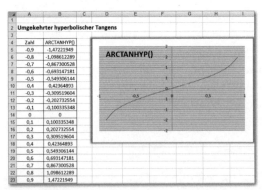

Abbildung 5.13 Der umgekehrte hyperbolische Tangens und seine graphische Darstellung

AUFRUNDEN()
ROUNDUP()

Syntax:	AUFRUNDEN(Zahl; Anzahl_Stellen)
Beispiel:	=AUFRUNDEN(2,356;2) ergibt 2,36

Die Funktion rundet eine Zahl vom Nullwert weg. Mit dem Argument Anzahl_Stellen wird die Anzahl der Stellen angegeben, die beim Runden berücksichtigt wird. Ist Anzahl_Stellen gleich 1 oder größer, dann wird auf die entsprechende Anzahl Dezimalstellen aufgerundet. Ist es null, dann wird auf die nächste Ganzzahl aufgerundet; ist es negativ, dann wird die entsprechende Ziffer links vom Dezimalzeichen aufgerundet.

	A	B	C	D
1				
2	Ab- und Aufrunden von Zahlen			
3				
4	Zahl	Stellen	ABRUNDEN()	AUFRUNDEN()
5	100,85714	0	100	101
6	100,85714	1	100,8	100,9
7	100,85714	2	100,85	100,86
8	100,85714	3	100,857	100,858

Abbildung 5.14 Ab- und Aufrunden mit unterschiedlicher Stellenanzahl

Das Aufrunden ist beispielsweise hilfreich, wenn bestimmte Stückelungen vorgegeben sind. Soll etwa eine Strecke von 100 cm mit Kacheln ausgelegt werden, die 15 cm breit sind, ergibt =AUFRUNDEN(100/15;0) eine Stückzahl von 7.

BOGENMASS()
RADIANS()

Syntax:	BOGENMASS(Winkel)
Beispiel:	=BOGENMASS(180) ergibt 3,14

Die Funktion BOGENMASS() wandelt den Gradwert des angegebenen Winkels in Bogenmaß um. Die Einheit für das Bogenmaß ist *rad* für Radiant. 1 Radiant ent-

5 | Mathematische und trigonometrische Funktionen

spricht auf der Umfangslinie eines Kreises mit 1 Meter Radius einem Kreisbogen von 1 Meter. Der Vollwinkel, also 360°, entspricht 2 PI rad. Da die Winkelfunktionen in Excel Winkelangaben im Bogenmaß erwarten, müssen Grad-Angaben mit dieser Funktion vorher umgerechnet werden.

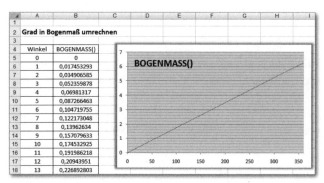

Abbildung 5.15 Umrechnung von Winkelangaben

COS()
COS()

Syntax: COS(Zahl)

Beispiel: =COS(PI()/6)
ergibt 0,866025

Die Funktion berechnet den Kosinus des mit dem Argument Zahl angegebenen Winkels. Dabei wird der Winkel nicht in Grad, sondern im Bogenmaß angegeben. Der Kosinus eines Winkels wird am rechtwinkligen Dreieck definiert als das Verhältnis der Ankathete zur Hypotenuse. Die Definition kann aber auf der Basis des Einheitskreises erweitert werden. Einem Winkel von 90° oder 270° entspricht dann genau ein Kosinuswert von 0, einem von 180° entspricht –1, von 360° der Wert 1. Das Ergebnis der Funktion liegt also immer zwischen –1 und 1.

Liegt der zu berechnende Winkelwert in Grad vor, muss er mit Hilfe der Funktion BOGENMASS() zunächst umgewandelt werden, wie es auch in der abgebildeten Tabelle geschieht. Das Diagramm zeigt den periodischen Verlauf der Kosinus-Funktion, wobei die Periode 360 Grad umfasst. Vergleichen Sie die Abbildung mit der

der Sinus-Funktion, wird deutlich, dass der Kosinus ein um 90° phasenverschobener Sinus ist. Es gilt also cos(x) = sin(x+90°).

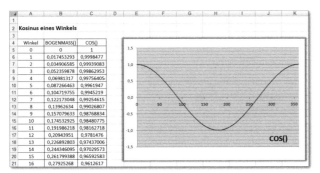

Abbildung 5.16 Die Kosinus-Funktion und ihre graphische Darstellung

Die COS()-Funktion kann verwendet werden, um die Länge eines Anstiegs zu berechnen. Angenommen, es ist bekannt, dass eine gerade Straße einen Steigungswinkel von 8° hat. Nun soll berechnet werden, wie lang die Strecke pro 1 km Luftlinie sein wird.

Die Formel

=1/COS(BOGENMASS(8))

ergibt 1,010. Die Straße ist also pro km 10 m länger als die Luftlinienentfernung.

COSHYP()
COSH()

Syntax:	COSHYP(Zahl)
Beispiel:	=COSHYP(1,5) ergibt 2,352410

Die Funktion COSHYP() liefert den hyperbolischen Kosinus einer beliebigen mit Zahl angegebenen reellen Zahl zwischen – unendlich und unendlich. Das Ergebnis von COSHYP(x) liegt zwischen 1 und unendlich. Die dabei verwendete Formel ist:

COSHYP(x) = (e^x + e^-x)/2

233

5 | Mathematische und trigonometrische Funktionen

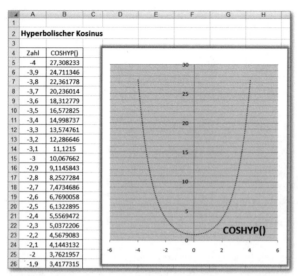

Abbildung 5.17   Der hyperbolische Kosinus und sein Graph

Der Graph der Funktion ähnelt einem hängenden Seil und wird deshalb auch als Katenoide oder Kettenlinie bezeichnet. In der Praxis wird die Funktion auch bei entsprechenden Berechnungen genutzt.

EXP()
EXP()

Syntax: EXP(Zahl)

Beispiel: =EXP(2)
ergibt 7,3890561

Die Funktion EXP() bewirkt, dass die Eulersche Zahl e (2,71828...) mit dem im Argument Zahl angegebenen Wert potenziert wird. Da e die Basis der natürlichen Logarithmen ist, ergibt =EXP(1) den Wert von e, also 2,71828... Die nach dem Mathematiker Euler benannte Zahl ist wie die Zahl PI eine irrationale, transzendente reelle Zahl, die in der Infinitesimalrechnung eine wichtige Rolle spielt. Sie lässt sich also weder als Bruch zweier natürlicher Zahlen noch als Lösung einer algebraischen Gleichung endlichen Grades darstellen. Eine mögliche Darstellung ist die folgende endlose Reihenbildung:

e = 1 + 1/1 + 1/(1 * 2) + 1/ (1 * 2 * 3) + 1/(1 * 2 * 3 * 4) +???

EXP(LN(x)) liefert den Wert x. EXP() ist die Umkehrfunktion von LN(). Die Funktion EXP() wird in erster Linie zur Beschreibung von Wachstumsfunktionen verwendet.

	A	B
1		
2	Potenzieren auf der Basis der Eulerschen Zahl e	
3		
4	Zahl	EXP()
5	-6	0,00247875
6	-5	0,00673795
7	-4	0,01831564
8	-3	0,04978707
9	-2	0,13533528
10	-1	0,36787944
11	0	1,00000000
12	1	2,71828183
13	2	7,38905610
14	3	20,08553692
15	4	54,59815003
16	5	148,41315910
17	6	403,42879349

Abbildung 5.18 Potenzieren der Basis e mit der angegebenen Zahl

FAKULTÄT()
FACT()

Syntax: FAKULTÄT(Zahl)

Beispiel: =FAKULTÄT(4)
ergibt 24 (=1*2*3*4)

Die Funktion liefert die Fakultät der als Argument angegebenen Zahl. Die Fakultät einer Zahl ist das Produkt aller natürlichen Zahlen von 1 bis zur angegebenen Zahl, also: 1*2*3*4*...*Zahl. In der Mathematik wird n! für Fakultät von n geschrieben. Die Zahl darf nicht negativ sein. Nachkommastellen werden ohne Rundung abgeschnitten.

Anwendungsbereich ist die insbesondere die Kombinatorik, in der im weitesten Sinne die Frage gestellt wird, wie viele Möglichkeiten es gibt, Elemente aus einer

Menge zu kombinieren. Hier nur ein Beispiel: Wie viele Möglichkeiten gibt es, 6 verschiedene Zahlen von 49 im Lotto auszuwählen?

= FAKULTÄT(49)/((FAKULTÄT(6)*FAKULTÄT(49-6))

Ergebnis: 13.983.816, d. h., es gibt über 13 Mio. Möglichkeiten, 6 Zahlen auf einem Lottoschein anzukreuzen, und so viele Kombinationen müssten durchgespielt werden, um ganz sicher »6 Richtige« im Lotto zu haben.

	A	B
2	**Fakultät einer Zahl**	
4	Zahl	FAKULTÄT()
5	0	1
6	1	1
7	2	2
8	3	6
9	4	24
10	5	120
11	6	720
12	7	5.040
13	8	40.320
14	9	362.880
15	10	3.628.800
16	11	39.916.800
17	12	479.001.600
18	13	6.227.020.800
19	14	87.178.291.200
20	15	1.307.674.368.000
21	16	20.922.789.888.000
22	17	355.687.428.096.000
23	18	6.402.373.705.728.000

Abbildung 5.19   Berechnen der Fakultät

GANZZAHL()
INT()

Syntax: GANZZAHL(Zahl)

Beispiel: =GANZZAHL(5,7)
                ergibt 5

Mit Hilfe der Funktion GANZZAHL() wird ein numerischer Ausdruck auf die nächstkleinere ganze Zahl reduziert, die Nachkommastellen werden gleichsam abgeschnitten. Negative Zahlen werden von 0 weg, also zur nächsten kleineren Zahl, gerundet. GANZZAHL(-5,7) ergibt demnach -6.

	A	B
1		
2	**Runden auf die nächste Ganzzahl**	
3		
4	Zahl	GANZZAHL()
5	123,456	123
6	-12,78	-13
7	2,99	2

Abbildung 5.20 Abrunden auf die nächstkleinere ganze Zahl

GERADE()
EVEN()

Syntax: GERADE(Zahl)

Beispiel: =GERADE(-3)
ergibt -4

Die Funktion GERADE() rundet Zahlen zur nächsten geraden Ganzzahl weg von 0 und ist damit komplementär zur Funktion UNGERADE(). Wenn Zahl schon eine gerade ganze Zahl ist, dann wird dieser Wert wiedergegeben. Die Funktion kann beispielsweise zur paarweisen Verarbeitung von Daten verwendet werden.

	A	B	C
1			
2	**Aufrunden auf die nächste gerade Zahl**		
3			
4	Zahl	GERADE()	
5	0	0	
6	1	2	
7	2	2	
8	3	4	
9	4	4	
10	5	6	
11	6,2	8	
12	8,45	10	
13	-3	-4	

Abbildung 5.21 Aufrunden auf die nächste gerade Ganzzahl

GGT()
GCD()

Syntax:	GGT(`Zahl1`; `Zahl2`; ...)
Beispiel:	=GGT(56;98)
	ergibt 14

Die Funktion liefert den größten gemeinsamen Teiler von zwei oder mehreren ganzen Zahlen. Ein gemeinsamer Teiler ist eine Zahl, durch die alle angegebenen Zahlen geteilt werden können, ohne dass ein Rest bleibt. Der größte gemeinsame Teiler ist die größte dieser Zahlen. Excel 2007 erlaubt bis zu 255 Werte, die älteren Versionen nur 29 Werte. Wird eine gebrochene Zahl angegeben, werden die Nachkommastellen einfach abgeschnitten. Negative Werte sind nicht erlaubt.

Der größte gemeinsame Teiler ist in der Mathematik insbesondere beim Kürzen von Brüchen gefragt. In der Praxis kann die Funktion bei Aufteilungsfragen helfen. Ein kleines Beispiel: In einem Saal sollen drei Seminargruppen so auf Tische verteilt werden, dass möglichst niemand alleine sitzen muss:

=GGT(36;24;18)

ergibt 6. Die drei Gruppen lassen sich also auf 6er-Tische verteilen.

	A	B	C	D	E
1					
2	**Größter gemeinsamer Teiler**				
3					
4	Zahl1	Zahl2	Zahl3	Zahl4	GGT()
5	9	27	6	18	3
6	4	8	9	10	1
7	25	50	75	0	25
8	25,4	50,7	75,6	0	25
9	90	252	180		18
10	-5	-10	-15	-20	#ZAHL!
11	h	b	5	3	#WERT!

Abbildung 5.22 Größter gemeinsamer Teiler einer Reihe von Werten

Referenz der mathematische Funktionen | 5.4

GRAD()
DEGREES()

Syntax:	GRAD(`Winkel`)
Beispiel:	=GRAD(PI()/3) ergibt 60

Mit Hilfe der Funktion GRAD() wird der mit dem Argument `Winkel` angegebene Wert aus dem Bogenmaß (Radiant oder als Einheit rad) in Grad übertragen. Für die Konversion gilt die Formel:

`Grad = rad*360/(2*PI)`

Da zahlreiche Winkelfunktionen in Excel ihr Ergebnis im Bogenmaß ausgeben – siehe die Anmerkungen am Anfang des Kapitels –, wird die Funktion häufig benötigt, um die Winkelangaben in die geläufigere Maßeinheit zu übersetzen.

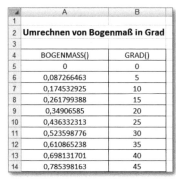

Abbildung 5.23 Grad-Berechnung aus Winkelangaben in Bogenmaß

KGV()
LCM()

Syntax:	KGV(`Zahl1`; Zahl2; ...)
Beispiel:	=KGV(3;4;5;10) ergibt 60

5 | Mathematische und trigonometrische Funktionen

Die Funktion KGV() liefert für die als Argumente angegebenen ganzen Zahlen das kleinste gemeinsame Vielfache. In Excel 2007 sind 255 Werte erlaubt, in den älteren Versionen nur 29. Werden gebrochene Zahlen angegeben, werden die Nachkommastellen abgeschnitten.

Das kleinste gemeinsame Vielfache ist die kleinste Zahl, die durch alle angegebenen Zahlen ohne Rest teilbar ist. Die Funktion kann beim Addieren von Brüchen hilfreich sein, die unterschiedliche Nenner haben. Sollen beispielsweise die folgenden Brüche addiert werden:

1/3 + 3/4 + 1/2

kann zunächst ein kleinster gemeinsamer Nenner gesucht werden:

=KGV(3;4;2)

ergibt 12. Nun können die drei Brüche auf den Nenner 12 erweitert werden:

1*4/3*4 + 3*3/4*3 + 1*6/2*6 = (4 + 9 + 6)/12 = 1 7/12

	A	B	C	D	E
1					
2	Kleinstes gemeinsames Vielfaches				
3					
4	Zahl1	Zahl2	Zahl3	Zahl4	KGV()
5	9	27	6	18	54
6	4	8	9	10	360
7	25	50	75	0	0
8	25,4	50,7	75,6	0	0
9	90	252	180		1260
10	-5	-10	-15	-20	#ZAHL!
11	h	b	5	3	#WERT!-

Abbildung 5.24 Kleinstes gemeinsames Vielfaches einer Reihe von Werten

KOMBINATIONEN()
COMBIN()

Syntax: KOMBINATIONEN(n; k)

Beispiel: =KOMBINATIONEN(7;3)
ergibt 35

Die Funktion gibt den Wert des Binomialkoeffizienten aus. KOMBINATIONEN() rechnet nach der Formel

n! / (k! * (n-k)!)

Die Funktion beantwortet die Frage, wie viele Gruppen der Größe k aus n Elementen gebildet werden können, wenn die Reihenfolge keine Rolle spielt.

Werden keine ganzen Zahlen eingegeben, so werden die Nachkommastellen abgeschnitten. Wenn die Argumente kleiner null eingegeben werden oder n kleiner als k sein sollte, wird eine Fehlermeldung ausgegeben.

Wollen Sie etwa berechnen, wie viele Möglichkeiten es gibt, 6 Zahlen von 49 anzukreuzen, dann liefert =KOMBINATIONEN(49;6) das Ergebnis 13.983.816 (vgl. FAKULTÄT()).

	A	B	C
1			
2	Anzahl möglicher Kombinationen		
3			
4	n	k	KOMBINATIONEN()
5	12	2	66
6	24	3	2024
7	32	4	35960
8	49	6	13983816

Abbildung 5.25 Kombinationen aus k Elementen aus der Menge n

KÜRZEN()
TRUNC()

Syntax: KÜRZEN(Zahl; Anzahl_Stellen)

Beispiel: =KÜRZEN(5,7)
ergibt 5

Ein numerischer Ausdruck Zahl wird auf die mit Anzahl_Stellen angegebenen Stellen verkürzt, d.h., die restlichen Stellen hinter dem Komma werden abgeschnitten. Es findet eine Abrundung statt. Wird Anzahl_Stellen nicht angegeben, so wird das Argument als 0 angenommen und nur der ganzzahlige Rest wiedergegeben. Dies gilt auch (im Gegensatz zu GANZZAHL()) bei negativen Zahlen: =KÜRZEN(-5,7) ergibt also -5.

Mit negativen Werten für Anzahl_Stellen kann auch auf ganze Zehner, Hunderter oder Tausender abgerundet werden:

=KÜRZEN(1234;-2)

ergibt also 1.200.

5 | Mathematische und trigonometrische Funktionen

	A	B	C	D
1				
2	**Kürzen einer Zahl**			
3				
4	Zahl	Stellen	KÜRZEN()	ABRUNDEN()
5	100,85714	0	100	100
6	100,85714		100	100
7	100,85714	1	100,8	100,8
8	100,85714	2	100,85	100,85
9	100,85714	3	100,857	100,857

Abbildung 5.26   Kürzen auf eine bestimmte Stellenanzahl

LN()
LN()

Syntax: LN(Zahl)

Beispiel: =LN(10)
ergibt 2,30258509

Die Funktion LN() liefert den natürlichen Logarithmus des mit Zahl angegebenen Wertes, d. h. denjenigen Wert, mit dem die Eulersche Zahl (2,718281828...) potenziert werden müsste, damit die Zahl als Ergebnis herauskommt.

Die Anwendung liegt ähnlich wie bei der Funktion EXP() im Bereich von Wachstumsprozessen in Naturwissenschaft und Technik.

	A	B
1		
2	**Natürlicher Logarithmus**	
3		
4	Zahl	LN()
5	10	2,30259
6	100	4,60517
7	120	4,78749
8	150	5,01064
9	200	5,29832
10	2000	7,60090
11	4000	8,29405
12	10000	9,21034

Abbildung 5.27   Berechnen des natürlichen Logarithmus

LOG()
LOG()

Syntax:	LOG(Zahl; Basis)
Beispiel:	=LOG(4;2) ergibt 2

Die Funktion LOG() ist von allen Logarithmusfunktionen, die Excel bereitstellt, die allgemeinste. Sie gestattet es, den Logarithmus einer Zahl zu jeder beliebigen Basis zu ermitteln, wobei das Ergebnis immer der Wert ist, mit dem die Basis potenziert werden müsste, um die Zahl zu erhalten. Das Logarithmieren einer Basis ist also die Umkehr des Potenzierens einer Basis und damit die Suche nach dem Exponenten. Sind a und b zwei reelle Zahlen, und gilt

a = b ^x,

dann ist x der Logarithmus von b zur Basis a.

Drei Basis-Werte spielen eine besondere Rolle:

=LOG(Zahl;2)

ergibt den binären Logarithmus;

=LOG(Zahl;EXP(1))

ergibt den natürlichen Logarithmus;

=LOG(Zahl;10)

ergibt den dekadischen Logarithmus.

Wird auf die Angabe von Basis verzichtet, dann nimmt Excel als Basis 10 an (das entspricht der folgenden Funktion LOG10()).

Zur Erinnerung hier einige der Rechenregeln, die für alle Logarithmen gelten:

LOG(a;a) = 1

der Logarithmus der Basis ist 1;

LOG(1) = 0

unabhängig von der Basis ist der Logarithmus von 1 gleich 0.

5 | Mathematische und trigonometrische Funktionen

```
LOG(a*b) = LOG(a)+LOG(b)
LOG(a/b) = LOG(a)-LOG(b)
```

Das heißt, die Multiplikation und Division werden auf logarithmischer Ebene auf die Addition und Subtraktion zurückgeführt.

```
LOG(a^n) = n*LOG(a)
```

Potenzen werden auf logarithmischer Ebene auf Multiplikationen zurückgeführt.

	A	B	C
1			
2	Logarithmus einer Zahl zur angegebenen Basis		
3			
4	Zahl	Basis	LOG()
5	144	12	2,00000
6	1000		3,00000
7	1000	2	9,96578
8	1000	3	6,28771
9	1000	4	4,98289
10	1000	5	4,29203
11	1000	6	3,85529

Abbildung 5.28 Logarithmen mit unterschiedlichen Basen

LOG10()
LOG10()

Syntax:	LOG10(Zahl)
Beispiel:	=LOG10(4)
	ergibt 0,60205999

Die Funktion liefert den dekadischen Logarithmus von Zahl, d. h. den Wert, mit dem 10 potenziert werden müsste, um die Zahl zu erhalten. So ist

=LOG10(100) = 2,

d. h., 10 muss zum Quadrat genommen werden, um 100 zu erhalten. Der dekadische Logarithmus ist gleichzeitig ein Maß für die Größe einer Zahl.

	A	B
1		
2	**Dekadischer Logarithmus**	
3		
4	Zahl	LOG10()
5	10	1,00000
6	144	2,15836
7	200	2,30103
8	500	2,69897
9	1000	3,00000

Abbildung 5.29 Logarithmus zur Basis 10

MDET()
MDETERM()

Syntax:	MDET(Matrix)
Beispiel:	=MDET({2.3;4.5}) ergibt -2

Die Funktion MDET() liefert die Determinante der angegebenen Matrix. Das Argument Matrix kann dabei über einen Zellbezug, einen Bereichsnamen oder als Matrixkonstante angegeben werden. Die Matrix muss quadratisch sein, also ebenso viele Zeilen wie Spalten enthalten. Alle Werte müssen numerisch sein.

Die Determinante im Beispiel wird berechnet nach der Formel =(2*5) - (3*4). Die Ermittlung der Determinante einer Matrix wird verwendet bei der Lösung von linearen Gleichungen mit mehreren Unbekannten. Hat eine Matrix, die die Koeffizienten der Gleichungen enthält, eine Determinante ungleich null, ist sicher, dass das entsprechende lineare Gleichungssystem eine eindeutige Lösung hat.

Gleichungen dieser Art kommen unter anderem im naturwissenschaftlich-technischen Bereich (z. B. Berechnung von Widerstandsnetzwerken) und in der Ökonomie (z. B. Optimierungsaufgaben, die von mehreren Faktoren abhängen) vor.

Die Lösung derartiger Gleichungssysteme ist »von Hand« eine äußerst zeitraubende Angelegenheit, über die Bildung von Determinanten dagegen einfacher erledigt. In Excel lassen sich derartige Aufgaben allerdings wesentlich schneller mit dem Solver bearbeiten.

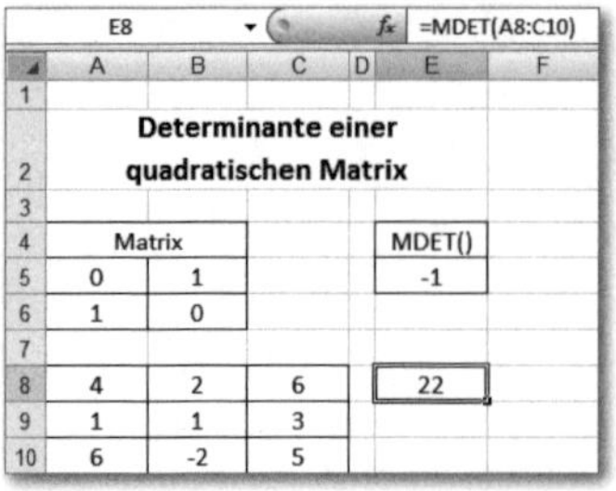

5 | Mathematische und trigonometrische Funktionen

Abbildung 5.30 Bestimmung der Determinante von zwei Matrizen

MINV()
MINVERSE()

Syntax:	MINV(**Matrix**)
Beispiel:	=MINV({2.3;4.5})
	ergibt {-2,5.1,5;2.-1}

Die Funktion MINV() bildet die Inverse zu einer Matrix, liefert also die so genannte Kehrmatrix. Das Argument Matrix kann dabei ein Zellbezug, ein Bereichsnamen oder eine Matrixkonstante sein. Die Matrix muss quadratisch sein, also ebenso viele Zeilen wie Spalten enthalten. Alle Werte müssen numerisch sein.

Die Funktion findet Anwendung bei der Lösung von Gleichungssystemen mit mehreren Unbekannten. Voraussetzung ist, dass die mit der Funktion MDET() berechenbare Determinante ungleich null ist.

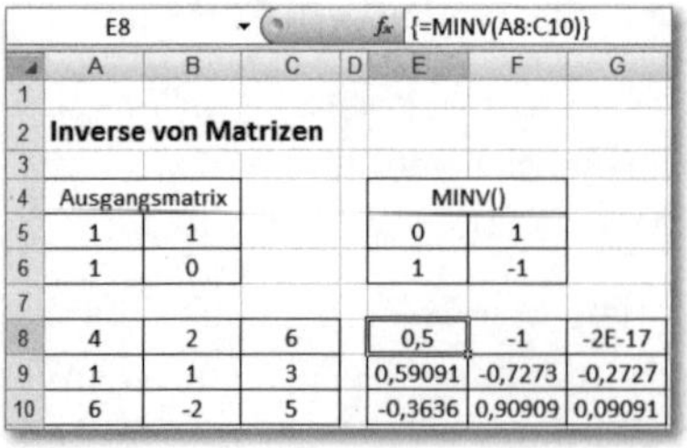

Abbildung 5.31 Bilden der Kehrmatrix zu einer Ausgangsmatrix

MMULT()
MMULT()

Syntax:	MMULT(**Matrix1**; **Matrix2**)
Beispiel:	=MMULT({2.3;4.5};{6.7;8.9}) ergibt {36.41;64.73}

Die Funktion MMULT() liefert das Produkt zweier Matrizen. Die Argumente Matrix1 und Matrix2 können dabei über einen Zellbezug, einen Bereichsnamen oder als Matrixkonstante angegeben werden. Die Spalten von Matrix1 müssen in der Anzahl mit den Zeilen von Matrix2 übereinstimmen. Das Ergebnis ist eine Matrix, die die Zahl der Zeilen von der ersten, die Zahl der Spalten von der zweiten Matrix übernimmt. Die Kontrollformel in der Abbildung in Zelle E8 zeigt, wie die Multiplikation ausgeführt wird. Es werden jeweils die Zeilenelemente der ersten Matrix mit den entsprechenden Spaltenelementen der zweiten Matrix multipliziert.

Abbildung 5.32 Matrizenprodukt und Kontrollberechnung

OBERGRENZE()
CEILING()

Syntax:	OBERGRENZE(**Zahl**; **Schritt**)
Beispiel:	=OBERGRENZE(2,2434;0,05) ergibt 2,25

Die Funktion rundet den mit dem Argument Zahl angegebenen Wert auf das nächste Vielfache von Schritt auf und ist damit komplementär zu UNTERGRENZE(). Sie erlaubt also das Aufrunden auf bestimmte Intervallgrenzen.

Mit dem Wert 0,05 für Schritt kann z. B. bestimmt werden, dass die Hundertstelstelle beim Aufrunden immer nur eine 5 oder eine Null sein kann. Mit einem Wert 0,05 für Schritt wird dafür gesorgt, dass z. B. nicht mehr in Cent, sondern nur noch für 5-Cent-Stücke ausgepreist wird.

Aufrunden bedeutet im Sinne dieser Funktion, dass immer von null weg gerundet wird, z. B. ergibt =OBERGRENZE(-4,2546;-0,5) den Wert –4,5. Bei unterschiedlichen Vorzeichen für Zahl und Schritt wird eine Fehlermeldung ausgegeben.

	A	B	C
1			
2	Aufrunden auf das kleinste Vielfache		
3			
4	Wert	Schritt	OBERGRENZE()
5	14,25	0,5	14,5
6	14,33	1	15
7	123,56	2	124
8	124,33	5	125
9	126,33	5	130
10	124,33	10	130
11	-112	-10	-120
12	-112	10	#ZAHL!

Abbildung 5.33 Aufrunden auf bestimmte Obergrenzen

PI()
PI()

Syntax: PI()

Beispiel: =PI()
ergibt 3,14159265358979

Die Funktion PI() liefert den numerischen Wert von PI. Neben der Umrechnung von Winkeln von Grad in Bogenmaß wird PI insbesondere für Kreis- und Kugelberechnungen benötigt. Obwohl für PI als Verhältniszahl kein Argument angegeben wird, benötigt Excel die beiden Klammern hinter dem Funktionsnamen. Zur Erinnerung einige der Formeln:

Kreisumfang: U=2*r*PI()

Kreisfläche: A=r^2*PI()

Kugeloberfläche: O=4*r^2*PI()

Kugelvolumen: V=4/3*r^3*PI()

	A	B	C
1			
2	Die Zahl Pi		
3			
4	PI()		
5	3,141592654		
6	3,1415926536		
7	3,14159265359		
8	3,141592653590		
9	3,1415926535898		
10	3,14159265358979	< - Maximale Genauigkeit in Excel	
11			
12	Kreisumfang		
13			
14	Radius	Umfang	
15	5	31,41592654	
16	6	37,69911184	
17			
18	Kreisfläche		
19			
20	Radius	Fläche	
21	5	78,5398163	
22	6	113,0973355	

Abbildung 5.34 Berechnungen mit der Zahl Pi

POLYNOMIAL()
MULTINOMIAL()

Syntax: POLYNOMIAL(Zahl1; Zahl2; ...)

Beispiel: =POLYNOMIAL(3;4;5)
ergibt 27720

Die Funktion liefert die Fakultät der Summe der Argumente geteilt durch das Produkt der Fakultäten, also

(Zahl1+Zahl2...)! / Zahl1!*Zahl2!...

5 | Mathematische und trigonometrische Funktionen

Während Excel 2007 bis zu 255 Argumente erlaubt, ist die Zahl in den Vorgängerversionen auf 29 begrenzt. Die Funktion kann in der Kombinatorik nützlich sein. Sie kann beispielsweise die Frage beantworten, wie viele Möglichkeiten es gibt, die 32 Karten eines Skatspiels mit je 10 Karten für drei Spieler und 2 Restkarten zu verteilen. Die Lösung kann mit der Formel

=32! / (10! * 10! * 10! * 2!)

berechnet werden. Die Funktion

=POLYNOMIAL(10;10;10;2)

liefert die Antwort: 2.753.294.408.504.620.

	A	B	C	D
1				
2	**Polynomialkoeffizient**			
3				
4	Zahl1	Zahl2	Zahl3	POLYNOMIAL()
5	2	2	1	30
6	7	5	2	72072

Abbildung 5.35 Berechnen des Polynomialkoeffizienten einer Gruppe von Zahlen

POTENZ()
POWER()

Syntax: POTENZ(Zahl; Potenz)

Beispiel: =POTENZ(2;10)
ergibt 1024

Die Funktion POTENZ() liefert die Potenzierung des mit Zahl angegebenen Werts, der auch als Basis oder Grundzahl bezeichnet wird, und zwar mit Hilfe des mit Potenz angegebenen Exponenten, der auch Hochzahl genannt wird. Für Zahl sind alle reellen Zahlen möglich. Das Potenzieren ist bekanntlich die wiederholte Multiplikation einer Zahl mit sich selbst.

Dabei wird dasselbe Rechenverfahren verwendet, das auch mit dem Operatorzeichen ^ zur Anwendung kommt. Statt =4^2 kann also auch =POTENZ(4;2) eingegeben werden.

Referenz der mathematische Funktionen | **5.4**

	A	B	C
1			
2	**Potenzieren einer Zahl**		
3			
4	Zahl	Potenz	POTENZ()
5	2	2	4
6	4	3	64
7	6	4	1.296
8	8	5	32.768
9	10	6	1.000.000
10	12	7	35.831.808
11	14	8	1.475.789.056
12	16	9	68.719.476.736
13	18	10	3.570.467.226.624

Abbildung 5.36   Potenzieren mit verschiedenen Potenzen

POTENZREIHE()
SERIESSUM()

Syntax:	POTENZREIHE(x; n; m; Koeffizienten)
Beispiel:	=POTENZREIHE(3;2;1;{2;3;4}) ergibt 423

Die Funktion liefert eine Summe von Potenzen der Zahl x. Berechnet wird nach der Formel

a1*x^n + a2*x^(n+m) + a3*x^(n+2m) ...

wobei a1, a2 ... mit dem Argument Koeffizienten angegeben wird. Dies kann ein Zellbereich, ein Bereichsname oder eine Matrixkonstante sein. Die Zahl der hier eingetragenen Werte liefert zugleich die Zahl der Summanden in der Formel und damit die Zahl der Glieder in der Reihe. Das Argument n ist die Potenz von x im ersten Term der Potenzreihe, das Argument m benennt das Inkrement, mit dem n in jedem Glied der Reihe vergrößert werden soll.

Mit dieser Funktion lassen sich Näherungsberechnungen für Funktionen durchführen.

5 | Mathematische und trigonometrische Funktionen

	A	B	C	D	E	F	G	H	I
1									
2	**Summe von Potenzen**								
3									
4	x	n	m	k1	k2	k3	k4	POTENZREIHE()	
5	0,5235988	1	2	1	-0,1666667	0,00833333	-0,0001984	0,50	
6									
7	=A5/FAKULTÄT(1)-A5^3/FAKULTÄT(3)+A5^5/FAKULTÄT(5)-A5^7/FAKULTÄT(7)...								
8								SIN()	
9								0,50	

H5 =POTENZREIHE(A5;B5;C5;D5:G5)

Abbildung 5.37 Bilden einer Potenzreihe

PRODUKT()
PRODUCT()

Syntax: PRODUKT(Zahl1; Zahl2; ...)

Beispiel: =PRODUKT(4;5;6)
                ergibt 120

Die Funktion PRODUKT() multipliziert alle angegebenen Argumente (Zahl1, Zahl2 ...) miteinander. Excel 2007 erlaubt 255 Argumente, 30 ist das Maximum bei den älteren Versionen. Wie unterschiedliche Datentypen bei der Funktion PRODUKT() behandelt werden, zeigt die folgende Abbildung. Die Funktion verhält sich also anders als eine Multiplikation mit dem *-Operator.

	A	B	C	D	E	F	G
1							
2	**Datentypen bei der Funktion PRODUKT()**						
3							
4	Bereich1	Bereich2	A*B	PRODUKT(A;B)	PRODUKT(A:B)	Bereich1*Bereich2	
5	2	5	10	10	10	10	
6	4	4	16	16	16	16	
7	abend	morgen	#WERT!	0	0	#WERT!	
8	WAHR	FALSCH	0	0	0	0	
9	3	apfel	#WERT!	3	3	#WERT!	
10	WAHR	WAHR	1	0	0	1	

Abbildung 5.38 Datentypen bei der Funktion Produkt

QUADRATESUMME()

SUMSQ()

Syntax: `QUADRATESUMME(`**`Zahl1`**`; Zahl2; ...)`

Beispiel: `=QUADRATESUMME(2;3;4)`
ergibt `29`

Die Funktion berechnet die Summe der Quadrate der als Argument angegebenen Werte. In Excel 2007 können 255 Argumente verwendet werden, in älteren Versionen nur 30. Statt einzelner Werte kann auch eine einzeilige Matrix angegeben werden.

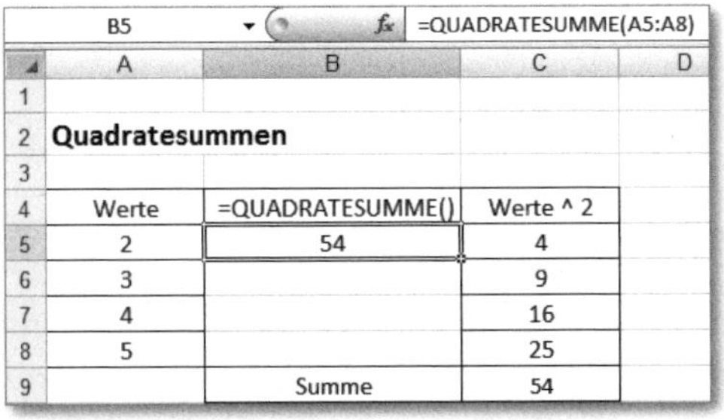
B5 =QUADRATESUMME(A5:A8)

	A	B	C	D
1				
2	**Quadratesummen**			
3				
4	Werte	=QUADRATESUMME()	Werte ^ 2	
5	2	54	4	
6	3		9	
7	4		16	
8	5		25	
9		Summe	54	

Abbildung 5.39 Summe der Quadrate einer Reihe von Werten

QUOTIENT()

QUOTIENT()

Syntax: `QUOTIENT(`**`Zähler; Nenner`**`)`

Beispiel: `=QUOTIENT(15;6)`
ergibt `2`

Die Funktion liefert das ganzzahlige Ergebnis einer Division; der Rest wird weggelassen.

5 | Mathematische und trigonometrische Funktionen

	A	B	C
1			
2	**Ganzzahlergebnis einer Divison**		
3			
4	Zähler	Nenner	QUOTIENT()
5	5	2	2
6	-23	5	-4
7	120,33	12,25	9
8	240	22	10

Abbildung 5.40 Abtrennen der Nachkommastellen beim Ergebnis einer Division

REST()
MOD()

Syntax: REST(Zahl; Divisor)

Beispiel: =REST(25;6)
ergibt 1

Die Funktion liefert den Restbetrag (Modulus) bei einer Division. Das Argument Zahl gibt den Dividenden an, der geteilt werden soll, das zweite Argument ist der Divisor. Der Divisor muss ein anderer Wert als null sein, da ja die Division durch null nicht erlaubt ist. Das Vorzeichen des Ergebnisses ist immer das des Divisors. Ist Zahl mit 0 angegeben, so ist das Ergebnis auch 0.

Die Abbildung zeigt, wie sich die Funktion beispielsweise für ein bedingtes Format nutzen lässt. Dabei wird eine Formel verwendet, die prüft, ob die Zeilennummer ohne Rest durch 2 teilbar ist. Ist das der Fall, wird der Zellhintergrund anders eingefärbt.

	A	B	C
1			
2	**Rest einer Divison**		
3			
4	Zahl	Divisor	REST()
5	5	2	1
6	-23	5	2
7	120,33	12,25	10,08
8	240	22	20
9			
10	**Bedingtes Format mit der Formel:**		
11	=REST(ZEILE(A5);2)=1		

Abbildung 5.41 Modulo-Rechnen mit der Funktion REST()

RÖMISCH()
ROMAN()

Syntax: RÖMISCH(Zahl; Typ)

Beispiel: =RÖMISCH(88)
ergibt LXXXVIII

Die Funktion wandelt Zahlen in Zeichenfolgen um, die verschiedenen Varianten der römischen Zahlendarstellung entsprechen. Mit Typ kann festgelegt werden, nach welchem Schema umgewandelt wird: 0 oder nicht festgelegt ergibt den klassischen Typus, 1, 2 und 3 ergibt eine verkürzte, 4 die vereinfachte Form. Ist für Typ WAHR gesetzt, erhalten Sie den klassischen Typ, FALSCH ergibt den vereinfachten.

	A	B	C	D	E	F	G	H
1								
2	Römische Zahlen							
3								
4			klassisch	kürzer	kürzer	kürzer	vereinfacht	klassisch	vereinfacht
5	Typ		0	1	2	3	4	WAHR	FALSCH
6	499		CDXCIX	LDVLIV	XDIX	VDIV	ID	CDXCIX	ID
7	500		D	D	D	D	D	D	D
8	999		CMXCIX	LMVLIV	XMIX	VMIV	IM	CMXCIX	IM
9	1000		M	M	M	M	M	M	M
10	1999		MCMXCIX	MLMVLIV	MXMIX	MVMIV	MIM	MCMXCIX	MIM
11	2000		MM	MM	MM	MM	MM	MM	MM

Abbildung 5.42 Beispiele für die Umwandlung in römische Zahlen

RUNDEN()
ROUND()

Syntax: RUNDEN(Zahl; Anzahl_Stellen)

Beispiel: =RUNDEN(3,45678;2)
ergibt 3,46

Die Funktion RUNDEN() rundet den mit Zahl angegebenen Wert auf die mit Anzahl_Stellen angegebene Stellenzahl auf oder ab. Ist die zu rundende Dezimalstelle größer oder gleich 5, dann wird von 0 weg, also aufgerundet, im anderen Fall zur 0 hin abgerundet. Die Formel =RUNDEN(3,45;1) ergibt also 3,5. =RUNDEN(3,44;1) ergibt dagegen 3,4. Anders als die anderen Rundungsfunktionen ist

5 | Mathematische und trigonometrische Funktionen

die Richtung der Rundung also nicht festgelegt, sondern hängt vom jeweiligen Wert ab.

Ist Anzahl_Stellen = 0, wird Zahl auf eine Ganzzahl gerundet, im Unterschied zur Funktion GANZZAHL(), die die Nachkommastellen einfach abschneidet. Mit einem negativen Wert für Anzahl_Stellen kann auch der links vom Komma stehende Teil von Zahl gerundet werden. =RUNDEN(1234;-3) rundet beispielsweise auf 1.000.

	A	B	C
1			
2	**Runden von Zahlen**		
3			
4	Zahl	Stellen	RUNDEN()
5	100,8571429	0	101
6	100,8571429	1	100,9
7	100,8571429	2	100,86
8	100,8571429	3	100,857

Abbildung 5.43 Runden mit variabler Stellenanzahl

SIN()
SIN()

Syntax:	SIN(Zahl)
Beispiel:	=SIN(PI()/6)
	ergibt 0,5

Die Funktion berechnet den Sinus des mit dem Argument Zahl angegebenen Winkels. Dabei wird der Winkel nicht in Grad, sondern im Bogenmaß angegeben. Der Sinus eines Winkels wird am rechtwinkligen Dreieck definiert als das Verhältnis der Gegenkathete zur Hypotenuse. Die Definition kann aber auf der Basis des Einheitskreises erweitert werden. Einem Winkel von 90° entspricht dann genau ein Sinuswert von 1, 270° entspricht -1, 0 und 360° entsprechen 0. Das Ergebnis der Funktion liegt also immer zwischen -1 und 1.

Liegt der zu berechnende Winkelwert in Grad vor, muss er mit Hilfe der Funktion BOGENMASS() zunächst umgewandelt werden, wie es auch in der abgebildeten Tabelle geschieht. Das Diagramm zeigt den periodischen Verlauf der Sinus-Funktion, wobei die Periode 360 Grad umfasst.

Referenz der mathematische Funktionen | 5.4

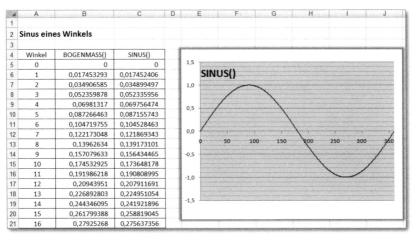

Abbildung 5.44 Berechnen des Sinus aus dem Bogenmaß

Die SIN()-Funktion kann beispielsweise bei Vermessungen verwendet werden, um Höhenunterschiede zu berechnen. Wenn die Entfernung zu einer Kirchturmspitze 200 m beträgt und der Anpeilwinkel 20° ist, kann die Höhe des Kirchturms wie folgt berechnet werden:

=SIN(BOGENMASS(20)*200

ergibt 68,40 m.

SINHYP()
SINH()

Syntax:	SINHYP(Zahl)
Beispiel:	=SINHYP(1,5)
	ergibt 2,129279

Die Funktion liefert den hyperbolischen Sinus des mit Zahl angegebenen Werts. Dabei muss es sich um eine reelle Zahl handeln, die zwischen – unendlich und unendlich liegen kann. Gerechnet wird mit der Formel

SINHYP(x) = (e^x - e^-x)/2

5 | Mathematische und trigonometrische Funktionen

Das Ergebnis von =SINHYP(x) liegt ebenfalls zwischen – unendlich und unendlich. Die Funktion ist monoton steigend.

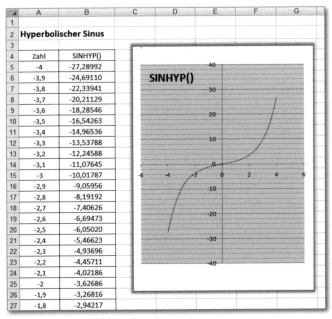

Abbildung 5.45 Berechnen des hyperbolischen Sinus und seine graphische Darstellung

SUMME()
SUM()

Syntax:	SUMME(**Zahl1**; Zahl2; ...)
Beispiel:	=SUMME(4;4,5;5)
	ergibt 13,5

Die Funktion berechnet die Summe der angegebenen Argumente. Insgesamt sind in Excel 2007 255, in den älteren Versionen 30 Argumente erlaubt. Die Argumente können als Konstanten, als Matrixkonstanten, als Zellbezüge oder als Formelausdrücke, die Werte liefern, eingegeben werden. Am effektivsten kann die Funktion zum Summieren von Zellbereichen eingesetzt werden.

Enthalten die Argumente Wahrheitswerte oder als Text eingegebene Zahlen, werden diese wie Zahlen verarbeitet. Fehlerwerte oder Texte, die nicht in Zahlen umgewandelt werden können, führen zu dem Fehlerwert #WERT!.

Ist als Argument eine Matrixkonstante oder ein Zellbezug angegeben, werden nur numerische Werte verarbeitet; leere Zellen, Texte und Wahrheitswerte werden dagegen ignoriert.

Wie sich unterschiedliche Datentypen auswirken, zeigt die folgende Tabelle. Auch hier ergeben sich wieder Unterschiede (analog zu PRODUKT()) zu den Ergebnissen von Formeln, die mit dem +-Operator aufgebaut sind.

	A	B	C	D	E
1					
2	Datentypen bei der Funktion SUMME()				
3					
4	Bereich1	Bereich2	A+B	SUMME(A;B)	SUMME(A:B)
5	2	5	7	7	7
6	4	4	8	8	8
7	abend	morgen	#WERT!	0	0
8	WAHR	FALSCH	1	0	0
9	3	apfel	#WERT!	3	3
10	WAHR	WAHR	2	0	0
11	SUMME(Bereich1;Bereich2):		18		

Abbildung 5.46 Datentypbehandlung bei der Funktion SUMME()

SUMMENPRODUKT()
SUMPRODUCT()

Syntax:	SUMMENPRODUKT(**Matrix1**; Matrix2; Matrix3; ...)
Beispiel:	=SUMMENPRODUKT({4.5.6};{1.2.3}) ergibt 32 für(4*1+5*2+6*3)

Die Funktion SUMMENPRODUKT() bewirkt, dass die einzelnen Elemente der als Argumente angegebenen Matrizen der Reihe nach miteinander multipliziert und anschließend die Multiplikationsergebnisse summiert werden. Die Matrizen müssen von der Zeilenanzahl und der Spaltenanzahl her gleich sein. Es handelt sich also nicht um ein Summenprodukt, sondern um eine Produktensumme. In Excel 2007 sind 2 bis 255 Matrizen als Argumente erlaubt, in den älteren Versionen nur 2 bis 30. Nichtnumerische Elemente in einer Matrix werden als 0 gewertet.

5 | Mathematische und trigonometrische Funktionen

Diese Funktion ist immer dann nützlich, wenn die einzelnen Produkte nicht angezeigt werden müssen oder sollen, sondern nur die Endsumme. Als Argumente werden normalerweise (wie in den meisten Funktionen) Bereichsnamen oder Bereichsadressen angegeben, wie das folgende Beispiel demonstriert:

	C21	▼	f_x	=SUMMENPRODUKT(B18:B20;C18:C20)
	A	B	C	D
14				
15	Berechnung des Gesamtgewichts			
16				
17		Menge	Gewicht	
18	Artikel 1	100	200	
19	Artikel 2	120	150	
20	Artikel 3	200	130	
21		Gesamtgewicht	64000	

Abbildung 5.47   Die Funktion Summenprodukt liefert das Gesamtgewicht in einem Zug.

SUMMEWENN()
SUMIF()

Syntax: SUMMEWENN(**Bereich**; **Kriterien**; Summe_Bereich)

Beispiel: =SUMMEWENN(A6:A14;C5;B6:B14) siehe Abbildung 5.49

Die Funktion SUMMEWENN() vergleicht die Werte aus dem mit Bereich angegebenen Zellbereich mit dem Suchkriterium, das über das Argument Kriterien angegeben ist. Dies kann eine Zahl, eine Zeichenfolge oder ein Ausdruck mit einem Vergleichsoperator wie <10 oder >Karl sein oder der Bezug auf eine Zelle, die ein Kriterium enthält.

Werden Werte in Bereich gefunden, die dem Kriterium entsprechen, sucht die Funktion nach korrespondierenden Werten in einem zweiten Bereich Summe_Bereich und summiert diese auf. Wird kein Wert gefunden, der dem Kriterium entspricht, wird 0 ausgegeben. Wird Summe_Bereich nicht angegeben, wird der Teil von Bereich aufsummiert, der das Suchkriterium erfüllt.

Die Funktion ist eine von mehreren Möglichkeiten, bedingte Summen zu bilden. Eine Alternative bietet z. B. der Teilsummenassistent, der in Kapitel 14, *Zusätzliche Tools für die Datenanalyse*, beschrieben wird.

Die Abbildung zeigt eine Tabelle mit den Besuchszahlen von Vertretern. Zelle C5 enthält eine Gültigkeitsregel, die die Vertreternamen als Dropdown-Liste anbietet.

Referenz der mathematische Funktionen | **5.4**

Die Zelle D5 liefert dann jeweils die Summe der Besuche des in C5 ausgewählten Vertreters.

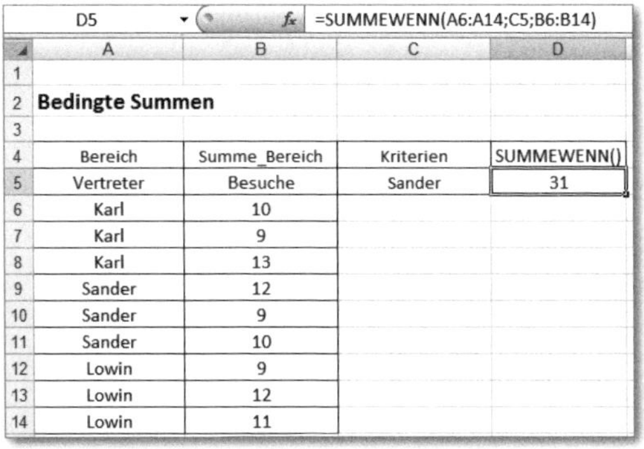

	A	B	C	D
1				
2	**Bedingte Summen**			
3				
4	Bereich	Summe_Bereich	Kriterien	SUMMEWENN()
5	Vertreter	Besuche	Sander	31
6	Karl	10		
7	Karl	9		
8	Karl	13		
9	Sander	12		
10	Sander	9		
11	Sander	10		
12	Lowin	9		
13	Lowin	12		
14	Lowin	11		

D5: `=SUMMEWENN(A6:A14;C5;B6:B14)`

Abbildung 5.48 Bedingte Summenbildung

SUMMEWENNS()
SUMIFS()

Syntax:	SUMMEWENNS(`Summe_Bereich`; `Kriterium_Bereich1`; `Kriterium1`; `Kriterium_Bereich2`; `Kriterium2`...)
Beispiel:	siehe Abb.

Die Funktion `SUMMEWENNS()` erweitert die Möglichkeiten der Funktion `SUMMEWENN()` um zusätzliche Auswahlkriterien. Sie steht erst mit Excel 2007 zur Verfügung. Das Argument `Summe_Bereich` gibt den Zellbereich an, in dem sich die zu summierenden Werte befinden. Es folgt eine Liste von Bereichspaaren, die jeweils zunächst den Bereich angeben, für den das anschließend angegebene Kriterium geprüft werden soll. Es sind bis zu 127 solcher Bereichspaare möglich. Die Kriterien sind additiv zu verstehen, eine Summierung findet also nur statt, wenn alle Kriterien erfüllt sind. Alle Argumente für `Kriterium_Bereich(n)` müssen Bereiche angeben, die genauso groß sind wie `Summe_Bereich`. Die Kriterienausdrücke dürfen auch Platzhalterzeichen verwenden.

In dem abgebildeten Beispiel werden die Teilnehmerzahlen aus Zeile 5 summiert, wenn sie zwei Kriterien erfüllen.

5 | Mathematische und trigonometrische Funktionen

	A	B	C	D	E
E9			=SUMMEWENNS(B5:E5;B6:E6;"<30%";B8:E8;">=20%")		
1					
2	**Mehrfach bedingte Summen**				
3					
4		Kurs 1	Kurs 2	Kurs 3	Kurs 4
5	Teilnehmer	80	60	70	110
6	unter 20	30%	25%	15%	25%
7	20 - 50	60%	65%	45%	55%
8	über 50	10%	10%	40%	20%
9	Summe der Teilnehmer der Kurse mit einem Anteil der unter Zwanzigjährigen von unter 30 % und einem Anteil der über Fünfzigjährigen von mindestens 20 %.				180

Abbildung 5.49   Kombination von Kriterien für eine bedingte Summenbildung

SUMMEX2MY2()
SUMX2MY2()

Syntax: SUMMEX2MY2(`Matrix_x; Matrix_y`)

Beispiel: siehe Abbildung 5.50

Die Funktion subtrahiert die Summen der quadrierten x-Werte und der quadrierten y-Werte, die über die Matrizen `Matrix_x` und `Matrix_y` angegeben sind. (Der Name der Funktion bedeutet also: Summe x^2 Minus y^2). Um die Arbeitsweise der Funktion zu erläutern, wurde in der Beispieltabelle eine Spalte für x^2-Werte und eine für y^2-Werte angelegt. Die Summen der Spalten voneinander abgezogen geben das Resultat der Funktion wieder. Für die Funktion selbst werden als Argumente nur die x- und die y-Werte benötigt.

	A	B	C	D	E
E5			=SUMMEX2MY2(A5:B8;C5:D8)		
1					
2	**SUMMEX2MY2 (Summe x^2 Minus y^2)**				
3					
4	Matrix_x		Matrix_y		SUMMEX2MY2()
5	2	4	1	4	91
6	4	2	3	3	
7	6	8	5	6	
8	8	6	7	2	
9	Quadrierte Werte				
10	4	16	1	16	
11	16	4	9	9	
12	36	64	25	36	
13	64	36	49	4	
14	240		149		

Abbildung 5.50   Summen aus quadrierten Werten subtrahieren

Referenz der mathematische Funktionen | **5.4**

Die Spalten für die Argumente müssen dieselbe Größe haben, sonst wird eine Fehlermeldung ausgegeben. Diese und die beiden folgenden (zusammengehörenden) Funktionen werden häufig für statistische Anwendungen benötigt, beispielsweise wenn es um die Vergleiche der Mittelwerte von mehreren Stichproben geht.

SUMMEX2PY2()
SUMX2PY2()

Syntax:	SUMMEX2PY2(`Matrix_x`; `Matrix_y`)
Beispiel:	siehe Abbildung

Die Funktion addiert die Summen der quadrierten x-Werte und der quadrierten y-Werte, die über die Matrizen `Matrix_x` und `Matrix_y` angegeben sind. (Der Name der Funktion bedeutet also *Summe x^2 Plus y^2*).

Die Spalten für die Argumente müssen dieselbe Größe haben, sonst wird eine Fehlermeldung ausgegeben.

	A	B	C	D	E
1					
2	SUMMEX2PY2 (Summe x^2 Plus y^2)				
3					
4	Matrix_x		Matrix_y		SUMMEX2PY2()
5	2	4	1	4	389
6	4	2	3	3	
7	6	8	5	6	
8	8	6	7	2	
9		Quadrierte Werte			
10	4	16	1	16	
11	16	4	9	9	
12	36	64	25	36	
13	64	36	49	4	
14	240		149		

Abbildung 5.51 Summen aus quadrierten Werten addieren

SUMMEXMY2()
SUMXMY2()

Syntax:	SUMMEXMY2(`Matrix_x`; `Matrix_y`)
Beispiel:	siehe SUMMEX2MY2()
	ergibt 18

Die Funktion bewirkt, dass die Differenz zwischen x-Werten und y-Werten, die über die Matrizen `Matrix_x` und `Matrix_y` angegeben sind, zunächst ausquadriert wird und dann die einzelnen Werte aufsummiert werden. (Der Name der Funktion bedeutet also *Summe (x minus y)^2*).

Die Spalten für die Argumente müssen dieselbe Größe haben, sonst wird eine Fehlermeldung ausgegeben.

	A	B	C	D	E
1					
2	SUMMEXMY2 (Summe der quadrierten Differenzen)				
3					
4	Matrix_x		Matrix_y		SUMMEXMY2()
5	2	4	1	4	25
6	4	2	3	3	
7	6	8	5	6	
8	8	6	7	2	
9	Quadrierte Differenzen				
10	1	0			
11	1	1			
12	1	4			
13	1	16			

Abbildung 5.52 Summe der quadrierten Differenzen zwischen Matrixwerten

TAN()
TAN()

Syntax: TAN(Zahl)

Beispiel: =TAN(PI()/6)
ergibt 0,577350

Die Funktion berechnet den Tangens des mit dem Argument `Zahl` angegebenen Winkels. Dabei wird der Winkel nicht in Grad, sondern im Bogenmaß angegeben. Der Tangens eines Winkels wird am rechtwinkligen Dreieck definiert als das Verhältnis von Gegenkathete zu Ankathete. Folglich muss, wenn beide Katheten gleich lang sind, der Wert 1 sein.

Die Definition des Tangens wird auf der Basis des Einheitskreises erweitert. Der Wertebereich der Funktion liegt zwischen + und –unendlich. Der Tangens für 90° und –90° ist nicht definiert.

Referenz der mathematische Funktionen | 5.4

Liegt der zu berechnende Winkelwert in Grad vor, muss er mit Hilfe der Funktion BOGENMASS() zunächst umgewandelt werden, wie es auch in der abgebildeten Tabelle geschieht.

Das Diagramm zeigt, dass die Funktion in den jeweiligen Intervallen monoton steigend ist.

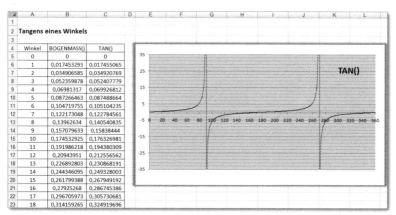

Abbildung 5.53   Die Tangens-Funktion und ihr Graph

Für die TAN()-Funktion gilt außerdem die folgende Beziehung zu der SIN()- und der COS()-Funktion:

TAN(x) = SIN(x) / COS(x)

In der Praxis wird die TAN()-Funktion insbesondere zur Beschreibung von Steigungen benutzt. So werden etwa die Angaben zum Anstieg einer Straße in %-Werten ausgedrückt, die näherungsweise dem Tangens des Steigungswinkels entsprechen. Einem Anstieg von 10° entspricht ein Tangens von 0,17. Auf dem Straßenschild wird dann 17 % angegeben, was 17 m Höhenunterschied pro 100 m Entfernung bedeutet.

Wie schon am Anfang dieses Kapitels erwähnt, bietet Excel keine eigene Funktion für den Kotangens an. Da aber der Kotangens der Kehrwert des Tangens ist, lässt er sich leicht gemäß der Formel

COT(x) = 1/TAN(x)

berechnen.

5 | Mathematische und trigonometrische Funktionen

TANHYP()
TANH()

Syntax: TANHYP(Zahl)

Beispiel: =TANHYP(1,5)
              ergibt 0,905148

Die Funktion liefert den hyperbolischen Tangens des mit Zahl angegebenen Werts. Dabei muss es sich um eine reelle Zahl handeln, die zwischen –unendlich und unendlich liegen kann. Gerechnet wird mit der Formel

TANHYP(x) = (e^x - e^-x)/(e^x + e^-x)

Das Ergebnis von =TANHYP(x) liegt zwischen –1 und 1. Die Funktion ist monoton steigend.

Der hyperbolische Kotangens, für den Excel keine eigene Funktion anbietet, errechnet sich analog zu den Winkelfunktionen als

coth(x) = 1/tanh(x)

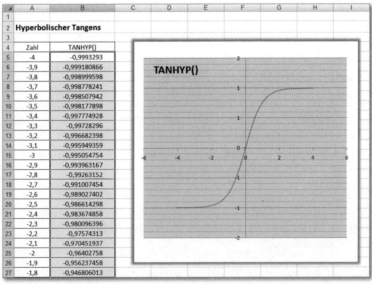

Abbildung 5.54 Der hyperbolische Tangens und seine graphische Darstellung

TEILERGEBNIS()
SUBTOTAL()

Syntax:	TEILERGEBNIS(`Funktion; Bezug1; Bezug2; ...`)
Beispiel:	siehe Abbildung 5.55

Die Funktion gibt ein Teilergebnis aus einer Tabelle oder Datenbank zurück. Gleiche Ergebnisse erzielen Sie in Excel 2007 auch mit **Daten • Gliederung • Teilergebnis**, in den früheren Versionen mit **Daten • Teilergebnisse**. `Funktion` gibt mittels einer Nummer von 1 bis 11 eine Funktion an, mit der die Teilergebnisse berechnet werden sollen:

1	MITTELWERT
2	ANZAHL
3	ANZAHL2
4	MAX
5	MIN
6	PRODUKT
7	STABW
8	STABWN
9	SUMME
10	VARIANZ
11	VARIANZEN

`Bezug(n)` gibt die Bereiche an, für die Teilergebnisse berechnet werden sollen. Ausgeblendete Zeilen werden dabei ignoriert, Teilergebnisse von Teilergebnissen ebenfalls, weil sie sonst mehrfach in die Berechnung eingehen würden.

Die Abbildung zeigt ein Beispiel für die Auswertung von Testergebnissen für verschiedene Altersstufen. Der Datenbereich der oberen Tabelle ohne die Beschriftungszeile ist mit dem Namen Testwerte belegt. Im unteren Teil werden die verschiedenen Auswertungsmöglichkeiten gezeigt, wobei die Werte für das Argument `Funktion` aus der ersten Spalte übernommen werden. Werden aus der oberen Tabelle bestimmte Altersgruppen über die Filterschaltflächen herausgefiltert, werden die Werte in der unteren Tabelle sofort aktualisiert.

5 | Mathematische und trigonometrische Funktionen

	A	B	C	D
1				
2	**Teilergebnisse**			
3				
4	unter	Gruppe	Testergebnis	
5	30	Testgruppe 1	4,29	
6	30	Testgruppe 2	7,48	
7	30	Testgruppe 3	4,41	
8	40	Testgruppe 4	6,75	
9	40	Testgruppe 5	2,85	
10	40	Testgruppe 6	7,59	
11	50	Testgruppe 7	2,50	
12	50	Testgruppe 8	8,46	
13	50	Testgruppe 9	0,12	
14				
15		Funktion	TEILERGEBNIS()	
16	1	Mittelwert	4,94	
17	2	Anzahl	9	
18	3	Anzahl2	9	
19	4	Max	8,46	
20	5	Min	0,12	
21	6	Produkt	52204,96	
22	7	Stabw	2,82	
23	8	Stabwn	2,65	
24	9	Summe	44,44	
25	10	Varianz	7,93	
26	11	Varianzen	7,05	

C16: =TEILERGEBNIS(A16;Testwerte[Testergebnis])

Abbildung 5.55 Gruppenauswertungen mit der Funktion TEILERGEBNIS()

UNGERADE()
ODD()

Syntax: UNGERADE(Zahl)

Beispiel: =UNGERADE(-5,3)
ergibt -7

Die Funktion rundet Zahlen zur nächsten ungeraden Ganzzahl von 0 weg und ist damit komplementär zur Funktion GERADE(). Wenn Zahl schon eine ungerade ganze Zahl ist, dann wird dieser Wert wiedergegeben. Das eingegebene Argument wird vom Komma weg gerundet.

A	B
Runden auf die nächste ungerade Zahl	
Zahl	UNGERADE()
0	1
1	1
1,5	3
2,9	3
4	5
5,2	7
6,2	7
8,45	9
-3,4	-5

Abbildung 5.56 Aufrunden auf die nächstliegende ungerade Zahl

UNTERGRENZE()
FLOOR()

Syntax: UNTERGRENZE(`Zahl; Schritt`)

Beispiel: =UNTERGRENZE(3,085;0,1)
ergibt 3

Die Funktion rundet den mit dem Argument `Zahl` angegebenen Wert auf das nächste Vielfache von `Schritt` ab und ist damit komplementär zu OBERGRENZE(). Sie erlaubt also die Abrundung auf bestimmte Intervallgrenzen.

Dadurch ist es möglich, Kalkulationsergebnisse so abzurunden, dass nicht nur der Wert der letzten Stelle, die angegeben wurde, gerundet wird. Mit dem Wert 0,05 für Schritt kann z. B. bestimmt werden, dass die Hundertstel-Stelle beim Abrunden immer nur eine 5 oder eine 0 sein kann. Mit einem Wert 0,5 für Schritt wird z. B. dafür gesorgt, dass nicht mehr in Cent, sondern nur noch für 5-Cent-Stücke ausgepreist wird.

Aufrunden meint im Sinne dieser Funktion, dass immer zur Null hin gerundet wird, z. B. wird =UNTERGRENZE(-2,54542;0,05) gerundet zu –2,5. Bei unterschiedlichen Vorzeichen für Zahl und Schritt wird eine Fehlermeldung ausgegeben.

5 | Mathematische und trigonometrische Funktionen

	A	B	C
1			
2	**Abrunden auf das kleinste Vielfache**		
3			
4	Wert	Schritt	UNTERGRENZE()
5	14,25	0,5	14
6	14,33	1	14
7	123,56	2	122
8	124,33	5	120
9	126,33	5	125
10	124,33	10	120
11	-112	-10	-110
12	-112	10	#ZAHL!

Abbildung 5.57   Abrunden auf das kleinste Vielfache des als Schritt angegebenen Werts

VORZEICHEN()
SIGN()

Syntax: VORZEICHEN(Zahl)

Beispiel: =VORZEICHEN(-6)
               ergibt -1

Die Funktion VORZEICHEN() ergibt bei positiven Zahlen 1, bei negativen Zahlen -1 und bei null 0. Sie lässt sich immer dann anwenden, wenn Operationen vom Vorzeichen abhängig sein sollen.

Wenn etwa in der Zelle B22 die Gewinne errechnet werden, dann liefert (eingetragen z. B. in C22) die Formel

WENN(VORZEICHEN(B22)=-1;"Verluste!";"OK")

ein OK, solange der Gewinn 0 oder größer ist. Bei Verlusten erscheint dagegen der Hinweis: Verluste!.

Die Funktion kann auch in Kombination mit der Summenfunktion verwendet werden, um etwa die negativen Werte getrennt zu addieren, wie die folgende Abbildung zeigt.

Dabei wird in C5 eine Matrixformel verwendet, die nur dann zu einer Summenbildung führt, wenn in dem Bereich A5:A13 negative Werte vorkommen.

Referenz der mathematische Funktionen | **5.4**

	A	B	C	D
1				
2	**Vorzeichen**			
3				
4	Zahl	VORZEICHEN()	Summe der negativen Werte	
5	0	0	-9	
6	1	1		
7	-2	-1		
8	0	0		
9	-4	-1		
10	5	1		
11	6,2	1		
12	8,45	1		
13	-3	-1		

C5: `{=SUMME(WENN(VORZEICHEN(A5:A13)=-1;A5:A13))}`

Abbildung 5.58 Summenbildung nach Prüfung des Vorzeichens

VRUNDEN()
MROUND()

Syntax: VRUNDEN(Zahl; Vielfaches)

Beispiel: =VRUNDEN(12;5)
ergibt 10

Die Funktion rundet den mit Zahl angegebenen Wert auf das nächste erreichbare Vielfache einer mit Vielfaches angegebenen Zahl. Wenn die Division von Zahl durch Vielfaches einen Rest liefert, der unter der Hälfte von Vielfaches liegt, rundet die Funktion in Richtung 0 ab, ansonsten wird von der 0 weg aufgerundet.

Ähnlich wie die Funktionen OBERGRENZE() und UNTERGRENZE() kann auch diese Funktion verwendet werden, um Werte an bestimmten Intervallgrenzen auszurichten, etwa um Preise zu generieren, die sich immer durch 0,05 teilen lassen.

	A	B	C
1			
2	**Runden auf Vielfaches einer Zahl**		
3			
4	Zahl	Vielfaches	VRUNDEN()
5	12	5	10
6	13	5	15
7	25	3	24
8	107	10	110
9	-123,56	5	#ZAHL!

Abbildung 5.59 Auf- oder Abrunden auf das nächstliegende Vielfache

WURZEL()
SQRT()

Syntax:	WURZEL(Zahl)
Beispiel:	=WURZEL(36)
	ergibt 6

Die Funktion ermittelt die Quadratwurzel einer Zahl. Das Ergebnis ist immer positiv, da beispielsweise auch -6 * -6 = 36 ist. Das Wurzelziehen ist die Umkehrfunktion des Potenzierens, der allgemein übliche Operator √ stammt von dem Buchstaben r ab und steht für »Radizieren«.

In der Gleichung

$$x = \sqrt[n]{a}$$

wird x als Wurzel oder Radix bezeichnet, n ist der Wurzelexponent und a der Radikant. Bei der Quadratwurzel ist der Wurzelexponent 2. Für Wurzeln mit einem höheren Wurzelexponenten kann die Tatsache genutzt werden, dass die Gleichung auch so geschrieben werden kann:

$$x = a^{\wedge}(1/n)$$

Die dritte Wurzel – Kubikwurzel – der Zahl 27 kann in Excel also mit der Formel

=27^(1/3)

errechnet werden.

Zahl darf bei der Funktion WURZEL() keine negative Zahl sein. Soll verhindert werden, dass Zahl einen negativen Wert annimmt, kann mit der ABS()-Funktion gearbeitet werden.

	A	B
1		
2	Wurzel einer Zahl	
3		
4	Zahl	WURZEL()
5	12	3,464101615
6	25	5
7	107	10,34408043
8	-123,56	#ZAHL!

Abbildung 5.60 Wurzelberechnung für einige Werte

WURZELPI()
SQRTPI()

Syntax:	WURZELPI(Zahl)
Beispiel:	=WURZELPI(2)
	ergibt 2,5066....

Eine spezielle Variante der Wurzelfunktion ist WURZELPI(). Sie liefert die Quadratwurzel aus (Zahl * PI).

	A	B
1		
2	Quadratwurzel aus Zahl * Pi	
3		
4	Zahl	WURZELPI()
5	12	6,139960248
6	25	8,862269255
7	107	18,3344052

Abbildung 5.61 Wurzel einer mit Pi multiplizierten Zahl

ZUFALLSBEREICH()
RANDBETWEEN()

Syntax:	ZUFALLSBEREICH(Min_Wert; Max_Wert)
Beispiel:	=ZUFALLSBEREICH(100,200)
	ergibt 133

Mit dieser Funktion erzeugen Sie eine ganzzahlige Zufallszahl zwischen Min_Wert und Max_Wert (beide eingeschlossen).

	A	B	C
1			
2	Zufallszahl innerhalb eines Zahlenbereichs		
3			
4	Min_Wert	Max_Wert	ZUFALLSBEREICH()
5	10	100	84
6	0	1	1
7	400	1000	949
8	0	360	348
9	01.01.2007	31.12.2008	26.12.2008
10	WAHR	FALSCH	#WERT!

Abbildung 5.62 Zufallszahlen innerhalb eines Wertebereichs

5 | Mathematische und trigonometrische Funktionen

ZUFALLSZAHL()
RAND()

Syntax:	ZUFALLSZAHL()
Beispiel:	=ZUFALLSZAHL() ergibt 0,75419672

Diese Funktion produziert Zufallszahlen zwischen 0 und 1 mit bis zu 16 Nachkommastellen. Zufallszahlen können beispielsweise hilfreich sein, um Testdaten zu generieren, die die schnelle Überprüfung eines Kalkulationsmodells erlauben.

Wenn Sie mit Zufallszahlen arbeiten wollen, die sich im Nachhinein nicht mehr verändern, also nicht bei jeder Neuberechnung der Tabelle ebenfalls neu berechnet werden, dann drücken Sie die Taste F9, wenn Sie die Funktion in der Bearbeitungszeile eingegeben haben (bevor Sie die ⏎-Taste drücken).

Zufallszahlen anderer Größenordnungen können Sie durch entsprechende Rechenoperationen mit der generierten Zufallszahl oder mit der Funktion ZUFALLS-BEREICH() erreichen:

ZUFALLSZAHL*100   ergibt eine Zufallszahl zwischen 0 und 100,

ZUFALLSZAHL*100+50 ergibt eine Zufallszahl zwischen 50 und 150.

	A	B	C
1			
2	**Zufallszahlen erzeugen**		
3			
4	ZUFALLSZAHL()	ZUFALLSZAHL() * 100	ZUFALLSZAHL() * 100 + 50
5	0,30	29,94	79,94
6	0,84	84,27	134,27
7	0,27	27,24	77,24
8	0,79	79,46	129,46
9	0,86	86,47	136,47
10	0,87	86,95	136,95
11	0,92	91,51	141,51
12	0,07	6,98	56,98
13	0,96	96,14	146,14

Abbildung 5.63   Zufallszahlen

ZWEIFAKULTÄT()
FACTDOUBLE()

Syntax:	ZWEIFAKULTÄT(Zahl)
Beispiel:	=ZWEIFAKULTÄT(5) ergibt 15

Die Funktion liefert die Doppelfakultät einer positiven Zahl, bei der mit einer Schrittlänge von 2 gearbeitet wird. Sie wird berechnet als:

1 * 3 * 5 * ... * Zahl (bei ungerader Zahl)

2 * 4 * 6 * ... * Zahl (bei gerader Zahl)

Ist Zahl keine Ganzzahl, werden die Nachkommastellen abgeschnitten.

	A	B	C
1			
2	**Doppelfakultät einer Zahl**		
3			
4	Zahl	ZWEIFAKULTÄT()	
5	1	1	
6	2	2	
7	3	3	
8	4	8	=2*4
9	5	15	=1*3*5
10	6	48	=2*4*6
11	7	105	=1*3*5*7
12	8	384	
13	9	945	
14	10	3840	

Abbildung 5.64 Beispiele für ZWEIFAKULTÄT()

6 Konstruktionsfunktionen

Funktion	Seite	Funktion	Seite
BESSELI()	286	IMARGUMENT()	296
BESSELJ()	286	IMCOS()	297
BESSELK()	286	IMDIV()	297
BESSELY()	287	IMEXP()	298
BININDEZ()	287	IMKONJUGIERTE()	298
BININHEX()	288	IMLN()	298
BININOKT()	288	IMLOG10()	299
DELTA()	289	IMLOG2()	299
DEZINBIN()	290	IMPRODUKT()	299
DEZINHEX()	290	IMREALTEIL()	300
DEZINOKT()	291	IMSIN()	300
GAUSSFEHLER()	291	IMSUB()	300
GAUSSFKOMPL()	292	IMSUMME()	301
GGANZZAHL()	293	IMWURZEL()	301
HEXINBIN()	293	KOMPLEXE()	301
HEXINDEZ()	294	OKTINBIN()	302
HEXINOKT()	295	OKTINDEZ()	303
IMABS()	295	OKTINHEX()	303
IMAGINÄRTEIL()	295	UMWANDELN()	304
IMAPOTENZ()	296		

6.1 Einsatzbereiche für Konstruktionsfunktionen

In dieser Gruppe finden Sie verschiedene Varianten der Bessel-Funktion, die insbesondere im technischen Bereich, etwa für Schwingungsberechnungen, benutzt werden, daher wohl auch die allgemeine Kennzeichnung dieser Gruppe als Konstruktionsfunktionen. Hier geht es um Lösungen im Rahmen der Differenzialgleichungen und der Wahrscheinlichkeitsrechnung.

Dazu kommt eine ganze Reihe von Umwandlungsfunktionen, um Werte zwischen den verschiedenen Zahlensystemen zu übersetzen. Besonders praktisch ist auch eine allgemeine Funktion zur Umrechnung zwischen zahlreichen Maßeinheiten.

Eine große Gruppe mit 18 Funktionen hat mit den komplexen Zahlen zu tun. Während die übrigen Excel-Funktionen mit reellen Zahlen hantieren, erlauben diese Funktionen, die mit dem Präfix IM für »imaginär« gekennzeichnet sind, auch Rechenoperationen mit nicht-reellen Werten.

6.2 Besselfunktionen

Bei den Besselschen Funktionen (auch unter dem Namen Zylinderfunktion bekannt) handelt es sich um mehrere miteinander verwandte Funktionen, die in Physik und Technik besonders bei Schwingungsberechnungen benutzt werden. Die Funktionen sind Lösungen der Besselschen Differentialgleichung:

```
x^2 (d^2y/dx^2)+x(dy)/(dx)+(x^2-n^2)y=0
```

Der Name geht auf den Astronomen und Mathematiker Bessel zurück, einem Zeitgenossen von Gauß.

Die Besselschen Funktionen finden Sie in mathematischen Tabellenwerken unter

J0(x), J1(x).. entspricht BESSELJ()

I0(x), I1(x).. entspricht BESSELI()

K0(x), K1(x).. entspricht BESSELK()

Y0(x), Y1(x).. entspricht BESSELY()

Dabei werden aber nur Werte für die nullte und erste Ordnung angegeben. Die Funktionen, die Excel 2007 bereitstellt, gestatten auch eine Berechnung für andere Ordnungen (mit n angegeben). Hinweise auf die Auswirkung von n bei den verschiedenen Funktionen bietet die folgende Abbildung.

Besselfunktionen | 6.2

H5			fx	=BESSELY($A5;1)			
	A	B	C	D	E	F	G	H

	A	B	C	D	E	F	G	H
1								
2	**Besselfunktionen**							
3								
4	x	I0	I1	J0	K0	K1	Y0	Y1
5	0,1	1,002501561	0,0500625	0,997502	2,427069	0,0499375	-1,534239	-6,458951
6	0,2	1,010025022	0,1005008	0,990025	1,7527038	0,0995008	-1,081105	-3,323825
7	0,3	1,022626867	0,1516938	0,977626	1,37246	0,1483188	-0,807274	-2,293105
8	0,4	1,040401763	0,2040268	0,960398	1,1145291	0,1960266	-0,606025	-1,780872
9	0,5	1,063483344	0,2578943	0,93847	0,924419	0,2422685	-0,444519	-1,471472
10	0,6	1,092045331	0,313704	0,912005	0,7775221	0,286701	-0,30851	-1,260391
11	0,7	1,126302982	0,3718797	0,881201	0,6605198	0,3289957	-0,190665	-1,10325
12	0,8	1,166514885	0,4328648	0,846287	0,5653471	0,368842	-0,086802	-0,978144
13	0,9	1,21298513	0,4971264	0,807524	0,4867303	0,4059495	0,0056283	-0,873127
14	1	1,266065848	0,5651591	0,765198	0,4210244	0,4400506	0,088257	-0,781213
15	1,1	1,326160162	0,6374889	0,719622	0,3656024	0,4709024	0,1621632	-0,69812
16	1,2	1,393725572	0,7146779	0,671133	0,3185082	0,4982891	0,2280835	-0,621136
17	1,3	1,469277796	0,7973293	0,620086	0,2782476	0,5220232	0,2865354	-0,54852

Abbildung 6.1 Die in Excel verfügbaren Besselfunktionen

In der folgenden Abbildung ist für die Funktion BESSELJ() für mehrere Ordnungen der graphische Verlauf dargestellt, der sehr schön zeigt, dass die Funktion zur Berechnung gedämpfter Schwingungen geeignet ist.

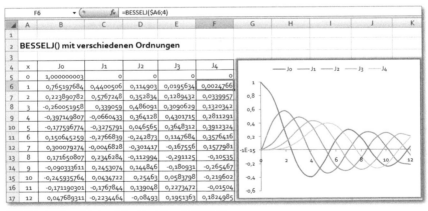

Abbildung 6.2 Verlauf der Funktion BESSELJ()

6.3 Umwandlungen zwischen Zahlensystemen

Zwölf Funktionen in dieser Kategorie dienen der Umwandlung von Zahlen aus einem Zahlensystem in ein anderes System. Neben dem Dezimalsystem werden das Dualsystem, das Oktalsystem und das Hexadezimalsystem berücksichtigt. Für jedes System sind jeweils drei Funktionen vorhanden, die für die Umwandlung in die anderen Systeme sorgen.

Die Zahlensysteme unterscheiden sich durch die Zahl der verwendeten Ziffern, die als Basis bezeichnet wird.

Das Dezimalsystem verfügt bekanntlich über 10 Ziffernzeichen (0 bis 9). Kommen Sie beim Zählen einer Zahl nach der 9 an, dann wird die erste Ziffer genommen und eine 0 angehängt.

Das Dualsystem, das auch als Binärsystem bezeichnet wird, verwendet nur die Ziffern 0 und 1. Sie zählen also 0, 1, 10, 11, 100 etc.

Im Oktalsystem werden 8 Ziffern verwendet, Sie zählen 0, 1, 2, ..., 7, 10, 11, ..., 17, 20.

Das Hexadezimalsystem verwendet zusätzlich zu den bekannten Ziffern von 0 bis 9 noch die Buchstaben von A bis F, um auf 16 Zeichen zu kommen.

	A	B	C	D	E	F	G	H	I	J	K	L	M	N	O	P	Q	R
1																		
2	Zahlensysteme																	
3																		
4	Dezimalsystem	0	1	2	3	4	5	6	7	8	9	10	11	12	13	14	15	16
5	Dualsystem	0	1	10	11	100	101	110	111	1000	1001	1010	1011	1100	1101	1110	1111	10000
6	Oktalsystem	0	1	2	3	4	5	6	7	10	11	12	13	14	15	16	17	20
7	Hexadezimalsystem	0	1	2	3	4	5	6	7	8	9	A	B	C	D	E	F	10

Abbildung 6.3 Übersicht über die unterstützten Zahlensysteme

Bei der Darstellung binärer Werte kann es schnell zu Zahlen mit vielen Stellen kommen, da ja nur zwei Ziffern zur Verfügung stehen. Das Oktal- und das Hexadezimalsystem werden deshalb auch benutzt, um binäre Werte kürzer darstellen zu können. Das ist leicht möglich, weil es sich bei einer Basis von 8 bzw. 16 Zeichen jeweils um Potenzen von 2 handelt.

Der Zusammenhang zwischen dem Wertebereich – m – und der notwendigen Anzahl von Ziffern – n – für die Darstellung jeder Zahl in diesem Bereich und der Basis des verwendeten Zahlensystems – b – ist allgemein mit der Formel

$$m = b^n$$

bestimmbar. Also sind mit 8 Ziffern im Dualsystem maximal 256 Zahlen darstellbar. Wird ein Vorzeichen für eine negative Zahl benötigt, wird die am weitesten links stehende Ziffer dafür verwendet, 1 für negativ, 0 für positiv.

Beachtet werden muss, dass Excel die Ergebnisse der Umwandlungsfunktionen als Zeichenfolge, also nicht als Zahl, ausgibt, es sei denn, das Zielsystem ist das Dezimalsystem. Wird beispielsweise eine Zelle mit einem binären Wert zu einem anderen Wert addiert, interpretiert Excel die Zeichenfolge als Dezimalzahl, was zu falschen Ergebnissen führt.

6.4 Umwandeln von Maßeinheiten

Ganz praktisch ist die Funktion UMWANDELN(), mit der zwischen verschiedenen Maßeinheiten umgerechnet werden kann. Sie können sich damit leicht eine Tabelle aufbauen, die die gewünschten Umwandlungen für Maßeinheiten liefert.

	A	B	C	D	E	F	G	H
1								
2	**Bezeichnungen der Maßeinheiten**							
3								
4		Masse			Magnetismus			Energie	
5	Gramm		g	Tesla		T	Joule		J
6	Pfund (Handelsgewicht)		lbm	Gauß		ga	Erg		e
7	U (atomare Masseneinheit)		u				Thermodynamische Kalorie		c
8	Unze (Handelsgewicht)		ozm	Leistung			Kalorie		cal
9				Pferdestärke (PS)		HP	Elektronenvolt		eV
10		Länge		Watt		W	Pferdestärke mal Stunde		HPh
11	Meter		m				Watt mal Stunde		Wh
12	Britische Meile		mi	Druck			BTU		BTU
13	Nautische Meile		Nmi	Pascal		Pa			
14	Zoll		in	Atmosphäre		atm	Maße für Flüssigkeiten		
15	Fuß		ft	mm Quecksilbersäule		mmHg	Teelöffel (Teaspoon)		tsp
16	Yard		yd				Eßlöffel (Tablespoon)		tbs
17	Ångström		ang	Kraft			Flüssige Unze		oz
18	Pica (1/72 Zoll)		Pica	Newton		N	Tasse (Cup)		cup
19				Dyn		dyn	Pint		pt
20		Zeit					Quart		qt
21	Jahr		yr	Temperatur			Gallone		gal
22	Tag		day	Grad Celsius		C	Liter		l
23	Stunde		hr	Grad Fahrenheit		F			
24	Minute		mn	Grad Kelvin		K			
25	Sekunde		sec						

Abbildung 6.4 Die für die Funktion UMWANDELN() nutzbaren Maßeinheiten

6 | Konstruktionsfunktionen

In der Abbildung sind die Bezeichnungen für die verfügbaren Maßeinheiten zusammengestellt. Die Bezeichnungen müssen in der Funktion jeweils mit Anführungszeichen eingegeben werden, es sei denn, Sie verwenden einen Zellbezug.

Die nächste Tabelle zeigt einige häufig benötigte Umrechnungen. Sie brauchen in den Zellen in Spalte B nur die Werte einzugeben, die Sie umwandeln wollen. Die Formeln beziehen sich dabei jeweils auf die Bezeichnungen der Maßeinheiten.

	A	B	C	D	E	F
1						
2		**Umwandeln von Maßeinheiten**				
3						
4		1000	Gramm	entsprechen:	2,204622915	Pfund (Handelsgewicht)
5			g			lbm
6		1000	Meter	entsprechen:	0,621371192	Britische Meilen
7			m			mi
8					39370,07874	Zoll
9						in
10					3280,839895	Fuß
11						ft
12					1093,613298	Yard
13						yd
14		32	Grad Celsius	entsprechen:	89,6	Grad Fahrenheit
15			C			F
16		1000	Joule	entsprechen:	238,8461906	Kalorie
17			J			cal
18		10	Pferdestärke (PS)	entsprechen:	7457,01	Watt
19			HP			W

Abbildung 6.5 Beispiele für Umrechnungen von Maßeinheiten

6.5 Rechenoperationen mit komplexen Zahlen

Der Zahlenbereich ist ausgehend von der Menge der natürlichen Zahlen in mehreren Stufen erweitert worden. Aus der paarweisen Kombination von ganzen Zahlen in Brüchen ergab sich die Menge der rationalen Zahlen. Wo auch die rationalen Zahlen nicht ausreichen, wurden die irrationalen Zahlen eingeführt, die sich nicht als Bruch zweier ganzer Zahlen darstellen lassen. Neben algebraischen Zahlen wie $\sqrt{2}$ sind das transzendente Zahlen wie die Kreiszahl π oder die Eulersche Zahl e. Die Gesamtmenge der rationalen und irrationalen Zahlen ist die Menge der reellen

6.5 Rechenoperationen mit komplexen Zahlen

Zahlen. Die meisten Funktionen in Excel, soweit sie mit Rechenoperationen zu tun haben, arbeiten im Bereich der reellen Zahlen.

An ihre Grenze stoßen Lösungen mit reellen Zahlen, wenn es darum geht, Wurzeln aus negativen Zahlen zu berechnen. Dieses Problem bildete den Anstoß zur Einführung der komplexen Zahlen, die aus einem reellen und einem imaginären Anteil zusammengesetzt sind. Dazu wurde als neue Zahl die imaginäre Einheit i eingeführt. Sie ist definiert als

$i = \sqrt{-1}$

Wird in den Excel-Funktionen als Argument eine komplexe Zahl erwartet, muss sie als Zeichenfolge in der Form:

x+yi

oder

x+yj

eingegeben werden, j kann bei Anwendungen im Bereich der Elektrotechnik verwendet werden, um Verwechslungen mit der Stromstärke zu vermeiden. Die Kleinschreibung von i oder j ist erforderlich.

Dabei können x und y zwei beliebige reelle Zahlen sein. yi oder yj ist die Kurzform für y*i oder y*j. Es wird also eine reelle Zahl mit der imaginären Zahl multipliziert.

Wird eine komplexe Zahl direkt als Funktionsargument angegeben, müssen Anführungszeichen verwendet werden: =IMABS("3+3i"); wird ein Zellbezug als Argument angegeben, steht die Zeichenfolge ohne Anführungszeichen in der entsprechenden Zelle.

Mit imaginären Zahlen lässt sich ganz normal rechnen, wenn dabei beachtet wird, dass

i^2 = -1; i^3 = -i; i^4 = 1; i^7 = -i usw.:

4i + 2i = 6i

4i - 4i = 0

3i * 4i = -12

10i/2i = 5

6 | Konstruktionsfunktionen

Komplexe Zahlen lassen sich geometrisch in der Gauß'schen Zahlenebene als Punkte in einem rechtwinkligen Koordinatensystem darstellen, bei dem die waagerechte Achse die reellen Zahlen und die senkrechte Koordinate den imaginären Anteil repräsentiert.

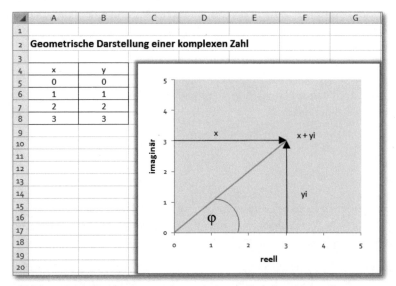

Abbildung 6.6 Die X-Achse repräsentiert den reellen, die Y-Achse den imaginären Anteil der komplexen Zahl.

Neben der Darstellung im kartesischen Koordinatensystem ist auch eine Darstellung mit Polarkoordinaten möglich, die Polarform oder auch goniometrische Form genannt wird. Statt

z = x + yi

gilt dann

z = r * e$^{i\varphi}$ = r * (cosφ + i*sinφ)

Dabei wird r der Betrag oder der Modul von z genannt und entspricht dem Absolutwert von z, der mit der Funktion =IMABS(z) ermittelt werden kann. φ wird das Argument von z genannt. Es kann mit Hilfe der Funktion =IMARGUMENT(z) ermittelt werden und gibt den Winkel φ an. Der Absolutwert wird nach der Formel berechnet:

6.5 Rechenoperationen mit komplexen Zahlen

$$IMABS\ (z) = |\ z\ | = \sqrt{x^2 + y^2}$$

Abbildung 6.7 Formel für den Absolutwert einer komplexen Zahl

Die abgebildeten Koordinaten ergeben mit =IMABS("3+3i") einen Betrag von 4,2426..., was, wenn die komplexe Zahl als Vektor vorgestellt wird, dessen Länge angibt. Der angezeigte Winkel ergibt mit =GRAD(IMARGUMENT("3+3i")) wie erwartet den Wert 45°.

In der folgenden Tabelle sind die Funktionen für komplexe Zahlen mit einfachen Beispielen zusammengestellt. Die meisten Funktionen liefern als Ergebnis selbst wieder komplexe Zahlen, die in Excel als Zeichenfolgen dargestellt werden.

	A	B	C	D
2	Berechnungen mit imaginären Zahlen			
3				
10	Komplexe_Zahl1	Komplexe_Zahl2		
11	25-10i	1+2i	26-8i	=IMSUMME(A11;B11)
12	25-10i	1+2i	24-12i	=IMSUB(A12;B12)
13	25-10i	1+2i	45+40i	=IMPRODUKT(A13;B13)
14	25-10i	1+2i	1-12i	=IMDIV(A14;B14)
15	1+2i		2,236067977	=IMABS(A15)
16	1+2i		2	=IMAGINÄRTEIL(A16)
17	1+2i		1	=IMREALTEIL(A17)
18	1+2i		1,27201964951407+0,786151377757423i	=IMWURZEL(A18)
19	1+2i		-3+4i	=IMAPOTENZ(A19;2)
20	1+2i		1,107148718	=IMARGUMENT(A20)
21	1+2i		1-2i	=IMKONJUGIERTE(A21)
22	1+2i		-1,13120438375681+2,47172667200482i	=IMEXP(A22)
23	1+2i		0,80471895621705+1,10714871779409i	=IMLN(A23)
24	1+2i		0,349485002168009+0,480828578784234i	=IMLOG10(A24)
25	1+2i		1,16096404753303+1,59727796481104i	=IMLOG2(A25)
26	1+2i		2,03272300701967-3,0518977991518i	=IMCOS(A26)
27	1+2i		3,16577851321617+1,95960104142161i	=IMSIN(A27)

Abbildung 6.8 Übersicht über die IMxxx()-Funktionen

Komplexe Zahlen spielen in der Physik und in der Technik eine große Rolle, insbesondere weil sie die Behandlung von Differentialgleichungen zu Schwingungsvorgängen vereinfachen, unter anderem auch bei den modifizierten Besselfunktionen. In der Elektrotechnik tauchen komplexe Zahlen etwa bei der Berechnung des Blindwiderstands in der komplexen Wechselstromrechnung auf. In der reinen Mathematik werden komplexe Zahlen in der Funktionentheorie verwendet.

6.6 Referenz der technischen Funktionen

BESSELI()
BESSELI()

Syntax:	BESSELI(x; n)
Beispiel:	=BESSELI(0,5;1) ergibt 0,25789

Die Funktion `BESSELI()` liefert Werte der modifizierten Besselfunktion $In(x)$, die mit imaginären Zahlen arbeitet. Sie entspricht der Funktion `BESSELJ()` für den Fall, dass nur imaginäre Argumente verwendet werden. Das Argument x ist der Wert, für den die Funktion ausgewertet werden soll. Mit n wird die Ordnung angegeben. Die verwendete Ordnung hat Einfluss auf den Wertebereich. x muss eine reelle Zahl sein, sie kann Werte von über ± 700 annehmen.

BESSELJ()
BESSELJ()

Syntax:	BESSELJ(x; n)
Beispiel:	=BESSELJ(0,5;2) ergibt 0,0306

Die Funktion `BESSELJ()` liefert die Besselfunktion $Jn(x)$. Das Argument x ist der Wert, für den die Funktion ausgewertet werden soll. Mit n wird die Ordnung angegeben. Die verwendete Ordnung hat Einfluss auf den Wertebereich. x muss eine reelle Zahl sein, sie kann Werte von unter $-1{,}34 \times 10^8$ bis $+1{,}34 \times 10^8$ annehmen.

BESSELK()
BESSELK()

Syntax:	BESSELK(x; n)
Beispiel:	=BESSELK(0,5;1) ergibt 1,65644

Die Funktion BESSELK() liefert Werte der modifizierten Besselfunktion Kn(x), die mit imaginären Zahlen arbeitet. Sie entspricht den Funktionen Jn und Yn für den Fall, dass nur imaginäre Argumente verwendet werden. Das Argument x ist der Wert, für den die Funktion ausgewertet werden soll. Mit n wird die Ordnung angegeben. Die verwendete Ordnung hat Einfluss auf den Wertebereich. x muss eine reelle Zahl sein, sie kann Werte von unter −1,34 * 10^8 bis +1,34 * 10^8 annehmen.

BESSELY()
BESSELY()

Syntax:	BESSELY(x; n)
Beispiel:	=BESSELY(1,3;1) ergibt -0,5485

Die Funktion gibt die Besselfunktion Yn(x) zurück, die auch als Webersche oder Neumannsche Funktion bezeichnet wird. Das Argument x ist der Wert, für den die Funktion ausgewertet werden soll. Mit n wird die Ordnung angegeben. Die verwendete Ordnung hat Einfluss auf den Wertebereich. x muss eine reelle Zahl sein, sie kann Werte von über ± 700 annehmen.

BININDEZ()
BIN2DEC()

Syntax:	BININDEZ(Zahl)
Beispiel:	=BININDEZ(11101) ergibt 29

Die Funktion wandelt den mit Zahl angegebenen binären Wert in eine Dezimalzahl um. Der binäre Wert darf höchstens zehn Zeichen (0 oder 1) lang sein; bei zehn Zeichen ist das erste Zeichen das Vorzeichenbit (1 = negativ). Diese Darstellungsform, bei der für das Vorzeichen kein spezielles Zeichen verwendet wird, wird auch als Zweierkomplement bezeichnet.

6 | Konstruktionsfunktionen

Zahl	Stellen	BININDEZ()	BININHEX(Zahl)	BININHEX(Zahl;Stellen)	BININOKT(Zahl)	BININOKT(Zahl;Stellen)
0	4	0	0	0000	0	0000
1	4	1	1	0001	1	0001
10	4	2	2	0002	2	0002
11	4	3	3	0003	3	0003
100	4	4	4	0004	4	0004
101	4	5	5	0005	5	0005
110	4	6	6	0006	6	0006
111	4	7	7	0007	7	0007
1000	4	8	8	0008	10	0010
1001	4	9	9	0009	11	0011
1010	4	10	A	000A	12	0012

Abbildung 6.9 Funktionen für die Umwandlung von binären Zahlen

BININHEX()
BIN2HEX()

Syntax: BININHEX(**Zahl**; Stellen)

Beispiel: =BININHEX(1100)
ergibt C

Die Funktion wandelt den mit Zahl angegebenen binären Wert in eine Hexadezimalzahl um. Der binäre Wert darf höchstens zehn Zeichen (0 oder 1) lang sein; bei zehn Zeichen ist das erste Zeichen das Vorzeichenbit (1 = negativ). Das Argument Stellen gibt an, wie viele Stellen angezeigt werden. Ohne Angabe werden nur die notwendigen Stellen angezeigt; ist Stellen größer als diese Anzahl, dann werden führende Nullen ausgegeben.

BININOKT()
BIN2OCT()

Syntax: BININOKT(**Zahl**; Stellen)

Beispiel: =BININOKT(1100)
ergibt 14

Die Funktion wandelt den mit Zahl angegebenen binären Wert in eine Oktalzahl um. Der binäre Wert darf höchstens zehn Zeichen (0 oder 1) lang sein; bei zehn Zeichen ist das erste Zeichen das Vorzeichenbit (1 = negativ). Das Argument Stellen gibt an, wie viele Stellen angezeigt werden. Ohne Angabe werden nur die notwendigen Stellen angezeigt; ist Stellen größer als diese Anzahl, dann werden führende Nullen ausgegeben.

DELTA()
DELTA()

Syntax:	DELTA(Zahl1; Zahl2)
Beispiel:	=DELTA(10/6;20/12) ergibt 1

Die Funktion DELTA() prüft, ob die mit den Argumenten Zahl1 und Zahl2 angegebenen Werte gleich sind. Sie ergibt 1, wenn Zahl1 und Zahl2 in ihrem numerischen Wert übereinstimmen, andernfalls ist das Ergebnis 0. Wird Zahl2 nicht angegeben, wird das Argument als 0 angenommen. =DELTA(B10) prüft also, ob die Zelle den Wert 0 liefert. Als Argumente sind nur Einträge erlaubt, die numerische Werte ergeben. Das kann auch eine Zeichenfolge aus Zahlen sein. Wahrheitswerte werden dagegen nicht zugelassen.

In dem abgebildeten Beispiel wird die Funktion benutzt, um schnell die Frage zu beantworten, bei wie vielen Kapiteln der Planwert und der Istwert übereinstimmen. Dazu wird einfach die Summe der DELTA()-Werte gebildet.

	A	B	C	D
1				
2	**Werte auf Gleichheit prüfen**			
3				
4		Planseiten	Istseiten	Gleich
5		Zahl1	Zahl2	DELTA()
6	Kapitel 1	12	15	0
7	Kapitel 2	23	23	1
8	Kapitel 3	34	34	1
9	Kapitel 4	23	25	0
10	Kapitel 5	43	40	0
11			Passende Kapitel:	2

Abbildung 6.10 Prüfen der exakten Übereinstimmung

DEZINBIN()
DEC2BIN()

Syntax:	DEZINBIN(Zahl; Stellen)
Beispiel:	=DEZINBIN(100) ergibt 1100100

Die Funktion liefert den Binärwert einer Dezimalzahl. Das Argument Zahl kann dabei Werte zwischen −512 und +511 annehmen. Die Zahl der ausgegebenen Stellen kann mit Stellen festgelegt werden. Ohne Angabe der Stellenzahl werden nur die notwendigen Stellen ausgegeben. Ist Stellen größer als diese Zahl, dann wird die Binärzahl mit führenden Nullen ausgegeben. Ist Zahl negativ, wird die angegebene Stellenzahl ignoriert und der binäre Wert immer mit 10 Zeichen ausgegeben, wobei das erste Zeichen 1 das Vorzeichenbit ist. Sowohl beim Argument Zahl als auch bei Stellen werden Nachkommastellen ignoriert.

Zahl	Stellen	DEZINBIN(Zahl)	DEZINBIN(Zahl;Stellen)	DEZINHEX(Zahl)	DEZINHEX(Zahl;Stellen)	DEZINOKT(Zahl)	DEZINOKT(Zahl;Stellen)
0	4	0	0000	0	0000	0	0000
1	4	1	0001	1	0001	1	0001
2	4	10	0010	2	0002	2	0002
3	4	11	0011	3	0003	3	0003
4	4	100	0100	4	0004	4	0004
5	4	101	0101	5	0005	5	0005
6	4	110	0110	6	0006	6	0006
7	4	111	0111	7	0007	7	0007
8	4	1000	1000	8	0008	10	0010
9	4	1001	1001	9	0009	11	0011
10	4	1010	1010	A	000A	12	0012

Abbildung 6.11 Beispiele für die Umwandlung dezimaler Zahlen in andere Zahlensysteme

DEZINHEX()
DEC2HEX()

Syntax:	DEZINHEX(Zahl; Stellen)
Beispiel:	=DEZINHEX(15) ergibt F

Die Funktion liefert den Hexadezimalwert einer Dezimalzahl. Das Argument `Zahl` kann dabei Werte zwischen –549.755.813.888 und +549.755.813.887 annehmen. Die Zahl der ausgegebenen Stellen kann mit `Stellen` festgelegt werden. Ohne Angabe der Stellenzahl werden nur die notwendigen Stellen ausgegeben; ist `Stellen` größer als diese Zahl, dann wird die hexadezimale Zahl mit führenden Nullen ausgegeben. Ist `Zahl` negativ, wird die angegebene Stellenzahl ignoriert und der hexadezimale Wert immer mit 10 Zeichen (40 Bits) ausgegeben, wobei das erste Bit das Vorzeichenbit ist. Sowohl beim Argument `Zahl` als auch bei `Stellen` werden Nachkommastellen ignoriert.

DEZINOKT()
DEC2OCT()

Syntax:	DEZINOKT(**Zahl**; Stellen)
Beispiel:	=DEZINOKT(8) ergibt 10

Die Funktion liefert den Oktalwert einer Dezimalzahl. Das Argument `Zahl` kann dabei Werte zwischen –536.870.912 und +536.870.911 annehmen. Die Zahl der ausgegebenen Stellen kann mit `Stellen` festgelegt werden. Ohne Angabe der Stellenzahl werden nur die notwendigen Stellen ausgegeben; ist `Stellen` größer als diese Zahl, dann wird die oktale Zahl mit führenden Nullen ausgegeben. Ist `Zahl` negativ, wird die angegebene Stellenzahl ignoriert und der oktale Wert immer mit 10 Zeichen (30 Bits) ausgegeben, wobei das erste Bit das Vorzeichenbit ist. Sowohl beim Argument `Zahl` als auch bei `Stellen` werden Nachkommastellen ignoriert.

GAUSSFEHLER()
ERF()

Syntax:	GAUSSFEHLER(**Untere_Grenze**; Obere_Grenze)
Beispiel:	=GAUSSFEHLER(0;1) ergibt 0,8427

Die Funktion liefert Werte des Gaußschen Fehlerintegrals. Die Funktion gehört eigentlich zu den Verteilungsfunktionen der Statistik. Das Fehlerintegral gibt an, mit

6 | Konstruktionsfunktionen

welcher Wahrscheinlichkeit ein Merkmalswert innerhalb eines bestimmten Intervalls, das durch die Argumente der Funktion angegeben wird, zu finden ist. Dabei wird die Normalverteilung (Gaußverteilung) zugrunde gelegt.

Mit Untere_Grenze (0 oder größer) wird der Wert angegeben, ab dem die Funktion integriert werden soll; mit Obere_Grenze der Wert, bis zu dem integriert wird. Wird Obere_Grenze nicht angegeben, wird die Integration von 0 bis Untere_Grenze durchgeführt.

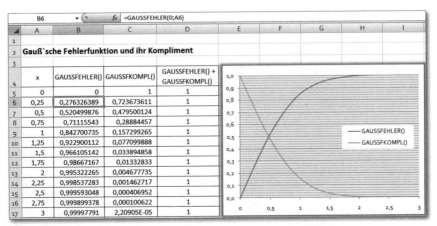

Abbildung 6.12 Die Funktionen GAUSSFEHLER() und GAUSSKOMPL()

GAUSSFKOMPL()
ERFC()

Syntax: GAUSSFKOMPL(Untere_Grenze)

Beispiel: =GAUSSFKOMPL(0,8)
ergibt 0,2579

Die Funktion liefert komplementäre Werte des Gaußschen Fehlerintegrals, vgl. GAUSSFEHLER().

Es gilt die Beziehung:

1 - GAUSSFEHLER(x) = GAUSSFKOMPL(x)

GGANZZAHL()
GESTEP()

Syntax:	GGANZZAHL(**Zahl**; Schritt)

Die Funktion GGANZZAHL() prüft, ob der mit Zahl angegebene Wert den mit Schritt angegebenen Schwellenwert erreicht oder überschreitet. Sie ergibt 1, wenn Zahl größer oder gleich Schritt ist, sonst 0. Wird Schritt nicht angegeben, wird er als 0 angenommen. Ungeachtet des deutschen Funktionsnamens können auch gebrochene Zahlen für die beiden Argumente angegeben werden.

In Kombination mit SUMME() lässt sich mit Hilfe von GGANZZAHL() leicht prüfen, wie viele Werte in einer Spalte einen bestimmten Schwellenwert erreicht haben.

	A	B	C
1			
2	**Prüfen auf Schwellenwerte**		
3			
4	Zahl	Schritt	GGANZZAHL()
5	19	20	0
6	32	30	1
7	38	40	0
8	55	50	1
9	59	60	0
10	72	70	1

Abbildung 6.13 Erreicht oder überschreitet eine Zahl einen angegebenen Schrittwert?

HEXINBIN()
HEX2BIN()

Syntax:	HEXINBIN(**Zahl**; Stellen)
Beispiel:	=HEXINBIN(A) ergibt 1010

Die Funktion liefert den Binärwert einer hexadezimalen Zahl. Das Argument Zahl kann dabei maximal 10 Stellen lang sein und Werte zwischen FFFFFFFE00 und 1FF annehmen, das entspricht den dezimalen Werten –512 und +511. Die Zahl der ausgegebenen Stellen kann mit Stellen festgelegt werden. Ohne Angabe der Stellenzahl werden nur die notwendigen Stellen ausgegeben; ist Stellen größer als diese Zahl, dann wird die binäre Zahl mit führenden Nullen ausgegeben. Ist Zahl negativ, wird die angegebene Stellenzahl ignoriert und der binäre Wert immer mit 10 Zeichen (10 Bits) ausgegeben, wobei das erste Bit das Vorzeichenbit ist. Sowohl beim Argument Zahl als auch bei Stellen werden Nachkommastellen ignoriert.

Zahl	Stellen	HEXINBIN(Zahl)	HEXINBIN(Zahl;Stellen)	HEXINDEZ()	HEXINOKT(Zahl)	HEXINOKT(Zahl;Stellen)
0	4	0	0000	0	0	0000
1	4	1	0001	1	1	0001
2	4	10	0010	2	2	0002
3	4	11	0011	3	3	0003
4	4	100	0100	4	4	0004
5	4	101	0101	5	5	0005
6	4	110	0110	6	6	0006
7	4	111	0111	7	7	0007
8	4	1000	1000	8	10	0010
9	4	1001	1001	9	11	0011
A	4	1010	1010	10	12	0012

Abbildung 6.14 Funktionen für die Umwandlung hexadezimaler Zahlen

HEXINDEZ()
HEX2DEC()

Syntax:	HEXINDEZ(Zahl)
Beispiel:	=HEXINDEZ(F)
	ergibt 15

Die Funktion liefert den Dezimalwert einer hexadezimalen Zahl. Das Argument Zahl kann dabei maximal 10 Stellen (40 Bits) lang sein und Werte zwischen 8000000000 und 7FFFFFFFFF annehmen. Das erste Bit ist das Vorzeichenbit.

HEXINOKT()
HEX2OCT()

Syntax:	HEXINOKT(`Zahl`; `Stellen`)
Beispiel:	=HEXINOKT(F) ergibt 17

Die Funktion liefert den Oktalwert einer hexadezimalen Zahl. Das Argument `Zahl` kann dabei maximal 10 Stellen (40 Bits) lang sein und Werte zwischen FFE0000000 und 1FFFFFFF annehmen. Das erste Bit ist das Vorzeichenbit. `Stellen` gibt an, wie viele Stellen angezeigt werden. Ohne Angabe werden nur die notwendigen Stellen angezeigt; ist `Stellen` größer als diese Anzahl, dann werden führende Nullen ausgegeben.

IMABS()
IMABS()

Syntax:	IMABS(`Komplexe_Zahl`)
Beispiel:	=IMABS("3+4i") ergibt 5

Die Funktion IMABS() liefert den Absolutwert (Modul) einer komplexen Zahl. Das Argument `Komplexe_Zahl` muss als Zeichenfolge in der Form:

x+yi oder x+yj

eingegeben werden, wobei x und y zwei beliebige Zahlen sein können. Hilfsweise kann das Argument durch die Funktion KOMPLEXE() geliefert werden. Das Ergebnis ist immer eine positive reelle Zahl.

IMAGINÄRTEIL()
IMAGINARY()

Syntax:	IMAGINÄRTEIL(`Komplexe_Zahl`)
Beispiel:	=IMAGINÄRTEIL("5-12i") ergibt -12

6 | Konstruktionsfunktionen

Die Funktion liefert den imaginären Anteil einer komplexen Zahl. Als Ergebnis wird eine reelle Zahl angezeigt. Die Funktion IMAGINÄRTEIL() kann als Argument in der Funktion KOMPLEXE() verwendet werden:

=KOMPLEXE(IMREALTEIL(A17);IMAGINÄRTEIL(A16))

um eine komplexe Zahl zu erzeugen.

IMAPOTENZ()
IMPOWER()

Syntax:	IMAPOTENZ(Komplexe_Zahl; Potenz)
Beispiel:	=IMAPOTENZ("3+2i";2) ergibt 5+12j

Die Funktion liefert die Potenz der mit Komplexe_Zahl angegebenen komplexen Zahl. Für das Argument Potenz können ganze positive oder negative Zahlen, aber auch Brüche angegeben werden.

IMARGUMENT()
IMARGUMENT()

Syntax:	IMARGUMENT(Komplexe_Zahl)
Beispiel:	=IMARGUMENT("3+3i")

ergibt 0,785

Die Funktion liefert das Argument einer komplexen Zahl. Dies ist der Winkel im Bogenmaß, der für die Darstellung der komplexen Zahl in der goniometrischen Form benötigt wird.

IMCOS()
IMCOS()

Syntax:	IMCOS(Komplexe_Zahl)
Beispiel:	=IMCOS("3+4i") ergibt -27,03-3,85i (Nachkommastellen gekürzt)

Die Funktion liefert den Kosinus einer komplexen Zahl. Für den Kosinus gilt die Formel:

cos(x + yi) = cos(x) cosh(y) - sin(x) sinh(y)i

die beispielsweise für 3+4i mit

=KOMPLEXE((COS(3)*COSHYP(4));-(SIN(3)*SINHYP(4)))

nachgebildet werden kann. Das Ergebnis ist eine komplexe Zahl, die als Zeichenfolge dargestellt wird.

IMDIV()
IMDIV()

Syntax:	IMDIV(Komplexe_Zahl1; Komplexe_Zahl2)
Beispiel:	=IMDIV("25-10i";"1+2i") ergibt 1-12i

Mit Hilfe der Funktion IMDIV() kann eine komplexe Zahl, die mit KomplexeZahl1 angegeben wird, durch eine andere mit Komplexe_Zahl2 angegebene komplexe Zahl als Divisor dividiert werden. Das Ergebnis ist wiederum eine komplexe Zahl, die als Zeichenfolge dargestellt wird.

Die Funktion arbeitet nach der Formel:

(a+bi)/(c+di) = (a+bi)(c-di)/(c+di)(c-di)
    =(ac+bd)/(c^2+d^2)+(bc-ad)/(c^2+d^2) * i

IMEXP()
IMEXP()

Syntax:	IMEXP(`Komplexe_Zahl`)
Beispiel:	=IMEXP("0+4i") ergibt -0,65-0,76i (Nachkommastellen gekürzt)

Die Funktion liefert das Resultat der Potenzierung von e (Eulersche Zahl) mit einer komplexen Zahl. Das Argument `Komplexe_Zahl` gibt also den Exponenten an. Das Ergebnis ist wieder eine komplexe Zahl, dargestellt als Zeichenfolge.

IMKONJUGIERTE()
IMCONJUGATE()

Syntax:	IMKONJUGIERTE(`Komplexe_Zahl`)
Beispiel:	=IMKONJUGIERTE("1+2i") ergibt 1-2i

Die Funktion liefert zu einer komplexen Zahl das konjugiert komplexe Komplement. Dabei wird das Vorzeichen des imaginären Teils umgedreht. Geometrisch handelt es sich um eine Spiegelung an der reellen Achse. Es ergeben sich beispielsweise folgende Zusammenhänge: Das Produkt einer komplexen Zahl mit dem Komplement ergibt das Quadrat ihres Absolutbetrags:

=IMPRODUKT("1+2i";"1-2i") = IMABS("1+2i")^2 = 5

Die Summe einer komplexen Zahl mit dem Komplement verdoppelt den Realteil:

=IMSUMME("1+2i";"1-2i") = 2

IMLN()
IMLN()

Syntax:	IMLN(`Komplexe_Zahl`)
Beispiel:	=IMLN("2+2i") ergibt 1,04+0,78i (Nachkommastellen gekürzt)

Die Funktion liefert den natürlichen Logarithmus einer komplexen Zahl. Das Ergebnis ist wieder eine komplexe Zahl, dargestellt als Zeichenfolge.

IMLOG10()
IMLOG10()

Syntax:	IMLOG10(Komplexe_Zahl)
Beispiel:	=IMLOG10("100-i") ergibt 2,00002-0,00434i

Die Funktion liefert den dekadischen Logarithmus einer komplexen Zahl. Das Ergebnis ist wieder eine komplexe Zahl, dargestellt als Zeichenfolge.

IMLOG2()
IMLOG2()

Syntax:	IMLOG2(Komplexe_Zahl)
Beispiel:	=IMLOG2("8+4i") ergibt 3,1609-0,6689i

Die Funktion liefert den binären Logarithmus einer komplexen Zahl. Das Ergebnis ist wieder eine komplexe Zahl, dargestellt als Zeichenfolge.

IMPRODUKT()
IMPRODUCT()

Syntax:	IMPRODUKT(Komplexe_Zahl1; Komplexe_Zahl2,...)
Beispiel:	=IMPRODUKT("3+4i";"3-4i") ergibt 25

Die Funktion berechnet in Excel 2007 das Produkt von bis zu 255, in den älteren Versionen von bis zu 29 komplexen Zahlen. Das Ergebnis ist wieder eine komplexe Zahl, dargestellt als Zeichenfolge. Dabei wird nach folgender Formel verfahren:

(a+bi)*(c+di) = (ac - bd) + (ab+bc) *i

IMREALTEIL()
IMREAL()

Syntax:	IMREALTEIL(Komplexe_Zahl)
Beispiel:	=IMREALT("12-i") ergibt 12

Die Funktion liefert den reellen Anteil einer komplexen Zahl. Das Ergebnis ist eine reelle Zahl. Die Funktion IMREALTEIL() kann als Argument in der Funktion KOMPLEXE() verwendet werden:

=KOMPLEXE(IMREALTEIL(A17);IMAGINÄRTEIL(A16))

um eine komplexe Zahl zu erzeugen.

IMSIN()
IMSIN()

Syntax:	IMSIN(Komplexe_Zahl)
Beispiel:	=IMSIN("3,14+i") ergibt 0,002-1,175i (Nachkommastellen gekürzt)

Die Funktion liefert den Sinus einer komplexen Zahl. Das Ergebnis ist wieder eine komplexe Zahl, dargestellt als Zeichenfolge.

IMSUB()
IMSUB()

Syntax:	IMSUB(Komplexe_Zahl1; Komplexe_Zahl2)
Beispiel:	=IMSUB("12+2i";"3-2i") ergibt 9+4i

Die Funktion liefert das Resultat der Subtraktion zweier komplexer Zahlen. Das Ergebnis ist wieder eine komplexe Zahl, dargestellt als Zeichenfolge. Dabei wird nach folgender Formel verfahren:

$(a+bi)-(c+di) = (a-c) + (b-d)*i$

IMSUMME()
IMSUM()

Syntax:	IMSUMME(**Komplexe_Zahl1**; Komplexe_Zahl2;...)
Beispiel:	=IMSUMME("1+i";"1-i") ergibt 2

Die Funktion berechnet in Excel 2007 die Summe von bis zu 255, in den älteren Versionen von bis zu 29 komplexen Zahlen. Das Ergebnis ist wieder eine komplexe Zahl, dargestellt als Zeichenfolge. Dabei wird nach folgender Formel verfahren:

(a+bi)+(c+di) = (a+c) + (b+d) *i

IMWURZEL()
IMSQRT()

Syntax:	IMWURZEL(**Komplexe_Zahl**)
Beispiel:	=IMWURZEL("3+2i") ergibt 1,82-0,55i (Nachkommastellen gekürzt)

Die Funktion liefert die Quadratwurzel einer komplexen Zahl. Das Ergebnis ist wieder eine komplexe Zahl, dargestellt als Zeichenfolge.

KOMPLEXE()
COMPLEX()

Syntax:	KOMPLEXE(**Realteil**; **Imaginärteil**; Suffix)
Beispiel:	=KOMPLEXE(3;4;i) ergibt 3+4i

Die Funktion wird dazu verwendet, eine komplexe Zahl aus zwei reellen Zahlen zu bilden, wobei das Argument Realteil den reellen Anteil der Zahl liefert, das Argument Imaginärteil den imaginären Anteil. Mit Suffix lässt sich festlegen, ob der Buchstabe i oder j zur Kennzeichnung des Imaginärteils verwendet wird. Vorgabe ist i.

6 | Konstruktionsfunktionen

Soll eine komplexe Zahl in einer der Tabellenfunktionen für komplexe Zahlen als Argument verwendet werden, muss sie immer als Zeichenfolge in der algebraischen Form a+bi angegeben werden. Das heißt, die Funktion KOMPLEXE() kann verwendet werden, um Argumente für diese Funktionen entsprechend aufzubereiten.

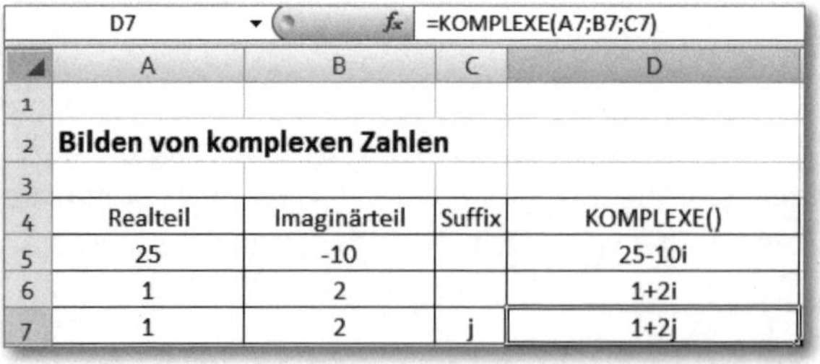

	A	B	C	D
1				
2	**Bilden von komplexen Zahlen**			
3				
4	Realteil	Imaginärteil	Suffix	KOMPLEXE()
5	25	-10		25-10i
6	1	2		1+2i
7	1	2	j	1+2j

Abbildung 6.15 Verknüpfen zweier reeller Zahlen zu einer komplexen Zahl

OKTINBIN()
OCT2BIN()

Syntax: OKTINBIN(Zahl; Stellen)

Beispiel: =OKTINBIN(100;10)
ergibt 0001000000

Die Funktion liefert den Binärwert einer oktalen Zahl. Das Argument Zahl kann dabei maximal 10 Stellen lang sein und Werte zwischen 7777777000 und 777 annehmen, das entspricht den dezimalen Werten –512 und +511. Die Zahl der ausgegebenen Stellen kann mit Stellen festgelegt werden. Ohne Angabe der Stellenzahl werden nur die notwendigen Stellen ausgegeben; ist Stellen größer als diese Zahl, dann wird die binäre Zahl mit führenden Nullen ausgegeben. Ist Zahl negativ, wird die angegebene Stellenzahl ignoriert und der binäre Wert immer mit 10 Zeichen (10 Bits) ausgegeben, wobei das erste Bit das Vorzeichenbit ist. Sowohl beim Argument Zahl als auch bei Stellen werden Nachkommastellen ignoriert.

Referenz der technischen Funktionen | **6.6**

	Zahl	Stellen	OKTINBIN(Zahl)	OKTINBIN(Zahl;Stellen)	OKTINDEZ()	OKTINHEX(Zahl)	OKTINHEX(Zahl;Stellen)
1							
2	**Umwandlungen von oktalen Zahlen**						
3							
4	Zahl	Stellen	OKTINBIN(Zahl)	OKTINBIN(Zahl;Stellen)	OKTINDEZ()	OKTINHEX(Zahl)	OKTINHEX(Zahl;Stellen)
5	0	8	0	00000000	0	0	00000000
6	1	8	1	00000001	1	1	00000001
7	2	8	10	00000010	2	2	00000002
8	3	8	11	00000011	3	3	00000003
9	4	8	100	00000100	4	4	00000004
10	5	8	101	00000101	5	5	00000005
11	6	8	110	00000110	6	6	00000006
12	7	8	111	00000111	7	7	00000007
13	10	8	1000	00001000	8	8	00000008

Abbildung 6.16 Funktionen für die Umwandlung von oktalen Zahlen

OKTINDEZ()
OCT2DEC()

Syntax: OKTINDEZ(Zahl)

Beispiel: =OKTINDEZ(10)
ergibt 8

Die Funktion liefert den Dezimalwert einer oktalen Zahl. Das Argument Zahl kann dabei maximal 10 Stellen (30 Bits) lang sein. Das erste Bit ist das Vorzeichenbit.

OKTINHEX()
OCT2HEX()

Syntax: OKTINHEX(Zahl; Stellen)

Beispiel: =OKTINDEZ(100;6)
ergibt 000040

Die Funktion liefert den hexadezimalen Wert einer oktalen Zahl. Das Argument Zahl kann dabei maximal 10 Stellen (30 Bits) lang sein. Das erste Bit ist das Vorzeichenbit.

Stellen gibt an, wie viele Stellen angezeigt werden. Ohne Angabe werden nur die notwendigen Stellen angezeigt; ist Stellen größer als diese Anzahl, dann werden führende Nullen ausgegeben.

UMWANDELN()
CONVERT()

Syntax:	UMWANDELN(Zahl; Von_Maßeinheit; In_Maßeinheit)
Beispiel:	=UMWANDELN(4;"J";"cal") ergibt 0,955

Die Funktion liefert Umrechnungen zwischen verschiedenen Maßeinheiten. Mit Zahl wird angegeben, wie viele Einheiten der Von_Maßeinheit umgerechnet werden sollen. Von_Maßeinheit ist die Einheit, aus der umgerechnet wird; In_Maßeinheit ist die Einheit, in die umgerechnet werden soll. Beide Argumente müssen als Zeichenfolge angegeben werden, also entweder direkt in Anführungszeichen oder durch einen Zellbezug. Auf Groß- und Kleinschreibung muss geachtet werden. Welche Einheiten zur Umrechnung verfügbar sind, wurde in der Tabelle in Abschnitt 6.3, *Umwandlungen zwischen Zahlensystemen*, bereits gezeigt. Naturgemäß können nur Paare aus Maßeinheiten angegeben werden, die zur selben Gruppe gehören. Andernfalls liefert die Funktion den Fehlerwert #NV.

Vor die beiden Einheitennamen können noch Abkürzungen gesetzt werden, die für häufig verwendete Präfixe bei Mengeneinheiten stehen, beispielsweise für Kilogramm:

=UMWANDELN(1;"kg";"lbm")

Die Abkürzungen sind in der folgenden Tabelle zusammengestellt.

Präfix	Multiplikator	Abkürzung
exa	1E+18	"E"
peta	1E+15	"P"
tera	1E+12	"T"
giga	1E+09	"G"
mega	1E+06	"M"

Präfix	Multiplikator	Abkürzung
kilo	1E+03	"k"
hekto	1E+02	"h"
deka	1E+01	"e"
dezi	1E-01	"d"
zenti	1E-02	"c"
milli	1E-03	"m"
mikro	1E-06	"u"
nano	1E-09	"n"
pico	1E-12	"p"
femto	1E-15	"f"
atto	1E-18	"a"

7 Statistische Funktionen

Funktion	Seite	Funktion	Seite
ACHSENABSCHNITT()	317	MITTELWERTA()	361
ANZAHL()	318	MITTELWERTWENN()	362
ANZAHL2()	319	MITTELWERTWENNS()	363
ANZAHLLEEREZELLEN()	322	MODALWERT()	364
BESTIMMTHEITSMASS()	323	NEGBINOMVERT()	364
BETAINV()	324	NORMINV()	365
BETAVERT()	325	NORMVERT()	366
BINOMVERT()	326	PEARSON()	368
CHIINV()	328	POISSON()	370
CHITEST()	328	QUANTIL()	371
CHIVERT()	330	QUANTILSRANG()	372
EXPONVERT()	331	QUARTILE()	373
FINV()	333	RANG()	374
FISHER()	333	RGP()	375
FISHERINV()	335	RKP()	378
FTEST()	335	SCHÄTZER()	379
FVERT()	336	SCHIEFE()	380
GAMMAINV()	337	STABW()	381
GAMMALN()	338	STABWA()	382
GAMMAVERT()	338	STABWN()	383
GEOMITTEL()	339	STABWNA()	384
GESTUTZTMITTEL()	341	STANDARDISIERUNG()	384
GTEST()	342	STANDNORMINV()	385
HARMITTEL()	343	STANDNORMVERT()	386
HÄUFIGKEIT()	344	STEIGUNG()	387
HYPGEOMVERT()	345	STFEHLERYX()	388

7 | Statistische Funktionen

Funktion	Seite	Funktion	Seite
KGRÖSSTE()	346	SUMQUADABW()	389
KKLEINSTE()	348	TINV()	391
KONFIDENZ()	349	TREND()	393
KORREL()	350	TTEST()	394
KOVAR()	352	TVERT()	395
KRITBINOM()	353	VARIANZ()	395
KURT()	354	VARIANZA()	397
LOGINV()	355	VARIANZEN()	397
LOGNORMVERT()	355	VARIANZENA()	398
MAX()	356	VARIATION()	398
MAXA()	356	VARIATIONEN()	399
MEDIAN()	357	WAHRSCHBEREICH()	400
MIN()	357	WEIBULL()	401
MINA()	358	ZÄHLENWENN()	402
MITTELABW()	358	ZÄHLENWENNS()	403
MITTELWERT()	359		

7.1 Einsatzbereiche für statistische Funktionen

Für Berechnungen aus dem Bereich der Statistik braucht Excel 2007 von der Funktionsvielfalt her gesehen den Vergleich mit professionellen Statistikprogrammen kaum zu scheuen. Um die Orientierung in diesem Bereich etwas zu erweitern, hier wenigstens ein paar kurze Vorbemerkungen.

Deskriptive und induktive statistische Methoden

Eine erste Aufteilung der statistischen Funktionen ergibt sich aus der Unterscheidung zwischen deskriptiven statistischen Methoden und induktiven statistischen Methoden. Die ersteren, die beschreibenden Methoden, beziehen sich auf den gegebenen Ausgangsdatenbestand. Typische Funktionen sind hier etwa die Berechnung der verschiedenen Formen von Mittelwerten oder die Berechnung der Streuung.

Von induktiven statistischen Methoden wird gesprochen, wenn es darum geht, von Daten aus einer Stichprobe auf die Verhältnisse rückzuschließen, die in der Grundgesamtheit herrschen, aus der die Stichprobe genommen wurde.

Die Statistikfunktionen decken hier mehrere Bereiche ab: die Analyse einzelner Stichproben, bei denen eine oder mehrere Größen erfasst wurden, Analyse und Vergleich mehrerer Stichproben, Vergleich von Stichproben mit einer Grundgesamtheit und Aspekte wie Wahrscheinlichkeitsrechnung und Wahrscheinlichkeitsverteilungen von Zufallsvariablen.

Unterschiedliche Skalen

Um die Frage beantworten zu können, welche statistischen Methoden sich auf ein bestimmtes Datenmaterial anwenden lassen, ist es notwendig, die Art der Skalierung zu berücksichtigen. Grundsätzlich kann unterschieden werden zwischen nominalskalierten, ordinalskalierten und metrischskalierten Werten.

Wird beispielsweise bei Personen der Familienstand erfasst, stellen die möglichen Merkmale nur bestimmte Unterschiede dar. Bei ordinalskalierten Werten kann von den Daten darüber hinaus auch eine bestimmte Rangordnung abgelesen werden, wie es etwa bei Daten der Fall ist, die Schulnoten enthalten. Liefern zusätzlich auch die genauen Abstände zwischen Werten verwertbare Informationen, wie etwa bei Daten über Gewicht und Größe, wird für die Daten eine metrische Skala verwendet.

Es ist evident, dass bestimmte statistische Auswertungen für eine bestimmte Skalierung wenig Sinn ergeben, wie etwa ein Mittelwert zwischen verheiratet und ledig.

Eine weitere grundlegende Unterscheidung in Bezug auf die Art des Datenmaterials ist die zwischen diskreten Werten und stetigen Werten. Während der Familienstand einer Person nur wenige Werte annehmen kann, lässt sich die Körpergröße in einer beliebigen Genauigkeit, also auch mit beliebigen Zwischenwerten angeben.

7.2 Stichproben und Grundgesamtheiten

Fast alle statistischen Verfahren haben entweder mit Stichproben oder mit Grundgesamtheiten zu tun, häufig auch direkt oder indirekt mit beidem. Eine Stichprobe ist eine Untergruppe von Elementen aus einer Grundgesamtheit, die zufällig aus dieser Grundgesamtheit ausgewählt wurden. Zufällig heißt hier, dass bei der Auswahl darauf geachtet wird, dass nicht bestimmte Elemente der Grundgesamtheit bevorzugt werden. Die Grundgesamtheit ist die Menge der Elemente, aus denen die Stichprobe genommen wird.

Soll etwa für die weit verbreiteten Meinungsumfragen eine Stichprobe der Wahlberechtigten genommen werden, genügt es nicht, ein oder alle Telefonbücher zufällig aufzuschlagen (Telefonbesitzer werden bevorzugt) oder auf der Straße Leute anzusprechen (zu Hause Bleibende werden benachteiligt). Entsprechend haben die Institute, die Meinungsumfragen durchführen, wohlgehütete Geheimnisse, wie sie zu ihren repräsentativen Stichproben kommen.

7.3 Zufallsvariable und Wahrscheinlichkeit

Auf der Grundlage statistischer Erhebungen oder zuweilen auch theoretischer Überlegungen lässt sich häufig für das Auftauchen bestimmter Ereignisse eine bestimmte Wahrscheinlichkeit angeben. So ist etwa die Wahrscheinlichkeit, beim Münzwurf eine Zahl zu werfen, 1/2 (0,5 oder 50 %). Ob Zahl oder Wappen nach dem Wurf oben liegen, hängt von zahlreichen physikalischen Ursachen ab, die sich normalerweise nicht eindeutig ermitteln lassen, und insofern kann davon gesprochen werden, dass das Ergebnis des Münzwurfs zufällig ist. Ähnlich ist es beim Würfeln. Die Wahrscheinlichkeit, eine 6 zu schaffen, wird mit 1/6 (0,166666) angegeben, vorausgesetzt, das Ergebnis ist wieder zufällig und nicht durch Manipulationen am Würfel beeinflusst.

Theoretische Wahrscheinlichkeit

In solchen Fällen, wo die Zahl der möglichen Ereignisse feststeht, wird von einer theoretischen Wahrscheinlichkeit gesprochen. Sie wird als Bruch

p = g / m

dargestellt, wobei g die Anzahl der günstigen Ereignisse und m die Anzahl der möglichen Fälle darstellen. Die Wahrscheinlichkeit, eine bestimmte Karte aus einem Skatspiel zu ziehen, ist also 1/32.

In anderen Fällen wird die Wahrscheinlichkeit durch Abzählen der Grundgesamtheit ermittelt. Ist z. B. bekannt, dass in einem Land 51 % der Bevölkerung weiblich sind, dann ist die Wahrscheinlichkeit, dass ein zufällig ausgewählter Mensch weiblich ist, 0,51.

Eine Größe dieser Art heißt eine Zufallsvariable. Ist diese Variable so wie in den genannten Beispielen diskret, dann lässt sich direkt eine Wahrscheinlichkeit dafür angeben, dass sie einen bestimmten Wert oder einen von mehreren Werten annimmt.

Empirische Wahrscheinlichkeit

Häufig besteht aber gar nicht die Möglichkeit, die Zahl der möglichen Ereignisse genau zu bestimmen. Auch die Frage der Gleichberechtigung von Ereignissen ist vielfach nicht so einfach zu beantworten. Dies gilt jedenfalls, wenn es um nichtdiskrete Variablen geht. Sind etwa die Körpergrößen einer Grundgesamtheit von Menschen erfasst, dann stellt sich sowohl bei der Erfassung als auch bei der Angabe der Wahrscheinlichkeiten die Frage nach der Messgenauigkeit und nach der Einordnung. Die Frage, wie wahrscheinlich die Größe von z. B. 1,73 m ist, kann nicht ohne Weiteres beantwortet werden: Ist etwa 1,7299999 mitgemeint oder nicht? Die Werte müssen in solchen Fällen in der Regel in Klassen eingeteilt werden (z. B. 172,5 bis 173,49999…).

In all diesen Fällen wird statt der theoretischen Wahrscheinlichkeit die empirische Wahrscheinlichkeit in Anspruch genommen. Als ihr Maß gilt die Formel:

```
w = h / n
```

wobei h die Häufigkeit ist, mit der ein Ereignis auftritt, und n die Anzahl der Versuche, die zur Ermittlung der Wahrscheinlichkeit unternommen wurden. Dieses Maß kann natürlich nicht so exakt sein wie das Maß der theoretischen Wahrscheinlichkeit. Hier hängt alles von der Anzahl der Versuche ab; je höher diese Anzahl sein kann, umso genauer kann der errechnete empirische Wert der Wahrscheinlichkeit an den theoretischen Wert heranrücken.

Für alle derartigen Größen arbeitet die Statistik mit so genannten Wahrscheinlichkeitsverteilungen für kontinuierliche Variablen, von denen Excel 2007 mehrere zur Verfügung stellt.

Untersuchung von Stichproben

Bei der Untersuchung von Stichproben stellen sich meist zwei Fragen: Was hat die Stichprobe ergeben, und welche Schlüsse erlaubt sie auf die Grundgesamtheit? Für die erste Frage gibt es zunächst zwei Größen: den Mittelwert und die Streuung. Als Maße sind hier eigentlich nur zwei gebräuchlich: das arithmetische Mittel und die Standardabweichung (oder das Quadrat der Standardabweichung, die Varianz). Aus diesen beiden Größen lassen sich dann auch die entsprechenden Parameter der Grundgesamtheit schätzen, wobei die Schätzung umso verlässlicher wird, je größer die Stichprobe ist, vgl. hierzu MITTELWERT(), VARIANZ() und STABW().

Berechnung der Standardabweichung bei Testergebnissen

Bei der Auswertung von Testergebnissen stellt sich regelmäßig die Frage, welche durchschnittlichen Werte zustande kommen und wie groß die Streuung ist. Hier ein einfaches Beispiel: ein Test, an dem zahlreiche Personen beteiligt sind und der im Ergebnis verschiedene Punktwerte geliefert hat. Die Punktwerte sind in der Spalte B aufgelistet.

Liegen die gesamten Werte vor, kann leicht der arithmetische Mittelwert berechnet werden. Sie benutzen die Funktion MITTELWERT() und geben als Argumente die Adressen des Bereichs mit den Punktwerten an. Ein anderer mittlerer Wert ist der MEDIAN(), der auf dieselbe Weise errechnet werden kann. Das Ergebnis ist hier 1.208 und ist so zu verstehen, dass in diesem Beispiel genau die Hälfte der Werte über 1.208 und die andere Hälfte unter 1.208 liegt.

Der Mittelwert selbst sagt aber noch nichts über die Streuung der Ergebnisse aus. Bei gleichem Mittelwert können ja die Werte eng um den Mittelpunkt herumliegen oder auch ziemlich weit davon entfernt.

In der Spalte C sind hier zur Veranschaulichung die Differenzen zum Mittelwert berechnet worden, einfach durch Subtraktion des Einzelwertes vom Mittelwert. Wird von diesen Differenzen der Mittelwert gebildet, zeigt sich, dass sich die negativen und positiven Abweichungen aufheben. Das Ergebnis ist also nicht aussagekräftig.

Verbessert werden kann die Situation, wenn wie in Spalte D mit Hilfe der Funktion ABS() die absolute Differenz zum Mittelwert gebildet wird. Das Ergebnis in Zelle D17 ist die durchschnittliche Abweichung.

7.3 Zufallsvariable und Wahrscheinlichkeit

Diese einfache Berechnung der Abweichung hat aber den Nachteil, dass das Ergebnis durch wenige extrem große oder extrem kleine Werte sehr stark beeinflusst werden kann. Um dem zu entgehen, wird bei den Funktionen für die Berechnung der Varianz und der Standardabweichung mit den Quadraten der Abweichung gearbeitet. Die Varianz ist gleich dem Mittelwert der Quadrate der Abweichung. Die Formel heißt:

=VARIANZEN(B5:B16)

Die Varianz ist in der deskriptiven Statistik ein Maß für die Streuungsbreite.

Zur Ermittlung der Standardabweichung wird dann wieder die Wurzel aus der Varianz gezogen.

=STABWN(B5:B16)

	A	B	C	D	E	F
1						
2	**Berechnung der Standardabweichung und der Varianz bei Testergebnissen**					
3						
4	Test 1	Punkte	Abweichung vom Mittelwert	Abweichung absolut	Quadrate der Abweichung	Standardabweichung
5	Testperson 1	970	153	153	23285	248
6	Testperson 2	1389	-267	267	71096	Varianzen
7	Testperson 3	878	244	244	59647	61727
8	Testperson 4	673	450	450	202073	
9	Testperson 5	700	423	423	178587	
10	Testperson 6	1258	-135	135	18226	
11	Testperson 7	1108	15	15	227	
12	Testperson 8	1302	-179	179	32084	
13	Testperson 9	1350	-227	227	51740	
14	Testperson 10	1158	-35	35	1235	
15	Testperson 11	1395	-272	272	74248	
16	Testperson 12	1291	-168	168	28273	
17	Mittelwert	1123		0	214	61727
18	Median	1208				

Abbildung 7.1 Berechnung der Standardabweichung bei Testergebnissen

Wie Sie an den Ergebnissen sehen können, ist die Standardabweichung in diesem Beispiel doch deutlich höher als die mittlere Abweichung.

7.4 Korrelationen

Eine andere Fragestellung bei einer Stichprobe ist, ob die ermittelten Werte einer bestimmten Gesetzmäßigkeit gehorchen. Soll etwa untersucht werden, ob es einen Zusammenhang zwischen dem persönlichen Einkommen und der Größe des genutzten Wohnraums gibt, dann ist anzunehmen, dass eine Beziehung besteht: je mehr Einkommen, umso mehr Quadratmeter. Maße hierfür sind der Korrelationskoeffizient (KORREL()) und die Kovarianz (KOVAR()), die Angaben darüber liefern, ob und wie stark die Daten zusammenhängen.

Kann darüber hinaus vermutet werden, dass der Zusammenhang linear oder exponential ist, dann lässt sich dieser Zusammenhang weitgehend durch Regression, d. h. durch Rückführung der Werte auf eine Gerade oder eine Exponentialkurve, klären. Hierfür stehen die mächtigen Funktionen RGP() und RKP() zur Verfügung.

Der Nachweis der Korrelation darf allerdings nicht verwechselt werden mit einem Nachweis eines kausalen Zusammenhangs. Zwei Wertereihen können eine sehr hohe Korrelation haben, die aber durch einen ganz anderen Faktor verursacht werden mag, der sich auf beide auswirkt.

7.5 Statistische Tests

Die Aufgabe statistischer Tests ist, ganz allgemein gesprochen, festzustellen, mit welcher Sicherheit oder Unsicherheit von Werten einer Stichprobe auf Werte der Grundgesamtheit geschlossen werden kann. Hierfür gibt es in Excel 2007 zwei Funktionsgruppen. Die eine bietet die Möglichkeit, direkt Tests anhand von Stichproben durchzuführen, die andere liefert Werte aus Wahrscheinlichkeitsverteilungen, anhand deren aus den Stichproben gewonnene Parameter überprüft werden können.

Beim t-Test (TTEST()) wird die Frage geprüft, ob zwei Stichproben sich in ihrem Mittelwert zufällig unterscheiden (dann wären beide Stichproben derselben Grundgesamtheit zufällig entnommen) oder ob sie sich nicht zufällig unterscheiden (dann stammen sie entweder aus verschiedenen Grundgesamtheiten oder sind nicht zufällig entnommen). Hier liefert die Funktion TTEST() direkt einen Wahrscheinlichkeitswert.

Ebenfalls mit dem t-Test lässt sich klären, ob die relative Häufigkeit eines Merkmals in einer Stichprobe zufällig von der Wahrscheinlichkeit dieses Merkmals in der Grundgesamtheit abweicht oder nicht. Leider ist dieser Fall nicht von einer Funktion erfasst, sodass hier auf die t-Verteilung (TVERT()) zurückgegriffen werden muss.

Mit dem F-Test (FTEST()) wird geprüft, ob zwei Stichproben sich in ihrer Varianz zufällig unterscheiden oder nicht. Auch hier ist wieder der Umweg über die F-Verteilung (FVERT()) gangbar und bei manchen Fragestellungen notwendig.

Der Chi-Test (CHITEST()) schließlich dient der Überprüfung der Frage, ob eine Stichprobe, mit der mehrere Werte erfasst sind, mit einer Grundgesamtheit übereinstimmt, aus der für diese Werte Erwartungswahrscheinlichkeiten bekannt sind. Auch hier steht zusätzlich die Verteilungsfunktion zur Verfügung.

7.6 Verteilungsfunktionen

Von Zufallsgrößen war oben schon die Rede. Es wurde die Frage gestellt, mit welcher Wahrscheinlichkeit ein bestimmtes Ereignis auftritt. Für die Beantwortung dieser Frage steht in Excel 2007 eine Anzahl von Funktionen zur Verfügung, die das sonst notwendige Nachschlagen in umfangreichen statistischen Tabellenwerken ersparen können.

Gemäß der Unterscheidung in diskrete und stetige Zufallsgrößen lassen sich auch die zugehörigen Verteilungen in diskrete und stetige unterscheiden. Hier kurz ein Überblick mit einigen Hinweisen zur Anwendung:

Binomialverteilung: Grundlage ist ein Ereignis, das jeweils mit einer bestimmten Wahrscheinlichkeit eintreten kann oder aber nicht. Die einzelnen Versuche müssen dabei voneinander unabhängig sein. Beispiele hierfür sind Münzwürfe, Würfeln, Kartenziehen (wobei nach jedem Versuch die Karte anschließend zurückgesteckt werden muss); aber auch männlich/weiblich, berufstätig/nicht berufstätig usw. Siehe: BINOMVERT().

Hypergeometrische Verteilung: Wird bei einem Beispiel wie Kartenziehen die Karte nicht zurückgesteckt, dann ändert sich beim nächsten Versuch die theoretische Wahrscheinlichkeit. In solchen Fällen wird die hypergeometrische Verteilung benutzt. Siehe: HYPERGEOMVERT().

Poisson-Verteilung: Diese Verteilung wird normalerweise als Näherung für die Binomialverteilung bei sehr großen Zahlen und sehr kleinen Wahrscheinlichkeiten genommen. Da Excel 2007 aber genauso gut mit der Binomialverteilung rechnen kann, ist dieser Ausweg nicht unbedingt erforderlich. Siehe POISSONVERT().

Normalverteilung: In all den Fällen, wo einer Zufallsvariablen eine Grundgesamtheit zugrunde liegt, die sehr groß ist (ab 1.000), und wo eine stetige Größe gemessen wird, können Sie davon ausgehen, dass sie wenigstens annäherungsweise normalverteilt ist. Das ist in zahlreichen Beispielen der Fall, sodass die Normalverteilung im Prinzip die wichtigste der stetigen Verteilungen ist. Siehe NORMVERT() und STANDNORMVERT().

Zusätzlich stellt Excel 2007 noch einige weniger gebräuchliche Verteilungen zur Verfügung, die gleichwohl für Spezialanwendungen nützlich sind.

Dichtefunktion und Verteilungsfunktion

Um die Handhabung der Verteilungsfunktionen zu erleichtern, hier noch abschließend ein Hinweis: Den Wahrscheinlichkeitsverteilungen liegt mathematisch immer eine Dichtefunktion zugrunde, bei der Normalverteilung etwa die berühmte Glockenkurve. Der jeweilige y-Wert sagt aber noch nichts über die Wahrscheinlichkeit des zugehörenden x-Wertes aus. Erst die Fläche zwischen zwei x-Werten (mathematisch das bestimmte Integral) ist ein Maß für die Wahrscheinlichkeit. In der Abbildung liefert die dunkle Fläche unter der Glocke die Wahrscheinlichkeit eines Wertes bis zu x1, die Fläche zwischen x1 und x2 die Wahrscheinlichkeit eines Wertes in diesem Bereich.

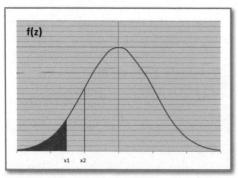

Abbildung 7.2 Wahrscheinlichkeit als Flächenanteil einer Verteilung

In Anlehnung an die diskreten Verteilungen verwendet Excel 2007 hier einen Wahrheitswert Kumuliert, der die Funktion veranlasst, entweder die Dichte (Kumuliert = FALSCH) oder die Wahrscheinlichkeit (Kumuliert = WAHR) zu berechnen; das Erste liefert also den Wert der Dichtefunktion, das Zweite den Wert der Wahrscheinlichkeitsverteilung.

Umkehrfunktionen

Für die meisten Verteilungsfunktionen, die alle mit dem Suffix VERT gekennzeichnet sind – NORMVERT(), LOGNORMVERT() etc. – stehen obendrein inverse Funktionen zur Verfügung, die alle das Suffix INV verwenden, etwa NORMINV(), LOGINV() etc. Das Verhältnis der entsprechenden Funktionen zueinander ist folgendes:

- Die Verteilungsfunktion liefert die Wahrscheinlichkeit dafür, dass eine Zufallsvariable einen Wert gleich oder kleiner als einen vorgegebenen Wert annimmt, der mit dem Argument x angegeben wird.
- Die inverse Funktion liefert zu einer angegebenen Wahrscheinlichkeit den Wert, der gleich oder kleiner dem der Zufallsvariable mit der angegebenen Wahrscheinlichkeit ist. Da dieser Wert Quantil genannt wird, lässt sich der Zusammenhang auch so angeben:
  ...VERT(q) = p
  ...INV(p) = q
  mit p = Wahrscheinlichkeit und q = Quantil.

7.7 Referenz der statistischen Funktionen

ACHSENABSCHNITT()
INTERCEPT()

Syntax: ACHSENABSCHNITT(Y_Werte; X_Werte)

Beispiel: =ACHSENABSCHNITT(B7:B16;A7:A16)
ergibt im abgebildeten Beispiel 2,8

Die Funktion liefert den Ordinatenabschnitt für den Schnittpunkt der aus den Argumenten Y_Werte und X_Werte errechneten Regressionsgeraden oder Trendlinie einer linearen Regressionsfunktion mit der y-Achse, vgl. hierzu die Funktion RGP().

Für Y_Werte und X_Werte kann jeweils ein Zellbereich oder eine Matrixkonstante angegeben werden. Dabei stellen die X_Werte die unabhängigen Daten oder Messwerte dar, die Y_Werte dagegen die abhängigen. Die Funktion ermittelt also den Wert, den die abhängige Variable annimmt, wenn die unabhängige Variable den Wert Null hat.

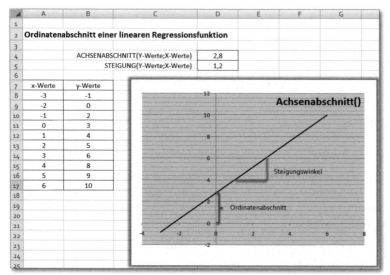

Abbildung 7.3   Ordinatenabschnitt und Steigung einer Regressionsgeraden

Die Funktionsgleichung der Regressionsgeraden lautet y = b + m * x, wobei b der Schnittpunkt mit der y-Achse ist.

ANZAHL()
COUNT()

Syntax:	ANZAHL(**Wert1**; Wert2; ...)
Beispiel:	=ANZAHL(1;4;7;"fünf") ergibt 3

Die Funktion ANZAHL() ergibt die Anzahl der numerischen Werte, die in der Argumentenliste bzw. in dem Bereich, auf den sie sich bezieht, enthalten sind. In Excel

2007 sind 255 Argumente möglich, in den älteren Versionen 30. Von den Werten bzw. Zellen insgesamt werden also Texteinträge, Wahrheitswerte und leere Zellen abgezogen. Die Funktion kann auch auf Matrixkonstanten angewendet werden. Als numerische Werte gelten Zahlen einschließlich der Null sowie Datums- und Zeitwerte.

In dem abgebildeten Beispiel wird mit Hilfe von ANZAHL() festgestellt, für wie viele Tage die Besucherzahlen eingetragen sind.

	A	B	C
1			
2	**Die Anzahl vorhandener Werte berechnen**		
3			
4		Besucher vormittags	Besucher nachmittags
5	06.03.2007	200	200
6	07.03.2007	300	300
7	08.03.2007	320	unbekannt
8	09.03.2007		
9	10.03.2007		
10	11.03.2007	440	440
11	12.03.2007	240	240
12	13.03.2007	800	800
13	14.03.2007	240	240
14	15.03.2007	300	300
15	16.03.2007		
16	17.03.2007		
17	18.03.2007	260	260
18	19.03.2007	480	480
19	20.03.2007	260	260
20	21.03.2007	#NV	#NV
21	22.03.2007		
22	ANZAHL()	11	10
23	ANZAHL2()	12	12
24	ANZAHLLEEREZELLEN()	5	5

Abbildung 7.4 Während die Funktion ANZAHL() nur die numerischen Werte zählt, berücksichtigt ANZAHL2 alle nicht leeren Zellen.

ANZAHL2()
COUNTA()

Syntax: ANZAHL2(**Wert1**; Wert2; ...)

Beispiel: =ANZAHL2(1;4;7;"fünf")
ergibt 4

7 | Statistische Funktionen

Anders als die Funktion ANZAHL(), die nur die numerischen Werte berücksichtigt, ermittelt ANZAHL2() die Werte insgesamt, die in der Argumentenliste bzw. in einem Bereich enthalten sind. Texteinträge – auch leere wie ="", Wahrheitswerte und Fehlerwerte werden mitgezählt, nur wirklich leere Zellen (oder Argumente) werden abgezogen. In Excel 2007 sind 255 Argumente möglich, in den älteren Versionen 30.

Die Funktion ist besonders praktisch, wenn bei Beschriftungsspalten oder -zeilen festgestellt werden soll, wie viele Einträge aktuell vorhanden sind. Mit Bezug auf eine Namensliste ermittelt die Funktion beispielsweise sofort, wie viele Personen, Kunden etc. vorkommen.

Soll ermittelt werden, wie viele Einträge in einem Bereich keine numerischen Werte enthalten, kann einfach die Differenz der beiden Funktionen gebildet werden:

=ANZAHL2(B5:B21)-ANZAHL(B5:B21)

Ähnlich kann verfahren werden, wenn geprüft werden soll, ob für alle Werte in Spalte A bereits Werte in Spalte B eingetragen sind:

=ANZAHL2(A5:A21)-ANZAHL(B5:B21)

Die Funktionen ANZAHL() und ANZAHL2() sind nicht nur statistisch verwendbar, sie lassen sich auch als Zähler für VBA-Makros einsetzen, wenn es beispielsweise darum geht, alle Einträge einer Spalte oder Zeile in einer Schleife abzuarbeiten.

Beispiel Rückstandsberechnung

Angenommen, Sie planen, eine bestimmte Arbeit einigermaßen gleichmäßig auf einen bestimmten Zeitraum zu verteilen. Die Arbeit ist messbar in Stückzahlen. Dann können Sie dafür eine Tabelle verwenden, die mit den Funktionen SUMME(), ANZAHL() und ANZAHL2() arbeitet. Knifflig an der Lösung ist der Umgang mit den Bezügen, die mal relativ und mal absolut sein müssen.

Die Zelle B4 wird in der Tabelle verwendet, um die geplante Gesamtmenge einzugeben, die innerhalb des vorgegebenen Zeitraums produziert werden soll.

In der ersten Spalte wurden die Arbeitstage durchnummeriert. Natürlich wurde nur »Tag 1« eingegeben und dann das Ausfüllkästchen nach unten gezogen. In der zweiten Spalte wurde zunächst das Datum des ersten Tages eingegeben. Wenn

Samstag und Sonntag nicht gearbeitet werden soll, können Sie das Ausfüllkästchen mit gedrückter rechter Maustaste nach unten ziehen und dann im Menü den Befehl **Wochentage ausfüllen** verwenden.

In der Spalte C sollen dann Tag für Tag die an dem jeweiligen Tag erledigten Mengen eingetragen werden. In Spalte D wird geprüft, ob das geplante Soll erfüllt, überschritten oder unterschritten ist. Ist das Soll überschritten, haben Sie einen Vorsprung, der als positiver Wert ausgegeben wird, liegen Sie dagegen zurück, wird ein negativer Wert angezeigt. Bei Nullwerten liegen Sie genau im Plan.

Die Formel, die in allen Zellen verwendet wird, rechnet immer die insgesamt erledigte Menge zusammen und vergleicht sie mit der Menge, die bis zu dem gerade erreichten Tag erledigt sein müsste.

Die Formel soll aber nur dann einen Wert ausrechnen, wenn in der Spalte C in der entsprechenden Zeile etwas eingetragen ist. Deshalb ist die gesamte Berechnung noch mal in eine WENN( )-Funktion eingepackt, die prüft, ob an dem Tag schon eine Menge eingegeben worden ist. Solange das nicht der Fall ist, bleibt die Zelle in Spalte D leer.

Die Berechnung des Rückstands/Vorsprungs geschieht mit folgender Formel:

```
=SUMME($C$5:C5)-(ANZAHL($C$5:C5)
*$B$4/ANZAHL2($A$5:$A$19))
```

Wie Sie sehen, ist in den beiden ersten Funktionen das erste Argument jeweils absolut, das zweite ist relativ. Der Summenbereich wächst also jeden Tag um eine Position, wenn die Formel nach unten kopiert wird.

Von dem Ergebnis der Summenfunktion, die immer die aufgelaufene Gesamtmenge liefert, werden die aufgelaufenen Planmengen abgezogen, die durch den Rest der Formel ermittelt werden.

Mit der ANZAHL2( )-Funktion wird festgestellt, wie viele Werte die Spalte mit den Tagesnummern insgesamt enthält. Sie könnten hier natürlich auch direkt die Zahl der Tage eingeben.

Eingepackt in die WENN( )-Funktion, sieht die Formel folgendermaßen aus:

```
=WENN(C5>0; SUMME($C$5:C5)-(ANZAHL($C$5:C5)
*$B$4/ANZAHL2($A$5:$A$19));"")
```

7 | Statistische Funktionen

Die Abbildung zeigt die Tabelle mit einigen Werten für die ersten Tage.

	A	B	C	D
1				
2	**Berechnen von Rückstand und Vorsprung**			
3				
4	Geplante Gesamtmenge:	300	Erledigte Menge	Rückstand/-Vorsprung
5	Tag 1	10. Okt	20	0
6	Tag 2	11. Okt	32	12
7	Tag 3	12. Okt	32	24
8	Tag 4	13. Okt	5	9
9	Tag 5	16. Okt	3	-8
10	Tag 6	17. Okt	1	-27
11	Tag 7	18. Okt		
12	Tag 8	19. Okt		
13	Tag 9	20. Okt		
14	Tag 10	23. Okt		
15	Tag 11	24. Okt		
16	Tag 12	25. Okt		
17	Tag 13	26. Okt		
18	Tag 14	27. Okt		
19	Tag 15	30. Okt		

Abbildung 7.5 Berechnen von Rückstand oder Vorsprung

Wenn Sie sich im Verlauf der Produktion dazu entschließen, die geplante Gesamtmenge zu erhöhen, werden die Werte sofort an die neue Anforderung angepasst.

Das Beispiel kann leicht an beliebige Zeiträume angepasst werden. Sie müssen dann nur die letzte Adresse in der Formel entsprechend ändern. Anstelle eines Tagesintervalls kann das Ganze natürlich auch etwa für Stundenintervalle verwendet werden.

ANZAHLLEEREZELLEN()
COUNTBLANK()

Syntax: ANZAHLLEEREZELLEN(Bereich)

Beispiel: =ANZAHLLEEREZELLEN(A1:A100)
ergibt 5, wenn der Bereich 5 leere Zellen enthält.

Die Funktion ermittelt die Anzahl der leeren Zellen im angegebenen Bereich. Zellen, die Leerzeichen enthalten, gelten nicht als leer. Dagegen wird eine leere Zeichenfolge als leer gezählt, anders also als es bei der Funktion ANZAHL2() der Fall ist. Steht etwa in Zelle G1 die Formel

=WENN(WOCHENTAG(HEUTE())>5;1;""),

liefern die Formeln

=ANZAHL2(G1)

und

=ANZAHLLEEREZELLEN(G1)

vor dem Freitag beide den Wert 1.

BESTIMMTHEITSMASS()
RSQ()

Syntax: BESTIMMTHEITSMASS(Y_Werte; X_Werte)

Beispiel: =BESTIMMTHEITSMASS({3;5;8;7};{5;6;5;4})
ergibt 0,13559

Mit der Funktion BESTIMMTHEITSMASS() wird das Quadrat des Pearsonschen Korrelationskoeffizienten ermittelt, vgl. PEARSON(). Das Bestimmtheitsmaß ist auch als Determinationskoeffizient bekannt und ist ein Maß für die Güte der Anpassung, die eine Regression erzielt, d. h., es ist ein Maß dafür, wie dicht die Datenpunkte an der Regressionsgeraden liegen. Für Y_Werte und X_Werte kann jeweils ein Zellbereich oder eine Matrixkonstante angegeben werden. Dabei stellen die X_Werte die unabhängigen Daten oder Messwerte dar, die Y_Werte dagegen die abhängigen. Der ermittelte Wert r^2 kann als der Anteil der Varianz von Y interpretiert werden, der durch die Varianz von X erklärt wird.

Die Funktion liefert Werte von 0 bis +1. 1 bedeutet, dass sich die Werte der abhängigen Variablen allein durch die Werte der unabhängigen Variablen erklären lassen. In diesem Falle liegen alle Datenpunkte direkt auf der Regressionsgeraden. Andere Faktoren spielen also keine Rolle. Ein Wert von 0,13 bedeutet, dass sich der Wert der abhängigen Variablen nur zu 13 % durch die unabhängige Variable erklären lässt, der Rest deutet auf den Einfluss anderer Faktoren.

7 | Statistische Funktionen

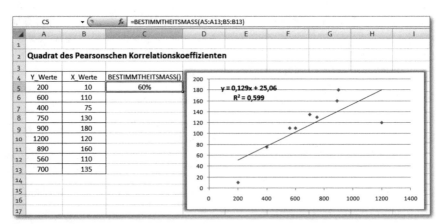

Abbildung 7.6 Das Bestimmtheitsmaß lässt sich auch im Diagramm ausgeben.

BETAINV()
BETAINV()

Syntax:	BETAINV(`Wahrsch`; `Alpha`; `Beta`; A; B)
Beispiel:	=BETAINV(0,1;3;4)
	ergibt 0,2009

Die Funktion liefert das Quantil einer Betaverteilung und ist die Umkehrung zu BETAVERT().

Als notwendige Argumente sind mit `Wahrsch` die Wahrscheinlichkeit und die beiden Parameter `Alpha` und `Beta` einzutragen. A und B sind optionale Argumente, die die Intervallgrenzen bezeichnen. Werden sie nicht angegeben, dann wird A = 0 und B = 1 gesetzt (vgl. BETAVERT()).

Für den Zusammenhang zwischen BETAINV() und BETAVERT() gilt: Wenn `Wert` = BETAVERT(x;...), dann ist x = BETAINV(Wert;...).

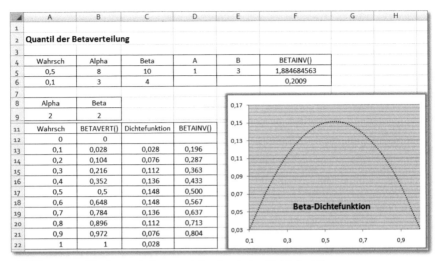

Abbildung 7.7   Die Betaverteilung und der Graph der Dichtefunktion

BETAVERT()
BETADIST()

Syntax: BETAVERT(X; Alpha; Beta; A; B)

Beispiel: =BETAVERT(0,5;3;4)
ergibt 0,65625

Die Funktion liefert die Wahrscheinlichkeitsverteilung für eine Beta-verteilte Zufallsvariable. Die Betaverteilung ist eine stetige Wahrscheinlichkeitsverteilung über dem Intervall [0,1]. Sie steht in engem Zusammenhang mit der Gammaverteilung und kann bei Berechnung der Verteilung von Größen aus beliebigen gleichmäßig stetig verteilten Grundgesamtheiten verwendet werden. Es wird berechnet, mit welcher Wahrscheinlichkeit die Zufallsvariable einen Wert zwischen A und X annimmt.

Das Argument X ist die Größe der Zufallsvariablen im Intervall A bis B; Alpha und Beta – beide müssen größer als 0 sein – sind Parameter der Verteilung. (In der Literatur werden normalerweise die Bezeichnungen p und q verwendet – zumindest die Bezeichnung Beta ist irreführend.) Den Zusammenhang zwischen den Parametern und dem Verlauf der Funktion zeigt die Abbildung:

	A	B	C	D	E
1					
2	**Betaverteilung für verschiedene Parameterwerte**				
3					
4	Alpha-->	1	0,0001	1	1
5	Beta-->	1	1	5	100
7	X		Betaverteilung		
8	0	0	0	0	0
9	0,1	0,1	0,99977	0,40951	0,99997
10	0,2	0,2	0,99984	0,67232	1
11	0,3	0,3	0,99988	0,83193	1
12	0,4	0,4	0,99991	0,92224	1
13	0,5	0,5	0,99993	0,96875	1
14	0,6	0,6	0,99995	0,98976	1
15	0,7	0,7	0,99996	0,99757	1
16	0,8	0,8	0,99998	0,99968	1
17	0,9	0,9	0,99999	0,99999	1
18	1	1	1	1	1

Abbildung 7.8 Einfluss der Parameter Alpha und Beta auf den Verlauf der Betaverteilung

A und B sind optionale Argumente und bezeichnen die untere und obere Grenze des Intervalls. Werden für A und B keine Werte angegeben, dann gilt die standardmäßige Betaverteilung (A = 0 und B = 1).

Ist X kleiner A oder größer als B, liefert Excel einen Fehlerwert, ist A gleich B, ebenso.

BINOMVERT()
BINOMDIST()

Syntax: BINOMVERT(AnzahlErfolge; Versuche; Erfolgswahrsch; Kumuliert)

Beispiel: =BINOMVERT(3;10;1/6;FALSCH)
ergibt 0,1550

Die Funktion liefert die Wahrscheinlichkeit von Zufallsvariablen bei einer Binomialverteilung. Sie gibt also die Wahrscheinlichkeit dafür an, dass bei voneinander unabhängigen, diskreten Versuchsergebnissen bei einer mit Versuche angegebenen Anzahl von Versuchen ein bestimmtes Ergebnis mit einer durch AnzahlErfolge angegebenen Häufigkeit auftritt. Die (vorweg ermittelte) Wahrscheinlichkeit für das Einzelergebnis wird mit Erfolgswahrsch (zwischen 0 und 1) angegeben. Es wird also vorausgesetzt, dass sie bekannt ist. Beispiele sind etwa Münzwürfe (Erfolgswahrscheinlichkeit 1/2), Würfel (1/6) etc.

Kumuliert verlangt einen Wahrheitswert und beschreibt den Typ der Funktion. Wird das Argument mit FALSCH belegt, wird der Wert der Wahrscheinlichkeitsfunktion geliefert. Das oben angeführte Beispiel liefert die Wahrscheinlichkeit dafür, dass bei zehn Würfen mit einem Würfel genau dreimal die Sechs gewürfelt wird. Wird das Argument mit WAHR belegt, wird die Verteilungsfunktion berechnet, im Beispiel die Wahrscheinlichkeit, dass die Sechs bis zu dreimal gewürfelt wird.

	A	B	C	D	E
1					
2	**Wahrscheinlichkeit einer binomialverteilten Zufallsvariablen**				
3					
4	AnzahlErfolge	Versuche	Erfolgswahrscheinlichkeit	Kumuliert	BINOMVERT()
5	40	100	1/2	WAHR	0,0284
6	40	100	1/2	FALSCH	0,0108
7	20	100	1/50	WAHR	1,0000
8	3	10	1/6	FALSCH	0,1550

Abbildung 7.9 Berechnungen mit der Funktion BINOMVERT()

Das folgende Beispiel geht von der Fragestellung aus, wie viele Menschen aus einer Zufallsgruppe von 10 Personen weiblich sind, wobei unterstellt wird, dass die Wahrscheinlichkeit, dass eine einzelne Person eine Frau ist, genau 50 % beträgt. In Zelle B17 wird nun beispielsweise berechnet, wie hoch die Wahrscheinlichkeit ist, dass in der 10er-Gruppe 3 Frauen sind. Sie liegt bei 11 %. Der Graph bildet die Werte von f(x) für x von 0 bis 10 ab. Die Summe der Werte muss immer 1 betragen. Diese Funktion wird als Dichtefunktion bezeichnet. In der Spalte C werden die kumulierten Wahrscheinlichkeiten angezeigt. Die Wahrscheinlichkeit, dass 0 bis 10 Personen Frauen sind, muss natürlich ebenfalls 1 sein. Die Funktion in Spalte C wird als Verteilungsfunktion bezeichnet.

7 | Statistische Funktionen

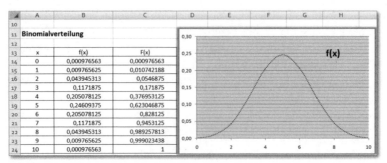

Abbildung 7.10   Die Binomialverteilung und ihr Graph

CHIINV()
CHIINV()

Syntax:	CHIINV(Wahrsch; Freiheitsgrade)
Beispiel:	=CHIINV(0,05;3) ergibt 7,8147

Die Funktion liefert die (z. B. in statistischen Tabellenwerken tabellierten) Quantile der Chi-Quadrat-Verteilung. Sie wird verwendet, um einen Vergleichswert zu berechnen, mit dem Hypothesen über die Übereinstimmung von beobachteten und erwarteten Ergebnissen bewertet werden können.

Als Argumente verlangt diese Funktion die Wahrscheinlichkeit Wahrsch und die Anzahl der Freiheitsgrade, vgl. CHITEST() und CHIVERT(). Die Funktion CHIINV() ist zugleich die Umkehrfunktion zu CHIVERT(). Es gilt also: Ist w = CHIINV(x;...), dann ist CHIVERT(w;...) = x.

CHITEST()
CHITEST()

Syntax:	CHITEST(Beob_Messwerte; Erwart_Werte)
Beispiel:	=CHITEST({12;19;13;14;17}; {15;17;16;15;17}) ergibt 0,8329

Die Funktion liefert direkt den Wahrscheinlichkeitswert für den Chi-Quadrat-Test beim Vergleich zwischen beobachteten und erwarteten Größen. Als Argumente werden je eine Matrix für die beobachten Werte `Beob_Messwerte` und die theoretisch erwarteten Werte `Erwart_Werte` eingetragen.

Die folgende Abbildung zeigt ein einfaches Beispiel für ein solches Testverfahren. Es soll geprüft werden, wie sehr sich bei 60-maligem Würfeln die beobachteten Ergebnisse, die in Spalte B abgelegt sind, an die Ergebnisse anpassen, die aufgrund der theoretischen Wahrscheinlichkeit zu erwarten sind. Deshalb wird auch von Anpassungstests gesprochen. Die theoretische Wahrscheinlichkeit ergibt sich aus der Formel: 60 * 1/6, sie setzt also eine so genannte Gleichverteilung voraus. Deshalb ist in Spalte C für alle Wurfergebnisse der Wert 10 abgelegt.

Die Nullhypothese, die durch den Chi-Quadrat-Test geprüft werden soll, lässt sich so formulieren: Die Differenzen zwischen den beobachteten und den theoretischen Häufigkeiten sind rein zufällig und nicht signifikant, die empirische Häufigkeitsverteilung passt sich in einem ausreichenden Maße der theoretischen Häufigkeitsverteilung an, es gibt also kein Indiz dafür, dass der Würfel beispielsweise gezinkt oder defekt ist.

Die Funktion `CHITEST()` rechnet nach folgendem Verfahren: Zunächst wird für alle Variablen die Differenz zwischen dem beobachteten und dem erwarteten Ergebnis gebildet und diese dann quadriert, sodass die negativen Vorzeichen keine Rolle mehr spielen. Das Ergebnis wird jedes Mal durch den erwarteten Wert geteilt, um die Abweichungen zu relativieren. Aus diesen Einzelergebnissen wird die Summe ermittelt, um den Wert der chi-quadrierten Verteilung zu erhalten, der auch als `Chi-Quadrat`, $c2$ oder mit dem Buchstaben u bezeichnet wird.

Dieser Wert würde bei einer perfekten Übereinstimmung zwischen dem erwarteten und dem beobachteten Ergebnis 0 sein. Je größer der Wert ist, umso fragwürdiger ist die Übereinstimmung. Im letzten Schritt ermittelt die Funktion nun die Wahrscheinlichkeit dafür, dass $c2$ den errechneten Wert annimmt. In diesem Fall ergibt sich der Wert 0,76. Dieser Wert liegt deutlich über dem vorgegebenen Signifikanzniveau. Die Nullhypothese wird also nicht verworfen, die Abweichungen von den theoretisch erwarteten Ergebnissen können als rein zufällig eingestuft werden. Die Wahrscheinlichkeit, dass die Nullhypothese richtig ist, liegt aber nur bei 76 %.

7 | Statistische Funktionen

	A	B	C	D	E	F
1						
2	Chi-Test Beispiel: Würfeleichung: 60 mal gewürfelt					
3						
4	Wurf	Beob	Erw	Beob-Erw	(beob-erw)^2/erw	
5	1	8	10	-2	0,4	
6	2	12	10	2	0,4	
7	3	12	10	2	0,4	
8	4	7	10	-3	0,9	
9	5	12	10	2	0,4	
10	6	9	10	-1	0,1	
11	Summe	60	60	0	2,6	<-- u Summe der relativierten quadrierten
12						Abweichungen
13			CHITEST(B5:B10;C5:C10)		0,7613653	
14			CHIINV(0,05;5)		11,07049775	
15			CHIVERT(E11;5)		0,7613653	<-- Überschreitungswahrscheinlichkeit ist
16						größer als Signifikanzniveau

Abbildung 7.11   Beispiel für den CHITEST

Den gleichen Wert würde auch die Funktion CHIVERT() liefern, wenn für x der Chi-Quadrat-Wert und für Freiheitsgrade 5 (6 Möglichkeiten –1) eingetragen wird.

CHIVERT()
CHIDIST()

Syntax: CHIVERT(x; Freiheitsgrade)

Beispiel: =CHIVERT(10;3)
   ergibt 0.018

Die Funktion berechnet aus dem Wert für x und für Freiheitsgrade die Überschreitungswahrscheinlichkeit für die Übereinstimmung von beobachteten und erwarteten Werten, vgl. CHITEST().

Der Wert x wird ermittelt als die Summe aus

(Beobachtungswert - Erwartungswert)^2 / Erwartungswert

für alle Werte. Die Variable wird auch als Chi-Quadrat, c2 oder mit dem Buchstaben u bezeichnet.

Die Chi-Quadrat-Verteilung ist eine Wahrscheinlichkeitsverteilung, die sich über die Summe von n unabhängigen, quadrierten, standardnormalverteilten Variablen und einer Anzahl von Freiheitsgraden definiert. Die Funktion wird für den Chi-Quadrat-Test benötigt, der beim Vergleich von empirischen zu theoretisch erwarteten Häufigkeiten zum Einsatz kommt.

Je nach Anzahl der Freiheitsgrade ändert sich der Charakter der Verteilung. Mit steigender Anzahl wird die Funktion flacher und verschiebt sich nach rechts. Die Freiheitsgrade entsprechen der Anzahl der Möglichkeiten −1. Bei kontinuierlichen Größen wird gerechnet mit der Anzahl der Klassen −1 bei einer Datenspalte oder Zeile; bei zweidimensionalen Wertetabellen gilt:
(Zeilenanzahl − 1) * (Spaltenanzahl − 1).

Dass immer ein Freiheitsgrad »verloren« geht, lässt sich an dem Beispiel mit den 60 Würfeltests leicht verstehen. Wenn nämlich für 5 mögliche Augenergebnisse die zufälligen Häufigkeiten feststehen, ist die Häufigkeit für das sechste mögliche Ergebnis nicht mehr zufällig, sondern vorgegeben als die Differenz der Summe der 5 Häufigkeiten zur Zahl der Würfe insgesamt. Siehe auch die Abbildung zu CHITEST().

EXPONVERT()
EXPONDIST()

Syntax:	EXPONVERT(x; Lambda; Kumuliert)
Beispiel:	=EXPONVERT(2;0,8;WAHR) ergibt 0,798

Die Funktion liefert Wahrscheinlichkeiten für eine exponentialverteilte Zufallsvariable. Eine Exponentialverteilung ist eine stetige Wahrscheinlichkeitsverteilung über der Menge der positiven reellen Zahlen. Mit x wird das Quantil angegeben, für das der Wert ermittelt werden soll. Lambda ist ein Parameter, der bei der Dichtefunktion den Anfangswert bei x = 0 sowie den Grad des Abfalls bestimmt. Er wird auch als Ausfallrate interpretiert.

Kumuliert ist ein Wahrheitswert, mit dem der Typ der Funktion bestimmt wird. Ist Kumuliert mit WAHR belegt, wird der Wert der Verteilungsfunktion geliefert (die Fläche bis zum Quantil); mit FALSCH belegt, ergibt sich der Wert für die Dichtefunktion (der Wert auf der y-Achse). Normalerweise wird die Verteilungsfunktion benötigt, deren Wert aussagt, wie groß die Wahrscheinlichkeit ist, dass die Zufallsvariable einen Wert zwischen 0 und x annimmt.

7 | Statistische Funktionen

B8		f_x	=EXPONVERT($A8;B$5;WAHR)			
	A	B	C	D	E	F	G

	A	B	C	D	E	F	G
1							
2	**Exponentialverteilte Zufallsvariable**						
3							
4			Kumuliert(Verteilung)		Nichtkumuliert(Dichte)		
5	Lambda->	0,1	1	3	0,1	1	3
6	x						
7	0	0	0	0	0	0	0
8	0,1	0,0099502	0,0951626	0,2591818	0,0990050	0,9048374	2,2224507
9	0,2	0,0198013	0,1812692	0,4511884	0,0980199	0,8187308	1,6464349
10	0,3	0,0295545	0,2591818	0,5934303	0,0970446	0,7408182	1,2197090
11	0,4	0,0392106	0,3296800	0,6988058	0,0960789	0,6703200	0,9035826
12	0,5	0,0487706	0,3934693	0,7768698	0,0951229	0,6065307	0,6693905
13	0,6	0,0582355	0,4511884	0,8347011	0,0941765	0,5488116	0,4958967
14	0,7	0,0676062	0,5034147	0,8775436	0,0932394	0,4965853	0,3673693
15	0,8	0,0768837	0,5506710	0,9092820	0,0923116	0,4493290	0,2721539
16	0,9	0,0860688	0,5934303	0,9327945	0,0913931	0,4065697	0,2016165
17	1	0,0951626	0,6321206	0,9502129	0,0904837	0,3678794	0,1493612

Abbildung 7.12 Beispiele für die Verteilungsfunktion und die Dichtefunktion der Exponentialverteilung

Die Exponentialverteilung wird insbesondere für die Berechnung der Dauer von zufälligen Zeitintervallen benutzt. So können beispielsweise die Haltbarkeit von Bauteilen, die Halbwertzeiten radioaktiver Elemente etc. gut mit einer Exponentialverteilung dargestellt werden.

In dem folgenden Beispiel wird davon ausgegangen, dass ein Gerät eine Ausfallrate (Lambda) von 0,1 Promille pro Tag hat. Es interessiert die Frage, wie viele Geräte nach einem Jahr wahrscheinlich defekt sein werden. Die Funktion =EXPONVERT(365;0,0001;WAHR) liefert als Ergebnis den Wert 0,0358 für die Wahrscheinlichkeit, dass ein Gerät höchstens 1 Jahr funktioniert. Oder anders gesprochen: 3,58 % der Geräte sind im Durchschnitt nach einem Jahr defekt.

	A	B	C	D	E
19					
20	**Berechnen der Ausfallwahrscheinlichkeit**				
21					
22			Ausfallrate (Lambda)	0,0001	
23			Ausfall nach	365	Tagen
24			%-Satz der ausgefallenen Geräte	3,58%	

Abbildung 7.13 Lambda als Ausfallrate verstanden

FINV()
FINV()

Syntax:	FINV(Wahrsch; Freiheitsgrade1; Freiheitsgrade2)
Beispiel:	=FINV(0,05;7;7) ergibt 3,78

Die Funktion liefert das Quantil der F-Verteilung (d. h. die Werte, die in statistischen Tabellenwerken tabelliert sind). Sie ist die Umkehrung von FVERT() (siehe dort). Die Funktion geht von einer zweiseitigen Verteilung aus.

Mit Wahrsch wird die Wahrscheinlichkeit angegeben. Als Werte für die Argumente Freiheitsgrade1 und Freiheitsgrade2 werden die Größen der beiden miteinander verglichenen Stichproben minus 1 angegeben. Sie lassen sich mit der Funktion ANZAHL() ermitteln.

Bei einem gegebenen Wert für Wahrsch sucht die Funktion durch ein Iterationsverfahren einen Wert x, sodass die Gleichung gilt:

Wahrsch = FVERT(x;..;..)

Siehe auch Abbildung zu FTEST() und Abschnitt 14.2 bis 14.4 und 14.9.

FISHER()
FISHER()

Syntax:	FISHER(x)
Beispiel:	=FISHER(0,3) ergibt 0,30952

Durch die Fisher-Transformation lässt sich ein mit dem Argument x angegebener Korrelationskoeffizient r zwischen zwei Variablen in eine annähernd normalverteilte Größe überführen und so anhand der Normalverteilung untersuchen. Für r gilt dabei $-1 < r < 1$.

In dem folgenden Beispiel geht es darum, die Korrelationskoeffizienten von zwei Jahren zu vergleichen, die die Enge des Zusammenhanges zwischen Werbeaufwand und Umsatz angeben.

7 | Statistische Funktionen

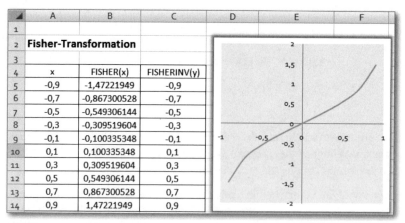

Abbildung 7.14 Fisher-Transformation und ihr Graph

	A	B	C	D	E	F
16						
17	**Ermitteln des mittleren Korrelationskoeffizienten**					
18						
19	Monat	Werbeaufwand	Umsatz	Monat	Werbeaufwand	Umsatz
20	Jan 06	10000	900000	Jan 07	11000	1090000
21	Feb 06	12000	1090000	Feb 07	12000	1100000
22	Mrz 06	14000	1300000	Mrz 07	15000	1400000
23	Apr 06	12000	1200000	Apr 07	12000	1160000
24	Mai 06	11000	900000	Mai 07	11000	1080000
25	Jun 06	10000	990000	Jun 07	10000	950000
26	Jul 06	10000	980000	Jul 07	10000	1000000
27	Aug 06	11000	1050000	Aug 07	11000	1090000
28	Sep 06	12000	1020000	Sep 07	13000	1240000
29	Okt 06	13000	1200000	Okt 07	14000	1360000
30	Nov 06	13500	1230000	Nov 07	13500	1290000
31	Dez 06	14000	1300000	Dez 07	16000	1700000
32		Korrelationskoeffizient 1		0,911836646	Korrelationskoeffizient 2		0,967833513
33		transformierter Wert 1		1,538314133	transformierter Wert 2		2,056881666
34	mittlerer transformierter Wert			1,797597899			
35	mittlerer Korrelationskoeffizient			0,946556689			

Abbildung 7.15 Anwendung der Fisher-Transformation beim Vergleich von Korrelationen

Der naheliegende Gedanke, einfach den Mittelwert zwischen den beiden Koeffizienten zu bilden, scheitert daran, dass der Korrelationskoeffizient nicht intervallskaliert ist. Die Werte sind nicht normalverteilt. Hier hilft der Umweg über die Fisher-Transformation.

In Zelle C33 und F33 wird zunächst jeweils der errechnete Korrelationskoeffizient 1 + 2 transformiert, mit =Fisher(C32) bzw. =Fisher(F32). Da diese Werte nun angehend normalverteilt sind, lässt sich in Zelle C34 mit =MITTELWERT(C33;F33) der Mittelwert bilden. Dieser muss nun wieder rückübersetzt werden in einen Korrelationskoeffizienten. Dazu wird die Umkehrfunktion verwendet: =FISHER-INV(34). Dieser Wert kann nun bewertet werden, er belegt in diesem Fall eine im Durchschnitt der beiden Jahre sehr enge Korrelation.

FISHERINV()
FISHERINV()

Syntax:	FISHERINV(y)
Beispiel:	=FISHERINV(0,5) ergibt 0,4621

Diese Funktion ist die Umkehrfunktion zu FISHER() (siehe dort). Sie rechnet aus dem transformierten Wert wieder auf den entsprechenden Korrelationskoeffizienten zurück. Dabei ist y der transformierte Wert.

FTEST()
FTEST()

Syntax:	FTEST(**Matrix1; Matrix2**)
Beispiel:	=FTEST({12;19;13;14;17}; {15;17;16;15;17}) ergibt 0,0618

Die Funktion FTEST() liefert unmittelbar die Wahrscheinlichkeit der Übereinstimmung zweier Stichproben hinsichtlich ihrer Varianzen. Mit dem F-Test lässt sich also ermitteln, ob sich zwei Stichproben in ihren Varianzen nur zufällig unterscheiden. Matrix1 und Matrix2 sind die Einzelwerte zweier Stichproben. Die Argumente müssen nicht denselben Umfang haben.

7 | Statistische Funktionen

▲	A	B	C	D	E
1					
2	**F-Test und F-Verteilung**				
3					
4	x-Werte	y-Werte		=FINV(0,05;7;7)	3,78704354
5	4	3		=FTEST(A5:A12;B5:B12)	0,730185878
6	2	2		=FVERT(E4;7;7)	0,05
7	3	5			
8	5	6			
9	3	5			
10	6	5			
11	3	2			
12	5	3			
13	Varianz1	Varianz2			F-Wert
14	1,839285714	2,410714286		Varianz1/Varianz1	1,310679612

Abbildung 7.16   Beispiel für den F-Test

Im Beispiel wird getestet, ob die beiden Stichproben aus derselben Grundgesamtheit stammen können. FTEST() liefert ein Ergebnis zwischen 0 und 1. Der Wert 0,73 bedeutet also eine 73 %ige Wahrscheinlichkeit dafür, dass die Stichproben aus derselben Grundgesamtheit stammen. Diese Wahrscheinlichkeit ist nicht groß genug, erst 95 % wären hinreichend. Den gleichen Wert erhalten Sie, wenn Sie den F-Wert bestimmen wie in E14 – größere Varianz/kleinere Varianz – und dann für diesen Wert FVERT() berechnen – =FVERT(E14;7;7) – und das Ergebnis mit 2 multiplizieren.

Hinweis: Die Funktion FTEST() geht wie allgemein gebräuchlich von einem einseitigen Test aus (Abweichungen nur in einer Richtung), die Funktionen FVERT() und FINV() von zweiseitigen Tests. Das kann zu Verwirrungen führen. Siehe auch die Abschnitte 14.2 bis 14.4 und 14.9.

FVERT()
FDIST()

Syntax: FVERT(x; Freiheitsgrade1; Freiheitsgrade2)

Beispiel: =FVERT(12;2;3)
ergibt 0,037

Die Funktion liefert Werte der Verteilungsfunktion (1-Alpha) einer F-verteilten Zufallsvariablen. Das Ergebnis gibt die Wahrscheinlichkeit, also das Signifikanzniveau, an. Die wichtigste Anwendung der F-Verteilung liegt in Signifikanztests für zwei unabhängige Stichproben. Je nach der Anzahl der Freiheitsgrade1 (Größe der ersten Stichprobe −1) und der Anzahl der Freiheitsgrade2 (Größe der zweiten Stichprobe −1) unterscheiden sich die F-Verteilungen und nehmen verschiedene Gestalt an.

Mit x wird das Quantil der Verteilung eingegeben. Für den Zusammenhang zwischen FVERT() und FINV() gilt: Wenn x = FINV(p;...), dann ist p = FVERT(x;...).

Siehe auch die Abbildung zu FTEST() und Abschnitt 14.2 bis 14.4 und 14.9.

GAMMAINV()
GAMMAINV()

Syntax:	GAMMAINV(Wahrsch; Alpha; Beta)
Beispiel:	=GAMMAINV(0,05;3;1) ergibt 0,8176

Die Funktion liefert das Quantil der Gammaverteilung. Mit dem Argument Wahrsch wird ein Wahrscheinlichkeitswert aus einer Gammaverteilung angegeben. Alpha und Beta sind Funktionsparameter (in der Literatur werden als Parameter meist b und p angegeben). Beta = 1 liefert die standardisierte Gammaverteilung.

Die Funktion ist die Umkehrfunktion zu GAMMAVERT(). Wenn

Wert = GAMMAINV(x;...),

dann ist

x = GAMMAVERT(Wert;...WAHR).

Siehe auch Abbildung zu GAMMAVERT().

GAMMALN()
GAMMALN()

Syntax:	GAMMALN(x)
Beispiel:	=GAMMAINV(6) ergibt 4,7875

Die Funktion liefert den natürlichen Logarithmus zur Gammafunktion.

Es gilt folgende Beziehung für die Funktion: EXP(GAMMALN(x)) ergibt FAKULTÄT(x-1).

Siehe auch Abbildung zu GAMMAVERT().

GAMMAVERT()
GAMMADIST()

Syntax:	GAMMAVERT(x; Alpha; Beta; Kumuliert)
Beispiel:	=GAMMAVERT(1,5;2;1;WAHR) ergibt 0,44217

Die Funktion liefert Wahrscheinlichkeiten für eine gammaverteilte Zufallsvariable. Bei der Verteilungsfunktion ist dies die Wahrscheinlichkeit, dass eine Zufallsgröße einen Wert zwischen 0 und x annimmt, bei der Dichtefunktion die Wahrscheinlichkeit für den Wert x. Die Gammaverteilung ist eine stetige Wahrscheinlichkeitsverteilung über der Menge der positiven reellen Zahlen. Sie gilt als sehr anpassungsfähig, da sie auch die Untersuchung von schiefen Verteilungen erlaubt. Sie findet vor allem in der Warteschlangen- (oder Bedienungs-) und Zuverlässigkeitstheorie Anwendung.

Von den Argumenten bezeichnet x das Quantil, für das die Wahrscheinlichkeit (1-Alpha) berechnet werden soll, Alpha und Beta sind Parameter der Verteilung (vgl. GAMMAINV()). Das Argument Kumuliert bestimmt den Typ der Verteilung: Mit WAHR wird der Wert der Verteilungsfunktion berechnet, mit FALSCH der Wert der Dichtefunktion. Wird Beta = 1 gesetzt, ergibt dies die Werte für die standardisierte Gammaverteilung.

Durch geeignete Wahl der Parameter lässt sich die Gammaverteilung in andere Verteilungen überführen (Chi-Quadrat-Verteilung, Weibull-Verteilung etc.). Wird Alpha = 1 gesetzt, ergibt sich eine Exponentialverteilung mit Lambda = 1/Beta.

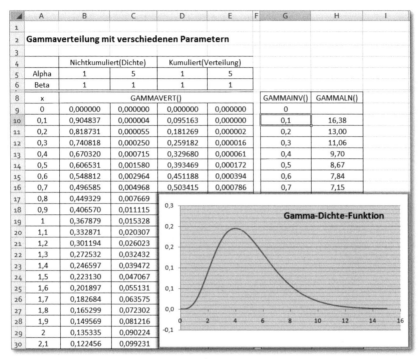

Abbildung 7.17 Gammaverteilung und Dichte-Funktion

GEOMITTEL()
GEOMEAN()

Syntax: GEOMITTEL(**Zahl1**; Zahl2; ...)

Beispiel: =GEOMITTEL(2;5;6;8;9)
ergibt 5,33

Die Funktion berechnet das geometrische Mittel für eine Reihe von Daten, die positive Zahlen sein müssen. Berechnet wird das geometrische Mittel, indem alle Be-

7 | Statistische Funktionen

obachtungen miteinander multipliziert werden und dann die n-te Wurzel aus dem Ergebnis gezogen wird.

Das Ergebnis von `GEOMITTEL()` ist immer kleiner als das Ergebnis für `MITTELWERT()`. Ein wichtiges Anwendungsgebiet ist die Errechnung von Mittelwerten für Zuwachsraten.

In Excel 2007 sind 255 Argumente möglich, in den älteren Versionen 30. Ist einer der für die Berechnung aufgenommenen Werte 0 oder kleiner, so gibt Excel eine Fehlermeldung aus.

Das abgebildete Beispiel wendet die Funktion auf Zuwachsraten an, die über einen Index in Spalte D angegeben werden, und zwar als Verhältnis des aktuellen Jahresbetrags zum Vorjahresbetrag. Von diesen Indexwerten wird in Zelle D15 das geometrische Mittel berechnet:

`=GEOMITTEL(D6:D14)`

Zur Kontrolle werden die Jahreswerte in Spalte E und F mal mit dem geometrischen Mittelwert und mal mit dem arithmetischen Mittelwert nachgerechnet, und es wird deutlich, dass der letzte Jahresbetrag über das geometrische Mittel korrekt ausgegeben wird.

	A	B	C	D	E	F
1						
2	**Geometrisches Mittel**					
3						
4	Jahr	Betrag	Zuwachs in %	Index	Kontrollrechnung mit GEOMITTEL()	Kontrollrechnung mit MITTELWERT()
5	1. Jahr	10000		1	10000	10000
6	2. Jahr	10200	2%	1,0200	10260	10252
7	3. Jahr	10298	1%	1,0096	10527	10510
8	4. Jahr	10360	1%	1,0060	10801	10775
9	5. Jahr	10600	2%	1,0232	11082	11047
10	6. Jahr	10900	3%	1,0283	11370	11325
11	7. Jahr	11690	7%	1,0725	11666	11611
12	8. Jahr	12000	3%	1,0265	11969	11903
13	9. Jahr	12200	2%	1,0167	12281	12203
14	10. Jahr	12600	3%	1,0328	12600	12511
15			GEOMITTEL()	1,0260		
16		MITTELWERT()	3%			

Abbildung 7.18 Das geometrische Mittel im Vergleich zum Mittelwert

GESTUTZTMITTEL()
TRIMMEAN()

Syntax:	GESTUTZTMITTEL(**Matrix**; **Prozent**)
Beispiel:	=GESTUTZTMITTEL({2;9;7;5;8;7;9};0,3) ergibt 7,2

Die Funktion gibt das arithmetische Mittel eines Datensatzes zurück, bei dem aber die niedrigsten und die höchsten Werte nicht berücksichtigt werden. Wie viele der mit Matrix angegebenen Daten jeweils oben und unten abgeschnitten werden, wird durch das Argument Prozent bestimmt. Wird für Prozent 0,1 (10%) eingegeben, werden 5% der niedrigsten und 5% der höchsten Werte für die Berechnung nicht berücksichtigt. Dabei wird bei Bedarf auf das kleinste Vielfache von 2 gerundet, sodass am Anfang und am Ende der Skala immer dieselbe Anzahl von Werten aus der Berechnung herausgenommen wird.

Das Verfahren ist dazu gedacht, »Ausreißer« aus dem Mittelwert herauszuhalten, im obigen Beispiel würde MITTELWERT() zu einem Ergebnis von 6,71 führen.

	A	B	C
1			
2	Gestutzter Mittelwert		
3			
4	Monat	Umsatz	GESTUTZTMITTEL()
5	Jan 06	900000	1091667
6	Feb 06	1090000	MITTELWERT()
7	Mrz 06	1300000	1104000
8	Apr 06	1200000	
9	Mai 06	900000	
10	Jun 06	990000	
11	Jul 06	30000	
12	Aug 06	1050000	
13	Sep 06	1020000	
14	Okt 06	1200000	
15	Nov 06	1230000	
16	Dez 06	1300000	
17	Jan 07	1090000	
18	Feb 07	1100000	
19	Mrz 07	2400000	
20	Apr 07	1160000	
21	Mai 07	1080000	
22	Jun 07	950000	
23	Jul 07	1000000	
24	Aug 07	1090000	

Abbildung 7.19 Die markierten Ausreißer werden von GESTUTZTMITTEL() ignoriert

GTEST()
ZTEST()

Syntax:	GTEST(Matrix; µ0; Sigma)
Beispiel:	=GTEST({11;19;18;21;13;17;9;14}12;4) ergibt 0,01078

Die Funktion liefert die einseitige Wahrscheinlichkeit für einen Gauß-Test bei normalverteilten Daten. Für einen Erwartungswert einer Zufallsvariablen, der als µ0 bezeichnet wird, gibt GTEST() die Wahrscheinlichkeit zurück, mit der der Stichprobenmittelwert größer ist als der Durchschnitt der in Matrix angegebenen Werte. Mit diesem Test kann die Wahrscheinlichkeit dafür geschätzt werden, dass ein bestimmter Wert aus derselben (normalverteilten) Grundgesamtheit stammt wie eine angegebene Stichprobe.

	A	B	C	D
1				
2	**Gauß-Test**			
3				
4	Größe		Mittelwert	177
5	182		Standardabweichung	8
6	170		zu testender Wert	179
7	165		GTEST()	0,834492
8	173			
9	171			
10	178			
11	186			
12	169			
13	173			
14	175			
15	175			
16	167			
17	166			
18	189			
19	190			
20	194			
21	187			
22	180			
23	179			
24	178			
25	175			

Abbildung 7.20 Beispiel für einen Gauß-Test

Mit Matrix wird der Datenbereich der Stichprobe angegeben, mit der der Wert µ0 als angenommener Erwartungswert einer Zufallsvariablen verglichen werden soll. Das optionale Argument Sigma bezeichnet die bekannte Standardabweichung der

Grundgesamtheit. Wird Sigma nicht angegeben, dann verwendet die Funktion hilfsweise die Standardabweichung der Stichprobe als Schätzwert für Sigma. Damit der Test zu brauchbaren Ergebnissen führt, sollte die Matrix wenigstens 30 Werte enthalten. Siehe auch Abschnitt 14.18, *Gaußtest*.

HARMITTEL()
HARMEAN()

Syntax:	HARMITTEL(Zahl1; Zahl2; ...)
Beispiel:	=HARMITTEL(2;5;6;8;9) ergibt 4,53

Die Funktion gibt das harmonische Mittel der angegebenen Werte zurück. Das harmonische Mittel ist der Kehrwert eines aus Kehrwerten errechneten arithmetischen Mittelwerts. Bezogen auf das Beispiel also:

=1/MITTELWERT(1/2;1/5;1/6;1/8;1/9)

In Excel 2007 sind 255 Argumente möglich, in den älteren Versionen 30. Das harmonische Mittel wird zuweilen im Rahmen varianzanalytischer Problemstellungen benötigt.

Eine typische Anwendung ist die Ermittlung von Durchschnittsgeschwindigkeiten. In der Abbildung ist dargestellt, dass nacheinander drei Strecken von je 100 km mit unterschiedlichen Durchschnittsgeschwindigkeiten zurückgelegt wurden. Die Formel in C5 ermittelt nun die Durchschnittsgeschwindigkeit, die für die gesamte Strecke erreicht werden müsste, um zum selben Zeitpunkt anzukommen. Das Ergebnis fällt kleiner aus als bei GEOMITTEL() und MITTELWERT(). Beträgt der Wert eines Elements der Daten 0 oder weniger, dann gibt das Programm eine Fehlermeldung aus.

	A	B	C
1			
2	Harmonisches Mittel einer Datenmenge		
3			
4	km	Geschwindigkeit	HARMITTEL()
5	100	100	67,74
6	100	50	
7	100	70	

Abbildung 7.21 Berechnung der Durchschnittsgeschwindigkeit für mehrere Strecken

HÄUFIGKEIT()
FREQUENCY()

Syntax:	HÄUFIGKEIT(Daten; Klassen)
Beispiel:	siehe Abbildung 7.22

Die Funktion HÄUFIGKEIT() wertet den mit Daten angegebenen Bereich mit numerischen Werten aus, nach der Häufigkeit des Vorkommens innerhalb der durch Klassen definierten Intervalle. Der Bereich der Daten kann dabei ein- oder mehrspaltig sein, der Bereich der Intervalle sollte einspaltig sein, obwohl Excel auch hier mehrere Spalten zulässt. Statt eines Bereichsbezugs kann auch eine Matrix angegeben werden. Die Funktion ignoriert sowohl leere Zellen als auch Zellen, die Texte enthalten.

Da die Funktion als Ergebnis eine einspaltige Matrix liefern soll, muss sie auch als Matrixformel eingeben werden. (Der Bereich, in dem die Ergebnisse ausgegeben werden sollen, muss vor der Eingabe der Funktion markiert werden. Die Formel selbst wird mit [Strg]+[⇧]+[↵] abgeschlossen.) Der für die Funktionsergebnisse gewählte Bereich muss eine Zelle mehr umfassen als der Klassenbereich.

Bei der Auswertung ordnet die Funktion dem ersten Element des Bereichs Klassen alle Daten zu, die kleiner oder gleich der ersten angegebenen Klassengrenze sind; in der überzähligen Zelle des Ausgabebereichs werden alle Datenwerte gezählt, die größer als die letzte angegebene Klassengrenze sind.

Daten klassifizieren

Die Klassifizierung von Daten ist eine der bewährten Methoden, um Übersicht über größere Datenmengen zu gewinnen. Die Kunst liegt dabei in einer sinnvollen Bestimmung der Klassengrenzen. In der Regel sollten die Klassen gleich breit sein, wobei allerdings die Anfangs- und Endklassen häufig offen bleiben, um seltenere Extremwerte aufzunehmen. Außerdem sollten die Klassen weder zu groß noch zu klein gewählt werden, wobei allerdings von dem jeweiligen Gegenstandsbereich und den vorgesehenen Fragestellungen abhängt, was als sinnvolle Klasseneinteilung verstanden werden kann.

Die Abbildung zeigt ein einfaches Beispiel, in dem die Häufigkeit bestimmter Körpergrößen ermittelt wird.

Referenz der statistischen Funktionen | 7.7

	A	B	C	D	E
1					
2	**Berechnen der Häufigkeit**				
3					
4	Größe			Klassen	Häufigkeit
5	182		bis incl.	160	0
6	170		bis incl.	170	5
7	165		bis incl.	180	10
8	173		bis incl.	190	5
9	171		über	190	1
10	178				
11	186				
12	169				
13	173				
14	175				
15	175				
16	167				
17	166				
18	189				
19	190				
20	194				
21	187				
22	180				
23	179				
24	178				
25	175				

Zelle E5: {=HÄUFIGKEIT(A5:A25;D5:D8)}

Abbildung 7.22 Auswertung von Daten nach Klassen

Excel bietet unter den im Kapitel 14, *Zusätzliche Tools für die Datenanalyse*, vorgestellten Analyse-Funktionen noch eine ähnliche Darstellung der Häufigkeit an, die gleichzeitig die Ausgabe der Häufigkeitsverteilung als Histogramm einschließt.

HYPGEOMVERT()
HYPGEOMDIST()

Syntax: HYPGEOMVERT(Erfolge_S; Umfang_S; Erfolge_G; Umfang_G)

Beispiel: =HYPGEOMVERT(1;2;4;32)
ergibt 0,2258

Die Funktion berechnet die Wahrscheinlichkeiten einer hypergeometrisch verteilten Zufallsvariablen. Die Funktion wird in Fällen angewendet, in denen es durch

7 | Statistische Funktionen

Entnahme aus der Grundgesamtheit zu einer Änderung ihrer Zusammensetzung kommt, sodass hier die Binomialverteilung nicht eingesetzt werden kann. Vgl. BINOMVERT(). Mit `Umfang_S` und `Umfang_G` werden die Größe der entnommenen Stichprobe und die Größe der Grundgesamtheit angegeben. `Erfolge_G` gibt an, wie oft das zu testende Ereignis in der Grundgesamtheit enthalten ist, `Erfolge_S`, wie oft es in der Stichprobe enthalten sein soll.

Im Beispiel wird die Wahrscheinlichkeit dafür ermittelt, dass beim 6-aus-49-Lotto 0 bis 6 Richtige erreicht werden. Da bei diesem Spiel jede Zahl höchstens einmal gezogen werden kann, ist die Fragestellung ein Fall für eine hypergeometrische Verteilung.

	A	B	C	D	E	F
1						
2	Wahrscheinlichkeit der hypergeometrischen Verteilung					
3						
4					Gewinnchance im 6 aus 49 Lotto:	
5	Erfolge_S	Umfang_S	Erfolge_G	Umfang_G	HYPGEOMVERT()	
6	6	6	6	49	0,0000072%	6 Richtige
7	5	6	6	49	0,0018450%	5 Richtige
8	4	6	6	49	0,0968620%	4 Richtige
9	3	6	6	49	1,7650404%	3 Richtige
10	2	6	6	49	13,2378029%	2 Richtige
11	1	6	6	49	41,3019450%	1 Richtige
12	0	6	6	49	43,5964976%	0 Richtige

Abbildung 7.23 Gewinnchancen im Lotto

KGRÖSSTE()
LARGE()

Syntax: KGRÖSSTE(`Matrix; k`)

Beispiel: =KGRÖSSTE({3;7;5;4;8;2};2)
ergibt 7

Die Funktion gibt den `k`-größten Wert zurück. Das Argument `k` bestimmt, der wievieltgrößte Wert aus der angegebenen `Matrix` gesucht wird. `Matrix` kann ein Bereichsbezug oder eine Matrixkonstante sein. Der Bereichsbezug kann auch aus mehreren Bereichen bestehen, wenn die Bereichsadressen noch einmal eingeklammert werden:

=KGRÖSSTE((D3:D30;F3:F30);3)

Enthält der angegebene Bereich Zeichenfolgen oder leere Zellen, liefert die Funktion den Fehlerwert #Zahl!, wenn die entsprechende Zelle durch den Wert für k ausgegeben werden müsste. Enthält der Bereich einen Fehlerwert, liefert die Funktion auch diesen Fehlerwert.

Ist k = 5, so gibt die Funktion den fünftgrößten Wert als Ergebnis aus; mit k = 1 wird der größte Wert ausgegeben. Für den Fall, dass das Argument k = 0 ist oder die Anzahl der Datensätze übersteigt, wird eine Fehlermeldung ausgegeben, vgl. auch KKLEINSTE().

In der Abbildung werden beispielsweise die Umsätze der drei besten Monate ermittelt:

	A	B	C	D
1				
2	**Berechnen des k-größten Werts**			
3				
4	Monat	Umsatz	k	KGRÖSSTE()
5	Jan 06	900000	1	1400000
6	Feb 06	1090000	2	1300000
7	Mrz 06	1300000	3	1230000
8	Apr 06	1200000		
9	Mai 06	900000		
10	Jun 06	990000		
11	Jul 06	30000		
12	Aug 06	1050000		
13	Sep 06	1020000		
14	Okt 06	1200000		
15	Nov 06	1230000		
16	Dez 06	1400000		

Abbildung 7.24 Der größte, der zweitgrößte und der drittgrößte Wert

Statt der einzelnen Formeln in Zelle D5:D7 kann auch eine Matrixformel verwendet werden, wenn dieser Bereich vorher markiert wird:

{=KGRÖSSTE(B5:B16;C5:C7)}

Für k kann in diesem Fall ein Zellbereich oder auch eine Matrixkonstante angegeben werden.

KKLEINSTE()
SMALL()

Syntax:	KKLEINSTE(Matrix; k)
Beispiel:	=KKLEINSTE({3;7;5;4;8;2};2) ergibt 3

Die Funktion gibt den k-kleinsten Wert zurück. Das Argument k bestimmt, der wievieltkleinste Wert aus der Matrix gesucht wird. Matrix kann ein Bereichsbezug oder eine Matrixkonstante sein. Im Übrigen gelten auch hier die Hinweise zu der Funktion KGRÖSSTE().

In der Abbildung werden die Umsätze der drei schlechtesten Monate ermittelt:

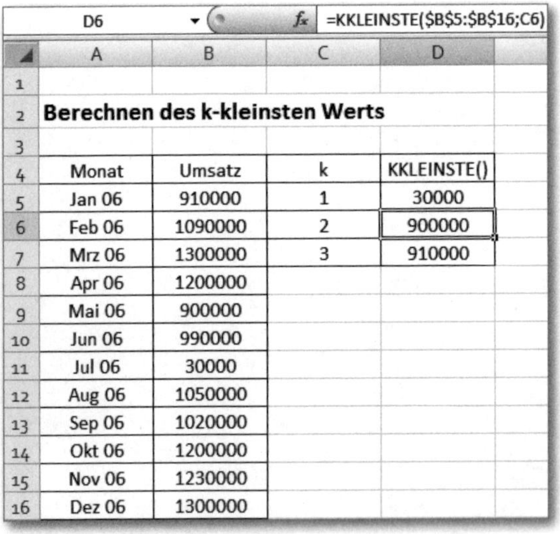

	A	B	C	D
1				
2	**Berechnen des k-kleinsten Werts**			
3				
4	Monat	Umsatz	k	KKLEINSTE()
5	Jan 06	910000	1	30000
6	Feb 06	1090000	2	900000
7	Mrz 06	1300000	3	910000
8	Apr 06	1200000		
9	Mai 06	900000		
10	Jun 06	990000		
11	Jul 06	30000		
12	Aug 06	1050000		
13	Sep 06	1020000		
14	Okt 06	1200000		
15	Nov 06	1230000		
16	Dez 06	1300000		

D6 = =KKLEINSTE($B$5:$B$16;C6)

Abbildung 7.25 Der kleinste, der zweitkleinste und der drittkleinste Wert

KONFIDENZ()
CONFIDENCE()

Syntax:	KONFIDENZ(Alpha; Standabwn; Umfang_S)
Beispiel:	=KONFIDENZ(0,05;2,6;200)
	ergibt 0,36033

Die Funktion berechnet das Konfidenzintervall (auch Vertrauensbereich, Mutungsintervall) für den Mittelwert einer (normalverteilten) Grundgesamtheit anhand einer Stichprobe aus dieser Grundgesamtheit. Bei ein- wie zweiseitigen Fragestellungen wird ein bestimmter Prozentsatz (Alpha) extremer Fälle der Stichprobenverteilung als unwahrscheinlich ausgeschlossen. Diese Extremwerte liegen an den beiden Enden der Verteilung. Der Bereich zwischen den beiden Extremwerten beidseitig vom Mittelwert ist das Konfidenzintervall. Die entsprechende Wahrscheinlichkeit wird als Konfidenzniveau bezeichnet. Ein Wert von 90% ergibt sich über 1-Alpha, wenn für Alpha 10% angenommen wird.

Alpha ist die Irrtumswahrscheinlichkeit (gewählt wird zumeist 0,05, 0,01 oder 0,001), das zweite Argument Standabwn gibt die Standardabweichung der Grundgesamtheit, Umfang_S die Größe der Stichprobe an. Die Funktion ergibt das halbe Konfidenzintervall.

Für den Mittelwert der Grundgesamtheit gilt

Mgg = Mst +- k*(s/WURZEL(n))

wobei Mgg und Mst die Mittelwerte von Grundgesamtheit und Stichprobe sind, k der von der Funktion KONFIDENZ() ermittelte Wert, s die Standardabweichung der Stichprobe und n die Größe der Stichprobe.

In dem folgenden Beispiel wird das Konfidenzintervall für die Mittelwerte von Daten zum Werbeaufwand und zum Umsatz berechnet. Mit den in F11 und G11 errechneten Werten kann anschließend die untere und die obere Grenze des Vertrauensbereichs durch Subtrahieren von und Addieren zum Mittelwert angegeben werden. Mit einem Vertrauen von 95% kann für den Mittelwert des Umsatzes der Grundgesamtheit also angenommen werden, dass er zwischen 1.077.139 und 1.224.527 liegt.

7 | Statistische Funktionen

	A	B	C	D	E	F	G
1							
2	Konfidenzintervall für den Erwartungswert einer Zufallsvariablen						
3							
4	Monat	Werbeaufwand	Umsatz		Berechnungen/Angaben	Werbeaufwand	Umsatz
5	Jan 06	10000	900000		Mittelwert (SP)	12125	1150833,333
6	Feb 06	12000	1090000		Standardabweichung (GG)	1721,03	184200,19
7	Mrz 06	14000	1300000		Irrtumswahrscheinlichkeit Alpha	5%	5%
8	Apr 06	12000	1200000		Stichprobenumfang	24	24
9	Mai 06	11000	900000				
10	Jun 06	10000	990000		Berechnung des 95% Konfidenzintervall		
11	Jul 06	10000	980000		KONFIDENZ()	688,54	73694,07
12	Aug 06	11000	1050000		MITTELWERT()-KONFIDENZ()	11436,46	1077139,26
13	Sep 06	12000	1020000		MITTELWERT()+KONFIDENZ()	12813,54	1224527,40
14	Okt 06	13000	1200000				
15	Nov 06	13500	1230000				
16	Dez 06	14000	1300000				
17	Jan 07	11000	1090000				
18	Feb 07	12000	1100000				
19	Mrz 07	15000	1400000				
20	Apr 07	12000	1160000				
21	Mai 07	11000	1080000				
22	Jun 07	10000	950000				
23	Jul 07	10000	1000000				
24	Aug 07	11000	1090000				
25	Sep 07	13000	1240000				
26	Okt 07	14000	1360000				
27	Nov 07	13500	1290000				
28	Dez 07	16000	1700000				

Abbildung 7.26 Berechnen des Konfidenzintervalls

KORREL()
CORREL()

Syntax: KORREL(`Matrix1; Matrix2`)

Beispiel: =KORREL({1;2;3;4};{2;4;6;8})
ergibt 1

Die Funktion liefert den Korrelationskoeffizienten zweier Datenreihen aus verbundenen Stichproben, also aus paarweise ermittelten Daten, die mit Hilfe der Argumente `Matrix1` und `Matrix2` angegeben werden. Beide Argumente müssen dieselbe Anzahl von Elementen enthalten. Dabei werden in den angegebenen Matrizen oder Zellbereichen Texteinträge, Wahrheitswerte und leere Elemente ignoriert.

Mit der Funktion kann festgestellt werden, ob es einen berechenbaren Zusammenhang, also eine Korrelation, zwischen zwei Variablen gibt. Anders als bei der Funktion `PEARSON()`, die ebenfalls einen Korrelationskoeffizienten errechnet, wird beim Einsatz von KORREL() nicht schon vorausgesetzt, dass ein linearer Zusammenhang zwischen den Werten in Matrix1 und Matrix2 besteht.

Die Funktion ergibt den Wert 1 bei direktem linearem Zusammenhang (die beiden Regressionsgeraden der Daten sind dann direkt proportional). Sie liefert -1 bei einem indirekten, gegenläufigen Zusammenhang, die beiden Regressionsgeraden sind dann umgekehrt proportional; wenn also der Wert aus Matrix1 größer wird, wird der entsprechende Wert aus Matrix2 kleiner. Ein Wert von 0 ergibt sich, wenn kein Zusammenhang besteht.

Werte von 0,3 bis 0,5 zeigen einen geringen bis mäßigen Zusammenhang, Werte von 0,7 bis 0,9 zeigen einen engen Zusammenhang, alles, was über 0,9 liegt, deutet auf einen sehr engen Zusammenhang. In der Abbildung zeigt sich beispielsweise ein sehr enger Zusammenhang zwischen dem Werbeaufwand und dem im gleichen Zeitraum erzielten Umsatz. Steigender Werbeaufwand führt zu steigenden Umsätzen. Die Datenpunkte im Diagramm liegen deshalb auch meist nahe der Regressionsgeraden. Zu Korrelationen vergleiche auch Abschnitt 7.6, *Verteilungsfunktionen*.

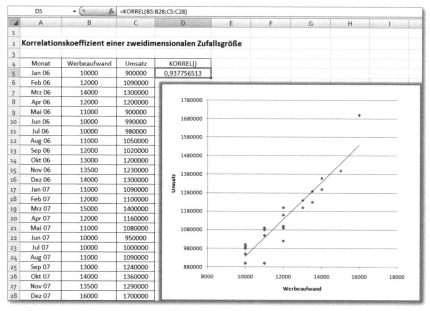

Abbildung 7.27 Korrelation von Datenreihen

KOVAR()
COVAR()

Syntax:	KOVAR(Matrix1; Matrix2)
Beispiel:	=KOVAR({2;4;6;8;10;12};{12;2;10;4;8;6}) ergibt -3

Die Funktion liefert ähnlich wie die Funktion KORREL() ein Maß für den Zusammenhang zwischen den Daten zweier Datenreihen aus verbundenen Stichproben. Sie ermittelt, im welchem Maß die Daten der beiden Datenreihen gemeinsam von ihrem jeweiligen Mittelwert abweichen.

Die Funktion ermittelt für jeden Datenpunkt die Differenz zum Mittelwert und bildet paarweise das Produkt aus den beiden Abweichungen. Anschließend wird der Mittelwert dieser Produkte berechnet. Dabei sind von der Größe her beliebige Ergebnisse möglich. Entscheidend ist, ob das Ergebnis positiv oder negativ ist. Positive Werte deuten auf einen linearen Zusammenhang der beiden Variablen hin – wenn x größer wird, wird auch y größer. Negative Werte deuten auf einen gegensinnigen Zusammenhang hin – wenn x größer wird, wird y kleiner. Null bedeutet, dass kein Zusammenhang existiert. Die Funktion zeigt also nur die Richtung an, in der zwei Variablen korrelieren.

	A	B	C	D
1				
2	**Kovarianz**			
3				
4	Matrix1	Matrix2	Matrix3	Matrix4
5	2	12	12	20
6	4	10	2	40
7	6	8	10	60
8	8	6	4	80
9	10	4	8	100
10	12	2	6	120
12		KOVARIANZ 1-2	-11,66666667	
13		KOVARIANZ 2-3	3	
14		KOVARIANZ 1-4	116,6666667	

C12 =KOVAR(A5:A10;B5:B10)

Abbildung 7.28 Kovarianzen verbundener Stichproben

KRITBINOM()
CRITBINOM()

Syntax:	KRITBINOM(Versuche; Erfolgswahrsch; Alpha)
Beispiel:	=KRITBINOM(200;0,9;0,01) ergibt 170

Die Funktion liefert die kleinste Anzahl erfolgreicher Versuche, für die die kumulierte Wahrscheinlichkeit größer oder gleich der mit Alpha angegebenen Irrtums- oder Grenzwahrscheinlichkeit ist. Voraussetzung ist, dass die Zufallsgröße binomialverteilt ist (vgl. BINOMVERT()). Mit Versuche wird die Zahl der Versuche angegeben; mit Erfolgswahrsch die Wahrscheinlichkeit für den erfolgreichen Ausgang eines Versuchs.

	A	B	C	D
1				
2	**KRITBINOM**			
3				
4	Versuche	Erfolgswahrsch	Alpha	KRITBINOM()
5	200	0,9	0,01	170
6	200	0,9	0,02	171
7	200	0,9	0,03	172

Abbildung 7.29 Berechnen der kritischen Grenze bei binomialen Verteilungen

Das Ergebnis der Funktion kann als Akzeptanzkriterium verwendet werden, um z. B. zu entscheiden, ob die Fehlerrate in einem Fertigungslos noch geduldet werden kann oder nicht. Im Beispiel wird angenommen, dass bei einer gegebenen Maschineneinstellung von 200 Prüflingen im Durchschnitt 180 (= 90 %) korrekt sind, die Wahrscheinlichkeit für einen korrekten Prüfling also 0,9 ist. Die Fragestellung lautet: Mit wie vielen korrekten Prüflingen können Sie mit einer Irrtumswahrscheinlichkeit von 0,01 mindestens rechnen? Das Ergebnis lautet 170, d. h., in 99 % aller 200-Stück-Lieferungen sind 170 korrekte Produkte zu erwarten.

KURT()
KURT()

Syntax: KURT(`Zahl1`; `Zahl2`; ...)

Beispiel: =KURT(2;3;2;7;9;6;4;2)
ergibt -0,77

Die Funktion liefert die Kurtosis, also die Wölbung einer Häufigkeitsverteilung. In Excel 2007 sind 255 Argumente möglich, in den älteren Versionen 30. Verglichen wird mit einer Normalverteilung mit gleichem Mittelwert und gleicher Streuung. Ein negatives Ergebnis weist dabei auf einen stumpferen, flacheren Verlauf hin. Die Werte streuen stark vom Mittelwert weg. Ein positives Ergebnis deutet auf einen steileren, spitzeren Verlauf hin. Die Werte liegen also näher am Mittelwert, als es normalerweise zu erwarten ist. Null entspricht der Normalverteilung.

Zusammen mit der Funktion SCHIEFE() (vgl. dort) lässt sich so das Verhältnis zu einer Normalverteilung bestimmen. Bei Angabe von weniger als vier Werten, oder wenn die Standardabweichung gleich null ist, wird der Fehlerwert #DIV/0! ausgegeben.

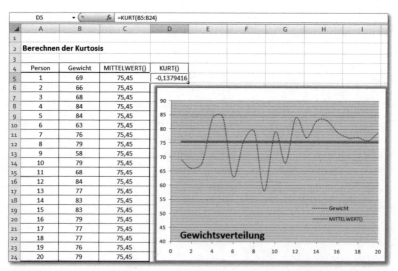

Abbildung 7.30 Die Funktion KURT() charakterisiert die Verteilung im Verhältnis zur Normalverteilung

LOGINV()
LOGINV()

Syntax:	LOGINV(Wahrsch; Mittelwert; Standabwn)
Beispiel:	=LOGINV(0,01;0;1) ergibt 0,098

Die Funktion liefert das Quantil einer logarithmischen Normalverteilung. Das Argument Wahrsch ist die Wahrscheinlichkeit, als Zweites wird der Mittelwert von ln(x) und als Drittes mit Standabwn die Standardabweichung von ln(x) angegeben. Die Funktion hilft bei der Analyse von Daten, deren Logarithmus normalverteilt ist. Anwendungsbereiche sind Statistiken über Einkommensverteilungen oder Schadensfälle in der Versicherungsbranche.

Die Funktion ist die Umkehrung von LOGNORMVERT(). Es gilt also: Ist LOGINV(p;...)= x, dann ist LOGNORMVERT(x;...) = p.

	A	B	C	D
1				
2	Quantil einer logarithmischen Normalverteilung			
3				
4	Wahrsch	Mittelwert	Standabwn	LOGINV()
5	0,04	3,5	1,2	4,051862753
6	0,05	3,5	1,2	4,600549016

Abbildung 7.31 LOGINV() für verschiedene Wahrscheinlichkeiten

LOGNORMVERT()
LOGNORMDIST()

Syntax:	LOGNORMVERT(x; Mittelwert; Standabwn)
Beispiel:	=LOGNORMVERT(1;0;1) ergibt 0,5

Die Funktion liefert die Wahrscheinlichkeitsverteilung für eine logarithmische Normalverteilung. Bei einigen Experimenten, z. B. über Reaktionszeiten, ergibt sich als Häufigkeitsverteilung ein asymmetrischer, linkssteiler Kurvenzug. Durch Logarithmieren lassen sich daraus häufig normalverteilte Messwerte erstellen.

Das Argument x bezeichnet den Wert des Quantils, `Mittelwert` ist das arithmetische Mittel, und drittes Argument ist die Standardabweichung der Stichprobe.

	A	B	C	D
1				
2	Wahrscheinlichkeit bei logarithmischer Normalverteilung			
3				
4	x	Mittelwert	Standabwn	LOGNORMVERT()
5	4,051862753	3,5	1,2	0,04
6	4,600549016	3,5	1,2	0,05

Abbildung 7.32   Verteilung logarithmischer Werte

MAX()
MAX()

Syntax:	MAX(**Zahl1**; Zahl2; ...)
Beispiel:	=MAX(4;6;2;3)
	ergibt 6

Mit der Funktion `MAX()` wird der größte Wert aus der Liste der Argumente oder aus einem Bereich ermittelt. In Excel 2007 sind 255 Argumente möglich, in den älteren Versionen 30. Texteinträge, Wahrheitswerte und leere Zellen werden ignoriert. Die Funktion kann auch auf Matrixkonstanten angewendet werden. Als numerische Werte gelten Zahlen einschließlich der Null sowie Datums- und Zeitwerte. Ist keines der Argumente eine Zahl, ist das Ergebnis null. Siehe auch die Abbildung zu `MITTELWERT()`.

MAXA()
MAXA()

Syntax:	MAXA(**Wert1**; Wert2; ...)
Beispiel:	=MAXA(-4;-6;WAHR;-3)
	ergibt 1

Mit der Funktion `MAXA()` wird der größte Wert aus der Liste von Argumenten oder aus einem Bereich ermittelt. Texteinträge – auch leere mit dem Ausdruck ="" erstellte –, Wahrheitswerte und Fehlerwerte werden berücksichtigt, nur wirklich leere Zellen (oder Argumente) werden ignoriert. Textzellen haben dabei den Wert 0, WAHR den Wert 1, FALSCH den Wert 0. Fehlerwerte führen dazu, dass die Funktion den Fehlerwert ausgibt. In Excel 2007 sind 255 Argumente möglich, in den älteren Versionen 30. Siehe auch die Abbildung zu MITTELWERT().

MEDIAN()
MEDIAN()

Syntax:	MEDIAN(Zahl1; Zahl2; ...)
Beispiel:	=MEDIAN(2;3;2;4;1000) ergibt 3

Die Funktion ermittelt den Median einer Reihe von Daten. Der Median ist der Zentralwert, der genau auf der Mitte einer Skala liegt, deren untere und obere Grenze durch den tiefsten und den höchsten Wert der Zahlenreihe gebildet wird. Über dem Median liegen also genauso viele Werte wie unter ihm. Bei einer ungeraden Anzahl von Werten ist der Median einer der vorhandenen Werte. Bei einer geraden Anzahl von Werten ermittelt Excel den Mittelwert der beiden mittleren Werte, um ihn als Median auszugeben.

Der Median wird deshalb auch als lagetypischer Mittelwert bezeichnet. Im Vergleich zu MITTELWERT() ist das Ergebnis von MEDIAN() unempfindlicher gegenüber einzelnen Extremwerten, wie schon das Beispiel zeigt; =MITTELWERT(2;3;2;4;1000) würde 202,2 ergeben. Die Funktion lässt sich auch bei ordinalskalierten Werten – etwa bei der Auswertung von Schulnoten – anwenden.

In Excel 2007 sind 255 Argumente möglich, in den älteren Versionen 30. Siehe auch die Abbildung zu MITTELWERT().

MIN()
MIN()

Syntax:	MIN(Zahl1; Zahl2; ...)
Beispiel:	=MIN(5;2;3;6;1) ergibt 1

7 | Statistische Funktionen

Mit der Funktion MIN() wird der kleinste Wert aus der Liste der Argumente oder aus einem Bereich ermittelt. In Excel 2007 sind 255 Argumente möglich, in den älteren Versionen 30. Texteinträge, Wahrheitswerte und leere Zellen werden ignoriert. Die Funktion kann auch auf Matrixkonstanten angewendet werden. Als numerische Werte gelten Zahlen einschließlich der Null sowie Datums- und Zeitwerte. Ist keines der Argumente eine Zahl, ist das Ergebnis null. Siehe auch die Abbildung zu MITTELWERT().

MINA()
MINA()

Syntax:	MINA(**Wert1**; Wert2; ...)
Beispiel:	=MINA(5;2;WAHR;6;1)
	ergibt 1

Mit der Funktion MINA() wird der kleinste Wert aus der Liste von Argumenten oder aus einem Bereich ermittelt. Texteinträge – auch leere wie ="" –, Wahrheitswerte und Fehlerwerte werden berücksichtigt, nur wirklich leere Zellen (oder Argumente) werden ignoriert. Textzellen haben dabei den Wert 0, WAHR den Wert 1, FALSCH den Wert 0. Fehlerwerte führen dazu, dass die Funktion den Fehlerwert ausgibt. In Excel 2007 sind 255 Argumente möglich, in den älteren Versionen 30. Siehe auch die Abbildung zu MITTELWERT().

MITTELABW()
AVEDEV()

Syntax:	MITTELABW(**Zahl1**; Zahl2; ...)
Beispiel:	=MITTELABW(4;6;5;7;3;5)
	ergibt 1

Die Funktion liefert die mittlere lineare Abweichung einer Reihe von Daten. Sie gehört damit zu den Streuungsmaßen in der Statistik. Da sich die negativen und positiven Abweichungen bei der Mittelwertberechnung immer aufheben, bestimmt die Funktion stattdessen den Durchschnitt der Absolutwerte der gemessenen Abweichungen aller Messwerte vom arithmetischen Mittel. In Excel 2007 sind 255 Argumente möglich, in den älteren Versionen 30.

	A	B	C	D	E	F
1						
2	**Berechnung der mittleren linearen Abweichung**					
3						
4	Person	Geschlecht	Alter	Gewicht	Abweichung 1	Abweichung 2
5	1	m	23	69	20,3	2,9
6	2	m	25	66	18,3	0,1
7	3	w	29	68	14,3	1,9
8	4	m	33	72	10,3	5,9
9	5	w	35	74	8,3	7,9
10	6	w	35	63	8,3	3,1
11	7	m	43	68	0,3	1,9
12	8	w	43	79	0,3	12,9
13	9	m	43	58	0,3	8,1
14	10	w	43	79	0,3	12,9
15	11	w	45	68	1,7	1,9
16	12	m	46	72	2,7	5,9
17	13	m	47	77	3,7	10,9
18	14	m	47	56	3,7	10,1
19	15	w	51	60	7,7	6,1
20	16	w	53	62	9,7	4,1
21	17	w	53	58	9,7	8,1
22	18	m	54	61	10,7	5,1
23	19	w	55	55	11,7	11,1
24	20	m	63	57	19,7	9,1
25	MITTELWERT()		43,3	66,1	8,1	6,5
26	MITTELABW()		8,1	6,5		

Zelle E5: =ABS($C$25-C5)

Abbildung 7.33 Mittelwert und mittlere lineare Abweichung

MITTELWERT()
AVERAGE()

Syntax: MITTELWERT(**Zahl1**; Zahl2; ...)

Beispiel: =MITTELWERT(A1:A6)
ergibt 24,83 für A1:A6(33;22;28;17;23;26)

Die Funktion MITTELWERT() liefert das arithmetische Mittel der Argumente oder aller numerischen Werte des angegebenen Bereichs. Diese wohl bekannteste Variante des Mittelwerts wird auch als Durchschnitt bezeichnet. Hierzu werden alle Werte aufsummiert und durch die Zahl der Werte geteilt.

7 | Statistische Funktionen

Als Argumente können Zahlen, Zell- oder Bereichsbezüge, Bereichsnamen oder Matrizen angegeben werden. Wahrheitswerte und Zahlen in Textform werden berücksichtigt, wenn sie direkt als Argument angegeben werden.

`=MITTELWERT(WAHR;FALSCH)`

ergibt 0,5, aber

`=MITTELWERT(K2:K3)`

ergibt #DIV/0!, wenn in K2 und K3 die Fehlerwerte WAHR und FALSCH stehen, weil diese Zellen ignoriert werden.

Fehlerwerte oder Textargumente, die nicht in Zahlen umgewandelt werden können, führen zu Fehlern. Im Gegensatz zu leeren Zellen werden Zellen mit dem Wert 0 berücksichtigt. Das gilt auch, wenn die Anzeige von Nullen über **Excel-Optionen** abgeschaltet ist.

In Excel 2007 sind 255 Argumente möglich, in den älteren Versionen 30.

	A	B	C	D
1				
2	**Minimum, Maximum und Mittelwerte berechnen**			
3				
4	Person	Geschlecht	Alter	Gewicht
5	1	m	23	69
6	2	m	25	66
7	3	w	29	68
8	4	m	33	72
9	5	w	35	74
10	6	w	35	63
11	7	m	43	68
12	8	w	43	79
13	9	m	43	58
14	10	w	43	79
15	11	w	45	68
16	12	m	46	72
17	13	m	47	77
18	14	m	47	56
19	15	w	51	60
20	16	w	53	62
21	17	w	53	58
22	18	m	54	61
23	19	w	55	55
24	20	m	63	57
25	MIN()		23	55
26	MAX()		63	79
27	MITTELWERT()		43,3	66,1
28	MEDIAN()		44,0	67,0
29	MODALWERT()		43,0	68,0

Abbildung 7.34 Mittelwerte im Vergleich

MITTELWERTA()
AVERAGEA()

Syntax:	MITTELWERTA(`Wert1`; Wert2; ...)
Beispiel:	=MITTELWERTA(10;20;WAHR) ergibt 10,33

Die Funktion `MITTELWERTA()` liefert das arithmetische Mittel der Argumente oder aller Werte des angegebenen Bereichs. Hierzu werden alle Werte aufsummiert und durch die Zahl der Werte geteilt. Zellen, die Text enthalten, werden ebenso berücksichtigt wie Wahrheitswerte. Texte werden mit dem Wert 0 berechnet, Wahrheitswerte mit 1 für `WAHR`, 0 für `FALSCH`. Fehlerwerte als Argumente führen zu Fehlern. Die Funktion kann in Excel 2007 bis zu 255 Argumente enthalten, in den älteren Versionen bis zu 30. Im Gegensatz zu leeren Zellen werden Zellen mit dem Wert 0 berücksichtigt. Das gilt auch, wenn die Anzeige von Nullen über **Excel-Optionen** abgeschaltet ist.

Fragt sich, wann die Anwendung dieser Funktion sinnvoll ist. Das folgende Beispiel deutet zumindest an, in welchen Fällen sie von Nutzen sein könnte. Der errechnete Mittelwert legt den Gesamtbetrag der Spenden auf alle tatsächlichen und potentiellen Spender um, also nicht nur auf die, die tatsächlich etwas gespendet haben. Das Ergebnis entspricht dem Ergebnis der Funktion `MITTELWERT()`, wenn die Texteinträge jeweils durch eine Null ersetzt werden.

	A	B	C
1			
2	**Minimum, Maximum und Mittelwerte aller Werte**		
3			
4	Spender	Spende	
5	Hansen	120,00 €	
6	Lauber	100,00 €	
7	Korn	60,00 €	
8	Bernstein	90,00 €	
9	Otto	angefragt	
10	Klare	angefragt	
11	Bonin	200,00 €	
12	Kerr	170,00 €	
13	Horst	120,00 €	
14	Emen	abgelehnt	
15	MINA()	- €	
16	MAXA()	200,00 €	
17	MITTELWERTA()	86,00 €	

Abbildung 7.35 Diese Funktionsvarianten berücksichtigen nicht nur numerische Werte

7 | Statistische Funktionen

MITTELWERTWENN()
AVERAGEIF()

Syntax:	MITTELWERTWENN(`Bereich; Kriterien;` Durchschnitt_Bereich)
Beispiel:	=MITTELWERTWENN(C5:C24;">40";D5:D24) ergibt für die in der Abbildung gezeigten Werte 65

Die in Excel 2007 neue Funktion `MITTELWERTWENN()` erlaubt es, den arithmetischen Mittelwert von Werten zu berechnen, die mit einem Kriterium gefiltert werden. Das Argument `Bereich` gibt den Bereich an, auf den das mit `Kriterien` angegebene Kriterium angewendet werden soll. Kriterien können Konstanten oder einfache Vergleiche wie >40 oder auch Zelladressen sein, die auf entsprechende Inhalte verweisen. Wird das Argument `Durchschnitt_Bereich` angegeben, wird der Mittelwert für die Werte in diesem Zellbereich gebildet. Ansonsten wird der Mittelwert für die in `Bereich` vorhandenen Werte gebildet.

In dem abgebildeten Beispiel wird in D25 der Mittelwert der Gewichtswerte für die Personen errechnet, deren Alter größer als 40 ist.

	A	B	C	D	E
1					
2	**Bedingter Mittelwert**				
3					
4	Person	Geschlecht	Alter	Gewicht	
5	1	m	23	69	
6	2	m	25	66	
7	3	w	29	68	
8	4	m	33	72	
9	5	w	35	74	
10	6	w	35	63	
11	7	m	43	68	
12	8	w	43	79	
13	9	m	43	58	
14	10	w	43	79	
15	11	w	45	68	
16	12	m	46	72	
17	13	m	47	77	
18	14	m	47	56	
19	15	w	51	60	
20	16	w	53	62	
21	17	w	53	58	
22	18	m	54	61	
23	19	w	55	55	
24	20	m	63	57	
25	MITTELWERTWENN()		49,0	65,0	

Abbildung 7.36 Bedingter Mittelwert mit einem Kriterium

MITTELWERTWENNS()
AVERAGEIFS()

Syntax:	MITTELWERTWENNS(Durchschnitt_Bereich; Kriterien_Bereich1; Kriterium1; Kriterien_Bereich2; Kriterium2 ...)
Beispiel:	=MITTELWERTWENNS(D5:D24;C5:C24;">27"; C5:C24;"<55") ergibt für die in der Abbildung gezeigten Werte 67,2

Die in Excel 2007 neue Funktion MITTELWERTWENNS() erlaubt es, den arithmetischen Mittelwert aus Werten in dem mit Durchschnitt_Bereich angegebenen Zellbereich auszurechnen, die mit einem oder mehreren Kriterien gefiltert werden. Für jeden Filter wird jeweils mit Kriterien_Bereich(n) der Bereich angegeben, auf den das mit Kriterium(n) angegebene Kriterium angewendet werden soll. Kriterien können Konstanten oder einfache Vergleiche wie >27 oder auch Zelladressen sein, die auf entsprechende Inhalte verweisen. Bis zu 127 Kriterien sind möglich.

In dem abgebildeten Beispiel wird in D25 der Mittelwert der Gewichtswerte für die Personen errechnet, deren Alter größer als 27 und kleiner als 55 ist.

	A	B	C	D	E	F
1						
2	Mehrfach bedingter Mittelwert					
3						
4	Person	Geschlecht	Alter	Gewicht		
5	1	m	23	69		
6	2	m	25	66		
7	3	w	29	68		
8	4	m	33	72		
9	5	w	35	74		
10	6	w	35	63		
11	7	m	43	68		
12	8	w	43	79		
13	9	m	43	58		
14	10	w	43	79		
15	11	w	45	68		
16	12	m	46	72		
17	13	m	47	77		
18	14	m	47	56		
19	15	w	51	60		
20	16	w	53	62		
21	17	w	53	58		
22	18	m	54	61		
23	19	w	55	55		
24	20	m	63	57		
25	MITTELWERTWENNS()		43,8	67,2		

Abbildung 7.37 Bedingter Mittelwert mit zwei Kriterien

MODALWERT()
MODE()

Syntax:	MODALWERT(Zahl1; Zahl2; ...)
Beispiel:	=MODALWERT(2;6;3;6;1;5;6) ergibt 6

Die Funktion liefert den in einer Datenreihe am häufigsten vorkommenden Wert. Damit gehört die Funktion zu den grundlegenden statistischen Kennwerten der Maße der zentralen Tendenz. Mit dem Modalwert lassen sich schnell Informationen über den Schwerpunkt der Verteilung gewinnen. Die Funktion kann in Excel 2007 bis zu 255 Argumente enthalten, in den älteren Versionen bis zu 30.

Betrachten Sie eine Verteilung, so ist das Maximum der Verteilung gleich dem Modalwert. Der Modalwert einer Häufigkeitsverteilung (s. HÄUFIGKEIT()) liegt in der Kategorienmitte der am häufigsten besetzten Kategorie.

Kann die Funktion keinen Modalwert angeben, weil keiner der Werte zumindest zweimal vorkommt, wird ein Fehlerwert ausgegeben. Bei gleich häufigem Vorkommen verschiedener Werte wird der in der Liste zuerst vorkommende ausgegeben. Siehe auch die Abbildung zu MITTELWERT().

NEGBINOMVERT()
NEGBINOMDIST()

Syntax:	NEGBINOMVERT(Zahl_Misserfolge; Zahl_Erfolge; Erfolgswahrsch)
Beispiel:	=NEGBINOMVERT(5;1;1/6) ergibt 0,0669

Die Funktion benutzt als Grundlage ihrer Berechnungen ebenso wie BINOMVERT() die Binomialverteilung und wird auch als negative Binomialverteilung bezeichnet.

Sie berechnet, mit welcher Wahrscheinlichkeit ein zusammengesetztes Ereignis auftritt. Als Argumente werden Zahl_Misserfolge und Zahl_Erfolge angegeben. Zusammen mit der Angabe von Erfolgswahrsch ermittelt die Funktion die

Referenz der statistischen Funktionen | **7.7**

Wahrscheinlichkeit dafür, dass das zusammengesetzte Ereignis (erst die angegebene Zahl an Misserfolgen, dann die angegebene Zahl der Erfolge) auftritt. Im Beispiel oben wird die Wahrscheinlichkeit ermittelt, hintereinander genau fünfmal nicht die Sechs und dann die Sechs zu werfen. Das Ergebnis liegt bei etwa 7 %.

	A	B	C	D
1				
2	Wahrscheinlichkeit einer negativbinomialverteilten Zufallsvariablen			
3				
4	Zahl_Misserfolge	Zahl_Erfolge	Erfolgswahrsch	NEGBINOMVERT()
5	0	5	0,5	3,13%
6	3	5	0,5	13,67%
7	6	5	0,5	10,25%
8	10	5	0,5	3,05%
9	20	5	0,5	0,03%

Abbildung 7.38 Berechnen der Wahrscheinlichkeit bei zusammengesetzten Ereignissen

NORMINV()
NORMINV()

Syntax: NORMINV(Wahrsch; Mittelwert; Standabwn)

Beispiel: =NORMINV(0,5;20;30)
ergibt 20

Die Funktion liefert das Quantil der Normalverteilung und ist die Umkehrfunktion zu NORMVERT().

	A	B	C	D
1				
2	Berechnen von Quantilen der Normalverteilung			
3				
4	Wahrsch	Mittelwert	Standabwn	NORMINV()
5	0,1	1200	450	623,30
6	0,2	1200	450	821,27
7	0,3	1200	450	964,02
8	0,4	1200	450	1085,99
9	0,5	1200	450	1200,00
10	0,6	1200	450	1314,01
11	0,7	1200	450	1435,98
12	0,8	1200	450	1578,73
13	0,9	1200	450	1776,70

Abbildung 7.39 Rückrechnen von der Wahrscheinlichkeit in einer Normalverteilung auf das Quantil

7 | Statistische Funktionen

Als Argumente werden Wahrsch (die Wahrscheinlichkeit, zu der das Quantil gesucht wird) sowie Mittelwert und mit Standabwn die Standardabweichung der Verteilung angegeben. Wie bei der Normalverteilung gilt auch hier, dass bei Mittelwert = 0 und Standardabweichung = 1 eine Standardnormalverteilung vorliegt. In diesem Fall kann auch STANDNORMINV() eingesetzt werden.

NORMVERT()
NORMDIST()

Syntax:	NORMVERT(x; Mittelwert; Standabwn; Kumuliert)
Beispiel:	=NORMVERT(9;9;4;WAHR) ergibt 0,5

Die Funktion liefert die Werte für eine Normalverteilung. x bezeichnet den Wert der Verteilung (Quantil), dessen Wahrscheinlichkeit berechnet werden soll. Wird die Funktion graphisch dargestellt, ist das der Wert auf der x-Achse. Dabei ergibt sich immer ein glockenförmiger Verlauf. Wie er im Einzelnen ausfällt, hängt von den Argumenten Mittelwert und Standabwn ab. Der Mittelwert (Erwartungswert) gibt die Lage der Funktion auf der x-Achse an und markiert dabei den Gipfel dieser Funktion. Die Standardabweichung gibt die Streuung an und bestimmt damit, wie flach oder steil die Funktion verläuft. Mit Kumuliert = WAHR erhalten Sie die Verteilungsfunktion, also die Wahrscheinlichkeit dafür, dass die Zufallsvariable einen Wert von x oder kleiner annimmt. Mit FALSCH erhalten Sie die Werte der Dichtefunktion.

Mit Mittelwert = 0 und Standabwn = 1 erhalten Sie die Standardnormalverteilung, die Sie auch direkt mit der Funktion STANDNORMVERT() abfragen können.

Für die Normalverteilung gelten folgende Eigenschaften:

Die Verteilung ist glockenförmig und eingipfelig. Sie nähert sich asymptotisch der x-Achse. Zugleich ist sie symmetrisch. Der höchste Wert ist zugleich der Mittelwert, wobei der arithmetische Mittelwert mit dem Median zusammenfällt. 50 % der Fläche liegen beidseitig vom Mittelwert. Die Wendepunkte liegen bei Mittelwert + Standardabweichung bzw. Mittelwert – Standardabweichung.

Die Fläche unter der Dichte-Kurve hat immer den Wert 1. Die Wahrscheinlichkeit, dass eine Zufallsvariable einen Wert zwischen x1 und x2 annimmt, wird ermittelt, indem die entsprechende Fläche unter der Dichtekurve berechnet wird. Folglich hat der Mittelwert die Wahrscheinlichkeit von 50 %.

Die Normalverteilung wird auch als Gauß'sche Fehlerkurve bezeichnet, was damit zusammenhängt, dass der bekannte Astronom und Mathematiker sich bei Messungen der Planetenbahnen mit der Streuung von Messfehlern beschäftigte und dabei auf diese Form der Verteilung stieß.

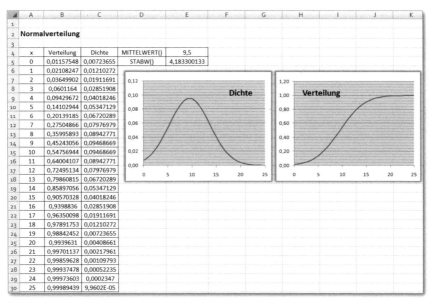

Abbildung 7.40 Normalverteilungsfunktion und Dichtefunktion

Wahrscheinlichkeit einer Größe

Wenn davon ausgegangen wird, dass die Körpergröße in einem bestimmten Altersjahrgang normalverteilt ist, und sowohl die Durchschnittsgröße als auch die Standardabweichung bekannt sind, kann die Wahrscheinlichkeit berechnet werden, dass eine Person eine bestimmte Größe hat oder dass seine Größe in einem bestimmten Intervall liegt. In dem folgenden Beispiel soll herausgefunden werden, wie wahrscheinlich es ist, dass eine Person eine Größe von 2 m oder mehr hat. In E35 ist ein hypothetischer Mittelwert angegeben, in E36 die Standardabweichung. Mit der kumulierten Variante von NORMVERT() kann berechnet werden, wie wahrscheinlich eine Person bis zu 2 m groß ist. Da nun aber der noch verbleibende Flächenteil unter der Dichteglocke interessiert, muss der errechnete Wert von 1 (das ist ja die gesamte Fläche) abgezogen werden, um den Rest der Fläche zu erhalten.

	A	B	C	D	E	F	G	H
32								
33	**Größenwahrscheinlichkeit**							
34								
35		Mittlere Größe eines Jahrgangs bei Männern			175			
36		Standardabweichung			12			
37		Wahrscheinlichkeit einer Größe von 2 m und mehr?			2%	=1-NORMVERT(200;E35;E36;WAHR)		

Abbildung 7.41 Berechnen der kumulierten Wahrscheinlichkeit

PEARSON()
PEARSON()

Syntax: PEARSON(Matrix1; Matrix2)

Beispiel: =PEARSON({1;2;3;4};{10;9;8;7})
ergibt -1

Die Funktion liefert den Pearsonschen Korrelationskoeffizienten zweier Datenreihen aus verbundenen Stichproben, der auch als empirischer Korrelationskoeffizient bezeichnet wird. Im Unterschied zur Funktion KORREL() wird bereits davon ausgegangen, dass zwischen den paarweise mit Hilfe der Argumente Matrix1 und Matrix2 angegebenen Daten eine lineare Abhängigkeit besteht, wobei Matrix1 die unabhängigen Werte angibt und Matrix2 die abhängigen. Beide Argumente müssen dieselbe Anzahl von Elementen enthalten. Dabei werden in den angegebenen Matrizen oder Zellbereichen Texteinträge, Wahrheitswerte und leere Elemente ignoriert.

Die Funktion ergibt den Wert 1 bei direktem linearem Zusammenhang (die beiden Regressionsgeraden der Daten sind dann direkt proportional). Sie liefert -1 bei einem indirekten, gegenläufigen Zusammenhang, die beiden Regressionsgeraden sind dann umgekehrt proportional; wenn also der Wert aus Matrix1 größer wird, wird der entsprechende Wert aus Matrix2 kleiner. Ein Wert von 0 ergibt sich, wenn kein Zusammenhang besteht.

Werte von 0,3 bis 0,5 zeigen einen geringen bis mäßigen Zusammenhang, Werte von 0,7 bis 0,9 zeigen einen engen Zusammenhang. Alles, was über 0,9 liegt, deutet auf einen sehr engen Zusammenhang. In der Abbildung zeigt sich beispielsweise ein sehr enger Zusammenhang zwischen dem Werbeaufwand und dem im gleichen Zeitraum erzielten Umsatz. Steigender Werbeaufwand führt zu steigenden Umsätzen. Die Datenpunkte im Diagramm liegen deshalb auch meist nahe der Regressionsgeraden.

Beachtet werden muss, dass die Funktion nichtlineare Abhängigkeiten nicht erfassen kann. Es ist deshalb sinnvoll, über die Punktverteilung in einem entsprechenden Diagramm zu prüfen, ob nicht beispielsweise ein exponentieller Zusammenhang vorliegen könnte. Zu Korrelationen vergleiche auch Abschnitt 7.6, *Verteilungsfunktionen*.

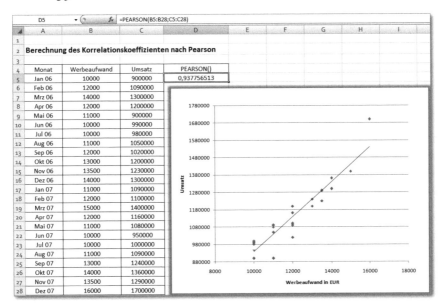

Abbildung 7.42 Der Korrelationskoeffizient nach Pearson

POISSON()
POISSON()

Syntax:	POISSON(x; Mittelwert; Kumuliert)
Beispiel:	=POISSON(50;60;WAHR) ergibt 0,1077

Die Funktion liefert die Wahrscheinlichkeiten für Zufallsvariable, die einer Poisson-Verteilung angehören. Die Poisson-Verteilung ist wie die Binomial- und die hypergeometrische Verteilung eine Verteilung, die nur jeweils diskrete Werte annehmen kann. Die Poisson-Verteilung ist für große Zahlen eine gute Näherung für die Binomialverteilung. Sie ist die Grenzverteilung der Binomialverteilung für den Fall, dass die Anzahl der Ereignisse insgesamt gegen unendlich und die Anzahl der Ausnahmeereignisse gegen null geht.

An Argumenten verlangt die Funktion x für die Anzahl der Fälle und Mittelwert für den Erwartungswert. Kumuliert ist ein Wahrheitswert. Mit Kumuliert = FALSCH wird die Wahrscheinlichkeit dafür berechnet, dass die Zufallsvariable genau den Wert x annimmt, mit Kumuliert = WAHR die Wahrscheinlichkeit dafür, dass die Zufallsvariable einen Wert von x oder kleiner annimmt.

Die Funktion kann angewendet werden, wenn für eine sehr große Zahl von Fällen die Wahrscheinlichkeit von seltenen Ausnahmeereignissen geschätzt werden soll. Dabei muss nur bekannt sein, wie häufig im Durchschnitt das Ausnahmeereignis auftritt.

Die folgende Tabelle kann beispielsweise benutzt werden, um die Wahrscheinlichkeit von Bitübertragungsfehlern im Netz zu schätzen. Angenommen, bei einer Übertragung von 1 Million Bits treten durchschnittlich 5 Fehler auf, dann kann die POISSON()-Funktion die Frage beantworten, mit welcher Wahrscheinlichkeit bei der nächsten Million die Fehleranzahl x auftritt.

Da die Poisson-Verteilung normalerweise dazu verwendet wurde, die bei großen Zahlen schwer zu handhabende Binomialverteilung anzunähern, gibt es selten einen Grund, sie noch zu verwenden. Schließlich bietet Excel auch jene Funktion an.

Referenz der statistischen Funktionen | **7.7**

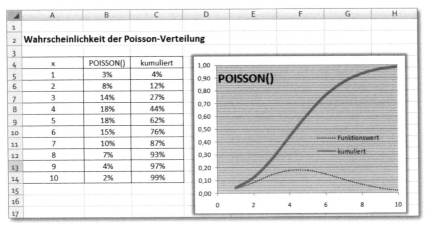

Abbildung 7.43 Wahrscheinlichkeit von Variablen, die eine Poisson-Verteilung darstellen

QUANTIL()
PERCENTILE()

Syntax: QUANTIL(Matrix; Alpha)

Beispiel: siehe Abbildung 7.44

Die Funktion liefert denjenigen Wert einer Datenreihe, die über das Argument Matrix geliefert wird, unterhalb dessen ein mit Alpha angegebener Bruchteil der Daten liegt. Mit dieser Funktion wird eine Verteilung nach einer Skala unterteilt, deren unterster und oberster Punkt den tiefsten und höchsten Wert der Daten bildet.

Matrix sind die zu unterteilenden Daten. Durch das Argument Alpha wird ein Lage-Maß (Quantil) angegeben. Das Maß 0,25 (25 %) bezeichnet z. B. den Punkt, unterhalb dessen ein Viertel aller Beobachtungen liegt. Einige Quantile, die besonders oft verwendet werden, haben eigene Bezeichnungen wie Quartil für 25 %-Abschnitte, Dezil für 10 %-Abschnitte. Das zweite Quartil oder ein Quantil von 0,5 bezeichnet dann den Median.

Das Argument Alpha kann jeden Wert zwischen 0 und 1 annehmen; liegt ein Quantil zwischen zwei Beobachtungen, wird durch Interpolation der entsprechende Wert ermittelt. Enthält Matrix mehr als 8.191 Datensätze, wird eine Fehlermeldung ausgegeben.

7 | Statistische Funktionen

Die folgende Tabelle kann so gelesen werden: 30% der erfassten Personen haben ein Gewicht von unter 61 kg, 70% haben ein Gewicht von unter 70 kg.

Person	Geschlecht	Alter	Gewicht	Alpha	QUANTIL()	
1	m	23	69	0%	55	
2	m	25	66	10%	57	
3	w	29	68	20%	58	
4	m	33	72	30%	61	
5	w	35	74	40%	63	
6	w	35	63	50%	67	=MEDIAN()
7	m	43	68	60%	68	
8	w	43	79	70%	70	
9	m	43	58	80%	72	
10	w	43	79	90%	77	
11	w	45	68	100%	79	
12	m	46	72			
13	m	47	77			
14	m	47	56			
15	w	51	60			
16	w	53	62			
17	w	53	58			
18	m	54	61			
19	w	55	55			
20	m	63	57			

Abbildung 7.44 Einteilung von Daten in Quantile

QUANTILSRANG()
PERCENTRANK()

Syntax: QUANTILSRANG(**Matrix**; x; Genauigkeit)

Beispiel: siehe Abbildung 7.45

Die Funktion liefert die Angabe des Anteils von Daten, die unterhalb des angegebenen Wertes liegen.

Das Argument x bezeichnet den Wert, dessen relative Position ermittelt werden soll; Matrix sind die Daten. Wenn x selbst als Wert nicht in der Matrix auftaucht, wird der entsprechende Wert interpoliert. Mit Genauigkeit lässt sich die Anzahl der Stellen für die Ausgabe des Ergebnisses bestimmen. Wird Genauigkeit nicht angegeben, wird 3 angenommen. Der Zusammenhang mit QUANTIL() sieht so aus:

Wenn x = QUANTIL(Matrix;0,2), dann ist 0,2 = QUANTILSRANG(Matrix;x).

Die folgende Tabelle kann so gelesen werden: Die Person, deren Gewicht 68 kg beträgt, liegt auf einer Skala von 0 bis 100 auf Rang 52, d. h., 52 % der Personen haben ein Gewicht von unter oder gleich 68 kg.

	A	B	C	D	E
1					
2	Quantilsrang berechnen				
3					
4	Person	Geschlecht	Alter	Gewicht	QUANTILSRANG()
5	1	m	23	69	0,68
6	2	m	25	66	0,47
7	3	w	29	68	0,52
8	4	m	33	72	0,73
9	5	w	35	74	0,84
10	6	w	35	63	0,42
11	7	m	43	68	0,52
12	8	w	43	79	0,94
13	9	m	43	58	0,15
14	10	w	43	79	0,94
15	11	w	45	68	0,52
16	12	m	46	72	0,73
17	13	m	47	77	0,89
18	14	m	47	56	0,05
19	15	w	51	60	0,26
20	16	w	53	62	0,36
21	17	w	53	58	0,15
22	18	m	54	61	0,31
23	19	w	55	55	0,00
24	20	m	63	57	0,10

Abbildung 7.45 Berechnen des Quantilsrangs

Wird die Tabelle nach dem Gewicht aufsteigend sortiert, zeigen sich auch die QUANTILSRANG()-Werte in aufsteigender Reihenfolge.

QUARTILE()
QUARTILE()

Syntax: QUARTILE(Matrix; Quartil)

Beispiel: siehe Abbildung 7.45

Die Funktion unterteilt die Daten von Matrix in vier Bereiche mit je gleichen Anteilen von Daten und ist damit ein Spezialfall von QUANTIL() (siehe dort). Für Quartil sind vier Belegungen möglich:

7 | Statistische Funktionen

- 0 liefert den niedrigsten Wert;
- 1 = 25 % Quantil,
- 2 = 50 % Quantil, das ist zugleich der Median;
- 3 = 75 % Quantil,
- 4 = der höchste Wert.

Enthält Matrix mehr als 8.191 Datensätze, wird eine Fehlermeldung ausgegeben.

	A	B	C	D	E
1					
2	**Quartile berechnen**				
3					
4	Person	Geschlecht	Alter	Gewicht	
5	1	m	23	69,00	
6	2	m	25	66,00	
7	3	w	29	68,00	
8	4	m	33	72,00	
9	5	w	35	74,00	
10	6	w	35	63,00	
11	7	m	43	68,00	
12	8	w	43	79,00	
13	9	m	43	58,00	
14	10	w	43	79,00	
15			Kleinster Wert	58,00	=MIN()
16			25%-Quartil	66,50	
17			50%-Quartil	68,50	=MEDIAN()
18			75%-Quartil	73,50	
19			Größter Wert	79,00	=MAX()

D16 : =QUARTILE($D$5:$D$14;1)

Abbildung 7.46 Einteilung der Daten in Quartile

RANG()
RANK()

Syntax: RANG(Zahl; Bezug; Reihenfolge)

Beispiel: =RANG(7;A40:A50)
                 ergibt 1 (wenn 7 im angegebenen Bereich der größte Wert ist)

Die Funktion liefert die Position, die ein Wert in einer Datenreihe in Bezug auf seine Größe einnimmt. Mit Zahl wird der Wert angegeben, dessen Position bestimmt werden soll; Bezug ist die Datenreihe, wobei nichtnumerische Werte bei der Rangberechnung ignoriert werden bzw. zu Fehlern führen, wenn der Rang dieses Werts angegeben werden soll. Mit Reihenfolge wird angegeben, ob in fallender oder steigender Ordnung gezählt wird. Vorgegeben ist die fallende Ordnung, die dann verwendet wird, wenn das Argument nicht oder mit 0 belegt ist. Bei jedem anderen Wert zählt Excel in steigender Ordnung.

	A	B	C
1			
2	**Rang von Laufergebnissen berechnen**		
3			
4	Teilnehmer	Zeit	RANG()
5	5	10,60	1
6	9	10,70	2
7	4	10,80	3
8	18	10,80	3
9	3	10,90	5
10	14	10,90	5
11	17	11,30	7
12	13	11,40	8
13	2	11,50	9
14	15	disqual.	#WERT!

Abbildung 7.47   Rangordnung von Laufzeiten

RGP()
LINEST()

Syntax: RGP(Y_Werte; X_Werte; Konstante; Stats)

Beispiel: siehe Abbildung 7.48

Die Funktion liefert Kennziffern zur linearen Regression. Hierbei wird davon ausgegangen, dass die vorhandenen Daten sich durch eine lineare Gleichung beschreiben lassen:

$$y = mx + b$$

wobei m die Steigung der Geraden und b ihren Schnittpunkt mit der y-Achse festlegt.

Mit Y_Werte werden die Daten angegeben, für die eine lineare Regression durchgeführt werden soll. Alle anderen Argumente sind optional. X_Werte sind die zu den y-Werten gehörenden x-Werte (ohne Angabe werden die Daten einfach durchnummeriert).

7 | Statistische Funktionen

Werden für die x-Werte mehrere Spalten angegeben, dann wird als Gleichung für die Gerade angenommen:

y = x1*m1 + x2*m2 + ... b

Mit Konstante lässt sich bestimmen, ob b berechnet (WAHR oder weglassen) oder mit 0 angesetzt (FALSCH) werden soll. Letzteres ist erforderlich, wenn bei den Daten von vornherein klar ist, dass zu x = 0 ein y-Wert 0 gehört.

Stats ist ein Wahrheitswert, mit dem entschieden wird, ob nur die Werte für b und m (FALSCH) oder auch weitere Kennziffern ermittelt werden sollen (WAHR).

Die Funktion gibt die Kennziffern in Form einer Matrix aus, sie muss also auch in der für Matrixfunktionen üblichen Form eingegeben werden: Ausgabebereich markieren, Funktion eintragen, mit [Strg]+[⇧]+[↵] abschließen.

Die Ausgabe der Kennziffern zeigt folgende Abbildung:

	A	B	C	D	E	F	G
1							
2	**Kennziffern der Funktion RGP()**						
3							
4	Ausgabe bei einer (oder keiner) x-Spalte			Ausgabe bei drei x-Spalte			
5	m	b		m3	m2	m1	b
6	se(m)	se(b)		se(m3)	se(m2)	se(m1)	se(b)
7	r^2	se(y)		r^2	se(y)		
8	F	df		F	df		
9	ss(reg)	ss(res)		ss(reg)	ss(res)		

Abbildung 7.48 Ausgabebereich der Funktion RGP()

Die ausgegebenen Kennziffern sind:

m	Die Steigung der Regressionsgeraden. Ihr Wert kann einzeln mit der Funktion STEIGUNG() ermittelt werden.
b	Der Schnittpunkt mit der y-Achse. Der Wert kann einzeln mit der Funktion ACHSENABSCHNITT() ermittelt werden.
se(m)	Der Standardschätzfehler für die Steigung. Kann für Signifikanztests verwendet werden.
se(b)	Der Standardschätzfehler des Achsenabschnitts. Kann für Signifikanztests verwendet werden.

r^2	Das Bestimmtheitsmaß. Es kann auch einzeln berechnet werden mit BESTIMMTHEITSMASS().
se(y)	Der Standardschätzfehler der aus der Regression berechneten y-Werte kann einzeln auch mit STFEHLERYX() berechnet werden.
F	Ein F-Wert, der mit der Funktion FVERT() weiter ausgewertet werden kann. Es ist sinnvoller, gleich die Funktion FTEST() auf die Daten anzuwenden.
df	Freiheitsgrade (**d**egrees **o**f **f**reedom) für den F-Test
ss(reg)	Die Quadratsumme der Regression ist die Summe der quadratischen Abweichungen der Mittel.
ss(res)	Die Quadratsumme der Residuen ist die Summe der quadratischen Abweichungen der geschätzten y-Werte von ihrem arithmetischen gegebenen y-Werten.

Die geschätzten y-Werte sind die y-Werte, die entweder mit der Regressionsgleichung

$y = m*x + b$

berechnet werden können oder direkt mit der Funktion TREND().

Die folgende Abbildung zeigt ein Beispiel für die Anwendung der Funktion:

	A	B	C	D	E	F	G	H
1								
2	**Lineare Regression**							
3								
4	x-Wert	y-Wert	Linear	(ys-y)^2	(ys-ym)^2		RGP-Werte	
5	13	156	166,24	104,894	31,409		0,934	154,099
6	14	163	167,18	17,438	21,812		0,389	7,532
7	15	172	168,11	15,133	13,960		0,344	5,248
8	16	174	169,04	24,562	7,852		5,767	11,000
9	17	173	169,98	9,132	3,490		158,791	302,901
10	18	177	170,91	37,063	0,872			
11	19	172	171,85	0,024	0,000		m	b
12	20	176	172,78	10,367	0,872		se(m)	se(b)
13	21	179	173,71	27,939	3,490		r^2	se(y)
14	22	172	174,65	7,014	7,852		F	df
15	23	173	175,58	6,669	13,960		ss(reg)	ss(res)
16	24	170	176,52	42,465	21,812			
17	25	177	177,45	0,203	31,409			
18	Mittelwert		171,85					
19	Summe			302,901	158,791			

Abbildung 7.49 Beispiel für die lineare Regression

7 | Statistische Funktionen

In diesem (fiktiven) Beispiel könnten die x-Werte die Altersklassen einer Stichprobe und die y-Werte die durchschnittlichen Körpergrößen sein. Die Spalte »Linear« enthält die mit `TREND()` errechneten Schätzwerte für y.

Zu beachten ist, dass die Genauigkeit einer mit `RGP()` berechneten Geraden von der Streuung der Daten abhängt. Je geringer die Streuung, umso zuverlässiger sind die ermittelten Werte.

RKP()
LOGEST()

Syntax:	`RKP(Y_Werte; X_Werte; Konstante; Stats)`
Beispiel:	siehe Abbildung 7.50

Die Funktion liefert Kennziffern zur exponentiellen Regression. Hierbei wird davon ausgegangen, dass sich die vorhandenen Daten durch eine exponentielle Gleichung beschreiben lassen:

`y = b * m^x`

wobei `b` den Schnittpunkt der Regressionskurve mit der y-Achse liefert. Mit `m > 1` erhalten Sie eine stetig steigende, mit `m < 1` eine stetig fallende Kurve. Die Eingabe der Argumente ist identisch mit der Eingabe bei `RGP()` und wurde dort beschrieben. Werden mehrere Spalten mit x-Werten benutzt, dann wird eine Regression nach folgender Gleichung durchgeführt:

`y = b * m1^x1 * m2^x2 ...`

Mit `Konstante` lässt sich bestimmen, ob `b` berechnet (`WAHR` oder weggelassen) oder mit 1 angesetzt werden soll (`FALSCH`). Die ausgegebenen Kennziffern stimmen sinngemäß mit denen von RGP() überein (vgl. dort). Die dort gegebenen Hinweise zur Einzelberechnung stimmen natürlich nur für die lineare Regression. Es sind zudem einige Besonderheiten zu beachten. Excel bedient sich bei den Berechnungen zu `RKP()` der Formel:

`ln(y) = ln(b) + x * ln(m)`

und berechnet mit dieser Gleichung eine lineare Regression. Hierdurch werden auch die Ausgabewerte für die Kennziffern beeinflusst: `se(m)` und `se(b)` liefern die Schätzfehler für `ln(m)` und `ln(b)`.

Die Funktion gibt die Kennziffern in Form einer Matrix aus, sie muss also auch in der für Matrixfunktionen üblichen Form eingegeben werden: Ausgabebereich markieren, Funktion eintragen, mit [Strg]+[⇧]+[↵] abschließen.

	A	B	C	D	E	F	G	H
1								
2	**Exponentielle Regression**							
3								
4	x-Wert	y-Wert	Variation	(ys-y)^2	(ys-ym)^2		RKP-Werte	
5	13	156	166,07	101,314	32,619		1,005615	154,407331
6	14	163	167,00	15,983	22,838		0,002321	0,044948
7	15	172	167,94	16,520	14,755		0,345974	0,031313
8	16	174	168,88	26,230	8,400		5,818913	11,000000
9	17	173	169,83	10,070	3,803		0,005706	0,010786
10	18	177	170,78	38,686	0,993			
11	19	172	171,74	0,068	0,001		m	b
12	20	176	172,70	10,868	0,859		se(m)	se(b)
13	21	179	173,67	28,376	3,596		r^2	se(y)
14	22	172	174,65	7,013	8,245		F	df
15	23	173	175,63	6,911	14,838		ss(reg)	ss(res)
16	24	170	176,61	43,758	23,408			
17	25	177	177,61	0,368	33,987			
18	Mittelwert		171,78					

Abbildung 7.50 Beispiel für die exponentielle Regression

Wie die Abbildung zeigt, liefert die Funktion weder die Quadratsumme der Residuen noch die Quadratsumme der Regression. Welche Werte stattdessen angegeben werden, war nicht zu ergründen.

SCHÄTZER()
FORECAST()

Syntax: SCHÄTZER(x; Y_Werte; X_Werte)

Beispiel: =SCHÄTZER(3;{4;5;6};{1;5;10})
ergibt 4,48

Die Funktion liefert für den vorgegebenen Wert x einen Schätzwert von y anhand einer linearen Regression (vgl. RKP()).

7 | Statistische Funktionen

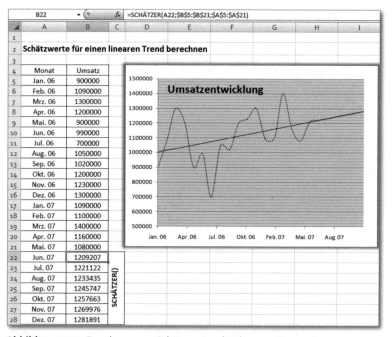

Abbildung 7.51 Errechnen von Schätzwerten bei linearer Regression

SCHIEFE()
SKEW()

Syntax:	SCHIEFE(Zahl1; Zahl2; ...)
Beispiel:	=SCHIEFE(2;3;2;7;9;6;4;2)
	ergibt 0,785

Die Funktion liefert ein Maß für die Asymmetrie der Häufigkeitsverteilung einer Stichprobe. In Excel 2007 sind 255 Argumente möglich, in den älteren Versionen 30. Verglichen wird mit einer Normalverteilung mit gleichem Mittelwert und gleicher Streuung.

Ist das Ergebnis größer als 0, dann ist die linke Seite steiler, die Verteilung heißt »rechtsschief«; ist das Ergebnis kleiner 0, ist die Verteilung »linksschief«. Eine rechtsschiefe Verteilung ist beispielsweise oft bei Daten über die Einkommensverteilung zu finden, wenn wenige Personen mit sehr hohem Einkommen auf der einen Seite des Mittelwerts stehen und sehr viele Personen mit niedrigem Einkommen auf der anderen Seite. Vgl. auch KURT().

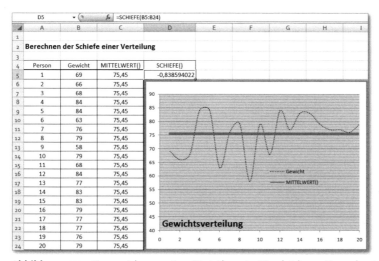

Abbildung 7.52 Kennzeichnung einer Verteilung im Vergleich zur Normalverteilung

STABW()
STDEV()

Syntax: STABW(Zahl1; Zahl2; ...)

Beispiel: =STABW(33;22;28;17;23;26)
ergibt 5,49

Die Funktion schätzt für die Werte in der Argumentenliste die vermutete Standardabweichung vom arithmetischen Mittelwert der Grundgesamtheit. Dabei werden die in der Argumentenliste gegebenen Daten als Stichprobe aus dieser Grundgesamtheit genommen. Die Funktion kann in Excel 2007 bis zu 255 Argumente enthalten, in den älteren Versionen bis zu 30.

Die Standardabweichung ist ein Maß dafür, wie weit die vorhandenen Daten um den Mittelwert streuen. Sie ist die Quadratwurzel aus dem arithmetischen Mittelwert der quadrierten Abweichungen vom arithmetischen Mittelwert. Bei der Er-

7 | Statistische Funktionen

mittlung des Mittelwerts wird bei dieser Funktion aber nicht mit n für den gesamten Umfang der Stichprobe gerechnet, sondern mit n - 1. Handelt es sich bei den Daten um eine Grundgesamtheit, ist die Funktion STABWN() zu verwenden. Mehr zur Standardabweichung finden Sie in Abschnitt 7.5, *Statistische Tests*.

	A	B	C	D
1				
2	**Berechnen von Standardabweichung und Varianz**			
3				
4	Person	Geschlecht	Alter	Gewicht
5	1	m	23	69
6	2	m	25	66
7	3	w	29	68
8	4	m	33	72
9	5	w	35	74
10	6	w	35	63
11	7	m	43	68
12	8	w	43	79
13	9	m	43	58
14	10	w	43	79
15	STABW()		7,74	6,65
16	STABWN()		7,35	6,31
17	VARIANZ()		59,96	44,27
18	VARIANZEN()		53,96	39,84

Abbildung 7.53 Standardabweichung und Varianz der Angaben zum Gewicht

STABWA()
STDEVA()

Syntax:	STABWA(**Wert1**; Wert2; ...)
Beispiel:	=STABWA(33;22;FALSCH;17;WAHR;26) ergibt 13,45

Die Funktion schätzt für die Werte in der Argumentenliste die vermutete Standardabweichung vom arithmetischen Mittelwert der Grundgesamtheit. Dabei werden die in der Argumentenliste gegebenen Daten als Stichprobe aus dieser Grundgesamtheit genommen. Die Funktion kann in Excel 2007 bis zu 255 Argumente enthalten, in den älteren Versionen bis zu 30. Die Argumentenliste wird dabei als Stichprobe genommen. Im Unterschied zur Funktion STABW() werden von dieser Funktion auch Textwerte und Wahrheitswerte mit ausgewertet. Textwerte zählen dabei 0. WAHR wird mit 1, FALSCH mit 0 gewertet.

Die Standardabweichung ist die Quadratwurzel aus dem arithmetischen Mittelwert der quadrierten Abweichungen vom arithmetischen Mittelwert. Bei der Ermittlung des Mittelwerts wird bei dieser Funktion aber nicht mit n für den gesamten Umfang der Stichprobe gerechnet, sondern mit n - 1. Handelt es sich um eine Grundgesamtheit, ist die entsprechende Funktion STABWNA() zu verwenden. Mehr zur Standardabweichung finden Sie in Abschnitt 7.5, *Statistische Tests*.

	A	B	C	D
1				
2	**Berechnen von Standardabweichung und Varianz (A)**			
3				
4	Person	Geschlecht	Alter	Gewicht
5	1	m	23	69
6	2	m	25	66
7	3	w	29	Angabe fehlt
8	4	m	33	72
9	5	w	35	74
10	6	w	35	63
11	7	m	43	Abgabe fehlt
12	8	w	43	79
13	9	m	43	58
14	10	w	43	79
15	STABWA()		7,74	30,24
16	STABWNA()		7,35	28,69
17	VARIANZA()		59,96	914,67
18	VARIANZENA()		53,96	823,20

Abbildung 7.54 Die A-Variante der Funktionen zur Berechnung der Streuung

STABWN()
STDEVP()

Syntax:	STABWN(**Zahl1**; Zahl2; ...)
Beispiel:	=STABWN(33;22;28;17;23;26) ergibt 5,01

Die Funktion berechnet für die Werte in der Argumentenliste die Standardabweichung vom arithmetischen Mittelwert. Dabei werden die in der Argumentenliste gegebenen Daten als Grundgesamtheit genommen. Die Funktion kann in Excel 2007 bis zu 255 Argumente enthalten, in den älteren Versionen bis zu 30.

Die Standardabweichung ist die Quadratwurzel aus dem arithmetischen Mittelwert der quadrierten Abweichungen vom arithmetischen Mittelwert. Bei der Ermittlung des Mittelwerts wird anders als bei den Funktionen STABW() und STABWA() mit n für den Umfang der Grundgesamtheit gerechnet. Handelt es sich um eine Stichprobe, ist die Funktion STABW() zu verwenden. Mehr zur Standardabweichung finden Sie in Abschnitt 7.5, *Statistische Tests*.

STABWNA()
STDEVPA()

Syntax:	STABWNA(**Wert1**; Wert2; ...)
Beispiel:	=STABWNA(33;22;FALSCH;17;WAHR;26) ergibt 12,28

Die Funktion berechnet für die Werte in der Argumentenliste die Standardabweichung vom arithmetischen Mittelwert. Dabei werden die in der Argumentenliste gegebenen Daten als Grundgesamtheit genommen. Die Funktion kann in Excel 2007 bis zu 255 Argumente enthalten, in den älteren Versionen bis zu 30. Im Unterschied zur Funktion STABWN() werden von dieser Funktion auch Textwerte und Wahrheitswerte mit ausgewertet. Textwerte zählen dabei 0. WAHR wird mit 1, FALSCH mit 0 gewertet.

Die Standardabweichung ist die Quadratwurzel aus dem arithmetischen Mittelwert der quadrierten Abweichungen vom arithmetischen Mittelwert. Bei der Ermittlung des Mittelwerts wird anders als bei den Funktionen STABW() und STABWA() mit n für den Umfang der Grundgesamtheit gerechnet.

Handelt es sich um eine Stichprobe, ist die entsprechende Funktion STABWA() zu verwenden. Mehr zur Standardabweichung finden Sie in Abschnitt 7.5, *Statistische Tests*.

STANDARDISIERUNG()
STANDARDIZE()

Syntax:	STANDARDISIERUNG(**x**; **Mittelwert**; **Standabwn**)
Beispiel:	=STANDARDISIERUNG(30;35;12) ergibt -0,4166

Die Funktion berechnet Werte, die einer Normalverteilung zugerechnet werden können, in Werte einer Standardnormalverteilung um. Dabei ist x der Wert, der standardisiert werden soll, `Mittelwert` ist das arithmetische Mittel der Verteilung, das Argument `Standabwn` liefert die Standardabweichung der Verteilung.

Eine Standardnormalverteilung ist eine Normalverteilung mit einem arithmetischen Mittel von 0 und einer Standardabweichung von 1, vgl. STANDARDNORMVERT() und NORMVERT().

Test	Meßwerte	STANDARDISIERUNG()	Mittelwert	Standardabweichung
		Standardisierte Werte einer Verteilung ermitteln		
1	1000	-1,714985851	1500	291,548
2	1100	-1,371988681		
3	1200	-1,028991511		
4	1300	-0,685994341		
5	1400	-0,34299717		
6	1500	0		
7	1600	0,34299717		
8	1700	0,685994341		
9	1800	1,028991511		
10	1900	1,371988681		
11	2000	1,714985851		
12	1900	1,371988681		
13	1800	1,028991511		
14	1700	0,685994341		
15	1600	0,34299717		
16	1500	0		
17	1400	-0,34299717		
18	1300	-0,685994341		
19	1200	-1,028991511		
20	1100	-1,371988681		

Abbildung 7.55 Ermitteln von standardisierten Werten

STANDNORMINV()
NORMSINV()

Syntax:	STANDNORMINV(**Wahrsch**)
Beispiel:	=STANDNORMINV(0,9992) ergibt 3,156

Die Funktion liefert Quantile einer Standardnormalverteilung zurück. Die Funktion ist die Umkehrung zu `STANDNORMVERT()`. Sie kann also benutzt werden, um zu einer mit `STANDNORMVERT()` berechneten Wahrscheinlichkeit wieder auf den entsprechenden Wert auf der x-Achse zurückzurechnen.

C5 | fx =STANDNORMINV(B5)

	A	B	C	D
1				
2	**Quantile der Standardnormalverteilung**			
3				
4	z	STANDNORMVERT()	STANDNORMINV()	
5	1	0,8413	1	
6	1,25	0,8944	1,25	
7	1,5	0,9332	1,5	
8	1,75	0,9599	1,75	
9	2	0,9772	2	
10	2,25	0,9878	2,25	
11	2,5	0,9938	2,5	
12	2,75	0,9970	2,75	
13	3	0,9987	3	

Abbildung 7.56 Berechnen des Quantils zu einer Wahrscheinlichkeit

Die Standardnormalverteilung ist eine Variante der Normalverteilung und dadurch gekennzeichnet, dass der Mittelwert (Erwartungswert) gleich 0 ist und die Standardabweichung gleich 1.

STANDNORMVERT()

NORMSDIST()

Syntax: `STANDNORMVERT(`**`z`**`)`

Beispiel: `=STANDNORMVERT(0)`
ergibt `0,5`

Die Funktion gibt die Wahrscheinlichkeit dafür, dass eine Zufallsvariable aus einer Standardnormalverteilung den Wert `z` oder kleiner annimmt. Aus der abgebildeten Tabelle kann also beispielsweise abgelesen werden, dass ein Wert `z` von höchstens 1 mit 84 %-iger Wahrscheinlichkeit auftritt, der Wert 1 selbst mit 24 %-iger Wahrscheinlichkeit.

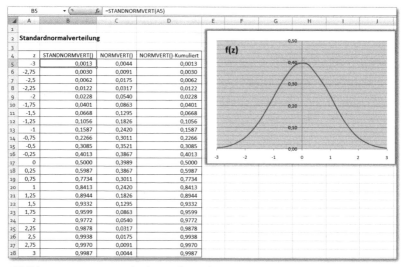

Abbildung 7.57 Die Standardnormalverteilung und der Glocken-Graph

Die Standardnormalverteilung ist eine Variante der Normalverteilung und dadurch gekennzeichnet, dass der Mittelwert (Erwartungswert) gleich 0 ist und die Standardabweichung gleich 1. Die von dieser Funktion ermittelten Werte lassen sich auch über =NORMVERT(z;0;1;WAHR) berechnen. Soll die Dichtefunktion berechnet werden, muss wie im abgebildeten Beispiel mit =NORMVERT(z;0;1;FALSCH) gearbeitet werden.

In der Spalte B stehen die von der Funktion STANDNORMVERT() berechneten Werte, in C die der nicht kumulierten Normalverteilung, also der entsprechenden Dichtefunktion, und in D die Werte der kumulierten Normalverteilung (Verteilungsfunktion).

STEIGUNG()
SLOPE()

Syntax: STEIGUNG(Y_Werte; X_Werte)

Beispiel: =STEIGUNG({2;3;4};{4;6;8})
ergibt 0,5

7 | Statistische Funktionen

Die Funktion liefert die Steigung für die aus den Argumenten Y_Werte und X_Werte errechneten Regressionsgeraden oder Trendlinie, vgl. hierzu die Funktion RGP(). Für Y_Werte und X_Werte kann jeweils ein Zellbereich oder eine Matrixkonstante angegeben werden.

Die Regressionsgerade hat die Gleichung y = b + m * x, wobei b der Schnittpunkt der Geraden mit der y-Achse ist und m die Steigung. Der Wert für b kann mit der Funktion ACHSENABSCHNITT() berechnet werden.

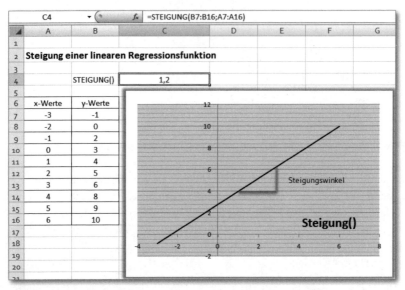

Abbildung 7.58 Berechnung der Steigung einer Regressionsgeraden

STFEHLERYX()
STEYX()

Syntax:	STFEHLERYX(Y_Werte; X_Werte)
Beispiel:	=STFEHLERYX({2;3;4};{3;7;9}) ergibt 0,2673

Die Funktion liefert den Standardschätzfehler für die mittels linearer Regression aus den mit dem Argument X_Werte angegebenen Daten geschätzten Y-Werte, vgl.

hierzu `RGP()`. Dabei stellen die `X_Werte` die unabhängige, die `Y-Werte` die abhängige Variable dar. Der errechnete Wert ist ein Maß für die Zuverlässigkeit der linearen Regression. Er sagt aus, wie sehr der errechnete Stichprobenmittelwert um den tatsächlichen Mittelwert der Grundgesamtheit streut.

	A	B	C	D
1				
2	**Berechnen des Standardfehlers**			
3				
4	Monat	Werbeaufwand	Umsatz	STFEHLERYX()
5	Jan 06	10000	900000	65409
6	Feb 06	12000	1090000	
7	Mrz 06	14000	1300000	
8	Apr 06	12000	1200000	
9	Mai 06	11000	900000	
10	Jun 06	10000	990000	
11	Jul 06	10000	980000	
12	Aug 06	11000	1050000	
13	Sep 06	12000	1020000	
14	Okt 06	13000	1200000	
15	Nov 06	13500	1230000	
16	Dez 06	14000	1300000	
17	Jan 07	11000	1090000	
18	Feb 07	12000	1100000	
19	Mrz 07	15000	1400000	
20	Apr 07	12000	1160000	
21	Mai 07	11000	1080000	
22	Jun 07	10000	950000	
23	Jul 07	10000	1000000	
24	Aug 07	11000	1090000	
25	Sep 07	13000	1240000	
26	Okt 07	14000	1360000	
27	Nov 07	13500	1290000	
28	Dez 07	16000	1700000	

Abbildung 7.59 Berechnung des Standardfehlers bei linearer Regression

SUMQUADABW()
DEVSQ()

Syntax: SUMQUADABW(`Zahl1`; Zahl2; ...)

Beispiel: =SUMQUADABW(4;6;5;7;3;5)
ergibt 10

7 | Statistische Funktionen

Die Funktion gibt die Summe der quadratischen Abweichungen der Einzelwerte vom arithmetischen Mittelwert der Stichprobe an. Die Funktion kann in Excel 2007 bis zu 255 Argumente enthalten, in den älteren Versionen bis zu 30.

Das Ergebnis dieser Funktion wird häufig in der Statistik verwendet, z. B. ist es Bestandteil und Ausgangspunkt der Berechnung von Varianz und Standardabweichung.

	A	B	C	D	E	F
1						
2	**Summe der quadrierten Abweichungen**					
3						
4	Monat	Umsatz	SUMQUADABW()		Abw. vom Mittelwert	Quadart der Abw.
5	Jan 06	900000	780383333333		250833	62917361111
6	Feb 06	1090000			60833	3700694444
7	Mrz 06	1300000			-149167	22250694444
8	Apr 06	1200000			-49167	2417361111
9	Mai 06	900000			250833	62917361111
10	Jun 06	990000			160833	25867361111
11	Jul 06	980000			170833	29184027778
12	Aug 06	1050000			100833	10167361111
13	Sep 06	1020000			130833	17117361111
14	Okt 06	1200000			-49167	2417361111
15	Nov 06	1230000			-79167	6267361111
16	Dez 06	1300000			-149167	22250694444
17	Jan 07	1090000			60833	3700694444
18	Feb 07	1100000			50833	2584027778
19	Mrz 07	1400000			-249167	62084027778
20	Apr 07	1160000			-9167	84027778
21	Mai 07	1080000			70833	5017361111
22	Jun 07	950000			200833	40334027778
23	Jul 07	1000000			150833	22750694444
24	Aug 07	1090000			60833	3700694444
25	Sep 07	1240000			-89167	7950694444
26	Okt 07	1360000			-209167	43750694444
27	Nov 07	1290000			-139167	19367361111
28	Dez 07	1700000			-549167	301584027778
29	MITTELWERT()	1150833			SUMME()	780383333333

Abbildung 7.60 Summe der quadrierten Abweichungen vom Mittelwert einer Stichprobe

TINV()
TINV()

Syntax:	TINV(Wahrsch; Freiheitsgrade)
Beispiel:	=TINV(0,05;5) ergibt 2,57

Die Funktion liefert den `t-Wert` der t-Verteilung und ist damit die Umkehrung von `TVERT()` mit dem Parameter 2 für `Seiten`. Die wiedergegebenen Werte sind in statistischen Tabellenwerken als `t-Wert` für zweiseitige Tests (Tests, bei denen die Werte nach beiden Seiten abweichen können) tabelliert.

Mit `Wahrsch` wird die zur t-Verteilung gehörige zweiseitige Wahrscheinlichkeit angegeben, der Wert für `Freiheitsgrade` ergibt sich aus der Gesamtzahl der Stichprobenelemente − 2.

Der prinzipielle Ablauf des t-Tests umfasst folgende Schritte:

▸ Aus den zu vergleichenden Größen wird ein rechnerischer t-Wert ermittelt (im Folgenden `tr`).
▸ Die Freiheitsgrade (im Folgenden `df`) werden ermittelt.
▸ Der errechnete `tr`-Wert wird mit dem von `TINV()` gelieferten verglichen. Soll der Test einseitig sein, muss für die Funktion das Maß der Wahrscheinlichkeit halbiert werden.

Benötigt wird der von `TINV()` gelieferte Wert u. a. bei folgenden Tests:

Vergleich des Mittelwertes einer Stichprobe mit dem Mittelwert der Grundgesamtheit

```
tr = WURZEL(n) * ABS(Ms-Mg)/Ss
df = n-1
```

mit `n` = Stichprobengröße; `Ms` = Mittelwert Stichprobe; `Mg` = Mittelwert Grundgesamtheit; `Ss` = Standardabweichung Stichprobe.

Vergleich der Mittelwerte zweier Stichproben

```
tr = (M1-M2)/Sg
Sg^2 = ((n1-1)*S1^2 + (n2-1)*S2^2) * (n1+n2) /((n1+n2-2)*(n1*n2))
df = n1 + n2 - 2
```

Mit `M1` und `M2` für die Mittelwerte der beiden Stichproben, `S1` und `S2` für die Standardabweichungen, `n1` und `n2` für die Stichprobengrößen.

Ist der so errechnete `tr`-Wert kleiner als der von `TINV()` gelieferte, kann davon ausgegangen werden, dass die Unterschiede zwischen den zu testenden Größen zufällig sind. Die Wahrscheinlichkeit, dass diese Annahme falsch ist, wird mit dem Argument `Wahrsch` angegeben.

Die Abbildung zeigt einen t-Test für zwei Stichproben aus Untersuchungen zur Knochendichte, mit dem geprüft wird, ob die Unterschiede als signifikant oder nur als zufällig einzustufen sind. Der errechnete Wert für `TTEST()` ist deutlich kleiner als der für `TINV()`, also kann davon ausgegangen werden, dass die Unterschiede der beiden Stichproben nicht signifikant sind.

	A	B	C	D	E
1					
2	**Berechnen des kritischen Werts der t-Verteilung**				
3					
4	Stichprobe 1	Knochendichte in mg/cm³		Stichprobe 2	Knochendichte in mg/cm³
5	p1	19,4		p1	19,2
6	p2	23		p2	19,3
7	p3	29,9		p3	61,9
8	p4	33		p4	69,9
9	p5	67,9		p5	71
10	p6	68		p6	78
11	p7	81		p7	96
12	p8	178		p8	101,4
13	p9	55		MITTELWERT()	64,5875
14	p10	34		STABW()	30,9593022
15	MITTELWERT()	58,92		ANZAHL()	8
16	STABW()	46,94336541			
17	ANZAHL()	10		TTEST()	0,762707427
18				TVERT()	0,05
19				Freiheitsgrade	16
20				Wahrsch	0,05
21				TINV()	2,119905285

Abbildung 7.61 Berechnen des Quantils der t-Verteilung

TREND()
TREND()

Syntax:	TREND(y-**Werte**; x-Werte; Neue_x-Werte; Konstante)
Beispiel:	=TREND({2;3;4;6;6;5}) ergibt {2,5;3,2;4;4,7;5,4;6,2} (Werte gerundet)

Die Funktion berechnet auf der Basis der linearen Regression (vgl. RGP()) geschätzte y-Werte. Y-Werte sind die bereits vorhandenen y-Werte; x-Werte sind die vorhandenen x-Werte. Werden sie nicht angegeben, nummeriert Excel die y-Werte durch. Mit Neue_x-Werte lassen sich von den vorhandenen x-Werten verschiedene x-Werte angeben, für die y-Werte geschätzt werden sollen (z. B. zum Hochrechnen von Werten). Die Funktion berechnet aus den gegebenen y- und x-Werten eine Trendgerade und gibt dann für Neue_x-Werte die y-Werte an, die auf dieser Geraden liegen. Dies wird sichtbar, wenn in das Diagramm aus den gesamten Daten eine lineare Trendlinie eingezogen wird.

TREND() muss als Matrixfunktion eingegeben werden: Ausgabebereich markieren, Funktion eingeben, mit [Strg]+[⇧]+[↵] beenden. Die Abbildung zeigt die Anwendung der Funktion bei der Schätzung zukünftiger Umsätze. Dabei wird ein lineares Wachstum angenommen.

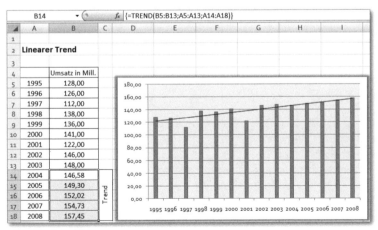

Abbildung 7.62 Lineare Vorausschätzung mit TREND()

7 | Statistische Funktionen

TTEST()
TTEST()

Syntax:	TTEST(Matrix1; Matrix2; Seiten; Typ)
Beispiel:	=TTEST({12;19;13;14;17}; {15;17;16;15;17};2;2) ergibt 0,489

Die Funktion gestattet den direkten Vergleich zweier Stichproben, ohne dass so viele rechnerische Zwischenschritte nötig wären wie bei dem unter TINV() geschilderten Verfahren. Die beiden Stichproben werden mit Matrix1 und Matrix2 angegeben. Mit Seiten wird vorgegeben, ob Abweichungen nach beiden Seiten (2) oder nur nach einer Seite (1) möglich sind. Mit Typ wird der Charakter der Stichproben angegeben:

1. gleiche Stichprobengröße
2. unterschiedliche Größe, aber gleiche Standardabweichung
3. unterschiedliche Größe und Standardabweichung

	A	B	C	D	E
	E17		f_x	=TTEST(B5:B14;E5:E12;2;3)	
1					
2	Vergleich der Mittelwerte zweier Stichproben				
3					
4	Stichprobe 1	Knochendichte in mg/cm^3		Stichprobe 2	Knochendichte in mg/cm^3
5	p1	19,4		p1	19,2
6	p2	23		p2	19,3
7	p3	29,9		p3	61,9
8	p4	33		p4	69,9
9	p5	67,9		p5	71
10	p6	68		p6	78
11	p7	81		p7	96
12	p8	178		p8	101,4
13	p9	55		MITTELWERT()	64,5875
14	p10	34		STABW()	30,9593022
15	MITTELWERT()	58,92		ANZAHL()	8
16	STABW()	46,94336541			
17	ANZAHL()	10		TTEST()	0,762707427

Abbildung 7.63 T-Test für zwei Stichproben

Siehe auch die Abschnitte in Kapitel 14, *Zusätzliche Tools für die Datenanalyse*, zu den t-Test-Tools.

TVERT()
TDIST()

Syntax:	TVERT(x; Freiheitsgrade; Seiten)
Beispiel:	=TVERT(2,57;5;2) ergibt 0,05

Die Funktion liefert die Wahrscheinlichkeit für eine t-verteilte Zufallsvariable. TVERT() ist die Umkehrung zu TINV(). Wenn x = TINV(Wahrsch;...), dann gilt Wahrsch = TVERT(x;...).

Ein Beispiel für die Anwendung ist der Vergleich der Häufigkeit eines Merkmals in einer Stichprobe mit der Wahrscheinlichkeit dieses Merkmals in der Grundgesamtheit. Die Testgröße t ist

t = ABS(z-n*p)/WURZEL(n*p*(1-p))

mit z = Häufigkeit des Merkmals in der Stichprobe, p = Wahrscheinlichkeit in der Grundgesamtheit und n = Größe der Stichprobe. Die Zahl der Freiheitsgrade beträgt df = n – 1.

Setzen Sie diese beiden Größen (t und df) in die Funktion ein, dann erhalten Sie direkt die Wahrscheinlichkeit dafür, dass der Unterschied zwischen Stichprobe und Grundgesamtheit zufällig ist.

Siehe auch die Abschnitte in Kapitel 14, *Zusätzliche Tools für die Datenanalyse*, zu den t-Test-Tools.

VARIANZ()
VAR()

Syntax:	VARIANZ(**Zahl1**; Zahl2; ...)
Beispiel:	=VARIANZ(A1:A6) ergibt 30,17 für A1:A6(33;22;28;17;23;26)

Die Funktion schätzt für die Werte in der Argumentenliste die vermutete Varianz der Grundgesamtheit. Dabei werden die in der Argumentenliste gegebenen Daten als Stichprobe aus dieser Grundgesamtheit genommen. Die Argumentenliste kann in Excel 2007 bis zu 255 Werte enthalten, in den älteren Versionen bis zu 30. Die Funktion ermittelt die Differenz der einzelnen Werte zum arithmetischen Mittelwert, quadriert diese und teilt das Ergebnis durch die Anzahl der Werte – 1. Die Standardabweichung ist wiederum nichts anderes als die Wurzel der Varianz, womit dann wieder eine Größenordnung auf der Ebene der vorhandenen Abweichungen erreicht wird.

Handelt es sich bei den Daten um eine Grundgesamtheit, ist die Funktion VARIANZEN() zu verwenden. Mehr zur Varianz finden Sie in Abschnitt 7.5, *Statistische Tests*.

	A	B	C	D
1				
2	**Berechnen der Varianz**			
3				
4	Person	Geschlecht	Alter	Gewicht
5	1	m	23	69
6	2	m	25	66
7	3	w	29	68
8	4	m	33	72
9	5	w	35	74
10	6	w	35	63
11	7	m	43	68
12	8	w	43	79
13	9	m	43	58
14	10	w	43	79
15	11	w	45	68
16	12	m	46	72
17	13	m	47	77
18	14	m	47	56
19	15	w	51	60
20	16	w	53	62
21	17	w	53	58
22	18	m	54	61
23	19	w	55	55
24	20	m	63	57
25		VARIANZ()	111,6	59,6
26		VARIANZEN()	106,0	56,6
27		MITTELWERT()	43,3	66,1

Abbildung 7.64 Berechnung der Varianz

VARIANZA()
VARA()

Syntax:	VARIANZA(**Wert1**; Wert2; ...)
Beispiel:	=VARIANZA(A1:A6) ergibt 181,1 für A1:A6(33;22;FALSCH;17;WAHR;26)

Die Funktion schätzt für die Werte in der Argumentenliste die vermutete Varianz der Grundgesamtheit. Dabei werden die in der Argumentenliste gegebenen Daten als Stichprobe aus dieser Grundgesamtheit genommen. Die Argumentenliste kann in Excel 2007 bis zu 255 Werte enthalten, in den älteren Versionen bis zu 30. Die Funktion ermittelt die Differenz der einzelnen Werte zum arithmetischen Mittelwert, quadriert diese und teilt das Ergebnis durch die Anzahl der Werte − 1.

Im Unterschied zur Funktion VARIANZ() werden von dieser Funktion auch Textwerte und Wahrheitswerte mit ausgewertet. Textwerte zählen dabei 0. WAHR wird mit 1, FALSCH mit 0 gewertet.

Handelt es sich bei den Daten um eine Grundgesamtheit, ist die entsprechende Funktion VARIANZENA(). Mehr zur Varianz finden Sie in Abschnitt 7.5, *Statistische Tests*.

VARIANZEN()
VARP()

Syntax:	VARIANZEN(**Zahl1**; Zahl2; ...)
Beispiel:	=VARIANZEN(A1:A6) ergibt 25,14 für A1:A6(33;22;28;17;23;26)

Die Funktion berechnet für die Werte in der Argumentenliste die Varianz. Dabei werden die gegebenen Daten als Grundgesamtheit genommen. Die Argumentenliste kann in Excel 2007 bis zu 255 Werte enthalten, in den älteren Versionen bis zu 30. Die Funktion ermittelt die Differenz der einzelnen Werte zum arithmetischen Mittelwert, quadriert diese und teilt das Ergebnis durch die Anzahl der Werte. Mehr zur Varianz finden Sie in Abschnitt 7.5, *Statistische Tests*.

7 | Statistische Funktionen

VARIANZENA()
VARPA()

Syntax:	VARIANZENA(**Wert1**; Wert2; ...)
Beispiel:	=VARIANZENA(A1:A6)
	ergibt 150,91 für A1:A6(33;22;FALSCH;17;WAHR;26)

Die Funktion berechnet für die Werte in der Argumentenliste die Varianz. Dabei werden die gegebenen Daten als Grundgesamtheit genommen. Die Argumentenliste kann in Excel 2007 bis zu 255 Werte enthalten, in den älteren Versionen bis zu 30. Die Funktion ermittelt die Differenz der einzelnen Werte zum arithmetischen Mittelwert, quadriert diese und teilt das Ergebnis durch die Anzahl der Werte. Im Unterschied zur Funktion VARIANZEN() werden von dieser Funktion auch Textwerte und Wahrheitswerte mit ausgewertet. Textwerte zählen dabei 0. WAHR wird mit 1, FALSCH mit 0 gewertet. Mehr zur Varianz finden Sie in Abschnitt 7.5, *Statistische Tests*.

VARIATION()
GROWTH()

Syntax:	VARIATION(**y-Werte**; x-Werte; Neue_x-Werte; Konstante)
Beispiel:	siehe Abbildung 7.65

Die Funktion berechnet auf der Basis der exponentiellen Regression (vgl. RKP()) geschätzte y-Werte. Das Argument y-Werte gibt die schon vorhandenen y-Werte an; x-Werte sind die vorhandenen x-Werte. Werden sie nicht angegeben, nummeriert Excel die y-Werte durch. Mit Neue_x-Werte lassen sich zusätzlich zu den vorhandenen x-Werten weitere x-Werte angeben, für die y-Werte geschätzt werden sollen (z. B. zum Hochrechnen von Werten).

VARIATION() muss als Matrixfunktion eingegeben werden: Zunächst wird der Ausgabebereich markiert, und zwar in der Größe, die für die gewünschten Werte benötigt wird. Dann wird die Funktion eingeben und mit [Strg]+[⇧]+[↵] beendet.

Die Abbildung zeigt die Anwendung der Funktion bei der Schätzung zukünftiger Umsätze. Dabei wird ein exponentielles Wachstum angenommen, d. h., es wird davon ausgegangen, dass sich die Umsätze jedes Jahr um einen bestimmten Faktor oder Prozentsatz vergrößern. In dem beigefügten Säulendiagramm ist eine exponentielle Trendlinie eingefügt, um die Entwicklung zu verdeutlichen.

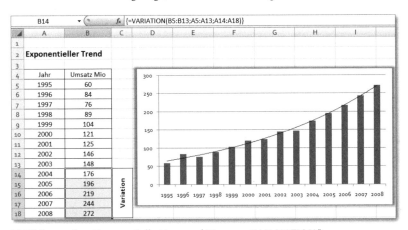

Abbildung 7.65 Exponentielle Vorausschätzung mit VARIATION()

VARIATIONEN()
PERMUT()

Syntax: VARIATIONEN(n; k)

Beispiel: =VARIATIONEN(52;4)
ergibt 6497400

Die Funktion berechnet die Reihe von geordneten Folgen, die mit den angegebenen Argumenten möglich sind. Dabei ist k die Anzahl der Elemente, die aus einer Menge von n Elementen gewählt werden. Im Gegensatz zu KOMBINATIONEN() werden in dieser Funktion Reihenfolgen berücksichtigt.

Im Beispiel wird aus einem Patience-Kartenspiel eine bestimmte Folge von vier Karten gezogen. Wie viele mögliche Folgen ständen zur Verfügung? Die Wahrscheinlichkeit, die Folge von Kreuz-As, Pik-As, Herz-As und Karo-As (genau in dieser Reihenfolge) zu ziehen, liegt damit bei 1/6.497.400.

7 | Statistische Funktionen

	A	B	C
1			
2	Berechnung der Möglichkeiten, k Elemente aus einer Menge n zu ziehen		
3			
4	Menge n	Auswahl k	VARIATIONEN()
5	6	2	30
6	12	4	11.880
7	18	6	13.366.080
8	24	8	29.654.190.720
9	30	10	109.027.350.432.000
10	36	12	599.555.620.984.320.000
11	42	14	4.608.264.443.634.950.000.000
12	48	16	47.177.730.049.421.200.000.000.000
13	54	18	620.558.705.531.887.000.000.000.000.000
14	60	20	10.198.346.916.138.400.000.000.000.000.000.000
15	66	22	204.774.013.400.329.000.000.000.000.000.000.000
16	72	24	4.932.727.141.604.180.000.000.000.000.000.000.000
17	78	26	140.398.430.217.471.000.000.000.000.000.000.000.000
18	84	28	4.661.387.788.121.680.000.000.000.000.000.000.000.000

Abbildung 7.66 Die Fülle der Möglichkeiten

WAHRSCHBEREICH()
PROB()

Syntax: WAHRSCHBEREICH(Beob_Werte; Beob_Wahrsch; Untergrenze; Obergrenze)

Beispiel: =WAHRSCHBEREICH({2;3;4;5;6};
{0,1;0,2;0,4;0,2;0,1}
;5;6)
ergibt 0,3

Die Funktion berechnet auf der Basis der mit dem Argument Beob_Werte angegebenen bisher beobachteten Werte und ihrer mit Beob_Wahrsch aufgeführten Wahrscheinlichkeiten die Wahrscheinlichkeit dafür, dass ein (neuer) Beobachtungswert in ein bestimmtes Intervall fällt.

Für Beob_Wahrsch wird üblicherweise angenommen:

p(wert) = h(wert)/beobachtungen,

also der Quotient aus der Häufigkeit, mit der ein Wert auftrat, und der Zahl der Beobachtungen. Die Summe aller Wahrscheinlichkeiten muss naturgemäß immer 1 bzw. 100% sein.

Das Intervall wird mit Untergrenze und Obergrenze (beide einschließlich) angegeben. Wird Obergrenze weggelassen, dann berechnet die Funktion die Wahrscheinlichkeit dafür, dass ein Beobachtungswert die Größe Untergrenze annimmt. Die Werte für beide Argumente müssen auch in dem Bereich der beobachteten Werte vorhanden sein, wenn die Auswertung sinnvoll sein soll. Werte außerhalb dieses Bereichs werden zwar akzeptiert, führen aber zu irreführenden Ergebnissen.

Die Abbildung zeigt ein Beispiel zur Notenverteilung. In Spalte A und B sind die bisher beobachteten Werte und ihre Wahrscheinlichkeit angeordnet. In der Tabelle daneben wird die Funktion mit verschiedenen Intervallgrenzen benutzt. Die Zeile 8 bedeutet hier beispielsweise, dass 70 % der Noten in dem Bereich von 2 bis 4 liegen. Die Funktion summiert die Wahrscheinlichkeiten einzelner Werte zu Intervallwahrscheinlichkeiten.

F6			f_x	=WAHRSCHBEREICH($A$5:$A$10;$B$5:$B$10;D6;E6)		
	A	B	C	D	E	F	G
1							
2	**Wahrscheinlichkeitsbereich**						
3							
4	Note	p(Wert)		UGrenze	OGrenze	p(Bereich)	
5	1	10%		1		10%	
6	2	20%		1	3	60%	
7	3	30%		2	3	50%	
8	4	20%		2	4	70%	
9	5	10%		3	6	70%	
10	6	10%					

Abbildung 7.67 Berechnung von Intervall-Wahrscheinlichkeiten

WEIBULL()
WEIBULL()

Syntax:	WEIBULL(x; Alpha; Beta; Kumuliert)
Beispiel:	=WEIBULL(2;1;0,5;WAHR) ergibt 0,9817

Die Funktion liefert Wahrscheinlichkeiten für eine Zufallsvariable, die einer Weibull-Verteilung gehorcht. Diese Verteilung wird beispielsweise für Haltbarkeitsstatistiken im Bereich der Qualitätssicherung benutzt.

7 | Statistische Funktionen

Das Quantil, für das die Funktion ausgewertet werden soll, wird mit x angegeben, `Alpha` ist ein Skalenparameter der Verteilung, `Beta` ein Form- oder Gestaltparameter der Verteilung. Mit `Kumuliert` lässt sich festlegen, ob die Dichtefunktion (`FALSCH`) oder die Verteilungsfunktion (`WAHR`) ausgegeben wird. Den Einfluss der Parameter macht die Abbildung deutlich.

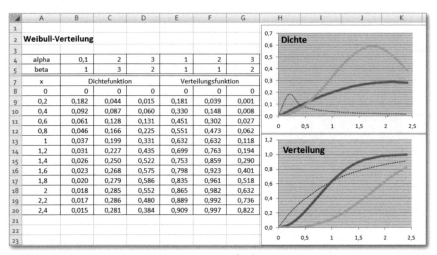

Abbildung 7.68 Weibull-Verteilung

ZÄHLENWENN()
COUNTIF()

Syntax:	ZÄHLENWENN(`Bereich; Kriterien`)
Beispiel:	=ZÄHLENWENN(A10:A15;"<10") ergibt 4, wenn A10:A15 die Werte 5, 4, 9, 12, 11, 1 enthält

Die Funktion gibt die Anzahl der Zellen in einem Bereich wieder, die Inhalte oder Bezüge auf Inhalte enthalten, die den angegebenen Kriterien entsprechen. Leere Zellen werden ignoriert. Suchkriterien können eine Zahl, ein Ausdruck oder eine Zeichenfolge sein. Ausdrücke mit logischen Operatoren müssen in Anführungszeichen gesetzt werden.

Außerdem können die Platzhalterzeichen – ? für ein beliebiges Zeichen, * für mehrere beliebige Zeichen – verwendet werden. Sollen diese Zeichen selbst gesucht werden, muss eine Tilde ~ vor sie gesetzt werden.

In der Abbildung werden in C5 die Besucherwerte gesucht, die über 120 pro Monat liegen, in C6 die Zahl der eingetragenen Monate nach dem Juni 2006.

	A	B	C	D
1				
2	**Bedingtes Zählen mit einem Kriterium**			
3				
4	Monat	Besucher	ZÄHLENWENN()	
5	Jan 06	100	3	=ZÄHLENWENN(B5:B16;">120")
6	Feb 06	120	6	=ZÄHLENWENN(A5:A16;">Jun 06")
7	Mrz 06	70		
8	Apr 06	120		
9	Mai 06	110		
10	Jun 06	100		
11	Jul 06	90		
12	Aug 06	110		
13	Sep 06	120		
14	Okt 06	130		
15	Nov 06	135		
16	Dez 06	140		

Abbildung 7.69 Beispiel für bedingtes Zählen

ZÄHLENWENNS()
COUNTIFS()

Syntax: ZÄHLENWENNS(Bereich1; Kriterien1; Bereich2;Kriterien2...)

Beispiel: =ZÄHLENWENNS(A10:A15,">4";A10:A15;"<10")
ergibt 3, wenn A10:A15 die Werte 5, 4, 9, 12, 11, 1 enthält

Die Funktion gibt die Anzahl der Zellen in bis zu 127 Bereichen wieder, die Inhalte enthalten oder Bezüge auf Inhalte, die den angegebenen Suchkriterien entsprechen. Leere Zellen werden ignoriert. Anders als bei der Funktion ZÄHLENWENN() können also mehrere Suchkriterien angegeben werden. Die Argumente werden paarweise angegeben. Sollen für einen Bereich mehrere Kriterien verwendet werden, muss der Bereich entsprechend oft angegeben werden.

7 | Statistische Funktionen

Kriterium kann eine Zahl, ein Ausdruck oder eine Zeichenfolge sein. Ausdrücke mit logischen Operatoren müssen in Anführungszeichen gesetzt werden. Außerdem können die Platzhalterzeichen – ? für ein beliebiges Zeichen, * für mehrere beliebige Zeichen – verwendet werden. Sollen diese Zeichen selbst gesucht werden, muss eine Tilde ~ vor sie gesetzt werden.

Das folgende Beispiel zeigt, wie mit der Funktion gearbeitet werden kann. Die erste Formel in A17 sucht in Spalte B die Einträge mit der Lieblingsfarbe »rot«, bei denen gleichzeitig in der Spalte für den Lieblingssport »Tennis« und in der Spalte zur Lieblingsmusik »Pop« eingetragen ist. Die Formel in A19 verwendet für die Sportart einen Platzhalter, sodass sowohl »Tennis« als auch »Turnen« gefunden wird. Die Ergebnisse zeigen, dass die drei ausgewerteten Bereiche in diesem Fall zeilenweise verglichen werden.

	A	B	C	D
1				
2	**Bedingtes Zählen mit mehreren Kriterien**			
3				
4	Name	Lieblingsfarbe	Lieblingssport	Lieblingsmusik
5	Hans	rot	Fußball	Rock
6	Werner	blau	Tennis	Blues
7	Lotte	rot	Tennis	Pop
8	Lisa	gelb	Joggen	Pop
9	Franz	blau	Joggen	Pop
10	Rita	rot	Turnen	Pop
11	Henning	rot	Fußball	Rock
12	Wanda	blau	Tennis	Blues
13	Lori	rot	Tennis	Pop
14	Bella	rot	Tennis	Pop
15	Arne	blau	Joggen	Pop
16	Lukas	rot	Fußball	Blues
17	3			
18	=ZÄHLENWENNS(B5:B16;"rot";C5:C16;"Tennis";D5:D16;"Pop")			
19	4			
20	=ZÄHLENWENNS(B5:B16;"rot";C5:C16;"T*";D5:D16;"Pop")			

Abbildung 7.70 Bedingtes Zählen mit mehreren Kriterien

8 Matrix- und Bereichsfunktionen

Funktion	Seite	Funktion	Seite
ADRESSE()	410	SPALTE()	424
BEREICH.VERSCHIEBEN()	412	SPALTEN()	426
BEREICHE()	415	SVERWEIS()	427
HYPERLINK()	416	VERGLEICH()	428
INDEX()	418	VERWEIS()	429
INDIREKT()	421	WAHL()	430
MTRANS()	422	WVERWEIS()	430
PIVOTDATENZUORDNEN()	423	ZEILE()	431
RTD()	424	ZEILEN()	432

8.1 Einsatzbereiche für Matrix- und Bereichsfunktionen

Die unter dieser Rubrik aufgeführten Funktionen dienen in erster Linie zur Behandlung von Bezügen: dem Ermitteln der Adressen von Zellen, der Größe und dem Durchsuchen von Bereichen etc.

Diese Funktionen können alle in Tabellen verwendet werden, finden aber auch insbesondere in der Makroprogrammierung Anwendung.

8.2 Arbeiten mit Verweisfunktionen

Zu den Funktionen, die in ganz unterschiedlichen Situationen von großem Nutzen sind, gehören die beiden Verweisfunktionen WVERWEIS() und SVERWEIS(). Sie werden immer dann benutzt, wenn aus einer vorhandenen Tabelle, deren erste

8 | Matrix- und Bereichsfunktionen

Zeile oder Spalte in aufsteigender Reihenfolge sortiert ist, gezielt Informationen extrahiert werden sollen. Typische Beispiele für solche Tabellen sind Steuertabellen, Inventarlisten, Verzeichnisse oder Kataloge. Der Unterschied zwischen den beiden Funktionen besteht darin, dass WVERWEIS() bei Tabellen verwendet wird, die waagerecht aufgebaut sind; SVERWEIS() wird hingegen bei senkrecht aufgebauten Tabellen eingesetzt.

	A	B	C	D	E	F
1						
2	**Beispiel Horizontale Verweistabelle**					
3						
4	Zimmer	1	2	3	4	5
5	Miete	300	600	800	1100	1400
6	Nebenkosten	80	150	200	220	240
7	qm	25	45	69	91	126
9	Wie hoch ist die Miete bei 3-Zimmerwohnungen ?					Antwort:
11		=WVERWEIS(3;WOHNUNGEN;2)				800

Abbildung 8.1 Waagerechte Verweistabelle

In der abgebildeten Tabelle sind durchschnittliche Werte für Wohnungen aufgelistet. In der ersten Zeile ist die Zimmeranzahl in aufsteigender Reihenfolge eingetragen. Für jede Zimmeranzahl sind nun in den Spalten bestimmte Daten aufgeführt. Das heißt, die Daten von Zelle B5 bis B7 gehören zu den Einzimmerwohnungen, die Daten in den Zellen C5 bis C7 gehören zu den Zweizimmerwohnungen usw.

Der gesamte Datenbereich der Tabelle ist im Beispiel mit dem Namen »Wohnung« bezeichnet. Möchten Sie nun die Miete für die Dreizimmerwohnungen abgreifen, lautet die Formel:

=WVERWEIS(3; Wohnung; 2)

Die Funktion hat drei Argumente:

1. das Suchkriterium, im Beispiel die Anzahl der Zimmer
2. die Matrix, der Bereich der Tabelle, im Beispiel A4 bis F7, benannt mit »Wohnung«
3. der Zeilenindex, im Beispiel 2 für 2. Zeile

Der Zeilenindex gibt an, die wievielte Zeile in der Matrix den Ergebniswert liefern soll. Der hier angegebene Wert hängt davon ab, welche Information jeweils gewünscht wird. Interessieren Sie sich für die Nebenkosten, wäre der anzugebende Index = 3.

Die Funktion geht also mit dem angegebenen Suchkriterium in die erste Zeile, sucht von links nach rechts nach einem Wert, der zum Suchkriterium passt. Ist die entsprechende Spalte gefunden, wandert der Zellzeiger zu der Zeile abwärts, deren Index angegeben wurde. Die Funktion liefert schließlich den dort gefundenen Zellinhalt als ihr Ergebnis. Dieser Inhalt kann ein numerischer Wert, aber auch ein Text sein. Gibt es keinen mit dem Suchkriterium identischen Wert in der Zeile, wird der Wert genommen, der vor dem nächsthöheren liegt. Wäre das Suchkriterium z. B. 2,5 Zimmer, liefert die Funktion den Wert für 2 Zimmer.

Die Funktion SVERWEIS() wird bei Tabellen benutzt, die senkrecht aufgebaut sind. Typisches Beispiel ist eine Steuertabelle. Dort sind in der ersten Spalte in aufsteigender Reihenfolge die verschiedenen Einkommensstufen aufgeführt. Zu jeder Einkommensstufe sind in den Spalten rechts neben der ersten Spalte die Steuerbeträge für die verschiedenen Steuerklassen aufgeführt.

Wer nachschauen will, was er zu zahlen hat, liest zunächst die erste Spalte von oben nach unten, bis er einen Betrag gefunden hat, der seinem Einkommen entspricht. Dann geht er in der entsprechenden Tabellenzeile so viele Spalten nach rechts, bis er in der Spalte angekommen ist, die seiner Steuerklasse entspricht. Nichts anderes macht die SVERWEIS()-Funktion.

8.3 Einsatz der INDEX()-Funktion

Excel bietet die INDEX()-Funktion in zwei Versionen an. Die Bezugsversion mit der Syntax =INDEX(Bezug;Zeile;Spalte;Bereich) dient der Abfrage von Datentabellen, die Matrixversion mit der Syntax =INDEX(Matrix;Zeile;Spalte) ist speziell für die Abfrage der Werte von Matrizen ausgelegt.

Die INDEX()-Funktion für Datentabellen beantwortet die Frage, was in der Zelle eingetragen ist, die im Schnittpunkt der Zeile n und der Spalte m des mit Bezug angegebenen Bereichs liegt. Das letzte Argument Bereich kann angegeben werden, wenn der Bezug eine Mehrfachauswahl enthält. Sind also z. B. drei Zellblöcke in der Mehrfachauswahl enthalten, bedeutet eine 2 für Bereich, dass sich die Zeilen- und Spaltennummern auf den zweiten Zellblock beziehen. Wird Bereich nicht angegeben, wird immer der erste Block genommen.

8 | Matrix- und Bereichsfunktionen

Im Beispiel, das durch die Abbildung verdeutlicht wird, ist ein Bereich für die Produktionsergebnisse mehrerer Werke der letzten fünf Jahre mit dem Namen »PRODUKTION« definiert. Die Zelle, die in der dritten Spalte und der dritten Zeile dieses Bereichs liegt, enthält den Betrag 2.100.000.

	A	B	C	D	E	F
1						
2	**Produktionsergebnisse**					
3						
4			2000	2001	2002	2003	2004
5	Werk1		1.600.000 €	2.100.000 €	100.000 €	2.800.000 €	1.200.000 €
6	Werk2		2.900.000 €	1.400.000 €	400.000 €	1.900.000 €	100.000 €
7	Werk3		800.000 €	800.000 €	2.100.000 €	1.300.000 €	2.900.000 €
8	Werk4		100.000 €	1.600.000 €	1.400.000 €	500.000 €	2.800.000 €
10			Produktion von Werk3 im Jahr 2003:				1.300.000 €

Zellbezug F10, Formel: =INDEX(PRODUKTION;3;4)

Abbildung 8.2 Ein Beispiel für die Funktion INDEX

Diese INDEX()-Funktion arbeitet also nicht mit der Zelladresse, sondern mit der relativen Position einer Zelle in einem definierten Bereich. Die Spalten- oder Zeilennummer kann natürlich auch das Ergebnis einer Formel sein.

Die INDEX()-Funktion wird auch benutzt, um Werte aus einer Matrix auszulesen. Dabei kann es sich um einen einzelnen Wert, aber auch um eine Matrix handeln. Es ist möglich, das Matrix-Argument als Bereichsbezug oder als Matrix-Konstante einzugeben.

Um nicht nur einen einzelnen Wert auszulesen, sondern eine Matrix, wird der Wert für Zeile und/oder Spalte auf null gesetzt oder weggelassen.

=INDEX({3.5.9.7;34.54.23.98};0;0)

=INDEX({3.5.9.7;34.54.23.98};;)

liefern als Ergebnis die gesamte Matrix.

=INDEX({3.5.9.7;34.54.23.98};2)

ergibt eine Matrix mit den Werten der zweiten Zeile.

=INDEX({3.5.9.7;34,54.23.98};;2)

ergibt eine Matrix mit den Werten der zweiten Spalte.

Soll das Ergebnis der Formel wiederum eine Matrix sein, muss wie bei der Eingabe von Matrix-Formeln verfahren werden. Sie markieren also zunächst einen entsprechend großen Bereich für die Ergebnis-Matrix und geben in einer beliebigen Zelle die INDEX()-Funktion ein. Die Formel muss mit [Strg]+[⇧]+[↵] abgeschlossen werden.

8.4 Einsatz der Funktion WAHL()

Die Funktion WAHL() liefert einen beliebigen Wert aus einer gegebenen Liste von Werten. Die Syntax ist:

=WAHL(Index; Wert1; Wert2; . . . ; Wertn)

Das erste Argument der Funktion gibt an, das wievielte Element der Liste gesucht wird. Index kann als Zahl, Bezug oder Formel eingegeben werden. Als Werte können Zahlen, Zellbezüge, Namen, Texte und Formeln verwendet werden. Bereichsbezüge sind nicht erlaubt. (Um Werte aus Bereichen zu ziehen, wird die Funktion INDEX() verwendet.)

Hier ein praktisches Beispiel für die Nutzung der WAHL()-Funktion: Kunden sind in verschiedene Rabattstufen eingeteilt. Die verschiedenen Rabatte werden in der Spalte E aufgelistet. Der Kunde mit der Rabattstufe 1 soll den ersten Rabatt aus dieser Liste erhalten, der Kunde mit Stufe 2 den zweiten etc. Die Rabattstufen sind in der Spalte B ab der Zelle B5 eingetragen.

Die Formel wird zunächst in der Zelle C5 entwickelt. Sie lautet:

=WAHL(B5;$E$5;$E$6;$E$7)

Das Ergebnis ist ohne weitere Probleme kopierbar. Anstelle der Zellverweise in der Argumentliste könnten die Prozentsätze auch direkt als Konstanten in die Formel eingetragen werden, also

=WAHL(C9;5%;7%;8%)

Dadurch ginge aber einiges an Flexibilität verloren. Änderte sich der Rabattsatz, müssten auch die Formeln geändert werden.

Besonders interessant ist die WAHL()- Funktion auch für Berechnungsalternativen. In diesem Fall können verschiedene Formeln als Argumente benutzt werden. Hier ein Beispiel:

8 | Matrix- und Bereichsfunktionen

```
=WAHL(D1; SUMME(POSTEN) *0,70; SUMME(POSTEN) *0,75; SUMME(POSTEN)
*0, 80+PORTO)
```

Abhängig von dem in Dl abgestellten Wert wird die Summe der Posten mit einem anderen Faktor multipliziert. Im dritten Fall werden noch Portokosten addiert. Während die WENN( )-Funktion nur eine einfache Verzweigung zwischen zwei Möglichkeiten zulässt – es sei denn, die Formel arbeitet mit verschachtelten WENN( )-Funktionen –, erlaubt die WAHL( )-Funktion in Excel 2007 die Auswahl aus bis zu 254 Möglichkeiten, in den älteren Versionen sind es 29.

	A	B	C	D	E	F
1						
2	Werte über einen Index auswählen					
3						
4	Kunde	Rabattstufe			Rabatte	
5	Hansen	2		7,00%	5,00%	
6	Borbeck	1		5,00%	7,00%	
7	Look	3		8,00%	8,00%	
8	Tessen	2		7,00%		
9	Vonderbank	1		5,00%		

C5: =WAHL(B5;$E$5;$E$6;$E$7)

Abbildung 8.3 Beispiel für die WAHL( )-Funktion

8.5 Referenz der Matrix- und Bereichsfunktionen

ADRESSE()
ADDRESS()

Syntax:	ADRESSE(**Zeile**; **Spalte**; Abs; A1; Tabellenname)
Beispiel:	=ADRESSE(2;5;4;FALSCH) ergibt Z(2)S(5)

Die Funktion liefert die Adresse der mit den Argumenten Zeile und Spalte angegebenen Zelle. Abs bestimmt den Bezugstyp: 1 oder keine Angabe (absoluter Bezug); 2 (absolute Zeile, relative Spalte); 3 (relative Zeile, absolute Spalte); 4 (relativer Bezug).

Das Argument A1 ist ein Wahrheitswert und bestimmt die Schreibweise des gewünschten Bezugs. Wenn A1 WAHR ist oder ausgelassen wird, werden die Bezüge in der A1-Schreibweise zurückgegeben. Wenn A1 FALSCH ist, werden die Bezüge in der Z1S1-Schreibweise zurückgegeben.

Tabellenname bestimmt den Tabellenblattnamen und wird durch ein Ausrufezeichen ergänzt zur Abtrennung von den Zelladressen. Fehlt Tabellenname, wird die Adresse als lokale Blattadresse behandelt.

	A	B	C	D	E	F	G	H
1								
2	ADRESSE							
3								Werte
4	Zeile	Spalte	Abs	A1	Tabellenname	ADRESSE()		124
5	2	1	1	WAHR	Matrixfunktionen	Matrixfunktionen!$A$2		125
6	2	1	2	WAHR	Matrixfunktionen	Matrixfunktionen!A$2		126
7	2	1	3	WAHR	Matrixfunktionen	Matrixfunktionen!$A2		127
8	2	1	4	WAHR	[Matrixfunktionen]BEREICHE	[Matrixfunktionen]BEREICHE!A2		128
9	2	1	4	FALSCH	[Matrixfunktionen]BEREICHE	[Matrixfunktionen]BEREICHE!Z(2)S(1)		129
10						=INDIREKT(ADRESSE(ANZAHL(H:H)+3;8))	129	

Abbildung 8.4 Beispiele für Adressen

Die Funktion wird u. a. zum Aufbau von Zeichenfolgen verwendet, die von der Funktion INDIREKT() ausgewertet werden, um den Bezug zu der betreffenden Zell- oder Bereichsadresse herzustellen.

=INDIREKT(ADRESSE(3;1)

liefert den Inhalt der Zelle A3 im aktuellen Blatt.

Anstatt die Werte für Zeile und Spalte als Zahl einzugeben, kann ihr Wert auch durch andere Funktionen errechnet werden. In der Formel

=INDIREKT(ADRESSE(ANZAHL(F:F)+3;6))

wird mit ANZAHL(F:F) die Zahl der Werte in Spalte F ermittelt. Anschließend wird der Wert 3 als Vorschub für die vorhandenen Überschriftenzeilen addiert. Die Funktion liefert dann den letzten Wert in der Spalte.

# BEREICH.VERSCHIEBEN()
OFFSET()

Syntax:	`BEREICH.VERSCHIEBEN(Bezug; Zeilen; Spalten; Höhe; Breite)`
Beispiel:	`=BEREICH.VERSCHIEBEN($A$5;5;0)` ergibt Wert aus Zelle A10

Die Funktion liefert einen Bereichsbezug, der um eine mit den Argumenten `Zeilen` und `Spalten` festgelegte Zahl von Zeilen und Spalten gegenüber dem mit `Bezug` angegebenen Bereich verschoben ist. Als Ausgangspunkt dient dabei die linke obere Eckzelle des Bereichs. Bei positiven Werten werden Zeilen und Spalten nach unten bzw. nach rechts versetzt, bei negativen in die umgekehrte Richtung.

`Höhe` und `Breite` sind optionale Argumente und bezeichnen die Größe des neuen Bezugs als Anzahl der Zeilen und Spalten. Wenn die Zeilen- und Spaltenanzahl mit dem ursprünglichen Bezug übereinstimmen, müssen für diese Argumente keine Werte eingetragen werden.

In dem abgebildeten Beispiel werden in den Zellen F5 bis F8 Werte aus dem Zellblock A10:D14 ausgegeben. In der Zelle F10 wird eine Summenfunktion verwendet, die die Funktion `BEREICH.VERSCHIEBEN()` für die Angabe des zu summierenden Datenbereichs benutzt. Die ersten Argumente bestimmen die Ausgangszelle C10, die folgenden Argumente für Höhe und Breite legen dann die Größe des Bereichs fest, aus dem Daten in die Summe einfließen sollen – C10 bis D11.

Die Funktion kann unter anderem auch dazu verwendet werden, dynamische Bereiche zu erzeugen. Die folgende Abbildung zeigt ein Beispiel (siehe Abbildung 8.6).

Die Notwendigkeit dynamischer Bereiche ergibt sich immer dann, wenn sich Formeln auf Bereiche beziehen, deren Abgrenzung sich im Laufe der Zeit ändert. Wird beispielsweise eine `SVERWEIS()`-Funktion benutzt, um bestimmte Werte aus einer Artikelliste abzufragen, kommt es natürlich darauf an, dass die Bereichsdefinition der Liste aktuell ist. Wird die Liste erweitert, ohne dass die Bereichsdefinition angepasst wird, kommt es vor, dass die `SVERWEIS()`-Funktion einen Artikel nicht findet, der nachträglich angehängt worden ist. Um dies zu vermeiden, kann die Funktion `BEREICH.VERSCHIEBEN()` genutzt werden.

Referenz der Matrix- und Bereichsfunktionen | **8.5**

	A	B	C	D	E	F
1						
2	**BEREICH.VERSCHIEBEN**					
3						
4		Bezug	Zeilen	Spalten	Höhe	Breite	BEREICH.VERSCHIEBEN()
5	Ausgangspunkt	5	0			1
6		7	1			8
7		8	2			14
8		9	3			20
9				=SUMME(BEREICH.VERSCHIEBEN(A5;B5;C7;2;2))		
10	1	6	11	16		56
11	2	7	12	17		
12	3	8	13	18		
13	4	9	14	19		
14	5	10	15	20		

Abbildung 8.5 Versetzte Bezüge

	A	B	C	D	E
1	**Dynamische Bereiche definieren**				BEREICH.VERSCHIEBEN()
2	Artikelnr	Bezeichnung	Preis		=BEREICH.VERSCHIEBEN($A$3;;;ANZAHL($A:$A);3)
3	1001	Bohrer A	12,00 €		#WERT!
4	1002	Schleifer A	23,00 €		
5	1003	Bohrschrauber A	17,00 €		SVERWEIS()
6	1004	Bohrer B	16,00 €		=SVERWEIS(1004;Artikelliste;2;WAHR)
7	1005	Schleifer B	13,00 €		Bohrschrauber A
8	1006	Bohrschrauber B	23,00 €		
9	1007	Bohrer C	12,00 €		

Abbildung 8.6 Mit Hilfe der Funktion BEREICH.VERSCHIEBEN() lassen sich Bereichsdefinitionen dynamisieren.

In dem abgebildeten Beispiel wird zunächst in Zelle E3 die Formel

=BEREICH.VERSCHIEBEN($A$3;;;ANZAHL($A:$A);3)

abgelegt. Das erste Argument gibt an, dass der Ausgangsbereich bei A3 beginnt. Die beiden folgenden Argumente bleiben leer oder enthalten den Wert 0, weil der Bereich nicht verschoben, sondern nur dynamisch erweitert werden soll. Die Erweiterung findet in diesem Fall nach unten statt, deshalb wird für die Angabe des Arguments Höhe die Funktion ANZAHL() herangezogen, die prüft, wie viele Artikelnummern in der Spalte A aktuell eingetragen sind. (Die Lösung muss natürlich voraussetzen, dass, wenn in der Spalte A eine neue Artikelnummer eingetragen wird, auch die übrigen Daten für die Zeile eingetragen werden.) Der Wert für Breite kann hier auf die Anzahl der verwendeten Spalten fixiert werden.

Ist die Formel angelegt, wird sie in die Zwischenablage kopiert und anschließend in dem Dialog für die Definition eines neuen Bereichsnamens »Artikelliste« in das Feld **Bezieht sich auf:** kopiert. Dieser Bereichsname kann dann in einer SVER-WEIS()-Funktion verwendet werden, um etwa zu einer Artikelnummer die jeweilige Bezeichnung oder den Preis zu suchen:

=SVERWEIS(1004;Artikelliste;2;WAHR)

Elegant ist diese Lösung nicht, insbesondere bei der Übernahme von externen Daten ist sie aber in vielen Fällen eine unverzichtbare Lösung. Werden die Daten dagegen direkt im Tabellenblatt eingegeben, lässt sich das Verfahren vermeiden. Es muss dazu nur sichergestellt werden, dass ein einmal definierter Tabellenbereich immer auf eine Weise um weitere Daten ergänzt wird, bei der die Bereichsdefinition automatisch mitwächst. In den älteren Excel-Funktionen war dazu eine gewisse Disziplin beim Einfügen notwendig, mit den neuen Tabellenbereichen in Excel 2007 wird das Verfahren nun aber deutlich einfacher. Wird an einen solchen Bereich eine Zeile angehängt, wird automatisch eine Bereichserweiterung über die AutoFormat-Funktion vorgenommen, jedenfalls solange die Option **Neue Zeilen und Spalten in die Tabelle einschließen** im Dialog **AutoKorrektur** nicht abgewählt wird.

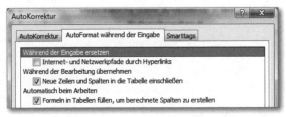

Abbildung 8.7 Optionen für die Erweiterung von Tabellenbereichen im Dialog »AutoKorrektur«

Das abgebildete Beispiel kann aufgrund dieses Verhaltens nun wesentlich einfacher realisiert werden:

Referenz der Matrix- und Bereichsfunktionen | **8.5**

Artikelnr	Bezeichnung	Preis		
1001	Bohrer A	12,00 €		SVERWEIS()
1002	Schleifer A	23,00 €		=SVERWEIS(1008;Artikelliste2;2;WAHR)
1003	Bohrschrauber A	17,00 €		Schleifer C
1004	Bohrer B	16,00 €		
1005	Schleifer B	13,00 €		
1006	Bohrschrauber B	23,00 €		
1007	Bohrer C	12,00 €		
1008	Schleifer C	13,00 €		

Abbildung 8.8 Das Beispiel in Excel 2007 nutzt die dynamischen Tabellenbereiche

BEREICHE()
AREAS()

Syntax: BEREICHE(Bezug)

Beispiel: =BEREICHE((C18:D18;E10:F12))
ergibt 2

Die Funktion ermittelt die Anzahl der Bereiche, die in Bezug angegeben sind. Wird mehr als ein Bereich angegeben, muss ein zusätzliches Klammernpaar wie im Beispiel verwendet werden. Bezug kann Zell- und Bereichsadressen oder Bereichsnamen enthalten. Allerdings ist die Funktion nicht in der Lage zu erkennen, wie viele Bereiche beispielsweise in einem größeren Zellbereich als benannte Bereiche vorkommen.

	A	B	C	D	E	F	G
1							
2	**Anzahl der Bereiche in einem Bezug ermitteln**						
3							
4	Zellbereich 1	Zellbereich 2	Zellbereich 3		BEREICHE()		
5	123	234,00	345,00		1		
6	124	235,00	346,00		2		
7	125	236,00	347,00		3		
8							
9	Honorar 1	1.200,00 €	Honorar 3	2.000,00 €	=BEREICHE(Einnahmen)		
10	Honorar 2	2.300,00 €	Honorar 4	900,00 €	2		
11							
12				=BEREICHE(container minicontainer)			
13					1		
14							

E7 =BEREICHE((Zellbereich_1;Zellbereich_2;Zellbereich_3))

Abbildung 8.9 Zählen der in einem Bezug verwendeten Bereiche

8 | Matrix- und Bereichsfunktionen

Sinnvolle Anwendungen der Funktion sind eher im Bereich der Makroprogrammierung angesiedelt. Die Funktion kann beispielsweise verwendet werden, wenn Bereichsnamen für separate Zellbereiche vergeben sind. Werden etwa die Bereiche B3:B20 und D3:D20 mit dem Bereichsnamen »Einnahmen« belegt, liefert

=BEREICHE(Einnahmen)

das Ergebnis 2.

Soll sichergestellt werden, dass ein verwendeter Bereich, etwa der Standardbereich Druckbereich, tatsächlich ein geschlossener Bereich ist, kann mit

=WENN(BEREICHE(Druckbereich)=1;"Anzahl Druckzeilen " &
ZEILEN(Druckbereich);"Achtung: Separate Druckbereiche!"

in einer freien Zelle eine Warnung installiert werden.

Umgekehrt kann auch festgestellt werden, ob Bereiche eine Schnittmenge haben. Dazu wird der Schnittmengenoperator verwendet. Ist der Bereich minicontainer wenigstens teilweise oder ganz in dem Bereich container angesiedelt, ergibt

=BEREICHE(container minicontainer)

den Wert 1, ansonsten den Fehlerwert #NULL!.

HYPERLINK()
HYPERLINK()

Syntax: HYPERLINK(Hyperlink_Adresse;
Freundlicher_Name)

Beispiel: =HYPERLINK(http://www.Galileo-Press.de;"Galileo")

Die Funktion liefert einen Hyperlink zu der mit Hyperlink_Adresse angegebenen Adresse. Neben vollständigen Webadressen – das Protokoll muss mit angegeben werden, also http://www.*** und nicht bloß www.*** – können auch Pfade zu Dokumenten im Dateisystem angegeben werden. Bei Excel-Dokumenten kann direkt zu einer bestimmten Zelle oder einem benannten Bereich gesprungen werden, bei Word-Dokumenten zu einer Textmarke, die mit dem Zeichen # gekennzeichnet wird.

Das Argument Freundlicher_Name erlaubt es, einen beschreibenden Hinweis auf das Verknüpfungsziel anzugeben. Dieser wird in der Zelle anstelle der Adresse angezeigt, wenn er angegeben wird.

	A	B	C	D	E
1					
2	HYPERLINK				
3					
4	Hyperlink_Adresse	Freundlicher_Name	HYPERLINK()		
5	http://office.microsoft.com/de-de/excel/FX100487621031.aspx	Excel-Portal bei Microsoft	Excel-Portal bei Microsoft		
6	[Informationsfunktionen.xlsx]ZELLE!A1	Blatt zur Funktion ZELLE()	Blatt zur Funkt	http://office.microsoft.com/de-de/excel/	
7	Funktionsreferenz.docx#hyperlink	Mehr zur Funktion Hyperlink	Mehr zur Funk	FX100487621031.aspx - Klicken Sie einmal, um dem Hyperlink zu folgen. Klicken Sie, und halten Sie die Maustaste gedrückt, um die Zelle auszuwählen.	
8					
9					

Abbildung 8.10 Beispiel für Hyperlinks in einer Tabelle

Wenn die Tabelle einen Hyperlink enthält, ändert sich der Mauszeiger, sobald er die Zelle berührt. Ein einfacher Klick führt zum Aufruf des verknüpften Dokuments. Soll dagegen die Funktion bearbeitet werden, muss die Maustaste etwas länger gedrückt gehalten werden, bis der Mauszeiger sich wieder in ein Kreuz verwandet. Dann kann die Formel in der Bearbeitungszeile korrigiert werden.

Wird die Hyperlink-Adresse direkt eingegeben, sind Anführungszeichen erforderlich. Bei Eingabe über den Funktions-Assistenten werden diese automatisch hinzugefügt. Es ist auch der Bezug auf eine Zelle möglich, die die Zieladresse als Text enthält oder als Ergebnis einer Formel liefert. Kann das Hyperlink-Ziel nicht gefunden werden, erscheint eine entsprechende Fehlermeldung.

Dynamische Links

Die HYPERLINK()-Funktion erlaubt auch variable Sprungziele. Sie können beispielsweise in Zelle H1 den Namen eines Ordners und in Zelle H2 den Namen einer Datei ablegen, übrigens jeweils ohne Anführungszeichen. In Zelle B3 wird dann folgende Funktion eingetragen:

=HYPERLINK(H1&H2; "Details finden Sie in der folgenden Tabelle")

Die Adresse wird also in diesem Fall aus zwei Textteilen zusammengesetzt. Der Vorteil dieser Vorgehensweise lässt sich folgendermaßen beschreiben: Nehmen wir an, Sie haben in Ihrer Arbeitsmappe eine ganze Reihe solcher Hyperlinks, die sich alle auf Dateien im selben Ordner beziehen. Nun ordnen Sie Ihre Festplatte neu oder kopieren die Dateien auf eine andere Festplatte. Dann brauchen Sie nur

8 | Matrix- und Bereichsfunktionen

noch den Eintrag in der Zelle H1 zu ändern, um alle Verknüpfungen wiederherzustellen.

Bedingte Links

Besonders flexibel ist die Verwendung bedingter Hyperlinks. Angenommen, Sie kalkulieren ein Angebot mal für einen deutschen Kunden und mal für einen französischen Kunden. Die beiden dafür verwendeten Preislisten sind in separaten Tabellen gespeichert. Sie legen in der Tabelle für das Angebot in der Zelle K2 ein Kennzeichen ab, um die deutschen Angebote von den französischen zu unterscheiden. Dann kann in einer anderen Zelle eine Hyperlink-Formel zu den Preistabellen in Abhängigkeit von diesem Kennzeichen eingegeben werden. Die Formel würde lauten:

```
=WENN(K2="Fr"; HYPERLINK("PLISTEFR.XLSX";"französische Preisliste");
 HYPERLINK("PLISTEDE.XLSX";"deutsche Preisliste"))
```

Je nachdem, was in Zelle K2 steht, erscheint nicht nur ein anderer Text, beim Klick auf die Zelle wird auch eine andere Datei geöffnet.

INDEX()
INDEX()

Syntax1:	INDEX(**Matrix**; Zeile; Spalte)
Beispiel:	=INDEX({1.2.3;4.5.6};2;2) ergibt 5
Syntax2:	INDEX(**Bezug**; Zeile; Spalte; Bereich)
Beispiel:	=INDEX(D18:F21;3;3) liefert den Inhalt der Zelle F20

Die Funktion INDEX() liegt, wie oben schon angesprochen, in zwei unterschiedlichen Ausprägungen vor. In der ersten Form dient sie der Abfrage der Werte einer Matrix, in der zweiten der Ermittlung eines Bezugs aus Zellbereichen, um die entsprechenden Daten abgreifen zu können.

Referenz der Matrix- und Bereichsfunktionen | **8.5**

Matrizenwerte abfragen

Mit der ersten Form der Funktion lassen sich Werte aus einer Matrix abfragen. Das Ergebnis kann ein einzelner Wert sein oder wiederum eine Matrix. Als Argument Matrix wird ein Zellbereich, der eine Wertematrix enthält, oder eine Matrixkonstante erwartet.

Die Angaben von Zeile und Spalte dürfen nicht negativ sein. Sie beziehen sich auf die Zeilen und Spalten der Matrix. So wird der Ort der Matrix festgelegt, deren Wert ermittelt werden soll. Wollen Sie nicht nur einen einzelnen Wert ermitteln, so lässt sich auch eine Matrix in Form einer Spalte oder einer Zeile auslesen. Allerdings muss in diesen Fällen die Funktion selbst wie eine Matrix-Formel eingegeben werden. (Ausgabebereich markieren, Funktion eingeben, beenden mit Strg +⇧+↵). Wollen Sie beispielsweise für den markierten Bereich B16:B19 eine Spalte auslesen, muss die Angabe für Zeile auf 0 gesetzt oder weggelassen werden.

{=INDEX(B5:B8;0;1)}

zeigt die Werte aus B5 bis B8 in dem Bereich an, der die Matrixformeln enthält.

Wollen Sie eine Zeile auslesen, gilt das analoge Verfahren für Spalte:

{=INDEX(B5:F5;1;0)}

Bereichsbezüge liefern

Mit der zweiten Form der Funktion lässt sich mit dem Argument Bezug ein Bezug aus Bereichen durch Angabe der entsprechenden Zeile, Spalte und (bei Mehrfachauswahl) dem gewünschten Bereich in dieser Auswahl herstellen.

Mit der Nummer von Zeile und Spalte wird der Ort bezeichnet, dessen Bezug ermittelt werden soll. Bereich als optionales Argument wird dann verwendet, wenn Bezug eine Mehrfachauswahl enthält. In diesem Fall muss die Liste der Bereiche in Bezug in Klammern gesetzt werden, etwa:

=INDEX((B15:B18;E15:E18);1;1;1)

Mit Bereich wird durch die Eingabe der entsprechenden Nummer auf diesen Bereich für die Abfrage verwiesen. Wird Bereich nicht angegeben, wird immer der erste Teilbereich genommen. Die Anzahl der Bereiche kann bei Bedarf mit Hilfe der Funktion BEREICHE() ermittelt werden.

Die folgende Abbildung zeigt ein Beispiel für einen zweiteiligen Bereich. Die Werte in B15:B18 und E15:E18 sind alle unter dem gemeinsamen Bereichsnamen »WERKSERGEBNISSE« zusammengefasst. Es handelt sich also um einen Bereich, der aus zwei Teilbereichen besteht, wie die Formel

```
=BEREICHE(WERKSERGEBNISSE)
```

bestätigt.

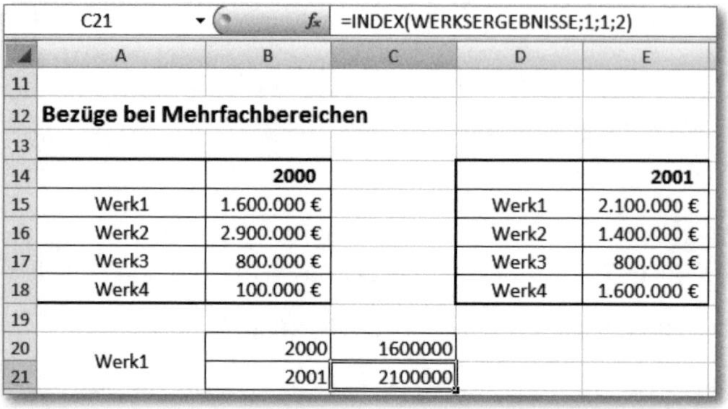
C21 =INDEX(WERKSERGEBNISSE;1;1;2)

	A	B	C	D	E
11					
12	**Bezüge bei Mehrfachbereichen**				
13					
14		**2000**			**2001**
15	Werk1	1.600.000 €		Werk1	2.100.000 €
16	Werk2	2.900.000 €		Werk2	1.400.000 €
17	Werk3	800.000 €		Werk3	800.000 €
18	Werk4	100.000 €		Werk4	1.600.000 €
19					
20	Werk1	2000	1600000		
21		2001	2100000		

Abbildung 8.11 Zugriff auf Teilbereiche über die INDEX()-Funktion

In Zelle C20 und C21 werden nun Formeln verwendet, um Werte aus diesen Teilbereichen auszulesen:

```
=INDEX(WERKERGEBNISSE;1;1;1)
```

```
=INDEX(WERKERGEBNISSE;1;1;2)
```

Jedes Mal wird die erste Spalte und Zeile des Teilbereichs ausgewertet.

Das Ergebnis der INDEX()-Funktion ist zunächst immer ein Bezug. Je nach der Formel, in der die Funktion verwendet wird, wird das Ergebnis als Bezug interpretiert, oder es wird der Wert geliefert, auf den dieser Bezug verweist. Funktionen, die einen Bezug verlangen, werten ein durch INDEX() geliefertes Argument also als Bezug aus, etwa die Funktion ZELLE():

```
=ZELLE("Typ";INDEX(WERKSERGEBNISSE;1;1;1))
```

liefert W als Hinweis auf das Währungsformat der Zelle. Alle Funktionen, die einen Wert verlangen, interpretieren das Ergebnis als Wert.

INDIREKT()
INDIRECT()

Syntax:	INDIREKT(Bezug; A1)
Beispiel:	=INDIREKT(A2)
	ergibt 1994, wenn in A2 z. B. A128 eingetragen ist und in der Zelle A128 1994 steht.

Die Funktion ermittelt indirekt den Inhalt einer Zelle, auf die in einer anderen Zelle, die mit dem Argument Bezug angegeben wird, verwiesen ist. Mit A1 wird angegeben, wie der Eintrag in Bezug steht: in der A1-Schreibweise (WAHR oder weggelassen) oder in der Z1S1-Schreibweise (FALSCH).

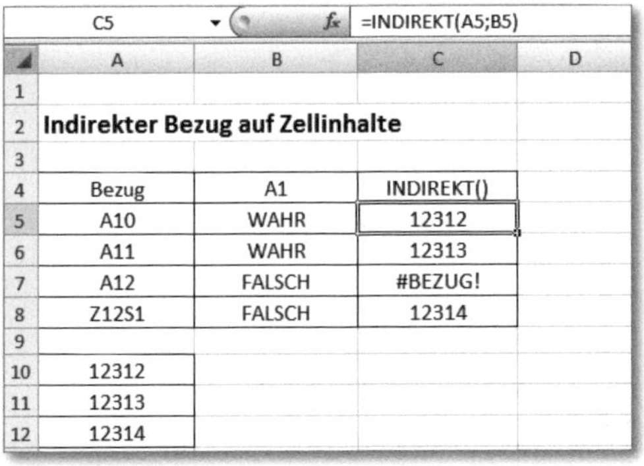

	A	B	C	D
1				
2	**Indirekter Bezug auf Zellinhalte**			
3				
4	Bezug	A1	INDIREKT()	
5	A10	WAHR	12312	
6	A11	WAHR	12313	
7	A12	FALSCH	#BEZUG!	
8	Z12S1	FALSCH	12314	
9				
10	12312			
11	12313			
12	12314			

Abbildung 8.12 Bezug über eine anderswo als Text hinterlegte Adresse

Nützlich ist das indirekte Verfahren, wenn Zellbezüge dynamisch erzeugt werden sollen. In einer Arbeitsmappe, die Blätter für jeden Monat enthält, benannt mit dem kurzen Monatsnamen, kann mit Hilfe der Funktion ein Zellbezug aufgebaut werden, der vom Monat des aktuellen Datums abhängig ist.

```
=WAHL(MONAT(HEUTE());"Jan";"Feb";"Mrz";"Apr";
"Mai";"Jun";"Jul";"Aug";"Sep";"Okt";
"Nov";"Dez") & "!A10
```

8 | Matrix- und Bereichsfunktionen

Diese Formel in Zelle A1 erzeugt im Mai den Eintrag `Mai!A10`. Die Formel

`=INDIREKT(A1)`

liefert dann den Inhalt der Zelle A10 auf dem Blatt für den Monat Mai.

MTRANS()
TRANSPOSE()

Syntax: MTRANS(**Matrix**)

Beispiel: siehe Abbildung 8.13

Die Funktion tauscht die Zeilen und Spalten in einer Matrix, was auch als »Transponieren« bezeichnet wird. Die erste Zeile der bisherigen Matrix wird zur ersten Spalte der neuen Matrix usw. Die Funktion muss als Matrixfunktion eingegeben werden. Sie müssen also zunächst den Ausgabebereich markieren, die Funktion eingeben und mit Strg+⇧+↵ abschließen. Leere Zellen in der Ausgangsmatrix werden mit 0 ausgegeben. Ist der markierte Bereich kleiner als der Ausgangsbereich, werden die überzähligen Zellen ignoriert. Ist er größer, erscheint in den Zellen, für die Werte fehlen, der Fehlerwert #NV.

	A	B	C	D	E	F	G	H
1								
2	**Transformation einer Matrix**							
3								
4	Ausgangsmatrix:	3	4	6				
5		4	6	8				
6		6	9	10				
7		13	18	24				
8								
9		=MTRANS(B4:D7) -->			3	4	6	13
10					4	6	9	18
11					6	8	10	24

Abbildung 8.13   Transponieren einer Matrix

Zwei Hinweise sind angebracht: Anders als beim Transponieren über den Dialog Befehl **Inhalte einfügen • Transponieren** bleibt die transponierte Matrix von der Ursprungsmatrix abhängig, d. h., sie macht alle Veränderungen der Ursprungsmatrix mit. In der transponierten Matrix sind keine Veränderungen einzelner Elemente möglich.

Geeignet ist diese Funktion besonders zur Ausgabe von Daten, die in Excel in einer Zeilen-Matrix geliefert werden.

PIVOTDATENZUORDNEN()
GETPIVOTDATA()

Syntax:	PIVOTDATENZUORDNEN(Datenfeld; PivotTable; Feld1; Element1; Feld2; Element2; ...)
Beispiel:	=PIVOTDATENZUORDNEN("Bestand";H4;"Land"; "Italien")

Die Funktion PIVOTDATENZUORDNEN() gibt einzelne Werte oder die Werte eines angegebenen Bereichs aus einer Pivot-Tabelle zurück. Diese Funktion wird verwendet, um Daten aus einer Pivot-Tabelle in anderen Zellbereichen zu übernehmen. Bei der Eingabe der Funktion kann ein Schnellverfahren verwendet werden: Sie geben ein Gleichheitszeichen ein und klicken dann in die Zelle der Pivot-Tabelle, deren Daten übernommen werden sollen. In Excel 2007 funktioniert dies, solange über **Excel-Optionen** auf dem Register **Formeln** die Option **GetPivotTable-Funktionen für PivotTable-Bezüge verwenden** aktiviert ist.

	A	B	C	D	E	F	G	H	I
1									
2	Zugriff auf Daten aus einer Pivottabelle								
3									
4	Name	Land	Anbaugebiet	Farbe	Jahrgang	Bestand		Land	Summe von Bestand
5	Barolo	Italien	Piemont	rot	2005	300		Deutschland	1180
6	Beaujolais	Frankreich	Burgund	rot	2005	200		Frankreich	1130
7	Chablis	Frankreich	Burgund	weiß	2006	230		Italien	1730
8	Ravello	Italien	Salerno	rosé	2005	200		Gesamtergebnis	4040
9	Valpolicella	Italien	Verona	rot	2005	300			
10	Bourgogne	Frankreich	Burgund	weiß	2006	230			
11	Chianti	Italien	Toskana	rot	2005	120		Der Bestand für Weine aus Italien:	
12	Frascati	Italien	Rom	weiß	2006	230			1730
13	Freisa	Italien	Piemont	rot	2005	120			
14	Grignolino	Italien	Piemont	rot	2005	230			

Abbildung 8.14 Übernahme von Werten aus einer Pivot-Tabelle

Das Argument Datenfeld gibt den Namen des Datenfelds an, von dem Daten übernommen werden sollen. PivotTable ist ein Bezug auf eine Zelle oder einen

Zellbereich in der Pivot-Tabelle, als Vorgabe die linke, obere Eckzelle. Es folgen dann Paare von Feld- und Elementnamen, die die gewünschten Daten identifizieren. Bis zu 126 Paare sind in Excel 2007 möglich, in den älteren Versionen 14.

RTD()
RTD()

Syntax:	RTD(**ProgID**; Server; **Thema1**; [Thema2]; ...)
Beispiel:	=RTD("MeinProgramm.ProgID"; "MeinServer";"Preis")
	ergibt Daten aus dem Programm

Die Funktion RTD() – die Abkürzung kommt von Real Time Data – empfängt Echtzeitdaten eines registrierten Add-Ins, das die COM-Automatisierung unterstützt. Benötigt wird dazu ein RTD-Server, der die Daten fortlaufend liefert. Das Ergebnis der Funktion wird immer dann aktualisiert, wenn neue Daten vom Server kommen. ProgID ist eine Programmkennung des auf dem lokalen System installierten RTD-Servers. Server ist der Name des Servers, auf dem der RTD-Server ausgeführt wird. Er kann weggelassen werden, wenn der RTD-Server lokal ausgeführt wird. Mindestens das Argument Thema1 muss noch angegeben werden. Es identifiziert die abgerufenen Daten. In Excel 2007 sind bis zu 253 Themen möglich, in den früheren Versionen 28.

SPALTE()
COLUMN()

Syntax:	SPALTE(**Bezug**)
Beispiel:	=SPALTE(C2)
	ergibt 2

Die Funktion liefert die Spaltennummer des mit Bezug angegebenen Bereichs. Reicht die Bereichsadresse über mehrere Spalten, wird die Nummer der ersten Spalte ausgegeben. Wird Bezug nicht angegeben, ist das Ergebnis die Spaltennummer der Zelle, in der die Funktion steht.

Referenz der Matrix- und Bereichsfunktionen | **8.5**

	A	B	C	D
1				
2	**Ausgabe der Spaltennummer eines Bezugs**			
3				
4		SPALTE()		
5	1	2	3	4
6		SPALTE(Bezug)		
7	2	3	4	5
8				
9	1	2		
10				
11	Testauswertung	Punkte 1. Test	Punkte 2. Test	Punkte 3. Test

Abbildung 8.15 Abfrage der Spaltennummer

Wird die Funktion als horizontale Matrix für einen vorher markierten Zellbereich eingegeben, dann werden die entsprechenden Spaltennummern in dem markierten Bereich ausgegeben. Wenn also in dem abgebildeten Beispiel A5 bis D5 markiert wird und die Formel {=SPALTE()} mit Strg+⇧+↵ bestätigt wird, erscheinen die Spaltennummern in allen Zellen des Bereichs. Wird wie in B9 ein Zellbereich angegeben, der größer ist als der markierte Bereich, werden die überzähligen Werte ignoriert. Umgekehrt werden die Fehlerwerte #NV für markierte Zellen ausgegeben, wenn der angegebene Bereich weniger Spalten enthält.

Eine der vielen Anwendungsmöglichkeiten der Funktion ist die Erzeugung von nummerierten Spaltenbeschriftungen. Zwar kann hier schon vieles mit Hilfe der Reihenbildung mit dem Ausfüllkästchen erreicht werden, aber dabei muss die fortlaufende Zahl immer am Anfang oder Ende der Zeichenfolge stehen.

Mit einer Formel wie

="Punkte " & SPALTE()-1 & ". Test"

kann leicht eine Kombination aus Text und Spaltennummer erzeugt werden, wie in der Zeile 11 der Abbildung zu sehen.

Die Funktion kann auch für bedingte Formate genutzt werden. Soll jede zweite Spalte in einem Bereich einen anderen Hintergrund erhalten, hilft ein bedingtes Format mit der Formel

=ISTGERADE(SPALTE())

wie in Zeile 5 der Abbildung 8.15.

SPALTEN()

COLUMNS()

Syntax:	`SPALTEN(`**`Matrix`**`)`
Beispiel:	`=SPALTEN({1.2.3;4.5.6})` ergibt 3

Die Funktion liefert die Anzahl der Spalten eines Bereichs oder einer Matrix. Das Argument `Matrix` kann eine Bereichsadresse oder eine Matrixkonstante enthalten. Die Matrixkonstante muss in geschweiften Klammern eingeschlossen sein. Punkte trennen die Spaltenwerte, Semikola die Zeilen.

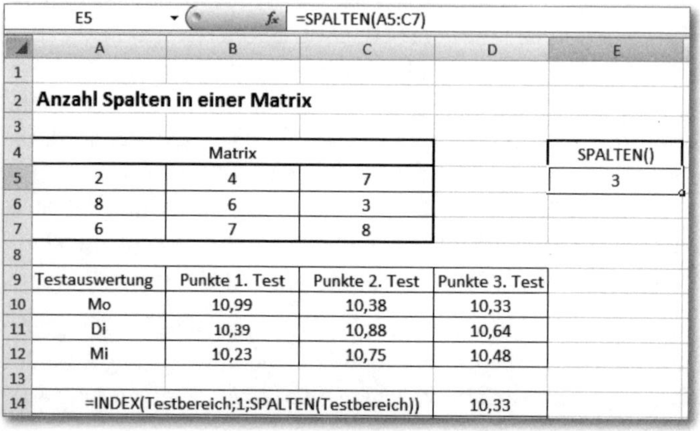
E5 | =SPALTEN(A5:C7)

	A	B	C	D	E
1					
2	**Anzahl Spalten in einer Matrix**				
3					
4	Matrix				SPALTEN()
5	2	4	7		3
6	8	6	3		
7	6	7	8		
8					
9	Testauswertung	Punkte 1. Test	Punkte 2. Test	Punkte 3. Test	
10	Mo	10,99	10,38	10,33	
11	Di	10,39	10,88	10,64	
12	Mi	10,23	10,75	10,48	
13					
14	=INDEX(Testbereich;1;SPALTEN(Testbereich))			10,33	

Abbildung 8.16 Abfrage der Spaltenanzahl einer Matrix

Effektive Lösungen erlaubt die Funktion in Kombination mit der Funktion `INDEX()`. Die Formel

```
=INDEX(Testbereich;1;SPALTEN(Testbereich))
```

liefert beispielsweise den ersten Wert in der letzten Spalte eines mit dem Namen »Testbereich« belegten Bereichs.

SVERWEIS()
VLOOKUP()

Syntax:	SVERWEIS(Suchkriterium; Matrix; Spaltenindex; Bereich_Verweis)
Beispiel:	siehe Abbildung 8.17

Die Funktion ermittelt ausgehend von einer Zelle in einer Matrix den Inhalt der Zelle in derselben Zeile einer anderen Spalte.

Hierbei durchsucht die Funktion die erste Spalte (links außen) der mit Matrix angegebenen Matrix oder eines Bereichs nach Suchkriterium. Dabei wird die Groß- und Kleinschreibung ignoriert, wenn es sich um Zeichenfolgen handelt. Falls der angegebene Wert nicht gefunden werden kann, benutzt die Funktion den nächstkleineren Wert in der Spalte.

Von dieser Position aus wird die mit Spaltenindex angegebene Spalte aufgesucht (1 für die erste Spalte, also die Spalte in der der gesuchte Wert steht, 2 für die zweite). Wird für Spaltenindex eine Zahl größer als die Spaltenbreite der Matrix angegeben, liefert die Funktion den Fehlerwert #BEZUG.

Das Argument Bereich_Verweis ist ein Wahrheitswert. WAHR bedeutet, dass eine genaue oder ungefähre Entsprechung mit Suchkriterium akzeptiert wird. Das ist die Vorgabe. Damit dies funktionieren kann, sollten die Werte in der Tabelle nach der ersten Spalte in aufsteigender Ordnung sortiert sein.

Wollen Sie nur eine exakte Übereinstimmung mit dem Suchkriterium akzeptieren, muss der Wert FALSCH gesetzt werden. In diesem Fall ist es nicht nötig, dass die erste Spalte sortiert ist.

	A	B	C	D	E	F	G
1							
2	**Wert in einer Spalte suchen**						
3							
4	Jahr	Beschäftigte		SVERWEIS(1992;A5:B15;2;WAHR)			208
5	1990	208		SVERWEIS(1992;A5:B15;2;FALSCH)			#NV
6	1993	223		SVERWEIS(1996;A5:B15;2)			205
7	1996	205					
8	1999	190					
9	2002	187					
10	2005	175					

Abbildung 8.17 Werte aus einer Spalte auslesen

VERGLEICH()
MATCH()

Syntax:	VERGLEICH(Suchkriterium; Suchmatrix; Vergleichstyp)
Beispiel:	siehe Abbildung 8.18

Die Funktion durchsucht eine Suchmatrix bzw. einen Bereich nach einem Suchkriterium und gibt die relative Position aus. Bei Zeichenfolgen wird die Groß- und Kleinschreibung ignoriert.

Das optionale Argument Vergleichstyp gibt an, auf welche Art nach dem Suchkriterium gesucht werden soll:

0	–1	1
ist der voreingestellte Wert, mit dem die Funktion arbeitet, wenn kein Wert angegeben wird. Die Suchmatrix muss in steigender Folge sortiert sein. Wird kein passender Wert gefunden, wird der nächstkleinere gewählt.	Die Matrix muss in fallender Folge sortiert sein; wird kein passender Wert gefunden, wird der nächstgrößere gewählt.	Die Matrix muss nicht sortiert sein, die Position des ersten passenden Wertes wird ausgegeben. Wird keine genaue Übereinstimmung gefunden, wird der Fehlerwert #NV ausgegeben.

	J7			f_x	=VERGLEICH(207;E5:E15;1)				
	A	B	C	D	E	F	G	H	I	J
1										
2	Position eines Werts in einem Bereich									
3										
4	Jahr	Beschäftigte		Jahr	Beschäftigte		=VERGLEICH(203;B5:B15;-1)		5
5	1990	223		2000	175		=VERGLEICH(205;B5:B15;0)		5
6	1991	222		1999	179				
7	1992	210		1998	187		=VERGLEICH(207;E5:E15;1)		7
8	1993	208		1997	190				
9	1994	205		1996	200		=VERGLEICH(1995;A5:A15)		6
10	1995	201		1995	201				
11	1996	200		1994	205				
12	1997	190		1993	208				
13	1998	187		1992	210				
14	1999	179		1991	222				
15	2000	175		1990	223				

Abbildung 8.18 Suchen nach Übereinstimmungen

VERWEIS()
LOOKUP()

Syntax1:	VERWEIS(Suchkriterium; Suchvektor; Ergebnisvektor)
Syntax2:	VERWEIS(Suchkriterium; Matrix)
Beispiel:	siehe Abbildung 8.19

Die Funktion VERWEIS() liefert auf der Grundlage eines Suchkriteriums den Inhalt einer korrespondierenden Zelle, vgl. SVERWEIS() und WVERWEIS().

Die Funktion liegt in zwei Versionen vor. Bei der ersten werden zwei getrennte Bereiche (Spalten oder Zeilen) benutzt, bei der zweiten ein zusammenhängender Bereich.

In der ersten Version benötigt die Funktion neben Suchkriterium einen Suchvektor und einen Ergebnisvektor. Der Suchvektor ist eine Spalte oder eine Zeile, die nach dem mit Suchkriterium angegebenen Wert durchsucht werden soll. Von der Fundstelle aus wird der Wert, der die gleiche Position in Ergebnisvektor einnimmt, als Ergebnis von der Funktion ausgegeben. Suchvektor und Ergebnisvektor sollten deshalb die gleiche Größe haben.

Die Einträge in Suchvektor müssen in steigender Folge sortiert sein. Kann kein dem Suchkriterium genau entsprechender Wert gefunden werden, dann wird der nächstkleinere Wert übernommen.

Für die zweite Version der Funktion wird die erste Zeile oder Spalte der angegebenen Matrix nach dem Suchkriterium durchsucht. Ob eine Zeile oder eine Spalte durchsucht wird, ist von der Dimensionierung der Matrix abhängig. Hat eine Matrix mehr Spalten als Zeilen oder ist deren Anzahl gleich, so wird die erste Zeile durchsucht. Besitzt eine Matrix mehr Zeilen, so wird die erste Spalte durchsucht.

Ist die Funktion auf der Suche nach dem Kriterium beispielsweise in der ersten Spalte fündig geworden, dann geht sie in dieser Zeile nach rechts bis zur letzten Spalte und gibt den Wert der dortigen Zelle zurück. Analog wird bei der Suche in der ersten Zeile verfahren.

8 | Matrix- und Bereichsfunktionen

	A	B	C	D	E	F	G
1							
2	**Werte in einer Matrix suchen**						
3							
4	Jahr	Beschäftigte		=VERWEIS(1992;A5:A15;B5:B15)		222	
5	1990	208		=VERWEIS(1993;A5:B15)		223	
6	1991	201					
7	1992	222					
8	1993	223					
9	1994	205					
10	1995	190					
11	1996	187					
12	1997	175					
13	1998	179					
14	1999	200					
15	2000	210					

Abbildung 8.19   Die zwei Varianten der Funktion VERWEIS()

WAHL()
CHOOSE()

Syntax:	WAHL(`Index`; `Wert1`; `Wert2`; ...)
Beispiel:	=WAHL(3;orange;rot;gelb;grün;blau) ergibt gelb

Die Funktion liefert einen Wert aus einer Liste von Werten. Mit Index wird festgelegt, der wievielte Wert als Ergebnis zurückgegeben werden soll. In Excel 2007 sind 254 Werte möglich, in älteren Versionen sind es 29. Entsprechend ist der Eintrag für Index auf 254 bzw. 29 begrenzt.

WVERWEIS()
HLOOKUP()

Syntax:	=WVERWEIS(`Suchkriterium`; `Matrix`; `Zeilenindex`; `Bereich_Verweis`)

Die Funktion entspricht exakt der Funktion SVERWEIS(); lediglich Zeilen und Spalten sind vertauscht.

ZEILE()
ROW()

Syntax:	ZEILE(Bezug)
Beispiel:	=ZEILE(B105) ergibt 105

Die Funktion liefert die Zeilennummer des unter Bezug angegebenen Bereichs. Reicht die Bereichsadresse über mehrere Zeilen, wird die Nummer der ersten Zeile ausgegeben. Wird für Bezug keine Angabe gemacht, wird als Ergebnis die Zeilennummer der Zelle ausgegeben, in der die Funktion steht.

Wird die Funktion als vertikale Matrix für einen vorher markierten Zellbereich eingegeben, dann werden die entsprechenden Zeilennummern in dem markierten Bereich ausgegeben. Wenn also in dem abgebildeten Beispiel A5 bis A7 markiert wird und die Formel {=ZEILE()} mit Strg+⇧+↵ bestätigt wird, erscheinen die Zeilennummern in allen Zellen des Bereichs. Wird ein Zellbereich angegeben, der größer ist als der markierte Bereich, werden die überzähligen Werte ignoriert. Umgekehrt werden die Fehlerwerte #NV für markierte Zellen ausgegeben, wenn der angegebene Bereich weniger Zeilen enthält.

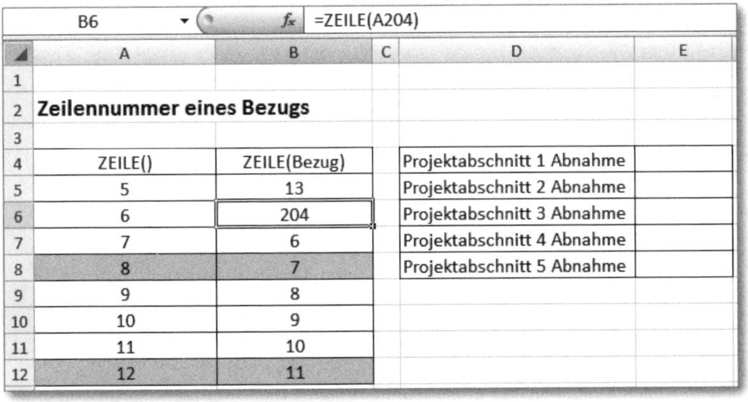

	A	B	C	D	E
1					
2	**Zeilennummer eines Bezugs**				
3					
4	ZEILE()	ZEILE(Bezug)		Projektabschnitt 1 Abnahme	
5	5	13		Projektabschnitt 2 Abnahme	
6	6	204		Projektabschnitt 3 Abnahme	
7	7	6		Projektabschnitt 4 Abnahme	
8	8	7		Projektabschnitt 5 Abnahme	
9	9	8			
10	10	9			
11	11	10			
12	12	11			

B6 fx =ZEILE(A204)

Abbildung 8.20 Abfrage der Zeilennummer

Eine typische Anwendungsmöglichkeit ist die Generierung von nummerierten Zeilenbeschriftungen. Zwar kann hier vieles mit Hilfe der Reihenbildung mit dem

Ausfüllkästchen erreicht werden, aber dabei muss die fortlaufende Zahl immer am Anfang oder Ende der Zeichenfolge stehen.

Mit einer Formel wie

`="Projektabschnitt " & ZEILE()-3 & " Abnahme"`

kann leicht eine Kombination aus Text und Zeilennummer erzeugt werden.

Die Funktion kann auch für bedingte Formate genutzt werden. Soll beispielsweise jede vierte Zeile in einem Bereich einen anderen Hintergrund erhalten, hilft ein bedingtes Format mit der Formel

`=REST(ZEILE();4)=0`

wie in der Abbildung zu sehen.

ZEILEN()
ROWS()

Syntax:	`ZEILEN(Matrix)`
Beispiel:	`=ZEILEN(Inhalt)` ergibt 4, wenn der Bereich 4-zeilig ist

Die Funktion liefert die Anzahl der Zeilen eines Bereichs oder einer Matrix. Das Argument `Matrix` kann eine Bereichsadresse oder Matrixkonstante enthalten. Die Konstante muss in geschweiften Klammern eingeschlossen sein. Punkte trennen die Spaltenwerte, Semikola die Zeilen.

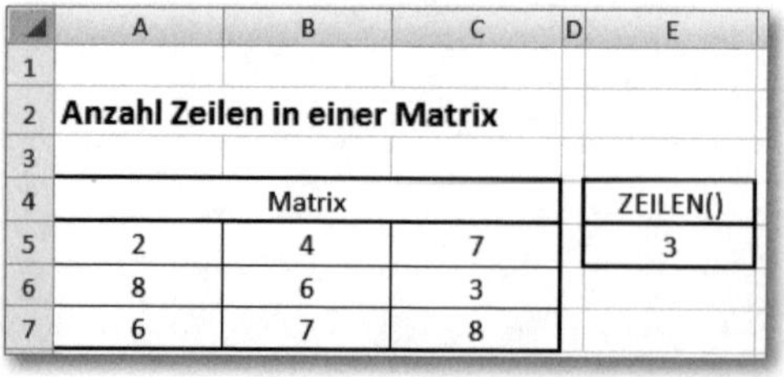

	A	B	C	D	E
1					
2	**Anzahl Zeilen in einer Matrix**				
3					
4		Matrix			ZEILEN()
5	2	4	7		3
6	8	6	3		
7	6	7	8		

Abbildung 8.21 Ermitteln der Zeilenanzahl in Bereich oder Matrix

Effektive Lösungen erlaubt die Funktion in Kombination mit der Funktion INDEX(). Die Formel

=INDEX(Testbereich;ZEILEN(Testbereich);1)

liefert beispielsweise den ersten Wert in der letzten Zeile eines mit dem Namen »Testbereich« belegten Bereichs.

9 Datenbankfunktionen

Funktion	Seite	Funktion	Seite
DBANZAHL()	442	DBPRODUKT()	445
DBANZAHL2()	443	DBSTDABW()	447
DBAUSZUG()	443	DBSTDABWN()	447
DBMAX()	444	DBSUMME()	448
DBMIN()	445	DBVARIANZ()	448
DBMITTELWERT()	445	DBVARIANZEN()	449

9.1 Einsatzbereiche für Datenbankfunktionen

Die Zusammenstellung von Daten in Form von tabellarischen Listen – Adresslisten, Artikellisten, Bestelllisten etc. – gehört zu den Standardaufgaben, die bei der Arbeit mit Excel anfallen. Um solche gleichmäßig strukturierten Tabellen anzulegen, zu pflegen und auszuwerten, stellt Excel leistungsfähige Verfahren zur Verfügung, die teilweise durchaus mit den Fähigkeiten spezieller Datenbankprogramme vergleichbar sind. Das gilt jedenfalls für relationale Datenbanken, die ihre Datenbestände in Form von Tabellen ordnen.

Datenbanken, Datenlisten und Tabellen

Excel kann solche Datenbanktabellen ohne Umstände aus externen Datenbanken in seine Tabellenblätter importieren, die ja eine solche tabellarische Struktur schon vorgeben. Genauso gut ist es möglich, im Tabellenblatt direkt solche Datenstrukturen aufzubauen.

Die in diesem Kapitel beschriebenen Funktionen werden als Datenbankfunktionen bezeichnet, weil sie für solche Datenstrukturen spezielle Auswertungsmöglichkeiten anbieten, die den bei Datenbanken üblichen Abfragemethoden ähnlich sind.

Dabei spielt es keine Rolle, ob es sich um einfache Zellbereiche handelt, die so geordnet sind, dass sie einer relationalen Datentabelle entsprechen können, oder ob zusätzlich noch die speziellen Möglichkeiten genutzt werden, die Excel anbietet, wenn ein solcher Zellbereich in Excel 2007 mit **Start • Formatvorlagen • Als Tabelle formatieren** als Tabelle definiert oder in den älteren Versionen mit **Daten • Liste • Liste erstellen** als Datenliste bestimmt wird.

Tabellenstrukturen

Voraussetzung für die Anwendung der Datenbankfunktionen ist nur, dass ein paar Minimalbedingungen gewährleistet sind. Tabellen in diesem Sinne können immer dann eingesetzt werden, wenn Informationen sich gleichmäßig zeilenweise anordnen lassen. Die Zellen in einer Zeile enthalten dabei jeweils die Daten für eine bestimmte Einheit. Das kann eine Person oder Personengruppe, eine räumliche, zeitliche oder eine sachliche Einheit sein. Während z. B. eine Tabellenzeile einer solchen Tabelle verschiedene Informationen über eine bestimmte Person enthält, wird in einer Tabellenspalte jeweils dieselbe Art von Information zu den verschiedenen aufgeführten Personen eingetragen, etwa der Name.

Der Inhalt der Spalte wird durch Feldnamen in Form der Spaltenbeschriftungen in der ersten Zeile der Tabelle angezeigt. Welche Spaltennamen notwendig sind, hängt natürlich vom Gegenstand der Tabelle ab, insbesondere aber auch von den Fragen, die mit Hilfe der Tabelle zu beantworten sind. Die Einheit kann eine Person in einer bestimmten Eigenschaft sein, z. B. als Kunde oder Mitarbeiter. Sie kann eine Sache sein, wie ein Artikel oder ein Bausatz für ein Produkt, ein Vorgang wie eine Dienstleistung oder auch ein Tatbestand wie die Zuordnung von Personen zu verschiedenen Projekten.

Für die folgenden Funktionsbeschreibungen soll eine einfache Lagertabelle verwendet werden, die neben den Daten, die die einzelnen Artikel beschreiben, noch die Informationen zum Bestand und zum Umsatz im laufenden Jahr enthält.

Die Reihenfolge der Spalten ist im Prinzip beliebig, aber es ist natürlich sinnvoll, Informationen, die sachlich zusammengehören, auch nebeneinander anzuordnen. Solange die Tabelle nur wenige Spalten enthält, ist das alles nicht weiter tragisch. Bei Tabellen mit zahlreichen Spalten aber ist es sinnvoll, in den ersten Spalten die Informationen unterzubringen, die die Sache oder die Person, um die es geht, eindeutig identifizieren.

Einsatzbereiche für Datenbankfunktionen | **9.1**

A	B	C	D	E	F	G
Lagerdaten						
Artnr	**Bezeichnung**	**Warengruppe**	**Material**	**Mindestbestand**	**Bestand**	**Umsatz_lfd_Jahr**
7777	Jalousie Ccxs	Jalousie	Kunststoff	500	600	23.801,00 €
7778	Jalousie Ccxx	Jalousie	Metall	500	500	57.600,80 €
8443	Jalousie VVx	Jalousie	Metall	500	700	40.000,00 €
7774	Jalousie Vvxx	Jalousie	Kunststoff	500	450	87.690,00 €
5667	Markise Luxor	Jalousie	Naturfaser	500	890	20.000,00 €
8666	Rollo Dark	Rollo	Kunststoff	300	340	7.000,00 €
5554	Rollo PCx	Rollo	Naturfaser	300	230	19.000,00 €
6666	Rollo Top	Rollo	Kunststoff	300	700	10.000,00 €
5222	Rollo XXs	Rollo	Kunststoff	300	400	6.000,00 €
7999	Sunset	Rollo	Naturfaser	300	500	24.000,00 €

Abbildung 9.1 Beispiel einer Tabelle, die mit Hilfe der Datenbankfunktionen ausgewertet werden kann

Datentypen und Feldlängen

Niemand kann Sie daran hindern, ein bestimmtes Feld in der einen Zeile mit einer Zahl und in der nächsten mit einer Zeichenfolge zu füllen. Diese Freiheit kann aber auch Nachteile haben, z. B. bei einer späteren Sortierung, weil Excel Zahlen immer vor Zeichenfolgen einordnet. Wird also eine Artikelnummer einmal als Zahl und einmal als Zeichenfolge aus Zahlen eingegeben, gerät die Reihenfolge durcheinander. Zudem treten Probleme bei der Formulierung von Suchkriterien auf.

Für die einzelnen Felder stellt sich also die Frage, welcher Datentyp in der jeweiligen Spalte verwendet werden soll. Ist es ein numerischer Wert, ein Datums- oder Zeitwert, ein Wahrheitswert oder eine Zeichenfolge? Im Unterschied zu einem speziellen Datenbankprogramm wie Access findet bei der Dateneingabe in eine Excel-Tabelle zunächst keine Prüfung des Datentyps oder der Länge der Eingabe statt, es sei denn, Sie steuern die Dateneingabe über ein entsprechendes Makro oder Sie verwenden Gültigkeitsregeln. Diese Funktion wurde in Abschnitt 1.16, *Verfahren der Fehlervermeidung*, ja bereits beschrieben. Sie bietet sehr schöne Möglichkeiten zur Kontrolle der korrekten Dateneingabe, sie muss aber nicht verwendet werden.

Die Spaltennamen sollten normalerweise eindeutig sein. Vermeiden Sie Kommata, Punkte, Leerzeichen, Bindestriche und Semikola. Verwenden Sie keine Namen, die wie Zellbezüge aussehen. Was die Länge der Spaltennamen betrifft, ist ein brauchbarer Kompromiss sinnvoll zwischen einem Namen, der sprechend ist, also genau erkennen lässt, worum es in der Spalte geht, und einem Namen, der möglichst kurz ist. Wenn der Name sehr lang ist, haben Sie nicht nur mehr Arbeit bei der Formulierung von Abfragekriterien, die Wahrscheinlichkeit von Tippfehlern wächst ebenfalls mit der Länge des Namens.

Gemeinsame Merkmale der Datenbankfunktionen

Neben den speziellen Programmfunktionen, die Excel für die Auswertung und Bearbeitung von Datenlisten und Tabellen zur Verfügung stellt, bietet das Programm seit langem auch eine Anzahl von Funktionen, die in erster Linie der statistischen Auswertung von Datenbeständen dienen. Dabei geht es um die Methoden der beschreibenden Statistik, die im Kapitel 7, *Statistische Funktionen*, bereits angesprochen sind. Der wesentliche Unterschied zu den dort behandelten statistischen Funktionen ist dabei der, dass für die Auswertung bestimmte Kriterien definiert werden können, die die Daten einschränken, die in der Berechnung der Funktion berücksichtigt werden. Diese Kriterien werden außerhalb der Datentabelle in einem speziellen Bereich abgelegt, der als Kriterienbereich bezeichnet wird.

Alle Datenbankfunktionen verwenden drei Argumente:

- Das erste – Datenbank – ist erforderlich und gibt den Zellbereich an, der die Tabelle oder Liste enthält. Es ist zu empfehlen, den entsprechenden Bereich vorher zu benennen, damit die Formeln auch bei einer Erweiterung weiter korrekt arbeiten.

- Das zweite Argument – Datenbankfeld – ist bei einigen Funktionen optional, meist aber erforderlich. Es gibt an, auf welches Feld die jeweilige Auswertung angewendet werden soll. Das Argument kann als Zellbezug auf den Feldnamen im Kriterienbereich angegeben werden, als Spaltenname in Anführungszeichen oder als Spaltennummer, bezogen auf die verwendete Tabelle. 1 ist dann die erste Spalte der Tabelle.

- Als drittes Argument muss Suchkriterien eingegeben werden, das ist der Zellbezug oder auch der vergebene Name für den Kriterienbereich.

Kriterienbereiche

Der Kriterienbereich ist ein spezieller Zellbereich für die Festlegung von Abfragekriterien. Er muss mindestens zwei Zeilen umfassen. In der ersten Zeile befinden sich Spaltennamen. Die zweite Zeile oder weitere Zeilen darunter sind für die Eingabe von Kriterien reserviert.

Die Spaltennamen im Kriterienbereich müssen buchstabengetreu mit den Spaltennamen der Tabelle übereinstimmen, mit Ausnahme zusätzlicher Namen für berechnete Kriterien, von denen noch die Rede sein wird. Das erreichen Sie am einfachsten, indem Sie die Namenszeile aus der Tabelle oder Teile der Namenszeile die erste Zeile des Kriterienbereichs kopieren.

Es ist dabei nicht notwendig, dass alle Feldnamen im Kriterienbereich auftauchen, Sie können einzelne Feldnamen weglassen. Für kombinierte Kriterien kann ein Spaltenname sogar mehrfach benutzt werden. Achten Sie darauf, den Kriterienbereich im Tabellenblatt so zu platzieren, dass er nicht unbeabsichtigt von Änderungen wie Einfügen oder Löschen von Spalten oder Zeilen zerstört werden kann.

Wird der Kriterienbereich innerhalb des Tabellenblatts angelegt, in dem sich die Tabelle befindet, ist es am sichersten, dafür neue Zeilen oberhalb der Tabelle einzufügen. Die Tabelle kann dann ungehindert nach unten wachsen, ohne dass Gefahr besteht, mit dem Kriterienbereich zu kollidieren. Eine andere Lösung ist, den Kriterienbereich gleich auf ein eigenes Blatt zu legen.

Syntax der Auswahlkriterien

Mit Hilfe eines Auswahlkriteriums legen Sie fest, welche Daten Excel aus einer Tabelle bei der Berechnung einer Datenbankfunktion berücksichtigen soll. Das Kriterium wird immer positiv formuliert, und zwar als die Bedingung, die ein Datensatz erfüllen muss, wenn er den Filter passieren soll; ein Kriterium wie Warengruppe = Rollo lässt alle Artikel durch den Filter, die zu dieser Warengruppe gehören.

Die einfachste Form eines Kriteriums im Kriterienbereich ist eines für eine Spalte. Entweder wird unter dem Spaltennamen ein konstanter Wert als Kriterium angegeben oder die Kombination von einem der Vergleichsoperatoren mit einem konstanten Wert.

4	Warengruppe
5	Rollo

Abbildung 9.2 Einfaches Kriterium für ein Feld

Wenn Sie nicht nur in einem, sondern in mehreren Feldern der ersten Zeile des Kriterienbereichs eine Eintragung vornehmen, behandelt das Programm dies als ein kombiniertes Kriterium. Gesucht wird in einem solchen Fall ein Datensatz, in dem es bei allen benutzten Feldern einen genau entsprechenden Inhalt gibt.

Wenn Sie also im Kriterienbereich unter Warengruppe Jalousie eintragen und unter Material Kunststoff, sucht das Programm die Artikel, die beide Kriterien gleichzeitig erfüllen. Das entspricht einer logischen UND( )-Funktion.

Achten Sie vor der Eingabe eines neuen Kriteriums immer darauf, dass nicht Eintragungen von alten Abfragen stehen geblieben sind, die dann als ungewolltes Zusatzkriterium wirken.

Müssen zwei Bedingungen bei derselben Spalte erfüllt sein, können Sie Spaltennamen auch mehrfach verwenden.

23	Bestand	Bestand
24	>500	<800

Abbildung 9.3 Doppeltes Kriterium für ein Feld

Sollen Kriterien alternativ verwendet werden, müssen sie untereinander in eine Spalte des Kriterienbereichs geschrieben werden. In diesem Fall würden also alle Artikel gefunden, die ENTWEDER eine Jalousie sind ODER aus Kunststoff bestehen.

23	Bestand
24	<300
25	>800

Abbildung 9.4 Alternatives Kriterium für ein Feld

Für diesen Fall erweitern Sie den Kriterienbereich einfach um eine zusätzliche Zeile.

Bei vergleichenden Suchkriterien kann der Inhalt einer Zelle in der Tabelle mit einer Zeichenfolge, einer Zahl, einem Wahrheitswert oder auch einem Fehlerwert verglichen werden.

Wird als Kriterium nur das Gleichheitszeichen eingetragen, werden alle Datensätze gesucht, die in dem kritischen Feld keinen Eintrag vorweisen, also leer sind. <> dagegen sucht alle Datensätze, die in der betreffenden Spalte über irgendeinen Eintrag verfügen, egal welcher Art.

Wird nur eine Zeichenfolge als Kriterium verwendet, werden jeweils die Datensätze gesucht, in denen Übereinstimmung zwischen dem Feld in der Tabelle und dem Eintrag im Kriterienbereich besteht. Das Kriterium Rollo ist dabei eine verkürzte Schreibweise für ="Rollo".

Textvergleiche unterscheiden normalerweise nicht zwischen Groß- und Kleinschreibung. Mit einem Kriterium wie Rollo würde außerdem nicht nur Rollo, sondern auch Rollohalter gefunden. Soll die Übereinstimmung exakt sein, müssen Sie ="=Rollo" eintragen.

Statt der Übereinstimmung mit einer Zeichenfolge kann auch die Stellung in Bezug auf die alphabetische Reihenfolge als Kriterium benutzt werden.

Gerade bei Zeichenfolgen, bei Namen und Bezeichnungen steht der Suchende aber oft vor dem Problem, dass ihm gerade die exakte Schreibweise nicht bekannt ist. In so einem Fall helfen Stellvertreterzeichen:

Zeichen	Wirkung
*	Steht für beliebig viele Zeichen in einer Zeichenfolge.
?	Steht für genau ein Zeichen in einer Zeichenfolge.
~	Dieses Zeichen kann vor das Fragezeichen oder den Stern gesetzt werden, wenn diese Zeichen selbst gesucht werden sollen. Die Tilde verhindert also, dass die beiden Zeichen als Stellvertreterzeichen wirken.

Wenn Sie in einem Feld des Kriterienbereichs eine Zahl eintragen, muss der Wert dieser Zahl mit dem Wert in dem gesuchten Datensatz exakt übereinstimmen. Nicht übereinstimmen muss das Format. Wenn also im Kriterienbereich eine Zahl im Standardformat eingegeben wird, in der Tabelle aber diese Spalte mit dem Währungszeichen formatiert ist, hat das für die Suchoperation keine Bedeutung.

Probleme kann es allerdings geben, wenn die Zahl in der Tabelle in der Anzeige gerundet ist, intern aber mit mehreren Nachkommastellen geführt wird. Das kommt z. B. häufig vor, wenn die Zahl das Ergebnis einer Division ist. Wenn im Kriterienbereich 3,33 steht und in der Tabelle das Ergebnis von 10/3 angezeigt wird, wird der Datensatz nicht gefunden. In solch einem Fall kann ein berechnetes Suchkriterium mit einer Formel wie

=RUNDEN(F9;2)=3,33

helfen. Ansonsten können Sie beim Vergleich mit Zahlen mit den schon aufgeführten Vergleichsoperatoren arbeiten.

9 | Datenbankfunktionen

Die Bedeutung der statistischen Auswertungsfunktionen wird bei der folgenden Beschreibung nur kurz angedeutet. Ausführlichere Hinweise finden Sie bei den entsprechenden statistischen Funktionen in Kapitel 7, *Statistische Funktionen*.

9.2 Referenz der Datenbankfunktionen

DBANZAHL()
DCOUNT()

Syntax:	DBANZAHL(**Datenbank**; Datenbankfeld; Suchkriterien)
Beispiel:	=DBANZAHL(Lagerdaten;A4;A4:A5) ergibt im abgebildeten Beispiel 10, wenn das Kriterium Bestand >0 eingetragen ist

Die Funktion ermittelt die Anzahl der Zellen in der mit Datenbankfeld angegebenen Spalte, die numerische Werte enthalten und mit den über das Argument Suchkriterien festgelegten Kriterien übereinstimmen. Wird für Datenbankfeld keine Angabe gemacht, werden alle Datensätze gezählt.

In dem abgebildeten Beispiel wird in A8 die Anzahl der numerischen Zellen in der Bestandsspalte ermittelt. In Zelle C8 wird in der Spalte Warengruppe gezählt, was 0 ergibt, weil keine numerischen Werte vorhanden sind. Dagegen findet die Funktion DBANZAHL2(), die auch nichtnumerische Werte zählt, dort mit demselben Kriterium 5 Werte.

	A	B	C	D	E	F	G
1							
2	Anzahl der Datenzeilen, die die angegebenen Kriterien erfüllen.						
3							
4	Bestand		Warengruppe	Warengruppe			
5	>0		Rollo	Rollo			
6							
7	DBANZAHL()		DBANZAHL()	DBANZAHL2()			
8	10		0	5			
9							
10	Artnr	Bezeichnung	Warengruppe	Material	Mindestbestand	Bestand	Umsatz_lfd_Jahr
11	7777	Jalousie Ccxs	Jalousie	Kunststoff	500	600	23.801,00 €
12	7778	Jalousie Ccxx	Jalousie	Metall	500	500	57.600,80 €

Abbildung 9.5 Ermittlung der Anzahl

Referenz der Datenbankfunktionen | **9.2**

DBANZAHL2()
DCOUNTA()

Syntax:	DBANZAHL2(`Datenbank`; `Datenbankfeld`; `Suchkriterien`)
Beispiel:	=DBANZAHL2(Lagerdaten;"Warengruppe"; D4:D5) ergibt im abgebildeten Beispiel 5, wenn im Kriterienbereich `Warengruppe = Rollo` eingetragen ist.

Die Funktion ermittelt die Anzahl der Zellen in der mit `Datenbankfeld` angegebenen Spalte, die Werte enthalten – also nicht leer sind – und mit den über das Argument `Suchkriterien` festgelegten Kriterien übereinstimmen. Wird für `Datenbankfeld` keine Angabe gemacht, werden alle Datensätze gezählt.

DBAUSZUG()
DGET()

Syntax:	DBAUSZUG(`Datenbank`; `Datenbankfeld`; `Suchkriterien`)
Beispiel:	=DBAUSZUG(Lagerdaten;6;A4:A5) ergibt im abgebildeten Beispiel einen Bestand von 500 für die Artikelnummer im Kriterienbereich.

Die Funktion DBAUSZUG() nimmt keine statistische Auswertung vor, sondern liefert einfach einen einzelnen Wert für das mit `Datenbankfeld` angegebene Feld des Datensatzes, der mit den Suchkriterien übereinstimmt. Findet die Funktion keinen Datensatz, der mit dem Suchkriterium übereinstimmt, wird die Fehlermeldung #WERT! ausgegeben. Findet die Funktion mehr als einen Datensatz, der mit dem Kriterium übereinstimmt, wird die Fehlermeldung #Zahl! ausgegeben.

9 | Datenbankfunktionen

	A	B	C	D	E	F	G
1							
2	Wiedergabe eines Werts aus der Datenzeile, die die angegebenen Kriterien erfüllt.						
3							
4	Artnr		DBAUSZUG()				
5	7778	Bestand:	500				
7	Artnr	Bezeichnung	Warengruppe	Material	Mindestbestand	Bestand	Umsatz_lfd_Jahr
8	7777	Jalousie Ccxs	Jalousie	Kunststoff	500	600	23.801,00 €
9	7778	Jalousie Ccxx	Jalousie	Metall	500	500	57.600,80 €

Abbildung 9.6 Daten eines Feldes aus einer Datenzeile ausgeben

DBMAX()
DMAX()

Syntax: DBMAX(Datenbank; Datenbankfeld; Suchkriterien)

Beispiel: =DBMAX(Lagerdaten;6;A4:A5)
ergibt im abgebildeten Beispiel 700 als höchsten Bestand eines Artikels aus der Warengruppe Rollo.

Die Funktion liefert den größten Wert in der mit Datenbankfeld angegebenen Spalte, der den angegebenen Kriterien entspricht. In dem abgebildeten Beispiel wird der Artikel aus der Warengruppe Rollo gefunden, der den höchsten Bestand hat.

	A	B	C	D	E	F	G
1							
2	Größter/Kleinster Wert aus den Datenzeilen, die die angegebenen Kriterien erfüllen.						
3							
4	Warengruppe		DBMAX()		DBMIN()		
5	Rollo	Bestand:	700	Bestand:	230		
7	Artnr	Bezeichnung	Warengruppe	Material	Mindestbestand	Bestand	Umsatz_lfd_Jahr
8	7777	Jalousie Ccxs	Jalousie	Kunststoff	500	600	23.801,00 €
9	7778	Jalousie Ccxx	Jalousie	Metall	500	500	57.600,80 €
10	8443	Jalousie VVx	Jalousie	Metall	500	700	40.000,00 €
11	7774	Jalousie Vvxx	Jalousie	Kunststoff	500	450	87.690,00 €
12	5667	Markise Luxor	Jalousie	Naturfaser	500	890	20.000,00 €
13	8666	Rollo Dark	Rollo	Kunststoff	300	340	7.000,00 €
14	5554	Rollo PCx	Rollo	Naturfaser	300	230	19.000,00 €
15	6666	Rollo Top	Rollo	Kunststoff	300	700	10.000,00 €

Abbildung 9.7 Maximal- und Minimalwerte suchen

DBMIN()
DMIN()

Syntax:	DBMIN(Datenbank; Datenbankfeld; Suchkriterien)
Beispiel:	=DBMIN(Lagerdaten;6;A4:A5) ergibt im abgebildeten Beispiel 230 als niedrigsten Bestand eines Artikels aus der Warengruppe Rollo.

Die Funktion liefert den kleinsten Wert in der mit Datenbankfeld angegebenen Spalte, der den angegebenen Kriterien entspricht. In dem zuletzt abgebildeten Beispiel wird der Artikel aus der Warengruppe Rollo gefunden, der den geringsten Bestand hat.

DBMITTELWERT()
DAVERAGE()

Syntax:	DBMITTELWERT(Datenbank; Datenbankfeld; Suchkriterien)
Beispiel:	=DBMITTELWERT(Lagerdaten;7;A4:A5) liefert im abgebildeten Beispiel den mittleren Umsatz für Artikel der Warengruppe Jalousie.

Die Funktion liefert den Mittelwert aller Werte in der Spalte Datenbankfeld, deren Datensätze die Suchkriterien erfüllen. Leere Zellen bleiben dabei unberücksichtigt.

DBPRODUKT()
DPRODUCT()

Syntax:	DBPRODUKT(Datenbank; Datenbankfeld; Suchkriterien)
Beispiel:	=DBPRODUKT(Lagerdaten2;7;A4:A5) liefert im abgebildeten Beispiel einen Hinweis, dass es Fehlmengen gibt.

9 | Datenbankfunktionen

	A	B	C	D	E	F	G
1							
2	Mittlerer Wert aus den Datenzeilen, die die angegebenen Kriterien erfüllen.						
3							
4	Warengruppe		DBMITTELWERT()				
5	Jalousie	Umsatz:	45.818,36 €				
6							
7	Artnr	Bezeichnung	Warengruppe	Material	Mindestbestand	Bestand	Umsatz_lfd_Jahr
8	7777	Jalousie Ccxs	Jalousie	Kunststoff	500	600	23.801,00 €
9	7778	Jalousie Ccxx	Jalousie	Metall	500	500	57.600,80 €
10	8443	Jalousie Vvx	Jalousie	Metall	500	700	40.000,00 €
11	7774	Jalousie Vvxx	Jalousie	Kunststoff	500	450	87.690,00 €
12	5667	Markise Luxor	Jalousie	Naturfaser	500	890	20.000,00 €

Formelzelle C5: `=DBMITTELWERT(Lagerdaten;7;A4:A5)`

Abbildung 9.8 Mittelwert der Umsätze für eine Warengruppe

Die Funktion multipliziert alle Werte in der Spalte Datenbankfeld derjenigen Datensätze, die die Suchkriterien erfüllen.

In dem abgebildeten Beispiel ist die Lagerdatenbank um ein berechnetes Feld erweitert worden, das mit einer WENN()-Funktion prüft, ob der Mindestbestand unterschritten ist. Wenn ja, erhält die Zelle den Wert 1, sonst den Wert 0. Werden nun alle Werte dieses Feldes für die angegebene Warengruppe miteinander multipliziert, ergibt die Funktion immer den Wert 1, wenn mindestens für einen Artikel Fehlmengen existieren.

	A	B	C	D	E	F	G
1							
2	Produkt aller Spaltenwerte aus den Datenzeilen, die die angegebenen Kriterien erfüllen.						
3							
4	Warengruppe		DBPRODUKT()				
5	Rollo	Fehlmengen?	1				
6							
7	Artnr	Bezeichnung	Warengruppe	Material	Mindestbestand	Bestand	Fehlmenge
8	7777	Jalousie Ccxs	Jalousie	Kunststoff	500	600	1
9	7778	Jalousie Ccxx	Jalousie	Metall	500	500	0

Formelzelle G8: `=WENN(F8>E8;1;0)`

Abbildung 9.9 Prüfen, ob Fehlmengen existieren

DBSTDABW()
DSTDEV()

Syntax:	DBSTDABW(Datenbank; Datenbankfeld; Suchkriterien)
Beispiel:	=DBSTDABW(Lagerdaten;6;A7:A8) liefert im abgebildeten Beispiel die Standardabweichung vom Mittelwert des Bestands für Artikel der Warengruppe Jalousie.

Die Funktion berechnet die Standardabweichung der Spalte Datenbankfeld für diejenigen Datensätze, die die Suchkriterien erfüllen. Die Datensätze werden als Stichprobe behandelt.

	A	B	C	D	E	F	G
1							
2	Standardabweichung der Werte aus den Datenzeilen, die die angegebenen Kriterien erfüllen.						
3							
4	Warengruppe		DBSTDABW()	DBSTDABWN()			
5	Rollo	Umsatz_lfd_Jahr:	7918,33	7082,37			
7	Warengruppe	Bestand:	175	157			
8	Jalousie	Basis:	Stichprobe	Grundgesamtheit			
10	Artnr	Bezeichnung	Warengruppe	Material	Mindestbestand	Bestand	Umsatz_lfd_Jahr
11	7777	Jalousie Ccxs	Jalousie	Kunststoff	500	600	23.801,00 €
12	7778	Jalousie Ccxx	Jalousie	Metall	500	500	57.600,80 €
13	8443	Jalousie VVx	Jalousie	Metall	500	700	40.000,00 €
14	7774	Jalousie Vvxx	Jalousie	Kunststoff	500	450	87.690,00 €
15	5667	Markise Luxor	Jalousie	Naturfaser	500	890	20.000,00 €
16	8666	Rollo Dark	Rollo	Kunststoff	300	340	7.000,00 €
17	5554	Rollo PCx	Rollo	Naturfaser	300	230	19.000,00 €
18	6666	Rollo Top	Rollo	Kunststoff	300	700	10.000,00 €
19	5222	Rollo XXs	Rollo	Kunststoff	300	400	6.000,00 €
20	7999	Sunset	Rollo	Naturfaser	300	500	24.000,00 €

Abbildung 9.10 Berechnung der Standardabweichung vom Mittelwert

DBSTDABWN()
DSTDEVP()

Syntax:	DBSTDABWN(Datenbank; Datenbankfeld; Suchkriterien)
Beispiel:	=DBSTDABWN(Lagerdaten;6;A7:A8) liefert im abgebildeten Beispiel die Standardabweichung vom Mittelwert des Bestands für Artikel der Warengruppe Jalousie.

Die Funktion berechnet die Standardabweichung der Spalte Datenbankfeld für diejenigen Datensätze, die die Suchkriterien erfüllen. Dabei werden die Daten als Grundgesamtheit behandelt.

DBSUMME()
DSUM()

Syntax: DBSUMME(Datenbank; Datenbankfeld; Suchkriterien)

Beispiel: =DBSUMME(Lagerdaten;7;A4:A5)
liefert im abgebildeten Beispiel die Summe der Umsätze für Artikel der Warengruppe Jalousie.

Die Funktion summiert alle Werte derjenigen Datensätze in der Spalte Datenbankfeld, die die Suchkriterien erfüllen.

	A	B	C	D	E	F	G
1							
2	Summe der Werte aus den Datenzeilen, die die angegebenen Kriterien erfüllen.						
3							
4	Warengruppe		DBSUMME()				
5	Jalousie	Umsatz:	229.091,80 €				
8	Artnr	Bezeichnung	Warengruppe	Material	Mindestbestand	Bestand	Umsatz_lfd_Jahr
9	7777	Jalousie Ccxs	Jalousie	Kunststoff	500	600	23.801,00 €
10	7778	Jalousie Ccxx	Jalousie	Metall	500	500	57.600,80 €
11	8443	Jalousie VVx	Jalousie	Metall	500	700	40.000,00 €
12	7774	Jalousie Vvxx	Jalousie	Kunststoff	500	450	87.690,00 €
13	5667	Markise Luxor	Jalousie	Naturfaser	500	890	20.000,00 €

Abbildung 9.11 Summe der Umsätze einer Warengruppe

DBVARIANZ()
DVAR()

Syntax: DBVARIANZ(Datenbank; Datenbankfeld; Suchkriterien)

Beispiel: =DBVARIANZ(Lagerdaten;7;A4:A5)
liefert die Varianz der Umsätze für Artikel der Warengruppe Jalousie.

Referenz der Datenbankfunktionen | **9.2**

Die Funktion berechnet die Varianz der Spalte Datenbankfeld für diejenigen Datensätze, die die Suchkriterien erfüllen. Die Datensätze werden als Stichprobe behandelt.

	A	B	C	D	E	F	G
1							
2	Varianz der Werte aus den Datenzeilen, die die angegebenen Kriterien erfüllen.						
3							
4	Warengruppe		DBVARIANZ()	DBVARIANZEN()			
5	Jalousie	Umsatz:	769316324,05	615453059,24			
7		Basis:	Stichprobe	Grundgesatzheit			
9	Artnr	Bezeichnung	Warengruppe	Material	Mindestbestand	Bestand	Umsatz_lfd_Jahr
10	7777	Jalousie Ccxs	Jalousie	Kunststoff	500	600	23.801,00 €
11	7778	Jalousie Ccxx	Jalousie	Metall	500	500	57.600,80 €
12	8443	Jalousie Vvx	Jalousie	Metall	500	700	40.000,00 €
13	7774	Jalousie Vvxx	Jalousie	Kunststoff	500	450	87.690,00 €
14	5667	Markise Luxor	Jalousie	Naturfaser	500	890	20.000,00 €

Abbildung 9.12 Varianz der Umsätze einer Warengruppe

DBVARIANZEN()
DVARP()

Syntax: DBVARIANZEN(Datenbank; Datenbankfeld; Suchkriterien)

Beispiel: =DBVARIANZEN(Lagerdaten;7;A4:A5)
liefert die Varianz der Umsätze für Artikel der Warengruppe Jalousie.

Die Funktion berechnet die Varianz der Spalte Datenbankfeld für diejenigen Datensätze, die die Suchkriterien erfüllen. Die Datensätze werden als Grundgesamtheit behandelt.

10 Cube-Funktionen

Funktion	Seite	Funktion	Seite
CUBEELEMENT()	474	CUBEMENGENANZAHL()	479
CUBEELEMENTEIGENSCHAFT()	475	CUBERANGEELEMENT()	479
CUBEKPIELEMENT()	475	CUBEWERT()	479
CUBEMENGE()	478		

Ganz neu in Excel 2007 ist die Gruppe der Cube-Funktionen. Dabei geht es um die Möglichkeit, von Excel aus auf Daten zuzugreifen, die in mehrdimensionalen Datenstrukturen auf einem Datenbank-Server zusammengestellt sind. Diese werden **Cubes** genannt werden.

10.1 Einsatzbereiche für Cube-Funktionen

Solche »Datenwürfel« fassen Daten nach ganz unterschiedlichen Dimensionen zusammen: personenbezogene, sachliche, räumliche oder zeitliche Daten. Dadurch wird es möglich, Querbezüge zwischen den Daten herzustellen und Fragen zu beantworten wie: Welche Artikel werden von einer bestimmten Altersgruppe besonders bevorzugt? Entwickeln sich die Verkäufe in allen Vertriebsgebieten gleich stark, oder gibt es regionale Unterschiede? Welche Produktlinie liegt im Trend? Außerdem besteht die Möglichkeit, bestimmte Indikatoren einzurichten, die kritische Werte kontrollieren oder frühzeitig auf Fehlentwicklungen oder auf besondere Chancen aufmerksam machen.

Der Einsatz von Cubes ähnelt dem Einsatz von Pivot-Tabellen in Excel, und es ist deshalb auch nicht verwunderlich, dass OLAP-Objekte direkt als Datenquelle für Pivot-Tabellen verwendet werden können. Wenn es sich aber um sehr große Datenmengen handelt, ist es häufig sinnvoll, das Pivotieren schon auf dem Datenbankserver vorzunehmen oder wenigstens vorzubereiten, sodass die Weiterverarbeitung in Excel anschließend mit kleineren Datenmengen vorgenommen werden kann.

Anders als bei der Ausgabe von Cube-Daten in einer Pivot-Tabelle erlauben nun die Cube-Funktionen auch eine freie Platzierung der aus dem Cube übernommenen Daten in ein Arbeitsblatt. Sie ergänzen insofern die Möglichkeiten, die die Pivot-Tabellen bieten.

10.2 Voraussetzungen für den Einsatz von Cube-Funktionen

Um die Cube-Funktionen nutzen zu können, müssen allerdings einige Voraussetzungen geschaffen werden, die hier zunächst kurz skizziert werden sollen. Die SQL-Server von Microsoft unterstützen seit der Version 7 mit den **Server Analysis Services** das **Online Analytical Processing**, kurz **OLAP**. Dabei handelt es sich um Analysemethoden für die Auswertung von umfangreichen Unternehmensdaten. Im Kern geht es dabei darum, über die bei den relationalen Datentabellen zwangsläufig vorgegebene Zweidimensionalität hinauszukommen. Dazu werden, getrennt von den normalen Datentransaktionen in den SQL-Datenbanken, vorhandene Daten aus relationalen Datentabellen in einer Art Meta-Datenbank zu mehrdimensionalen Datenstrukturen zusammengeführt, für die die Bezeichnung **Cube** verwendet wird.

OLAP-Cubes

Für OLAP-Lösungen ist typisch, dass sie Informationen aus mehreren relationalen Datenquellen zusammenführen, um Datenbestände unter flexibel wählbaren Gesichtspunkten zusammenfassen (aggregieren) und auswerten zu können.

Das technische Konzept für die OLAP-Datenbank basiert dabei auf dem Modell der Cubes, der mehrdimensionalen Datenwürfel. Natürlich handelt es sich bei diesem Begriff um ein Bild, das allerdings bei dreidimensionalen Datenstrukturen noch gut graphisch dargestellt werden kann, wie die Abbildung andeutet.

Business Intelligence Development Studio

Für den Umgang mit OLAP und Cubes steht als Teil einer professionellen SQL-Server-2005-Installation mit **Business Intelligence Development Studio** eine spezielle Variante der Entwicklungsumgebung **Microsoft Visual Studio 2005** zur Verfügung, die entsprechende Vorlagen für **BI**-Projekte anbietet und umfangreiche Tools für ihr Design. Im Zentrum steht dabei der **Cube-Designer**. Es soll an dieser Stelle wenigstens angedeutet werden, welche Konzepte bei der Erstellung von Cubes in der Visual-Studio-Umgebung maßgeblich sind, weil so die Syntax der im Folgenden beschriebenen Funktionen verständlich wird.

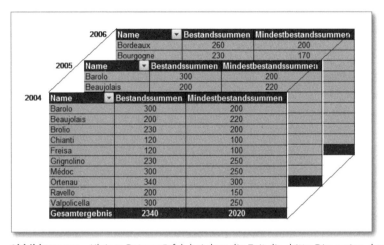

Abbildung 10.1 Kleiner Datenwürfel, bei dem die Zeit die dritte Dimension darstellt

Dimensionen

Beim Entwurf von Cubes werden insbesondere die Begriffe **Dimension** und **Measure** unterschieden. Dimensionen sind maßgeblich für die Anordnung der Daten. Dabei kann es sich um sachliche Kriterien handeln, etwa die Anordnung von Produkten, wobei verschiedene Warengruppen oder Produktlinien als Zwischenebene dieser Dimension eingerichtet werden können. Eine zweite Dimension könnte die räumliche Verteilung der jeweiligen Geschäftstätigkeiten, eine dritte die zeitliche Verteilung darstellen, wobei wiederum mehrstufige Hierarchien von Elementen möglich sind, etwa Jahre <- Quartale <- Monate <- Wochen. Eine weitere Dimension könnte die personelle Anordnung sein: Kunden, Lieferanten etc.

Measures

Der Begriff **Measure**, der in den deutschen Texten manchmal auch als **Kennzahl** oder **Maßzahl** wiedergegeben wird, bezeichnet die Werte, auf die aus der Perspektive der jeweiligen Dimensionen zugegriffen wird. In der letzten Abbildung sind es beispielsweise die Bestands- und Mindestbestandszahlen. Diese Werte können als Einzelwerte oder schon als aggregierte Werte vorliegen.

Die als **Measures** bezeichneten Werte werden innerhalb der **Analysis Services** von **SQL Server 2005** als Faktentabellen geführt, während die Elementwerte jeder Dimension jeweils in Dimensionstabellen vorgehalten werden. Die Verknüpfung erfolgt über Schlüssel, wobei der Primärschlüssel aus einer Dimensionstabelle als Fremdschlüssel in der Faktentabelle auftaucht. Dabei sind verschiedene Strukturschemas möglich, die einfachste Struktur wird als Sternschema bezeichnet. Dabei liegt für jede Dimension eine Tabelle vor, und alle Dimensionstabellen sind mit der Faktentabelle verknüpft. Neben Dimensionen und Measures, die direkt aus vorhandenen Tabellen verfügbar sind, lassen sich zusätzlich berechnete Dimensionen und Measures erzeugen.

Ausnahmsweise wird in den folgenden Abschnitten auf die von Microsoft zur Verfügung gestellte Beispieldatenbank **Adventure Works DW** zurückgegriffen, um nicht zu viel Zeit mit der Beschreibung der Einrichtung von eigenen Datentabellen zu verlieren. Diese Beispieldaten sind komplex genug, um erste Erfahrungen im Einsatz von Cube-Funktionen zu gewinnen. Sie müssen allerdings zunächst separat installiert werden. Sie lassen sich im Microsoft Download Center über den Link **SQL Server 2005 Samples and Sample Databases** herunterladen. Die Installation wird per Doppelklick auf **SqlServerSamples.msi** gestartet.

Ein Cube-Projekt anlegen

Ist die Datenbank installiert, kann über das Tool **SQL Server Business Intelligence Development Studio** ein Projekt mit dem Projekttyp **Business Intelligence-Projekte** angelegt werden, um darin einen Cube zu definieren und bereitzustellen, auf den die unten beschriebenen Cube-Funktionen zugreifen können. Im **Projektmappen-Explorer** erscheint ein vorgegebener Ordnerbaum für die Komponenten eines solchen Projekts.

Voraussetzungen für den Einsatz von Cube-Funktionen | 10.2

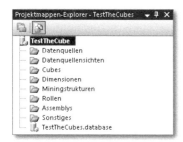

Abbildung 10.2 Komponenten für ein Cube-Projekt

Die Abfolge bis zur Bereitstellung eines Cubes soll hier nur angedeutet werden. Der erste Schritt ist in der Regel die Definition mindestens einer Datenquelle, die das Material für den vorgesehenen Cube liefert. Dabei wird die **Verbindungszeichenfolge** festgelegt, die bei der Eröffnung der Verbindung benötigt wird. Im Dialog **Verbindungs-Manager** wird unter **Anbieter** der Datenprovider abgefragt. Hier wird die Einstellung **OLE DB systemeigen\SQL Native Client** übernommen.

Abbildung 10.3 Herstellen der Verbindung zur Beispieldatenbank

Unter **Servername** kann der Computername, `localhost` oder die IP-Adresse eingegeben werden. Für das Anmeldeverfahren wird die Windows-Authentifizierung verwendet. Wenn die Verbindung zum Server gelungen ist, kann die Beispieldatenbank **Adventure Works DW** ausgewählt werden.

Der nächste Schritt ist die Festlegung einer brauchbaren Datenquellensicht. Dazu wird über das Kontextmenü von **Datenquellensichten** die Option **Neue Datenquellensicht** aufgerufen. Im **Datenquellensicht-Assistenten** können die für den Cube vorgesehen Dimensionentabellen und Faktentabellen bestimmt werden. Die Ersteren sind an dem vorgegebenen Präfix **Dim** zu erkennen, Letztere an dem Präfix **Fact**.

Abbildung 10.4 Auswahl der für den Cube vorgesehenen Tabellen

Nach diesen Vorbereitungen lässt sich aus der ausgewählten Sicht mit der Option **Neuer Cube**, die über das Kontextmenü von **Cubes** angeboten wird, ein Cube erstellen.

Für einen Cube müssen mindestens eine Faktentabelle und auch mindestens eine Dimensionstabelle verfügbar sein.

Voraussetzungen für den Einsatz von Cube-Funktionen | 10.2

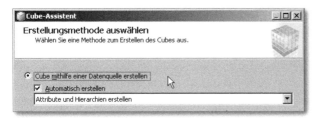

Abbildung 10.5   Wahl der automatischen Erstellungsmethode

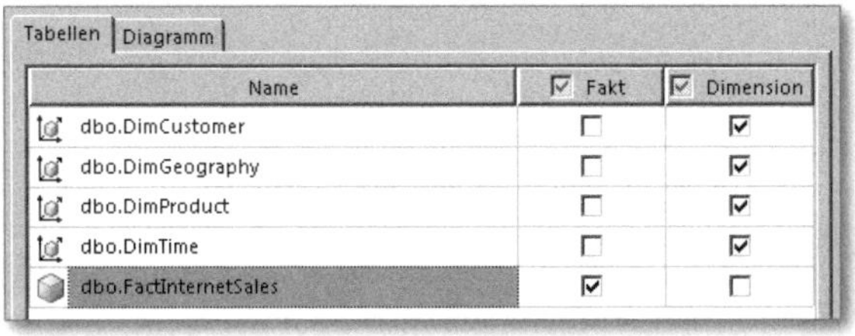

Abbildung 10.6   Der Cube-Assistent schlägt die Nutzung der Tabellen vor.

Im nächsten Schritt lassen sich aus den Spalten der angegebenen Faktentabelle diejenigen auswählen, die tatsächlich als **Measures** für den Cube verwendet werden sollen. Zum Schluss muss noch ein Name für den Cube vergeben werden. Im **Projektmappen-Explorer** sind schließlich alle für das Projekt benötigten Komponenten sichtbar.

Abbildung 10.7   Der Cube und die einzelnen Dimensionen im Projektmappen-Explorer

457

Bereitstellen des Cubes

Der letzte Schritt ist die Verarbeitung und Bereitstellung des Cubes. Beim Verarbeiten der Objekte werden die für Dimensionen und Measures ausgewählten Daten zusammengestellt bzw. berechnet, in den Cube kopiert und entsprechend gespeichert, sodass der Cube für Anwendungen zur Verfügung steht, die auf die entsprechende Instanz des SQL-Servers zugreifen wollen. Beim Bereitstellen werden die definierten Objekte in einer Instanz von **Analysis Services** verfügbar gemacht. Zunächst geschieht diese Bereitstellung auf dem Entwicklungsserver. Ist alles geprüft, kann dann die Bereitstellung auf einem Produktionsserver erfolgen.

Gestartet wird die Verarbeitung und Bereitstellung über **Erstellen • <Projektname> erstellen**. Die vorgegebene Speichermethode ist **MOLAP**, d. h., dass die Daten aus den verwendeten Tabellen samt den berechneten Daten in den Cube kopiert werden.

Nach der Bereitstellung des Cubes kann auch das vom **Cube-Designer** zur Verfügung gestellte Register **Browser** genutzt werden, um innerhalb der Visual-Basic-Umgebung Daten im Cube in einer Form anzuzeigen, die große Ähnlichkeit mit der Darstellung der Pivot-Tabellen in Excel hat.

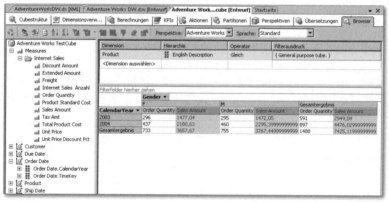

Abbildung 10.8 Anzeige von Daten aus dem Cube auf dem Register Browser

Die Abfragesprache MDX

Während für die Abfrage von relationalen Datentabellen üblicherweise SQL verwendet wird, gilt für die Handhabung von mehrdimensionalen Datenstrukturen

Voraussetzungen für den Einsatz von Cube-Funktionen | 10.2

eine spezielle Abfragesprache, die als **Multidimensional Expressions** (MDX) bezeichnet wird. Da diese Ausdrücke als Argumente für die Cube-Funktionen benötigt werden, soll MDX hier wenigstens ansatzweise beschrieben werden. MDX ist eine von Microsoft geförderte Abfragesprache für multidimensionale Datenbanken.

Die Syntax einer SELECT-Anweisung in MDX gleicht der SQL-Syntax, geht aber von einem anderen Datenmodell aus, da ja statt mit zweidimensionalen Tabellen mit mehrdimensionalen Cubes gearbeitet wird. Die generelle Syntax sieht so aus:

```
SELECT [<Achsenspezifikation>
[,<Achsenspezifikation>...]]
FROM [<Cubespezifikation>]
[WHERE [<Slicerspezifikation>]]
```

Die Anweisung arbeitet anstelle der Spalten in SQL mit Abfrageachsen, wobei die ersten fünf Achsen über Aliasnamen angesprochen werden können. Jede Achsenspezifikation definiert eine Dimension. Die Syntax ist <Menge> ON <Name der Achse>. Für die ersten fünf Achsen werden die Aliasnamen COLUMNS | ROWS | PAGES | SECTIONS | CHAPTERS verwendet. Die folgende Anweisung benutzt beispielsweise COLUMNS und ROWS als Aliasnamen für Achsen:

```
SELECT {[Measures].[Sales Amount],
[Measures].[Tax Amount] } ON COLUMNS,
{ [Date].[Fiscal].[Fiscal Year].&[2004],
[Date].[Fiscal].[Fiscal Year].&[2005] } ON ROWS
FROM [Adventure Works]
WHERE ( [Sales Territory].[Southwest] )
```

Alternativ können die Achsen auch über ihre Position angesprochen werden; dazu wird mit einem nullbasierten Index gearbeitet: AXIS(0) ist also die erste Achse. Die Nummerierung muss immer fortlaufend sein:

```
SELECT {[Measures].[Unit Sales], [Measures].[Store Sales] }
ON AXIS(0),
{ [Time].[1997], [Time].[1998] } ON AXIS(1)
```

In der FROM-Klausel kann jeweils ein Cube angegeben werden. Die FROM-Klausel bestimmt den Cube-Kontext. Dabei kann es sich um einen kompletten Cube oder auch um einen Teilcube handeln.

Während in SQL die WHERE-Klausel im Sinne eines Filters darüber entscheidet, welche Zeilen angezeigt werden, wird die WHERE-Klausel in MDX verwendet, um die Daten über eine bestimmte Dimensionen oder ein Mitglied derselben einzuschränken. Das wird auch als **Slicing** bezeichnet. Die WHERE-Klausel legt dabei die Slicerachse fest und liefert so in jedem Fall eine klar abgegrenzte Untermenge.

Attribute und Attributhierarchien

Dimensionen bestehen aus Gruppen von Attributen, die auf Spalten in den verwendeten Dimensionstabellen basieren. Diese Gruppen sind in Form von Hierarchien geordnet.

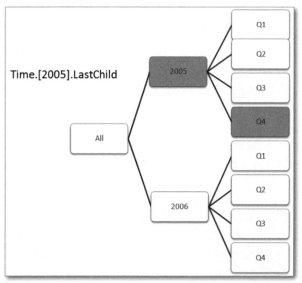

Abbildung 10.9 Beispiel für die Navigation in der Zeithierarchie

Um Elemente auf den verschiedenen Ebenen einer Dimension innerhalb einer Anweisung ansprechen zu können, wird eine Schreibweise verwendet, bei der Bezeichner durch eckige Klammern gekennzeichnet werden. Punkte trennen Ebenen innerhalb einer Hierarchie. Dabei können untergeordnete Elemente entweder explizit angegeben werden, etwa:

```
[Date].[Calendar Year].[CY 2005]
```

Voraussetzungen für den Einsatz von Cube-Funktionen | **10.2**

oder mit Hilfe von MDX-Funktionen:

`[Date].[Calendar Year].LastChild`

Die eckigen Klammern sind notwendig, wenn der Name eines Elements eine Zahl oder ein Leerzeichen enthält. Die Klammern dürfen aber auch bei einfachen Namen verwendet werden. Der Bezug auf Elemente einer Dimension kann statt über den Namen auch über entsprechende Schlüssel hergestellt werden. Das ist sinnvoll, wenn die Namen innerhalb mehrerer Dimensionen nicht eindeutig sind. Schlüssel werden durch ein vorangestelltes Ampersand(&)-Zeichen gekennzeichnet, etwa:

`[Time].[1nd half].&[Q2].`

Elemente können auch durch Berechnungen aus vorhandenen Werten neu gebildet werden. Zur Definition solcher Elemente für eine Abfrage wird das Schüsselwort `WITH` verwendet:

`WITH MEMBER [Measures].[Special Discount] AS [Measures].[Discount Amount] * 1.5`

In diesem Fall wird das neue Element `[Measures].[Special Discount]`, dessen voll qualifizierter Name zuerst angegeben wird, auf der Basis eines bereits vorhandenen Elements `[Measures].[Discount Amount]` durch Multiplikation mit dem Faktor gebildet. Das berechnete Element gilt nur für die so spezifizierte Abfrage.

Tupel und Mengen

Ein Tupel innerhalb einer multidimensionalen Datenstruktur ist eine geordnete Kollektion von je einem Element für jede Dimension, die in einer Abfrage verwendet wird. Dabei können auch vorgegebene Elemente einbezogen werden. Tupel, die nur aus einem Element einer Dimension bestehen, können in einer vereinfachten Syntax angesprochen werden, etwa

`Time.[1st half]`

Bei Tupeln, die Elemente verschiedener Dimensionen enthalten, wird mit Klammern gearbeitet:

`(Time.[2nd half], Route.nonground.air)`

Mehrere Tupel können eine Menge als geordnete Kollektion bilden. Dies geschieht bei der Spezifikation von Achsen. Mengenausdrücke werden durch geschweifte Klammern gekennzeichnet:

`{(Time.[1st half], Route.nonground.air), (Time.[2nd half], Route.nonground.sea)}`

Um einen Bereich von Elementen anzugeben, kann mit dem Bereichsoperator gearbeitet werden:

`{[1st quarter]:[4th quarter]}`

Mengen können aber auch durch MDX-Funktionen geliefert werden.

`{Time.Children}`

liefert beispielsweise die untergeordneten Elemente zu `Time`.

MDX ist eine umfangreiche Sprache, die hier nicht in allen Details beschrieben werden kann. Neben zahlreichen Operatoren und Funktionen steht noch eine Reihe von Anweisungen zur Verfügung. Die möglichen Anweisungen sind in drei Gruppen unterteilt: Anweisungen für Skripte, Anweisungen für die Datendefinition und Anweisungen für die Datenbearbeitung.

Skripte werden verwendet, um innerhalb des Cubes bestimmte Berechnungsprozesse durchzuführen. Dabei werden die folgenden Anweisungen verwendet:

Anweisung	Beschreibung
CALCULATE	Berechnet einen Teilcube.
CASE	Erlaubt die bedingte Rückgabe von Werten aus mehreren Vergleichen.
EXISTING	Erzwingt die Auswertung der angegebenen Menge im aktuellen Kontext.
FREEZE	Fixiert die Werte eines Teilcubes auf die aktuell vorhandenen Werte.
IF	Bedingte Anweisung
SCOPE	Beschränkt eine Anweisung auf einen Teil des Cubes.

Tabelle 10.1 Skriptanweisungen in MDX

Die komplette MDX-Referenz finden Sie unter **http://msdn2.microsoft.com/de-de/library/ms1455506.aspx**.

Voraussetzungen für den Einsatz von Cube-Funktionen | 10.2

Key Performance Indicatoren

Eine spezielle Funktion, die in einem Cube eingerichtet werden kann, ist ein mit graphischen Hinweisen verbundener Indikator, dessen Anzeige über einen Statusausdruck gesteuert wird. Sinn und Zweck solcher **KPI** ist es, auffällige Hinweise auf relevante betriebswirtschaftliche Kennzahlen zu generieren, die über Erfolg und Misserfolg von Geschäftsprozessen entscheiden. Für die Definition von KPI steht in **SQL Server Business Intelligence Development Studio** ein spezielles Register zur Verfügung, wie die Abbildung zeigt.

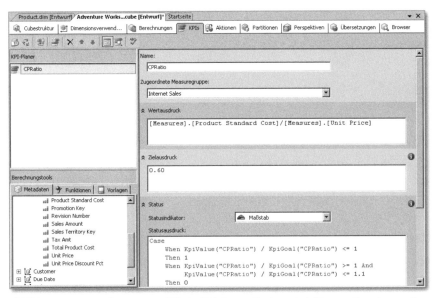

Abbildung 10.10 Definition von KPIs in SQL Server Business Intelligence Development Studio

Die Schaltfläche **Neuer KPI** blendet ein Formular ein, das zunächst einen Namen und die Measuregruppe abfragt, mit der der Indikator verknüpft werden soll. Unter **Wertausdruck** wird ein Wert oder ein Ausdruck angegeben, der beobachtet und mit einem Zielausdruck verglichen werden soll. Ein einfaches Beispiel wäre etwa das Verhältnis der Produktkosten zum Preis der Einheit. Unter **Zielausdruck** wird der angestrebte Planwert oder ein Ausdruck, der diesen Wert liefert, eingegeben.

10 | Cube-Funktionen

Für die Anzeige des erreichten Status kann dann ein graphischer **Statusindikator** gewählt werden. Die Anzeige in diesem Indikator wird über einen **Statusausdruck** gesteuert, der Werte zwischen 1 und −1 liefert. 1 steht für sehr gut, −1 für sehr schlecht. Der Ausdruck kann ein MDX-Skriptfragment sein mit verschiedenen Prüfpunkten, die bestimmten Positionen des Indikators entsprechen.

Ein einfaches Beispiel:

```
Case
  When
    KpiValue("CPRatio")/KpiGoal("CPRatio")<= 1
    Then 1
  When
    KpiValue("CPRatio ")/KpiGoal("CPRatio")>=1
    And
    KpiValue("CPRatio ")/KpiGoal("CPRatio")<=1.1
    Then 0
    Else-1
End
```

Zusätzlich können noch ein **Trendindikator** (ebenfalls Werte zwischen 1 und −1) und ein **Trendausdruck** eingegeben werden. Die so erzeugten Daten können über die unten beschriebene Funktion CUBEKPIELEMENT() abgefragt werden.

Definieren einer Verbindung zu einem Analysis Services Server

Wird auf einem SQL Server 2005 ein Cube bereitgestellt, kann von Excel 2007 aus eine Verbindung zu diesem Cube eingerichtet werden, die anschließend für die Cube-Funktionen zur Verfügung steht.

Dazu wird auf dem Register **Daten** die Schaltfläche **Externe Daten abrufen** und anschließend die Schaltfläche **Aus anderen Quellen** verwendet. In der Menüleiste wird die Option **Von Analysis Services** angeboten, die den **Datenverbindungs-Assistenten** startet.

Im ersten Dialog werden der **Servername** und die **Anmeldeinformationen** eingegeben. Kommt die Verbindung zustande, lassen sich anschließend die Analysis Services Datenbank und der darin enthaltene Cube auswählen. Der Datenbankname entspricht in diesem Fall dem Namen des Projekts, das mit dem BI-Tool angelegt wurde.

Voraussetzungen für den Einsatz von Cube-Funktionen | 10.2

Abbildung 10.11 Aufbau einer Verbindung zu einem SQL-Server

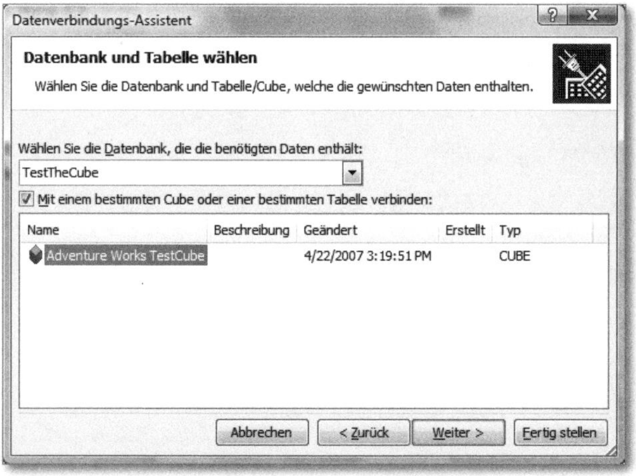

Abbildung 10.12 Auswahl von Datenbank und Cube

Die Daten zu der Verbindung werden in einer **.odc**-Datei gespeichert, sodass immer wieder darauf zurückgegriffen werden kann. Der Verbindungsname wird in fast allen Cube-Funktionen als erstes Argument benötigt.

465

10 | Cube-Funktionen

Abbildung 10.13 Speichern der Datenverbindungsdatei

Über **Daten • Verbindungen • Verbindungen** kann jederzeit der Dialog **Arbeitsmappenverbindungen** geöffnet werden, in dem die mit der Arbeitsmappe verknüpften Verbindungsdefinitionen verwaltet werden. Die Schaltfläche **Eigenschaften** zeigt die Detaildaten zu einer ausgewählten Verbindung:

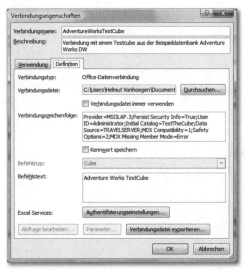

Abbildung 10.14 Verbindungseigenschaften

Voraussetzungen für den Einsatz von Cube-Funktionen | **10.2**

Offline-Cubes

Alternativ zur Online-Verbindung mit einem Cube auf dem Server können Daten auch offline aus **CUB**-Dateien übernommen werden, die vorher aus den Server-Daten generiert wurden. Mit Hilfe einer solchen **CUB**-Datei lassen sich Daten lokal verfügbar machen, insbesondere für den Fall, dass die Verbindung zum Server, auf dem die Daten gepflegt werden, unterbrochen ist. Die **CUB**-Datei enthält in der Regel eine Untermenge der Quelldaten aus einer **OLAP**-Datenbank.

Um eine **CUB**-Datei zu erstellen, muss zunächst über eine Online-Verbindung eine Pivot-Tabelle mit den Daten aus einem OLAP-Cube erstellt werden. Dazu wird eine Pivot-Tabelle über **Einfügen • Tabellen • PivotTable** mit der Option **Externe Datenquelle verwenden** angelegt. Über die Schaltfläche **Verbindung auswählen** wird die vorher definierte Verbindung angegeben. Die folgende Abbildung zeigt eine Pivot-Tabelle mit Daten aus der Beispieldatenbank.

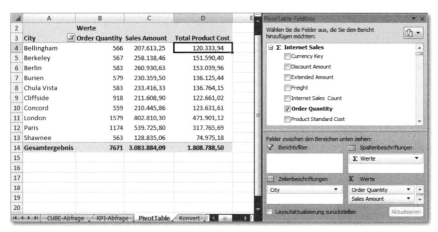

Abbildung 10.15 OLAP-Daten in einer PivotTable

Um nun aus den online verfügbaren Daten eine **CUB**-Datei zu erstellen, wird, wenn die Pivot-Tabelle ausgewählt ist, über das **Optionen**-Register in der Gruppe **Tools** die Schaltfläche **OLAP-Tools** benutzt.

Aus dem Menü wird die Option **Offline-OLAP** verwendet und im Dialog die Schaltfläche **Offlinedatei erstellen**.

10 | Cube-Funktionen

Abbildung 10.16   Die Schaltfläche OLAP-Tools

Abbildung 10.17   Dialog für die Erstellung eines Offline-Cubes

Damit wird der **Offlinecube-Assistent** aufgerufen. Zunächst werden die Dimensionen des Cubes angegeben, die in den Offlinecube mit aufgenommen werden sollen. In der Regel sollten alle Dimensionen übernommen werden, für die gruppierte Elemente vorhanden sind. Innerhalb der Dimensionen lassen sich die Ebenen auswählen. Zwar können Zwischenebenen nicht übersprungen werden, aber es ist möglich, die unteren Ebenen wegzulassen, wenn der Umfang des Cubes eingeschränkt werden soll.

Abbildung 10.18   Auswahl der Dimensionen und Ebenen

Voraussetzungen für den Einsatz von Cube-Funktionen | 10.2

Nur bei den Dimensionen, die nicht mit einem Plusfeld ausgestattet sind, müssen alle Ebenen übernommen werden. Diese Dimensionen können also nur ganz ein- oder ausgeschlossen werden.

Abbildung 10.19   Auswahl der Elemente pro Ebene

Im nächsten Schritt können die gewünschten Elemente zu den Measures gewählt werden. Hierbei handelt es sich in der Regel um die Datenfelder, die numerische Werte enthalten. Mindestens ein Measure-Eintrag muss ausgewählt werden, weil sonst die zugeordneten Dimensionen keine Daten aufweisen. Die Eigenschaftenfelder, die den Elementen eines OLAP-Cubes zugeordnet sind, werden automatisch in die Cubedatei aufgenommen. Zuletzt müssen nur noch der Name und der Speicherort der **CUB**-Datei angegeben werden.

CUB-Dateien können einerseits direkt als Quelldaten für PivotTable-Berichte und PivotCharts verwendet werden, andererseits besteht seit Excel 2007 auch die Möglichkeit, Daten daraus direkt über die neuen Cube-Funktionen auszuwerten.

Es gibt übrigens auch noch die Möglichkeit, eine **CUB**-Datei beispielsweise über den Weg der Abfrage einer Access-Datei mit Hilfe der altbekannten Komponente **MSQuery** zu erstellen. Dabei wird das Ergebnis der Abfrage in eine **CUB**-Datei gespeichert.

Die Verwendung vorhandener **CUB**-Dateien für Pivot-Berichte ist einfach. Sie brauchen nur die **CUB**-Datei als externe Datenquelle anzugeben.

Cube-Formeln automatisch erzeugen

Wenn Sie aus OLAP-Daten eine Pivot-Tabelle angelegt haben, gibt es auch noch die Möglichkeit, diese Tabelle in einen normalen Zellbereich zurückzuverwandeln und dabei gleichzeitig automatisch Cube-Funktionen zu generieren, die dafür sorgen, dass die aktuell angezeigten Daten als Ergebnis der entsprechenden Formeln ausgegeben werden.

Solange eine Zelle in der Pivot-Tabelle ausgewählt ist, wird dazu über die schon genannte Schaltfläche **OLAP-Tools** die Option **In Formeln konvertieren** verwendet. Soll die gesamte Pivot-Tabelle konvertiert werden, muss die Option **Berichtsfilter konvertieren** aktiviert werden, ansonsten werden nur die Spalten- und Zeilenbereiche konvertiert und der Berichtsfilter kann weiter wie in einer Pivot-Tabelle genutzt werden.

Die Abbildung zeigt die oben noch als PivotTable angezeigte Tabelle nun als normalen Zellbereich mit lauter Cube-Funktionen.

B4			fx	=CUBEWERT("TestTheCube Adventure Works";$A4;B$3)			
	A	B		C	D	E	F
2		Werte					
3	City	Order Quantity		Sales Amount	Total Product Cost		
4	Bellingham	566		207.613,25	120.333,94		
5	Berkeley	567		258.138,46	151.590,40		
6	Berlin	583		260.930,63	153.039,96		
7	Burien	579		230.359,50	136.125,44		
8	Chula Vista	583		233.416,33	136.764,15		
9	Cliffside	918		211.608,90	122.661,02		
10	Concord	559		210.445,86	123.631,61		
11	London	1579		802.810,30	471.901,12		
12	Paris	1174		539.725,80	317.765,69		
13	Shawnee	563		128.835,06	74.975,18		
14	Gesamtergebnis	7671		3.083.884,09	1.808.788,50		
15							

Abbildung 10.20   Die konvertierte PivotTable

Die folgende Abbildung zeigt einige der generierten Formeln. Die CUBEWERT()-Funktionen verwenden jeweils eine absolute Zeilen- und Spaltenadresse, d. h., es handelt sich um eine Überkreuzauswertung, wie auch in der Pivot-Tabelle.

Voraussetzungen für den Einsatz von Cube-Funktionen | 10.2

	A	B
2		Werte
3	City	=CUBEELEMENT("TestTheCube Adventure Works";"[Measures].[Order Quantity]")
4	=CUBEELEMENT("TestTheCube Adventure Works";"[Customer].[City].&[Bellingham]")	=CUBEWERT("TestTheCube Adventure Works";$A4;B$3)
5	=CUBEELEMENT("TestTheCube Adventure Works";"[Customer].[City].&[Berkeley]")	=CUBEWERT("TestTheCube Adventure Works";$A5;B$3)
6	=CUBEELEMENT("TestTheCube Adventure Works";"[Customer].[City].&[Berlin]")	=CUBEWERT("TestTheCube Adventure Works";$A6;B$3)

Abbildung 10.21 Die generierten Formeln

Besonderheiten der Cube-Funktionen

Anders als bei den sonstigen Excel-Funktionen liefern Cube-Funktionen mit Ausnahme von CUBEMENGENANZAHL() jeweils zwei Ergebnisse: ein Ergebnis, das im jeweiligen Zellbereich ausgegeben wird, und ein internes Ergebnis, das verwertet wird, wenn eine Cube-Funktion als Argument für eine andere Cube-Funktion verwendet wird. Beispielsweise liefert die Funktion CUBEMENGE() einen internen Wert, der dann von der Funktion CUBEMENGENANZAHL() ausgewertet werden kann. Wieder mit Ausnahme von CUBEMENGENANZAHL() verwenden alle Funktionen als erstes Argument den Namen der Verbindung zu dem für die Abfrage vorgesehenen Cube.

Die im Kapitel 1, *Einstieg in Berechnungen mit Excel*, bereits beschriebene Funktion **AutoVervollständigen bei Formeln** ist bei der Eingabe von Cube-Funktionen besonders hilfreich. Zuerst wird die Eingabe des Verbindungsnamens unterstützt, wobei immer nur die für die Anwendung verfügbaren Verbindungen angeboten werden, sobald hinter der öffnenden Klammer die Anführungszeichen eingegeben sind.

	CUBEELEMENT		▼	× ✓ fx	=CUBEELEMENT("			
	A	B	C	D	E	F	G	H	I
1	=CUBEELEMENT("								
2		CUBEELEMENT(**Verbindung**; Element_Ausdruck; [Beschriftung])							
3			AdvenCube						
4			TestTheCube Adventure Works		Verbindung mit einem Testcube aus der Beispieldatenbank Adventure Works DW				

Abbildung 10.22 Die definierten Verbindungen werden angeboten.

Besonders nützlich ist dann die Unterstützung bei der Zusammenstellung der als Argument benötigten MDX-Ausdrücke. Nach der Eingabe von Anführungszeichen oder einem Punkt in einem solchen Ausdruck werden die aktuell möglichen Optionen angeboten. Die innerhalb der Ausdrücke möglichen Funktionsnamen wie Children, Parent oder Crossjoin müssen allerdings manuell eingetragen werden.

10 | Cube-Funktionen

Abbildung 10.23 Auswahl von Argumenten für eine Cube-Funktion

Beispiel für eine Lösung mit Cube-Funktionen

Da die Cube-Funktionen selten einzeln eingesetzt werden, an einem übersichtlichen Beispiel das Zusammenspiel der wichtigsten Funktionen demonstriert werden. Die Abbildung zeigt eine Tabelle, in der für ein bestimmtes Jahr die Verkaufssumme bei einem Produkt für die zehn besten Kunden ausgegeben wird.

	A	B	C	D
1				
2	**CUBE-Abfrage**			
3				
4	Sales Amount	2004	Cycling Cap	
5				
6	Rang	Top Kunden	Cycling Caps 2004	
7	1	Diaz	287,68	
8	2	Torres	206,77	
9	3	Hernandez	197,78	
10	4	Jenkins	188,79	
11	5	Xu	188,79	
12	6	Russell	179,80	
13	7	Sanchez	179,80	
14	8	Gonzalez	170,81	
15	9	Li	170,81	
16	10	Rodriguez	170,81	
17				
18	Von 376 Kunden insgesamt			
19				

Zelle A4: `=CUBEELEMENT("TestTheCube Adventure Works";"[Measures].[Sales Amount]")`

Abbildung 10.24 Beispiel für eine Cube-Abfrage

Voraussetzungen für den Einsatz von Cube-Funktionen | 10.2

Um diese Lösung zu realisieren, wird zunächst in den drei Zellen in Zeile 4 mit CUBEELEMENT()-Funktionen gearbeitet. Die Formeln sehen so aus:

```
=CUBEELEMENT("TestTheCube Adventure Works";"[Measures].[Sales
Amount]")
=CUBEELEMENT("TestTheCube Adventure Works";"[Order Date].
[Fiscal Year].[All].[2004]")
=CUBEELEMENT("TestTheCube Adventure Works";"[Product].
[Model Name].[All].[Cycling Cap]")
```

Die erste Funktion liefert das [Measures]-Element [Sales Amount]. Die zweite Funktion liefert ein untergeordnetes Element der Zeitdimension, hier ein bestimmtes Jahr. Die dritte Funktion liefert ein Element aus der Dimension [Product]. Alle drei Funktionen sorgen dafür, dass in der jeweiligen Zelle der Name des untersten Elements als Text angezeigt wird. Gleichzeitig aber stellen diese Funktionen die Metadaten für die mit Hilfe der MDX-Ausdrücke angesprochenen Elemente zur Verfügung, sodass andere Cube-Funktionen diese Daten nutzen können.

Die Werte in der Spalte mit der Bezeichnung Rang werden in diesem Fall einfach manuell eingetragen. In der Zelle B6 ist eine Formel abgelegt, die eine Menge von Elementen spezifiziert:

```
=CUBEMENGE("TestTheCube Adventure Works";"[Customer].[Last Name].
[All].children";"Top Kunden";2;C6)
```

Diese Formel liefert den Zugang zu der Liste der Nachnamen der Kunden. Die Anzeige in der Zelle wird als drittes Argument der Funktion eingegeben. Das vierte Argument sorgt für eine absteigende Sortierung, das fünfte Argument gibt über den Zellbezug auf C6 an, auf welche Elemente sich die Sortierung bezieht.

In der Zelle C6 wird ein Tupel bestimmt, das die Ergebnisse der in den Zellen A4:C4 abgelegten CUBEELEMENT()-Funktionen nun kombiniert und die darin angesprochenen Dimensionen zusammenführt. Die Sortierung bezieht sich also auf die Verkaufssumme für das ausgewählte Produkt im Jahr 2004.

```
=CUBEELEMENT("TestTheCube Adventure Works";A4:C4;
"Cycling Caps 2004")
```

Die Bereichsangabe A4:C4 wird also automatisch als eine korrekte Tupel-Definition in MDX übersetzt.

Um nun die Namen aus der Kundenliste im Tabellenblatt anzuzeigen, wird mit der Funktion CUBERANGELEMENT() gearbeitet. Die Formel für den ersten Kunden lautet:

=CUBERANGELEMENT("TestTheCube Adventure Works";$B$6;$A7)

Das zweite Argument ist ein absoluter Bezug auf die Mengendefinition. Das dritte Argument übernimmt mit einem teilabsoluten Bezug die Rangzahl auf Spalte A. Diese Formel kann also ohne weiteres nach unten kopiert werden, um die restlichen Top-Kunden anzuzeigen.

Nun fehlt noch die Funktion für die Anzeige der einzelnen Werte pro Kunde. Dies besorgt die CUBEWERT()-Funktion. Diese Funktion liefert als Measure-Daten die zusammengefassten Verkaufswerte, wobei das zweite und das dritte Argument die jeweilige Schnittmenge bestimmen. Das zweite Argument ist ja ein Bezug auf die CUBERANGELEMENT()-Funktion, die den einzelnen Kunden festlegt. Das dritte Argument ist jedes Mal ein Bezug auf die Tupel-Definition in C6.

=CUBEWERT("TestTheCube Adventure Works";$B7;C$6)

Zur Ergänzung ist in A18 noch eine Formel eingetragen, die anzeigt, wie viele Kunden die Formel in B6 insgesamt geliefert hat:

="Von " & CUBEMENGENANZAHL(B6) & " Kunden insgesamt"

10.3 Referenz der Cube-Funktionen

CUBEELEMENT()
CUBEMEMBER()

Syntax:	CUBEELEMENT(**Verbindung**; **Element_Ausdruck**; **Beschriftung**)
Beispiel:	=CUBEELEMENT("Adventure Works"; "[Measures].[Sales Amount]")

Verbindung ist der Name der Verbindung zum Cube. Element_Ausdruck ist ein gültiger MDX-Ausdruck, der ein eindeutiges Element im Cube ergibt. Stattdessen kann auch ein Zellbereich oder Array angegeben werden, der ein gültiges Tupel darstellt. Die Funktion gibt ein Element oder Tupel aus dem Cube zurück. Auf diese Weise wird zugleich überprüft, ob das mit Hilfe von Element_Ausdruck angegebene Element oder Tupel im Cube vorhanden ist. Beschriftung ist eine Zeichenfolge, die anstelle der sonst in der Zelle angezeigten Elementnamen erscheinen soll. (Bei Tupeln erscheint als Vorgabe immer die Beschriftung des letzten Elements.)

CUBEELEMENTEIGENSCHAFT()
CUBEMEMBERPROPERTY()

Syntax:	CUBEELEMENTEIGENSCHAFT(Verbindung; Element_Ausdruck; Eigenschaft)
Beispiel:	=CUBEELEMENTEIGENSCHAFT("AdventureWorks"; "[Order Date].[Fiscal Year].[All].[2005] ;B10)

Die Funktion liefert den Wert einer Eigenschaft des über Element_Ausdruck angegebenen Elements im Cube. Damit wird geprüft, ob ein entsprechender Elementname im Cube vorhanden ist. Wenn ja, wird die für dieses Element angegebene Eigenschaft zurückgegeben. Das Argument Eigenschaft enthält den Namen der Eigenschaft oder einen Zellbezug, der diesen Namen enthält.

CUBEKPIELEMENT()
CUBEKPIMEMBER()

Syntax:	CUBEKPIELEMENT(Verbindung; KPI_Name; KPI_Eigenschaft; Beschriftung)
Beispiel:	=CUBEKPIELEMENT("AdventureWorks"; "CPRatio";3;"Kosten/Preis-Relation")

Diese Funktion gibt die angegebene KPI_Eigenschaft eines Key Performance Indicators (KPI) zurück und zeigt KPI_Name und Eigenschaft in der Zelle an. Wird ein Text für Beschriftung angegeben, wird dieser stattdessen in der Zelle angezeigt. Ein solcher Indikator ist ein messbares Maß, wie z. B. der Quartalsgewinn oder die vierteljährliche Mitarbeiterfluktuation, mit dem die Leistungsfähigkeit eines Unternehmens beurteilt werden kann. Für das Argument KPI_Eigenschaft sind folgende Werte möglich:

Zahl	Konstante	Beschreibung
1	KPIValue	Aktueller Wert
2	KPIGoal	Zielwert
3	KPIStatus	Zustand des KPI zu einem bestimmten Zeitpunkt
4	KPITrend	Measure des Werts über einen Zeitraum
5	KPIWeight	Gewichtung des Indikators
6	KPICurrentTimeMember	Zeitrahmen des Indikators

Wird KPIValue verwendet, wird nur der KPI_Name in der Zelle angezeigt. Die Eingabe der Werte wird durch die Funktion **AutoVervollständigen** unterstützt.

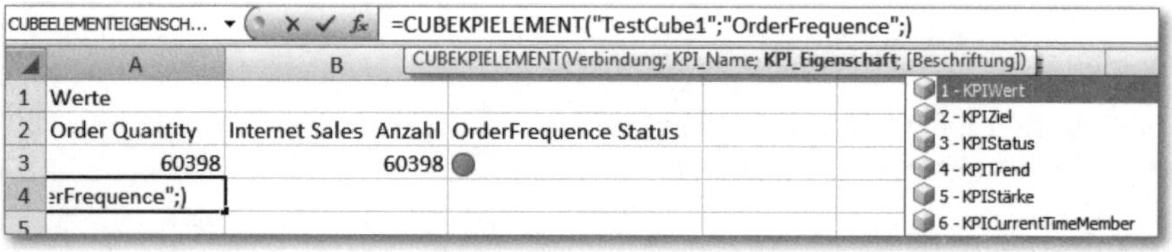

Abbildung 10.25 Die möglichen Werte für KPI_Eigenschaft werden bei der Eingabe angeboten.

Die folgende Abbildung zeigt ein einfaches Beispiel für die Definition eines Indikators in der Visual-Basic-2005-Umgebung.

Enthält der Cube einen solchen KPI, kann mit einer Kombination von CUBEKPI-ELEMENT() und CUBEVALUE() gearbeitet werden, wie Abbildung 10.27 zeigt:

In der Spalte A wird die CUBEKPIELEMENT()-Funktion mit unterschiedlichen Werten für das Argument KPI_Eigenschaft verwendet. Dabei wird jeweils eine passende Beschriftung angegeben. In der Spalte B wird mit Hilfe von CUBEWERT()-Funktionen auf die Funktionen in Spalte A Bezug genommen, um die den verschiedenen Eigenschaften entsprechenden Werte auszulesen. Die folgende Abbildung zeigt die verwendeten Formeln (siehe Abbildung 10.28).

Durch eine bedingte Formatierung kann der Statuswert noch hervorgehoben werden.

Referenz der Cube-Funktionen | **10.3**

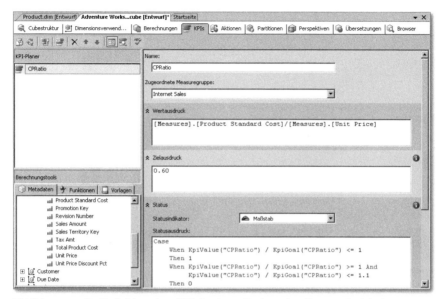

Abbildung 10.26 Definition eines KPIs in einem Business Intelligence-Projekt in Visual Studio 2005

	A	B	C	D	E
1					
2	**KPI-Anzeige**				
3					
4	Kosten/Preis-Relation	0,588507222			
5	Kosten/Preis-Zielwert	0,6			
6	Kosten/Preis-Relation-Status	◯ 1			
7					

A4 → *f_x* =CUBEKPIELEMENT("TestTheCube Adventure Works";"CPRatio";1; "Kosten/Preis-Relation")

Abbildung 10.27 Anzeige von KPI-Daten in Excel 2007

4	=CUBEKPIELEMENT("TestTheCube Adventure Works";"CPRatio";1;"Kosten/Preis-Relation")	=CUBEWERT("TestTheCube Adventure Works";A$4)
5	=CUBEKPIELEMENT("TestTheCube Adventure Works";"CPRatio";2;"Kosten/Preis-Zielwert")	=CUBEWERT("TestTheCube Adventure Works";A$5)
6	=CUBEKPIELEMENT("TestTheCube Adventure Works";"CPRatio";3;"Kosten/Preis-Relation-Status")	◯=CUBEWERT("TestTheCube Adventure Works";A$6)

Abbildung 10.28 Die Formeln zum Auslesen der KPI-Werte

477

CUBEMENGE()
CUBESET()

Syntax:	CUBEMENGE(Verbindung; Menge_Ausdruck; Beschriftung; Sortierreihenfolge; Sortieren_nach)
Beispiel:	=CUBEMENGE("AdventureWorks";"[Customer]. [Last Name].[All].children";"Top Kunden" ;2;C6)

Diese Funktion sendet einen Mengenausdruck für einen bestimmten Satz von Elementen oder Tupeln an den Cube, der die entsprechenden Daten zusammenstellt und an Excel liefert. Menge_Ausdruck ist entweder ein MDX-Ausdruck oder ein Zellbezug auf einen solchen. Das Argument kann auch durch den Bezug auf einen Zellbereich zusammengestellt werden.

Mit Beschriftung kann eine andere Beschriftung gewählt werden als die im Cube vorhandene Beschriftung. Außerdem können eine Sortierreihenfolge und ein Sortierfeld angegeben werden.

Sortierreihenfolge bestimmt die Art der auszuführenden Sortierung und kann folgende Werte annehmen:

Zahl	Konstante	Beschreibung
0	SortNone	Keine Änderung der Reihenfolge
1	SortAscending	Sortieren in aufsteigender Reihenfolge
2	SortDescending	Sortieren in absteigender Reihenfolge
3	SortAlphaAscending	Sortieren in alphabetisch aufsteigender Reihenfolge
4	Sort_Alpha_Descending	Sortieren in alphabetisch absteigender Reihenfolge
5	Sort_Natural_Ascending	Sortieren in natürlich aufsteigender Reihenfolge
6	Sort_Natural_Descending	Sortieren in natürlich absteigender Reihenfolge

Der Standardwert ist 0. Wird 1 oder 2 verwendet, muss das Argument Sortieren_nach angegeben werden, in allen anderen Fällen ist es nicht erforderlich. Bei einer alphabetischen Sortierung für eine Menge mit Tupeln wird jeweils anhand des letzten Elements in jedem Tupel sortiert. Sortieren_nach ist eine Textzeichenfolge des Werts, nach dem sortiert werden soll.

CUBEMENGENANZAHL()
CUBESETCOUNT()

Syntax:	CUBEMENGENANZAHL(Menge)
Beispiel:	=CUBEMENGENANZAHL(CUBEMENGE("AdventureWorks";"[Customer].[Last Name] .[All].children";"Top Kunden";2;C6))

Die Funktion liefert die Anzahl der Elemente in einer Menge, die durch das Argument Menge bestimmt ist. Dieses Element besteht aus einer CUBEMENGE()-Funktion oder einem Zellbezug auf eine solche Funktion.

CUBERANGEELEMENT()
CUBERANKEDMEMBER()

Syntax:	CUBERANGEELEMENT(Verbindung; Menge_Ausdruck; Rang; Beschriftung)
Beispiel:	=CUBERANGEELEMENT("AdventureWorks"; $B$6;$A7)

Gibt das mit dem Wert für Rang angegebene Element in einer Menge zurück. 1 liefert den besten Wert, 2 den zweitbesten Wert etc. Wird verwendet, um mindestens ein Element in einer Menge zurückzugeben, die meist durch die Funktion CUBEMENGE() definiert ist oder durch einen Bezug auf eine Zelle, die eine solche Funktion enthält.

CUBEWERT()
CUBEVALUE()

Syntax:	CUBEWERT(Verbindung; Element_Ausdruck1; Element_Ausdruck2...)
Beispiel:	=CUBEWERT("AdventureWorks";$A4;D$3)

Die Funktion liefert den aggregierten Wert für die durch einen oder mehrere Elementausdrücke eingeschränkten Elemente.

Weblinks zum Thema:

- SQL Server Developer Center von Microsoft
  http://msdn2.microsoft.com/de-de/sql/default.aspx
- BI-Lösungen
  http://www.microsoft.com/sql/solutions/bi/default.mspx
- SQL Online Dokumentation
  http://msdn2.microsoft.com/de-de/library/ms130214.aspx
- Zur Installation der SQL-Datenbank-Beispiele
  http://msdn2.microsoft.com/de-de/library/ms161556.aspx
- ADOMD.NET
  http://msdn2.microsoft.com/en-us/library/ms123483.aspx
- MDX-Referenz
  http://msdn2.microsoft.com/de-de/library/ms1455506.aspx
- Webcasts zu Business Intelligence
  http://www.microsoft.com/events/series/sqlserverbi.mspx
- ZU XMLA
  http://www.xmlforanalysis.com

11 Textfunktionen

Funktion	Seite	Funktion	Seite
BAHTTEXT()	483	LINKS()	494
CODE()	484	RECHTS()	495
DM()	485	SÄUBERN()	497
ERSETZEN()	486	SUCHEN()	497
FEST()	487	T()	498
FINDEN()	488	TEIL()	499
GLÄTTEN()	489	TEXT()	501
GROSS()	490	VERKETTEN()	502
GROSS2()	491	WECHSELN()	502
IDENTISCH()	491	WERT()	503
KLEIN()	492	WIEDERHOLEN()	504
LÄNGE()	493	ZEICHEN()	505

11.1 Einsatzbereiche der Textfunktionen

Die Textfunktionen gehören zu den Standardfunktionen von Excel und decken die Aufgaben ab, die beim Umgang mit Zeichenfolgen anfallen. Dabei geht es häufig darum, Bestandteile von Texten in einer Tabelle zu manipulieren, Zeichen in Texten auszutauschen oder zu entfernen. Häufig ist es auch nötig, Textdaten in numerische Daten zu konvertieren und umgekehrt. Gelegentlich ist es sinnvoll, eine Zeichenfolge in einer Zelle durch eine Formel zu erzeugen, die verschiedene Zeichen oder Zeichenfolgen verknüpft, etwa eine Beschreibung für einen Termin und den Termin selbst. Hier zunächst einige oft vorkommende Operationen bei der Arbeit mit Texten.

Zahlen in Text umwandeln

Sie wollen Artikelnummern um zwei Zeichen erweitern, die die Warengruppe beinhalten. Wenn Sie beispielsweise in die Zelle C3

=VERKETTEN(A3;B3)

eintragen, wird der Inhalt von Zelle A3 mit dem Inhalt von Zelle B3 verkettet. Wenn A3 das Warengruppenkennzeichen PX enthält und B3 die Artikelnummer 3370086, ist das Ergebnis in Zelle C3 PX3370086. Wenn die bisherige Artikelnummer in B3 als Zahl und nicht als Zeichenfolge eingetragen worden ist, wird die Zahl in eine Zeichenfolge umgewandelt. Anschließend können Sie diese Formel noch mit F9 in ihr Ergebnis verwandeln. Wollen Sie zwischen den beiden Textelementen eine Leertaste sehen, müssen Sie Folgendes schreiben:

=VERKETTEN(A3;" ";B3)

Sortiermöglichkeiten durch Textfunktionen

Sollen umgekehrt bei Artikelbezeichnungen, die immer auf den zwei ersten oder letzten Stellen ein Kennzeichen der Warengruppe enthalten, diese abgelesen werden, etwa um eine Liste danach zu sortieren, können Sie mit einer Textfunktion die beiden Stellen herausziehen:

=RECHTS(C9;2)

liefert die beiden letzten Stellen,

=LINKS(C9;2)

die beiden ersten Stellen.

Logische Werte in Texte aufnehmen

Auch eine Zelle mit einem logischen Wert kann mit dem Inhalt einer anderen Zelle zu einem Text verkettet werden.

=VERKETTEN("Die Behauptung, der Umsatz steigt, ist ";C9)

ergibt den Satz »Die Behauptung ... ist FALSCH«, wenn die entsprechende Bedingung in C9 nicht erfüllt ist.

Verknüpfung von Text mit einem Datum

Etwas schwieriger ist die Verknüpfung von Text mit einem Datum. Wenn Sie einen Bezug auf ein Datumsfeld benutzen, liefert Excel anstelle des Datums die serielle Zahl, mit der das Datum intern dargestellt wird. Das Problem ist lösbar, wenn Sie mit den anderen Datumsfunktionen arbeiten. Hier ein Beispiel: Wenn Sie ein Tagesformular verwenden, in dessen Kopf stehen soll: »Abrechnung vom ...«, können Sie in eine Zelle eintragen:

```
="Abrechnung vom "
&TAG(HEUTE())&"."&MONAT(HEUTE()&"."& JAHR(HEUTE())
```

Das Formular wird dann automatisch mit dem Tagesdatum gedruckt.

11.2 Referenz der Textfunktionen

BAHTTEXT()
BAHTTEXT()

Syntax:	BAHTTEXT(Zahl)
Beispiel:	siehe Abbildung 11.1

Die Funktion wandelt eine Zahl in Text in dem thailändischen Währungsformat um. Die Umwandlung von Zahlen in Zahlwörter wird beispielsweise bei Betragsangaben auf Schecks oder in Verträgen benötigt. Anders als bei dem thailändischen Zahlenformat, das über den Dialog **Zellen formatieren** ausgewählt werden kann, wird kein Währungssymbol verwendet, sondern dem Text das Suffix »Baht« angehängt. Warum diese Funktion nur für die thailändische Währung angeboten wird, darüber kann nur spekuliert werden.

11 | Textfunktionen

	A	B
1		
2	**Beispiele für die BAHTTEXT()-Funktion**	
3		
4	Zahl	BAHTTEXT()
5	123	หนึ่งร้อยยี่สิบสามบาทถ้วน
6	8	แปดบาทถ้วน
7	-8	ลบแปดบาทถ้วน
8	12,23	สิบสองบาทยี่สิบสามสตางค์

Abbildung 11.1   Zahlworte in Thai-Text

CODE()
CODE()

Syntax:	CODE(Text)
Beispiel:	=CODE("T")
	ergibt 84

Die Funktion CODE() liefert den Code des ersten Zeichens in der Zeichenfolge, die mit dem Argument Text angegeben wird (direkt oder als Bezug). Die ausgegebene Codezahl bezieht sich dabei auf den Zeichensatz, mit dem das System arbeitet. Bezieht sich das Argument auf eine leere Zelle, liefert die Funktion den Fehler #WERT!.

Gruppenbildung über CODE()

Die Funktion kann von Nutzen sein, wenn es beispielsweise darum geht, für eine Namensliste eine Gruppenbildung nach den Anfangsbuchstaben vorzunehmen. Die Abbildung zeigt ein kleines Beispiel, in dem die Namen über eine Nummer in zwei Gruppen gegliedert werden. Die im Alphabet unterhalb des Buchstabens mit dem Code 77 – das ist das M – liegenden Namen bilden die erste Gruppe, die anderen die zweite Gruppe. Um die Abfrage zu vereinfachen, wird mit der Funktion GROSS() sichergestellt, dass der Anfangsbuchstabe des Namens immer als Großbuchstabe ausgewertet wird. Die Formel heißt dann:

=WENN(CODE(GROSS(D6))<77;1;2)

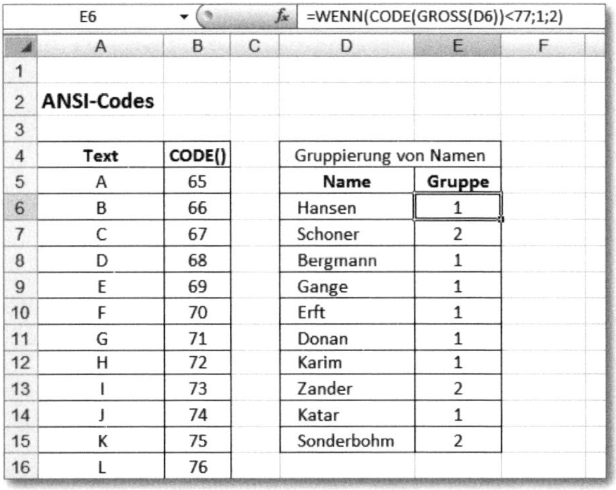

Referenz der Textfunktionen | 11.2

	A	B	C	D	E	F
1						
2	**ANSI-Codes**					
3						
4		**Text**	**CODE()**		Gruppierung von Namen	
5		A	65		**Name**	**Gruppe**
6		B	66		Hansen	1
7		C	67		Schoner	2
8		D	68		Bergmann	1
9		E	69		Gange	1
10		F	70		Erft	1
11		G	71		Donan	1
12		H	72		Karim	1
13		I	73		Zander	2
14		J	74		Katar	1
15		K	75		Sonderbohm	2
16		L	76			

Zelle E6: `=WENN(CODE(GROSS(D6))<77;1;2)`

Abbildung 11.2 Die CODE()-Funktion lässt sich beispielsweise zum Gruppieren von Namen nach dem ersten Buchstaben verwenden.

DM()
DOLLAR()

Syntax: DM(Zahl; Dezimalstellen)

Beispiel: =DM(58721,4567;2)
ergibt 58721,46 €

Die Funktion mit dem »alten« Namen wandelt den Wert für das Argument Zahl in eine Zeichenfolge im aktuellen Währungsformat um. Durch das optionale Argument Dezimalstellen kann die Anzahl der Ziffern rechts vom Komma festgelegt werden, die dabei gerundet und nicht abgeschnitten werden. Wird das Argument nicht angegeben, dann wird es mit 2 angenommen. Wird ein negativer Wert eingegeben, wird auf entsprechende Stellen vor dem Komma gerundet.

Wie die Spalte D in der Abbildung zeigt, wird bei einer Multiplikation des Funktionsergebnisses etwa mit dem Mehrwertsteuersatz nicht – wie es sonst der Fall ist – das Euro-Format automatisch übernommen.

11 | Textfunktionen

	A	B	C	D
1				
2	Währungswert als Text			
3				
4	Zahl	Dezimalstellen	DM()	DM() * 1,19
5	123	0	123 €	146,37
6	-123,5	1	-123,5 €	-146,965
7	123,45	2	123,45 €	146,9055
8	-123.456	3	-123.456,000 €	-146912,64

Abbildung 11.3 Die Funktion mit dem veralteten Namen liefert jetzt Euro-Werte.

ERSETZEN()
REPLACE()

Syntax: ERSETZEN(Alter_Text; Erstes_Zeichen; Anzahl_Zeichen; Neuer_Text)

Beispiel: =ERSETZEN("Müller";2;5;"eier")
ergibt Meier

Mit der Funktion ERSETZEN() können in einer Zeichenfolge ein oder mehrere Zeichen durch neue Zeichen überschrieben werden. Die Funktion hat vier Argumente: Alter_Text ist die Zeichenfolge, in der Teile ersetzt werden sollen. Erstes_Zeichen bestimmt die Position in der Zeichenfolge, an der mit dem Ersetzen zu beginnen ist. Dabei wird das erste Zeichen der Zeichenfolge mit 1 gezählt. Anzahl_Zeichen gibt an, wie viele Zeichen aus der alten Zeichenfolge ab dem angegebenen Startpunkt durch die mit Neuer_Text angegebene Zeichenfolge ersetzt werden sollen.

	A	B	C	D	E
1					
2	Ersetzen von Zeichen				
3					
4	Alter_Text	Erstes_Zeichen	Anzahl_Zeichen	Neuer_Text	ERSETZEN()
5	Kapitel 1	1	7	Abschnitt	Abschnitt 1
6	Hansen	1		Dr.	Dr. Hansen
7	Gernot	7		@net.de	Gernot@net.de
8	Köln, den Dt	11	2	05.04.2007	Köln, den 05.04.2007

Abbildung 11.4 Beispiele für das Ersetzen von Textteilen

Wenn nicht bekannt ist, an welcher Stelle in einem gegebenen Text sich der Teil befindet, der ersetzt werden soll, und wie viele Zeichen er enthält, kann die Funktion mit der weiter unten beschriebenen Funktion SUCHEN() kombiniert werden.

=ERSETZEN(A8;SUCHEN("den Dt";A8);LÄNGE("den Dt");
 "den "&TEXT(HEUTE();"TT.MM.JJJJ"))

FEST()
FIXED()

Syntax:	FEST(Zahl; Dezimalstellen; Keine_Punkte)
Beispiel:	=FEST(33654,236;2;WAHR) ergibt "33654,24" (als Text)

Die Funktion wandelt den mit Zahl angegebenen numerischen Wert in eine Zeichenfolge um, wobei mit dem Argument Dezimalstellen die Anzahl der gewünschten Stellen angegeben wird. Das Ergebnis der Funktion wird gerundet. Geben Sie das Argument Dezimalstellen nicht an, so wird es als 2 angenommen; wird es negativ eingegeben, dann wird auf die entsprechenden Stellen vor dem Komma gerundet. Obwohl Excel nur mit maximal 15 Stellen hinter dem Komma rechnet, kann bei dieser Funktion für Dezimalstellen ein Wert von bis zu 127 angegeben werden.

Keine_Punkte ist ein Wahrheitswert, der darüber entscheidet, ob eine Tausender-Abtrennung mittels Punkt vorgenommen werden soll. Wird kein Wahrheitswert oder FALSCH angegeben, dann wird die Tausenderabtrennung vorgenommen, andernfalls wird der Punkt nicht mit ausgegeben.

Ist Zahl ein Datumswert, liefert die Funktion die serielle Zahl als Text, wie in der Abbildung zu sehen. Ist Zahl ein Wahrheitswert, werden die Ziffern 1 und 0 als Text ausgegeben.

Wird eine Zelle, deren Wert mit FEST() ermittelt wird, in einer Formel beispielsweise mit einer Zahl addiert, wandelt Excel für die Berechnung den Text der Zelle automatisch wieder in eine Zahl um.

11 | Textfunktionen

Mit der `FEST()`-Funktion ist es möglich, Zeichenfolgen zusammenzustellen, die Text und Zahlen kombinieren, etwa:

`="Der Betrag ist "&FEST(100)`

	A	B	C	D	E
1					
2	**Zahl als Text mit Dezimalstellen ausgeben**				
3					
4	Zahl	Dezimalstellen	Keine_Punkte	FEST()	ISTTEXT()
5	123	2		123,00	WAHR
6	123	1		123,0	WAHR
7	123	0		123	WAHR
8	123	4		123,0000	WAHR
9	12.11.2007	0	WAHR	39398	WAHR
10	WAHR	0	WAHR	1	WAHR
11	FALSCH	0	WAHR	0	WAHR

E5 = `=ISTTEXT(D5)`

Abbildung 11.5   Die ISTTEXT()-Funktion bestätigt, dass FEST() Zahlen als Text liefert.

FINDEN()
FIND()

Syntax: `FINDEN(Suchtext; Text; Erstes_Zeichen)`

Beispiel: `=FINDEN("&";"Pasta & Vino")`
ergibt 7

Die Funktion überprüft, ob die mit `Suchtext` angegebene Zeichenfolge in einer anderen Zeichenfolge vorkommt, die mit dem Argument `Text` angegeben wird. `Suchtext` darf keine Platzhalter enthalten.

Die Suche beginnt bei der Position in der Zeichenfolge, die durch den Wert für `Erstes_Zeichen` bestimmt ist. Fehlt ein Wert für `Erstes_Zeichen`, wird 1 angenommen, also von Anfang an gesucht. Ergebnis der Funktion ist eine Zahl für die Position von `Suchtext` in `Text`. Dabei wird immer vom ersten Zeichen von Text aus gezählt, unabhängig von dem Wert für `Erstes_Zeichen`.

Wird der `Suchtext` in der Zeichenfolge nicht gefunden, wird der Fehler #WERT! ausgegeben. Beachtet werden muss, dass die Funktion `FINDEN()` zwischen Groß- und Kleinschreibung unterscheidet, im Unterschied zu der Funktion `SUCHEN()`.

Referenz der Textfunktionen | 11.2

	A	B	C	D
1				
2	**Zeichen finden**			
3				
4	Suchtext	Text	Erstes_Zeichen	FINDEN()
5	o	Anatomie	1	5
6	O	Anatomie	1	#WERT!
7	o	Anatomie	6	#WERT!
8	o	Anatomie	4	5
9	z	Anatomie	1	#WERT!
10	@	jk@net.de	1	3

Abbildung 11.6 Dreimal gefunden und dreimal daneben

GLÄTTEN()
TRIM()

Syntax: GLÄTTEN(Text)

Beispiel: =GLÄTTEN("Egon   Maier")
ergibt Egon Maier

Die Funktion entfernt führende Leerzeichen und überzählige Leerzeichen zwischen Wörtern in Text, sodass jeweils nur ein Leerzeichen zur Worttrennung stehen bleibt. Ist Text ein Datumswert, liefert die Funktion die serielle Zahl, d. h., das Ergebnis wird auf das Standardformat zurückgesetzt.

Die Funktion ist insbesondere bei der Übernahme von Daten aus anderen Anwendungen nützlich, um überflüssige Leerzeichen aufzuspüren und um mögliche Fehler beim Sortieren zu vermeiden. In dem abgebildeten Beispiel werden die Textlängen vor und nach dem Glätten mit Hilfe der Funktion LÄNGE() geprüft.

	A	B	C	D
	C5		fx =GLÄTTEN(A5)	
1				
2	**Zeichenfolgen glätten**			
3				
4	Text	alte Textlänge	GLÄTTEN()	neue Textlänge
5	Haus in Bonn	20	Haus in Bonn	12
6	Haus in Bonn	16	Haus in Bonn	12
7	Bremen	10	Bremen	6
8	12. Dez 07	5	39428	5

Abbildung 11.7 Entfernen überflüssiger Leerzeichen

GROSS()
UPPER()

Syntax:	GROSS(Text)
Beispiel:	=GROSS("Kilo") ergibt KILO

Die Funktion GROSS() wandelt alle Buchstaben aus der mit Text angegebenen Zeichenfolge in Großbuchstaben um. Sie erlaubt es beispielsweise, den Inhalt einer Textspalte mit uneinheitlicher Anwendung der Groß- und Kleinschreibung in eine einheitliche Schreibweise zu konvertieren, etwa um problemloser Daten sortieren zu können.

Verweist Text auf eine Zelle, die einen numerischen Wert oder ein Datum enthält, wird die Zahl als Text im Standardformat ausgegeben.

	A	B
1		
2	**Großschreibung**	
3		
4	**Text**	**GROSS()**
5	Anatomie	ANATOMIE
6	123	123
7	AntikMarkt	ANTIKMARKT
8	anatomie	anATOMie

Abbildung 11.8 Generelle oder partielle Großschreibung

In der letzten Formel der Abbildung – B8 – wird als Spielerei eine Kombination der Funktion GROSS() mit der Funktion TEIL() verwendet, sodass nur ein Teil der ursprünglichen Zeichenfolge umgewandelt wird:

=TEIL(A8;1;2)&GROSS(TEIL(A8;3;4))&TEIL(A8;7;2)

Häufig wird die Funktion auch in Formeln benutzt, um Vergleiche zwischen Zeichenfolgen zu vereinfachen, wie es schon bei der Funktion CODE() gezeigt wurde.

GROSS2()
PROPER()

Syntax:	GROSS2(Text)
Beispiel:	=GROSS2("karl-heinz") ergibt Karl-Heinz

Die Funktion wandelt jeweils den ersten Buchstaben eines jeden Wortes in der mit Text angegebenen Zeichenfolge in Großbuchstaben um, die weiteren Zeichen in Kleinbuchstaben. Auch bei Worten, die durch Bindestrich getrennt sind, wird so verfahren. Bei Zahlen verhält sich die Funktion wie GROSS().

Die Funktion kann zur Erhöhung der Lesbarkeit von Texteinträgen benutzt werden. Sie ist von Nutzen, wenn z. B. Daten von anderen Programmen oder Rechnern übernommen worden sind.

	A	B
1		
2	**Groß- und Kleinschreibung**	
3		
4	**Text**	**GROSS2()**
5	hans hagen	Hans Hagen
6	per saldo	Per Saldo
7	AntikMarkt	Antikmarkt
8	anatomie	Anatomie

Abbildung 11.9 Wortweise Groß- und Kleinschreibung

IDENTISCH()
EXACT()

Syntax:	IDENTISCH(Text1; Text2)
Beispiel:	=IDENTISCH("ABBA";"Abba") ergibt FALSCH

Die Funktion vergleicht die beiden mit Text1 und Text2 übergebenen Zeichenfolgen und prüft, ob sie exakt übereinstimmen. Nur dann wird als logischer Wert WAHR geliefert, im anderen Fall FALSCH. Leerzeichen und Groß- bzw. Kleinschreibung werden in den Vergleich einbezogen.

11 | Textfunktionen

Beim Vergleich von numerischen Werten wird die Übereinstimmung unabhängig vom Zahlenformat bewertet, wie die folgende Abbildung zeigt.

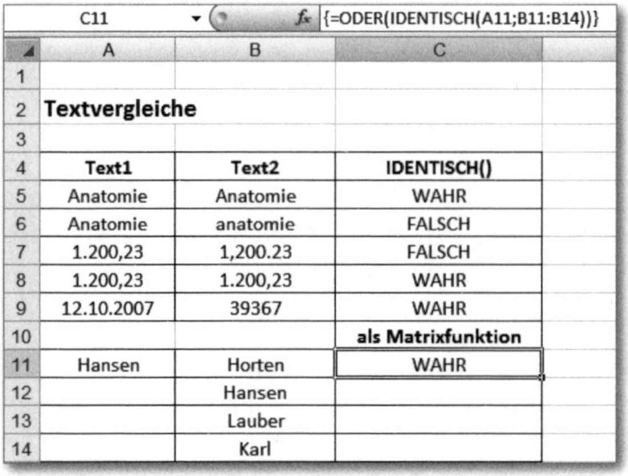

	A	B	C
1			
2	**Textvergleiche**		
3			
4	Text1	Text2	IDENTISCH()
5	Anatomie	Anatomie	WAHR
6	Anatomie	anatomie	FALSCH
7	1.200,23	1,200.23	FALSCH
8	1.200,23	1.200,23	WAHR
9	12.10.2007	39367	WAHR
10			als Matrixfunktion
11	Hansen	Horten	WAHR
12		Hansen	
13		Lauber	
14		Karl	

C11: `{=ODER(IDENTISCH(A11;B11:B14))}`

Abbildung 11.10 Vergleich von Texten auf Übereinstimmung

In der Abbildung wird noch ein Beispiel für die Verwendung der Funktion in einer Matrixformel gezeigt. In Zelle C11 wird geprüft, ob der in Zelle A11 stehende Name in der in Spalte B angezeigten Liste vorkommt. Dazu kann folgende Formel verwendet werden:

`{ODER(IDENTISCH(A11;B11:B14))}`

KLEIN()
LOWER()

Syntax: KLEIN(Text)

Beispiel: =KLEIN("MF2HD")
ergibt mf2hd

Die Funktion ist das Gegenstück zu GROSS(), sie wandelt alle Buchstaben von Text in Kleinbuchstaben um. Sie erlaubt es beispielsweise, den Inhalt einer Textspalte mit uneinheitlicher Anwendung der Groß- und Kleinschreibung in eine einheitliche Schreibweise zu konvertieren, etwa um problemloser Daten sortieren zu können.

Verweist Text auf eine Zelle, die einen numerischen Wert oder ein Datum enthält, wird die Zahl als Text im Standardformat ausgegeben.

Die Funktion kann auch in Formeln benutzt werden, um Vergleiche zwischen Zeichenfolgen zu vereinfachen, bei denen die Groß- und Kleinschreibung ignoriert werden soll.

	A	B
1		
2	**Kleinschreibung**	
3		
4	**Text**	**KLEIN()**
5	Anatomie	anatomie
6	ANATOMIE 2	anatomie 2
7	AntikMarkt	antikmarkt
8	12.10.2007	39367

Abbildung 11.11 Beispiele für den Effekt der Funktion KLEIN()

LÄNGE()
LEN()

Syntax:	LÄNGE(Text)
Beispiel:	=LÄNGE("LÄNGE ")
	ergibt 6

Die Funktion liefert die Zahl der Zeichen (einschließlich Leerzeichen) in der mit Text angegebenen Zeichenfolge. Ist das Argument der Funktion eine Zelladresse, wird als Ergebnis 0 ausgegeben, wenn die Zelle leer ist. Numerische Zeichen werden wie Text behandelt und auf die gleiche Weise gezählt. Dabei werden aber Zeichen ignoriert, die durch die Zahlenformatierung hinzugefügt sind, etwa Währungszeichen oder Tausenderabtrennung. Für Datumswerte wird die Länge der seriellen Zahl angezeigt.

Die Funktion wird häufig in Kombination mit anderen Funktionen eingesetzt wie ERSETZEN(), LINKS(), RECHTS() oder TEIL(). Zur Verwendung kommt die Funktion insbesondere auch bei der Prüfung von Einträgen, für die eine bestimmte Länge vorgesehen ist, z. B. Postleitzahlen.

11 | Textfunktionen

	A	B
A11		=A6&" - Kurs"
1		
2	**Länge einer Zeichenfolge**	
3		
4	Text	LÄNGE()
5	Anatomie	8
6	A n a t o m i e	15
7	12.10.2007	5
8		1
9		0
10	1.234,56 €	7
11	A n a t o m i e - Kurs	22

Abbildung 11.12 Längen verschiedener Zellinhalte

LINKS()
LEFT()

Syntax: `LINKS(Text; Anzahl_Zeichen)`

Beispiel: `=LINKS("Version;3")`
               ergibt `Ver`

Die Funktion liefert als Ergebnis die mit `Anzahl_Zeichen` festgelegte Zeichenzahl vom Beginn der Zeichenfolge an, die mit dem Argument `Text` angegeben ist, der Rest wird abgeschnitten. Wird für `Anzahl_Zeichen` kein Wert angegeben, so wird 1 vorgegeben. Ist der Wert größer als die Anzahl der vorhandenen Zeichen, wird der gesamte Text ausgegeben.

	A	B	C
C10			=LINKS(A10;SUCHEN(",";A10)-1)
1			
2	**Linker Teil einer Zeichenfolge**		
3			
4	Text	Anzahl_Zeichen	LINKS()
5	50678 Köln	5	50678
6	0221 998877	4	0221
7	WG1Nr2345	3	WG1
8	**LINKS() in Kombination mit SUCHEN():**		
9	Roland Schneider		Roland
10	Schneider, Roland		Schneider

Abbildung 11.13 Abtrennen des linken Teils einer Zeichenfolge

Die Abbildung zeigt im unteren Teil eine Kombination der Funktion mit SU-CHEN(), die es erlaubt, den Vor- oder den Nachnamen zu extrahieren. Die Anzahl der abzutrennenden Zeichen wird dabei errechnet, indem die Stelle gesucht wird, die das Leerzeichen zwischen den Namen enthält bzw. das Komma in der zweiten Formel.

```
=LINKS(A9;SUCHEN(" ";A9)-1)
```

Die Funktion bietet auch eine einfache Möglichkeit, Zeichenfolgen zu kürzen, um Kurzbezeichnungen zu produzieren. Enthalten beispielsweise die ersten beiden Zeichen einer Artikelnummer die Kennzeichnung der Warengruppe, kann diese mit

```
=LINKS(NR;2)
```

extrahiert werden, wenn der Bereich der Artikelnummern vorher mit dem Namen NR belegt wurde.

RECHTS()
RIGHT()

Syntax:	RECHTS(Text; Anzahl_Zeichen)
Beispiel:	=RECHTS("Artikelnummer 23456";5) ergibt 23456

Die Funktion liefert als Ergebnis die mit Anzahl_Zeichen festgelegte Zeichenzahl vom Ende der Zeichenfolge gerechnet, die mit dem Argument Text angegeben ist, der vordere Rest wird abgeschnitten. Wird für Anzahl_Zeichen kein Wert angegeben, so wird 1 vorgegeben. Ist der Wert größer als die Anzahl der vorhandenen Zeichen, wird der gesamte Text ausgegeben.

Die Abbildung zeigt in der angezeigten Formel eine Kombination der Funktionen RECHTS() und LINKS() mit der Funktion SUCHEN(), die es erlaubt, die Reihenfolge von Name und Vorname in einer Zeichenfolge zu vertauschen.

11 | Textfunktionen

	A	B	C	D
	\multicolumn{4}{l}{C12 =RECHTS(A12;LÄNGE(A12)-SUCHEN(", ";A12)-1)&" "&LINKS(A12;SUCHEN(",";A12)-1)}			
2	**Rechter Teil einer Zeichenfolge**			
3				
4	Text	Anzahl_Zeichen	RECHTS()	
5	50678 Köln	4	Köln	
6	0221 998877	6	998877	
7	WG1Nr2345	6	Nr2345	
8	RECHTS() in Kombination mit SUCHEN():			
9	Roland Schneider		Schneider	
10	Schneider, Roland		Roland	
11	RECHTS() in Kombination mit LINKS() und SUCHEN():			
12	Schneider, Roland		Roland Schneider	

Abbildung 11.14   Abtrennen des rechten Teils einer Zeichenfolge

Minuszeichen umstellen

Eine manchmal nötige Operation ist das Umstellen des Minuszeichens bei Daten, die von anderen Anwendungen übernommen werden. Es kommt vor, dass dabei das Minusreichen rechts von der Zahl angezeigt wird. Excel interpretiert diese Werte als Text und richtet sie als Vorgabe linksbündig aus.

Zum Umstellen kann folgende Formel genutzt werden:

=WENN(RECHTS(A16;1)="-";LINKS(A16;LÄNGE(A16)-1)*-1;A16)

Die Formel prüft, ob das letzte Zeichen ein Minuszeichen ist. Wenn ja, wird mit der Funktion LINKS() die gesamte Zeichenfolge mit Ausnahme der letzten Stelle übernommen und mit -1 multipliziert, um einen negativen Wert zu erzeugen, im anderen Fall wird einfach der positive Wert ausgegeben. Die Formel kann dann für die ganze Spalte kopiert werden.

	A	B
13		
14	**Minuszeichen umstellen**	
15		
16	100,78-	-100,78
17	100	100
18	12,34-	-12,34

Abbildung 11.15   Aus Texten werden gültige Zahlen.

SÄUBERN()
CLEAN()

Syntax:	SÄUBERN(Text)

Die Funktion entfernt aus der mit dem Argument Text gelieferten Zeichenfolge alle nicht druckbaren Zeichen. In der Regel sind dies Steuerzeichen, die mit Texten aus anderen Programmen übernommen wurden und die nicht ausgedruckt werden sollen.

	A	B
1		
2	**Zeichenfolgen bereinigen**	
3		
4	**Text**	**SÄUBERN()**
5	Anatomie▫ Kurs	Anatomie Kurs
6	Anatomie♪ Kurs	Anatomie Kurs
7	Anatomie♫ Kurs	Anatomie Kurs

Abbildung 11.16 Entfernen von nicht druckbaren Zeichen

SUCHEN()
SEARCH()

Syntax:	SUCHEN(Suchtext; Text; Erstes_Zeichen)
Beispiel:	=SUCHEN(" ";"Artikel 3245") ergibt 8

Die Funktion überprüft, ob die mit Suchtext angegebene Zeichenfolge in einer anderen Zeichenfolge vorkommt, die mit dem Argument Text angegeben wird.

Suchtext darf anders als bei der Funktion FINDEN() die Platzhalter ? (ein beliebiges Zeichen) und * (ein oder mehrere beliebe Zeichen) enthalten.

Die Suche beginnt bei der Position in der Zeichenfolge, die durch den Wert für Erstes_Zeichen bestimmt ist. Fehlt ein Wert für Erstes_Zeichen, wird 1 angenommen, also von Anfang an gesucht. Ergebnis der Funktion ist eine Zahl für die Position von Suchtext in Text. Dabei wird immer vom ersten Zeichen von Text aus gezählt, unabhängig von dem Wert für Erstes_Zeichen.

11 | Textfunktionen

Wird der Suchtext in der Zeichenfolge nicht gefunden, wird der Fehler #WERT! ausgegeben. Im Gegensatz zu der Funktion FINDEN() ignoriert diese Funktion die Groß- und Kleinschreibung.

	A	B	C	D	E
1					
2	Zeichen suchen				
3					
4	Suchtext	Text	Erstes_Zeichen	SUCHEN()	FINDEN()
5	a	Anatomie	1	1	3
6	O	Anatomie	1	5	#WERT!
7	o	Anatomie	6	#WERT!	#WERT!
8	z	Anatomie	1	#WERT!	#WERT!
9	o	Anatomie	4	5	5
10	@	jk@net.de	1	3	3
11	a?o	Anatomie	2	3	#WERT!
12	a*m	Anatomie	3	3	#WERT!

Abbildung 11.17 SUCHEN() und FINDEN() im Vergleich

T()
T()

Syntax: T(Wert)

Beispiel: =T("Text")
ergibt Text

Die Funktion überprüft, ob das mit Wert angegebene Argument eine Zahl oder eine Zeichenfolge liefert. Wird eine Zahl oder ein Wahrheitswert gefunden, dann gibt die Funktion Leertext aus, wird Text gefunden, wird genau dieser ausgegeben. Fehlerwerte werden als Fehlerwerte ausgegeben.

Mit Hilfe von T() kann etwa von einer Spalte mit gemischten Datentypen eine andere Spalte erzeugt werden, die nur noch die Textdaten anzeigt.

	A	B	C
1			
2	Umwandlung in Text		
3			
4	Wert	T()	ISTTEXT()
5	8899		FALSCH
6	12.11.2007		FALSCH
7	Anatomie	Anatomie	WAHR
8	#NV	#NV	FALSCH
9	WAHR		FALSCH

Abbildung 11.18 Überprüfung der Ergebnisse von T() mit ISTTEXT()

TEIL()
MID()

Syntax:	TEIL(Text; Erstes_Zeichen; Anzahl_Zeichen)
Beispiel:	=TEIL("ArtikelNr";8;2) ergibt Nr

Die Funktion TEIL() schneidet aus der mit Text angegebenen Zeichenfolge eine Unterzeichenfolge ab der mit Erstes_Zeichen festgelegten Position in der mit Anzahl_Zeichen bestimmten Länge aus.

	A	B	C	D
1				
2	**Teile von Zeichenfolgen extrahieren**			
3				
4	Text	Erstes_Zeichen	Anzahl_Zeichen	TEIL()
5	Anatomiekurs	1	8	Anatomie
6	Anatomiekurs	9	5	kurs
7	Anatomiekurs	12	2	s
8	Anatomiekurs	13	5	
9	Anatomiekurs	-5	5	#WERT!
10	Anatomiekurs	10	-5	#WERT!
11	12.345.678,00 €	3	1	3

Abbildung 11.19 Beispiele für Teilzeichenfolgen

Zerlegung einer ISBN-Nummer

TEIL() ist insbesondere nützlich, wenn es darum geht, aus Zeichenfolgen, die in einer vorgeschriebenen Weise zusammengesetzt sind, bestimmte Teile zu extrahieren. Der andere Anwendungsbereich ist, eine Zeichenfolge aus Teilen anderer Zeichenfolgen neu zusammenzusetzen.

Die Zerlegung ist relativ einfach, wenn die einzelnen Teile immer eine festgelegte Länge haben. Bei einer ISBN-Nummer ist das aber beispielsweise nicht der Fall. Hier hilft dann eine Kombination der Funktion mit anderen Textfunktionen.

In der folgenden Tabelle wird gezeigt, wie mit Trennstrichen gegliederte ISBN-Nummern in ihre Bestandteile zerlegt werden können:

D16 =TEIL(A16;6+LÄNGE(C16);SUCHEN("-";A16;6+LÄNGE(C16))-(6+LÄNGE(C16)))

	A	B	C	D	E	F
12						
13	**Zerlegung der ISBN-Nummer**					
14						
15	**ISBN-13**	**Präfix**	**Länder-/Sprachcode**	**Verlagsnummer**	**Titelnummer**	**Prüfziffer**
16	978-3-89842-736-6	978	3	89842	736	6
17	978-0-471-40261-3	978	0	471	40261	3
18	978-0-471-45380-2	978	0	471	45380	2
19	978-0-596-00382-x	978	0	596	00382	x
20	978-3-8274-1631-5	978	3	8274	1631	5

Abbildung 11.20 Zerlegung von ISBN-Nummern

Die Formel für die Spalte `Präfix` ist einfach:

```
=TEIL(A16;1;3)
```

Für die `Länder-/Sprachecode`-Spalte wird mit einer Kombination mit der `SUCHEN()`-Funktion gearbeitet, um die Stelle zu finden, wo der zweite Trennstrich auftaucht:

```
=TEIL(A16;5;SUCHEN("-";A16;5)-5)
```

Die Formel für die Verlagsnummer wertet nun die Länge des eben ermittelten Codes aus:

```
=TEIL(A16;6+LÄNGE(C16);SUCHEN("-";A16;6+LÄNGE(C16))-
(6+LÄNGE(C16)))
```

Noch komplexer ist die Formel für die Titelnummer, die die Längen der beiden vorherigen Zellen auswertet:

```
=TEIL(A16;7+LÄNGE(C16)+LÄNGE(D16);LÄNGE(A16)-
(LÄNGE(C16)+LÄNGE(D16)+8))
```

Die Formel für die Prüfziffer ist wieder einfach:

```
=TEIL(A16;17;1)
```

Nachdem die Daten zerlegt sind, lassen sich beispielsweise Buchdaten sehr einfach nach den Länder-/Sprachcodes oder nach der Verlagsnummer sortieren.

TEXT()
TEXT()

Syntax:	TEXT(Wert; Textformat)
Beispiel:	=TEXT("34594";"TT.MM.JJJJ") ergibt 17.09.1994

Die Funktion wandelt den mit dem Argument Wert übergebenen numerischen Wert in einen Text um und verwendet dabei das Format, das mit dem Argument Textformat angegeben wird. Gemeint ist damit eines der Zahlen-, Datums- oder Zeitformate, die Excel über den Dialog **Zellen formatieren** anbietet. Das Ergebnis ist also ein Text, der aussieht wie eine gültig formatierte Zahl. Der Nutzen dieser Umwandlung liegt insbesondere darin, dass sich das Ergebnis der Funktion leicht mit einem anderen Text verketten lässt, wie das letzte Beispiel in der folgenden Abbildung 11.21 zeigt:

C17		f_x	=VERKETTEN("Nächster Termin: ";TEXT(HEUTE()+21;"TT.MM.JJJJ");".")	
	A	B		C
1				
2	**Umwandlung in formatierten Text**			
3				
4	Wert	Textformat		TEXT()
5	123	0		123
6	12,999	#.##0,00		13,00
7	123,44	#.##0,00		123,44
8	12345	#.##0 €		12.345 €
9	12345	#.##0,00 €		12.345,00 €
10	05.04.2007	TTT		Do
11	05.04.2007	TTTT		Donnerstag
12	05.04.2007	M/T/JJ		4/5/07
13	05.04.2007	TTT TT.MM.		Do 05.04.
14	05.04.2007	TT.MM.JJJJ		05.04.2007
15	05.04.2007	T. MMMM JJJJ hh:mm:ss		5. April 2007 00:00:00
16		**In Kombination mit VERKETTEN()**		
17	05.04.2007			Nächster Termin: 26.04.2007.

Abbildung 11.21 Umwandlung numerischer Werte in formatierten Text

VERKETTEN()
CONCATENATE()

Syntax:	VERKETTEN(Text1; Text2; ...)
Beispiel:	=VERKETTEN("Eigen";"anteil") ergibt Eigenanteil

Die Funktion ist eine Alternative zu dem Verkettungsoperator &, mit dem Zeichenfolgen verknüpft werden können. Als Argumente sind in Excel 2007 bis zu 255 Zeichenfolgen – Text1, Text2 etc. – erlaubt, in den älteren Versionen bis zu 29. Beachtet werden muss, dass die Verkettung ohne Einfügen von Leerzeichen geschieht. Wird ein Leerzeichen benötigt, muss es also gesondert angegeben werden.

	A	B	C	D
1				
2	**Zeichenfolgen verketten**			
3				
4	**Text1**	**Text2**	**Text3**	**VERKETTEN()**
5	Da	Da	Da	DaDaDa
6	WG1	Art123	TypB	WG1Art123TypB
7	Termin:		19.Apr	Termin: 19.Apr

Abbildung 11.22 Textteile zusammenfügen

WECHSELN()
SUBSTITUTE()

Syntax:	WECHSELN(Text; Alter_Text; Neuer_Text; Ntes_Auftreten)
Beispiel:	=WECHSELN("Aufschwung 1";"1";"2") ergibt Aufschwung 2

Die Funktion sucht in einem Text nach einer Zeichenfolge – Alter_Text –, um diese Zeichenfolge dann durch eine andere – Neuer_Text – zu ersetzen. Dabei wird die Groß- und Kleinschreibung berücksichtigt.

Das optionale Argument Ntes_Auftreten bestimmt, wie oft der Vorgang des Ersetzens wiederholt werden soll. Wird das Argument auf 1 gesetzt, dann wird nur die erste Fundstelle geändert; wird das Argument nicht belegt, werden dagegen

Referenz der Textfunktionen | 11.2

alle Fundstellen geändert. Im Unterschied zu der ähnlichen Funktion ERSETZEN() ist hier also ein mehrfacher Austausch von Zeichenfolgen möglich.

	A	B	C	D	E
1					
2	**Zeichenfolgen austauschen**				
3					
4	Text	Alter_Text	Neuer_Text	ntes_Auftreten	WECHSELN()
5	Anatomiekurs	kurs	seminar		Anatomieseminar
6	Jan Willem		-		Jan-Willem
7	Burg Erb	Erb	Erbenhausen		Burg Erbenhausen
8	Katoroko	o	u	2	Katoruko
9	123 €	€	EUR	1	123 EUR
10	**In Kombination mit LÄNGE() Vorkommen eines Zeichens zählen:**				
11	Katoroko	o			3
12	**Wechselweise tauschen**				
13	Nobel				Loben

(Zelle E13: =WECHSELN(WECHSELN(A13;"N";"L");"l";"n"))

Abbildung 11.23 Gezielter Austausch von Zeichenfolgen in Texten

In Kombination mit der Funktion LÄNGE() kann WECHSELN() auch verwendet werden, um das Vorkommen von Zeichen zu zählen. Die Formel zu der in der Abbildung gezeigten Zelle E11 sieht so aus:

=LÄNGE(A11)-LÄNGE(WECHSELN(A11;B11;""))

Der Trick dieser Formel besteht darin, dass von der Gesamtlänge der Zeichenfolge der Rest abzogen wird, der übrig bleibt, nachdem alle gesuchten Zeichen durch ein Leerzeichen ersetzt wurden.

In Zelle E13 finden Sie ein spielerisches Beispiel dafür, wie die Funktion verschachtelt genutzt werden kann, um gleich zweimal auszutauschen:

=WECHSELN(WECHSELN(A13;"N";"L");"l";"n".

WERT()
VALUE()

Syntax: WERT(Text)

Beispiel: =WERT("19.09.1994")
ergibt 34596

Die Funktion wandelt die mit dem Argument Text gelieferte Zeichenfolge in einen Wert um und gibt als Ergebnis dann die entsprechende Zahl aus. Text darf dabei die entsprechenden Zeichen aus einem Excel-Zahlenformat enthalten. Zeichenfolgen, die als Datums- oder Zeitformate interpretiert werden können, werden als die jeweilige serielle Zahl ausgegeben. Lässt sich der Text nicht als Zahl interpretieren, gibt die Funktion #WERT! aus.

	A	B	C	D
1				
2	Texte in numerische Werte umwandeln			
3				
4	Text	WERT()	ISTZAHL()	N()
5	666,99	666,99	WAHR	666,99
6	144	144	WAHR	144,00
7	-122	-122	WAHR	-122,00
8	-12,56	-12,56	FALSCH	0
9	3,14	3,14	FALSCH	0
10	28.03.2007	39169	WAHR	39169
11	28.07.2007 18:42	39291,77917	WAHR	39291,78
12	1. Platz	#WERT!	FALSCH	0
13	WAHR	#WERT!	FALSCH	1

Abbildung 11.24 Test des Ergebnisses von WERT() mit ISTZAHL() und N()

WIEDERHOLEN()
REPT()

Syntax: WIEDERHOLEN(Text; Multiplikator)

Beispiel: =WIEDERHOLEN("=";13)
               ergibt =============

Die Funktion trägt die mit der Argument Text angegebene Zeichenfolge so oft hintereinander in die Zelle ein, wie durch das Argument Multiplikator angegeben. Die Zeichenfolge kann aus mehr als einem Zeichen bestehen.

Referenz der Textfunktionen | **11.2**

	A	B	C
1			
2	**Zeichen wiederholen**		
3			
4	Text	Multiplikator	WIEDERHOLEN()
5	Da	3	DaDaDa
6	#	4	####
7	-	15	---------------
8	=	15	===============
9			
10	Urlaubsplan	Urlaubstage	
11	Januar	10	ڪ ڪ ڪ ڪ ڪ ڪ ڪ ڪ ڪ ڪ
12	Februar	9	ڪ ڪ ڪ ڪ ڪ ڪ ڪ ڪ ڪ
13	März	12	ڪ ڪ ڪ ڪ ڪ ڪ ڪ ڪ ڪ ڪ ڪ ڪ
14	April	6	ڪ ڪ ڪ ڪ ڪ ڪ
15	Mai	14	ڪ ڪ ڪ ڪ ڪ ڪ ڪ ڪ ڪ ڪ ڪ ڪ ڪ ڪ
16	Juni	17	ڪ ڪ ڪ ڪ ڪ ڪ ڪ ڪ ڪ ڪ ڪ ڪ ڪ ڪ ڪ ڪ ڪ

Abbildung 11.25 Beispiele für WIEDERHOLEN(), darunter ein Urlaubsplan mit Zeichen aus dem Font Webdings

ZEICHEN()
CHAR()

Syntax: `ZEICHEN(Zahl)`

Beispiel: `=ZEICHEN(33)`
ergibt !

Die Funktion ist die Umkehrung der `CODE()`-Funktion. Sie liefert für eine bestimmte Codezahl das entsprechende Zeichen.

	B	C	E	F	H	I	K	L	N	O
4	ZEICHEN()	CODE()	ZEICHEN()	CODE()	ZEICHEN()	CODE()	ZEICHEN()	CODE()	ZEICHEN()	CODE()
5		1	&	38	K	75	p	112	•	149
6	⁊	2	'	39	L	76	q	113	–	150
7	ᴸ	3	(	40	M	77	r	114	—	151
8	ᴶ	4	)	41	N	78	s	115	~	152
9	I	5	*	42	O	79	t	116	™	153
10	-	6	+	43	P	80	u	117	š	154
11	•	7	,	44	Q	81	v	118	›	155
12	◘	8	-	45	R	82	w	119	œ	156
13		9	.	46	S	83	x	120		157
14		10	/	47	T	84	y	121	ž	158
15	♀	11	0	48	U	85	z	122	Ÿ	159
16	♂	12	1	49	V	86	{	123		160
17		13	2	50	W	87			124	¡	161
18	♫	14	3	51	X	88	}	125	¢	162
19	☼	15	4	52	Y	89	~	126	£	163
20	†	16	5	53	Z	90		127	¤	164

Abbildung 11.26 Ausschnitt aus der Zeichentabelle mit den entsprechenden CODE()-Werten

12 Logische Funktionen

Funktion	Seite	Funktion	Seite
FALSCH()	516	WAHR()	517
NICHT()	516	WENN()	517
ODER()	516	WENNFEHLER()	518
UND()	517		

12.1 Einsatzbereiche der logischen Funktionen

Für die Formulierung der zu prüfenden Bedingungen werden hauptsächlich die Vergleichsoperatoren =, <, >, <=, >=, <> herangezogen. Mit Ausnahme der in dieser Kategorie mit aufgeführten Funktion WENN() und WENNFEHLER(), die Verzweigungen ermöglichen, liefern logische Funktionen als Ergebnis die Wahrheitswerte WAHR oder FALSCH.

Die Wahrheitswerte werden in bestimmtem Umfang von Excel zusätzlich mit 1 für WAHR und 0 für FALSCH ausgewertet, sodass sie in Berechnungen einbezogen werden können, wie bereits in Kapitel 1, *Einstieg in Berechnungen mit Excel*, gezeigt. Es macht aber einen Unterschied, ob Bezüge auf Zellen, die Wahrheitswerte enthalten, mit einfachen Operatoren wie + oder - verknüpft werden oder ob sie in Bereichsargumenten von Funktionen erscheinen. Die folgende Abbildung zeigt, dass die Addition dreier Wahrheitswerte in der Form

=B5+B9+B13

den Wert 2 liefert, eine entsprechende Summenfunktion aber den Wert 0, weil die Funktion die Wahrheitswerte nicht numerisch auswerten kann. Auch die Funktion WERT() liefert, wenn das Argument ein Wahrheitswert ist, keinen numerischen Wert, sondern den Fehlerwert #WERT!.

12 | Logische Funktionen

Die Abbildung zeigt außerdem in dem Bereich E9 bis H11, dass Excel einen Zelleintrag mit WAHR, =WAHR und =WAHR() als gleichwertig betrachtet.

	A	B	C	D	E	F	G	H
1								
2	**Umgang mit logischen Werten**							
3								
4	FALSCH()			=B5+B9+B13				
5	=FALSCH()	FALSCH			2			
6	=FALSCH()+1	1		=SUMME(B5;B9;B13)				
7	=FALSCH()*1	0			0			
8	WAHR()					WERT()	=E9+1	gleichwertig?
9	=WAHR()	WAHR		WAHR	WAHR	#WERT!	2	WAHR
10	=WAHR()+1	2		=WAHR	WAHR	#WERT!	2	WAHR
11	=WAHR()*1	1		=WAHR()	WAHR	#WERT!	2	WAHR
12	NICHT()							
13	=NICHT(B5)	WAHR						
14	=NICHT(B9)	FALSCH						
15	=NICHT("Berlin">"Bonn")	WAHR						
16	UND()							
17	=UND(B5;B9)	FALSCH						
18	=UND(5<10;5>4)	WAHR						
19	=UND(WAHR;NICHT(WAHR))	FALSCH						
20	ODER()							
21	=ODER(B5;B9)	WAHR						
22	=ODER(B10<2;B10>4)	FALSCH						
23	=ODER(WAHR;NICHT(WAHR))	WAHR						

Abbildung 12.1 Ergebnisse logischer Funktionen

Eine logische Formel kann nicht nur eine Bedingung enthalten, sondern auch mehrere gleichzeitig. Diese Bedingungen können entweder alternativ oder additiv formuliert werden. Alternative Bedingungen werden mit der ODER()-Funktion verknüpft, additive Bedingungen mit der UND()-Funktion. Hier einige Beispiele:

=UND(B6>B7 ; B9>B10)
=UND(A10>50;A10<100)

In diesen Fällen ist die Bedingung jeweils nur erfüllt, also wahr, wenn beide Teilbedingungen erfüllt sind.

=ODER(C9=12;C9=24)
=ODER(MONAT="Mai" ;MONAT="Juni" ;MONAT="Okt")

Bei diesen Formeln ist das Ergebnis WAHR, wenn die Zelle mit dem Namen "MO-NAT" einen der drei Monatsnamen enthält. Die Funktion NICHT() verneint einen Vergleich. Ein Beispiel:

=NICHT(A1=100)

Diese Bedingung ist in allen Fällen erfüllt, wo A1 nicht gleich 100. Die Formeln

=A1<>100
=NICHT(A1=100)

sind also austauschbar.

12.2 Prüfen mit der WENN()-Funktion

Logische Vergleiche werden insbesondere auch mit Hilfe der Funktion WENN() durchgeführt. Manchmal ist es dabei bequemer, eine komplexe Bedingung zunächst in einer Zelle zu prüfen und dann in einer WENN()-Funktion nur den Wahrheitswert dieser Zelle abzufragen, als die komplexe Bedingung in die WENN()-Funktion selbst mit aufzunehmen. Das ist insbesondere zu empfehlen, wenn diese Bedingung an mehreren Stellen abgefragt werden soll. Die Abbildung zeigt ein einfaches Beispiel. In Zelle D6 wird zunächst mit der logischen Formel

=B7>B8

geprüft, ob der Deckungsbeitrag die Kosten übersteigt. Das Ergebnis ist ein Wahrheitswert. Dieser wird dann in der WENN()-Funktion in Zelle D7 abgefragt.

	A	B	C	D	E
1					
2	**Logische Formeln**				
3					
4	Absatz:	6.000,00		Ergebnis:	Formel:
5	Verkaufserlöse:	1.494.000,00		FALSCH	=B9<(B5*0,05)
6	variable Kosten:	300.000,00		WAHR	=B7>B8
7	Deckungsbeitrag:	1.194.000,00		Gewinn	=WENN(D6=WAHR;"Gewinn";"Verlust")
8	fixe Kosten:	1.100.000,00			
9	Betriebsgewinn:	94.000,00			

Abbildung 12.2 Beispiel für logische Formeln

Die WENN()-Funktion prüft jedes Mal zunächst, ob eine bestimmte Bedingung erfüllt, also wahr ist. Trifft dieses zu, wird die WAHR-Anweisung ausgeführt und bestimmt das Ergebnis der Formel. Trifft dies nicht zu, wird zur FALSCH-Anweisung verzweigt und diese ausgeführt. Die Funktion hat deshalb drei Argumente, die in der vorgeschriebenen Reihenfolge eingetragen werden müssen, weil sonst unerwünschte Ergebnisse produziert werden.

- Prüfung ist eine Bedingung in Form eines logischen Ausdrucks.
- Eine Anweisung für den Fall, dass die Bedingung erfüllt ist, die als Dann_Wert bezeichnet wird.
- Eine Anweisung für den Fall, dass die Bedingung nicht erfüllt ist, der Sonst_Wert.

Sowohl bei der Formulierung der Bedingungen als auch bei der Formulierung der WAHR- und FALSCH-Anweisungen können natürlich alle sinnvollen Kombinationen von Operatoren und Funktionen benutzt werden.

Die WENN()-Funktion kann generell für zwei ganz unterschiedliche Zwecke eingesetzt werden:

1. Die Funktion erlaubt die Durchführung von Prüfungen. Zum Beispiel kann mit dieser Funktion die Frage beantwortet werden, ob bestimmte Grenzwerte überschritten sind, ob Abweichungen von einer Norm vorliegen oder ob bestimmte Zielwerte erreicht worden sind.
2. Mit der WENN()-Funktion kann Excel veranlasst werden, unterschiedliche Operationen durchzuführen, je nachdem, ob eine Bedingung erfüllt ist. Das entspricht etwa einer Verzweigung, die in allen Computersprachen zu den Grundoperationen gehört.

Allerdings gilt die Verzweigung immer nur in Bezug auf das Ergebnis in der Zelle selbst. Es ist nicht möglich, mit der WENN()-Funktion direkt einen unterschiedlichen Wert in eine andere Zelle einzutragen. Es ist zwar möglich, etwa in der Zelle B3 zu schreiben:

=WENN(B1>1000;B2=100;B2=200)

Ist B1 tatsächlich größer 1.000, bedeutet diese Formel aber lediglich, dass Excel nun prüft, ob die Zelle B2 tatsächlich den Wert 100 enthält. Ist das der Fall, ist das Ergebnis in Zelle B3 der Wert WAHR.

Eine direkte Wert-Zuweisung an eine Zelle, die dann eventuell auch Werte, die bisher in dieser Zelle eingetragen waren, überschreibt, kann nur über Makrobefehle geleistet werden. Das schließt natürlich nicht aus, dass eine andere Zelle durch einen Adressbezug den Wert aus der Zelle, in der die WENN()-Funktion steht, übernimmt. Wenn Sie in B3

=WENN(B1>1000;100;200)

schreiben und in Zelle B2

=B3

erhalten Sie das Ergebnis, das Sie mit der ersten Formel erreichen wollten. In den folgenden Abschnitten soll die Nützlichkeit der WENN()-Funktion noch an einigen typischen Beispielen verdeutlicht werden.

12.3 Bewertungen erzeugen

In der folgenden Tabelle sind Kunden-Umsätze einer Firma für 2 Jahre eingetragen. Die Kunden, deren realer Umsatz – es wird eine Inflationsrate von 3 % unterstellt – gegenüber dem Vorjahr abgesunken ist, sollen in der Spalte D durch einen entsprechenden Hinweis gekennzeichnet werden. Die Formel kann in der Zelle D6 eingetragen und dann die Spalte hinunterkopiert werden. Sie könnte lauten:

=WENN(C6<(B6*1,03); "Umsatzrückgang";"")

	A	B	C	D
1				
2	**Prüfung von Bedingungen**			
3				
4		Umsatzentwicklung		Umsatzentwicklung inflationsbereinigt
5		2006	2007	
6	Kunde A	100000	770088	
7	Kunde B	120000	50000	Umsatzrückgang
8	Kunde C	87000	120000	
9	Kunde D	250000	250100	Umsatzrückgang
10		=WENN(C6<(B6*1,03);"Umsatzrückgang";"")		

Abbildung 12.3 Prüfung von Bedingungen

Bei den Kunden, deren Umsatz inflationsbereinigt gesunken ist, erscheint in der Spalte D der Hinweis: »Umsatzrückgang«. Bei allen anderen Kunden bleibt die Zelle in der Spalte D als Ergebnis der Formel leer.

12.4 Bedingte Berechnungen

Während es im letzten Fall in erster Linie um die Prüfung der Entwicklung der Kundenumsätze ging, soll die nächste Formel zeigen, wie die WENN()-Funktion benutzt werden kann, um auf verschiedene Zustände unterschiedlich zu reagieren. Die folgende Tabelle berechnet für eine Firma einen Planwert für die Umsatzentwicklung in verschiedenen Regionen. Er soll entweder den Wert des aktuellen Jahres oder den des Vorjahres um 20 % übersteigen, abhängig davon, welcher Wert höher ist. Die verwendete Formel ist

=WENN(C5>B5;C5*1,2;B5*1,2)

	A	B	C	D	E
1					
2	Bedingte Berechnungen				
3					
4	Region	Umsatz 2006	Umsatz 2007	Planwert	
5	Süd	1.200.000,00 €	1.300.000,00 €	1.560.000,00 €	=WENN(C5>B5;C5*1,2;B5*1,2)
6	West	900.000,00 €	870.000,00 €	1.080.000,00 €	
7	Nord	600.000,00 €	440.000,00 €	720.000,00 €	
8	Ost	300.000,00 €	440.000,00 €	528.000,00 €	

Abbildung 12.4 Rechnen in Abhängigkeit von einer Prüfung

12.5 Bedingte Textanzeige

Besteht die Möglichkeit, in einem Arbeitsblatt Texte nur unter bestimmten Voraussetzungen zu drucken? Die WENN()-Funktion bietet sich auch in diesem Fall an. Angenommen, das Arbeitsblatt wird zur Aufbereitung und zum Druck von Rechnungen benutzt. Auf den Dezember-Rechnungen soll im Rechnungsfuß ein Hinweis auf ein spezielles Weihnachtsangebot erscheinen. Die Lösung könnte folgende Formel sein:

=WENN(MONAT(JETZT())=12;"Sonderrabatt von 20% für alle Orientteppiche";"")

Die WENN()-Funktion kann selbstverständlich nicht nur zur Prüfung numerischer Zellen benutzt werden. Zellen, die Texte oder Zeichenfolgen enthalten, können ebenfalls befragt werden. Der Text kann direkt eingetragen sein oder indirekt über einen Zellbezug oder als Ergebnis einer Formel, die eine Zeichenfolge bereitstellt. Hier ein einfaches Beispiel:

=WENN(B10="Berlin";"Hauptstadt";"")

Allerdings kann im Fall von Zeichenfolgenvergleichen eine unangenehme Überraschung auftreten. Die Bedingung, dass in der Zelle B10 der Name »Berlin« steht, ist nur dann erfüllt, wenn dort tatsächlich auch nur Berlin steht. Ein Fehler, der bei der Arbeit mit Excel gelegentlich plagt, weil er so schwer erkennbar ist, besteht darin, überflüssige Leerzeichen zu benutzen. Wenn also hinter dem Wort Berlin versehentlich noch einmal die Leertaste benutzt worden ist, wird Excel sich so verhalten, als sei der Inhalt der Zelle B10 nicht »Berlin«. Im strengen Sinne stimmt das ja auch, aber zu sehen ist der Unterschied nur, wenn im Bearbeitungsfeld [Ende] gedrückt wird. Der Fehler kann allerdings durch die Funktion =GLÄTTEN() abgefangen werden. Die Formel

=WENN(GLÄTTEN(B10)="Berlin" ...

ist gegen die angesprochene Fehlermöglichkeit gefeit. Die Funktion GLÄTTEN() ist eine Text-Funktion, die überflüssige Leerzeichen entfernt.

12.6 Prüfungen mit komplexen Bedingungen

Das Argument Prüfung kann auch aus mehreren Einzelbedingungen zusammengesetzt sein. In vielen Fällen ist eine Operation gleich von mehreren Bedingungen abhängig. Eine Komponente eines Produkts soll nur dann bei einem bestimmten Lieferanten bestellt werden, wenn der Preis akzeptabel ist und gleichzeitig die Lieferfrist maximal einen Monat beträgt. Die Formel könnte heißen:

=WENN(UND(C12<12500;D12<4);"bestellen";"nicht bestellen")

Die Zelle C12 enthält den Preis, die Zelle D12 die Lieferzeit in Wochen. Die Bedingung ist nur dann erfüllt, wenn beide Teile der Bedingung gleichzeitig erfüllt sind.

In anderen Fällen hängt eine Entscheidung davon ab, ob eine bestimmte Bedingung erfüllt ist oder eine andere. Im Beispiel wäre denkbar, dass auch ein höherer Preis akzeptiert wird, wenn die Lieferfrist kurz ist. Eine kleine Änderung der Formel trägt der Situation Rechnung. Statt der Funktion UND() wird ODER() eingesetzt:

=WENN(ODER(C12<12500;D12<4);"bestellen";"nicht bestellen")

Die neue Bedingung ist in drei Fällen wahr:

1. Der erste Teil der Bedingung ist erfüllt.
2. Der zweite Teil der Bedingung ist erfüllt.
3. Beide Bedingungen sind erfüllt.

Die Funktion `ODER()` ist also kein ausschließendes Oder. Das ausschließende Oder würde den dritten Fall nicht zulassen. Ein solches Entweder-oder, aber nicht beides gleichzeitig, könnte erreicht werden durch eine Kombination von `UND()` und `ODER()`:

`=WENN(UND(ODER(B10=5;C10=7;NICHT(UND(B10=5;C10=7) ) );"ok"; "prüfen")`

Wenn die Zelle B10 den Wert 5 hat und gleichzeitig die Zelle C10 den Wert 7, ist das Ergebnis »prüfen«, die Bedingung ist also nicht erfüllt.

12.7 Mehrfachverzweigungen

Sowohl die `WAHR`-Anweisung als auch die `FALSCH`-Anweisung können selbst wieder eine `WENN()`-Funktion enthalten, sodass eine Mehrfachverzweigung erreicht werden kann.

	A	B	C
1			
2	**Verschachtelte Bedingungen**		
3			
4	Kunden	Umsatz	Geschenkkategorie
5	Berger	600.000,00 €	Geschenk A
6	Wehner	430.000,00 €	Geschenk B
7	Brech	30.000,00 €	Geschenk B
8	Schub	3.290,00 €	kein Präsent
9	Scheimer	24.000,00 €	Geschenk B
10	Vosken	1.200,00 €	kein Präsent
11	Erber	530.000,00 €	Geschenk A
12	Kosinsky	23.000,00 €	Geschenk B
13	Marchat	12.000,00 €	Geschenk B
14			
15	Formel:	=WENN(B5>=10000;WENN(B5>=500000; "Geschenk A";"Geschenk B");"kein Präsent")	

Abbildung 12.5 Verschachtelte Bedingungen

Die Weihnachtsgeschenke einer Firma sind nach Wert in zwei Gruppen eingeteilt. Geschenke der Gruppe A sollen Kunden erhalten, deren Umsatz über 500.000 EUR liegt, Gruppe B verlangt mindestens 10.000 EUR, um Mini-Kunden ganz herauszunehmen. Zunächst werden in der Formel die Mini-Kunden abgefangen, dann wird zwischen Gruppe A und Gruppe B unterschieden.

1. Schritt

WENN(B5>=10000;"Geschenk";"kein Präsent")

damit sind die Mini-Kunden herausgenommen;

2. Schritt

=WENN(B5>10000;WENN(B5>=50000;"Geschenk A";"Geschenk B"); "kein Präsent")

Die WAHR-Anweisung aus dem ersten Schritt ist jetzt ersetzt durch eine komplette WENN-Funktion, die selbst wiederum eine Bedingung, eine WAHR-Anweisung und eine FALSCH-Anweisung enthält.

12.8 Bedingte Formate

Ein weiterer Anwendungsbereich für logische Formeln und Funktionen sind die bedingten Formate. Hier ein praktisches Beispiel: Wenn Sie in einer Arbeitsmappe einen Kalender oder einen Zeitplan anlegen, lässt sich mit einem bedingten Format das Wochenende leicht mit einem anderen Hintergrund hervorheben.

=ODER(WOCHENTAG(B4)=1;WOCHENTAG(B4)=7)

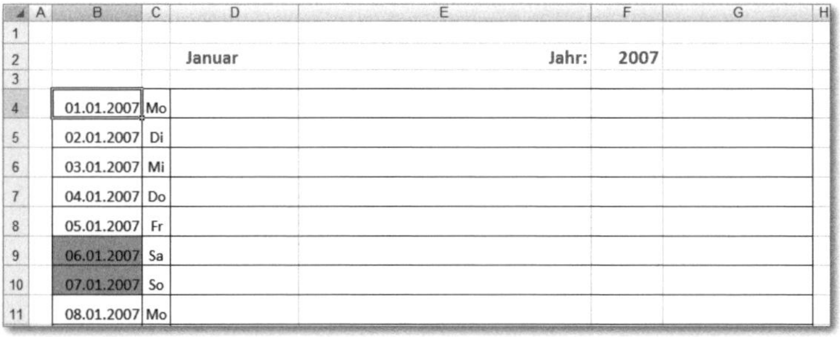

Abbildung 12.6 Kalender mit bedingtem Format für das Wochenende

12.9 Referenz der logischen Funktionen

FALSCH()
FALSE()

Syntax:	FALSCH()
Beispiel:	=FALSCH() ergibt FALSCH

Die Funktion legt den Wahrheitswert FALSCH in der Zelle ab oder übergibt ihn an eine andere Funktion.

Die Funktionen WAHR() und FALSCH() können in einer WENN()-Funktion benutzt werden, um anzuzeigen, ob die Bedingung, die diese Funktion prüft, erfüllt ist. Das kann sinnvoll sein, wenn bei einer komplexen Bedingung nicht gleich ersichtlich ist, ob die Bedingung erfüllt ist oder nicht.

NICHT()
NOT()

Syntax:	NICHT(**Wahrheitswert**)
Beispiel:	=NICHT(13>14) ergibt WAHR

Durch diese Funktion wird der Wert von Wahrheitswert umgekehrt. Ergibt der Ausdruck oder der Bezug des Arguments den Wahrheitswert WAHR, ist also das Ergebnis der Funktion der Wahrheitswert FALSCH.

ODER()
OR()

Syntax:	ODER(**Wahrheitswert1**; Wahrheitswert2; ...)
Beispiel:	=ODER(13>14;13<14) ergibt WAHR

Die Funktion vergleicht in Excel 2007 bis zu 255 Argumente miteinander, in den älteren Versionen bis zu 30. Sind alle Argumente FALSCH, so liefert die Funktion den Wahrheitswert FALSCH, andernfalls WAHR. Das gilt auch, wenn alle Wahrheitswerte WAHR sind. Die Funktion stellt also kein ausschließendes Oder im Sinne eines Entweder-Oders dar.

UND()
AND()

Syntax:	UND(**Wahrheitswert1**; Wahrheitswert2; ...)
Beispiel:	=UND(13>14;14<13) ergibt FALSCH

Die Funktion vergleicht in Excel 2007 bis zu 255 Argumente miteinander, in den älteren Versionen bis zu 30. Nur wenn alle Argumente WAHR ergeben, wird als Ergebnis WAHR zurückgegeben, andernfalls ist das Ergebnis FALSCH.

WAHR()
TRUE()

Syntax:	WAHR()
Beispiel:	=WAHR() ergibt WAHR

Ebenso wie bei der Funktion FALSCH() kann mit dieser Funktion der Wahrheitswert WAHR in eine Zelle eingetragen oder als Argument an eine Funktion übergeben werden.

WENN()
IF()

Syntax:	WENN(**Prüfung**; Dann_Wert; Sonst_Wert)
Beispiel:	=WENN(A2>B2;A2-B2;B2-A2) bewirkt, dass jeweils der kleinere Wert vom größeren abgezogen wird.

12 | Logische Funktionen

Die Funktion liefert in Abhängigkeit von einer Bedingung je nach Wahrheitsprüfung unterschiedliche Resultate. Die WENN()-Funktion prüft zunächst, ob die mit dem Argument Prüfung formulierte Bedingung erfüllt, also wahr ist. Trifft dies zu, gibt die Funktion den Dann_Wert aus, trifft es nicht zu, wird der Sonst_Wert ausgegeben.

Die Funktion erlaubt die Durchführung von Prüfungen, z. B. kann mit dieser Funktion die Frage beantwortet werden, ob bestimmte Grenzwerte überschritten oder bestimmte Zielwerte erreicht worden sind.

Es kann auch veranlasst werden, unterschiedliche Werte in eine Zelle einzutragen oder unterschiedliche Berechnungen durchzuführen, je nachdem, ob eine Bedingung erfüllt ist oder nicht.

In dem folgenden Beispiel wird mit Hilfe der WENN()-Funktion eine Bewertung des Vergleichs von zwei Jahresergebnissen erzeugt:

	A	B	C	D	E
9					
10	**Bedingte Texte**				
11					
12	Region	Umsatz 2006	Umsatz 2007	Bewertung	
13	Süd	1.200.000,00 €	1.300.000,00 €	Wachstum	=WENN(C13>B13;"Wachstum";"Rückschritt")
14	West	900.000,00 €	870.000,00 €	Rückschritt	
15	Nord	600.000,00 €	440.000,00 €	Rückschritt	
16	Ost	300.000,00 €	440.000,00 €	Wachstum	

Abbildung 12.7 Bewertung mit Hilfe bedingter Texte

Als Ergebnis der Wahrheitsprüfung kann eine Verschachtelung durch eine erneute Verwendung der WENN()-Funktion erfolgen. Beispiele werden in der Einführung des Kapitels gezeigt.

WENNFEHLER()
IFERROR()

Syntax:	WENNFEHLER(Wert; Wert_falls_Fehler)
Beispiel:	=WENNFEHLER(A2/B2;"unerlaubte Division")
	ergibt unerlaubte Division, wenn B2 den Wert 0 hat.

Die Funktion WENNFEHLER() ist neu in Excel 2007. Sie erlaubt eine Reaktion des Anwenders auf den Fall, dass ein mit dem Argument Wert angegebener Ausdruck oder Bezug statt eines ordentlichen Ergebnisses einen Fehlerwert liefert. Liefert Wert keinen Fehler, wird das Ergebnis von Wert in der Zelle angezeigt, anderenfalls wird der Wert ausgewertet, der mit dem Argument Wert_falls_Fehler angegeben wird. Das kann ein Fehlerhinweis oder auch ein Ausdruck mit einer alternativen Berechnung sein oder auch eine leere Zeichenfolge.

Die Funktion kann auch für eine Matrixformel verwendet werden, um etwa eine Spalte auf Fehlerwerte zu prüfen, wie in dem folgenden Beispiel.

C5			f_x	{=WENNFEHLER(A5:A11/B5:B11;"Division nicht erlaubt")}			
	A	B		C	D	E	F
1							
2	**Fehlerreaktion**						
3							
4	Wert1	Wert2		WENNFEHLER()			
5	12	3		4			
6	13	0		Division nicht erlaubt			
7	14	5		2,8			
8	15	0		Division nicht erlaubt			
9	16	7		2,285714286			
10	17	0		Division nicht erlaubt			
11	18	9		2			

Abbildung 12.8 Benutzerdefinierte Fehleranzeige

13 Informationsfunktionen

Funktion	Seite	Funktion	Seite
FEHLER.TYP()	523	ISTNV()	529
INFO()	524	ISTTEXT()	529
ISTBEZUG()	526	ISTUNGERADE()	530
ISTFEHL()	526	ISTZAHL()	531
ISTFEHLER()	526	N()	532
ISTGERADE()	527	NV()	532
ISTKTEXT()	527	TYP()	534
ISTLEER()	528	ZELLE()	535
ISTLOG()	528		

Mit Hilfe der Informationsfunktionen lassen sich bestimmte Daten über Elemente eines Tabellenblatts abfragen, etwa der Typ eines Fehlers, der Zustand einer Zelle oder der Datentyp eines Zellinhalts. Außerdem lassen sich bestimmte Daten über die Umgebung der Anwendung erfahren, etwa die Anzahl der Arbeitsblätter oder der aktuell eingestellte Rechenmodus.

13.1 Einsatzbereiche für Informationsfunktionen

Die meisten der Informationsfunktionen werden nur gelegentlich innerhalb von Tabellen, sonst eher in Makros benötigt. Ein Hauptanwendungsgebiet der Funktionen ist, in Verbindung mit der Funktion WENN() Ergebnisse von Berechnungen von den Inhalten bestimmter Zellen abhängig zu machen.

Beispiel für bedingte Berechnungen

Nehmen Sie folgendes einfache Beispiel: Sie haben in einer Tabelle in den Spalten A und B ab Zeile 3 sowohl Zahlen als auch Texteinträge. Sie wollen in C das Produkt von A und B ausgeben, falls in der Zeile entsprechende Werte vorhanden sind. Wenn Sie nun in C3 die Formel =A3*B3 eintragen und nach unten kopieren, dann erhalten Sie immer dann, wenn in Spalte A und B keine Zahlen stehen, die Fehlermeldung #WERT!, weil ja mit einem Text nicht multipliziert werden kann.

Um dies zu vermeiden, können Sie in C3 eintragen:

=WENN(UND(ISTZAHL(A3);ISTZAHL(B3);A3*B3;"")

Dann wird das Produkt nur gebildet, wenn beide Zellen eine Zahl enthalten, sonst wird eine leere Zeichenfolge ausgegeben. Wenn Sie diese Formel nach unten kopieren, dann bleiben Ihnen die unangenehmen Fehlermeldungen erspart. (Die vorgegebenen Fehlermeldungen sind in Abschnitt 1.6, *Hinweise zu den Grundrechenarten*, beschrieben.)

13.2 Funktionen zur Prüfung des Datentyps

Elf der folgenden Funktionen beginnen mit dem Präfix IST und dienen dem Zweck, zu prüfen, ob es sich bei dem angegebenen Argument um einen bestimmten Datentyp handelt. Das erlaubt insbesondere in der Kombination mit der WENN()-Funktion bedingte Verfahren einzurichten, also etwa je nach dem vorliegenden Datentyp unterschiedliche Berechnungsschritte vorzunehmen. Sehr nützlich sind diese Funktionen aber auch im Zusammenhang mit der bedingten Formatierung oder als Teil von Gültigkeitsregeln.

Während die Funktion TYP() ganz allgemein nach dem Datentyp des angegebenen Arguments fragt, werden die IST-Funktionen eingesetzt, um gezielt zu prüfen, ob ein bestimmter Datentyp vorliegt. Das Argument Wert kann dabei ein Bereichsname, ein Zellbezug, eine Zahl, ein Text, ein logischer Wert, ein Formelausdruck ohne Gleichheitszeichen oder ein Fehlerwert sein. Das Ergebnis der Funktionen ist jeweils ein logischer Wert, also WAHR oder FALSCH.

Die folgende Abbildung gibt eine Übersicht über die IST-Funktionen:

	A	B	C
1			
2	**IST-Funktionen**		
3			
4	Wert	Funktionsergebnis	Funktion
5	Daten1	WAHR	=ISTBEZUG(Daten1)
6	#DIV/0!	WAHR	=ISTFEHL(A6)
7	#NV	WAHR	=ISTFEHLER(A7)
8	3	FALSCH	=ISTGERADE(A8)
9	Text	FALSCH	=ISTKTEXT(A9)
10		WAHR	=ISTLEER(A10)
11	FALSCH	WAHR	=ISTLOG(A11)
12	#NV	WAHR	=ISTNV(A12)
13	123	FALSCH	=ISTTEXT(A13)
14	5	WAHR	=ISTUNGERADE(A14)
15	333	FALSCH	=ISTZAHL(A15)

Abbildung 13.1 Übersicht über die IST-Funktionen

13.3 Referenz der Informationsfunktionen

FEHLER.TYP()
ERROR.TYPE()

Syntax:	FEHLER.TYP(Fehlerwert)
Beispiel:	=FEHLER.TYP(falscherName) ergibt 5, wenn der Name nicht definiert ist.

Die Funktion liefert entweder eine Zahl, die einen bestimmten Fehlerwert kennzeichnet, oder den Fehlerwert #NV, falls keiner der in der folgenden Tabelle aufgeführten Fehlerwerte vorliegt. Das Argument Fehlerwert ist in der Regel ein Bezug auf eine Zelle, die einen Fehlerwert liefert.

Fehlerwert	Rückgabewert
#NULL!	1
#DIV/0!	2
#WERT!	3
#BEZUG!	4

Fehlerwert	Rückgabewert
#NAME?	5
#ZAHL!	6
#NV	7
Sonstiges	#NV

Hauptsächlich wird diese Funktion verwendet, um anstelle einer Standardfehlermeldung eine benutzerdefinierte Erläuterung eines Fehlers anzuzeigen:

=WENN(FEHLER.TYP(A6)=2;"Division durch null ist nicht erlaubt";)

	A	B	C	D
1				
2	**Prüfen des Fehlertyps**			
3				
4	Zelleintrag	FEHLER.TYP()		**Benutzerdefinierte Fehlermeldungen:**
5	#NULL!	1		Bereiche haben keine gemeinsame Schnittmenge
6	#DIV/0!	2		Division durch Null ist nicht erlaubt
7	#WERT!	3		
8	#BEZUG!	4		
9	#NAME?	5		
10	#ZAHL!	6		
11	#NV	7		

Abbildung 13.2 Die Ermittlung der Fehlerkennung mit FEHLER.TYP() erlaubt benutzerdefinierte Fehlermeldungen

INFO()
INFO()

Syntax: INFO(Typ)

Beispiel: =INFO("System")
ergibt pcdos

Die Funktion INFO() liefert einige Informationen über die aktuelle Betriebssystemumgebung, wobei mit dem Argument Typ angegeben wird, welche Daten nachgefragt werden. Die folgende Tabelle listet die möglichen Werte für das Argument Typ auf:

Referenz der Informationsfunktionen | 13.3

Typ	Rückgabewert
Verzeichnis	Pfad des aktuellen Verzeichnisses oder Ordners
Dateienzahl	Anzahl aktiver Arbeitsblätter in den geöffneten Arbeitsmappen. Ausgeblendete Mappen werden mitgezählt.
Ursprung	Gibt den absoluten Zellbezug der sichtbaren, obersten linken Zelle im aktuellen Fensterbereich zurück. Dabei wird dem Text "$A:" vorangestellt. Dieser Wert dient der Kompatibilität mit Lotus 1-2-3, Version 3.x. Der tatsächlich zurückgegebene Wert hängt von der aktuellen Einstellung für die Bezugsart ab. Für D6 lautet der zurückgegebene Wert wie folgt: A1-Bezugsart "$A:$D$6". Z1S1-Bezugsart "$A:Z6S4"
Sysversion	Name der Version des aktuellen Betriebssystems
Version	Name der Version von Microsoft Excel
System	Name des Betriebssystems: Macintosh = "mac", für Windows wird seltsamerweise immer noch = "pcdos" ausgegeben.

Einige Typwerte, die in früheren Versionen von Excel noch unterstützt wurden, werden in Excel 2007 nicht mehr unterstützt. Das gilt für »BenutztSpeich«, »VerfSpeich«, »Gesamtspeich« und auch für »Rechenmodus«, obwohl der letzte Wert laut Excel-Hilfe noch erlaubt sein soll.

	A	B
1		
2	**Infos zur Systemumgebung**	
3		
4	Zelleintrag	INFO()
5	=INFO("Verzeichnis")	D:\Projekte\Excel-Funktionen\
6	=INFO("Dateienzahl")	10
7	=INFO("Ursprung")	$A:$A$1
8	=INFO("Sysversion")	Windows (32-bit) NT 6.00
9	=INFO("Rechenmodus")	#WERT!
10	=INFO("Version")	12.0
11	=INFO("System")	pcdos

Abbildung 13.3 Die Funktion INFO() liefert Informationen zur Umgebung.

Es ist unter Umständen notwendig, eine Neuberechnung zu starten, um den aktuellen Wert der Funktion zu erhalten.

ISTBEZUG()
ISREF()

Syntax:	ISTBEZUG(**Wert**)
Beispiel:	=ISTBEZUG(Daten1) ergibt FALSCH, wenn der Bereichsname nicht existiert.

Die Funktion testet, ob das mit Wert angegebene Argument ein gültiger Bereichsname oder eine Bereichsadresse ist. Ist das der Fall, ergibt die Funktion den Wahrheitswert WAHR, sonst den Wert FALSCH. Zellbezüge werden ohne Anführungszeichen angegeben. Wird ein Blattname angegeben, der nicht existiert, versucht Excel eine solche Tabelle zu finden und bietet den **Öffnen**-Dialog an. Wird dieser abgebrochen, liefert die Funktion trotzdem den Wert WAHR. Die Prüfung ist also nur formal.

ISTFEHL()
ISERR()

Syntax:	ISTFEHL(**Wert**)
Beispiel:	=ISTFEHL(A10) ergibt WAHR, wenn A10 eine Fehlermeldung (außer #NV) enthält

Die Funktion testet, ob das mit Wert angegebene Argument einen Fehlerwert enthält oder liefert (Ausnahme: #NV). Ist ein Fehlerwert vorhanden, wird WAHR ausgegeben, in allen anderen Fällen FALSCH.

ISTFEHLER()
ISERROR()

Syntax:	ISTFEHLER(**Wert**)
Beispiel:	=ISTFEHLER(A10) ergibt WAHR, wenn A10 = #NV

Die Funktion testet, ob das mit Wert angegebene Argument einen Fehlerwert enthält oder liefert, und zwar einschließlich des Fehlerwerts #NV. Ist ein Fehlerwert vorhanden, wird WAHR ausgegeben, in allen anderen Fällen FALSCH.

ISTGERADE()
ISEVEN()

Syntax:	ISTGERADE(**Wert**)
Beispiel:	=ISTGERADE(3)
	ergibt FALSCH

Die Funktion testet, ob das mit Wert angegebene Argument durch 2 ganzzahlig teilbar ist, und liefert WAHR, wenn das der Fall ist, vgl. ISTUNGERADE(). Dabei wird erwartet, dass sich das Argument Wert numerisch auswerten lässt. Ist das nicht der Fall, liefert die Funktion unterschiedliche Ergebnisse: Bei einem Text wird die Fehlermeldung #WERT! ausgegeben, ebenso bei einem logischen Wert, bei einem Fehlerwert wird derselbe ausgegeben.

Entspricht Wert einer gebrochenen Zahl, werden nur die Vorkommastellen ausgewertet.

=ISTGERADE(2,3)

liefert WAHR,

=ISTGERADE(1,6)

dagegen FALSCH.

ISTKTEXT()
ISNONTEXT()

Syntax:	ISTKTEXT(**Wert**)
Beispiel:	=ISTKTEXT(A1)
	ergibt FALSCH, wenn A1 Text enthält.

Die Funktion testet, ob in einer Zelle kein Text vorhanden ist. Ist Text vorhanden, so wird als Ergebnis FALSCH ausgegeben, andernfalls und bei einer leeren Zelle WAHR. Auch wenn Wert der Bezug auf eine leere Zelle ist, ist das Ergebnis WAHR.

ISTLEER()
ISBLANK()

Syntax:	ISTLEER(Wert)
Beispiel:	=ISTLEER(A10) ergibt WAHR, wenn A10 leer ist

Die Funktion testet, ob eine Zelle leer ist. Wenn das der Fall ist, wird WAHR ausgegeben, andernfalls FALSCH. FALSCH wird also auch ausgegeben, wenn Wert einen Fehlerwert liefert oder einen nicht existierenden Bereichsnamen enthält.

ISTLOG()
ISLOGICAL()

Syntax:	ISTLOG(Wert)
Beispiel:	=ISTLOG(FALSCH) ergibt WAHR

Die Funktion überprüft, ob das Argument Wert einen Wahrheitswert liefert. Ist Wert ein Zellbezug, kann so festgestellt werden, ob die Zelle einen Wahrheitswert enthält oder ergibt. Ist ein Wahrheitswert, eine Formel oder Funktion, die zu einem Wahrheitswert führt, eingetragen, wird WAHR ausgegeben, andernfalls FALSCH.

Die Funktion kann genutzt werden, um über ein bedingtes Format die Zellen zu kennzeichnen, die den Wert WAHR oder den Wert FALSCH liefern. In dem abgebildeten Beispiel werden dazu für den markierten Bereich zwei Regeln definiert, die mit unterschiedlichen Hintergrundfarben verknüpft werden. Den Zellen, die die Regel

=UND(ISTLOG(C17);C17)

erfüllen, wird die Farbe Grün zugeordnet. Die Bedingung ist nur erfüllt, wenn die Zelle sowohl einen logischen Wert liefert als auch den Wert WAHR.

Den Zellen, die die Regel

=UND(ISTLOG(C17);NICHT(C17))

erfüllen, also den logischen Wert FALSCH ergeben, werden mit Rot verknüpft.

Abbildung 13.4   Bedingte Formate für logische Werte

ISTNV()
ISNA()

Syntax:	ISTNV(**Wert**)
Beispiel:	=ISTNV(A10) ergibt FALSCH, wenn A10 =#DIV/0!

Die Funktion überprüft, ob eine Zelle den Fehlerwert #NV enthält. Das Ergebnis wird als Wahrheitswert ausgegeben. Sollen in einem Zellbereich mit #NV gekennzeichnete Zellen farbig hervorgehoben werden, kann ein bedingtes Format mit einer Formel wie

=ISTNV(A1)

verwendet werden.

ISTTEXT()
ISTEXT()

Syntax:	ISTTEXT(**Wert**)
Beispiel:	=ISTTEXT("666") ergibt WAHR

Die Funktion prüft, ob das Argument `Wert` eine Zeichenfolge liefert. Ist `Wert` ein Bezug auf eine Zelle, die Text enthält, wird WAHR ausgegeben. Eine leere Zelle ergibt den Wert FALSCH.

Enthält eine Spalte Werte, bei denen nicht sicher ist, ob es sich um Zahlen oder um Texte aus Ziffern handelt, kann mit dieser Funktion festgestellt werden, was der Fall ist. Um die Daten zu bereinigen und einheitlich als Zahlen auszugeben, kann beispielsweise eine Formel wie

```
=WENN(ISTTEXT(E5);WERT(E5);E5)
```

verwendet werden. Die Abbildung zeigt eine kleine Tabelle mit einer solchen Umwandlung.

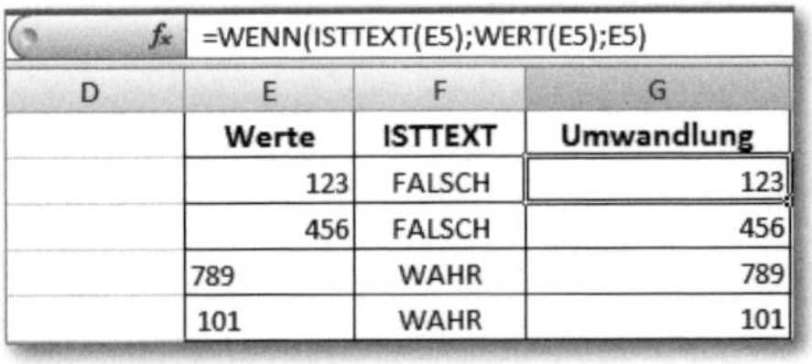
=WENN(ISTTEXT(E5);WERT(E5);E5)

D	E	F	G
	Werte	ISTTEXT	Umwandlung
	123	FALSCH	123
	456	FALSCH	456
	789	WAHR	789
	101	WAHR	101

Abbildung 13.5 Umwandlung »unechter« Zahlen

Die Formel

```
=ISTTEXT(E5&E7)
```

liefert ebenfalls den Wert WAHR, weil der Verkettungsoperator in diesem Beispiel dafür sorgt, dass der numerische Wert aus der Zelle E5 in eine Zeichenfolge umgewandelt wird.

ISTUNGERADE()
ISODD()

Syntax: ISTUNGERADE(**Wert**)

Beispiel: =ISTUNGERADE(4)
ergibt FALSCH

Die Funktion testet, ob das mit Wert angegebene Argument durch 2 ganzzahlig teilbar ist, und liefert FALSCH, wenn das der Fall ist. Es ist also das Gegenstück zu der Funktion ISTGERADE(). Auch hier gilt, dass bei Bruchzahlen die Nachkommastellen nicht ausgewertet werden.

ISTZAHL()
ISNUMBER()

Syntax:	ISTZAHL(Wert)
Beispiel:	=ISTZAHL(0)
	ergibt WAHR

Die Funktion prüft, ob das Argument Wert eine Zahl liefert. Ist Wert ein Zellbezug, wird getestet, ob die Zelle eine Zahl enthält. Ist eine Zahl enthalten, dann wird als Ergebnis WAHR ausgegeben, enthält die Zelle keine Zahl, wird FALSCH ausgegeben. Das gilt auch für eine leere Zelle, auch wenn diese ansonsten mit dem Wert 0 ausgewertet wird. Datums- und Zeitwerte werden ebenfalls als gültige Zahlenwerte behandelt, da sie ja intern über serielle Zahlen und Bruchzahlen dargestellt werden.

Die bei der Funktion ISTTEXT() verwendete Formel zur Umwandlung »unechter« Zahlen kann in diesem Fall umgedreht werden, wie die Abbildung zeigt:

	f_x	=WENN(ISTZAHL(E11);E11;WERT(E11))	
D	E	F	G
	Werte	ISTZAHL	Umwandlung
	123	WAHR	123
	456	WAHR	456
	789	FALSCH	789
	101	FALSCH	101

Abbildung 13.6 Umwandlung »unechter« Zahlen, die Zweite.

Die Formel

=ISTZAHL(E5+E7)

liefert ebenfalls den Wert WAHR, weil der Operator in diesem Beispiel dafür sorgt, dass der nichtnumerische Wert aus der Zelle E7 in eine Zahl umgewandelt wird.

N()
N()

Syntax:	N(Wert)
Beispiel:	=N("text")
	ergibt 0

Die Funktion gibt das mit Wert angegebene Argument als einen in eine Zahl gewandelten Wert zurück. Findet die Funktion eine Zahl vor, so wird diese unverändert als Zahl ausgegeben. Der Wahrheitswert WAHR wird als 1 wiedergegeben, FALSCH als 0, Datums- und Zeitangaben in einem der integrierten Excel-Formate werden als entsprechende serielle Zahlen ausgegeben. Bei Datumswerten steht dabei 1 für den 1.1.1900, Zeitangaben werden mit einer entsprechenden Bruchzahl ausgegeben. Fehlerwerte werden auch als Fehlerwerte ausgegeben. Texte oder leere Zellen werden als 0 ausgegeben. Das gilt auch, wenn eine Zahl mit dem Format **Text** belegt wurde.

	A	B
1		
2	**Umwandeln in numerische Werte**	
3		
4	Zelleintrag	N()
5	123	123
6	WAHR	1
7	FALSCH	0
8	12.12.2007	39428
9	12:10	0,506944444
10	#NV	#NV
11	etwas Text	0
12		0

Abbildung 13.7 Beispiele für Umwandlungen mit der Funktion N()

NV()
NA()

Syntax:	NV()
Beispiel:	=NV()
	ergibt #NV

Referenz der Informationsfunktionen | 13.3

Die Funktion trägt den Fehlerwert #NV (**n**icht **v**orhanden) in die Zelle ein, die die Funktion enthält. Obwohl die Funktion keine Argumente verlangt, ist es notwendig, die beiden Klammern mit anzugeben, damit Excel den Eintrag als Funktion erkennt.

Hauptsächlich lässt sich die Funktion zur auffälligen Kennzeichnung von Zellen einsetzen, in denen (noch) keine Werte eingetragen sind. Das hat zudem den Vorteil, dass sich in einem Tabellenblatt die Zellen mit fehlenden Werten über den Dialog **Inhalte auswählen** und die Option **Formeln • Fehler** in einem Zug markieren lassen, sodass beim nachträglichen Eintragen mit Hilfe der Tab-Taste die entsprechenden Zellen angesteuert werden können, wie die folgende Abbildung zeigt:

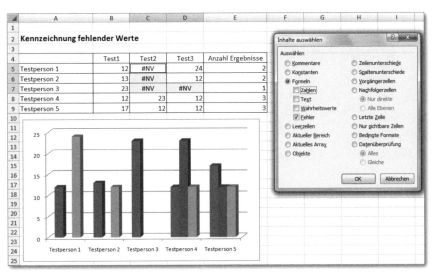

Abbildung 13.8   Zellen mit dem Fehlerwert #NV lassen sich in einem Zug auswählen.

Dies gilt nicht, wenn der Fehlerwert #NV direkt in die Zelle eingetragen wird, da dies keine Funktion darstellt.

Für einen Bereich kann die Funktion auch als Matrixformel eingegeben werden. Formeln, die sich auf eine Zelle beziehen, in der #NV eingetragen ist, liefern auch #NV. Das gilt auch, wenn eine solche Zelle im Bereich einer SUMME()-Funktion vorkommt. Die Funktion ANZAHL() dagegen behandelt eine Zelle mit =NV() wie eine leere Zelle.

TYP()
TYPE()

Syntax:	TYP(Wert)
Beispiel:	=TYP(15) ergibt 1

Die Funktion TYP() wird verwendet, um den Datentyp des angegebenen Arguments Wert abzufragen. Als Ergebnis werden numerische Typkennzeichen geliefert, die in der folgenden Tabelle zusammengestellt sind:

Argument	Rückgabewert
Zahl	1
Text	2
Wahrheitswert	4
Fehlerwert	16
Matrix	64

Die Funktion ist nützlich, um festzustellen, ob das Ergebnis einer anderen Funktion oder einer Formel einem bestimmten Datentyp entspricht. Dies ist unter Umständen notwendig, wenn ein Wert als Argument für eine Funktion oder innerhalb einer Formel verwendet werden soll, die einen bestimmten Datentyp erwartet. Die Formel

=WENN(TYP(A11)=1;A11*1,10;"Wert in A11 ist keine Zahl")

prüft zunächst, ob die Zelle A11 eine Zahl enthält, bevor die Multiplikation mit dem angegebenen Faktor 1,19 ausgeführt wird.

Dagegen ist es nicht möglich, mit TYP() festzustellen, ob eine Zelle eine Formel enthält.

Anstelle der Abfrage mit der Funktion TYP() kann mit den Funktionen ISTZAHL(), ISTTEXT() etc. auch gezielt geprüft werden, ob ein bestimmter Datentyp vorliegt.

Referenz der Informationsfunktionen | **13.3**

	A	B	C
1			
2	**Prüfen des Datentyps von Argumenten**		
3			
4	Skye	2	=TYP(A4)
5		2	=TYP("Frau "&A4)
6		16	=TYP(2+A4)
7	20	1	=TYP(A7)
8	WAHR	4	=TYP(A8)
9		64	=TYP({1,2;3,4})
10			
11	100	119	=WENN(TYP(A11)=1;A11*1,19;"Wert in A11 ist keine Zahl")

Abbildung 13.9 Verschiedene Beispiele für die Verwendung der TYP-Funktion

ZELLE()
CELL()

Syntax:	ZELLE(Infotyp; Bezug)
Beispiel:	=ZELLE("Spalte";A1) ergibt 1

Die Funktion gibt vielfältige Informationen über eine Zelle bzw. die Zelle in der linken oberen Ecke eines Bereichsbezugs. Unter Infotyp wird ein Textstring eingetragen, der Informationen abfragt, die durch diesen Text definiert werden; Bezug gibt die Zelle an, über die Informationen eingeholt werden sollen. Wenn Bezug nicht angegeben ist, werden immer die Informationen für die zuletzt geänderte Zelle zurückgegeben.

Infotyp	Rückgabewert
"Adresse"	Der absolute Bezug der ersten Zelle in Bezug als Text.
"Spalte"	Liefert die Spaltennummer der Zelle in Bezug.
"Farbe"	Ergibt 1, wenn die Zelle für negative Werte farbig formatiert ist, sonst 0.
"Inhalt"	Liefert den Wert der linken obersten Zelle, die zu Bezug gehört, also keine Formel.
"Koord"	Absoluter Bezug des Zellbereichs der ersten Zelle als Text.
"Dateiname"	Liefert den Dateinamen (und den vollständigen Pfad) der Datei, die Bezug enthält, als Text. Ergibt eine leere Textzeichenfolge (" "), wenn das Tabellenblatt, das den Bezug enthält, noch nicht gespeichert wurde.

13 | Informationsfunktionen

Infotyp	Rückgabewert
"Format"	Liefert einen Textwert, der das Zahlenformat der Zelle anzeigt. Die möglichen Werte sind in der folgenden Tabelle aufgeführt. Gibt - am Ende zurück, wenn die Zelle für negative Werte farbig formatiert ist. Gibt ( ) am Ende zurück, wenn die Zelle für positive oder auch für alle Werte mit Klammern formatiert ist.
"Klammern"	Liefert 1, wenn die Zelle für positive oder alle Werte mit Klammern formatiert ist, sonst 0.
"Präfix"	Liefert einen Textwert, der dem "Beschriftungspräfix" der Zelle entspricht. Ein einfaches Anführungszeichen (') zeigt an, dass die Zelle linksbündigen Text enthält, ein doppeltes Anführungszeichen (") zeigt rechtsbündigen Text an, ein Zirkumflexzeichen (^) zeigt zentrierten Text an. Ein umgekehrter Schrägstrich (\) zeigt an, dass die Zelle mit Textzeichen aufgefüllt ist, und eine leere Textzeichenfolge (" ") zeigt an, dass die Zelle keinen Text enthält.
"Schutz"	Liefert 0, wenn die Zelle nicht gesperrt ist, sonst 1.
"Zeile"	Liefert die Zeilennummer der Zelle in Bezug.
"Typ"	Informiert über den Datentyp des Zellinhalts. Liefert b, wenn die Zelle leer (blank) ist, l für Beschriftung (label), also wenn die Zelle eine Textkonstante enthält, und w für Wert, wenn die Zelle etwas anderes enthält.
"Breite"	Spaltenbreite der Zelle, auf eine ganze Zahl gerundet. Jede Einheit der Spaltenbreite ist gleich der Breite eines Zeichens im Standardschriftgrad.

	A	B	C
1			
2	**Informationen zu Zellen**		
3			
4	**Zelle**	**ZELLE()**	
5	0	$A$5	=ZELLE("adresse";A5)
6	1.000,11	1	=ZELLE("Spalte";A6)
7	-100,00 €	1	=ZELLE("farbe";A7)
8	02/14/07	39127	=ZELLE("inhalt";A8)
9	11.12	$A:$A$9	=ZELLE("koord";A9)
10		D:\Projekte\Excel-Funktionen\[Informationsfunktionen.xlsx]ZELLE (2)	=ZELLE("dateiname")
11	-100,00	0	=ZELLE("klammern";A11)
12	100	"	=ZELLE("präfix";A12)
13	10,00%	1	=ZELLE("schutz";A13)
14	Standard	14	=ZELLE("zeile";A14)
15	1 1/3	w	=ZELLE("typ";A15)
16	12. Feb. 07	19	=ZELLE("breite";A16)
17	10:55:20	19	=ZELLE("breite")
18	12:12 PM	E2	=ZELLE("format")

Abbildung 13.10 Beispiele für die Funktion ZELLE()

Referenz der Informationsfunktionen | 13.3

Die folgende Liste beschreibt die Textwerte, die ZELLE() zurückgibt, wenn Infotyp vom Typ Format und Bezug eine Zelle ist, die mit einem integrierten Zahlenformat formatiert ist.

Format	Rückgabewert
Standard	S
0	F0
#.##0	0,0
0,00	F2
#.##0,00	,2
Währungsangabe ohne Nachkommastellen	W0
Währungsangabe ohne Nachkommastellen, negative Werte rot	W0-
Währungsangabe mit Nachkommastellen	W2
Währungsangabe mit Nachkommastellen, negative Werte rot	W2-
$#.##0_);($#.##0)	C0
$#.##0_);[Rot]($#.##0)	C0-
$#.##0,00_);($#.##0,00)	C2
$#.##0,00_);[Rot]($#.##0,00)	C2-
0%	P0
0,00%	P2
0,00E+00	E2
# ?/? oder # ??/??	S
m/t/jj oder m/t/jj h:mm oder mm/tt/jj	D4
t-mmm-jj oder tt-mmm-jj	D1
t-mmm oder tt-mmm	D2
mmm-jj	D3
mm/tt/jjjj	D4
mm/tt	D5
h:mm:ss AM/PM	U1
h:mm AM/PM	U2
h:mm:ss	U3
h:mm	U4

Wenn die Zelle später mit einem benutzerdefinierten Format formatiert wird, muss das Tabellenblatt eventuell neu berechnet werden, um die ZELLE()-Formel zu aktualisieren. Die entsprechende Tabelle in der Excel-Hilfe ist übrigens sehr fehlerhaft.

Einsatz mit bedingten Formaten

Praktische Einsatzmöglichkeiten der Funktion ergeben sich insbesondere im Rahmen von bedingten Formatierungen von Zellbereichen. Sollen beispielsweise in einer Tabelle alle Einträge mit einer Hintergrundfarbe gekennzeichnet werden, die ein beliebiges Währungsformat verwenden, kann im Dialog für die bedingte Formatierung eine Formel eingesetzt werden, die die erste Stelle der Formatkennzeichnung abfragt, die die Funktion mit dem Infotyp Format liefert, beispielsweise:

=LINKS(ZELLE("Format";A21);1)="W"

Die Abbildung zeigt die Anwendung einer solchen Formatierungsregel auf den Zellbereich in Spalte A.

	A	B
20	Zelle	ZELLE("format")
21	0	.0
22	1.000,11	.2
23	13.02.2007	D1
31	1 1/3	S
32	12. Feb. 07	S
33	10:55:20	S
34	12:12 PM	U2
35	12:12	U4
36	111.111 €	W0
37	-111.111 €	W0-
38	1.111.111,00 €	W2

Abbildung 13.11 Formatzeichen für formatierte Zellen

14 Zusätzliche Tools für die Datenanalyse

Für die statistische Analyse von Daten in einer Tabelle stehen nicht nur die zahlreichen statistischen Tabellenfunktionen zur Verfügung, die in Kapitel 7, *Statistische Funktionen*, beschrieben sind. Zusätzlich kann ein umfangreiches Analysewerkzeug eingesetzt werden, das die statistische Auswertung vorgegebener Daten vereinfacht.

14.1 Aktivieren der Analyse-Funktionen

Voraussetzung für die Nutzung der zusätzlichen Funktionen ist, dass das Add-In **Analyse-Funktionen** installiert und in die Liste der Zusatzprogramme, die Excel bereitstellt, eingefügt ist, wie bereits in Kapitel 1, *Einstieg in Berechnungen mit Excel*, beschrieben wurde. Neben den zusätzlichen Funktionen, die durch dieses Add-In direkt im Tabellenblatt zur Verfügung stehen, erscheint in Excel 2007 auf dem Register **Daten** eine neue Gruppe **Analyse** mit der Schaltfläche **Datenanalyse**.

Abbildung 14.1 Die Schaltfläche für die Analyse-Funktionen in Excel 2007

Die Schaltfläche öffnet den Dialog **Analyse-Funktionen**, der die verschiedenen Tools über ein Listenfeld anbietet.

In den älteren Excel-Versionen wird das Add-In über den Befehl **Extras • Add-Ins** aktiviert, der den Dialog **Add-Ins** öffnet. Sind die Analyse-Funktionen aktiviert, wird der Dialog **Analyse-Funktionen** über den gleichnamigen Befehl im Menü **Ex-**

tras eingeblendet, der dann zur Verfügung steht. Bis auf die Tatsache, dass in Excel 2007 die ersten drei Funktionen jetzt als Anova-Funktionen kategorisiert werden, ist die Liste der im Dialog angebotenen Tools gegenüber den älteren Versionen unverändert geblieben. Anova ist ein Akronym für **An**alysis **of Va**riance.

Abbildung 14.2 Der Dialog bietet die Analyse-Funktionen als Liste an.

Bevor Sie eine der hier angebotenen Funktionen verwenden können, müssen die Daten, die analysiert werden sollen, in einem Tabellenblatt so angeordnet werden, dass die gewählte Analyse-Funktion damit arbeiten kann. Wie die Daten für eine bestimmte Funktion vorliegen müssen, hängt von der jeweiligen Funktion ab. In dem entsprechenden Dialog werden jedes Mal mindestens ein Eingabebereich und ein Ort für die Ausgabe abgefragt, wobei die Ausgabe auch auf ein neues Tabellenblatt oder gar in eine eigene Arbeitsmappe gelegt werden kann. Für andere Einstellungen werden Vorgaben gemacht, die geändert werden können.

Wird der Dialog bestätigt, erscheinen im für die Ausgabe bestimmten Bereich jeweils die errechneten Werte mit entsprechenden Beschriftungen. Es werden also keine Formeln im Arbeitsblatt angelegt. Werden Werte im Eingabebereich nachträglich geändert, muss die Funktion neu aufgerufen werden, um die entsprechenden Ergebnisse neu zu erzeugen. Um die Neuberechnung zu vereinfachen, bleibt der Eingabebereich aber voreingestellt. Wird der Ausgabebereich für die erneute Berechnung nicht geändert, muss bestätigt werden, dass der bisherige Bereich überschrieben werden darf. Dabei gehen allerdings eventuelle Formatierungen, die zwischenzeitlich vorgenommen wurden, wieder verloren. Bei einigen Funktionen werden zusätzlich zu den ausgegebenen Werten gleich auch graphische Darstellungen generiert.

In den folgenden Abschnitten werden die Tools an kleinen Beispielen vorgestellt. Die erste Gruppe der Tools, die wie gesagt in Excel 2007 jetzt alle als Anova-Analysetools bezeichnet werden, erlaubt verschiedene Varianten der Varianzanalyse. Welches Tool brauchbar ist, hängt dabei von der Anzahl der beobachteten Faktoren und der Anzahl der Stichproben aus entsprechenden Grundgesamtheiten ab, die in dem jeweiligen statistischen Test ins Spiel gebracht werden.

14.2 Anova-Varianzanalyse mit einem Faktor

Solange immer nur zwei voneinander unabhängige Stichproben in Bezug auf ihre Streuungsmerkmale untersucht werden, ist die FTEST()-Funktion ein praktikabler Weg. Schwieriger wird es, wenn die Zahl der zu vergleichenden Stichproben ansteigt. Normalerweise müssten dann jeweils paarweise Vergleiche zwischen den Stichproben ausgeführt werden, was mit steigender Zahl der Stichproben aufwendig wird.

Hier hat sich nun ein Verfahren durchgesetzt, das als einfache Varianzanalyse bezeichnet wird. Das Verfahren soll an einem hypothetischen Beispiel beschrieben werden. In der folgenden Tabelle sind die Ergebnisse dreier Zufallsstichproben zusammengestellt. In drei Städten wird eine unterschiedliche Zahl von Haushalten nach der Zimmeranzahl ihrer Wohnungen befragt. Zur ersten Auswertung sind die arithmetischen Mittelwerte eingetragen.

	A	B	C	D
1				
2	**Anova: Einfaktorielle Varianzanalyse**			
3				
4	Anzahl Zimmer pro Haushalt	Berlin	Hamburg	Essen
5		3	4	3
6		2	3	2
7		4	5	5
8		1	2	2
9		2	3	1
10		2	2	4
11		3	1	3
12		5	2	5
13		2	2	2
14		3	3	3
15			4	2
16			3	1
17			1	
18			2	
19	Mittelwert:	2,7	2,6	2,8

Abbildung 14.3   Der Eingabebereich für die Varianzanalyse

Die Varianzanalyse soll nun prüfen, ob behauptet werden kann, dass alle diese Stichproben aus einer einzigen Grundgesamtheit stammen können und deshalb auch in der zugrunde liegenden Wahrscheinlichkeitsverteilung übereinstimmen. Oder belegen die Daten die entgegengesetzte Vermutung, dass die Stichproben für ganz unterschiedliche Wahrscheinlichkeitsverteilungen sprechen? Die zu prüfende Nullhypothese kann also so formuliert werden: Alle Stichproben stammen aus der gleichen Grundgesamtheit, und die beobachteten Mittelwertunterschiede sind rein zufällig und statistisch nicht signifikant.

Das Verfahren, um die Nullhypothese zu prüfen, verwendet eine Quadratsummenzerlegung. Dabei wird die Summe der quadrierten Abweichungen der Merkmalswerte vom Gesamtmittelwert in zwei Teile zerlegt. Das eine – q1 – ist die Summe der quadrierten und jeweils mit dem Stichprobenumfang gewichteten Abweichungen der Stichprobenmittelwerte vom Gesamtmittelwert, das andere – q2 – ist die Summe der quadrierten Abweichungen der einzelnen Merkmalswerte vom jeweiligen Stichprobenmittelwert. Die erste Summe ist ein Maß für die Streuung zwischen den Stichproben, das zweite ein Maß für die Streuung innerhalb der Stichproben. Mit der Formel

q = q1 + q2

wird dann ein Wert ermittelt, der als Maß der Varianz aller Werte interpretiert werden kann.

Sind die Daten wie in der Abbildung vorbereitet, kann das Analyse-Tool eingesetzt werden. Im Dialog **Analyse-Funktionen** wird dazu die Option **Anova: Einfaktorielle Varianzanalyse** gewählt. Anschließend werden die Angaben zum Eingabebereich eingetragen. In diesem Fall ist es der Bereich B4:D18, die Spaltenbeschriftungen werden also mit übernommen, wenn gleichzeitig die Option **Beschriftungen in erster Zeile** aktiviert wird. Unter **Geordnet nach:** wird festgelegt, ob die Stichprobenwerte jeweils in einer Spalte oder Zeile angeordnet sind. In dem Textfeld **Alpha:** wird das Signifikanzniveau angegeben, also die maximal zulässige geschätzte Irrtumswahrscheinlichkeit. Die Vorgabe 0,05 für 5 % kann hier übernommen werden. Unter **Ausgabe** kann die Option **Neues Tabellenblatt** genutzt werden.

Der Ausgabebereich kann mit ein paar Formatierungsmaßnahmen etwas übersichtlicher gemacht werden, insbesondere durch Anpassung der Spaltenbreite und durch einen Umbruch der Beschriftungen.

Anova-Varianzanalyse mit einem Faktor | 14.2

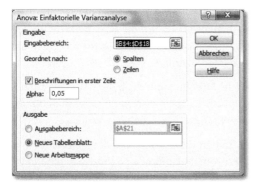

Abbildung 14.4 Der Dialog der Anova-Funktion

	A	B	C	D	E	F	G
3	ZUSAMMENFASSUNG						
4	Gruppen	Anzahl	Summe	Mittelwert	Varianz		
5	Berlin	10	27	2,7000	1,3444		
6	Hamburg	14	37	2,6429	1,3242		
7	Essen	12	33	2,7500	1,8409		
8							
9							
10	ANOVA						
11	Streuungsursache	Quadrat-summen (SS)	Freiheits-grade (df)	Mittlere Quadratsumme	Prüfgröße (F)	P-Wert	kritischer F-Wert
12	Unterschiede zwischen den Gruppen	0,0746	2	0,0373	0,0248	0,9755	3,2849
13	Innerhalb der Gruppen	49,5643	33	1,5019			
14							
15	Gesamt	49,6389	35				

Abbildung 14.5 Der Bereich mit den berechneten Werten

Die erste Gruppe der Auswertung gibt für jede Stichprobe einfach den Stichprobenumfang (Anzahl), die Summe der Werte, den arithmetischen Mittelwert und die Varianz aus, die auch die Funktion VARIANZ() liefern könnte. Wie schon erwähnt, werden in der Auswertung aber keine Formeln, sondern nur die berechneten Werte ausgegeben.

Interessanter sind die Zahlen in der unteren Tabelle. Hier finden Sie die drei genannten Quadratsummen, die die Unterschiede zwischen und innerhalb der Gruppen und den Gesamtunterschied beschreiben. Der erste Wert unter Freiheitsgrade ist 2, da von r, der Gesamtzahl der Stichproben, 1 abgezogen wird, der zweite Wert

543

wird berechnet, indem von der Gesamtzahl der Werte die Anzahl der Stichproben abgezogen wird, also 36 − 3 = 33. Der dritte Wert addiert die beiden Werte. In der Spalte D wird die mittlere Quadratsumme ausgegeben. Dazu wird die Quadratsumme aus Spalte B durch die Freiheitsgrade dividiert.

Das Ergebnis zeigt in diesem Fall, dass die Streuung innerhalb der Gruppen größer ist als die Streuung zwischen den Gruppen. Es spielt also nur eine geringe Rolle, in welcher Stadt die Daten über die Wohnungsgröße erhoben werden.

Die Prüfgröße (F) wird nun ermittelt, indem die mittlere Quadratsumme für die Gruppenunterschiede durch die mittlere Quadratsumme der Unterschiede innerhalb der Gruppen dividiert wird, also hier =D12/D13.

Der ermittelte Wert in E12 kann mit der Funktion FVERT() geprüft werden. Der P-Wert in F12 wird deshalb mit der Formel

=FVERT(E12;C12;C13)

berechnet. Er liefert die Überschreitungswahrscheinlichkeit. Diese ist größer als das Signifikanzniveau, das ja mit dem Wert 0,05 belegt wurde. Damit ist bestätigt, dass die Hypothese, dass die Stichproben alle aus der gleichen Grundgesamtheit stammen, nicht verworfen werden kann.

Fehlt noch der kritische F-Wert, der Prüfwert eines F-Tests. Der hier angezeigte Wert wird mit der Funktion FINV() berechnet. Die Formel würde hier lauten:

=FINV(0,05;C12;C13)

wobei 0,05 der im Dialog angegebene **Alpha**-Wert für die Irrtumswahrscheinlichkeit ist, die beiden anderen Werte sind wieder die Freiheitsgrade. Die Funktion liefert den kritischen Wert der F-Verteilung. Würde der in E12 berechnete Quotient der beiden Varianzwerte den hier errechneten kritischen Wert erreichen oder sogar überschreiten, müsste die Nullhypothese, dass die geprüften Stichproben aus der gleichen Grundgesamtheit stammen, verworfen werden. Das ist hier offensichtlich nicht der Fall. (Zu den hier angesprochenen Funktionen FTEST(), FVERT(), FINV(), VARIANZ() vergleiche die Beschreibungen in Kapitel 7, *Statistische Funktionen*.)

14.3 Anova: Zweifaktorielle Varianzanalyse mit Messwiederholung

Im Unterschied zu der im letzten Abschnitt beschriebenen Form der Varianzanalyse versucht dieses Analysewerkzeug gleich zwei Faktoren zu berücksichtigen, die Einfluss auf die Daten von mehreren Stichproben haben, deren Varianz verglichen werden soll. Es gibt diese Auswertung mit Messwiederholung und ohne Messwiederholung. Im ersten Fall müssen die Daten so angeordnet werden, dass immer die gleiche Anzahl von Datenzeilen zu einem Messwerteblock zusammengefasst wird.

Im Folgenden wird ein hypothetisches Beispiel gezeigt, das die Häufigkeit von Supportanfragen für verschiedene Produkte pro Monat auflistet und dabei gleichzeitig unterscheidet, ob die Anfrage von Frauen oder Männer gestellt wird.

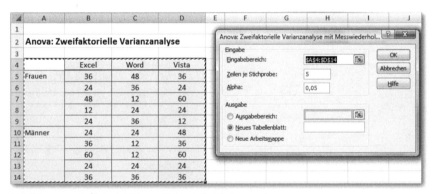

Abbildung 14.6 Beispiel für zweifaktorielle Varianzanalyse

Die Abbildung zeigt, wie bei diesem Tool im Dialog der Eingabebereich angegeben wird. Die Spalten- und Zeilenbeschriftungen werden mit übernommen. Die Zahl der Datenzeilen pro Stichprobe wird unter **Zeilen je Stichprobe** angegeben.

Das Ergebnis ist ähnlich aufgebaut wie bei der einfaktoriellen Analyse. In der unteren Gruppe werden aber gleich drei Prüfgrößen, P-Werte und kritische F-Werte, ermittelt.

	A	B	C	D	E	F	G
3	ZUSAMMENFASSUNG	Excel	Word	Vista	Gesamt		
4		Frauen					
5	Anzahl	5	5	5	15		
6	Summe	144	156	156	456		
7	Mittelwert	28,8	31,2	31,2	30,4		
8	Varianz	187,2	187,2	331,2	202,971429		
9							
10		Männer					
11	Anzahl	5	5	5	15		
12	Summe	180	108	204	492		
13	Mittelwert	36	21,6	40,8	32,8		
14	Varianz	216	100,8	187,2	215,314286		
15							
16		Gesamt					
17	Anzahl	10	10	10			
18	Summe	324	264	360			
19	Mittelwert	32,4	26,4	36			
20	Varianz	193,6	153,6	256			
21							
22							
23	ANOVA						
24	Streuungsursache	Quadrat-summen (SS)	Freiheits-grade (df)	Mittlere Quadrat-summe (MS)	Prüfgröße (F)	P-Wert	kritischer F-Wert
25	Stichprobe	43,2	1	43,2	0,21428571	0,64759887	4,25967721
26	Spalten	470,4	2	235,2	1,16666667	0,32844667	3,40282611
27	Wechselwirkung	547,2	2	273,6	1,35714286	0,27644714	3,40282611
28	Fehler	4838,4	24	201,6			
29							
30	Gesamt	5899,2	29				

Abbildung 14.7 Ergebnis der zweifaktoriellen Varianzanalyse

Die erste Zeile ist mit Stichprobe beschriftet und vergleicht die Mittelwerte der beiden Zeilengruppen. Die zweite Zeile vergleicht die Mittelwerte der Spalten. In beiden Auswertungen wird jeweils der zweite Faktor zunächst vernachlässigt. Unter Wechselwirkung wird geprüft, ob die Auswirkung des ersten Faktors (hier das Geschlecht) auch davon abhängt, welcher Wert für den zweiten Faktor (hier die Software) gegeben ist. Es wird also einmal geprüft, ob es signifikante Unterschiede zwischen Männern und Frauen gibt, dann, ob es ungeachtet des Geschlechts Unterschiede gibt, die mit der betreffenden Software zu tun haben, und schließlich, ob es signifikante Unterschiede zwischen Faktorpaaren (Geschlecht + Software) gibt.

14.4 Anova: Zweifaktorielle Varianzanalyse ohne Messwiederholung

Die dritte Option für eine Anova-Analyse im Dialog **Analyse-Funktionen** ist eine vereinfachte Variante der zuletzt beschriebenen Varianzanalyse mit zwei Faktoren. Dabei wird vorausgesetzt, dass für jedes mögliche Faktorenpaar nur Daten aus einer Beobachtung vorliegen. Daraus folgt, dass über eine Wechselwirkung zwischen den Faktoren nichts ausgesagt werden kann. Das oben beschriebene Beispiel sieht in dieser Vereinfachung so aus:

Abbildung 14.8 Die Variante ohne Messwertwiederholung

	A	B	C	D	E	F	G
3	ZUSAMMENFASSUNG	Anzahl	Summe	Mittelwert	Varianz		
4	Frauen	3	456	152	48		
5	Männer	3	492	164	2496		
7	Excel	2	324	162	648		
8	Word	2	264	132	1152		
9	Vista	2	360	180	1152		
10							
12	ANOVA						
13	Streuungs-ursache	Quadrat-summen (SS)	Freiheits-grade (df)	Mittlere Quadrat-summe (MS)	Prüfgröße (F)	P-Wert	kritischer F-Wert
14	Zeilen	216	1	216	0,15789474	0,72949911	18,5128205
15	Spalten	2352	2	1176	0,85964912	0,53773585	19
16	Zufallsfehler	2736	2	1368			
18	Gesamt	5304	5				

Abbildung 14.9 Die Auswertung bei fehlenden Meßwertwiederholungen

Das Ergebnis zeigt in diesem Fall nur zwei Prüfgrößen, P-Werte und kritische F-Werte.

14.5 Korrelation

Um den Korrelationskoeffizienten zwischen zwei Wertereihen zu ermitteln, kann die Funktion KORREL() verwendet werden, wie in Kapitel 7, *Statistische Funktionen*, beschrieben. Sollen gleichzeitig Korrelationen zwischen mehreren Datenreihen geprüft werden, bietet sich das Analysetool **Korrelation** an.

	A	B	C	D	E	F	G	H	I
1									
2	Korrelation								
3									
4	Monat	Vertreterbesuche	Werbeaufwand	Umsatz			Vertreterbesuche	Werbeaufwand	Umsatz
5	Jan 06	333	10000	900000		Vertreterbesuche	1		
6	Feb 06	400	12000	1090000		Werbeaufwand	0,999982875	1	
7	Mrz 06	466	14000	1300000		Umsatz	0,937898878	0,937756513	1
8	Apr 06	399	12000	1200000					
9	Mai 06	366	11000	900000					
10	Jun 06	333	10000	990000					
11	Jul 06	333	10000	980000					
12	Aug 06	366	11000	1050000					
13	Sep 06	399	12000	1020000					
14	Okt 06	433	13000	1200000					
15	Nov 06	449	13500	1230000					
16	Dez 06	466	14000	1300000					
17	Jan 07	366	11000	1090000					
18	Feb 07	400	12000	1100000					
19	Mrz 07	500	15000	1400000					
20	Apr 07	400	12000	1160000					
21	Mai 07	366	11000	1080000					
22	Jun 07	333	10000	950000					
23	Jul 07	333	10000	1000000					
24	Aug 07	367	11000	1090000					
25	Sep 07	433	13000	1240000					
26	Okt 07	467	14000	1360000					
27	Nov 07	449	13500	1290000					
28	Dez 07	533	16000	1700000					

Abbildung 14.10 Ermittlung der Korrelation mehrerer Datenreihen

In dem abgebildeten Beispiel sind zeilenweise drei Werte aufgeführt. Es ist zu erwarten, dass die Entwicklung der Umsatzwerte sowohl mit der Zahl der Vertreterbesuche pro Monat korreliert als auch mit dem zeitgleichen Werbeaufwand.

Im Dialog **Korrelation** wird der **Eingabebereich** unter Einschluss der drei Spaltenbeschriftungen angegeben. Die Auswertung liefert eine kleine Tabelle, in der die Werte, die die Funktion KORREL() für jedes mögliche Paar von Variablen liefert, zusammengestellt sind. Der errechnete Korrelationskoeffizient ist unabhängig von den jeweils verwendeten Maßeinheiten. Er muss zwischen −1 und +1 (einschließlich) liegen. In diesem Fall liegen die drei maßgeblichen Koeffizienten alle über 0,9, was belegt, dass es einen engen Zusammenhang der Werte gibt.

14.6 Kovarianz

Das Tool zur Berechnung der Kovarianz wird ähnlich eingesetzt wie das Tool zur Berechnung der Korrelation. Es liefert die Ergebnisse der Funktion KOVAR() für mehrere Datenreihen gleichzeitig. Die Ausgabetabelle zeigt für jedes Variablenpaar die Kovarianz. Da hier alle Werte positiv sind, heißt das, hohen Werten bei Vertreterbesuchen entsprechen steigende Umsätze etc.

	A	B	C	D	E	F	G	H	I
1									
2	Kovarianz								
3									
4	Monat	Vertreterbesuche	Werbeaufwand	Umsatz			Vertreterbesuche	Werbeaufwand	Umsatz
5	Jan 06	332	10000	900000		Vertreterbesuche	3150,612963		
6	Feb 06	399	12000	1090000		Werbeaufwand	94477,72121	2838541,667	
7	Mrz 06	466	14000	1300000		Umsatz	9493412,697	284895833,3	32515972222
8	Apr 06	400	12000	1200000					
9	Mai 06	366	11000	900000					
10	Jun 06	333	10000	990000					
11	Jul 06	333	10000	980000					
12	Aug 06	366	11000	1050000					
13	Sep 06	400	12000	1020000					
14	Okt 06	433	13000	1200000					
15	Nov 06	450	13500	1230000					
16	Dez 06	466	14000	1300000					
17	Jan 07	367	11000	1090000					
18	Feb 07	399	12000	1100000					
19	Mrz 07	500	15000	1400000					
20	Apr 07	400	12000	1160000					

Abbildung 14.11 Kovarianzberechnung für mehrere Datenreihen

Die Werte, die auf der Diagonalen der Ausgabetabelle angezeigt werden, liefern jeweils die Kovarianz der n-ten Messvariable mit sich selbst. Das entspricht der Varianz der Grundgesamtheit für diese Variable, wie sie mit der Funktion VARIANZEN() berechnet wird.

14.7 Populationskenngrößen

Das Tool **Populationskenngrößen** liefert gewissermaßen einen Rundumschlag der univariaten statistischen Auswertungen, die sich auf eine Datenreihe anwenden lassen. Im Dialog kann ausgewählt werden, welche Werte gewünscht sind.

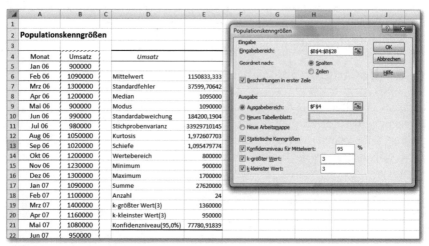

Abbildung 14.12 Kenngrößen zu einer Datenreihe

14.8 Exponentielles Glätten

Mit dem Tool **Exponentielles Glätten** lassen sich für die Werte einer Datenreihe alternative Prognosewerte errechnen, die einen glatteren Verlauf eines exponentiellen Wachstums darstellen. Das Ausmaß der Glättung kann im Dialog des Tools über den **Glättungsparameter** angegeben werden, wobei sinnvolle Werte zwischen 0,2 und 0,3 liegen. Der Sinn dieser Vorgehensweise besteht darin, dass jeweils angenommen wird, dass der vorhergehende Prognosewert in bestimmtem Umfang fehlerhaft sein kann, und dass deshalb für den nächsten Prognosewert eine Anpassung von 20 bis 30 % vorzunehmen ist. Wahlweise kann eine **Diagrammdarstellung** und die Ausgabe der **Standardfehler** gewählt werden.

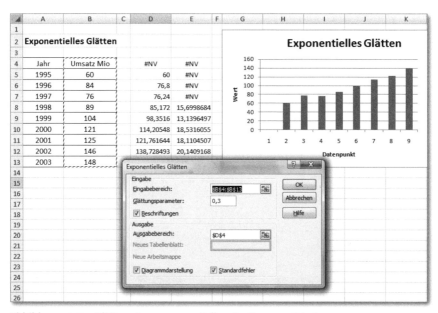

Abbildung 14.13 Glätten eines exponentiellen Anstiegs von Werten

Die Abbildung zeigt in der Spalte D die geglättete Folge von Werten. Dabei wird bei einem Glättungsparameter von 0,3 jeweils ab dem zweiten Wert mit folgender Formel gearbeitet:

=0,7*B6+0,3*D5

Die Werte für **Standardfehler** werden dabei mit folgender Formel berechnet:

=WURZEL(SUMMEXMY2(B6:B8;D5:D7)/3)

Es wird also die Wurzel aus der gedrittelten Summe der quadrierten Differenzen zwischen drei alten und drei neuen Werten gezogen.

14.9 Zwei-Stichproben F-Test

Das Tool **Zwei-Stichproben F-Test** erlaubt die Prüfung der Nullhypothese, nach der zwei Stichproben aus Grundgesamtheiten mit gleicher Varianz stammen. Im

Dialog werden unter **Bereich Variable A** und **Bereich Variable B** die Daten der beiden Stichproben angegeben. Daraus wird als Prüfgröße der Stichproben-F-Wert berechnet, als Quotient der beiden Varianzen, im Beispiel also =F3/G3. Liegt dieser Wert F unterhalb des kritischen F-Werts, der für die angegebenen Freiheitsgrade und die im Dialog mit dem **Alpha**-Wert angegebene Irrtumswahrscheinlichkeit berechnet wird, kann die Nullhypothese nicht verworfen werden. Die Varianzen zwischen den beiden Stichproben unterscheiden sich dann nicht signifikant, sondern nur zufällig. Siehe auch die Beschreibungen der Funktionen FVERT(), FINV() und FTEST() in Kapitel 7, *Statistische Funktionen*.

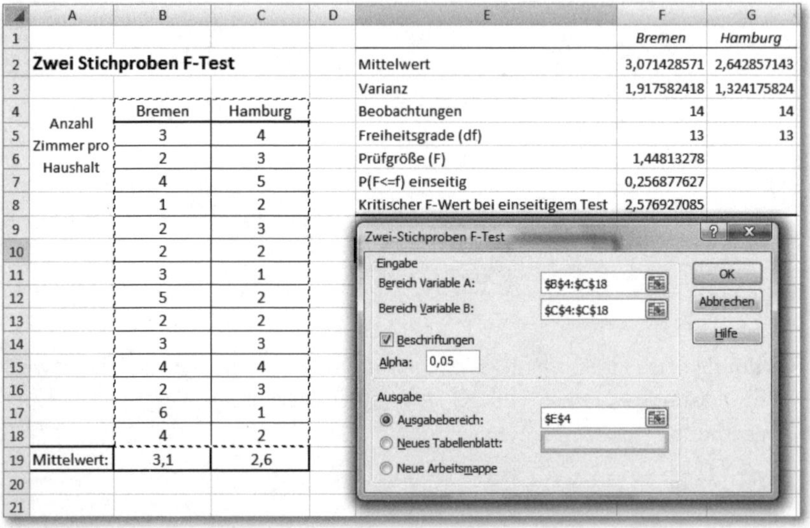

Abbildung 14.14 Vergleich der Varianz zweier Stichproben

14.10 Fourieranalyse

Mit dem Tool **Fourieranalyse** ist es möglich, periodische Daten mit Hilfe der Schnellen Fouriertransformation (Fast Fourier Transform oder kurz FFT) zu analysieren. FFT ist nur anwendbar, wenn die Anzahl der Messwerte unter **Eingabebereich** eine Potenz von 2 ist. Der Eingabebereich kann reelle oder komplexe Zahlen enthalten. Komplexe Zahlen müssen als Zeichenfolge in dem Format x+yi oder x+yj eingegeben werden, siehe dazu Kapitel 6, *Konstruktionsfunktionen*.

	A	B	C
1			
2	**Fourieranalyse**		
3			
4	n	1	
5	a_n	1	
6	ωt	$a_n*\sin(n\omega t)$	
7	0	0	FFT-Werte
8	0,0628319	0,06279052	18,4003994066294
9	0,1256637	0,125333234	48,0021539128191-31,3495572574765i
10	0,1884956	0,187381315	-13,608005615839+16,9389387414723i
11	0,2513274	0,248689887	-4,70325940136457+8,14282014311021i
12	0,3141593	0,309016994	-2,6532674073678+5,55738519695884i
13	0,3769911	0,368124553	-1,8227211213665+4,26276623107999i
14	0,439823	0,425779292	-1,39845483876007+3,47004103838345i
15	0,5026548	0,481753674	-1,15113631461224+2,92941753162518i

Abbildung 14.15 Schnelle Fouriertransformation bei Schwingungen

Das Tool unterstützt auch die umgekehrte Transformation, die aus transformierten Daten wieder die ursprünglichen Daten zurückgibt. Die Fouriertransformation ist beispielsweise ein fundamentales Verfahren in der Signalverarbeitung. Dabei wird die Darstellung von Signalen mit den Parametern Zeitpunkt und Abtastwert in die Darstellung mit Frequenzanteil, Amplitude, Phase überführt.

14.11 Histogramme für die Darstellung von Häufigkeiten

Mit dem Analysetool **Histogramm** können individuelle und kumulierte Häufigkeiten für einen Zellbereich von Daten berechnet werden. Dabei können die Daten innerhalb von frei wählbaren Grenzen klassifiziert werden. Gleichzeitig kann aus den errechneten Häufigkeiten ein Histogramm erzeugt werden. Diese spezielle Diagrammform wird gerne eingesetzt, um Häufigkeitsverteilungen darzustellen.

Eine typische Anwendung für ein Histogramm ist die Darstellung der Häufigkeitsverteilung der Abweichungen von einem bestimmten Standardwert. Denken Sie an eine Tabelle, in der für eine Stichprobe von 500 Personen der Prozentsatz der Abweichung vom Normalgewicht eingetragen ist.

Die Funktion erwartet in der Tabelle einen Eingabebereich, der nur aus numerischen Daten bestehen darf, abgesehen von der Beschriftung der Spalten bzw. Zeilen. Die Daten können in Spalten oder in Zeilen angeordnet werden.

14 | Zusätzliche Tools für die Datenanalyse

Zusätzlich zum Eingabebereich kann noch ein Klassenbereich angelegt werden. Hier werden Grenzwerte eingetragen, die den Umfang der einzelnen Klassen definieren. Die Grenzwerte müssen in aufsteigender Reihenfolge angegeben werden. Sind ein oder mehrere Grenzwerte vorhanden, ermittelt Excel jeweils die Anzahl der Fälle, die unter die verschiedenen Klassen fallen, wobei immer die Werte gezählt werden, die kleiner oder gleich dem Grenzwert sind. Dabei werden die Werte bis zur untersten Klassengrenze und die Werte über der obersten Klassengrenze jeweils zusammengefasst. Wird kein Klassenbereich verwendet, teilt Excel die gesamte Spannweite der Daten selbstständig in gleich breite Abschnitte auf.

Abbildung 14.16 Bestimmung der Ausgangsdaten für das Histogramm

Sind diese Vorbereitungen getroffen, geben Sie im Dialog **Histogramm** unter **Eingabebereich** den Bezug auf den Bereich ein, der ausgewertet werden soll. Unter **Klassenbereich** bestimmen Sie den Bereich mit den Grenzwerten. Das Kontrollkästchen **Beschriftungen** sollte aktiviert werden, wenn die erste Zeile des Eingabebereichs und des Klassenbereichs Beschriftungen enthält. Ist das nicht der Fall, werden Vorgabebeschriftungen erstellt. Dann können Sie unter **Ausgabe** angeben, wo die Ergebnisse der Analyse dargestellt werden sollen. Mit einem Häkchen bei **Pareto** kann erreicht werden, dass die Ergebnisse mit absteigender Häufigkeitsfolge sortiert dargestellt werden. Sonst verwendet die Funktion die aufsteigende Häufigkeitsfolge. Zusätzlich kann noch **Kumulierte Häufigkeit** gewählt werden. Dann liefert die Funktion eine zusätzliche Spalte mit den kumulierten Häufigkeiten und fügt dafür im Histogramm selbst eine entsprechende Kurve ein. Ob direkt ein Diagramm zu den Ergebnissen geplottet werden soll, legen Sie durch ein Häkchen bei **Diagrammdarstellung** fest.

Das Diagramm sieht noch etwas stärker wie ein übliches Histogramm aus, wenn Sie die Abstände zwischen den Säulen auf null setzen. Klicken Sie dazu auf das Diagramm und dann mit der rechten Maustaste auf eine der Säulen. Wählen Sie **Datenreihen formatieren** und dann **Reihenoptionen**.

Wenn Sie die Angaben bestätigen, wird zunächst eine Häufigkeitstabelle erstellt. Daneben erscheint das Diagramm.

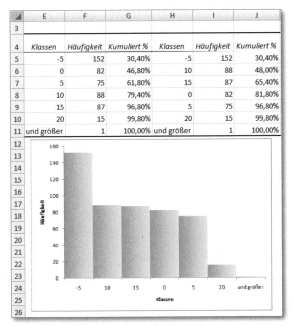

Abbildung 14.17 Auswertungstabelle und das Histogramm in überarbeiteter Form

14.12 Gleitender Durchschnitt

Insbesondere bei Zeitreihen kann es sinnvoll sein, erkennbare kurzfristige oder saisonale Schwankungen aus Trendberechnungen herauszurechen, um ein besseres Bild von der zu erwartenden Gesamtentwicklung zu erhalten. Das Analysetool **Gleitender Durchschnitt** bietet dazu eine Möglichkeit. Dabei werden Prognosewerte generiert, die auf dem Mittelwert der Variable für eine bestimmte Anzahl vorhergehender Zeiträume basieren. Wenn die bisher bekannten Daten beispielsweise erkennen lassen, dass jede Woche freitags immer ein überdurchschnittlicher Spitzenwert erreicht wird, kann im Dialog ein **Intervall** von 7 angegeben werden.

Die Funktion berechnet dann jeweils für 7 Tage den Mittelwert und ordnet diesen dem mittleren Wert im Intervall zu, also dem 4. Tag. Im nächsten Rechenschritt wird diese Rechnung für den 2. bis 8. Tag vorgenommen und der Mittelwert wieder dem Tag in der Mitte zugeordnet. So gleitet die Berechnung über den gesamten Zeitraum. Neben den berechneten Prognosewerten können noch die Ausgabe des Standardfehlers und auch die Darstellung der neuen Werte im Diagramm angefordert werden.

Abbildung 14.18 Dialog für das Tool »Gleitender Durchschnitt«

Für den Eingabebereich müssen mindestens vier Zellen angegeben werden, damit die Funktion arbeiten kann. Wie das Ergebnis im Folgenden zeigt, kann in Spalte C für die ersten Werte aus Spalte B kein geglätteter Wert zugeordnet werden. In das abgebildete Diagramm wurden hier auch noch die Ausgangsdaten eingefügt, sodass die Glättung im Vergleich gut zu sehen ist.

Zufallszahlengenerierung | 14.13

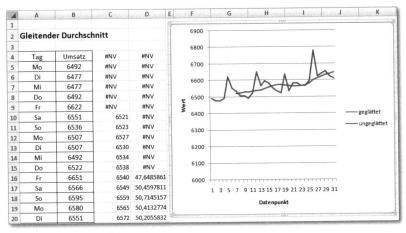

Abbildung 14.19 Geglättete Prognosewerte

14.13 Zufallszahlengenerierung

Gerade für den Test von statistischen Lösungen in Excel ist das Tool **Zufallszahlengenerierung** nützlich. Es erlaubt, einen Bereich mit unabhängigen Zufallszahlen zu füllen, wobei die Art der Daten durch die Wahl der entsprechenden Verteilung bestimmt wird.

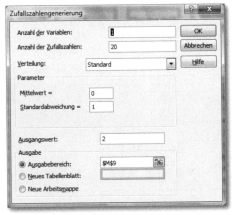

Abbildung 14.20 Zufallszahlen für eine Standardnormalverteilung generieren

557

Im Dialog wird zunächst die **Anzahl der Variablen** angegeben. Für jede Variable wird eine Spalte ausgegeben. Die **Anzahl der Zufallszahlen** bestimmt dann die Anzahl der Zeilen. Unter **Verteilung** stehen alle von den Excel-Funktionen genutzten Verteilungen zur Auswahl. Je nach Auswahl des Verteilungstyps sind jeweils die verteilungsspezifischen **Parameter** einzutragen. Meist kann auch ein **Ausgangswert** eingetragen werden.

Diskrete: Angegeben werden ein numerischer Wertebereich und ein zugeordneter Wahrscheinlichkeitenbereich.

Gleichverteilt: Angegeben wird ein oberer und unterer Grenzwert, die Werte werden mit derselben Wahrscheinlichkeit aus diesem Bereich gezogen.

Standard: Für eine Standardnormalverteilung werden **Mittelwert** = 0 und **Standardabweichung** = 1 angegeben.

Bernoulli: Werte sind 0 oder 1, angegeben wird unter **p-Wert** die Erfolgswahrscheinlichkeit.

Binomial: Angegeben werden unter **p-Wert** die Erfolgswahrscheinlichkeit und die Zahl der Versuche.

Poisson: Angegeben wird der **Lambda**-Wert, der gleich `1/Mittelwert` ist.

Schematisch: Angegeben werden mit **Von** ein unterer und mit **bis** ein oberer Grenzwert, eine **Schrittlänge**, eine Wiederholungsrate für Werte und eine Wiederholungsrate für Sequenzen.

Die Abbildung zeigt einige Beispiele:

	A	B	C	D	E	F	G	H	I	J	K	L	M	N	O
1															
2	Zufallszahlen generieren														
3															
4	Diskrete Werte			Gleichverteilt			Standardnormalverteilung			Bernoulli		Binomial		Poisson	Schematisch
5	ledig	0	30%	zwischen											
6	verheiratet	1	50%	0											
7	geschieden	-1	20%	100											
8															
9	0			82,99813837			-2,285578773			1		1		7	1
10	0			88,65016633			-1,78524715			1		1		3	1
11	0			25,51957762			-0,973075203			0		1		5	21
12	1			65,90166936			0,024519977			0		1		3	21
13	-1			4,416028321			0,667662334			0		0		2	41
14	0			21,94586016			-0,403051672			0		4		2	41
15	1			83,92895291			0,686325166			0		2		4	61
16	-1			62,82540361			-1,626303856			0		1		1	61
17	0			55,98620563			0,548436674			0		1		2	81
18	1			63,85082553			-0,947120498			0		1		5	81

Abbildung 14.21 Beispiele für generierte Werte für die verschiedenen Verteilungen

14.14 Rang und Quantil

Mit dem Tool **Rang und Quantil** lässt sich für den angegebenen **Eingabebereich** eine Tabelle erstellen, die den Rang und den Quantilsrang jedes Werts anzeigt. Dabei werden die Funktionen `RANG()` und `QUANTILSRANG()` benutzt. Allerdings werden Rangwerte nur absteigend ermittelt, wenn die aufsteigende Reihenfolge benötigt wird, sollte direkt mit `RANG()` gearbeitet werden.

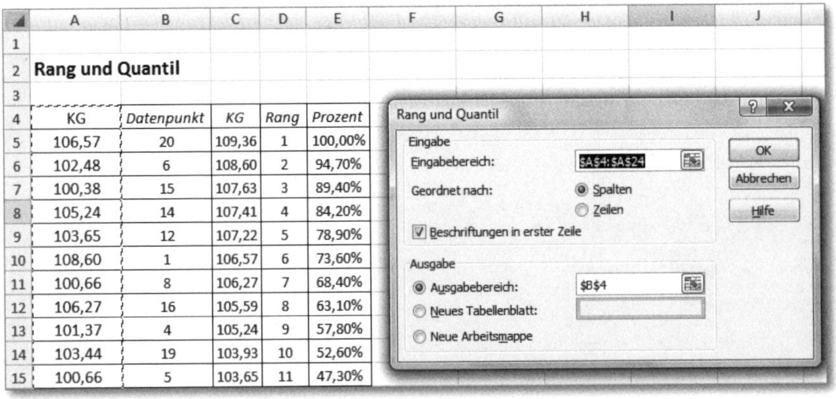

KG	Datenpunkt	KG	Rang	Prozent
106,57	20	109,36	1	100,00%
102,48	6	108,60	2	94,70%
100,38	15	107,63	3	89,40%
105,24	14	107,41	4	84,20%
103,65	12	107,22	5	78,90%
108,60	1	106,57	6	73,60%
100,66	8	106,27	7	68,40%
106,27	16	105,59	8	63,10%
101,37	4	105,24	9	57,80%
103,44	19	103,93	10	52,60%
100,66	5	103,65	11	47,30%

Abbildung 14.22 Ermittlung von Rang und Quantilsrang in einem Zug

14.15 Regression

Das Analysetool **Regression** liefert mit Hilfe der `RGP()`-Tabellenfunktion eine lineare Regressionsanalyse und bereitet die errechneten Daten in einer übersichtlichen Form auf. Siehe dazu die Beschreibung von `RGP()` in Kapitel 7, *Statistische Funktionen*.

Im Dialog werden unter **Y-Eingabebereich** die Werte der abhängigen Variablen angegeben, in diesem Beispiel also die Umsatzwerte, unter **X-Eingabebereich** die Daten einer oder wie hier mehrerer unabhängiger Variablen.

Die Auswertung liefert eine Regressions-Statistik und eine ANOVA-Analyse. Im dritten Abschnitt werden für die beiden unabhängigen Variablen und für den Schnittpunkt die Koeffizienten, der Standardfehler, die t-Statistik und der P-Wert angegeben.

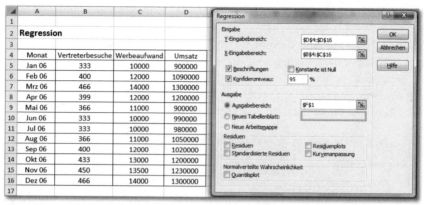

Abbildung 14.23 Ausgangsdaten und Dialogparameter für das Tool Regression

	F	G	H	I	J	K	L	M	N
3	*Regressions-Statistik*								
4	Multipler Korrelationskoeffizient	0,91185326							
5	Bestimmtheitsmaß	0,831476367							
6	Adjustiertes Bestimmtheitsmaß	0,794026671							
7	Standardfehler	65948,14665							
8	Beobachtungen	12							
9									
10	ANOVA								
11		*Freiheitsgrade (df)*	*Quadratsummen (SS)*	*Mittl. Quadratsumme*	*Prüfgröße (F)*	*F krit*			
12	Regression	2	1,93124E+11	96562122125	22,20248634	0,000331111			
13	Residue	9	39142422417	4349158046					
14	Gesamt	11	2,32267E+11						
15									
16		*Koeffizienten*	*Standardfehler*	*t-Statistik*	*P-Wert*	*Untere 95%*	*Obere 95%*	*Untere 95,0%*	*Obere 95,0%*
17	Schnittpunkt	53872,38193	157899,4578	0,341181551	0,740796955	-303321,0068	411065,7706	-303321,0068	411065,7706
18	Vertreterbesuche	-3412,948315	84845,78649	-0,040225313	0,9687917	-195347,4516	188521,5549	-195347,4516	188521,5549
19	Werbeaufwand	201,4680207	2826,297637	0,07128337	0,944731131	-6192,06141	6594,997451	-6192,06141	6594,997451

Abbildung 14.24 Die aufbereitete Auswertung der Regressionsanalyse

Zusätzlich können über die Dialogoptionen noch weitere Auswertungen angefordert werden:

Residuen liefert eine Ausgabetabelle, die eine Spalte mit der Schätzung für die abhängigen Werte und eine Spalte für die Residuen enthält, also die Abweichungen der geschätzten Werte von den beobachteten Werten.

Residuenplots erzeugt für jede unabhängige Variable und die jeweiligen Abweichungen ein eigenes Diagramm. **Standardisierte Residuen** bewirkt, dass die Ausgabetabelle zusätzlich noch eine Spalte für standardisierte Residuen enthält. Sie sind ein Maß für den Vergleich der Differenz zwischen erwartetem und beobachtetem Wert.

Regression | 14.15

	A	B	C
23	AUSGABE: RESIDUENPLOT		
24			
25	Beobachtung	Schätzung für Umsatz	Residuen
26	1	930699,7104	-30699,7104
27	2	1124362,23	-34362,2296
28	3	1308532,946	-8532,94628
29	4	1098367,281	101632,719
30	5	1021276,32	-121276,32
31	6	923832,6883	66167,3117
32	7	951826,7266	28173,2734
33	8	1020014,525	29985,4753
34	9	1137708,075	-117708,075
35	10	1200863,299	-863,298747
36	11	1222175,9	7824,10041
37	12	1266717,789	33282,2112

Abbildung 14.25 Schätzwerte und Residuen

Kurvenanpassung sorgt dafür, dass ein Diagramm mit den prognostizierten und den tatsächlich beobachteten Werten erzeugt wird. **Quantilsplot** liefert ein Diagramm für die Quantile.

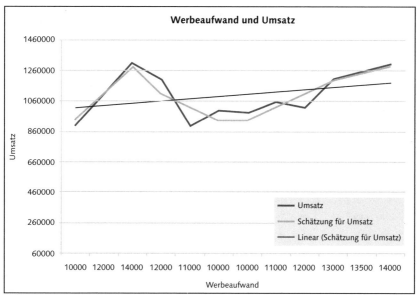

Abbildung 14.26 Leicht angepasstes Diagramm

14.16 Stichprobenziehung

Die Funktion **Stichprobenziehung** ist eine Hilfsfunktion, die es erlaubt, aus einem **Eingabebereich**, der statistisch als Grundgesamtheit zu interpretieren ist, eine reduzierte Datenmenge als Stichprobe zu ziehen. Dabei sind zwei Verfahren möglich. Soll wie in der Abbildung nur jeder 3. Monat berücksichtigt werden, geben Sie unter **Periode** den Wert 3 an.

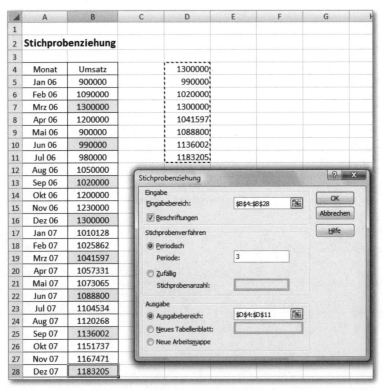

Abbildung 14.27 Aus den Monatswerten wird jeder dritte Wert herausgezogen.

Soll die Auswahl zufällig erfolgen, geben Sie unter **Stichprobenanzahl** die Größe der Stichprobe an. Die Funktion kann nur die Werte herausziehen, die Beschriftungen werden nicht mitgezogen.

14.17 T-Test-Varianten

Für den Vergleich von zwei Stichproben in Bezug auf die Übereinstimmung ihrer Mittelwerte gibt es gleich drei Tools, die sich dadurch unterscheiden, dass sie von unterschiedlichen Annahmen in Bezug auf die Varianz der Grundgesamtheiten bestimmt werden. In den Dialogen der Tools werden die beiden Stichproben jeweils unter **Bereich Variable A:** und **Bereich Variable B:** angegeben. Dabei kann entweder jeweils eine Spalte oder eine Zeile gewählt werden. Ist die Option **Beschriftungen** aktiviert, muss die Zelle mit den Beschriftungen in den Bereichen mit einbezogen werden.

Unter **Hypothetische Differenz der Mittelwerte** kann ein Wert für die Differenz der Stichprobenmittelwerte eingeben werden. Wird 0 eingegeben, wird angenommen, dass die Mittelwerte gleich sind. Unter **Alpha** wird das Konfidenzniveau für den Test angegeben. Der Wert muss im Bereich 0 bis 1 liegen. Vorgabe ist 0,05.

In allen Fällen wird ein t-Statistik-Wert t in der Ausgabetabelle ausgegeben. Je nach angegebenen Stichprobenwerten kann dieser positiv oder negativ sein.

Bei der Option **Zweistichproben t-Test bei abhängigen Stichproben** wird davon ausgegangen, dass es sich bei den beiden Stichproben um beobachtete Werte für dieselben Objekte handelt, etwa vor und nach einer bestimmten Behandlung. Bei dieser Variante, die auch als Paarvergleichstest bezeichnet wird, muss die Zahl der Werte in beiden Stichproben gleich sein, was bei den anderen Varianten nicht erforderlich ist. Es wird dabei aber nicht angenommen, dass die Varianzen der Grundgesamtheiten gleich sind. Geprüft wird, ob die vor und nach einer Behandlung oder einem Experiment beobachteten Werte signifikant unterschiedlich sind. In der Abbildung werden beispielsweise Notenwerte vor und nach einem Spezialtraining verglichen. Die Auswertung zeigt, dass das Tool mit einem Wert für Freiheitsgrade von 14 arbeitet, also der Anzahl der Datenpaare –1.

Der errechnete t-Wert ist mit 3,67 größer als die beiden kritischen t-Werte für einen ein- oder zweiseitigen t-Test bei einem Alpha-Wert von 0,05. Damit ist eine signifikante Veränderung zwischen der ersten und der zweiten Stichprobe festzustellen.

Die Option **Zweistichproben t-Test: Gleicher Varianzen** geht von der Annahme aus, dass die Varianzen der Grundgesamtheiten, denen die Stichproben entnommen sind, gleich sind. Der Test wird auch als homoskedastischer t-Test bezeichnet.

14 | Zusätzliche Tools für die Datenanalyse

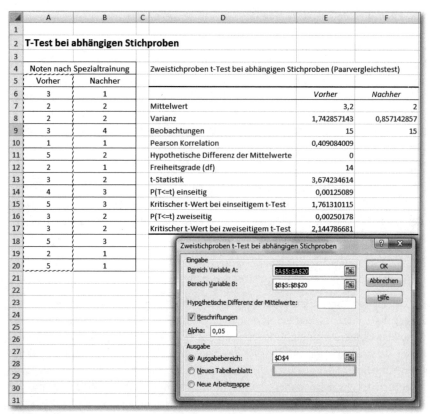

Abbildung 14.28 Paarvergleichstest

Er prüft, ob die beiden Stichproben mit genügend großer Wahrscheinlichkeit aus Verteilungen mit gleichen Erwartungswerten der Zufallsvariablen stammen.

Der Wert für Freiheitsgrade ist in diesem Fall gleich der Gesamtzahl der Testwerte –2. Im Ausgabebereich wird auch die gepoolte Varianz ausgegeben, ein akkumuliertes Maß für die Abweichung vom Mittelwert.

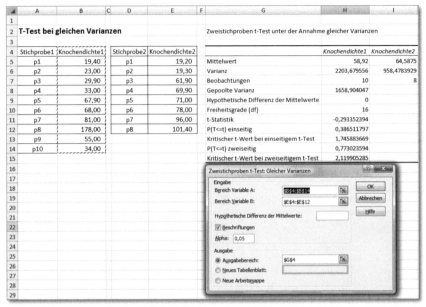

Abbildung 14.29 T-Test bei der Annahme gleicher Varianzen

Die dritte Option **Zweistichproben t-Test: Unterschiedlicher Varianzen** geht davon aus, dass die Varianzen der entsprechenden Grundgesamtheiten nicht gleich sind. Dieser Test wird auch als heteroskedastischer t-Test bezeichnet. Wie bei dem letzten Test wird auch hier geprüft, ob die beiden Stichproben mit genügend großer Wahrscheinlichkeit aus Verteilungen mit gleichen Erwartungswerten der Zufallsvariablen stammen.

Beachtet werden muss, dass das Analysetool bei der Berechnung der Freiheitsgrade den erhaltenen Wert immer auf die nächste ganze Zahl rundet. Die Tabellenfunktion TTEST() rundet diesen Wert aber nicht, weshalb es zu Abweichungen zwischen dem Ergebnis von TTEST() und dem am Analysetool errechneten t-Wert kommen kann.

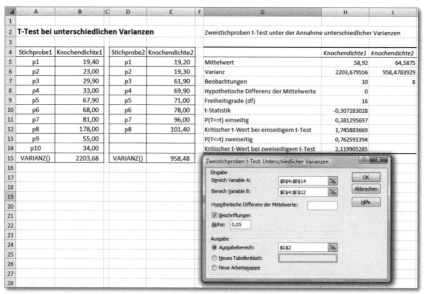

Abbildung 14.30 T-Test bei der Annahme unterschiedlicher Varianzen

14.18 Gaußtest

Die Option **Zwei-Stichprobentest bei bekannten Varianzen** wird verwendet, um die Nullhypothese, dass es keine Differenz zwischen den Erwartungswerten zweier Zufallsvariablen gibt, gegenüber einseitigen oder zweiseitigen alternativen Hypothesen zu testen. Sind die Varianzen nicht bekannt, sollte lieber die `GTEST()`-Tabellenfunktion verwendet werden.

Im Dialog, der ansonsten dem der zuvor beschriebenen t-Tests ähnelt, werden die Varianzen der beiden Variablen direkt angegeben.

Bei der Ausgabe ist Folgendes zu beachten:

`P(Z <= z) einseitig` entspricht `P(Z >= ABS(z))`, ist also die Wahrscheinlichkeit, dass ein z-Wert in gleicher Richtung weiter von 0 entfernt ist als der beobachtete z-Wert, wenn es keine Differenz zwischen den Erwartungswerten der Zufallsvariablen gibt.

Gaußtest | 14.18

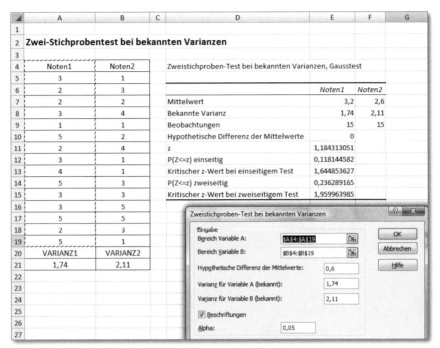

Abbildung 14.31 Stichprobentest mit bekannten Varianzen

P(Z <= z) zweiseitig entspricht P(Z >= ABS(z) oder Z <= -ABS(z)), ist also die Wahrscheinlichkeit, dass ein z-Wert in beliebiger Richtung weiter von 0 entfernt ist als der beobachtete z-Wert, wenn es keine Differenz zwischen den Erwartungswerten der Zufallsvariablen gibt. Das zweiseitige Ergebnis ist somit einfach das mit 2 multiplizierte einseitige Ergebnis.

15 Entwicklung eigener Funktionen

15.1 Funktionen mit VBA erstellen

Mit den über 300 Tabellenfunktionen, die Excel mitbringt, müssen Sie sich keineswegs zufriedengeben. Wenn sich bei Ihnen spezielle Berechnungen häufig wiederholen, können Sie sich mit Hilfe der in Excel integrierten Programmiersprache Visual Basic für Applikationen – kurz *VBA* – auch eigene Funktionen zusammenbauen, die Ihnen aus bestimmten Ausgangsdaten einen berechneten Wert zurückgeben.

Eigene Zinseszinsfunktion

Um die Vorgehensweise zu demonstrieren, soll zunächst eine einfache Funktion gebildet werden, die eine Zinseszinsberechnung durchführt. Eine solche Funktion ist ja in Excel nicht direkt vorhanden, auch wenn die ZW()-Funktion ein entsprechendes Ergebnis liefern kann, wenn anstelle der regelmäßigen Zahlungen ein Barwert als Argument angegeben wird, wobei die Funktion das Ergebnis als negativen Betrag auswirft.

1 Damit Sie die Funktion in allen Arbeitsmappen anwenden können, ist es sinnvoll, sie in der normalerweise verborgenen persönlichen Arbeitsmappe *Personal.xlsb* einzutragen. (In den älteren Versionen ist dies *Personal.xls*.)

2 Wechseln Sie mit [Alt]+[F11] in die VBA-Umgebung, und wählen Sie in dem Fenster **Projekt** den Eintrag **VBAProjekt(PERSONAL.XSLB)** aus. Wenn Sie die neuen Funktionen in einem eigenen Modul sammeln wollen, wählen Sie **Einfügen • Modul**, ansonsten können Sie auch ein bereits bestehendes Modul per Doppelklick im Projekt-Explorer öffnen.

15 | Entwicklung eigener Funktionen

Abbildung 15.1 Anlegen einer eigenen Funktion

3 Wählen Sie dann **Einfügen • Prozedur**, und tragen Sie den Namen der ersten Funktion ein. Wählen Sie unter **Typ Function** aus. Im Modulfenster erscheint ein Skelett für die Funktion. Übernehmen Sie die Option **Public** für den Gültigkeitsbereich, damit die Funktion allseitig aufgerufen werden kann.

```
Public Function ZZWert()
End Function
```

4 Fügen Sie in die Klammer hinter dem Funktionsnamen die Namen der Argumente ein, die an die Funktion übergeben werden sollen. In diesem Fall werden drei Argumente benötigt: `Anfangskapital, Jahre, Zinssatz`. Anders als bei den Tabellenfunktionen werden die Argumente innerhalb von VBA – der amerikanischen Schreibweise entsprechend – durch Kommata getrennt. Wenn Sie den Datentyp der Argumente genau festlegen wollen, können Sie mit `As <Datentyp>` jedem Argument eine entsprechende Festlegung zuordnen. Hinter der Klammer kann etwa mit `As Double` noch der Datentyp festgelegt werden, den die Funktion für ihr Ergebnis verwenden soll, das sie zurückgibt. Dies entspricht dem Standardzahlenformat von Excel. Ist ein Argument optional, wird vor den Argumentnamen das Schlüsselwort `Optional` gesetzt.

5 Nun schreiben Sie zwischen die beiden Zeilen die Anweisung, wie aus den gegebenen Argumenten der verzinste Endbetrag errechnet werden soll. Das

Funktionen mit VBA erstellen | 15.1

Ergebnis wird an eine Variable übergeben, die den Namen der Funktion trägt. Das ist zugleich das Ergebnis, das die Funktion liefert, wenn sie im Tabellenblatt benutzt wird. Die Funktion sieht dann insgesamt so aus:

```
Public Function ZZWert(Anfangskapital, Jahre, Zinssatz) _
    As Double
    ZZWert = Anfangskapital * (1 + Zinssatz) ^ Jahre
End Function
```

6 Sichern Sie das VBAProjekt per Klick auf die Schaltfläche **Speichern**. Wechseln Sie zurück in das Fenster der Arbeitsmappe per Klick auf das Symbol **Ansicht Microsoft Excel**.

7 Um die Funktion im Tabellenblatt zu verwenden, kann wie gewohnt der Dialog **Funktion einfügen** verwendet werden. Wählen Sie unter **Kategorie auswählen** den Eintrag **Benutzerdefiniert** und dann die gewünschte Funktion.

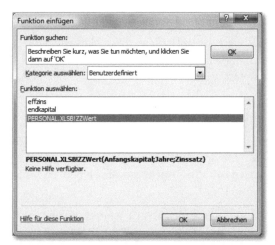

Abbildung 15.2 Die benutzerdefinierte Funktion im Dialog Funktion einfügen

8 Im Dialogfeld **Funktionsargumente** werden automatisch die für die Funktion festgelegten Argumente angeboten. Nur eine Hilfe ist nicht vorhanden. Das Einbinden entsprechender Hilfedateien ist aber ebenfalls möglich, würde aber an dieser Stelle zu weit führen.

15 | Entwicklung eigener Funktionen

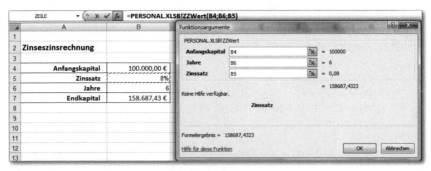

Abbildung 15.3 Eingabe der Argumente

Beachten Sie, dass Excel bei benutzerdefinierten Funktionen, die nicht in der aktiven Arbeitsmappe gespeichert sind, erwartet, dass der Name der Mappe, die die Funktion enthält, vor den Namen der Funktion gesetzt wird, also hier =Personal.xlsb!ZZWert() statt =ZZWert(). Wenn Sie die Funktionen in die aktive Arbeitsmappe kopieren, müssen Sie dagegen nur den Funktionsnamen angeben.

Werden Arbeitsmappen an andere Arbeitsplätze exportiert, die benutzerdefinierte Funktionen enthalten, muss natürlich darauf geachtet werden, dass die entsprechenden Module auch mitgeliefert werden.

Eigene Funktionen in einem Add-In zur Verfügung stellen

Eine weitere Möglichkeit ist es, eine Arbeitsmappe, die eigene Funktionen enthält, als Excel-Add-In zu speichern. Vor dem Speichern sollte innerhalb des VBA-Editors mit **Debuggen • Kompilieren von VBAProjekt** geprüft werden, ob alle syntaktischen Fehler ausgeschlossen sind.

Sobald die Datei mit dem Dateityp *.xla* gespeichert ist, kann sie in die Liste der aktiven Add-Ins übernommen werden, wie es bereits im ersten Kapitel beschrieben wurde.

15.2 Hinweise zu VBA

Um komplexere Funktionen in VBA zu entwerfen, bedarf es entsprechender Kenntnisse in Visual Basic für Applikationen. Es würde den Rahmen dieses Buches sprengen, VBA an dieser Stelle im Detail vorzustellen. Wenigstens einige der Sprachkonstrukte, die in Funktionen häufiger benötigt werden, sollen jedoch kurz vorgestellt werden.

Objekte, Eigenschaften und Methoden

VBA ist eine objektorientierte Programmiersprache. Dahinter steht die Idee, dass Anwendungen mit Objekten zu tun haben. Für jedes Objekt gibt es einen bestimmten Satz von Eigenschaften und eine Reihe von Verfahren, die ein Objekt beherrscht. Sie werden Methoden genannt. Welche Objekte eine Anwendung bereitstellt und wie diese miteinander zusammenhängen, wird durch das Objektmodell – eine vorgegebene Hierarchie von Objekten – festgelegt, in dem die Anwendung selbst – Application – das oberste Objekt darstellt.

Soll beispielsweise in einer benutzerdefinierten Funktion eine der Standardfunktionen von Excel benutzt werden, wird diese Funktion als Methode des Application-Objekts aufgerufen. Eine Funktion zur Berechnung der Kreisfläche kann beispielsweise so aussehen:

```
Public Function Kreisfläche(Radius) As Double
   Kreisfläche = Radius ^2 * Application.WorksheetFunction.Pi
End Function
```

Bei der Eingabe der Funktion werden Sie unterstützt, indem jeweils die zu einem Objekt möglichen Methoden oder Eigenschaften über Listenfelder angeboten werden, wie die Abbildung zeigt.

Eine Funktion für den Kreisumfang sieht ähnlich aus:

```
Public Function Kreisumfang(Radius)
   Kreisumfang = Radius * 2 * Application.WorksheetFunction.Pi
End Function
```

In der Arbeitsmappe können die Funktionen wie gewohnt eingesetzt werden, wobei es keine Rolle spielt, ob der Funktionsname in Großbuchstaben oder in gemischter Schreibweise eingegeben wird. Die Bearbeitungszeile zeigt die Schreibweise an, die bei der Eingabe der Funktion im VBA-Editor verwendet worden ist.

15 | Entwicklung eigener Funktionen

Abbildung 15.4 Unterstützung bei der Eingabe der Funktion

Abbildung 15.5 Einsatz der Funktion zur Berechnung der Kreisfläche

Zu beachten ist dabei, was in diesem Fall nicht gleich erkennbar ist: Innerhalb einer VBA-Funktion muss der englische Funktionsname verwendet werden. Aus diesem Grund wurde in der Funktionsreferenz in den Kapiteln 3 bis 13 auch jeweils der englische Funktionsname mit angegeben.

Die Zuordnung der Objekte kann über den Objektkatalog im VBA-Editor eingesehen werden.

Die Objektmodelle haben Ähnlichkeit mit den bekannten russischen Puppen. Das oberste Objekt ist wie erwähnt die Anwendung selbst. Die anderen Objekte sind in diesem Gesamtobjekt eingeschlossen. Die nächsttiefere Ebene bei Excel etwa ist die Arbeitsmappe. Innerhalb der Arbeitsmappen werden verschiedene Auflistungen – collections – von gleichrangigen Objekten unterschieden: Arbeitsblätter, Diagramme, Module. Die einzelnen Elemente einer solchen Auflistung können über Indizes oder über zugeordnete Namen angesprochen werden.

```
Worksheets(3)
Worksheets("Prognose")
```

Hinweise zu VBA | 15.2

sind Beispiele, wie auf ein Element einer Sammlung von Objekten zugegriffen werden kann.

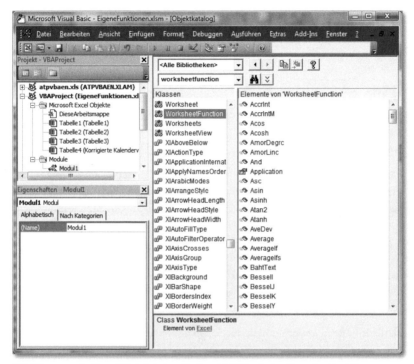

Abbildung 15.6 Der Objektkatalog für Excel 2007 mit der Liste der Funktionen

Wollen Sie beispielsweise die Namen der Blätter in einer Arbeitsmappe in einer Tabelle zusammenstellen, hilft eine ganz einfache Funktion, die die Namenseigenschaft der Blätter abfragt:

```
Public Function BlattName(id As Integer) As Variant
    BlattName = Sheets(id).Name
End Function
```

Manchmal wird, was oft etwas verwirrend ist, für ein Objekt und für eine Eigenschaft dieselbe Bezeichnung verwendet. Legend ist z. B. eine Eigenschaft, die ein Chart-Objekt hat. Diese Eigenschaft liefert aber als Ergebnis wieder ein Objekt, nämlich das Legend-Objekt, das ein Unterobjekt eines Chart-Objekts ist.

	A	B
1		
2	Liste der Tabellenblätter	
3		
4	Blatt	Name
5	1	Kalenderwoche
6	2	Osterdatum
7	3	Zinseszinsrechnung1
8	4	Zinseszinsrechnung2
9	5	Blattliste

Abbildung 15.7 Liste der Blätter mit einer eigenen Funktion erstellen

Variablen und Konstanten in VBA

Variablen werden in VBA wie in jeder anderen Programmiersprache benutzt, um bestimmte Werte, die während des Programmablaufs entstehen, festzuhalten, sodass sie bei Bedarf an einer anderen Stelle weiterverwendet werden können. Um die verschiedenen Werte unterscheiden zu können, werden Namen für die Variablen vergeben. Zusätzlich wird festgelegt, welche Art von Informationen mit Hilfe einer bestimmten Variablen gespeichert werden soll, etwa Zahlenwerte, Texte etc. Diese Festlegung erfolgt mit Hilfe des Datentyps, der zudem auch Bedeutung für die maximale Größe oder Länge der von der Variablen festgehaltenen Information hat.

Variablen können entweder implizit oder explizit deklariert werden. Im ersten Fall wird der Datentyp `Variant` benutzt. Dieser Datentyp ist besonders flexibel, weil er Daten jeder Art akzeptiert. Allerdings muss darauf geachtet werden, welche Daten einer Variablen dieses Typs tatsächlich zugeordnet werden, bevor damit weitergearbeitet werden kann.

Implizit wird eine Variable direkt innerhalb einer Funktion oder Prozedur durch Wertzuweisung definiert. So werden beispielsweise durch die beiden Zeilen

```
wert1 = 3
wert2 = "xyz"
```

zwei Variablen mit den Namen `wert1` und `wert2` definiert und zugleich mit den Werten 3 bzw. `xyz`, also einer Zahl und einer Zeichenkette, belegt. Diese einfache Art der Variablendefinition ist sehr bequem. Sie definieren eine Variable genau dann, wann Sie sie benötigen, können also intuitiv arbeiten. Es ist nicht festgelegt, welcher Datentyp (Zahl, Text etc.) für die Variable gilt, d. h., die Definition ist sehr flexibel. Ein und dieselbe Variable könnte innerhalb einer Prozedur einmal für eine Zahl und einmal für eine Zeichenkette usw. verwendet werden.

Explizite Deklaration

Die Alternative zu dem impliziten Verfahren ist die ausdrückliche Deklaration einer Variablen unter Verwendung etwa der `Dim`-Anweisung. In diesem Fall wird der Datentyp ausdrücklich festgelegt, es sei denn, es wird der Typ `Variant` verwendet.

```
Dim text1 As String
Dim zahl1 As Double
text1 = ""
zahl1 = 0
```

Zunächst wird also eine Variable mit der `Dim`-Anweisung definiert. Anschließend wird ihr ein Wert zugeordnet.

Als Variablentypen stellt VBA folgende Möglichkeiten zur Verfügung:

Datentyp	Beschreibung
Byte	0–255
Boolean	Wahrheitswerte (True oder False). Statt der Wahrheitswerte werden auch Zahlen akzeptiert, wobei 0 False und alle anderen Zahlen True ergeben.
Integer	Ganze Zahlen von –32768 bis 32767
Long	Ganze Zahlen von ca. –2 Mrd. bis + 2 Mrd.
Single	Gleitkommazahlen von 1,4E-45 bis 3,4E-38, positive und negative Werte
Double	Gleitkommazahlen von 4,9E-324 bis 1,79E-308, positive und negative Werte
Decimal	Nur als Untertyp von Variant möglich: max. 28 Stellen vor und nach dem Komma
Currency	Festkommazahlen von –9,22E-15 bis 9,22E-15 auf vier Stellen hinter dem Komma gerundet
String	Zeichenfolge mit variabler Länge (bis ca. 2 Milliarden Zeichen)
String * Length	Zeichenfolge mit festgelegter Länge; längere Folgen werden auf die vorgegebene Länge gestaucht, und zwar 1 bis 65536 Zeichen.

Datentyp	Beschreibung
Date	Serielle Zahlen (wie in den Tabellenfunktionen für Datum und Zeit) oder Datums- und Zeitangaben, die zwischen #-Zeichen geschrieben werden wie #1 Jan 99#
Object	Verweise auf ein Objekt
Variant	Variabler Datentyp, der anstelle der spezifischen Datentypen verwendet werden kann.

Variablen können auch als Arrays definiert werden, die über Indizes angesprochen werden. Das gestattet es, mit einer Variablendefinition gleich eine große Anzahl gleichartiger Variablen festzulegen. Dies ist natürlich nur sinnvoll, wenn es sich tatsächlich um Arrays gleichartiger Variablen handelt, vergleichbar etwa einer Matrix in Excel. Die einzelnen Elemente eines Arrays werden über die Indizes angesprochen.

```
Dim gebiete() As String
gebiete = Array("Nord","Ost","Süd","West")
region = gebiet(0)
```

Ob die Indizes mit 0 oder 1 beginnen, kann generell mit dem Befehl `Option Base` festgelegt werden. Vorgabe ist 0. Die Anweisung `Option Base 1` muss am Anfang eines Moduls noch vor der Deklaration von Datenfeldern eingetragen werden.

Alle Variablen haben einen Geltungsbereich, mit dem festgelegt wird, für welche Teile des Programms sie gelten und wann sie wieder aus dem Speicher gelöscht werden. Eine Variable, die innerhalb einer Funktion deklariert wird, wird normalerweise auch nur innerhalb dieser Funktion verwendet.

Zum Einsatz von Operatoren

In vielen Funktionen werden Operatoren verwendet, die weitgehend identisch mit denen sind, die bei der Bildung von Formeln in den Excel-Tabellen eingesetzt werden. Da sie aber nicht völlig identisch sind und da bei der Aufstellung von Bedingungen für den Programmablauf häufig Operatoren benötigt werden, folgt hier ein kurzer Überblick. VBA unterscheidet zwischen arithmetischen, logischen, Vergleichs- und Verkettungsoperatoren.

Arithmetische Operatoren: +, -, *, / und ^ sind identisch mit den in Tabellen verwendeten Operatoren. \ ist der Operator für die ganzzahlige Division (5\3 liefert 1), »Mod« liefert den Rest einer derartigen Division (5 Mod 3 liefert 2).

Logische Operatoren: Die logischen Operatoren dienen (mit der Ausnahme von »Not«) der Verknüpfung von Ausdrücken, die Wahrheitswerte liefern, und führen selbst wieder zu Wahrheitswerten. In einer Tabelle sollen a und b Ausdrücke sein, die Wahrheitswerte liefern. Für die Operatoren gilt dann:

- Not a ist wahr, wenn a falsch, und falsch, wenn a wahr ist.
- a Eqv b (a ist äquivalent b) ist wahr, wenn a und b den gleichen Wahrheitswert haben.
- a Imp b (a impliziert b) ist wahr, wenn b wahr ist oder wenn a falsch ist.
- a Or b ist wahr, wenn mindestens einer der beiden Ausdrücke wahr ist.
- a And b ist wahr, wenn beide Ausdrücke wahr sind.
- a Xor b (a exklusiv-oder b) ist wahr, wenn genau einer der beiden Ausdrücke wahr ist.

Wenn die logischen Operatoren in Kombinationen verwendet werden, müssen die zusammengehörenden Elemente eingeklammert werden (ähnlich wie bei arithmetischen Operatoren).

Vergleichsoperatoren: Sie dienen dem Vergleich von Werten. Sie sind identisch mit den in Tabellen verwendeten: <, >, <=, >=, = und <>. Sie stehen für kleiner, größer, kleiner/gleich, größer/gleich, gleich und ungleich. Bei Zahlen ist die Bedeutung klar, bei Zeichenfolgen heißt > später in der alphabetischen Reihenfolge (a > b ist demnach falsch). Zusätzlich können noch die Operatoren Like und Is verwendet werden. Like wird für einen Mustervergleich verwendet, etwa:

Text = "Hanna" Like "Ha*a" ergibt True

Is wird verwendet, um festzustellen, ob zwei Objektverweise auf dasselbe Objekt verweisen:

Test = Objekt1 Is Objekt2

Verkettungsoperatoren: & und +. Mit & lassen sich (wie in Tabellen) Zeichenketten verknüpfen. + sollte als Verkettungsoperator möglichst nicht verwendet werden, um Verwechslungen mit dem Additionsoperator zu vermeiden.

15 | Entwicklung eigener Funktionen

Anweisungen und VBA-Funktionen

Anweisungen steuern, ganz allgemein gesagt, den Programmablauf. Die Deklarierung und Definition von Variablen, die Festlegung von Anfang und Ende einer Prozedur oder Funktion, die Konstruktion von Verzweigungen und Schleifen – dies alles wird über Anweisungen erledigt.

Neben den schon angesprochenen Funktionen, die Sie selbst programmieren können, bietet VBA noch eine große Zahl von integrierten Funktionen. Auch diese Funktionen dienen dazu, Werte zu liefern oder umzuwandeln. Ein Teil dieser Funktionen leistet Ähnliches wie die entsprechenden Tabellenfunktionen, etwa die mathematischen Funktionen: Abs(), Cos(), Exp(), Log() etc.

Im Allgemeinen werden an eine Funktion Werte übergeben, und die Funktion liefert jeweils einen Wert oder einen Array von Werten zurück. Hierher gehören, neben den mathematischen Funktionen, Funktionen, die Datums- und Zeitwerte verarbeiten, Funktionen, die Zeichenketten manipulieren oder auswerten usw.

Mit Verzweigungen und Schleifen Abläufe steuern

Wenn eine Funktion auf unterschiedliche Argumente unterschiedlich reagieren soll, sind Verzweigungen notwendig. Soll dagegen ein Arbeitsschritt in einer bestimmten Häufigkeit durchgeführt werden, sind Schleifen angebracht. VBA stellt hier verschiedene Kontrollstrukturen für solche Abläufe zur Verfügung:

If – Then

Eine häufige Aufgabe besteht darin, auf das Eintreten einer Situation zu reagieren. Diese Aufgabe wird in VBA im einfachsten Fall mit einer Wenn-dann-Struktur gelöst. Soll beispielsweise eine Funktion ein optionales Argument enthalten, kann mit einer solchen Verzweigung geregelt werden, was zu geschehen hat, wenn das Argument nicht angegeben wird, etwa die Zuordnung eines vorgegebenen Werts:

```
Function Woche(Optional d As Date)
If d = 0 Then
    d = Date
End If
```

Derartige Strukturen können mit einem Else-Zweig erweitert werden. Hierfür wieder ein Beispiel aus einer Funktion, die weiter unten noch vorgestellt wird:

```
If d7 <= 31 Then
    Datum = CDate(CStr(d7) & ". 3. " & CStr(Jahr))
Else
    Datum = DateValue(CStr(d7 - 31) & ". 4. " & CStr(Jahr))
End If
```

Bei Bedarf können If-Then-Strukturen auch verschachtelt werden, allerdings kann dann auch schnell die Übersicht verloren gehen. Bei komplexen Verzweigungen sollten Sie deshalb prüfen, ob sich das Problem nicht mit der folgenden Struktur lösen lässt.

Select Case

Wenn die Verzweigung davon abhängt, welchen Wert ein Ausdruck annimmt, können Sie mit einer Struktur arbeiten, die für verschiedene Werte eines Ausdrucks unterschiedliche Reaktionen anbietet.

Beim folgenden Beispiel, das weiter unter in einer finanzmathematischen Funktion verwendet wird, kann der Benutzer unterschiedliche Perioden für die Berechnung auswählen. Die Funktion reagiert darauf mit einer Select-Case-Verzweigung, die sehr übersichtlich ist:

```
Select Case periode
    Case "Jahre"
        fn = 1
    Case "Monate"
        fn = 1 / 12
    Case "Tage"
        fn = 1 / 360
End Select
```

While

Eine oft beim Programmieren auftretende Aufgabe besteht darin, dass ein Programmteil so lange ablaufen soll, bis eine bestimmte Bedingung eintritt. Das ist zum Beispiel der Fall, wenn Benutzereingaben in eine Liste oder eine Feldvariable eingelesen werden sollen, bis der Benutzer den Vorgang beendet, oder wenn eine Operation so lange durchgeführt werden soll, bis ein bestimmter Wert erreicht ist.

15 | Entwicklung eigener Funktionen

```
While diff < 0
    versuch = nomrzins(m, erg, bab)
    diff = versuch - nz
    erg = erg + 0.1
Wend
```

Diese Schleife wird so lange durchlaufen, solange die Variable `diff` einen Wert < 0 hat. Innerhalb der Schleife stehen alle Anweisungen, die für diesen Fall auszuführen sind.

Do – Loop

Besonders elegant lassen sich derartige Aufgaben mit einer ähnlichen, aber flexibleren Struktur lösen. Sie gestattet es, die Bedingung für die Schleife an den Anfang oder an das Ende der Schleife zu setzen (im vorhergehenden Beispiel muss die Bedingung am Anfang stehen). Außerdem können innerhalb der Schleife noch Abbruchbedingungen formuliert werden. Das vorhergehende Beispiel könnte so formuliert werden:

```
Do While diff < 0
    versuch = nomrzins(m, erg, bab)
    diff = versuch - nz
    erg = erg + 0.1
Loop
```

For – Next

Wenn der Fall auftritt, dass eine Anweisung oder eine Folge von Anweisungen in einer definierten Häufigkeit wiederholt werden soll, wird eine For-Next-Schleife verwendet. Ein Beispiel hierfür ist das Einlesen der Blattnamen in einen Array:

```
anzahl = Sheets.Count
Dim bliste() As String
ReDim bliste(anzahl)
For i = 1 To anzahl
    bliste(i) = Sheets(i).Name
Next i
```

Zunächst wird die Anzahl der Blätter an die Variable `anzahl` übergeben. Damit kann der zunächst variabel definierte Array `bliste` redimensioniert werden. Die

Schleife kann dann bis zur festgestellten Anzahl durchlaufen werden, um die Blattnamen in den Array zu schreiben.

Einschränkungen bei Funktionen

Beachtet werden muss noch, dass in Funktionen nicht alle Visual-Basic-Schlüsselworte auftauchen können. Es ist z. B. nicht möglich, einer Zelle über eine Funktion eine bestimmte Schrift zuzuweisen. Selbstdefinierte Funktionen können ansonsten nicht nur direkt im Tabellenblatt, sondern auch innerhalb von VBA-Programmen benutzt werden.

Erwähnt sei noch, wie verfahren wird, wenn eine Programmzeile sehr lang wird. Damit sie als eine Zeile behandelt wird, kann die Zeile auf mehrere Zeilen verteilt werden, indem jedes Mal nach einer Leertaste ein Unterstrich eingegeben wird. Danach kann die Zeile dann durch eine Zeilenschaltung getrennt werden.

15.3 Eine komfortablere Funktion für die Zinseszinsberechnung

Die im letzten Abschnitt vorgestellte Funktion für die Zinseszinsberechnung lässt sich noch etwas komfortabler gestalten. Dazu ist eine etwas aufwendigere Funktion erforderlich, die im Folgenden wiedergegeben ist. Genauer gesagt werden gleich zwei Funktionen angeboten: eine, die das Endkapital bei anfallenden Zinseszinsen berechnet, und eine, die den effektiven Jahreszins ausgibt.

```
Function endkapital(anfangskapital, periode, _
anzahl_perioden, zinssatz, zinszeitraum, zinsabrechnung)
    Select Case periode
        Case "Jahre"
            fn = 1
        Case "Monate"
            fn = 1 / 12
        Case "Tage"
            fn = 1 / 360
    End Select
    Select Case zinsabrechnung
        Case "jährlich"
```

15 | Entwicklung eigener Funktionen

```
            m = 1
        Case "halbjährlich"
            m = 2
        Case "vierteljährlich"
            m = 4
        Case "monatlich"
            m = 12
        Case "täglich"
            m = 360
    End Select
    Select Case zinszeitraum
        Case "Jahr"
            fi = 1
        Case "Monat"
            fi = 1 / 12
    End Select
    i = zinssatz
    j = (1 + i / (fi * m)) ^ m - 1
    kn = anfangskapital * (1 + j) ^ (anzahl_perioden * fn)
    endkapital = kn
End Function
```

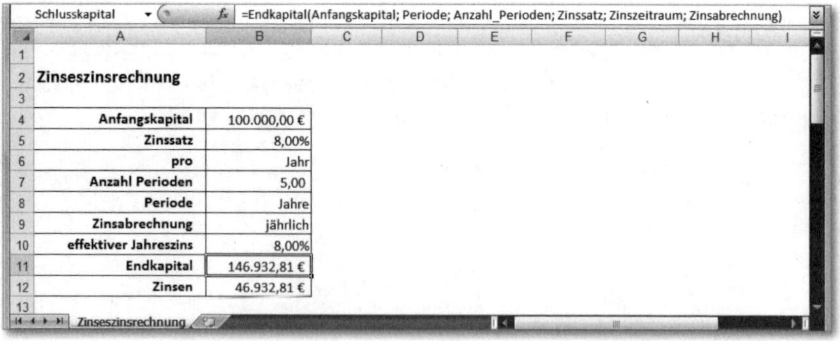

	A	B
2	**Zinseszinsrechnung**	
4	Anfangskapital	100.000,00 €
5	Zinssatz	8,00%
6	pro	Jahr
7	Anzahl Perioden	5,00
8	Periode	Jahre
9	Zinsabrechnung	jährlich
10	effektiver Jahreszins	8,00%
11	Endkapital	146.932,81 €
12	Zinsen	46.932,81 €

Abbildung 15.8 Zinseszinsberechnung mit variablen Abrechnungsperioden

Die zweite Funktion zur Berechnung des Effektivzinses sieht so aus:

```
Function effzins(anfangskapital, periode, anzahl_
perioden, zinssatz, zinszeitraum, zinsabrechnung)
```

```
Select Case periode
    Case "Jahre"
        fn = 1
    Case "Monate"
        fn = 1 / 12
    Case "Tage"
        fn = 1 / 360
End Select
Select Case zinsabrechnung
    Case "jährlich"
        m = 1
    Case "halbjährlich"
        m = 2
    Case "vierteljährlich"
        m = 4
    Case "monatlich"
        m = 12
    Case "täglich"
        m = 360
End Select
Select Case zinszeitraum
    Case "Jahr"
        fi = 1
    Case "Monat"
        fi = 1 / 12
End Select
i = zinssatz
j = (1 + i / (fi * m)) ^ m - 1
effzins = j
End Function
```

15.4 Effektivzins und Nominalzins bei Ratenkrediten

Excel hat zwar einige Funktionen, mit denen sich Annuitätenkredite berechnen lassen, z. B. die RMZ()-Funktion zur Berechnung der Rate. Auf die üblichen Ratenkredite für Verbraucher lassen sich diese Funktionen aber nicht direkt anwenden.

15 | Entwicklung eigener Funktionen

Bei den klassischen Ratenkrediten, wie sie z. B. zur Finanzierung von Möbeln oder Autos benutzt werden, wird in der Regel ein monatlicher Zinssatz angegeben, und die Zinsen werden für jeden Monat vom vollen Kreditbetrag gerechnet. Der Monatszinssatz sieht deshalb meist ziemlich klein aus, beispielsweise aktuell häufig 0,49 %. Die effektive Jahresverzinsung ist aber in diesem Fall keineswegs – wie Sie vielleicht annehmen – 0,49 % * 12 = 5,88 %, sondern in Wirklichkeit 12,82 %, also mehr als das Doppelte.

Die Kreditgeber sind verpflichtet, immer beide Werte – den Monatszins und den effektiven Jahreszins – anzugeben. In der Werbung geschieht das aber beispielsweise nicht immer.

Deshalb hier zwei zusätzliche Funktionen, mit denen jeweils vom angegebenen Monatszins auf den effektiven Jahreszins und vom Jahreszins auf den Monatszins zurückgerechnet werden kann.

Die Funktion NOMRZINS() benötigt drei Argumente: die Anzahl der Monatsraten, den Effektivzins und den %-Satz der Bearbeitungsgebühren.

Die Funktion EFFRZINS() verwendet entsprechend die Argumente Monatsraten, Monatszins und %-Satz der Bearbeitungsgebühren. Die Funktion ruft iterativ die NOMRZINS()-Funktion mehrmals auf, bis ein brauchbares Ergebnis erreicht ist.

Um die Funktionen bequem handhaben zu können, sollten die Zellen, die die Argumente liefern, entsprechend benannt werden.

Die folgende Listung zeigt die NOMRZINS()-Funktion:

```
Function nomrzins(m, efz, bab)
    'liefert den nominalen Monatszins aus dem effektiven Jahreszins
    'angegeben werden Laufzeit in Monaten
    'und der effektive Jahreszins als Zahl (z.B. 11,11)
    'und die Bearbeitungsgebühr in % (z.B. 2)
    Dim ergebnis As Currency
    mr = m Mod 12
    n = (m - mr) / 12
    q = 1 + efz / 100
    ba = bab / 100
    nz = q ^ n / ((q ^ n - 1) * (12 / (q - 1) + 5.5) + _
        ((1 + (mr - 1) / 24 * (q - 1)) * 12 * mr / (12 + mr * (q - 1)))) - (1 + ba) / m
```

Effektivzins und Nominalzins bei Ratenkrediten | 15.4

```
    ergebnis = nz * 100
    nomrzins = ergebnis
End Function
```

Die nächste Listing zeigt die EFFRZINS()-Funktion:

```
Function effrzins(m, nz, bab)
    'rechnet iterativ aus dem Nominalzins per Monat
    'den Effektivzins per Jahr mit Hilfe der
    'Funktion nomrzins
    Dim erg As Currency
    Dim diff As Currency
    Dim versuch As Currency
    erg = nz * 12
    diff = -1
    While diff < 0
        versuch = nomrzins(m, erg, bab)
        diff = versuch - nz
        erg = erg + 1
    Wend
    erg = erg - 2
    diff = -1
    While diff < 0
        versuch = nomrzins(m, erg, bab)
        diff = versuch - nz
        erg = erg + 0.1
    Wend
    erg = erg - 0.2
    diff = -1
    While diff < 0
        versuch = nomrzins(m, erg, bab)
        diff = versuch - nz
        erg = erg + 0.01
    Wend
    erg = erg - 0.02
    diff = -1
    While diff < 0
        versuch = nomrzins(m, erg, bab)
        diff = versuch - nz
        erg = erg + 0.001
```

15 | Entwicklung eigener Funktionen

```
    Wend
    erg = erg - 0.002
    diff = -1
    While diff < 0
        versuch = nomrzins(m, erg, bab)
        diff = versuch - nz
        erg = erg + 0.0001
    Wend
    effrzins = erg - 0.0001
End Function
```

Die anderen Berechnungen im Tabellenblatt sind sehr einfach. In Zelle B11 wird die Gesamtsumme der Zinsen berechnet. Die Formel ergibt sich aus dem, was oben gesagt ist:

= Kreditbetrag * Monate * Monatszins

Der Betrag der Bearbeitungsgebühr ist:

= Kreditbetrag * %-Satz der Bearbeitungsgebühr

Die Gesamtbelastung ist die Summe aus Kreditbetrag, Zinsen und Bearbeitungsgebühr. Die Monatsrate kann dann einfach durch Division der Gesamtbelastung durch die Zahl der Monate errechnet werden. In der Praxis werden die Raten allerdings meist auf einen etwas glatteren Betrag gebracht, wobei die erste oder die letzte Rate dann etwas höher oder niedriger ist.

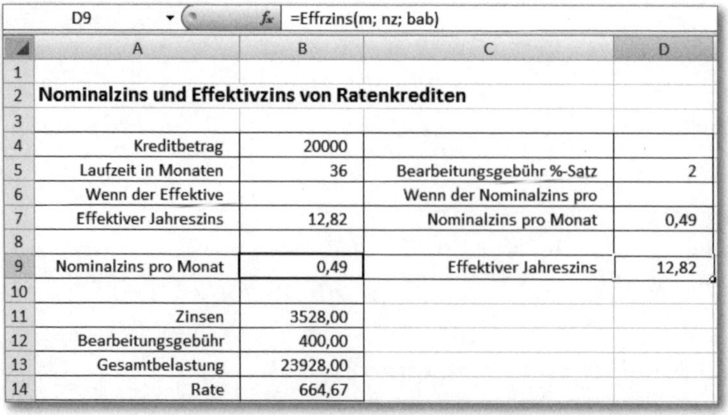

	A	B	C	D
1				
2	**Nominalzins und Effektivzins von Ratenkrediten**			
3				
4	Kreditbetrag	20000		
5	Laufzeit in Monaten	36	Bearbeitungsgebühr %-Satz	2
6	Wenn der Effektive		Wenn der Nominalzins pro	
7	Effektiver Jahreszins	12,82	Nominalzins pro Monat	0,49
8				
9	Nominalzins pro Monat	0,49	Effektiver Jahreszins	12,82
10				
11	Zinsen	3528,00		
12	Bearbeitungsgebühr	400,00		
13	Gesamtbelastung	23928,00		
14	Rate	664,67		

(D9: =Effrzins(m; nz; bab))

Abbildung 15.9 Berechnung eines Ratenkredits

15.5 Funktion für eine normgerechte Berechnung der Kalenderwoche

In Kapitel 4, *Datums- und Zeitfunktionen*, ist bereits angesprochen worden, dass die in Excel integrierte Funktion KALENDERWOCHE() nicht den Normen entspricht, die in Deutschland für die Berechnung der Kalenderwoche entsprechen. Die dort schon in einer Abbildung verwendete eigene Funktion WOCHE() soll hier wiedergegeben werden. Der Code der Funktion sieht so aus:

```
Function Woche(Optional d As Date)
If d = 0 Then
d = Date
End If
Dim t As Long
  t = DateSerial(Year(d + (8 - Weekday(d)) Mod 7 - 3), 1, 1)
  Woche = ((d - t - 3 + (Weekday(t) + 1) Mod 7)) \ 7 + 1
End Function
```

15.6 Funktion zur Berechnung des Osterdatums

Als letztes Beispiel sei hier noch eine Funktion wiedergegeben, die in der Lage ist, für eine bestimmte Jahreszahl das Datum vom Ostersonntag zu berechnen. Da sich ein Teil der jährlichen Feiertage nach dem Osterdatum richten, lässt sich mit Hilfe dieser Funktion ein größerer Teil der entsprechenden Termine berechnen, etwa um sie für Anwendungen mit den Funktionen ARBEITSTAG() oder NETTOARBEITSTAGE() zu nutzen.

Die Funktion verwendet ein Berechnungsverfahren, das bereits um 1800 von Carl Friedrich Gauß entwickelt worden ist.

```
Function OsterDatum(Jahr) As Date
  Dim d1&, d2&, d3&, d4&, d5&, d6&, d7&
  d1 = Jahr Mod 19 + 1
  d2 = Fix(Jahr / 100) + 1
  d3 = Fix(3 * d2 / 4) - 12
  d4 = Fix((8 * d2 + 5) / 25) - 5
  d5 = Fix(5 * Jahr / 4) - d3 - 10
```

```
d6 = (11 * d1 + 20 + d4 - d3) Mod 30
If (d6 = 25 And d1 > 11) Or d6 = 24 Then d6 = d6 + 1
d7 = 44 - d6
If d7 < 21 Then d7 = d7 + 30
d7 = d7 + 7
d7 = d7 - (d5 + d7) Mod 7
If d7 <= 31 Then
   OsterDatum = CDate(CStr(d7) & ". 3. " & CStr(Jahr))
Else
   OsterDatum = DateValue(CStr(d7 - 31) & ". 4. " & CStr(Jahr))
End If
End Function
```

	A	B
1		
2	**Osterdatum**	
3		
4	2007	Sonntag, 8. April 2007
5	2008	Sonntag, 23. März 2008
6	2009	Sonntag, 12. April 2009
7	2010	Sonntag, 4. April 2010
8	2011	Sonntag, 24. April 2011
9	2012	Sonntag, 8. April 2012
10	2013	Sonntag, 31. März 2013
11	2014	Sonntag, 20. April 2014
12	2015	Sonntag, 5. April 2015

Abbildung 15.10 Berechnen des Osterdatums

Anhang

A	**Alphabetische Liste der Funktionen**	593
B	**Funktionenliste Deutsch–Englisch/Englisch–Deutsch**	615
	B.1 Deutsch–Englisch	615
	B.2 Englisch–Deutsch	626
C	**Funktionen im Überblick**	637

A Alphabetische Liste der Funktionen

Funktion	Beschreibung
ABRUNDEN(Zahl; Anzahl_Stellen)	rundet eine Zahl in Richtung 0 auf dem Zahlenstrahl.
ABS(Zahl)	eliminiert die Vorzeichen von Zahlenwerten.
ACHSENABSCHNITT(Y_Werte; X_Werte)	liefert den Ordinatenabschnitt für den Schnittpunkt der Regressionsgeraden mit der y-Achse.
ADRESSE(Zeile; Spalte; Abs; A1; Tabellenname)	liefert die Adresse der mit Zeile und Spalte angegebenen Zelle.
AMORDEGRK(Kosten; Datum; Erste_Periode; Restwert; Periode; Rate; Basis)	liefert den degressiven Abschreibungsbetrag nach dem französischen Buchhaltungssystem.
AMORLINEARK(Kosten; Datum; Erste_Periode; Restwert; Periode; Rate; Basis)	liefert den linearen Abschreibungsbetrag nach dem französischen Buchhaltungssystem.
ANZAHL(Wert1; Wert2; ...)	berechnet die Anzahl der numerischen Werte.
ANZAHL2(Wert1; Wert2; ...)	ermittelt die Anzahl der Werte, wobei Texte und logische Werte mitgezählt werden.
ANZAHLLEEREZELLEN(Bereich)	ermittelt die Anzahl der leeren Zellen im Bereich.
ARBEITSTAG(Ausgangsdatum; Tage; Freie_Tage)	berechnet ein neues Datum anhand der angegebenen Arbeitstage und freien Tage.
ARCCOS(Zahl)	liefert zu einem Kosinus-Wert den Winkel im Bogenmaß.
ARCSIN(Zahl)	liefert zu einem Sinus-Wert den Winkel im Bogenmaß.

A | Alphabetische Liste der Funktionen

Funktion	Beschreibung
ARCSINHYP(Zahl)	Umkehrfunktion zu der Funktion SINHYP().
ARCTAN(Zahl)	errechnet zu einem Tangenswert den Winkel im Bogenmaß.
ARCTAN2(x_Koordinate; y_Koordinate)	ermittelt den Arcustangens direkt aus den xy-Koordinaten.
ARCTANHYP(Zahl)	Umkehrfunktion zu TANHYP().
AUFGELZINS(Emission; Erster_ Zinstermin; Abrechnung; Satz; Nennwert; Häufigkeit; Basis; Berechnungsmethode)	liefert für Wertpapiere die aufgelaufenen Zinsen.
AUFGELZINSF(Emission; Abrechnung; Nominalzins; Nennwert; Basis)	liefert für Wertpapiere die bei Fälligkeit aufgelaufenen Zinsen.
AUFRUNDEN(Zahl; Anzahl_Stellen)	rundet eine Zahl von der Null weg.
AUSZAHLUNG(Abrechnung; Fälligkeit; Anlage; Disagio; Basis)	liefert den Rückzahlungsbetrag eines festverzinslichen Wertpapiers.
BAHTTEXT(Zahl)	wandelt eine Zahl in Text in dem thailändischen Währungsformat um.
BEREICH.VERSCHIEBEN(Bezug; Zeilen; Spalten; Höhe; Breite)	liefert einen Bereichsbezug, der um eine Anzahl von Zeilen und Spalten verschoben ist.
BEREICHE(Bezug)	ermittelt die Anzahl der Bereiche, die in Bezug enthalten sind.
BESSELI(x; n)	liefert die modifizierte Besselfunktion In(x).
BESSELJ(x; n)	liefert die Besselfunktion Jn(x).
BESSELK(x; n)	liefert die modifizierte Besselfunktion Kn(x).
BESSELY(x; n)	liefert die Besselfunktion Yn(x) zurück.
BESTIMMTHEITSMASS(Y_Werte; X_Werte)	ermittelt das Quadrat des Pearsonschen Korrelationskoeffizienten.
BETAINV(Wahrsch; Alpha; Beta; A; B)	liefert Quantile einer Betaverteilung.
BETAVERT(X; Alpha; Beta; A; B)	liefert die Wahrscheinlichkeitsverteilung für eine Beta-verteilte Zufallsvariable.

Alphabetische Liste der Funktionen | A

Funktion	Beschreibung
BININDEZ(Zahl)	wandelt einen binären Wert in eine Dezimalzahl um.
BININHEX(Zahl; Stellen)	wandelt einen binären Wert in eine Hexadezimalzahl um.
BININOKT(Zahl; Stellen)	wandelt einen binären Wert in eine Oktalzahl um.
BINOMVERT(AnzahlErfolge; Versuche; Erfolgswahrsch; Kumuliert)	liefert die Wahrscheinlichkeit von Zufallsvariablen bei einer Binomialverteilung.
BOGENMASS(Winkel)	wandelt den Gradwert des angegebenen Winkels in Bogenmaß um.
BRTEILJAHRE(Ausgangsdatum; Enddatum; Basis)	berechnet den Jahresbruchteil für die Zeitspanne zwischen Ausgangsdatum und Enddatum.
BW(Zins; Zzr; Rmz; Zw; F)	berechnet den Barwert einer Investition.
CHIINV(Wahrsch; Freiheitsgrade)	liefert die Quantile der Chi-Quadrat-Verteilung.
CHITEST(Beob_Meßwerte; Erwart_Werte)	liefert den Wahrscheinlichkeitswert für den Chi-Quadrat-Test.
CHIVERT(x; Freiheitsgrade)	berechnet aus dem Wert für x und für Freiheitsgrade die Überschreitungswahrscheinlichkeit für die Übereinstimmung von beobachteten und erwarteten Werten.
CODE(Text)	liefert den Code des ersten Zeichens in der Zeichenfolge.
COS(Zahl)	berechnet den Kosinus des angegebenen Winkels.
COSHYP(Zahl)	liefert den hyperbolischen Kosinus.
CUBEELEMENT(Verbindung; Element_Ausdruck; Beschriftung)	liefert ein Element oder Tupel aus einem Cube.
CUBEELEMENTEIGENSCHAFT(Verbindung; Element_Ausdruck; Eigenschaft)	liefert den Wert einer Eigenschaft eines Elements im Cube.
CUBEKPIELEMENT(Verbindung; KPI_Name; KPI_Eigenschaft; Beschriftung)	gibt die Eigenschaft eines Key Performance Indicators (KPI) zurück.

A | Alphabetische Liste der Funktionen

Funktion	Beschreibung
CUBEMENGE(Verbindung; Menge_ Ausdruck; Beschriftung; Sortierreihenfolge; Sortieren_nach)	sendet einen Mengenausdruck für einen bestimmten Satz von Elementen oder Tupeln an den Cube, der die entsprechenden Daten zusammenstellt und an Excel liefert.
CUBEMENGENANZAHL(Menge)	liefert die Anzahl der Elemente in einer definierten Menge.
CUBERANGELEMENT(Verbindung; Menge_ Ausdruck; Rang; Beschriftung)	gibt das mit Rang angegebene Element in einer Menge zurück.
CUBEWERT(Verbindung; Element_ Ausdruck1; Element_Ausdruck2...)	liefert einen aggregierten Wert aus einem Cube.
DATEDIF(Ausgangsdatum; Enddatum; Einheit)	berechnet die Differenz von Ausgangs- und Enddatum.
DATUM(Jahr; Monat; Tag)	berechnet eine serielle Zahl für das eingegebene Datum.
DATWERT(Datumstext)	wandelt die Zeichenfolge in einen Datumswert um.
DBANZAHL(Datenbank; Datenbankfeld; Suchkriterien)	ermittelt die Anzahl der Datensätze, die mit den Suchkriterien übereinstimmen.
DBANZAHL2(Datenbank; Datenbankfeld; Suchkriterien)	ermittelt die Anzahl der Datensätze, die mit den Suchkriterien übereinstimmen, wobei auch Zellen mit Texten oder Wahrheitswerten berücksichtigt werden.
DBAUSZUG(Datenbank; Datenbankfeld; Suchkriterien)	liefert den Inhalt des angegebenen Felds des Datensatzes, der mit den Suchkriterien übereinstimmt.
DBMAX(Datenbank; Datenbankfeld; Suchkriterien)	liefert den größten Wert in einem Datenbankfeld aus den Datensätzen, die den angegebenen Kriterien entsprechen.
DBMIN(Datenbank; Datenbankfeld; Suchkriterien)	liefert den kleinsten Wert in einem Datenbankfeld aus den Datensätzen, die den angegebenen Kriterien entsprechen.
DBMITTELWERT(Datenbank; Datenbankfeld; Suchkriterien)	liefert den Mittelwert aller Werte in einem Datenbankfeld aus den Datensätzen, die den angegebenen Kriterien entsprechen.

Alphabetische Liste der Funktionen | A

Funktion	Beschreibung
DBPRODUKT(Datenbank; Datenbankfeld; Suchkriterien)	multipliziert alle Werte eines Datenbankfelds der Datensätze, die die Suchkriterien erfüllen.
DBSTDABW(Datenbank; Datenbankfeld; Suchkriterien)	berechnet die Standardabweichung des Datenbankfelds für die Datensätze, die die Suchkriterien erfüllen. Die Datensätze werden als Stichprobe behandelt.
DBSTDABWN(Datenbank; Datenbankfeld; Suchkriterien)	berechnet die Standardabweichung des Datenbankfelds für die Datensätze, die die Suchkriterien erfüllen. Die Datensätze werden als Grundgesamtheit behandelt.
DBSUMME(Datenbank; Datenbankfeld; Suchkriterien)	summiert alle Werte eines Datenbankfelds für die Datensätze, die die Suchkriterien erfüllen.
DBVARIANZ(Datenbank; Datenbankfeld; Suchkriterien)	berechnet die Varianz der Werte eines Datenbankfelds für die Datensätze, die die Suchkriterien erfüllen. Die Datensätze werden als Stichprobe behandelt.
DBVARIANZEN(Datenbank; Datenbankfeld; Suchkriterien)	berechnet die Varianz der Werte eines Datenbankfelds für die Datensätze, die die Suchkriterien erfüllen. Die Datensätze werden als Grundgesamtheit behandelt.
DELTA(Zahl1; Zahl2)	prüft, ob Werte gleich sind.
DEZINBIN(Zahl; Stellen)	liefert den Binärwert einer Dezimalzahl.
DEZINHEX(Zahl; Stellen)	liefert den Hexadezimalwert einer Dezimalzahl.
DEZINOKT(Zahl; Stellen)	liefert den Oktalwert einer Dezimalzahl.
DIA(Ansch_Wert; Restwert; Nutzungsdauer; Zr)	berechnet die Abschreibungsrate nach der digitalen Methode.
DISAGIO(Abrechnung; Fälligkeit; Kurs; Rückzahlung; Basis)	berechnet das Disagio beim Handel mit einem Wertpapier.
DM(Zahl; Dezimalstellen)	wandelt den Wert in eine Zeichenfolge im aktuellen Währungsformat um.
DURATION(Abrechnung; Fälligkeit; Nominalzins; Rendite; Häufigkeit; Basis)	liefert die hypothetische durchschnittliche Kapitalbindungsdauer eines festverzinslichen Wertpapiers.

A | Alphabetische Liste der Funktionen

Funktion	Beschreibung
EDATUM(Ausgangsdatum; Monate)	berechnet ein um Monate verschobenes Datum.
EFFEKTIV(Nominalzins; Perioden)	berechnet den effektiven Jahreszins für eine Anlage oder ein Darlehen.
ERSETZEN(Alter_Text; Erstes_Zeichen; Anzahl_Zeichen; Neuer_Text)	ersetzt ab einer bestimmten Stelle eine Anzahl Zeichen in einer Zeichenfolge durch neue Zeichen.
EXP(Zahl)	bewirkt, dass die Eulersche Zahl e (2,71828...) mit dem angegebenen Wert potenziert wird.
EXPONVERT(x; Lambda; Kumuliert)	liefert Wahrscheinlichkeiten für eine exponentialverteilte Zufallsvariable.
FAKULTÄT(Zahl)	liefert die Fakultät der angegebenen Zahl.
FALSCH()	legt den Wahrheitswert FALSCH in der Zelle ab.
FEHLER.TYP(Fehlerwert)	liefert die Fehlernummer für den vorliegenden Fehler.
FEST(Zahl; Dezimalstellen; Keine_Punkte)	wandelt einen numerischen Wert in eine Zeichenfolge um.
FINDEN(Suchtext; Text; Erstes_Zeichen)	überprüft, ob die mit Suchtext angegebene Zeichenfolge in einer anderen Zeichenfolge vorkommt.
FINV(Wahrsch; Freiheitsgrade1; Freiheitsgrade2)	liefert Quantile der F-Verteilung.
FISHER(x)	liefert die Fisher-Transformation eines Korrelationskoeffizienten.
FISHERINV(y)	Umkehrfunktion zu FISHER().
FTEST(Matrix1; Matrix2)	liefert die Wahrscheinlichkeit der Übereinstimmung zweier Stichproben hinsichtlich ihrer Varianzen.
FVERT(x; Freiheitsgrade1; Freiheitsgrade2)	liefert Werte der Verteilungsfunktion (1-Alpha) einer F-verteilten Zufallsvariablen.
GAMMAINV(Wahrsch; Alpha; Beta)	liefert Quantile der Gammaverteilung.
GAMMALN(x)	liefert den natürlichen Logarithmus zur Gammafunktion.

Funktion	Beschreibung
GAMMAVERT(x; Alpha; Beta; Kumuliert)	liefert Wahrscheinlichkeiten für eine gammaverteilte Zufallsvariable.
GANZZAHL(Zahl)	reduziert einen numerischen Ausdruck auf die nächstkleinere ganze Zahl.
GAUSSFEHLER(Untere_Grenze; Obere_Grenze)	liefert Werte des Gaußschen Fehlerintegrals.
GAUSSFKOMPL(Untere_Grenze)	liefert komplementäre Werte des Gaußschen Fehlerintegrals.
GDA(Ansch_Wert; Restwert; Nutzungsdauer; Periode; Faktor)	berechnet die Abschreibungsrate für einen bestimmten Abschreibungszeitraum nach der geometrisch-degressiven Methode.
GDA2(Ansch_Wert; Restwert; Nutzungsdauer; Periode; Monate)	berechnet die Abschreibungsrate für einen bestimmten Abschreibungszeitraum nach der geometrisch-degressiven Methode für eine bestimmte Periode.
GEOMITTEL(Zahl1; Zahl2; ...)	berechnet das geometrische Mittel.
GERADE(Zahl)	rundet Zahlen zur nächsten geraden Ganzzahl.
GESTUTZTMITTEL(Matrix; Prozent)	berechnet das arithmetische Mittel, wobei Extremwerte nicht berücksichtigt werden.
GGANZZAHL(Zahl; Schritt)	prüft, ob der mit Zahl angegebene Wert den mit Schritt angegebenen Schwellenwert erreicht oder überschreitet.
GGT(Zahl1; Zahl2; ...)	liefert den größten gemeinsamen Teiler von ganzen Zahlen.
GLÄTTEN(Text)	entfernt führende Leerzeichen und überzählige Leerzeichen.
GRAD(Winkel)	rechnet aus Bogenmaß in Grad um.
GROSS(Text)	wandelt alle Buchstaben aus der mit Text angegebenen Zeichenfolge in Großbuchstaben um.
GROSS2(Text)	wandelt den ersten Buchstaben in Großbuchstaben, den Rest in Kleinbuchstaben um.

A | Alphabetische Liste der Funktionen

Funktion	Beschreibung
GTEST(Matrix; µ0; Sigma)	liefert die einseitige Wahrscheinlichkeit für einen Gauß-Test.
HARMITTEL(Zahl1; Zahl2; ...)	berechnet das harmonische Mittel.
HÄUFIGKEIT(Daten; Klassen)	liefert die Häufigkeit innerhalb der durch Klassen definierten Intervalle.
HEUTE()	liefert das Systemdatum.
HEXINBIN(Zahl; Stellen)	liefert den Binärwert einer hexadezimalen Zahl.
HEXINDEZ(Zahl)	liefert den Dezimalwert einer hexadezimalen Zahl.
HEXINOKT(Zahl; Stellen)	liefert den Oktalwert einer hexadezimalen Zahl.
HYPERLINK(Hyperlink_Adresse; Freundlicher_Name)	erstellt eine Verknüpfung zu der angegebenen Adresse.
HYPGEOMVERT(Erfolge_S; Umfang_S; Erfolge_G; Umfang_G)	berechnet Wahrscheinlichkeiten einer hypergeometrisch verteilten Zufallsvariablen.
IDENTISCH(Text1;Text2)	vergleicht zwei Zeichenfolgen, ob sie exakt übereinstimmen.
IKV(Werte; Schätzwert)	berechnet den internen Ertragszins einer Investition.
IMABS(Komplexe_Zahl)	liefert den Absolutwert (Modul) einer komplexen Zahl.
IMAGINÄRTEIL(Komplexe_Zahl)	liefert den imaginären Anteil einer komplexen Zahl.
IMAPOTENZ(Komplexe_Zahl; Potenz)	liefert die Potenz einer komplexen Zahl.
IMARGUMENT(Komplexe_Zahl)	liefert das Argument einer komplexen Zahl.
IMCOS(Komplexe_Zahl)	liefert den Kosinus einer komplexen Zahl.
IMDIV(Komplexe_Zahl1; Komplexe_Zahl2)	Division komplexer Zahlen
IMEXP(Komplexe_Zahl)	Potenzierung von e (Eulersche Zahl) mit einer komplexen Zahl
IMKONJUGIERTE(Komplexe_Zahl)	liefert zu einer komplexen Zahl das konjugiert komplexe Komplement.

Alphabetische Liste der Funktionen | A

Funktion	Beschreibung
IMLN(Komplexe_Zahl)	liefert den natürlichen Logarithmus einer komplexen Zahl.
IMLOG10(Komplexe_Zahl)	liefert den dekadischen Logarithmus einer komplexen Zahl.
IMLOG2(Komplexe_Zahl)	liefert den binären Logarithmus einer komplexen Zahl.
IMPRODUKT(Komplexe_Zahl1; Komplexe_Zahl2,...)	berechnet das Produkt komplexer Zahlen.
IMREALTEIL(Komplexe_Zahl)	liefert den reellen Anteil einer komplexen Zahl.
IMSIN(Komplexe_Zahl)	liefert den Sinus einer komplexen Zahl.
IMSUB(Komplexe_Zahl1; Komplexe_Zahl2)	Subtraktion zweier komplexer Zahlen
IMSUMME(Komplexe_Zahl1; Komplexe_Zahl2;...)	Addition komplexer Zahlen
IMWURZEL(Komplexe_Zahl)	liefert die Quadratwurzel einer komplexen Zahl.
INDEX(**Bezug**; Zeile; Spalte; Bereich)	liefert einen Wert aus einem Bereich.
INDEX(**Matrix**; Zeile; Spalte)	liefert einen Wert aus einer Matrix.
INDIREKT(**Bezug**; A1)	ermittelt den Inhalt einer Zelle, auf die in einer anderen Zelle verwiesen wird.
INFO(Typ)	liefert Informationen über die Betriebssystemumgebung.
ISPMT(**ZINS**; PRO; Zzr; Bw)	berechnet die Zinsen, die während einer bestimmten Periode gezahlt werden.
ISTBEZUG(Wert)	testet, ob Wert ein gültiger Bereichsname oder eine Bereichsadresse ist.
ISTFEHL(Wert)	testet, ob Wert ein Fehlerwert ungleich #NV ist.
ISTFEHLER(Wert)	testet, ob Wert ein Fehlerwert ist.
ISTGERADE(Wert)	testet, ob Wert durch 2 ganzzahlig teilbar ist.
ISTKTEXT(Wert)	testet, ob in einer Zelle kein Text vorhanden ist.

A | Alphabetische Liste der Funktionen

Funktion	Beschreibung
ISTLEER(Wert)	testet, ob eine Zelle leer ist.
ISTLOG(Wert)	überprüft, ob das Argument Wert einen Wahrheitswert liefert.
ISTNV(Wert)	überprüft, ob eine Zelle den Fehlerwert #NV enthält.
ISTTEXT(Wert)	prüft, ob Wert eine Zeichenfolge liefert.
ISTUNGERADE(Wert)	testet, ob Wert durch 2 ganzzahlig teilbar ist.
ISTZAHL(Wert)	prüft, ob Wert eine Zahl liefert.
JAHR(Zahl)	liefert das Jahr für das eingegebene Datum.
JETZT()	liefert das Systemdatum und die Uhrzeit.
KALENDERWOCHE(Datum; Rückgabe)	liefert für das angegebene Datum die entsprechende Kalenderwoche.
KAPZ(Zins; Zr; Zzr; Bw; Zw; F)	berechnet den Tilgungsanteil für die Abzahlung eines Annuitätendarlehens.
KGRÖSSTE(Matrix; k)	gibt den k-größten Wert zurück.
KGV(Zahl1; Zahl2; ...)	liefert das kleinste gemeinsame Vielfache.
KKLEINSTE(Matrix; k)	gibt den k-kleinsten Wert zurück.
KLEIN(Text)	wandelt alle Buchstaben in Kleinbuchstaben um.
KOMBINATIONEN(n; k)	gibt den Wert des Binomialkoeffizienten aus.
KOMPLEXE(Realteil; Imaginärteil; Suffix)	erzeugt eine komplexe Zahl aus zwei reellen Zahlen.
KONFIDENZ(Alpha; Standabwn; Umfang_S)	berechnet das Konfidenzintervall.
KORREL(Matrix1; Matrix2)	liefert den Korrelationskoeffizienten zweier Datenreihen.
KOVAR(Matrix1; Matrix2)	liefert ein Maß für den Zusammenhang zwischen den Daten zweier Datenreihen.
KRITBINOM(Versuche; Erfolgswahrsch; Alpha)	liefert die kleinste Anzahl erfolgreicher Versuche, für die die kumulierten Wahrscheinlichkeiten größer oder gleich einer Grenzwahrscheinlichkeit sind.

Alphabetische Liste der Funktionen | **A**

Funktion	Beschreibung
KÜRZEN(Zahl; Anzahl_Stellen)	kürzt auf die angegebene Stellenzahl.
KUMKAPITAL(Zins; Zzr; Bw; Zeitraum_Anfang; Zeitraum_Ende; F)	berechnet den Betrag, der für die Tilgung eines Annuitätendarlehens in einem Zeitraum aufgebracht wird.
KUMZINSZ(Zins; Zzr; Bw; Zeitraum_Anfang; Zeitraum_Ende; F)	berechnet den für die Zinsen aufgebrachten Betrag.
KURS(Abrechnung; Fälligkeit; Zins; Rendite; Rückzahlung; Häufigkeit; Basis)	liefert den Kurswert eines festverzinslichen Wertpapiers.
KURSDISAGIO(Abrechnung; Fälligkeit; Disagio; Rückzahlung; Basis)	berechnet den Ausgabekurs eines unverzinslichen Wertpapiers.
KURSFÄLLIG(Abrechnung; Fälligkeit; Emission; Zins; Rendite; Basis)	berechnet den Kurswert eines festverzinslichen Wertpapiers.
KURT(Zahl1; Zahl2; ...)	liefert die Kurtosis (Wölbung) einer Häufigkeitsverteilung.
LÄNGE(Text)	liefert die Zahl der Zeichen in der mit Text angegebenen Zeichenfolge.
LIA(Ansch_Wert; Restwert; Nutzungsdauer)	berechnet die Abschreibungsrate nach der linearen Methode (AFA).
LINKS(Text; Anzahl_Zeichen)	liefert die mit Anzahl_Zeichen festgelegte Zeichenzahl vom Beginn der Zeichenfolge an.
LN(Zahl)	liefert den natürlichen Logarithmus.
LOG(Zahl; Basis)	liefert den Logarithmus zur angegebenen Basis.
LOG10(Zahl)	liefert den dekadischen Logarithmus.
LOGINV(Wahrsch; Mittelwert; Standabwn)	liefert Quantile einer logarithmischen Normalverteilung.
LOGNORMVERT(x; Mittelwert; Standabwn)	liefert die Wahrscheinlichkeitsverteilung für eine logarithmische Normalverteilung.
MAX(Zahl1; Zahl2; ...)	liefert den größten Wert.
MAXA(Wert1; Wert2; ...)	liefert den größten Wert, wobei auch Zellen mit Texten oder Wahrheitswerten berücksichtigt werden.

A | Alphabetische Liste der Funktionen

Funktion	Beschreibung
MDET(**Matrix**)	liefert die Determinante der angegebenen Matrix.
MDURATION(**Abrechnung**; **Fälligkeit**; **Nominalzins**; **Rendite**; **Häufigkeit**; Basis)	berechnet die modifizierte Duration.
MEDIAN(**Zahl1**; Zahl2; ...)	ermittelt den Median einer Reihe von Daten.
MIN(**Zahl1**; Zahl2; ...)	liefert den kleinsten Wert.
MINA(**Wert1**; Wert2; ...)	liefert den kleinsten Wert, wobei auch Zellen mit Texten oder Wahrheitswerten berücksichtigt werden.
MINUTE(**Zahl**)	berechnet den Minutenanteil eines Zeitwertes.
MINV(**Matrix**)	bildet die Inverse zu einer Matrix.
MITTELABW(**Zahl1**; Zahl2; ...)	liefert die mittlere lineare Abweichung.
MITTELWERT(**Zahl1**; Zahl2; ...)	liefert das arithmetische Mittel.
MITTELWERTA(**Wert1**; Wert2; ...)	liefert das arithmetische Mittel, wobei auch Zellen mit Texten oder Wahrheitswerten berücksichtigt werden.
MITTELWERTWENN(**Bereich**; **Kriterien**; Durchschnitt_Bereich)	liefert das arithmetische Mittel von Werten, die einem Kriterium entsprechen.
MITTELWERTWENNS(**Durchschnitt_Bereich**; **Kriterien_Bereich1**; **Kriterium1**; Kriterien_Bereich2; Kriterium2 ...)	liefert das arithmetische Mittel von Werten, die mehreren Kriterien entsprechen.
MMULT(**Matrix1**; **Matrix2**)	liefert das Produkt zweier Matrizen.
MODALWERT(**Zahl1**; Zahl2; ...)	liefert den in einer Datenreihe am häufigsten vorkommenden Wert.
MONAT(**Zahl**)	liefert die Monatszahl eines Datumswertes.
MONATSENDE(**Ausgangsdatum**; **Monate**)	liefert den letzten Tag des Monats, in den das um Monate verschobene Datum fällt.
MTRANS(**Matrix**)	tauscht die Zeilen und Spalten in einer Matrix.

Alphabetische Liste der Funktionen | A

Funktion	Beschreibung
N(Wert)	gibt Wert als einen in eine Zahl gewandelten Wert zurück.
NBW(Zins; Wert1; Wert2; ...)	berechnet den Nettokapitalwert periodischer Cashflows.
NEGBINOMVERT(Zahl_Mißerfolge; Zahl_Erfolge; Erfolgswahrsch)	berechnet, mit welcher Wahrscheinlichkeit ein zusammengesetztes Ereignis eintritt.
NETTOARBEITSTAGE(Ausgangsdatum; Enddatum; Freie_Tage)	berechnet die Arbeitstage zwischen zwei Daten.
NICHT(Wahrheitswert)	kehrt den Wert von Wahrheitswert um.
NOMINAL(Effektiver_Zins; Perioden)	berechnet die jährliche Nominalverzinsung.
NORMINV(Wahrsch; Mittelwert; Standabwn)	liefert Quantile der Normalverteilung.
NORMVERT(x; Mittelwert; Standabwn; Kumuliert)	liefert Werte für eine Normalverteilung.
NOTIERUNGBRU(Zahl; Teiler)	berechnet einen als Bruch interpretierbaren Ausdruck einer Dezimalzahl.
NOTIERUNGDEZ(Zahl; Teiler)	konvertiert einen Bruch in eine Dezimalzahl.
NV()	trägt den Fehlerwert #NV in die Zelle ein.
OBERGRENZE(Zahl; Schritt)	rundet auf das nächste Vielfache von Schritt auf.
ODER(Wahrheitswert1; Wahrheitswert2; ...)	liefert WAHR, wenn ein Argument WAHR ist, sonst FALSCH.
OKTINBIN(Zahl; Stellen)	liefert den Binärwert einer oktalen Zahl.
OKTINDEZ(Zahl)	liefert den Dezimalwert einer oktalen Zahl.
OKTINHEX(Zahl; Stellen)	liefert den hexadezimalen Wert einer oktalen Zahl.
PEARSON(Matrix1; Matrix2)	liefert den Pearsonschen Korrelationskoeffizienten.
PI()	liefert den numerischen Wert von PI.
PIVOTDATENZUORDNEN(Datenfeld; PivotTable; Feld1; Element1; Feld2; Element2; ...)	gibt Werte aus einer Pivot-Tabelle zurück.

A | Alphabetische Liste der Funktionen

Funktion	Beschreibung
POISSON(x; Mittelwert; Kumuliert)	liefert Wahrscheinlichkeiten für Zufallsvariable, die einer Poisson-Verteilung angehören.
POLYNOMIAL(Zahl1; Zahl2; ...)	liefert die Fakultät der Summe der Argumente geteilt durch das Produkt der Fakultäten.
POTENZ(Zahl; Potenz)	liefert die angegebene Potenz einer Zahl.
POTENZREIHE(x; n; m; Koeffizienten)	liefert eine Summe von Potenzen der Zahl x.
PRODUKT(Zahl1; Zahl2; ...)	multipliziert alle angegebenen Argumente miteinander.
QIKV(Werte; Investition; Reinvestition)	berechnet die interne Ertragsrate einer Reihe von Ein- und Auszahlungen.
QUADRATESUMME(Zahl1; Zahl2; ...)	berechnet die Summe der Quadrate der angegebenen Werte.
QUANTIL(Matrix; Alpha)	liefert denjenigen Wert einer Datenreihe, unterhalb dessen ein mit Alpha angegebener Bruchteil der Daten liegt.
QUANTILSRANG(Matrix; x; Genauigkeit)	liefert die Angabe des Anteils von Daten, die unterhalb des angegebenen Wertes liegen.
QUARTILE(Matrix; Quartil)	unterteilt die Daten von Matrix in vier Bereiche mit je gleichen Anteilen von Daten.
QUOTIENT(Zähler; Nenner)	liefert das ganzzahlige Ergebnis einer Division.
RANG(Zahl; Bezug; Reihenfolge)	liefert die Position, die ein Wert in einer Datenreihe in Bezug auf seine Größe einnimmt.
RECHTS(Text; Anzahl_Zeichen)	liefert die mit Anzahl_Zeichen festgelegte Zeichenzahl vom Ende der Zeichenfolge gerechnet.
RENDITE(Abrechnung; Fälligkeit; Zins; Kurs; Rückzahlung; Häufigkeit; Basis)	berechnet die jährliche Rendite eines Wertpapiers.

Alphabetische Liste der Funktionen | **A**

Funktion	Beschreibung
RENDITEDIS(Abrechnung; Fälligkeit; Kurs; Rückzahlung; Basis)	berechnet die jährliche Rendite eines unverzinslichen Wertpapiers.
RENDITEFÄLL(Abrechnung; Fälligkeit; Emission; Zins; Kurs; Basis)	berechnet die jährliche Rendite eines Wertpapiers, dessen Zinsen zum Fälligkeitstermin ausgezahlt werden.
REST(Zahl; Divisor)	liefert den Restbetrag (Modulus) bei einer Division.
RGP(Y_Werte; X_Werte; Konstante; Stats)	liefert Kennziffern zur linearen Regression.
RKP(Y_Werte; X_Werte; Konstante; Stats)	liefert Kennziffern zur exponentiellen Regression.
RMZ(Zins; Zzr; Bw; Zw; F)	berechnet die periodische Zahlung für eine Annuität.
RÖMISCH(Zahl; Typ)	wandelt Zahlen in die römische Zahlendarstellung um.
RTD(ProgID; Server; Thema1; [Thema2]; ...)	empfängt Echtzeitdaten eines registrierten Add-Ins.
RUNDEN(Zahl; Anzahl_Stellen)	rundet Werte auf oder ab.
SÄUBERN(Text)	entfernt aus der mit dem Argument Text gelieferten Zeichenfolge alle nicht druckbaren Zeichen.
SCHÄTZER(x; Y_Werte; X_Werte)	liefert für den vorgegebenen Wert x einen Schätzwert von y anhand einer linearen Regression.
SCHIEFE(Zahl1; Zahl2; ...)	liefert ein Maß für die Asymmetrie der Häufigkeitsverteilung einer Stichprobe.
SEKUNDE(Zahl)	liefert den Sekundenanteil eines Zeitwertes.
SIN(Zahl)	berechnet den Sinus des angegebenen Winkels.
SINHYP(Zahl)	liefert den hyperbolischen Sinus des angegebenen Werts.
SPALTE(Bezug)	liefert die Spaltennummer eines Bereichs.
SPALTEN(Matrix)	liefert die Anzahl der Spalten eines Bereichs oder einer Matrix.

A | Alphabetische Liste der Funktionen

Funktion	Beschreibung
STABW(**Zahl1**; Zahl2; ...)	schätzt die Standardabweichung auf der Basis einer Stichprobe.
STABWA(**Zahl1**; Zahl2; ...)	schätzt die Standardabweichung auf der Basis einer Stichprobe, wobei auch Zellen mit Texten oder Wahrheitswerten berücksichtigt werden.
STABWN(**Zahl1**; Zahl2; ...)	berechnet die Standardabweichung auf der Basis der Grundgesamtheit.
STABWNA(**Wert1**; Wert2; ...)	berechnet die Standardabweichung auf der Basis der Grundgesamtheit, wobei auch Zellen mit Texten oder Wahrheitswerten berücksichtigt werden.
STANDARDISIERUNG(**x**; **Mittelwert**; **Standabwn**)	berechnet Werte einer Normalverteilung in Werte einer Standardnormalverteilung um.
STANDNORMINV(**Wahrsch**)	liefert Quantile einer Standardnormalverteilung zurück.
STANDNORMVERT(**z**)	gibt die Wahrscheinlichkeit dafür, dass eine Zufallsvariable aus einer Standardnormalverteilung den Wert z oder kleiner annimmt.
STEIGUNG(**Y_Werte**; **X_Werte**)	liefert die Steigung für eine Regressionsgerade.
STFEHLERYX(**Y_Werte**; **X_Werte**)	liefert den Standardschätzfehler bei linearer Regression.
STUNDE(**Zahl**)	liefert den Stundenanteil eines Zeitwertes.
SUCHEN(**Suchtext**; **Text**; Erstes_Zeichen)	überprüft, ob die mit Suchtext angegebene Zeichenfolge in einer anderen Zeichenfolge vorkommt.
SUMME(**Zahl1**; Zahl2; ...)	berechnet die Summe der angegebenen Argumente.
SUMMENPRODUKT(**Matrix1**; Matrix2; Matrix3; ...)	bewirkt, dass die Elemente der Matrizen miteinander multipliziert und anschließend die Multiplikationsergebnisse summiert werden.

Funktion	Beschreibung
SUMMEWENN(Bereich; Kriterien; Summe_Bereich)	berechnet die Summe der Werte, die das angegebene Kriterium erfüllen.
SUMMEWENNS(Summe_Bereich; Kriterium_Bereich1; Kriterium1; Kriterium_Bereich2; Kriterium2...)	berechnet die Summe der Werte, die mehrere Kriterien erfüllen.
SUMMEX2MY2(Matrix_x; Matrix_y)	subtrahiert die Summen der quadrierten x-Werte und der quadrierten y-Werte.
SUMMEX2PY2(Matrix_x; Matrix_y)	addiert die Summen der quadrierten x-Werte und der quadrierten y-Werte.
SUMMEXMY2(Matrix_x; Matrix_y)	bewirkt, dass die Differenz zwischen x-Werten und y-Werten ausquadriert wird und dann die einzelnen Werte aufsummiert werden.
SUMQUADABW(Zahl1; Zahl2; ...)	gibt die Summe der quadratischen Abweichungen.
SVERWEIS(Suchkriterium; Matrix; Spaltenindex; Bereich_Verweis)	ermittelt ausgehend von einer Zelle in einer Matrix den Inhalt der Zelle in derselben Zeile einer anderen Spalte.
T(Wert)	überprüft, ob das mit Wert angegebene Argument eine Zahl oder eine Zeichenfolge liefert.
TAG(Zahl)	gibt die Tagesnummer eines Datumswertes.
TAGE360(Ausgangsdatum; Enddatum; Methode)	gibt die Anzahl der Tage zwischen zwei verschiedenen Daten, wobei das Jahr mit 360 Tagen gerechnet wird.
TAN(Zahl)	berechnet den Tangens des angegebenen Winkels.
TANHYP(Zahl)	liefert den hyperbolischen Tangens.
TBILLÄQUIV(Abrechnung; Fälligkeit; Disagio)	berechnet die vergleichsweise jährliche Verzinsung eines Schatzwechsels (Treasury Bill).
TBILLKURS(Abrechnung; Fälligkeit; Disagio)	berechnet den Ausgabekurs für einen Schatzwechsel.
TBILLRENDITE(Abrechnung; Fälligkeit; Kurs)	berechnet die Rendite eines Schatzwechsels.

A | Alphabetische Liste der Funktionen

Funktion	Beschreibung
TEIL(Text; Erstes_Zeichen; Anzahl_Zeichen)	schneidet aus der Zeichenfolge eine Unterzeichenfolge aus.
TEILERGEBNIS(Funktion; Bezug1; Bezug2; ...)	gibt ein Teilergebnis aus einer Tabelle oder Datenbank zurück.
TEXT(Wert; Textformat)	wandelt einen numerischen Wert in einen Text um.
TINV(Wahrsch; Freiheitsgrade)	liefert Quantile der t-Verteilung.
TREND(Y_Werte; X_Werte; Neue_X_Werte; Konstante)	berechnet auf der Basis der linearen Regression geschätzte y-Werte.
TTEST(Matrix1; Matrix2; Seiten; Typ)	liefert Werte für den Vergleich zweier Stichproben.
TVERT(x; Freiheitsgrade; Seiten)	liefert Wahrscheinlichkeiten für t-verteilte Zufallsvariable.
TYP(Wert)	liefert den Datentyp von Wert.
UMWANDELN(Zahl; Von_Maßeinheit; In_Maßeinheit)	liefert Umrechnungen zwischen verschiedenen Maßeinheiten.
UND(Wahrheitswert1; Wahrheitswert2; ...)	liefert nur WAHR, wenn alle Argumente WAHR sind, sonst FALSCH.
UNGERADE(Zahl)	rundet Zahlen zur nächsten ungeraden Ganzzahl.
UNREGER.KURS(Abrechnung; Fälligkeit; Emission; Erster_Zinstermin; Zins; Rendite; Rückzahlung; Häufigkeit; Basis)	liefert den Kurswert eines festverzinslichen Wertpapiers mit abweichender erster Zinsperiode.
UNREGER.REND(Abrechnung; Fälligkeit; Emission; Erster_Zinstermin; Zins; Kurs; Rückzahlung; Häufigkeit; Basis)	liefert die Rendite eines festverzinslichen Wertpapiers mit abweichender erster Zinsperiode.
UNREGLE.KURS(Abrechnung; Fälligkeit; Letzter_Zinstermin; Zins; Rendite; Rückzahlung; Häufigkeit; Basis)	liefert den Kurswert eines festverzinslichen Wertpapiers mit abweichender letzter Zinsperiode.
UNREGLE.REND(Abrechnung; Fälligkeit; Letzter_Zinstermin; Zins; Kurs; Rückzahlung; Häufigkeit; Basis)	liefert die Rendite eines festverzinslichen Wertpapiers mit abweichender letzter Zinsperiode.

Funktion	Beschreibung
UNTERGRENZE(Zahl; Schritt)	rundet Werte auf das nächste Vielfache von Schritt ab.
VARIANZ(Zahl1; Zahl2; ...)	schätzt die Varianz der Grundgesamtheit auf der Basis einer Stichprobe.
VARIANZA(Zahl1; Zahl2; ...)	schätzt die Varianz der Grundgesamtheit auf der Basis einer Stichprobe, wobei auch Zellen mit Texten oder Wahrheitswerten berücksichtigt werden.
VARIANZEN(Zahl1; Zahl2; ...)	berechnet die Varianz auf der Basis der Grundgesamtheit.
VARIANZENA(Zahl1; Zahl2; ...)	berechnet die Varianz auf der Basis der Grundgesamtheit, wobei auch Zellen mit Texten oder Wahrheitswerten berücksichtigt werden.
VARIATION(Y_Werte; X_Werte; Neue_x_Werte; Konstante)	berechnet Werte, die sich aus einem exponentiellen Trend ergeben.
VARIATIONEN(n; k)	berechnet die Reihe von geordneten Folgen, die mit den angegebenen Argumenten möglich sind.
VDB(Ansch_Wert; Restwert; Nutzungsdauer; Anfang; Ende; Faktor; Nicht_wechseln)	berechnet die Abschreibungsrate nach der variabel-degressiven Methode.
VERGLEICH(Suchkriterium; Suchmatrix; Vergleichstyp)	durchsucht eine Suchmatrix bzw. einen Bereich nach einem Suchkriterium und gibt die relative Position aus.
VERKETTEN(Text1; Text2; ...)	verknüpft Zeichenfolgen miteinander.
VERWEIS(Suchkriterium; Matrix)	durchsucht die Werte einer Matrix.
VERWEIS(**Suchkriterium; Suchvektor; Ergebnisvektor**)	durchsucht die Werte eines Vektors.
VORZEICHEN(Zahl)	ergibt bei positiven Zahlen 1, bei negativen Zahlen -1 und bei null 0.
VRUNDEN(Zahl; Vielfaches)	rundet Werte auf das nächste erreichbare Vielfache.
WAHL(Index; Wert1; Wert2; ...)	liefert einen Wert aus einer Liste von Werten.

A | Alphabetische Liste der Funktionen

Funktion	Beschreibung
WAHR()	trägt den Wahrheitswert WAHR in eine Zelle ein.
WAHRSCHBEREICH(Beob_Werte; Beob_Wahrsch; Untergrenze; Obergrenze)	berechnet die Wahrscheinlichkeit dafür, dass ein Beobachtungswert in das angegebene Intervall fällt.
WECHSELN(Text; Alter_Text; Neuer_Text; Ntes_Auftreten)	ersetzt alten Text durch neuen Text in einer Zeichenfolge.
WEIBULL(x; Alpha; Beta; Kumuliert)	liefert Wahrscheinlichkeiten für eine Weibull-verteilte Zufallsvariable.
WENN(Prüfung; Dann_Wert; Sonst_Wert)	liefert den Dann_Wert, wenn Wahrheitsprüfung WAHR ergibt, sonst den Sonst_Wert.
WENNFEHLER(Wert; Wert_falls_Fehler)	erlaubt im Fehlerfall benutzerdefinierte Fehleranzeigen auszugeben.
WERT(Text)	wandelt die Zeichenfolge in einen numerischen Wert um, sofern die Zeichen ein gültiges Zahlenformat ergeben.
WIEDERHOLEN(Text; Multiplikator)	wiederholt in der Zelle die angegebene Zeichenfolge n-mal.
WOCHENTAG(Zahl; Typ)	liefert die Wochentagsnummer eines Datumswertes.
WURZEL(Zahl)	ermittelt die Quadratwurzel einer Zahl.
WURZELPI(Zahl)	liefert die Quadratwurzel aus (Zahl * PI).
WVERWEIS(Suchkriterium; Matrix; Zeilenindex; Bereich_Verweis)	ermittelt ausgehend von einer Zelle in einer Matrix den Inhalt der Zelle in derselben Spalte.
XINTZINSFUSS(Werte; Zeitpkte; Schätzwert)	berechnet den internen Zinssatz für eine Reihe von unregelmäßigen Zahlungsvorgängen im unterjährigen Bereich.
XKAPITALWERT(Zins; Werte; Zeitpkte)	berechnet den Nettokapitalwert für eine Reihe von unregelmäßigen Zahlungsvorgängen im unterjährigen Bereich.
ZÄHLENWENN(Bereich; Kriterien)	gibt die Anzahl der nicht leeren Zellen im Bereich, die dem angegebenen Kriterium entsprechen.

Funktion	Beschreibung
ZÄHLENWENNS(Bereich1; Kriterien1; Bereich2;Kriterien2...)	gibt die Anzahl der nicht leeren Zellen im Bereich, die mehreren Kriterien entsprechen.
ZEICHEN(Zahl)	liefert das der Codezahl entsprechende Zeichen.
ZEILE(Bezug)	liefert die Zeilennummer eines Bezugs.
ZEILEN(Matrix)	liefert die Anzahl der Zeilen eines Bereichs oder einer Matrix.
ZEIT(Stunde; Minute; Sekunde)	berechnet eine serielle Zahl für die eingegebene Uhrzeit.
ZEITWERT(Zeit)	wandelt die Zeichenfolge in einen Zeitwert um.
ZELLE(Infotyp; Bezug)	gibt verschiedene Informationen über eine Zelle.
ZINS(Zzr; Rmz; Bw; Zw; F; Schätzwert)	berechnet den Zinssatz einer Investition bei regelmäßigen Auszahlungen.
ZINSSATZ(Abrechnung; Fälligkeit; Anlage; Rückzahlung; Basis)	berechnet den (jährlichen) Zinssatz für eine Investition, bei der zwischen Abrechnung und Rückzahlung keine Zinsen ausgeschüttet werden.
ZINSTERMNZ(Abrechnung; Fälligkeit; Häufigkeit; Basis)	berechnet das Datum der ersten Zinsausschüttung.
ZINSTERMTAGE(Abrechnung; Fälligkeit; Häufigkeit; Basis)	berechnet die Anzahl der Tage in derjenigen Zinsperiode, in die der Abrechnungszeitpunkt fällt.
ZINSTERMTAGNZ(Abrechnung; Fälligkeit; Häufigkeit; Basis)	berechnet die Tage bis zum ersten Zinstermin.
ZINSTERMTAGVA(Abrechnung; Fälligkeit; Häufigkeit; Basis)	berechnet die Tage vom letzten Zinstermin bis zur Abrechnung.
ZINSTERMVZ(Abrechnung; Fälligkeit; Häufigkeit; Basis)	berechnet das Datum des letzten Zinstermins.
ZINSTERMZAHL(Abrechnung; Fälligkeit; Häufigkeit; Basis)	berechnet die Zahl der Zinstermine zwischen Kaufdatum und Fälligkeitsdatum.
ZINSZ(Zins; Zr; Zzr; Bw; Zw; F)	berechnet den Zinsanteil für die Abzahlung eines Darlehens.

A | Alphabetische Liste der Funktionen

Funktion	Beschreibung
ZUFALLSBEREICH(Min_Wert; Max_Wert)	erzeugt ganzzahlige Zufallszahlen zwischen Min_Wert und Max_Wert.
ZUFALLSZAHL()	produziert Zufallszahlen zwischen 0 und 1.
ZW(Zins; Zzr; Rmz; Bw; F)	berechnet den zukünftigen Wert auf der Grundlage regelmäßiger Zahlungen.
ZW2(Kapital; Zinsen)	berechnet den Endwert eines Kapitals, das mit wechselnden Zinsen verzinst wird.
ZWEIFAKULTÄT(Zahl)	liefert die Doppelfakultät einer positiven Zahl.
ZZR(Zins; Rmz; Bw; Zw; F)	berechnet die Zahl der Zahlungsperioden für die Tilgung eines Darlehens.

B Funktionenliste Deutsch–Englisch/ Englisch–Deutsch

B.1 Deutsch–Englisch

Deutsch	Englisch
ABRUNDEN()	ROUNDDOWN()
ABS()	ABS()
ACHSENABSCHNITT()	INTERCEPT()
ADRESSE()	ADDRESS()
AMORDEGRK()	AMORDEGRC()
AMORLINEARK()	AMORLINC()
ANZAHL()	COUNT()
ANZAHL2()	COUNTA()
ANZAHLLEEREZELLEN()	COUNTBLANK()
ARBEITSTAG()	WORKDAY()
ARCCOS()	ACOS()
ARCCOSHYP()	ACOSH()
ARCSIN()	ASIN()
ARCSINHYP()	ASINH()
ARCTAN()	ATAN()
ARCTAN2()	ATAN2()
ARCTANHYP()	ATANH()
AUFGELZINS()	ACCRINT()
AUFGELZINSF()	ACCRINTM()
AUFRUNDEN()	ROUNDUP()
AUSZAHLUNG()	INTRATE()
BAHTTEXT()	BAHTTEXT()

B | Funktionenliste Deutsch–Englisch/Englisch–Deutsch

Deutsch	Englisch
BEREICH.VERSCHIEBEN()	OFFSET()
BEREICHE()	AREAS()
BESSELI()	BESSELI()
BESSELJ()	BESSELJ()
BESSELK()	BESSELK()
BESSELY()	BESSELY()
BESTIMMTHEITSMASS()	RSQ()
BETAINV()	BETAINV()
BETAVERT()	BETADIST()
BININDEZ()	BIN2DEC()
BININHEX()	BIN2HEX()
BININOKT()	BIN2OCT()
BINOMVERT()	BINOMDIST()
BOGENMASS()	RADIANS()
BRTEILJAHRE()	YEARFRAC()
BW()	PV()
CHIINV()	CHIINV()
CHITEST()	CHITEST()
CHIVERT()	CHIDIST()
CODE()	CODE()
COS()	COS()
COSHYP()	COSH()
CUBEELEMENT()	CUBEMEMBER()
CUBEELEMENTEIGENSCHAFT()	CUBEMEMBERPROPERTY()
CUBEKPIELEMENT()	CUBEKPIMEMBER()
CUBEMENGE()	CUBESET()
CUBEMENGENANZAHL()	CUBESETCOUNT()
CUBERANGEELEMENT()	CUBERANKEDMEMBER()
CUBEWERT()	CUBEVALUE()
DATEDIF()	DATEDIF()
DATUM()	DATE()
DATWERT()	DATEVALUE()

Deutsch	Englisch
DBANZAHL()	DCOUNT()
DBANZAHL2()	DCOUNTA()
DBAUSZUG()	DGET()
DBMAX()	DMAX()
DBMIN()	DMIN()
DBMITTELWERT()	DAVERAGE()
DBPRODUKT()	DPRODUCT()
DBSTDABW()	DSTDEV()
DBSTDABWN()	DSTDEVP()
DBSUMME()	DSUM()
DBVARIANZ()	DVAR()
DBVARIANZEN()	DVARP()
DELTA()	DELTA()
DEZINBIN()	DEC2BIN()
DEZINHEX()	DEC2HEX()
DEZINOKT()	DEC2OCT()
DIA()	SYD()
DISAGIO()	DISC()
DM()	DOLLAR()
DURATION()	DURATION()
EDATUM()	EDATE()
EFFEKTIV()	EFFECT()
ERSETZEN()	REPLACE()
EXP()	EXP()
EXPONVERT()	EXPONDIST()
FAKULTÄT()	FACT()
FALSCH()	FALSE()
FEHLER.TYP()	ERROR.TYPE()
FEST()	FIXED()
FINDEN()	FIND()
FINV()	FINV()
FISHER()	FISHER()

B | Funktionenliste Deutsch–Englisch/Englisch–Deutsch

Deutsch	Englisch
FISHERINV()	FISHERINV()
FTEST()	FTEST()
FVERT()	FDIST()
GAMMAINV()	GAMMAINV()
GAMMALN()	GAMMALN()
GAMMAVERT()	GAMMADIST()
GANZZAHL()	INT()
GAUSSFEHLER()	ERF()
GAUSSFKOMPL()	ERFC()
GDA()	DDB()
GDA2()	DB()
GEOMITTEL()	GEOMEAN()
GERADE()	EVEN()
GESTUTZTMITTEL()	TRIMMEAN()
GGANZZAHL()	GESTEP()
GGT()	GCD()
GLÄTTEN()	TRIM()
GRAD()	DEGREES()
GROSS()	UPPER()
GROSS2()	PROPER()
GTEST()	ZTEST()
HARMITTEL()	HARMEAN()
HÄUFIGKEIT()	FREQUENCY()
HEUTE()	TODAY()
HEXINBIN()	HEX2BIN()
HEXINDEZ()	HEX2DEC()
HEXINOKT()	HEX2OCT()
HYPERLINK()	HYPERLINK()
HYPGEOMVERT()	HYPGEOMDIST()
IDENTISCH()	EXACT()
IKV()	IRR()
IMABS()	IMABS()

Deutsch	Englisch
IMAGINÄRTEIL()	IMAGINARY()
IMAPOTENZ()	IMPOWER()
IMARGUMENT()	IMARGUMENT()
IMCOS()	IMCOS()
IMDIV()	IMDIV()
IMEXP()	IMEXP()
IMKONJUGIERTE()	IMCONJUGATE()
IMLN()	IMLN()
IMLOG10()	IMLOG10()
IMLOG2()	IMLOG2()
IMPRODUKT()	IMPRODUCT()
IMREALTEIL()	IMREAL()
IMSIN()	IMSIN()
IMSUB()	IMSUB()
IMSUMME()	IMSUM()
IMWURZEL()	IMSQRT()
INDEX()	INDEX()
INDIREKT()	INDIRECT()
INFO()	INFO()
ISPMT()	ISPMT()
ISTBEZUG()	ISREF()
ISTFEHL()	ISERR()
ISTFEHLER()	ISERROR()
ISTGERADE()	ISEVEN()
ISTKTEXT()	ISNONTEXT()
ISTLEER()	ISBLANK()
ISTLOG()	ISLOGICAL()
ISTNV()	ISNA()
ISTTEXT()	ISTEXT()
ISTUNGERADE()	ISODD()
ISTZAHL()	ISNUMBER()
JAHR()	YEAR()

B | Funktionenliste Deutsch–Englisch/Englisch–Deutsch

Deutsch	Englisch
JETZT()	NOW()
KALENDERWOCHE()	WEEKNUM()
KAPZ()	PPMT()
KGRÖSSTE()	LARGE()
KGV()	LCM()
KKLEINSTE()	SMALL()
KLEIN()	LOWER()
KOMBINATIONEN()	COMBIN()
KOMPLEXE()	COMPLEX()
KONFIDENZ()	CONFIDENCE()
KORREL()	CORREL()
KOVAR()	COVAR()
KRITBINOM()	CRITBINOM()
KÜRZEN()	TRUNC()
KUMKAPITAL()	CUMPRINC()
KUMZINSZ()	CUMIPMT()
KURS()	PRICE()
KURSDISAGIO()	PRICEDISC()
KURSFÄLLIG()	PRICEMAT()
KURT()	KURT()
LÄNGE()	LEN()
LIA()	SLN()
LINKS()	LEFT()
LN()	LN()
LOG()	LOG()
LOG10()	LOG10()
LOGINV()	LOGINV()
LOGNORMVERT()	LOGNORMDIST()
MAX()	MAX()
MAXA()	MAXA()
MDET()	MDETERM()
MDURATION()	MDURATION()

Deutsch	Englisch
MEDIAN()	MEDIAN()
MIN()	MIN()
MINA()	MINA()
MINUTE()	MINUTE()
MINV()	MINVERSE()
MITTELABW()	AVEDEV()
MITTELWERT()	AVERAGE()
MITTELWERTA()	AVERAGEA()
MITTELWERTWENN()	AVERAGEIF()
MITTELWERTWENNS()	AVERAGEIFS()
MMULT()	MMULT()
MODALWERT()	MODE()
MONAT()	MONTH()
MONATSENDE()	EOMONTH()
MTRANS()	TRANSPOSE()
N()	N()
NBW()	NPV()
NEGBINOMVERT()	NEGBINOMDIST()
NETTOARBEITSTAGE()	NETWORKDAYS()
NICHT()	NOT()
NOMINAL()	NOMINAL()
NORMINV()	NORMINV()
NORMVERT()	NORMDIST()
NOTIERUNGBRU()	DOLLARFR()
NOTIERUNGDEZ()	DOLLARDE()
NV()	NA()
OBERGRENZE()	CEILING()
ODER()	OR()
OKTINBIN()	OCT2BIN()
OKTINDEZ()	OCT2DEC()
OKTINHEX()	OCT2HEX()
PEARSON()	PEARSON()

B | Funktionenliste Deutsch–Englisch/Englisch–Deutsch

Deutsch	Englisch
PI()	PI()
PIVOTDATENZUORDNEN()	GETPIVOTDATA()
POISSON()	POISSON()
POLYNOMIAL()	MULTINOMIAL()
POTENZ()	POWER()
POTENZREIHE()	SERIESSUM()
PRODUKT()	PRODUCT()
QIKV()	MIRR()
QUADRATESUMME()	SUMSQ()
QUANTIL()	PERCENTILE()
QUANTILSRANG()	PERCENTRANK()
QUARTILE()	QUARTILE()
QUOTIENT()	QUOTIENT()
RANG()	RANK()
RECHTS()	RIGHT()
RENDITE()	YIELD()
RENDITEDIS()	YIELDDISC()
RENDITEFÄLL()	YIELDMAT()
REST()	MOD()
RGP()	LINEST()
RKP()	LOGEST()
RMZ()	PMT()
RÖMISCH()	ROMAN()
RTD()	RTD()
RUNDEN()	ROUND()
SÄUBERN()	CLEAN()
SCHÄTZER()	FORECAST()
SCHIEFE()	SKEW()
SEKUNDE()	SECOND()
SIN()	SIN()
SINHYP()	SINH()
SPALTE()	COLUMN()

Deutsch	Englisch
SPALTEN()	COLUMNS()
STABW()	STDEV()
STABWA()	STDEVA()
STABWN()	STDEVP()
STABWNA()	STDEVPA()
STANDARDISIERUNG()	STANDARDIZE()
STANDNORMINV()	NORMSINV()
STANDNORMVERT()	NORMSDIST()
STEIGUNG()	SLOPE()
STFEHLERYX()	STEYX()
STUNDE()	HOUR()
SUCHEN()	SEARCH()
SUMME()	SUM()
SUMMENPRODUKT()	SUMPRODUCT()
SUMMEWENN()	SUMIF()
SUMMEWENNS()	SUMIFS()
SUMMEX2MY2()	SUMX2MY2()
SUMMEX2PY2()	SUMX2PY2()
SUMMEXMY2()	SUMXMY2()
SUMQUADABW()	DEVSQ()
SVERWEIS()	VLOOKUP()
T()	T()
TAG()	DAY()
TAGE360()	DAYS360()
TAN()	TAN()
TANHYP()	TANH()
TBILLÄQUIV()	TBILLEQ()
TBILLKURS()	TBILLPRICE()
TBILLRENDITE()	TBILLYIELD()
TEIL()	MID()
TEILERGEBNIS()	SUBTOTAL()
TEXT()	TEXT()

Deutsch	Englisch
TINV()	TINV()
TREND()	TREND()
TTEST()	TTEST()
TVERT()	TDIST()
TYP()	TYPE()
UMWANDELN()	CONVERT()
UND()	AND()
UNGERADE()	ODD()
UNREGER.KURS()	ODDFPRICE()
UNREGER.REND()	ODDFYIELD()
UNREGLE.KURS()	ODDLPRICE()
UNREGLE.REND()	ODDLYIELD()
UNTERGRENZE()	FLOOR()
VARIANZ()	VAR()
VARIANZA()	VARA()
VARIANZEN()	VARP()
VARIANZENA()	VARPA()
VARIATION()	GROWTH()
VARIATIONEN()	PERMUT()
VDB()	VDB()
VERGLEICH()	MATCH()
VERKETTEN()	CONCATENATE()
VERWEIS()	LOOKUP()
VORZEICHEN()	SIGN()
VRUNDEN()	MROUND()
WAHL()	CHOOSE()
WAHR()	TRUE()
WAHRSCHBEREICH()	PROB()
WECHSELN()	SUBSTITUTE()
WEIBULL()	WEIBULL()
WENN()	IF()
WENNFEHLER()	IFERROR()

Deutsch	Englisch
WERT()	VALUE()
WIEDERHOLEN()	REPT()
WOCHENTAG()	WEEKDAY()
WURZEL()	SQRT()
WURZELPI()	SQRTPI()
WVERWEIS()	HLOOKUP()
XINTZINSFUSS()	XIRR()
XKAPITALWERT()	XNPV()
ZÄHLENWENN()	COUNTIF()
ZÄHLENWENNS()	COUNTIFS()
ZEICHEN()	CHAR()
ZEILE()	ROW()
ZEILEN()	ROWS()
ZEIT()	TIME()
ZEITWERT()	TIMEVALUE()
ZELLE()	CELL()
ZINS()	RATE()
ZINSSATZ()	RECEIVED()
ZINSTERMNZ()	COUPNCD()
ZINSTERMTAGE()	COUPDAYS()
ZINSTERMTAGNZ()	COUPDAYSNC()
ZINSTERMTAGVA()	COUPDAYBS()
ZINSTERMVZ()	COUPPCD()
ZINSTERMZAHL()	COUPNUM()
ZINSZ()	IPMT()
ZUFALLSBEREICH()	RANDBETWEEN()
ZUFALLSZAHL()	RAND()
ZW()	FV()
ZW2()	FVSCHEDULE()
ZWEIFAKULTÄT()	FACTDOUBLE()
ZZR()	NPER()

B.2 Englisch–Deutsch

Englisch	Deutsch
ABS()	ABS()
ACCRINT()	AUFGELZINS()
ACCRINTM()	AUFGELZINSF()
ACOS()	ARCCOS()
ACOSH()	ARCCOSHYP()
ADDRESS()	ADRESSE()
AMORDEGRC()	AMORDEGRK()
AMORLINC()	AMORLINEARK()
AND()	UND()
AREAS()	BEREICHE()
ASIN()	ARCSIN()
ASINH()	ARCSINHYP()
ATAN()	ARCTAN()
ATAN2()	ARCTAN2()
ATANH()	ARCTANHYP()
AVEDEV()	MITTELABW()
AVERAGE()	MITTELWERT()
AVERAGEA()	MITTELWERTA()
AVERAGEIF()	MITTELWERTWENN()
AVERAGEIFS()	MITTELWERTWENNS()
BAHTTEXT()	BAHTTEXT()
BESSELI()	BESSELI()
BESSELJ()	BESSELJ()
BESSELK()	BESSELK()
BESSELY()	BESSELY()
BETADIST()	BETAVERT()
BETAINV()	BETAINV()
BIN2DEC()	BININDEZ()
BIN2HEX()	BININHEX()
BIN2OCT()	BININOKT()

Englisch	Deutsch
BINOMDIST()	BINOMVERT()
CEILING()	OBERGRENZE()
CELL()	ZELLE()
CHAR()	ZEICHEN()
CHIDIST()	CHIVERT()
CHIINV()	CHIINV()
CHITEST()	CHITEST()
CHOOSE()	WAHL()
CLEAN()	SÄUBERN()
CODE()	CODE()
COLUMN()	SPALTE()
COLUMNS()	SPALTEN()
COMBIN()	KOMBINATIONEN()
COMPLEX()	KOMPLEXE()
CONCATENATE()	VERKETTEN()
CONFIDENCE()	KONFIDENZ()
CONVERT()	UMWANDELN()
CORREL()	KORREL()
COS()	COS()
COSH()	COSHYP()
COUNT()	ANZAHL()
COUNTA()	ANZAHL2()
COUNTIF()	ZÄHLENWENN()
COUNTIFS()	ZÄHLENWENNS()
COUPDAYBS()	ZINSTERMTAGVA()
COUPDAYS()	ZINSTERMTAGE()
COUPDAYSNC()	ZINSTERMTAGNZ()
COUPNCD()	ZINSTERMNZ()
COUPNUM()	ZINSTERMZAHL()
COUPPCD()	ZINSTERMVZ()
COUNTBLANK()	ANZAHLLEEREZELLEN()
COVAR()	KOVAR()

B | Funktionenliste Deutsch–Englisch/Englisch–Deutsch

Englisch	Deutsch
CRITBINOM()	KRITBINOM()
CUBEKPIMEMBER()	CUBEKPIELEMENT()
CUBEMEMBER()	CUBEELEMENT()
CUBEMEMBERPROPERTY()	CUBEELEMENTEIGENSCHAFT()
CUBERANKEDMEMBER()	CUBERANGELEMENT()
CUBESET()	CUBEMENGE()
CUBESETCOUNT()	CUBEMENGENANZAHL()
CUBEVALUE()	CUBEWERT()
CUMIPMT()	KUMZINSZ()
CUMPRINC()	KUMKAPITAL()
DATE()	DATUM()
DATEDIF()	DATEDIF()
DATEVALUE()	DATWERT()
DAVERAGE()	DBMITTELWERT()
DAY()	TAG()
DAYS360()	TAGE360()
DB()	GDA2()
DCOUNT()	DBANZAHL()
DCOUNTA()	DBANZAHL2()
DDB()	GDA()
DEC2BIN()	DEZINBIN()
DEC2HEX()	DEZINHEX()
DEC2OCT()	DEZINOKT()
DEGREES()	GRAD()
DELTA()	DELTA()
DEVSQ()	SUMQUADABW()
DGET()	DBAUSZUG()
DISC()	DISAGIO()
DMAX()	DBMAX()
DMIN()	DBMIN()
DOLLAR()	DM()
DOLLARDE()	NOTIERUNGDEZ()

Englisch–Deutsch | B.2

Englisch	Deutsch
DOLLARFR()	NOTIERUNGBRU()
DPRODUCT()	DBPRODUKT()
DSTDEV()	DBSTDABW()
DSTDEVP()	DBSTDABWN()
DSUM()	DBSUMME()
DURATION()	DURATION()
DVAR()	DBVARIANZ()
DVARP()	DBVARIANZEN()
EDATE()	EDATUM()
EFFECT()	EFFEKTIV()
EOMONTH()	MONATSENDE()
ERF()	GAUSSFEHLER()
ERFC()	GAUSSFKOMPL()
ERROR.TYPE()	FEHLER.TYP()
EVEN()	GERADE()
EXACT()	IDENTISCH()
EXP()	EXP()
EXPONDIST()	EXPONVERT()
FACT()	FAKULTÄT()
FACTDOUBLE()	ZWEIFAKULTÄT()
FALSE()	FALSCH()
FDIST()	FVERT()
FIND()	FINDEN()
FINV()	FINV()
FISHER()	FISHER()
FISHERINV()	FISHERINV()
FIXED()	FEST()
FLOOR()	UNTERGRENZE()
FORECAST()	SCHÄTZER()
FREQUENCY()	HÄUFIGKEIT()
FTEST()	FTEST()
FV()	ZW()

B | Funktionenliste Deutsch–Englisch/Englisch–Deutsch

Englisch	Deutsch
FVSCHEDULE()	ZW2()
GAMMADIST()	GAMMAVERT()
GAMMAINV()	GAMMAINV()
GAMMALN()	GAMMALN()
GCD()	GGT()
GEOMEAN()	GEOMITTEL()
GESTEP()	GGANZZAHL()
GETPIVOTDATA()	PIVOTDATENZUORDNEN()
GROWTH()	VARIATION()
HARMEAN()	HARMITTEL()
HEX2BIN()	HEXINBIN()
HEX2DEC()	HEXINDEZ()
HEX2OCT()	HEXINOKT()
HLOOKUP()	WVERWEIS()
HOUR()	STUNDE()
HYPERLINK()	HYPERLINK()
HYPGEOMDIST()	HYPGEOMVERT()
IF()	WENN()
IFERROR()	WENNFEHLER()
IMABS()	IMABS()
IMAGINARY()	IMAGINÄRTEIL()
IMARGUMENT()	IMARGUMENT()
IMCONJUGATE()	IMKONJUGIERTE()
IMCOS()	IMCOS()
IMDIV()	IMDIV()
IMEXP()	IMEXP()
IMLN()	IMLN()
IMLOG10()	IMLOG10()
IMLOG2()	IMLOG2()
IMPOWER()	IMAPOTENZ()
IMPRODUCT()	IMPRODUKT()
IMREAL()	IMREALTEIL()

Englisch	Deutsch
IMSIN()	IMSIN()
IMSQRT()	IMWURZEL()
IMSUB()	IMSUB()
IMSUM()	IMSUMME()
INDEX()	INDEX()
INDIRECT()	INDIREKT()
INFO()	INFO()
INT()	GANZZAHL()
INTERCEPT()	ACHSENABSCHNITT()
INTRATE()	AUSZAHLUNG()
IPMT()	ZINSZ()
IRR()	IKV()
ISBLANK()	ISTLEER()
ISERR()	ISTFEHL()
ISERROR()	ISTFEHLER()
ISEVEN()	ISTGERADE()
ISLOGICAL()	ISTLOG()
ISNA()	ISTNV()
ISNONTEXT()	ISTKTEXT()
ISNUMBER()	ISTZAHL()
ISODD()	ISTUNGERADE()
ISPMT()	ISPMT()
ISREF()	ISTBEZUG()
ISTEXT()	ISTTEXT()
KURT()	KURT()
LARGE()	KGRÖSSTE()
LCM()	KGV()
LEFT()	LINKS()
LEN()	LÄNGE()
LINEST()	RGP()
LN()	LN()
LOG()	LOG()

B | Funktionenliste Deutsch–Englisch/Englisch–Deutsch

Englisch	Deutsch
LOG10()	LOG10()
LOGEST()	RKP()
LOGINV()	LOGINV()
LOGNORMDIST()	LOGNORMVERT()
LOOKUP()	VERWEIS()
LOWER()	KLEIN()
MATCH()	VERGLEICH()
MAX()	MAX()
MAXA()	MAXA()
MDETERM()	MDET()
MDURATION()	MDURATION()
MEDIAN()	MEDIAN()
MID()	TEIL()
MIN()	MIN()
MINA()	MINA()
MINUTE()	MINUTE()
MINVERSE()	MINV()
MIRR()	QIKV()
MMULT()	MMULT()
MOD()	REST()
MODE()	MODALWERT()
MONTH()	MONAT()
MROUND()	VRUNDEN()
MULTINOMIAL()	POLYNOMIAL()
N()	N()
NA()	NV()
NEGBINOMDIST()	NEGBINOMVERT()
NETWORKDAYS()	NETTOARBEITSTAGE()
NOMINAL()	NOMINAL()
NORMDIST()	NORMVERT()
NORMINV()	NORMINV()
NORMSDIST()	STANDNORMVERT()

Englisch	Deutsch
NORMSINV()	STANDNORMINV()
NOT()	NICHT()
NOW()	JETZT()
NPER()	ZZR()
NPV()	NBW()
OCT2BIN()	OKTINBIN()
OCT2DEC()	OKTINDEZ()
OCT2HEX()	OKTINHEX()
ODD()	UNGERADE()
ODDFPRICE()	UNREGER.KURS()
ODDFYIELD()	UNREGER.REND()
ODDLPRICE()	UNREGLE.KURS()
ODDLYIELD()	UNREGLE.REND()
OFFSET()	BEREICH.VERSCHIEBEN()
OR()	ODER()
PEARSON()	PEARSON()
PERCENTILE()	QUANTIL()
PERCENTRANK()	QUANTILSRANG()
PERMUT()	VARIATIONEN()
PI()	PI()
PMT()	RMZ()
POISSON()	POISSON()
POWER()	POTENZ()
PPMT()	KAPZ()
PRICE()	KURS()
PRICEDISC()	KURSDISAGIO()
PRICEMAT()	KURSFÄLLIG()
PROB()	WAHRSCHBEREICH()
PRODUCT()	PRODUKT()
PROPER()	GROSS2()
PV()	BW()
QUARTILE()	QUARTILE()

B | Funktionenliste Deutsch–Englisch/Englisch–Deutsch

Englisch	Deutsch
QUOTIENT()	QUOTIENT()
RADIANS()	BOGENMASS()
RAND()	ZUFALLSZAHL()
RANDBETWEEN()	ZUFALLSBEREICH()
RANK()	RANG()
RATE()	ZINS()
RECEIVED()	ZINSSATZ()
REPLACE()	ERSETZEN()
REPT()	WIEDERHOLEN()
RIGHT()	RECHTS()
ROMAN()	RÖMISCH()
ROUND()	RUNDEN()
ROUNDDOWN()	ABRUNDEN()
ROUNDUP()	AUFRUNDEN()
ROW()	ZEILE()
ROWS()	ZEILEN()
RSQ()	BESTIMMTHEITSMASS()
RTD()	RTD()
SEARCH()	SUCHEN()
SECOND()	SEKUNDE()
SERIESSUM()	POTENZREIHE()
SIGN()	VORZEICHEN()
SIN()	SIN()
SINH()	SINHYP()
SKEW()	SCHIEFE()
SLN()	LIA()
SLOPE()	STEIGUNG()
SMALL()	KKLEINSTE()
SQRT()	WURZEL()
SQRTPI()	WURZELPI()
STANDARDIZE()	STANDARDISIERUNG()
STDEV()	STABW()

Englisch	Deutsch
STDEVA()	STABWA()
STDEVP()	STABWN()
STDEVPA()	STABWNA()
STEYX()	STFEHLERYX()
SUBSTITUTE()	WECHSELN()
SUBTOTAL()	TEILERGEBNIS()
SUM()	SUMME()
SUMIF()	SUMMEWENN()
SUMIFS()	SUMMEWENNS()
SUMPRODUCT()	SUMMENPRODUKT()
SUMSQ()	QUADRATESUMME()
SUMX2MY2()	SUMMEX2MY2()
SUMX2PY2()	SUMMEX2PY2()
SUMXMY2()	SUMMEXMY2()
SYD()	DIA()
T()	T()
TAN()	TAN()
TANH()	TANHYP()
TBILLEQ()	TBILLÄQUIV()
TBILLPRICE()	TBILLKURS()
TBILLYIELD()	TBILLRENDITE()
TDIST()	TVERT()
TEXT()	TEXT()
TIME()	ZEIT()
TIMEVALUE()	ZEITWERT()
TINV()	TINV()
TODAY()	HEUTE()
TRANSPOSE()	MTRANS()
TREND()	TREND()
TRIM()	GLÄTTEN()
TRIMMEAN()	GESTUTZTMITTEL()
TRUE()	WAHR()

B | Funktionenliste Deutsch–Englisch/Englisch–Deutsch

Englisch	Deutsch
TRUNC( )	KÜRZEN( )
TTEST( )	TTEST( )
TYPE( )	TYP( )
UPPER( )	GROSS( )
VALUE( )	WERT( )
VAR( )	VARIANZ( )
VARA( )	VARIANZA( )
VARP( )	VARIANZEN( )
VARPA( )	VARIANZENA( )
VDB( )	VDB( )
VLOOKUP( )	SVERWEIS( )
WEEKDAY( )	WOCHENTAG( )
WEEKNUM( )	KALENDERWOCHE( )
WEIBULL( )	WEIBULL( )
WORKDAY( )	ARBEITSTAG( )
XIRR( )	XINTZINSFUSS( )
XNPV( )	XKAPITALWERT( )
YEAR( )	JAHR( )
YEARFRAC( )	BRTEILJAHRE( )
YIELD( )	RENDITE( )
YIELDDISC( )	RENDITEDIS( )
YIELDMAT( )	RENDITEFÄLL( )
ZTEST( )	GTEST( )

C Funktionen im Überblick

A

ABRUNDEN() 223
ABS() 223
ACHSENABSCHNITT() 317
ADRESSE() 410
AMORDEGRK() 125
AMORLINEARK() 127
ANZAHL() 318
ANZAHL2() 319
ANZAHLLEEREZELLEN() 322
ARBEITSTAG() 195
ARCCOS() 224
ARCCOSHYP() 226
ARCSIN() 226
ARCSINHYP() 228
ARCTAN() 228
ARCTAN2() 229
ARCTANHYP() 230
AUFGELZINS() 128
AUFGELZINSF() 129
AUFRUNDEN() 231
AUSZAHLUNG() 130

B

BAHTTEXT() 483
BEREICH.VERSCHIEBEN() 412
BEREICHE() 415
BESSELI() 286
BESSELJ() 286
BESSELK() 286
BESSELY() 287

BESTIMMTHEITSMASS() 323
BETAINV() 324
BETAVERT() 325
BININDEZ() 287
BININHEX() 288
BININOKT() 288
BINOMVERT() 326
BOGENMASS() 231
BRTEILJAHRE() 196
BW() 131

C

CHIINV() 328
CHITEST() 328
CHIVERT() 330
CODE() 484
COS() 232
COSHYP() 233
CUBEELEMENT() 474
CUBEELEMENTEIGENSCHAFT() 475
CUBEKPIELEMENT() 475
CUBEMENGE() 478
CUBEMENGENANZAHL() 479
CUBERANGEELEMENT() 479
CUBEWERT() 479

D

DATEDIF() 197
DATUM() 198
DATWERT() 200
DBANZAHL() 442

DBANZAHL2() 443
DBAUSZUG() 443
DBMAX() 444
DBMIN() 445
DBMITTELWERT() 445
DBPRODUKT() 445
DBSTDABW() 447
DBSTDABWN() 447
DBSUMME() 448
DBVARIANZ() 448
DBVARIANZEN() 449
DELTA() 289
DEZINBIN() 290
DEZINHEX() 290
DEZINOKT() 291
DIA() 132
DISAGIO() 133
DM() 485
DURATION() 134

E

EDATUM() 201
EFFEKTIV() 136
ERSETZEN() 486
EXP() 234
EXPONVERT() 331

F

FAKULTÄT() 235
FALSCH() 516
FEHLER.TYP() 523
FEST() 487
FINDEN() 488
FINV() 333
FISHER() 333
FISHERINV() 335
FTEST() 335
FVERT() 336

G

GAMMAINV() 337
GAMMALN() 338
GAMMAVERT() 338
GANZZAHL() 236
GAUSSFEHLER() 291
GAUSSFKOMPL() 292
GDA() 137
GDA2() 138
GEOMITTEL() 339
GERADE() 237
GESTUTZTMITTEL() 341
GGANZZAHL() 293
GGT() 238
GLÄTTEN() 489
GRAD() 239
GROSS() 490
GROSS2() 491
GTEST() 342

H

HARMITTEL() 343
HÄUFIGKEIT() 344
HEUTE() 201
HEXINBIN() 293
HEXINDEZ() 294
HEXINOKT() 295
HYPERLINK() 416
HYPGEOMVERT() 345

I

IDENTISCH() 491
IKV() 139
IMABS() 295
IMAGINÄRTEIL() 295
IMAPOTENZ() 296
IMARGUMENT() 296
IMCOS() 297

IMDIV() 297
IMEXP() 298
IMKONJUGIERTE() 298
IMLN() 298
IMLOG10() 299
IMLOG2() 299
IMPRODUKT() 299
IMREALTEIL() 300
IMSIN() 300
IMSUB() 300
IMSUMME() 301
IMWURZEL() 301
INDEX() 418
INDIREKT() 421
INFO() 524
ISPMT() 140
ISTBEZUG() 526
ISTFEHL() 526
ISTFEHLER() 526
ISTGERADE() 527
ISTKTEXT() 527
ISTLEER() 528
ISTLOG() 528
ISTNV() 529
ISTTEXT() 529
ISTUNGERADE() 530
ISTZAHL() 531

J

JAHR() 202
JETZT() 203

K

KALENDERWOCHE() 204
KAPZ() 141
KGRÖSSTE() 346
KGV() 239
KKLEINSTE() 348
KLEIN() 492

KOMBINATIONEN() 240
KOMPLEXE() 301
KONFIDENZ() 349
KORREL() 350
KOVAR() 352
KRITBINOM() 353
KUMKAPITAL() 142
KUMZINSZ() 143
KURS() 144
KURSDISAGIO() 145
KURSFÄLLIG() 146
KURT() 354
KÜRZEN() 241

L

LÄNGE() 493
LIA() 147
LINKS() 494
LN() 242
LOG() 243
LOG10() 244
LOGINV() 355
LOGNORMVERT() 355

M

MAX() 356
MAXA() 356
MDET() 245
MDURATION() 148
MEDIAN() 357
MIN() 357
MINA() 358
MINUTE() 206
MINV() 246
MITTELABW() 358
MITTELWERT() 359
MITTELWERTA() 361
MITTELWERTWENN() 362
MITTELWERTWENNS() 363

MMULT() 247
MODALWERT() 364
MONAT() 206
MONATSENDE() 208
MTRANS() 422

N

N() 532
NBW() 149
NEGBINOMVERT() 364
NETTOARBEITSTAGE() 209
NICHT() 516
NOMINAL() 150
NORMINV() 365
NORMVERT() 366
NOTIERUNGBRU() 151
NOTIERUNGDEZ() 152
NV() 532

O

OBERGRENZE() 247
ODER() 516
OKTINBIN() 302
OKTINDEZ() 303
OKTINHEX() 303

P

PEARSON() 368
PI() 248
PIVOTDATENZUORDNEN() 423
POISSON() 370
POLYNOMIAL() 249
POTENZ() 250
POTENZREIHE() 251
PRODUKT() 252

Q

QIKV() 152
QUADRATESUMME() 253
QUANTIL() 371
QUANTILSRANG() 372
QUARTILE() 373
QUOTIENT() 253

R

RANG() 374
RECHTS() 495
RENDITE() 153
RENDITEDIS() 154
RENDITEFÄLL() 155
REST() 254
RGP() 375
RKP() 378
RMZ() 156
RÖMISCH() 255
RTD() 424
RUNDEN() 255

S

SÄUBERN() 497
SCHÄTZER() 379
SCHIEFE() 380
SEKUNDE() 210
SIN() 256
SINHYP() 257
SPALTE() 424
SPALTEN() 426
STABW() 381
STABWA() 382
STABWN() 383
STABWNA() 384
STANDARDISIERUNG() 384
STANDNORMINV() 385

STANDNORMVERT() 386
STEIGUNG() 387
STFEHLERYX() 388
STUNDE() 210
SUCHEN() 497
SUMME() 258
SUMMENPRODUKT() 259
SUMMEWENN() 260
SUMMEWENNS() 261
SUMMEX2MY2() 262
SUMMEX2PY2() 263
SUMMEXMY2() 263
SUMQUADABW() 389
SVERWEIS() 427

T

T() 498
TAG() 211
TAGE360() 212
TAN() 264
TANHYP() 266
TBILLÄQUIV() 157
TBILLKURS() 158
TBILLRENDITE() 159
TEIL() 499
TEILERGEBNIS() 267
TEXT() 501
TINV() 391
TREND() 393
TTEST() 394
TVERT() 395
TYP() 534

U

UMWANDELN() 304
UND() 517
UNGERADE() 268
UNREGER.KURS() 159

UNREGER.REND() 161
UNREGLE.KURS() 162
UNREGLE.REND() 163
UNTERGRENZE() 269

V

VARIANZ() 395
VARIANZA() 397
VARIANZEN() 397
VARIANZENA() 398
VARIATION() 398
VARIATIONEN() 399
VDB() 164
VERGLEICH() 428
VERKETTEN() 502
VERWEIS() 429
VORZEICHEN() 270
VRUNDEN() 271

W

WAHL() 430
WAHR() 517
WAHRSCHBEREICH() 400
WECHSELN() 502
WEIBULL() 401
WENN() 517
WENNFEHLER() 518
WERT() 503
WIEDERHOLEN() 504
WOCHENTAG() 213
WURZEL() 272
WURZELPI() 273
WVERWEIS() 430

X

XINTZINSFUSS() 165
XKAPITALWERT() 166

Z

ZÄHLENWENN() 402
ZÄHLENWENNS() 403
ZEICHEN() 505
ZEILE() 431
ZEILEN() 432
ZEIT() 215
ZEITWERT() 216
ZELLE() 535
ZINS() 167
ZINSSATZ() 169
ZINSTERMNZ() 170
ZINSTERMTAGE() 171
ZINSTERMTAGNZ() 172
ZINSTERMTAGVA() 173
ZINSTERMVZ() 174
ZINSTERMZAHL() 174
ZINSZ() 175
ZUFALLSBEREICH() 273
ZUFALLSZAHL() 274
ZW() 176
ZW2() 177
ZWEIFAKULTÄT() 275
ZZR() 178

Index

####-Anzeige 27
#NV 40
.xla 572
1904 Datumswert 97
3D-Bezug 59

A

ABRUNDEN() 223, 615, 634
ABS() 223, 615, 626
Abschreibung 119
Abschreibungsrechnung 115
Absolute Bezüge 69
ACCRINT() 128, 615, 626
ACCRINTM() 129, 615, 626
ACHSENABSCHNITT() 317, 615, 631
Achsenspezifikation 459
ACOS() 224, 615, 626
ACOSH() 226, 615, 626
Addition 46
ADRESSE() 410, 615, 626
Adressen, Bezug 68
Alpha 542
AMORDEGRC() 125, 615, 626
AMORDEGRK() 125, 615, 626
AMORLINC() 127, 615, 626
AMORLINEARK() 127, 615, 626
Analyse-Funktionen 539
   Einfaktorielle Varianzanalyse 542
   Exponentielles Glätten 550
   Fourieranalyse 552
   Gleitender Durchschnitt 556
   Histogramm 553
   Korrelation 548
   Kovarianz 549
   Populationskenngrößen 550
   Rang und Quantil 559
   Regression 559

Analyse-Funktionen (Forts.)
   Stichprobenziehung 562
   Zufallszahlengenerierung 557
   Zweifaktorielle Varianzanalyse 545
   Zwei-Stichproben F-Test 551
   Zweistichproben t-Test 563
   Zwei-Stichprobentest bei bekannten
      Varianzen 566
AND() 517, 624, 626
Änderungswert, maximaler 96
Anova-Funktionen 540
ANZAHL() 318, 615, 627
ANZAHL2() 319, 615, 627
ANZAHLLEEREZELLEN() 322, 615, 627
Application-Objekt 573
Arbeitsmappe
   Optionen 96
ARBEITSTAG() 195, 589, 615, 636
ARCCOS() 224, 615, 626
ARCCOSHYP() 226, 615, 626
ARCSIN() 226, 615, 626
ARCSINHYP() 228, 615, 626
ARCTAN() 228, 615, 626
ARCTAN2() 229, 615, 626
ARCTANHYP() 230, 615, 626
Arithmetische Formeln 43
ASIN() 226, 615, 626
ASINH() 228, 615, 626
ATAN() 228, 615, 626
ATAN2() 229, 615, 626
ATANH() 230, 615, 626
AUFGELZINS() 128, 615, 626
AUFGELZINSF() 129, 615, 626
AUFRUNDEN() 231, 615, 634
Ausgabeformat 26
Auswahl
   Bereichsmarkierung 25
   per Tastatur 24

Index

AUSZAHLUNG() 130, 615, 631
AutoVervollständigen für Formeln 60
AVEDEV() 358
AVERAGE() 359
AVERAGEA() 361
AVERAGEIF() 362
AVERAGEIFS() 363

B

BAHTTEXT() 483, 615, 626
Bearbeitungsleiste 55
Bedingte Formatierung 97
Benutzerdefinierte Formate 38
Benutzerdefiniertes Zahlenformat 193
Berechnen
   periodische Datumsreihen 183
   periodische Zeitreihen 184
Berechnung
   Anzahl der Wiederholungen und minimale Abweichung 96
   Arbeitszeiten 187
   der Standardabweichung 312
   Kontrolle iterativer Berechnungen 96
   Registerkarte 95
Berechnungsoptionen 95
BEREICH.VERSCHIEBEN() 412, 615, 633
BEREICHE() 415, 616, 626
Bereichsadresse 68
Bereichsmarkierung 25
BESSELI() 286, 616, 626
BESSELJ() 286, 616, 626
BESSELK() 286, 616, 626
BESSELY() 287, 616, 626
BESTIMMTHEITSMASS() 323, 616, 634
BETADIST() 325
BETAINV() 324, 616, 626
BETAVERT() 325, 616, 626
Bewertung von Tabellen mit bedingten Formaten 98

Bezüge
   absolut 69
   eingeben 56
   gemischte 69
   Namen für Bezüge 73
   relativ und absolut 67
BIN2DEC() 287, 616, 626
BIN2HEX() 288, 616, 626
BIN2OCT() 288, 616, 626
BININDEZ() 287, 616, 626
BININHEX() 288, 616, 626
BININOKT() 288, 616, 626
BINOMDIST() 326
BINOMVERT() 326, 616, 627
BI-Projekt 453
Blattname 76
BlattName() 575
BOGENMASS() 231, 616, 634
BRTEILJAHRE() 196, 616, 636
Business Intelligence Development Studio 453
BW() 131, 616, 633

C

CEILING() 247, 621, 627
CELL() 535, 625, 627
CHAR() 505, 625, 627
CHIDIST() 330
CHIINV() 328, 616, 627
CHITEST() 328, 616, 627
CHIVERT() 330, 616, 627
CLEAN() 497, 622, 627
CODE() 484, 616, 627
COMBIN() 240, 620, 627
COMPLEX() 301, 620, 627
CONCATENATE() 502, 624, 627
CONFIDENCE() 349
CONVERT() 304, 624, 627
CORREL() 350
COS() 232, 616, 627

Index

COSH() 233, 616, 627
COSHYP() 233, 616, 627
COUNT() 318
COUNTA() 319
COUNTBLANK() 322
COUNTIF() 402
COUNTIFS() 403
COUPDAYBS() 173, 625, 627
COUPDAYS() 171, 625, 627
COUPDAYSNC() 172, 625, 627
COUPNCD() 170, 625, 627
COUPNUM() 174, 625, 627
COUPPCD() 174, 625, 627
COVAR() 352
CRITBINOM() 353
Cube 452
  Browser 458
  Datenquelle 455
  Definieren 456
  Dimension 453
  Hierarchien 453
  Measure 453
  OLAP 452
  Sternschema 454
  Verarbeiten 458
CUBEELEMENT() 474, 616, 628
CUBEELEMENTEIGENSCHAFT() 475, 616, 628
CUBEKPIELEMENT() 475, 616, 628
CUBEKPIMEMBER() 475, 616, 628
CUBEMEMBER() 474, 616, 628
CUBEMEMBERPROPERTY() 475, 616, 628
CUBEMENGE() 478, 616, 628
CUBEMENGENANZAHL() 479, 616, 628
CUBERANGEELEMENT() 479, 616, 628
CUBERANKEDMEMBER() 479, 616, 628
Cubes 452
CUBESET() 478, 616, 628
CUBESETCOUNT() 479, 616, 628
CUBEVALUE() 479, 616, 628

CUBEWERT() 479, 616, 628
CUMIPMT() 143, 620, 628
CUMPRINC() 142, 620, 628

D

DATE() 198, 616, 628
DATEDIF() 197, 616, 628
Datenanalyse 539
Datenquellensicht 456
Datentabelle 109
Datentools 85, 109
Datentyp 576
Datenüberprüfung 85
DATEVALUE() 200, 616, 628
Datum
  als numerischer Wert 29
  DATUM() 197, 198, 616, 628
  Datumsformat 33, 36
  Datumsfunktion 198
  Datumswert, 1904 97
DATWERT() 200, 616, 628
DAVERAGE() 445, 617, 628
DAY() 211, 623, 628
DAYS360() 212, 623, 628
DB() 138, 618, 628
DBANZAHL() 442, 616, 628
DBANZAHL2() 443, 617, 628
DBAUSZUG() 443, 617, 628
DBMAX() 444, 617, 628
DBMIN() 445, 617, 628
DBMITTELWERT() 445, 617, 628
DBPRODUKT() 445, 617, 629
DBSTDABW() 447, 617, 629
DBSTDABWN() 447, 617, 629
DBSUMME() 448, 617, 629
DBVARIANZ() 448, 617, 629
DBVARIANZEN() 449, 617, 629
DCOUNT() 442, 616, 628
DCOUNTA() 443, 617, 628
DDB() 137, 618, 628

645

Index

DEC2BIN() 290, 617, 628
DEC2HEX() 290, 617, 628
DEC2OCT() 291, 617, 628
DEGREES() 239, 618, 628
DELTA() 289, 617, 628
DEVSQ() 389
Dezimalstellen 38
Dezimalsystem 280
DEZINBIN() 290, 617, 628
DEZINHEX() 290, 617, 628
DEZINOKT() 291, 617, 628
DGET() 443, 617, 628
DIA() 132, 617, 635
Dimension Tables 454
DISAGIO() 133, 617, 628
DISC() 133, 617, 628
Division 47
durch null 48
DM() 485, 617, 628
DMAX() 444, 617, 628
DMIN() 445, 617, 628
DOLLAR() 485, 617, 628
DOLLARDE() 152, 621, 628
DOLLARFR() 151, 621, 629
Do-Loop 582
DPRODUCT() 445, 617, 629
DSTDEV() 447, 617, 629
DSTDEVP() 447, 617, 629
DSUM() 448, 617, 629
Dualsystem 280
DURATION() 134, 617, 629
DVAR() 448, 617, 629
DVARP() 449, 617, 629

E

EDATE() 201, 617, 629
EFFECT() 136, 617, 629
EFFEKTIV() 136, 617, 629
EFFRZINS() 586
EFFZINS() 584

Eingabe
von Bezügen 56
von Zahlen 26
Eingabeformat 26
endkapital() 583
EOMONTH() 208, 621, 629
ERF() 291, 618, 629
ERF/GAUSSFEHLER() 291, 618, 629
ERFC() 292, 618, 629
ERROR.TYPE() 523, 617, 629
ERSETZEN() 486, 617, 634
EVEN() 237, 618, 629
EXACT() 491, 618, 629
Excel-Add-In 572
EXP() 234, 617, 629
EXPONDIST() 331
EXPONVERT() 331, 617, 629

F

Fact Tables 454
FACT() 235, 617, 629
FACTDOUBLE() 275, 625, 629
FAKULTÄT() 235, 617, 629
FALSCH() 516, 617, 629
FALSE() 516, 617, 629
FDIST() 336
FEHLER.TYP() 523, 617, 629
Fehlerindikatoren 90
Fehlersuche in Tabellen 92
Fehlerüberprüfung 90, 91
Fehlerwerte 89
FEST() 487, 617, 629
FIND() 488, 617, 629
FINDEN() 488, 617, 629
FINV() 333, 617, 629
FISHER() 333, 617, 629
FISHERINV() 335, 617, 629
FIXED() 487, 617, 629
FLOOR() 269, 624, 629
FORECAST() 379

Index

Format
  bedingte Formatierung 98
  Formatbeschreibung 37
  Formatcodes 38
  Formatierung
    löschen des Zellformats 32
    Zahlengröße und Spaltenbreite 27
  Formatsymbole 32
  Formeln
    arithmetische 43
    benannte Werte definieren 77
    Eingabe über Funktions-Assistenten 63
    externe Bezüge 59
    Fehler durch Werte 89
    logische 44, 49
    Namen anwenden 78
    Typen 43
    Verwendung von Bereichen 58
    Verwendung von Formeln 55
    Zeichenfolgen 44
  Formelüberwachung 91, 94
  For-Next 582
  FREQUENCY() 344
  FTEST() 335, 541, 618, 629
  Funktion 570
  Funktionen 44, 50
    bearbeiten 65
    Eingabe 60
    verschachtelte 65
  Funktions-Assistent 63, 65
  FV() 176, 625, 629
  FVERT() 336, 544, 618, 629
  FVSCHEDULE() 177, 625, 630

G

GAMMADIST() 338
GAMMAINV() 337, 618, 630
GAMMALN() 338, 618, 630
GAMMAVERT() 338, 618, 630
GANZZAHL() 236, 618, 631
GCD() 238, 618, 630
GDA() 137, 618, 628
GDA2() 138, 618, 628
Gemischte Bezüge 69
Genauigkeit wie angezeigt 97
GEOMEAN() 339
GEOMITTEL() 339, 618, 630
GERADE() 237, 618, 629
GESTEP() 293, 618, 630
GESTUTZTMITTEL() 341, 618, 635
GGANZZAHL() 293, 618, 630
GGT() 238, 618, 630
GLÄTTEN() 489, 618, 635
Gleichung mit einer Unbekannten 99
Gleichungssysteme mit mehreren
  Unbekannten 102
GRAD() 239, 618, 628
Grenzwertbericht 108
GROSS() 490, 618, 636
GROSS2() 491, 618, 633
GROWTH() 398
Gruppe
  Analyse 539
GTEST() 342, 566, 618, 636
Gültigkeitsregeln 85

H

HARMEAN() 343
HARMITTEL() 343, 618, 630
Häufigkeit 554
HÄUFIGKEIT() 344, 618, 629
HEUTE() 201, 618, 635
HEX2BIN() 293, 618, 630
HEX2DEC() 294, 618, 630
HEX2OCT() 295, 618, 630
Hexadezimalsystem 280
HEXINBIN() 293, 618, 630
HEXINDEZ() 294, 618, 630
HEXINOKT() 295, 618, 630
Hilfe bei der Eingabe von Funktionen 61

HOUR() 210, 623, 630
HYPERLINK() 416, 618, 630
Hyperlink-Adresse 417
Hyperlink-Formel 418
HYPGEOMDIST() 345
HYPGEOMVERT() 345, 618, 630

I

IDENTISCH() 491, 618, 629
IF() 517, 624, 630
IFERROR() 518, 624, 630
If-Then 580
IKV() 139, 618, 631
IMABS() 295, 618, 630
IMAGINÄRTEIL() 295, 618, 630
IMAGINARY() 295, 618, 630
IMAPOTENZ() 296, 619, 630
IMARGUMENT() 296, 619, 630
IMCONJUGATE() 298, 619, 630
IMCOS() 297, 619, 630
IMDIV() 297, 619, 630
IMEXP() 298, 619, 630
IMKONJUGIERTE() 298, 619, 630
IMLN() 298, 619, 630
IMLOG10() 299, 619, 630
IMLOG2() 299, 619, 630
IMPOWER() 296, 619, 630
IMPRODUCT() 299, 619, 630
IMPRODUKT() 299, 619, 630
IMREAL() 300, 619, 630
IMREALTEIL() 300, 619, 630
IMSIN() 300, 619, 631
IMSQRT() 301, 619, 631
IMSUB() 300, 619, 631
IMSUM() 301, 619, 631
IMSUMME() 301, 619, 631
IMWURZEL() 301, 619, 631
INDEX() 418, 619, 631
INDIREKT() 421, 619, 631
INFO() 524, 619, 631

Informationsfunktionen 521
  bedingte Berechnung 522
INT() 236, 618, 631
INTERCEPT() 317
INTRATE() 130, 615, 631
Investitionsrechnung 115
IPMT() 175, 625, 631
IRR() 139, 618, 631
ISBLANK() 528, 619, 631
ISERR() 526, 619, 631
ISERROR() 526, 619, 631
ISEVEN() 527, 619, 631
ISLOGICAL() 528, 619, 631
ISNA() 529, 619, 631
ISNONTEXT() 527, 619, 631
ISNUMBER() 531, 619, 631
ISODD() 530, 619, 631
ISPMT() 140, 619, 631
ISREF() 526, 619, 631
ISTBEZUG() 526, 619, 631
ISTEXT() 529, 619, 631
ISTFEHL() 526, 619, 631
ISTFEHLER() 526, 619, 631
ISTGERADE() 527, 619, 631
ISTKTEXT() 527, 619, 631
ISTLEER 192
ISTLEER() 528, 619, 631
ISTLOG() 528, 619, 631
ISTNV() 529, 619, 631
ISTTEXT() 529, 619, 631
ISTUNGERADE() 530, 619, 631
ISTZAHL() 531, 619, 631
Iterationsergebnisse 107
Iterationszahl, maximale 96
Iterative Berechnungen 96

J

JAHR() 202, 619, 636
JETZT() 203, 619, 633

Index

K

KALENDERWOCHE() 204, 589, 620, 636
KAPZ() 141, 620, 633
KGRÖSSTE() 346, 620, 631
KGV() 239, 620, 631
KKLEINSTE() 348, 620, 634
Klassen 554
KLEIN() 492, 620, 632
KOMBINATIONEN() 240, 620, 627
KOMPLEXE() 301, 620, 627
KONFIDENZ() 349, 620, 627
KORREL() 350, 548, 620, 627
KOVAR() 352, 620, 627
KPI 463
Kreisumfang() 573
KRITBINOM() 353, 620, 628
KUMKAPITAL() 142, 620, 628
KUMZINSZ() 143, 620, 628
KURS() 144, 620, 633
KURSDISAGIO() 145, 620, 633
KURSFÄLLIG() 146, 620, 633
Kursrechnung 115
KURT() 354
KÜRZEN() 241, 620, 636

L

LÄNGE() 493, 620, 631
LARGE() 346
LCM() 239, 620, 631
LEFT() 494, 620, 631
LEN() 493, 620, 631
LIA() 147, 620, 634
Lineares Modell 106
LINEST() 375
LINKS() 494, 620, 631
LN() 242, 620, 631
LOG() 243, 620, 631
LOG10() 244, 620, 632
LOGEST() 378
LOGINV() 355, 620, 632
Logische Formeln 44, 49
LOGNORMDIST() 355
LOGNORMVERT() 355, 620, 632
Löschen
 Zellformat 32
 Zellinhalt 31
LOWER() 492, 620, 632

M

Matrix 80
MAX() 356, 620, 632
MAXA() 356, 620, 632
Maximaler Änderungswert 96
MDET() 245, 620, 632
MDETERM() 245, 620, 632
MDURATION() 148, 620, 632
MDX 459
 FROM-Klausel 459
 Funktionen 461
 Mengenausdruck 462
 SELECT 459
 Tupel 461
 WHERE-Klausel 460
Measures 454
MEDIAN() 357, 620, 632
Mehrfachoperationen 108
MID() 499, 623, 632
MIN() 357, 621, 632
MINA() 358, 621, 632
Minisymbolleiste 33
MINUTE() 206, 621, 632
MINV() 246, 621, 632
MINVERSE() 246, 621, 632
MIRR() 152, 622, 632
MITTELABW() 358, 621, 626
MITTELWERT() 359, 621, 626
MITTELWERTA() 361, 621, 626
MITTELWERTWENN() 362
MITTELWERTWENNS() 363

649

Index

MMULT() 247, 621, 632
MOD() 254, 622, 632
MODALWERT() 364, 621, 632
MODE() 364
MOLAP 458
MONAT() 206, 621, 632
MONATSENDE() 208, 621, 629
MONTH() 206, 621, 632
MROUND() 271, 624, 632
MTRANS() 422, 621, 635
Multidimensional Expressions 459
MULTINOMIAL() 249, 622, 632
Multiplikation 47

N

N() 532
NA() 532
Näherungsmethode 107
Namen
 blattspezifisch 75
 definieren 75
 erstellen 76
 festlegen 74
 Übernehmen 78
Namens-Manager 77
NBW() 149, 621, 633
NEGBINOMDIST() 364
NEGBINOMVERT() 364, 621, 632
NETTOARBEITSTAGE 191
NETTOARBEITSTAGE() 209, 589, 621, 632
NETWORKDAYS() 209, 621, 632
Neuberechnung
 Berechnungsoptionen 95
NICHT() 516, 621, 633
NOMINAL() 150, 621, 632
NOMRZINS() 586
NORMDIST() 366
NORMINV() 365, 621, 632
NORMSDIST() 386
NORMSINV() 385
NORMVERT() 366, 621, 632
NOT() 516, 621, 633
NOTIERUNGBRU() 151, 621, 629
NOTIERUNGDEZ() 152, 621, 628
NOW() 203, 619, 633
NPER() 178, 625, 633
NPV() 149, 621, 633
Nullhypothese 542
Numerische Werte
 Datum 29
 Uhrzeit 29
NV() 532

O

OBERGRENZE() 247, 621, 627
Objektkatalog 574
Objektmodell 574
OCT2BIN() 302, 621, 633
OCT2DEC() 303, 621, 633
OCT2HEX() 303, 621, 633
ODD() 268, 624, 633
ODDFPRICE() 159, 624, 633
ODDFYIELD() 161, 624, 633
ODDLPRICE() 162, 624, 633
ODDLYIELD() 163, 624, 633
ODER() 516, 621, 633
Oktalsystem 280
OKTINBIN() 302, 621, 633
OKTINDEZ() 303, 621, 633
OKTINHEX() 303, 621, 633
OLAP 452
OLE DB 455
Operatoren 579
OR() 516, 621, 633
OSTERDATUM() 589

Index

P

PEARSON() 368, 621, 633
PERCENTILE() 371
PERCENTRANK() 372
PERMUT() 399
Personal.xls 569
PI() 248, 621, 633
PIVOTDATENZUORDNEN() 423, 622, 630
PMT() 156, 622, 633
POISSON() 370, 622, 633
POLYNOMIAL() 249, 622, 632
POTENZ() 250, 622, 633
POTENZREIHE() 251, 622, 634
POWER() 250, 622, 633
PPMT() 141, 620, 633
PRICE() 144, 620, 633
PRICEDISC() 145, 620, 633
PRICEMAT() 146, 620, 633
PROB() 400
PRODUCT() 252, 622, 633
PRODUKT() 252, 622, 633
PROPER() 491, 618, 633
PV() 131, 616, 633

Q

QIKV() 152, 622, 632
QUADRATESUMME() 253, 622, 635
QUANTIL() 371, 622, 633
QUANTILSRANG() 372, 559, 622, 633
QUARTILE() 373, 622, 633
QuickInfos
    zu Funktionen 60
QUOTIENT() 253, 622, 634

R

RADIANS() 231, 616, 634
RAND() 274, 625, 634
RANDBETWEEN() 273, 625, 634
RANG() 374, 559, 622, 634
RANK() 374
RATE() 167, 625, 634
Ratenkredite 585
RECEIVED() 169, 625, 634
RECHTS() 495, 622, 634
RENDITE() 153, 622, 636
RENDITEDIS() 154, 622, 636
RENDITEFÄLL() 155, 622, 636
REPLACE() 486, 617, 634
REPT() 504, 625, 634
Residuen 560
REST() 254, 622, 632
RGP() 375, 622, 631
RIGHT() 495, 622, 634
RKP() 378, 622, 632
RMZ() 156, 622, 633
ROMAN() 255, 622, 634
RÖMISCH() 255, 622, 634
ROUND() 255, 622, 634
ROUNDDOWN() 223, 615, 634
ROUNDUP() 231, 615, 634
RSQ() 323
RUNDEN() 255, 622, 634

S

SÄUBERN() 497, 622, 627
SCHÄTZER() 379, 622, 629
Schätzung 107
SCHIEFE() 380, 622, 634
Schnittmenge 49
Schnittmengenbezüge 50
SEARCH() 497, 623, 634
SECOND() 210, 622, 634
SEKUNDE() 210, 622, 634
Select Case 581
Sensitivitätsbericht 108
SERIESSUM() 251, 622, 634
SIGN() 270, 624, 634

651

Index

SIN() 256, 622, 634
SINH() 257, 622, 634
SINHYP() 257, 622, 634
SKEW() 380
SLN() 147, 620, 634
SLOPE() 387
SMALL() 348
Solver 101
   Antwortbericht 108
   Genauigkeit 106
   Höchstzeit der Berechnung 106
   Iterationen erhöhen 106
   Nebenbedingungen 102
   Optionen 106
   Toleranz 106
Sonderformat 37
SPALTE() 424, 622, 627, 634
SPALTEN() 426, 622, 627
SQL Server Business Intelligence Development Studio 454
SQRT() 272, 625, 634
SQRTPI() 273, 625, 634
STABW() 381, 623, 634
STABWA() 382, 623, 635
STABWN() 383, 623, 635
STABWNA() 384, 623, 635
STANDARDISIERUNG() 384, 623, 634
STANDARDIZE() 384
STANDNORMINV() 385, 623, 633
STANDNORMVERT() 386, 623, 632
Statistische Funktionen 307
STDEV() 381
STDEVA() 382
STDEVP() 383
STDEVPA() 384
STEIGUNG() 387, 623, 634
STEYX() 388
STFEHLERYX() 388, 623, 635
strukturierte Verweise 72
STUNDE() 210, 623, 630
Stundenermittlung 192

SUBSTITUTE() 502, 624, 635
SUBTOTAL() 267, 623, 635
Subtraktion 46
SUCHEN() 497, 623, 634
SUM() 258, 623, 635
SUMIF() 260, 623, 635
SUMIFS() 261, 623, 635
SUMME() 258, 623, 635
SUMMENPRODUKT() 259, 623, 635
Summensymbol 68
SUMMEWENN() 260, 261, 623, 635
SUMMEX2MY2() 262, 623, 635
SUMMEX2PY2() 263, 623, 635
SUMMEXMY2() 263, 623, 635
SUMPRODUCT() 259, 623, 635
SUMQUADABW() 389, 623, 628
SUMSQ() 253, 622, 635
SUMX2MY2() 262, 623, 635
SUMX2PY2() 263, 623, 635
SUMXMY2() 263, 623, 635
SVERWEIS() 405, 427, 623, 636
SYD() 132, 617, 635
Syntaxprüfung 88

T

T() 498, 623, 635
TAG() 211, 623, 628
TAGE360() 212, 623, 628
TAN() 264, 623, 635
TANH() 266, 623, 635
TANHYP() 266, 623, 635
Tausenderabtrennung 27
TBILLÄQUIV() 157, 623, 635
TBILLEQ() 157, 623, 635
TBILLKURS() 158, 623, 635
TBILLPRICE() 158, 623, 635
TBILLRENDITE() 159, 623, 635
TBILLYIELD() 159, 623, 635
TDIST() 395
TEIL() 499, 623, 632

Index

TEILERGEBNIS() 267, 623, 635
Text
  verketten 48
TEXT() 501, 623, 635
Textformat 37
Textfunktionen 481
  Logische Werte aufnehmen 482
  Sortiermöglichkeiten 482
  Verkpüpfung Text/Datum 483
  Zahlen in Text umwandeln 482
Tilgungsrechnung 115
TIME() 215, 625, 635
TIMEVALUE() 216, 625, 635
TINV() 391, 623, 635
TODAY() 201, 618, 635
TREND() 393, 624, 635
TRIM() 489, 618, 635
TRIMMEAN() 341
TRUE() 517, 624, 635
TRUNC() 241, 620, 636
TTEST() 394, 565, 624, 636
TVERT() 395, 624, 635
TYP() 534
TYPE() 534

U

Überwachungsfenster 92
Uhrzeit als numerischer Wert 29
UMWANDELN() 304, 624, 627
UND() 517, 624, 626
UNGERADE() 268, 624, 633
Ungleichungen 102
UNREGER.KURS() 159, 624, 633
UNREGER.REND() 161, 624, 633
UNREGLE.KURS() 162, 624, 633
UNREGLE.REND() 163, 624, 633
UNTERGRENZE() 269, 624, 629
unvollständige Jahreszahlen 41
UPPER() 490, 618, 636

V

VALUE() 503, 624, 636
VAR() 395
VARA() 397
VARIANZ() 395, 543, 624, 636
VARIANZA() 397, 624, 636
Varianzanalyse 542
VARIANZEN() 397, 624, 636
VARIANZENA() 398, 624, 636
VARIATION() 398, 624, 630
VARIATIONEN() 399, 624, 633
VARP() 397
VARPA() 398
VBA 569
VBA-Projekt 571
VDB() 164, 624, 636
VERGLEICH() 428, 624, 632
VERKETTEN() 502, 624, 627
Verknüpfte Bereiche und Schnittmengen 49
Verpackungsproblem 102
VERWEIS() 429, 624, 632
VORZEICHEN() 270, 624, 634
VRUNDEN() 271, 624, 632

W

WAHL() 430, 624, 627
WAHR() 517, 624, 635
WAHRSCHBEREICH() 400, 624, 633
Wahrscheinlichkeit 310
  Theoretische Wahrscheinlichkeit 310
Wahrscheinlichkeit Empirische Wahrscheinlichkeit 311
WECHSELN() 502, 624, 635
WEEKDAY() 213, 625, 636
WEEKNUM() 204, 620, 636
WEIBULL() 401, 624, 636
WENN() 517, 518, 624, 630
WERT() 503, 624, 636

Wertpapierverkauf 124
While 581
WIEDERHOLEN() 504, 625, 634
WOCHE() 589
WOCHENTAG() 213, 625, 636
WORKDAY() 195, 615, 636
WURZEL() 272, 625, 634
WURZELPI() 273, 625, 634
WVERWEIS() 405, 430, 625, 630

X

XINTZINSFUSS() 165, 625, 636
XIRR() 165, 625, 636
XKAPITALWERT() 166, 625, 636
XNPV() 166, 625, 636

Y

YEAR() 202, 619, 636
YEARFRAC() 196, 616, 636
YIELD() 153, 622, 636
YIELDDISC() 154, 622, 636
YIELDMAT() 155, 622, 636

Z

Zahlen
  Eingabe von Brüchen 28
  Formate 26
Zahlenformat
  Bruch 36
  Buchhaltung 35
  Prozent 36
  Währung 35
Zahlenformate 32, 35

Zahlensystem 280
ZÄHLENWENN() 402, 625, 627
ZÄHLENWENNS() 403
ZEICHEN() 505, 625, 627
Zeichenfolgen 25
Zeichenfolgen-Formeln 44
Zeigen-Modus 57
ZEILE() 431, 625, 634
ZEILEN() 432, 625, 634
ZEIT() 215, 625, 635
ZEITWERT() 216, 625, 635
ZELLE() 535, 625, 627
Zielzelle 101
ZINS() 167, 625, 634
Zinsen 116
Zinseszinsen 117
Zinsrechnung 114
ZINSSATZ() 169, 625, 634
ZINSTERMNZ() 170, 625, 627
ZINSTERMTAGE() 171, 625, 627
ZINSTERMTAGNZ() 172, 625, 627
ZINSTERMTAGVA() 173, 625, 627
ZINSTERMVZ() 174, 625, 627
ZINSTERMZAHL() 174, 625, 627
ZINSZ() 175, 625, 631
Zirkelbezüge 96
Zirkuläre Formeln 93
ZTEST() 342
ZUFALLSBEREICH() 273, 625, 634
ZUFALLSZAHL() 274, 625, 634
ZW() 176, 569, 625, 629
ZW2() 177, 625, 630
ZWEIFAKULTÄT() 275, 625, 629
ZZR() 178, 625, 633
ZZWert() 570

Features von Excel 2007

Komplette Referenz der Tabellenfunktionen

Einstieg in die Makro-Programmierung mit VBA

1012 S., 3., aktualisierte und erweiterte Auflage 2007,
39,90 Euro, 67,90 CHF
ISBN 978-3-89842-864-4

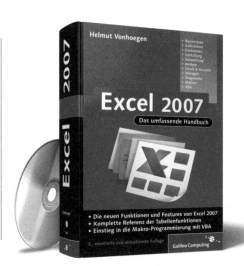

Excel 2007
Das umfassende Handbuch
www.galileocomputing.de

Helmut Vonhoegen

Excel 2007 – Das umfassende Handbuch

Dieses Buch ist Schritt-für-Schritt-Anleitung und Nachschlagewerk sowie eine Fundgrube praktischer Tipps.

Aus dem Inhalt: Arbeiten mit dem neuen Excel, Kalkulieren mit Formeln und Tabellen, Analyse der Daten, Diagramme und Präsentationen, Ausdruck, Teamwork und Web, fortgeschrittenes Arbeiten, externe Datenbestände, Automatisierung und Programmierung

>> www.galileocomputing.de/1364